U0216113

吉林人民出版社

简体字本二十六史

隋书

卷三二——卷八五

（二）

〔唐〕 魏 徵 等 撰

吴宗国 刘念华 等 标点

隋书卷三二
志第二七

经籍一

经

　　夫经籍也者，机神之妙旨，圣哲之能事，所以经天地，纬阴阳，正纪纲，弘道德，显仁足以利物，藏用足以独善，学之者将殖焉，不学者将落焉。大业崇之，则成钦明之德，匹夫克念，则有王公之重。其王者之所以树风声、流显号、美教化、移风俗，何莫由乎斯道？故曰："其为人也，温柔敦厚，《诗》教也；疏通知远，《书》教也；广博易良，《乐》教也；洁静精微，《易》教也；恭俭庄敬，《礼》教也；属辞比事，《春秋》教也。"遭时制宜，质文迭用，应之以通变，通变之以中庸。中庸则可久，通变则可大，其教有适，其用无穷，实仁义之陶钧，诚道德之橐籥也。其为用大矣，随时之义深矣，言无得而称焉。故曰："不疾而速，不行而至。"今之所以知古，后之所以知今，其斯之谓也。是以大道方行，俯龟象而设卦，后圣有作，仰鸟迹以成文。书契已传，绳木弃而不用，史官既立，经籍于是兴焉。

　　夫经籍也者，先圣据龙图，握凤纪，南面以君天下者，咸有史官，以纪言行。言则左史书之，动则右史书之。故曰"君举必书"，惩劝斯在。考之前载，则《三坟》、《五典》、《八索》、《九丘》之类是也。下逮殷、周，史官尤备，纪言书事，靡有阙遗。则《周礼》所称：太史掌建邦之六典、八法、八则，以诏王治；小史掌邦国之志，定世系，辨昭穆；内史掌王之八柄，策命而贰之；外史掌王之外令及四方之志，三皇、五帝之书；御史掌邦国都鄙万民之治令，以赞冢宰。此则天子之史，凡有五焉。诸侯亦各有国史，分掌其职。则《春秋传》，晋赵穿弑灵公，太史董狐书曰："赵盾杀其君"，以示于朝。宣子曰："不然。"对曰："子为正卿，亡不越境，反不讨贼，非子而谁？"齐崔杼弑庄公，太史书曰"崔杼弑其君"，崔子杀之。其弟嗣书，死者二人。其弟又书，乃舍之。南史闻太史尽死，执简以往，闻既书矣，乃还。楚灵王与右尹子革语，左史倚相趋而过。王曰："此良史也，能读《三坟》、《五典》、《八索》、《九丘》。"然则诸侯史官，亦非一人而已，皆以记言书事，太史总而裁之，以成国家之典。不虚美，不隐恶，故得有所惩劝，遗文可观，则《左传》称《周志》，《国语》有《郑书》之类是也。

暨夫周室道衰，纪纲散乱，国异政，家殊俗，褒贬失实，隳紊旧章。孔丘以大圣之才，当倾颓之运，叹凤鸟之不至，惜将坠于斯文，乃述《易》道而删《诗》、《书》，修《春秋》而正《雅》、《颂》。坏礼崩乐，咸得其所。自哲人萎而微言绝，七十子散而大义乖，战国纵横，真伪莫辨，诸子之言，纷然淆乱。圣人之至德丧矣，先王之要道亡矣，陵夷踳驳，以至于秦。秦政奋豺狼之心，划先代之迹，焚《诗》、《书》，坑儒士，以刀笔吏为师，制挟书之令。学者逃难，窜伏山林，或失本经，口以传说。

汉氏诛除秦、项，未及下车，先命叔孙通草绵蕝之仪，救击柱之弊。其后张苍治律历，陆贾撰《新语》，曹参荐盖公言黄老，惠帝除挟书之律，儒者始以其业行于民间。犹以去圣既远，经籍散逸，简札错乱，传说纰缪。遂使《书》分为二，《诗》分为三，《论语》有齐、鲁之殊，《春秋》有数家之传。其余互有踳驳，不可胜言。此其所以博而寡要，劳而少功者也。武帝置太史公，命天下计书，先上太史，副上丞相，开献书之路，置写书之官，外有太常、太史、博士之藏，内有延阁、广内、秘室之府。司马谈父子，世居太史，探采前代，断自轩皇，逮于孝武，作《史记》一百三十篇。详其体制，盖史官之旧也。至于孝成，秘藏之书，颇有亡散，乃使谒者陈农，求遗书于天下。命光禄大夫刘向校经传诸子诗赋，步兵校尉任宏校兵书，太史令尹咸校数术，太医监李柱国校方技。每一书就，向辄撰为一录，论其指归，辨其讹谬，叙而奏之。向卒后，哀帝使其子歆嗣父之业。乃徙温室中书于天禄阁上。歆遂总括群篇，撮其指要，著为《七略》：一曰《集略》，二曰《六艺略》，三曰《诸子略》，四曰《诗赋略》，五曰《兵书略》，六曰《术数略》，七曰《方技略》。大凡三万三千九十卷。王莽之末，又被焚烧。光武中兴，笃好文雅，明、章继轨，尤重经术。四方鸿生钜儒，负袠自远而至者，不可胜算。石室、兰台，弥以充积。又于东观及仁寿阁集新书，校书郎班固、傅毅等典掌焉。并依《七略》而为书部，固又编之，以为《汉书艺文志》。董卓之乱，献帝西迁。图书缣帛，军人皆取为帷囊。所收而西，犹七十余载。两京大乱，扫地皆尽。

　　魏氏代汉，采摭遗亡，藏在秘书中、外三阁。魏秘书郎郑默，始制《中经》，秘书监荀勖，又因《中经》，更著《新簿》，分为四部，总括群书。一曰甲部，纪六艺及小学等书；二曰乙部，有古诸子家、近世子家、兵书、兵家、术数；三曰景部，有史记、旧事、皇览簿、杂事；四曰丁部，有诗赋、图赞、《汲冢书》，大凡四部合二万九千九百四十五卷。但录题及言，盛以缥囊，书用缃素。至于作者之意，无所论辩。惠、怀之乱，京华荡覆，渠阁文籍，靡有孑遗。

　　东晋之初，渐更鸠聚。著作郎李充，以勖旧簿校之，其见存者，但有三千一十四卷。充遂总没众篇之名，但以甲乙为次。自尔因循，无所变革。其后中朝遗书，稍流江左。宋元嘉八年，秘书监谢灵运造《四部目录》，大凡六万四千五百八十二卷。元徽元年，秘书丞王俭又造《目录》，大凡一万五千七百四卷。俭又别撰《七志》：一曰《经典志》，纪六艺、小学、史记、杂传；二曰《诸子志》，纪今古诸子，三曰《文翰志》，纪诗赋；四曰《军书志》，纪兵书；五曰《阴阳志》，纪阴阳图纬；六曰《术艺志》，纪方技；七曰《图谱志》，纪地域及图书。其道、佛附见，合九条。然亦不述作者之意，但于书名之下，每立一传，而又作九篇条例，编乎首卷之中。文义浅近，未为典则。齐永明中，秘书丞王亮、监谢朏，又造《四部书目》，大凡一万八千一十卷。齐末兵火,延烧秘阁,经籍遗散。梁初,秘书监任昉,躬加部集,又于文德殿内列藏众书,华林园中总集释典,大凡二万三千一百六卷,而释氏不豫焉。梁有秘书监任昉、殷钧《四部目录》,又《文德殿目录》。其术数之书,更为一部,使奉朝请祖暅撰其名。故梁有《五部目录》。普通中,有处士阮孝绪,沉静寡欲,笃好坟史,博采宋、齐已来,王公之家凡有书记,参校官簿,更为《七录》:一曰《经典录》,纪六艺;二曰《记传录》,纪史传;三曰《子兵录》,纪子书、兵书;四曰《文集录》,纪诗赋;五曰《技术录》,纪数术;六曰《佛录》;七曰《道录》。其分部题目,颇有次序,割析辞义,浅薄不经。梁武敦悦诗书,下化其上,四境之内,家有文史。元帝克平侯景,收文德之书及公私经籍,归于江陵,大凡七万余卷。周师入郢,咸自焚之。陈天嘉中,又更鸠集,考其篇目,遗阙尚多。

　　其中原则战争相寻,干戈是务,文教之盛,符、姚而已。宋武入关,收其图籍,府藏所有,才四千卷。赤轴青纸,文定古拙。后魏始都燕、代,南略中原,粗收经史,未能全具。孝文徙都洛邑,借书于齐,秘府之中,稍以充实。暨于尔朱之乱,散落人间。后齐迁邺,颇更搜聚,迄于天统、武平,校写不辍。后周始基关右,外逼强邻,戎马生郊,日不暇给。保定之始,书止八千,后稍加增,方盈万卷。周武平齐,先封书府,所加旧本,才至五千。

　　隋开皇三年,秘书监牛弘,表请分遣使人,搜访异本。每书一卷,赏绢一匹,校写既定,本即归主。于是民间异书,往往间出。及平陈已后,经籍渐备。捡其所得,多太建时书,纸墨不精,书亦拙恶。于是总集编次,存为古本。召天下工书之士,京兆韦霈、南阳杜頵等,于秘书内补续残缺,为正副二本,藏于宫中,其余以实秘书内、外之阁,凡三万余卷。炀帝即位,秘阁之书,限写五十副本,分为三品:上品红琉璃轴,中品绀琉璃轴,下品漆轴。于东都观文殿东西厢构屋以贮之,东屋藏甲乙,西屋藏景丁。又聚魏已来古迹名画,于殿后起二台,东曰妙楷台,藏古迹;西曰宝台,藏古画。又于内道场集道佛经,别撰目录。

大唐武德五年，克平伪郑，尽收其图书及古迹焉。命司农少卿宋遵贵载之以船，溯河西上，将致京师。行经底柱，多被漂没，其所存者，十不一二。其《目录》亦为所渐濡，时有残缺。今考见存，分为四部，合条为一万四千四百六十六部，有八万九千六百六十六卷。其旧录所取，文义浅俗、无益教理者，并删去之。其旧录所遗，辞义可采，有所弘益者，咸附入之。远览马史、班书，近观王、阮志、录，挹其风流体制，削其浮杂鄙里，离其疏远，命其近密，约文绪义，凡五十五篇，各列本条之下，以备《经籍志》。虽未能研几探赜，穷极幽隐，庶乎弘道设教，可以无遗阙焉。夫仁义礼智，所以治国也；方技数术，所以治身也。诸子为经籍之鼓吹，文章乃政化之黼黻，皆为治之具也。故列之于此志云。

《归藏》十三卷晋太尉参军薛贞注。

《周易》二卷魏文侯师卜子夏传，残缺。梁六卷。

《周易》十卷汉魏郡太守京房章句。

《周易》八卷汉曲台长孟喜章句，残缺。梁十卷。又有汉单父长费直注周易四卷，亡。

《周易》九卷后汉大司农郑玄注。梁又有汉南郡太守马融注《周易》一卷，亡。

《周易》五卷汉荆州牧刘表章句。梁有汉荆州五业从事宋忠注《周易》十卷，亡。

《周易》十一卷汉司空荀爽注。

《周易》十卷魏卫将军王肃注。

《周易》十卷魏尚书郎王弼注《六十四卦》六卷，韩康伯注《系辞》以下三卷，王弼又撰《易略例》一卷，梁有魏大司农卿董遇注《周易》十卷，魏散骑常侍荀辉注《周易》十卷，亡。

《周易》十卷吴太常姚信注。

《周易》四卷晋儒林从事黄颖注。梁有十卷，今残缺。

《周易》九卷吴侍御史虞翻注。

《周易》十五卷吴郁林太守陆绩注。

《周易》十卷晋散骑常侍于宝注。

《周易》三卷晋骠骑将军王廙注,残缺。梁有十卷。

《周易》八卷晋著作郎张璠注,残缺。梁有十卷。

《周易马、郑、二王四家集解》十卷

《周易荀爽九家注》十卷

《周易杨氏集二王注》五卷梁有《集马、郑、二王解》十卷,亡。

《周易》十卷蜀才注。梁有齐安参军费元珪注《周易》九卷,谢氏注《周易》八卷,尹涛注《周易》六卷,亡。

《周易》十卷后魏司徒崔浩注。

《周易》十卷梁处士何胤注。梁有临海令伏曼容注《周易》八卷,侍中朱异集注《周易》一百卷,又《周易集注》三十卷,亡。

《周易》七卷姚规注。

《周易》十三卷崔觐注。

《周易》十三卷傅氏注。

《周易》一帙十卷卢氏注。

《周易系辞》二卷晋桓玄注。

《周易系辞》二卷晋西中郎将谢万等注。

《周易系辞》二卷晋太常韩康伯注。

《周易系辞》二卷梁太中大夫宋褰注。又有宋东阳太安卞伯玉注《系辞》二卷,亡。

《周易系辞》二卷荀柔之注。

《周易集注系辞》二卷梁有宋太中大夫徐爰注《系辞》二卷,亡。

《周易音》一卷东晋太子前率徐邈撰。

《周易音》一卷东晋尚书郎李轨弘范撰。

《周易音》一卷范氏撰。

《周易并注音》七卷秘书学士陆德明撰。

《周易尽神论》一卷魏司空钟会撰。梁有《周易无互体论》三卷,钟会撰,亡。

《周易象论》三卷晋尚书郎栾肇撰。

《周易卦序论》一卷晋司徒右长史杨乂撰。

《周易统略》五卷晋少府卿邹湛撰。

《周易论》二卷晋冯翊太守阮浑撰。

《周易论》一卷晋荆州刺史宋岱撰。梁有《拟周易说》八卷,范氏撰;《周易宗涂》四卷,干宝撰;《周易问难》二卷,王氏撰;《周易问答》一卷,扬州从事徐伯珍撰;《周易难王辅嗣义》一卷,晋扬州刺史顾夷等撰;《周易杂论》十四卷,亡。

《周易义》一卷宋陈令范敏撰。

《周易玄品》二卷

《周易论》十卷齐中书郎周颙撰。梁有三十卷,亡。

《周易论》四卷范氏撰。

《周易统例》十卷崔观撰。

《周易爻义》一卷于宝撰。

《周易乾坤义》一卷齐步兵校尉刘𪩘撰。梁又有齐临沂令李玉之、梁释法通等《乾坤义》各一卷,亡。

《周易大义》二十一卷梁武帝撰。

《周易几义》一卷梁南平王撰。梁有《周易疑通》五卷,宋中散大夫何诨之撰;《周易四德例》一卷,刘𪩘撰。亡。

《周易大义》一卷梁有《周易错》八卷,京房撰;《周易日月变例》六卷,虞翻、陆绩撰;《周易卦象数旨》六卷,东晋乐安亭侯李颙撰;《周易爻》一卷,马揩撰。亡。

《周易大义》二卷陆德明撰。

《周易释序义》三卷

《周易开题义》十卷梁蕃撰。

《周易问》二十卷

《周易义疏》十九卷宋明帝集群臣讲。梁又有《国子讲易议》六卷;《宋明帝集群臣讲易义疏》二十卷;《齐永明国学讲周易讲疏》二十六卷;又《周易义》三卷,沈林撰。亡。

《周易讲疏》三十五卷梁武帝撰。

《周易讲疏》十六卷_{梁五经博士褚仲都撰。}

《周易义疏》十四卷_{梁都官尚书萧子政撰。}

《周易系辞义疏》三卷_{萧子政撰。}

《周易讲疏》三十卷_{陈谘议参军张机撰。}

《周易文句义》二十卷_{梁有《拟周易义疏》十三卷。}

《周易义疏》十六卷_{陈尚书左仆射周弘正撰。}

《周易私记》二十卷

《周易讲疏》十三卷_{国子祭酒何妥撰。}

《周易系辞义疏》二卷_{刘巘撰。}

《周易系辞义疏》一卷_{梁武帝撰。}

《周易系辞义疏》二卷_{萧子政撰。梁有《周易乾坤二象》、《周易新图》}各一卷；又《周易普玄图》八卷，薛景和撰；《周易大演通统》一卷，颜氏撰。

《周易谱》一卷

右六十九部，五百五十一卷。_{通计亡书，合九十四部，八百二十九}卷。

昔密羲氏始画八卦，以通神明之德，以类万物之情，盖因而重之，为六十四卦。及乎三代，实为三《易》：夏曰《连山》；殷曰《归藏》；周文王作卦辞，谓之《周易》。周公又作《爻辞》，孔子为《彖》、《象》、《系辞》、《文言》、《序卦》、《说卦》、《杂卦》，而子夏为之传。及秦焚书，周易独以卜筮得存，唯失《说卦》三篇。后河内女子得之。汉初，传《易》者有田何，何授丁宽，宽授田王孙，王孙授沛人施雠、东海孟喜、琅邪梁丘贺。由是有施、孟、梁丘之学。又有东郡京房，自云受《易》于梁国焦延寿，别为京氏学。尝立，后罢。后汉施、孟、梁丘、京氏，凡四家并立，而传者甚众。汉初又有东莱费直传《易》，其本皆古字，号曰《古文易》。以授琅邪王璜，璜授沛人高相，相以授子康及兰陵毋将永。故有费氏之学，行于人间，而未得立。后汉陈元、郑众，皆传费氏之学。马融又为其传，以授郑玄。玄作《易注》，荀爽又作《易传》。魏代王肃、王弼，并为之注。自是费氏大兴，高氏遂衰。梁

丘、施氏、高氏，亡于西晋。孟氏、京氏，有书无师。梁、陈郑玄、王弼
二注，列于国学。齐代唯传郑义。至隋，王注盛行，郑学浸微，今殆
绝矣。《归藏》，汉初已亡，案晋《中经》有之，唯载卜筮，不似圣人之
旨。以本卦尚存，故取贯于《周易》之首，以备《殷易》之缺。

《古文尚书》十三卷汉临淮太守孔安国传。

《今字尚书》十四卷孔安国传。

《尚书》十一卷马融注。

《尚书》九卷郑玄注。

《尚书》十一卷王肃注。

《尚书》十五卷晋祠部郎谢沉撰。

《集解尚书》十一卷李颙注。

《集释尚书》十一卷宋给事中姜道盛注。

《古文尚书舜典》一卷晋豫章太守范宁注。梁有《尚书》十卷，范宁注，
亡。

《尚书亡篇序》一卷梁五经博士刘叔嗣注。梁有《尚书》二十一卷，刘
叔嗣注；又有《尚书新集序》一卷。亡。

《尚书逸篇》二卷

《古文尚书音》一卷徐邈撰。梁有《尚书音》五卷，孔安国、郑玄、李轨、
徐邈等撰。

《今文尚书音》一卷秘书学士顾彪撰。

《尚书大传》三卷郑玄注。

《大传音》二卷顾彪撰。

《尚书洪范五行传论》十一卷汉光禄大夫刘向注。

《尚书驳议》五卷王肃撰。梁有《尚书义》，三卷郑玄、王肃及晋五经博
士孔晁撰；《尚书释问》四卷，魏侍中王粲撰；《尚书王氏传问》二卷；《尚书义》
二卷，范顺问、吴太尉刘毅答。亡。

《尚书新释》二卷李颙撰。

《尚书百问》一卷齐太学博士顾欢撰。

《尚书大义》二十卷梁武帝撰。

《尚书百释》三卷梁国子助教巢猗撰。

《尚书义》三卷巢猗撰。

《尚书义疏》十卷梁国子助教费甝撰。梁有《尚书义疏》四
　卷，晋乐安王友伊说撰，亡。

《尚书义疏》三十卷萧祭司徒蔡大宝撰。

《尚书义注》三卷吕文优撰。

《尚书义疏》七卷

《尚书述》二十卷国子助教刘炫撰。

《尚书疏》二十卷顾彪撰。

《尚书闰义》一卷

《尚书义》三卷刘先生撰。

《尚书释问》一卷虞氏撰。

《尚书文外义》一卷顾彪撰。

右三十二部，二百四十七卷。通计亡书，合四十一部，共二百九十六
卷。

《书》之所兴，盖与文字俱起。孔子观《书》周室，得虞、夏，商、周
四代之典，删其善者，上自虞，下至周，为百篇，编而序之。遭秦灭
学，至汉，唯济南伏生口传二十八篇。又河内女子得《泰誓》一篇，献
之。伏生作《尚书传》四十一篇，以授同郡张生，张生授千乘欧阳生，
欧阳生授同郡儿宽，宽授欧阳生之子，世世传之，至曾孙欧阳高，谓
之《尚书》欧阳之学。又有夏侯都尉，受业于张生，以授族子始昌，始
昌传族子胜，为大夏侯之学。胜传从子建，别为小夏侯之学。故有
欧阳，大、小夏侯，三家并立。讫汉东京，相传不绝，而欧阳最盛。初
汉武帝时，鲁恭王坏孔子旧宅，得其末孙惠所藏之书，字皆古文。孔
安国以今文校之，得二十五篇。其《泰誓》与河内女子所献不同。又
济南伏生所诵，有五篇相合。安国并依古文，开其篇第，以隶古字写
之，合成五十八篇。其余篇简错乱，不可复读，并送之官府。安国又

为五十八篇作传，会巫蛊事起，不得奏上，私传其业于都尉朝，朝授胶东庸生，谓之《尚书古文》之学，而未得立。后汉扶风杜林，传《古文尚书》，同郡贾逵为之作训，马融作传，郑玄亦为之注。然其所传，唯二十九篇，又杂以今文，非孔旧本。自余绝无师说。

晋世秘府所存，有《古文尚书》经文，今无有传者。及永嘉之乱，欧阳、大、小夏侯《尚书》并亡。济南伏生之传，唯刘向父子所著《五行传》，是其本法，而又多乖戾。至东晋，豫章内史梅赜，始得安国之传，奏之，时又阙《舜典》一篇。齐建武中，吴姚兴方，于大桁市得其书，奏上，比马、郑所注，多二十八字，于是始列国学。梁、陈所讲，有孔、郑二家，齐代唯传郑义。至隋，孔、郑并行，而郑氏甚微。自余所存，无复师说。又有《尚书逸篇》，出于齐、梁之间，考其篇目，似孔壁中书之残缺者，故附《尚书》之末。

《韩诗》二十二卷汉常山太傅韩，婴薛氏章句。

《韩诗翼要》十卷汉侯苞传。

《韩诗外传》十卷梁有《韩诗谱》二卷，《诗神泉》一卷，汉有道徵士赵晔撰，亡。

《毛诗》二十卷汉河间太守毛苌传，郑氏笺。梁有《毛诗》十卷，马融注，亡。

《毛诗》二十卷王肃注。梁有《毛诗》二十卷，郑玄、王肃合注；《毛诗》二十卷，谢沉注；《毛诗》二十卷，晋兖州别驾江熙注。亡。

《集注毛诗》二十四卷梁桂州刺史崔灵恩注。梁有《毛诗序》一卷，梁隐居先生陶弘景注。亡。

《毛诗笺音证》十卷后魏太常卿刘芳撰。梁有《毛诗音》十六卷，徐邈等撰《毛诗音》二卷，徐邈撰；《毛诗音隐》一卷，于氏撰。亡。

《毛诗并注音》八卷秘书学士鲁世达撰。

《毛诗谱》三卷吴太常卿徐整撰。

《毛诗谱》二卷太叔求及刘炫注。

《谢氏毛诗谱钞》一卷梁有《毛诗杂议难》十卷，汉侍中贾逵撰，亡。

《毛诗义问》十卷魏太子文学刘桢撰。

《毛诗义驳》八卷王肃撰。

《毛诗奏事》一卷王肃撰。有《毛诗问难》二卷，王肃撰。亡。

《毛诗驳》一卷魏司空王基撰，残缺。梁五卷。又有《毛诗答问》、《驳谱》，合八卷；又《毛诗释义》十卷，谢沉撰；《毛诗义》四卷，《毛诗笺传是非》二卷，并魏秘书郎刘璠撰；《毛诗答杂问》七卷，吴侍中韦昭、侍中朱育等撰；《毛诗义注》四卷。亡。

《毛诗异同评》十卷晋长沙太守孙毓撰。

《难孙氏毛诗评》四卷晋徐州从事陈统撰。梁有《毛诗表隐》二卷，陈统撰。亡。

《毛诗拾遗》一卷郭璞撰。梁又有《毛诗略》四卷，亡。

《毛诗辩异》三卷晋给事郎杨乂撰。梁有《毛诗背隐义》二卷，宋中散大夫徐广撰；《毛诗引辨》一卷，宋奉朝请孙畅之撰；《毛诗释》一卷，宋金紫光禄大夫何偃撰；《毛诗检漏义》二卷，梁给事郎谢昙济撰；《毛诗总集》六卷，《毛诗隐义》十卷，并梁处士何胤撰。亡。

《毛诗异义》二卷杨乂撰。梁有《毛诗杂义》五卷，杨乂撰；《毛诗义疏》十卷，谢沈撰；《毛诗杂义》四卷，晋江州刺史殷仲堪撰；《毛诗义疏》五卷，张氏撰。亡。

《毛诗集解叙义》一卷顾欢等撰。

《毛诗序义》二卷宋通直郎雷次宗撰。梁有《毛诗义》一卷，雷次宗撰；《毛诗序注》一卷，宋交州刺史阮珍之撰；《毛诗序义》七卷，孙畅之撰。亡。

《毛诗集小序》一卷刘炫注。

《毛诗序义疏》一卷刘嶷等撰，残缺。梁三卷。梁有《毛诗篇》次义一卷，刘嶷撰；《毛诗杂义注》三卷。亡。

《毛诗发题序义》一卷梁武帝撰。

《毛诗大义》十一卷梁武帝撰。梁有《毛诗十五国风义》二十卷，梁简文撰。

《毛诗大义》十三卷

《毛诗草木虫鱼疏》二卷乌程令吴郡陆机撰。

《毛诗义疏》二十卷舒援撰。

《毛诗义府》三卷后魏安丰王元延明撰。

《毛诗义疏》二十八卷萧岿散骑常侍沈重撰。

《毛诗义疏》二十卷

《毛诗义疏》二十九卷

《毛诗义疏》十卷

《毛诗义疏》十一卷

《毛诗义疏》二十八卷

《毛诗述义》四十卷国子助教刘炫撰。

《毛诗章句义疏》四十卷鲁世达撰。

《毛诗释疑》一卷梁有《毛诗图》三卷,《毛诗孔子经图》十二卷,《毛诗古圣贤图》二卷,亡。

《业诗》二十卷宋奉朝请业遵注。

右三十九部,四百四十二卷。通计亡书,合七十六部,六百八十三卷。

《诗》者,所以导达心灵,歌咏情志者也。故曰:"在心为志,发言为诗。"上古人淳俗朴,情志未惑。其后君尊于上,臣卑于下,面称为谄,目谏为谤,故诵美讥恶,以讽刺之。初但歌咏而已,后之君子,因被管弦,以存劝戒。夏、殷已上,诗多不存。周氏始自后稷,而公刘克笃前烈,太王肇基王迹,文王光昭前绪,武王克平殷乱,成王、周公化至太平,诵美盛德,踵武相继。幽、厉板荡,怨刺并兴。其后王泽竭而诗亡,鲁太师挚次而录之。孔子删诗,上采商,下取鲁,凡三百篇。至秦,独以为讽诵,不灭。汉初,有鲁人申公,受《诗》于浮丘伯,作诂训,是为《鲁诗》。齐人辕固生亦传《诗》,是为《齐诗》。燕人韩婴亦传《诗》,是为《韩诗》。终于后汉,三家并立。汉初又有赵人毛苌善《诗》,自云子夏所传,作《诂训传》,是为"《毛诗》古学",而未得立。后汉有九江谢曼卿,善《毛诗》,又为之训。东海卫敬仲,受学于曼卿。先儒相承,谓之《毛诗》。序,子夏所创,毛公及敬仲又加润益。郑众、贾逵、马融,并作《毛诗传》,郑玄作《毛诗笺》。《齐诗》,魏代已亡;《鲁诗》亡于西晋;韩诗虽存,无传之者。唯《毛诗郑笺》,至今独立。又有《业诗》，奉朝请业遵所注，立义多异，世所不行。

《周官礼》十二卷马融注。

《周官礼》十二卷郑玄注。

《周官礼》十二卷王肃注。

《周官礼》十二卷伊说注。

《周官礼》十二卷于宝注。梁人有《周官宁朔新书》八卷，晋燕王师王懋
约撰，亡。

《集注周官礼》二十卷崔灵恩注。

《礼音》三卷刘昌宗撰。

《周官礼异同评》十二卷晋司空长史陈劭撰。

《周官礼驳难》四卷孙略撰。梁有《周官驳难》三卷，孙琦问，干宝驳，
晋散骑常侍虞喜撰。

《周官礼义疏》四十卷沈重撰。

《周官礼义疏》十九卷

《周官礼义疏》十卷

《周官礼义疏》九卷

《周官分职》四卷

《周官礼图》十四卷梁有《郊祀图》二卷，亡。

《仪礼》十七卷郑玄注。

《仪礼》十七卷王肃注。梁有李轨、刘昌宗音各一卷，郑玄音二卷，亡。

《仪礼义疏见》二卷

《仪礼义疏》六卷

《丧服经传》一卷马融注。

《丧服经传》一卷郑玄注。

《丧服经传》一卷王肃注。

《丧服经传》一卷晋给事中袁准注。

《集注丧服经传》一卷晋庐陵太守孔伦撰。

《丧服经传》一卷陈铨注。

《集注丧服经传》一卷宋太中大夫裴松之撰。

《略注丧服经传》一卷雷次宗注。

《集注丧服经传》二卷宋丞相谘议参军蔡超宗注。

梁又有《丧服经传》一卷，宋徵士刘道拔注，亡。

《集解丧服经传》二卷齐东平太守田僧绍解。

《丧服义疏》二卷梁步兵校尉、五经博士贺瑒撰。梁又有《丧服经传义疏》五卷，齐散骑郎司马瓛撰；《丧服经传义疏》二卷，齐给事中楼幼瑜撰；《丧服经传义疏》一卷，刘瓛撰；《丧服经传义疏》一卷，齐徵士沈麟士撰。

《丧服经传义疏》一卷梁尚书左丞何冬之撰，亡。

《丧服传》一卷梁通直郎裴子野撰。

《丧服文句义疏》十卷陈国子助教皇侃撰。

《丧服义》十卷陈国子祭酒谢峤撰。

《丧服义钞》三卷梁有《丧服经传隐义》一卷，亡。

《丧服要记》一卷王肃注。

《丧服要记》一卷蜀丞相蒋琬撰。梁有《丧服变除图》五卷，吴齐王傅射慈撰，亡。

《丧服要集》二卷晋征南将军杜预撰。又有《丧服要记》二卷，晋侍中刘逵撰，亡。

《丧服仪》一卷晋太保卫瓘撰。梁有《丧服要》六卷，晋司空贺循撰；《丧服要问》六卷，刘德明撰；《丧服》三十一卷，宋员外郎散骑庾蔚之撰；《丧服要问》二卷，张耀撰；《丧服难问》六卷，崔凯撰；《丧服杂记》二十卷，伊氏撰；《丧服释疑》二十卷，孔智撰。亡。

《汉荆州刺史刘表新定礼》一卷

《丧服要略》一卷晋太学博士环济撰。

《丧服要略》二卷

《丧服制要》一卷徐氏撰。

《丧服谱》一卷郑玄注。

《丧服谱》一卷晋开府仪同三司蔡谟撰。

《丧服谱》一卷贺循撰。

《丧服变除》一卷晋散骑常侍葛洪撰。

《凶礼》一卷晋广陵相孔衍撰。

《丧服要记》十卷贺循撰。梁有《丧服要记》，宋员外常侍庾蔚之注；又《丧服世要》一卷，庾蔚之撰；《丧服集议》十卷，宋抚军司马费沉撰。

《丧服古今集记》三卷齐太尉王俭撰。

《丧服世行要记》十卷齐光禄大夫王逸撰。

《丧服答要难》一卷袁祈撰。

《丧服记》十卷王氏撰。

《丧服五要》一卷严氏撰。

《驳丧服经传》一卷卜氏传。

《丧服疑问》一卷樊氏撰。

《丧服图》一卷王俭撰。

《丧服图》一卷贺游撰。

《丧服图》一卷崔逸撰。梁有《丧服祥禫杂议》二十九卷，《丧服杂议故事》二十一卷，又《戴氏丧服五家要记图谱》五卷，《丧服君臣图仪》一卷，亡。

《五服图》一卷

《五服图仪》一卷

《丧服礼图》一卷

《五服略例》一卷

《丧服要问》一卷

《丧服问答目》十三卷皇侃撰。

《丧服假宁制》三卷

《丧礼五服》七卷大将军袁宪撰。

《论丧服决》一卷

《丧礼钞》三卷王隆伯撰。

《大戴礼记》十三卷汉信都王太傅戴德撰。梁有《谥法》三卷，后汉安南太守刘熙注。亡。

《夏小正》一卷戴德撰。

《礼记》十卷汉北中郎将卢植注。

《礼记》二十卷汉九江太守戴圣撰，郑玄注。

《礼记》三十卷王肃注。梁有《礼记》十二卷，业遵注，亡。

《礼记宁朔新书》八卷王懋约注。梁有二十卷。

《月令章句》十二卷汉左中郎将蔡邕撰。

《礼记音义隐》一卷谢氏撰。

《礼记音》二卷宋中散大夫徐爰撰。梁有郑玄、王肃、射慈、射贞、孙毓、缪炳音各一卷，蔡谟、东晋安北谘议参军曹躭、国子助教尹毅、李轨、员外郎范宣音各二卷，徐邈音三卷，刘昌宗音五卷，亡。

《礼记音义隐》七卷

《礼记》三十卷魏秘书监孙炎注。

《礼略》二卷

《礼记要钞》十卷缕氏撰。梁有《礼义》四卷，魏时中郑小同撰；《摭遗别记》一卷，楼幼瑜撰。亡。

《礼记新义疏》二十卷贺玚撰。梁有《义疏》三卷，宋豫章郡丞雷肃之撰，亡。

《礼记义疏》九十九卷皇侃撰。

《礼记讲疏》四十八卷皇侃撰。

《礼记义疏》四十卷沈重撰。

《礼记义》十卷何氏撰。

《礼记义疏》三十八卷

《礼记疏》十一卷

《礼记大义》十卷梁武帝撰。

《礼记文外大义》二卷秘书学士褚晖撰。

《礼大义》十卷

《礼记义证》十卷刘芳撰。

《礼大义章》七卷

《丧礼杂义》三卷

《礼记中庸传》二卷宋散骑常侍戴颙撰。

《中庸讲疏》一卷梁武帝撰。

《私记制旨中庸义》五卷

《礼记略解》十卷瘐氏撰。

《礼记评》十一卷刘隽撰。

《石渠礼论》四卷戴圣撰。梁有《群儒疑义》十二卷,戴圣撰。

《礼论》三百卷宋御史中丞何承天撰。

《礼论条牒》十卷宋太尉参军任预撰。

《礼论帖》三卷任预撰。梁四卷。

《礼论钞》二十卷庾蔚之撰。

《礼论要钞》十卷王俭撰。梁三卷。

《礼论要钞》一百卷贺瑒撰。

《礼论钞》六十九卷

《礼论要钞》十卷梁有齐御史中丞荀万秋《钞略》二卷;尚书仪曹郎丘季彬论五十八卷,议一百三十卷,统六卷。亡。

《礼论答问》八卷宋中散大夫徐广撰。

《礼论答问》十三卷徐广撰。

《礼答问》二卷徐广撰,残缺。梁十一卷。

《礼答问》六卷庾蔚之撰。

《礼答问》三卷王俭撰。梁有晋益寿令吴商《礼难》十二卷,《杂议》十二卷,又《礼议杂记故事》十三卷,《丧杂事》二十卷,宋光禄大夫傅隆议二卷,《祭法》五卷。亡。

《礼答问》十二卷

《礼杂问》十卷苍甯撰。

《礼答问》十卷何佟之撰。梁二十卷。

《礼杂问》十卷

《礼杂答问》八卷

《礼杂答问》六卷

《礼杂问答钞》一卷何佟之撰。

《问礼俗》十卷董勋撰。

《问礼俗》九卷董子弘撰。

《答问杂仪》二卷任预撰。

《礼义答问》八卷王俭撰。

《礼疑义》五十二卷梁护军周舍撰。

《制旨革牲大义》三卷梁武帝撰。

《礼乐义》十卷

《礼秘义》三卷

《三礼目录》一卷郑玄撰。梁有陶弘景注一卷。亡。

《三礼义宗》三十卷崔灵恩撰。

《三礼宗略》二十卷元延明撰。

《三礼大义》十三卷

《三礼大义》四卷

《三礼杂大义》三卷梁有《司马法》三卷，《李氏训记》三卷；又《郊丘议》三卷，魏太尉蒋济撰；《祭法》五卷，又《明堂议》三卷，王肃撰；《杂祭法》六卷，晋司空中郎卢谌撰；《祭典》三卷，晋安北将军范汪撰；《七庙议》一卷，又《后养议》五卷，于宝撰；《杂乡射等议》三卷，晋太尉庾亮撰；《逆降义》三卷，宋特进颜延之撰；《逆降义》一卷，田僧绍撰；《分明士制》三卷，何承天撰；《释疑》二卷，郭鸿撰；《答问》四卷，徐广撰；《答问》五十卷，何胤撰；又《答问》十卷。亡。

《三礼图》九卷郑玄及后汉侍中阮谌等撰。

《周室王城明堂宗庙图》一卷祁谌撰。梁又有《冠服图》一卷，《五宗图》一卷，《月令图》一卷，亡。

右一百三十六部，一千六百二十二卷。通计亡书，二百一十一部，二千一百八十六卷。

自大道既隐，天下为家，先王制其夫妇、父子、君臣、上下、亲疏之节。至于三代，损益不同。周衰，诸侯僭忒，恶其害己，多被焚削。自孔子时，已不能具，至秦而顿灭。汉初，有高堂生传《十七篇》，又有古经，出于淹中，而河间献王，好古爱学，收集余烬，得而献之，合五十六篇，并威仪之事。而又得《司马穰苴兵法》一百五十五篇，及《明堂阴阳》之记，并无敢传之者。唯古经十七篇，与高堂生所传不殊，而字多异。自高堂生，至宣帝时后苍，最明其业，乃为《曲台记》。苍授梁人戴德，及德从兄子圣、沛人庆普，于是有大戴、小戴、庆氏，

三家并立。后汉唯曹元传庆氏，以授其子褒，然三家虽存并微，相传
不绝。汉末，郑玄传小戴之学，后以古经校之，取其于义长者作注，
为郑氏学。其《丧服》一篇，子夏先传之，诸儒多为注解，今又别行。
而汉时有李氏得《周官》。《周官》盖周公所制官政之法，上于河间献
王，独阙《冬官》一篇。献王购以千金不得，遂取《考工记》以补其处，
合成六篇奏之。至王莽时，刘歆始置博士，以行于世。河南缑氏及
杜子春受业于歆，因以教授。是后马融作《周官传》，以授郑玄，玄作
《周官注》。汉初，河间献王又得仲尼弟子及后学者所记，一百三十
一篇献之，时亦无传之者。至刘向考校经籍，检得一百三十篇，向因
第而叙之。而又得《明堂阴阳记》三十三篇，《孔子三朝记》七篇，《王
氏史氏记》二十一篇，《乐记》二十三篇，凡五种，合二百十四篇。戴
德删其烦重，合而记之，为八十五篇，谓之《大戴记》。而戴圣又删大
戴之书，为四十六篇，谓之《小戴记》。汉末马融，遂传小戴之学。融
又足《月令》一篇，《明堂位》一篇，《乐记》一篇，合四十九篇。而郑玄
受业于融，又为之注。今《周官》六篇，古经十七篇，《小戴记》四十九
篇，凡三种。唯《郑注》立于国学，其余并多散亡，又无师说。

《乐社大义》十卷梁武帝撰。

《乐论》三卷梁武帝撰。梁有《乐义》十一卷，武帝集朝臣撰，亡。

《乐论》一卷卫尉少卿萧吉撰。

《古今乐录》十二卷陈沙门智匠撰。

《乐书》七卷后魏丞相士曹行参军信都芳撰。

《乐杂书》三卷

《乐元》一卷魏僧撰。

《管弦记》十卷凌秀撰。

《乐要》一卷何妥撰。

《乐部》一卷

《春官乐部》五卷梁有《宋元嘉正声伎录》一卷，张解撰。亡。

《乐府声调》六卷岐州刺史、沛国公郑译撰。

《乐府声调》三卷郑译撰。

《乐经》四卷

《琴操》三卷晋广陵相孔衍撰。

《琴操钞》二卷

《琴操钞》一卷

《琴谱》四卷戴氏撰。

《琴经》一卷

《琴说》一卷

《琴历头簿》一卷

《新杂漆调弦谱》一卷

《乐谱》四卷

《乐谱集》二十卷萧吉撰。

《乐略》四卷

《乐律义》四卷沈重撰。

《钟律义》一卷

《乐簿》十卷

《齐朝曲簿》一卷

《大隋总曲簿》一卷

《推七音》二卷并尺法。

《乐论事》一卷

《乐事》一卷

《正声伎杂等曲簿》一卷

《太常寺曲名》一卷

《太常寺曲簿》十一卷

《歌曲名》五卷

《历代乐名》一卷

《钟磬志》二卷公孙崇撰。

《乐悬》一卷何晏等撰议。

《乐悬图》一卷

《钟律纬辩宗见》一卷

《当管七声》二卷魏僧撰。

《黄钟律》一卷梁有《钟律纬》六卷，梁武帝撰，亡。

右四十二部，一百四十二卷。通计亡书，合四十六部，二百六十三卷。

乐者，先王所以致神祇，和邦国，谐万姓，安宾客，悦远人，所从来久矣。周人存六代之乐，曰《云门》、《咸池》、《大韶》、《大夏》、《大濩》、《大武》。其后衰微崩坏，及秦而顿灭。汉初，制氏虽纪其铿锵鼓舞，而不能通其义。其后窦公、河间献王、常山王、张禹，咸献《乐书》。魏、晋已后，虽加损益，去正转远，事在《声乐志》。今录其见书，以补乐章之阙。

《春秋经》十一卷吴卫将军士燮注。

《春秋左氏长经》二十卷汉侍中贾逵章句。

《春秋左氏解诂》三十卷贾逵撰。

《春秋左氏传解谊》三十一卷汉九江太守服虔注。

《春秋左氏传》三十卷王肃注。

《春秋左氏传》三十卷董遇章句。

《春秋左氏传义注》十八卷孙毓注。

《春秋左氏传》十二卷魏司徒王朗撰。

《春秋左氏经传集解》三十卷杜预撰。

《春秋杜氏、服氏注春秋左传》十卷残缺。

《春秋左氏传音》三卷魏中散大夫嵇康撰。梁有服虔、杜预音三卷，魏高贵乡公《春秋左氏传音》三卷，曹耽音、尚书左人郎荀讷等音四卷，亡。

《春秋左氏传音》三卷李轨撰。

《春秋左氏传音》三卷徐邈撰。

《春秋释训》一卷贾逵撰。

《春秋左氏经传朱墨列》一卷贾逵撰。

《春秋释例》十卷汉公车徵士颖容撰。梁有《春秋左氏传条例》九卷，汉大司农郑众撰。

《春秋左氏膏肓释痾》十卷服虔撰。梁有《春秋汉议驳》二卷,服虔撰。亡。

《驳何氏汉议》二卷郑玄撰。

《春秋成长说》九卷服虔撰。梁有《春秋左氏达义》一卷,汉司徒掾王玢撰。亡。

《春秋塞难》三卷服虔撰。梁有《春秋杂议难》五卷,汉少府孔融撰;《春秋左氏释驳》一卷,王朗撰。亡。

《春秋说要》十卷魏乐平太守糜信撰。

《春秋释例》十五卷杜预撰。梁有《春秋释例引序》一卷,齐正员郎杜乾光撰,亡。

《春秋左氏传评》二卷杜预撰。

《春秋条例》十一卷晋太尉刘寔撰。梁有《春秋公羊达义》,三卷,刘寔撰。亡。

《春秋经例》十二卷晋方范撰。梁有《春秋释滞》十卷,晋尚书左丞殷兴撰。《春秋释难》三卷,晋护军范坚撰。亡。

《春秋左氏传条例》二十五卷

《春秋义例》十卷

《春秋左传例苑》十九卷梁有《春秋经传说例疑隐》一卷,吴略撰。《春秋左氏分野》一卷,《春秋十二公名》一卷,

郑玄撰。亡。

《春秋左氏经传通解》四卷王述之撰。

《春秋左氏传贾、服异同略》五卷孙毓撰。

《春秋左氏函传义》十五卷于宝撰。

《春秋左氏区别》三十卷宋尚书功论郎何贺真撰。

《春秋文苑》六卷

《春秋丛林》十二卷

《春秋义林》一卷

《春秋大夫辞》三卷

《春秋嘉语》六卷

《春秋左氏诸大夫世谱》十三卷

《春秋五辩》二卷梁五经博士沈宏撰。

《春秋辩证》六卷

《春秋旨通》十卷王述之撰。

《春秋经传解》六卷崔灵恩撰。

《春秋申先儒传论》十卷崔灵恩撰。

《春秋左氏传立义》十卷崔灵恩撰。

刘寔等《集解春秋序》一卷

《春秋序论》二卷于宝撰。

《春秋序》一卷贺道养注。

《春秋序》一卷崔灵恩撰。

《春秋序》一卷田元休注。

《春秋左传杜预序集解》一卷刘炫注。

《春秋左氏经传义略》二十五卷陈国子博士沈文阿撰。

《王元规续沈文阿春秋左氏传义略》十卷

《春秋义略》三十卷陈右军将军张冲撰。

《春秋左氏义略》八卷

《春秋五十凡义疏》二卷

《春秋左氏传述义》四十卷东京太学博士刘炫撰。

《春秋序义疏》一卷梁有《春秋发题》一卷,梁简文帝撰。《春秋左氏图》十卷,汉太子太傅严彭祖撰。《古今春秋盟会地图》一卷。亡。

《春秋公羊传》十二卷严彭祖撰。

《春秋公羊解诂》十一卷汉谏议大夫何休注。

《春秋公羊经传》十三卷晋散骑常侍王愆期注。梁有《春秋公羊传》十二卷,晋河南太守高龙注。《春秋公羊传》十四卷,孔衍集解。《春秋公羊音》,李轨、晋徵士江淳撰,各一卷。

《春秋繁露》十七卷汉胶西相董仲舒撰。

《春秋决事》十卷董仲舒撰。

《春秋决疑论》一卷

《春秋左氏膏肓》十卷何休撰。

《春秋谷梁废疾》三卷何休撰。

《春秋汉议》十三卷何休撰。

《驳何氏汉议》二卷郑玄撰。梁有《汉议驳》二卷，服虔撰。亡。

《驳何氏汉议叙》一卷

《春秋公羊墨守》十四卷何休撰。

《春秋公羊例序》五卷刁氏撰。

《春秋公羊谥例》一卷何休撰。梁有《春秋公羊传条例》一卷，何休撰；
《春秋公羊传问答》五卷，荀爽问，魏安平太守徐钦答。《春秋公羊论》二卷，晋
车骑将军庾翼问，王愆期答。亡。

《春秋公羊解序》一卷鲜于公撰。

《春秋公羊疏》十二卷

《春秋谷梁传》十三卷吴仆射唐固注。梁有《春秋谷梁传》十五卷，汉
谏议大夫尹更始撰。亡。

《春秋谷梁传》十二卷魏平乐太守糜信注。

《谷梁传》十卷晋堂邑太守张靖注。梁有《春秋谷梁传》十三卷，晋给事
郎徐乾注。《春秋谷梁传》十卷，胡讷集解。亡。

《春秋谷梁传》十六卷程阐撰。

《春秋谷梁传》十四卷孔衍撰。

《春秋谷梁传》十二卷徐邈撰。

《春秋谷梁传》十四卷段肃注，疑汉人。

《春秋谷梁传》五卷孔君指训，残缺。梁十四卷。

《春秋谷梁传》十二卷范甯集解。梁有《谷梁音》一卷，亡。

《春秋谷梁传》四卷残缺，张、程、孙、刘四家集解。

糜信《理何氏汉议》二卷魏人撰。

《春秋谷梁传义》十卷徐邈撰。

《春秋议》十卷何休撰。

徐邈答《春秋谷梁义》三卷

薄叔玄《问谷梁义》二卷梁四卷。

《春秋谷梁传例》一卷范宁撰。

《春秋公羊、谷梁传》十二卷晋博士刘兆撰。

《春秋谷梁废疾》三卷何休撰，郑玄释，张靖笺。

《春秋公羊、谷梁二传评》三卷

《春秋三家经本训诂》十二卷贾逵撰。宋有《三家经》二卷。亡。

《春秋三传论》十卷魏大长秋韩益撰。

《春秋经合三传》十卷潘叔度撰。

《春秋成夺》十卷潘叔庆撰。

《春秋三传评》十卷胡讷撰。梁有《春秋集三师难》三卷，《春秋集三传经解》十卷，胡讷撰。今亡。

《春秋土地名》三卷晋裴秀客京相璠等撰。

《春秋外传国语》二十卷贾逵注。

《春秋外传国语》二十一卷虞翻注。

《春秋外传章句》一卷王肃撰。梁二十一卷。

《春秋外传国语》二十二卷韦昭注。

《春秋外传国语》二十卷晋五经博士孔晁注。

《春秋外传国语》二十一卷唐固注。梁有《春秋古今盟会地图》一卷，亡。

右九十七部，九百八十三卷。通计亡书，合一百三十部，一千一百九十二卷。

《春秋》者，鲁史策书之名。昔成周微弱，典章沦废，鲁以周公之故，遗制尚存。仲尼因其旧史，裁而正之，或婉而成章，以存大顺，或直书其事，以示首恶。故有求名而亡，欲盖而彰，乱臣贼子，于是大惧。其所褒贬，不可具书，皆口授弟子。弟子退而异说，左丘明恐失其真，乃为之传。遭秦灭学，口说尚存。汉初，有公羊、谷梁、邹氏、夹氏，四家并行。王莽之乱，邹氏无师，夹氏亡。初齐人胡母子都，传《公羊春秋》，授东海嬴公。嬴公授东海孟卿，孟卿授鲁人眭孟，眭孟授东海严彭祖、鲁人颜安乐。故后汉《公羊》有严氏、颜氏之学，与谷梁三家并立。汉末，何休又作《公羊解说》。而《左氏》，汉初出于张苍之家，本无传者。至文帝时，梁太傅贾谊为训诂，授赵人贯公。其后刘歆典校经籍，考而正之，欲立于学，诸儒莫应。至建武中，尚书令韩歆请立而未行。时陈元最明《左传》，又上书讼之。于是乃以魏郡李封为《左氏》博士。后群儒蔽固者，数廷争之。及封卒，遂罢。然诸儒传《左氏》者甚众。永平中，能为《左氏》者，擢高第为讲郎。其后贾逵、服虔并为训解。至魏，遂行于世。晋时，杜预又为《经传集解》。《谷梁》范宁注、《公羊》何休注、《左氏》服虔、杜预注，俱立国学。然《公羊》、《谷梁》，但试读文，而不能通其义。后学三传通讲，而《左氏》唯传服义。至隋，杜氏盛行，服义及《公羊》、《谷梁》浸微，今殆无师说。

《古文孝经》一卷孔安国传。梁末亡逸，今疑非古本。

《孝经》一卷郑氏注。梁有马融、郑众注《孝经》二卷，亡。

《孝经》一卷王肃解。梁有魏散骑常侍苏林，吏部尚书何晏，光禄大夫刘邵、孙氏等注《孝经》各一卷，亡。

《孝经解赞》一卷韦昭解。

《孝经默注》一卷徐整注。

《集解孝经》一卷谢万集。

《集议孝经》一卷晋中书郎荀勖撰。亡。

《集议孝经》一卷晋东阳太守袁敬仲集。梁有《孝经皇义》一卷，宋均撰。又有晋给事中杨泓，处士虞槃佐、孙氏，东阳太守殷仲文，晋陵太守殷叔道，丹阳尹车胤，孔光各注《孝经》一卷。荀勖注《孝经》二卷。宋何承天、费沈，齐光禄大夫王玄载，国子博士明僧绍，梁五经博士严植之，尚书功论郎曹思文，羽林监江系之，江逊等注《孝经》各一卷。释慧始注《孝经》一卷。陶弘景《集注孝经》一卷。诸葛循《孝经序》一卷。亡。

《孝经》一卷释慧琳注。梁有晋穆帝时《晋孝经》一卷，武帝时《送总明馆孝经讲》、《议》各一卷，宋大明中《东宫讲》，齐永明三年《东宫讲》，齐永明中《诸王讲》及贺玚讲、议《孝经义疏》各一卷，齐临沂令李玉之为始兴王讲《孝经义疏》二卷，亡。

《孝经义疏》十八卷梁武帝撰。梁有皇太子讲《孝经义》三卷，天监八年皇太子讲《孝经义》一卷，梁简文《孝经义疏》五卷，萧子显《孝经义疏》一卷，亡。

《孝经敬爱义》一卷梁吏部尚书萧子显撰。

《孝经私记》四卷无名先生撰。

《孝经义》一卷

《孝经义疏》一卷赵景韶撰。

《孝经义疏》三卷皇侃撰。

《孝经私记》二卷周弘正撰。

《千文孝经述义》五卷刘炫撰。

《孝经讲疏》六卷徐孝克撰。

《孝经义》一卷梁扬州文学从事太史叔明撰。梁有《孝经玄》、《孝经图》各一卷，《孝经孔子图》二卷，亡。

《国语孝经》一卷

右十八部，合六十三卷。通计亡书，合五十九部，一百一十四卷。

夫孝者，天之经，地之义，人之行。自天子达于庶人，虽尊卑有差，及乎行孝，其义一也。先王因之以治国家，化天下，故能不严而顺，不肃而成。斯实生灵之至德，王者之要道。孔子既叙六经，题目不同，指意差别，恐斯道离散，故作《孝经》，以总会之，明其枝流虽分，本萌于孝者也。遭秦焚书，为河间人颜芝所藏。汉初，芝子贞出之，凡十八章，而长孙氏、博士江翁、少府后苍、谏议大夫翼奉、安昌侯张禹，皆名其学。又有《古文孝经》，与《古文尚书》同出，而长孙有《闺门》一章，其余经文，大较相似，篇简缺解，又有衍出三章，并前合为二十二章，孔安国为之传。至刘向典校经籍，以颜本比古文，除其繁惑，以十八章为定。郑众、马融，并为之注。又有郑氏注，相传或云郑玄，其立义与玄所注余书不同，故疑之。梁代，安国及郑氏二家，并立国学，而安国之本，亡于梁乱。陈及周、齐，唯传郑氏。至隋，秘书监王劭于京师访得《孔传》，送至河间刘炫。炫因序其得丧，述其议疏，讲于人间，渐闻朝廷，后遂著令，与郑氏并立。儒者喧喧，皆云炫自作之，非孔旧本，而秘府又先无其书。又云魏氏迁洛，未达华语,孝文帝命侯伏侯可悉陵,以夷言译《孝经》之旨,教于国人,谓之《国语孝经》。令取以附此篇之末。

《论语》十卷郑玄注。梁有《古文论语》十卷,郑玄注。又王肃、虞翻、谯周等注《论语》各十卷。亡。

《论语》九卷郑玄注,晋散骑常侍虞喜赞。

《集解论语》十卷何晏集。

《集注论语》六卷晋八卷,晋太保卫瓘注。梁有《论语补阙》二卷,宋明帝补卫瓘阙,亡。

《论语集义》八卷晋尚书左中兵郎崔豹集。梁十卷。

《论语》十卷晋著作郎李充注。

《集解论语》十卷晋廷尉孙绰解。梁有盈氏及孟厘注《论语》各十卷,亡。

《集解论语》十卷晋衮州别驾江熙解。

《论语》七卷卢氏注。梁有晋国子博士梁觊、益州刺史袁乔、尹毅、司徒左长史张冯及阳惠明、宋新安太守孔澄之、齐员外郎虞遐及许容、曹思文注,释僧智略解,梁太史叔明集解,陶弘景集注《论语》各十卷。又《论语音》二卷,徐邈等撰。亡。

《论语难郑》一卷梁有《古论语义注谱》一卷,徐氏撰;《论语隐义注》三卷,《论语义注》三卷。亡。

《论语难郑》一卷

《论语标指》一卷司马氏撰。

《论语杂问》一卷

《论语孔子弟子目录》一卷郑玄撰。

《论语体略》二卷晋太傅主簿郭象撰。

《论语旨序》三卷晋卫尉缪播撰。

《论语释疑》三卷王弼撰。

《论语释》一卷张凭撰。

《论语释疑》十卷晋尚书郎栾肇撰。梁有《论语释驳》三卷,王肃撰;《论语驳序》二卷,栾肇撰;《论语隐》一卷,郭象撰;《论语藏集解》一卷,应琛撰;

《论语释》一卷,曹毗撰;《论语君子无所争》一卷,庾亮撰;《论语释》一卷,李充撰;《论语释》一卷,庾翼撰;《论语义》一卷,王濛撰;又蔡系《论语释》一卷,张隐《论语释》一卷郗原《通郑》一卷,王氏《修郑错》一卷,姜处道《论释》一卷。亡。

《论语别义》十卷范廙撰。梁有《论语疏》八卷,宋司空法曹张略等撰。《新书对张论》十卷,虞喜撰。

《论语义疏》十卷褚仲都撰。

《论语义疏》十卷皇侃撰。

《论语述义》十卷刘炫撰。

《论语义疏》八卷

《论语讲疏文句义》五卷徐孝克撰,残缺。

《论语义疏》二卷张冲撰。梁有《论语义注图》十二卷,亡。

《孔丛》七卷陈胜博士孔鲋撰。梁有《孔志》十卷,梁太尉参军刘被撰,亡。

《孔子家语》二十一卷王肃解。梁有《当家语》二卷,魏博士张融撰,亡。

《孔子正言》二十卷梁武帝撰。

《尔雅》三卷汉中散大夫樊光注。梁有汉刘歆,犍为文学、中黄门李巡《尔雅》各三卷,亡。

《尔雅》七卷孙炎注。

《尔雅》五卷郭璞注。

《集注尔雅》十卷梁黄门郎沈璇注。

《尔雅音》八卷秘书学士江崔撰。梁有《尔雅音》二卷,孙炎、郭璞撰。

《尔雅图》十卷郭璞撰。梁有《尔雅图赞》二卷,郭璞撰,亡。

《广雅》三卷魏博士张揖撰。梁有四卷。

《广雅音》四卷秘书学士曹宪撰。

《小尔雅》一卷李轨略解。

《方言》十三卷汉扬雄撰。郭璞注。

《释名》八卷刘熙撰。

《辩释名》一卷韦昭撰。

《五经音》十卷徐邈撰。

《五经正名》十二卷刘炫撰。

《白虎通》六卷

《五经异义》十卷后汉太尉祭酒许慎撰。

《五经然否论》五卷晋散骑常侍谯周撰。

《五经拘沈》十卷晋高凉太守杨方撰。

《五经大义》三卷戴逵撰。梁有《通五经》五卷，王氏撰；《五经咨疑》八卷，周杨撰；《五经异同评》一卷，贺玚撰；《五卷秘表要》三卷。亡。

《五经大义》十卷后周县伯中大夫樊文深撰。

《经典大义》十二卷沈文阿撰。

《五经大义》五卷何妥撰。

《五经通义》八卷梁九卷。

《五经义》六卷梁七卷。梁又有《五经义略》一卷，亡。

《五经要义》五卷梁十七卷，雷氏撰。

《五经析疑》二十八卷邯郸绰撰。

《五经宗略》二十三卷元延明撰。

《五经杂义》六卷孙畅之撰。

《长春义记》一百卷梁简文帝撰。

《大义》九卷

《游玄桂林》九卷张机撰。

《六经通数》十卷梁舍人鲍泉撰。

《七经义纲》二十九卷樊文深撰。

《七经论》三卷樊文深撰。

《质疑》五卷樊文深撰。

《经典玄儒大义序录》二卷沈文阿撰。

《玄义问答》二卷

《六艺论》一卷郑玄撰。

《圣证论》十二卷王肃撰。

《郑志》十一卷魏侍中郑小同撰。

《郑记》六卷郑玄弟子撰。

《谥法》三卷刘熙撰。

《谥法》十卷特进中军将军沈约撰。

《谥法》五卷梁太府贺玚撰。

《江都集礼》一百二十六卷

右七十三部，七百八十一卷。通计亡书，合一百一十六部，一千二十七卷。

《论语》者，孔子弟子所录。孔子既叙六经，讲于洙、泗之上，门徒三千，达者七十。其与夫子应答，及私相讲肄，言合于道，或书之于绅，或事之无厌。仲尼既没，遂缉而论之，谓之《论语》。汉初，有齐、鲁之说。其齐人传者，二十二篇；鲁人传者，二十篇。齐则昌邑中尉王吉、少府宗畸、御史大夫贡禹、尚书令五鹿充宗、胶东庸生。鲁则常山都尉龚奋、长信少府夏侯胜、韦丞相节侯父子、鲁扶卿、前将军萧望之、安昌侯张禹，并名其学。张禹本授《鲁论》，晚讲《齐论》，后遂合而考之，删其烦惑。除去《齐论》《问王》、《知道》二篇，从《鲁论》二十篇为定，号《张侯论》，当世重之。周氏、包氏，为之章句，马融又为之训。又有古《论语》，与《古文尚书》同出，章句烦省，与《鲁论》不异，唯分《子张》为二篇，故有二十一篇。孔安国为之传。汉末，郑玄以《张侯论》为本，参考《齐论》、古《论》而为之注。魏司空陈群、太常王肃、博士周生烈，皆为义说。吏部尚书何晏，又为集解。是后诸儒多为之注，《齐论》遂亡。古《论》先无师说，梁、陈之时，唯郑玄、何晏立于国学，而郑氏甚微。周、齐，郑学独立。至隋，何、郑并行，郑氏盛于人间。其《孔丛》、《家语》，并孔氏所传仲尼之旨。《尔雅》诸书，解古今之意，并五经总义，附于此篇。

《河图》二十卷梁《河图洛书》二十四卷，目录一卷，亡。

《河图龙文》一卷

《易纬》八卷郑玄注，梁有九卷。

《尚书纬》三卷郑玄注，梁六卷。

《尚书中候》五卷郑玄注。梁有八卷，今残缺。

《诗纬》十八卷魏博士宋均注。梁十卷。

《礼纬》三卷郑玄注，亡。

《礼记默房》二卷宋均注。梁有三卷，郑玄注，亡。

《乐纬》三卷宋均注。梁有《乐五鸟图》一卷，亡。

《春秋灾异》十五卷郗萌撰。梁有《春秋纬》三十卷，宋均注；《春秋内事》四卷，《春秋包命》二卷，《春秋秘事》十一卷，《书、易、诗、孝经、春秋、河洛纬秘要》一卷，《五帝钩命决图》一卷。亡。

《孝经勾命决》六卷宋均注。

《孝经援神契》七卷宋均注。

《孝经内事》一卷梁有《孝经杂纬》十卷，宋均注；《孝经元命包》一卷，《孝经古秘援神》二卷，《孝经古秘图》一卷，《孝经左右握》二卷，《孝经左右契图》一卷，《孝经雌雄图》三卷，《孝经异本雌雄图》二卷，《孝经分野图》一卷，《孝经内事图》二卷，《孝经内事星宿讲堂七十二弟子图》一卷，又《口授图》一卷；又《论语谶》八卷，宋均注，《孔老谶》十二卷，《老子河路谶》一卷，《尹公谶》四卷，刘向谶一卷，《杂老书》二十九卷，《尧戒舜、禹》一卷，《孔子王明镜》一卷，《郭文金雄记》一卷，《王子年歌》一卷，《嵩高道士歌》一卷。亡。

右十三部，合九十二卷。通计亡书，合三十二部，共二百三十二卷。

《易》曰："河出图，洛出书。"然则圣人之受命也，必因积德累业，丰功厚利，诚著天地，泽被生人，万物之所归往，神明之所福飨，则有天命之应。盖龟龙御负，出于河、洛，以纪易代之徵，其理幽昧，究极神道。先王恐其惑人，秘而不传。说者又云，孔子既叙六经，以明天人之道，知后世不能稽同其意，故别立纬及谶，以遗来世。其书出于前汉，有《河图》九篇，《洛书》六篇，云自黄帝至周文王所受本文。又别有三十篇，云自初起至于孔子，九圣之所增演，以广其意。又有《七经纬》三十六篇，并云孔子所作，并前合为八十一篇。而又有《尚书中候》、《洛罪级》、《五行传》、《诗推度灾》、《氾历枢》、《含神务》、《孝经勾命决》、《援神契》、《杂谶》等书。汉代有郗氏、袁氏说。汉末，郎中郗萌，集图纬谶杂占为五十篇，谓之《春秋灾异》。宋均、郑玄，并为郗律之注。然其文辞浅俗，颠倒舛谬，不类圣人之旨。相传疑世人造为之后，或者又加点窜，非其实录。起王莽好符命，光武以图谶兴，遂盛行于世。汉时，又诏东平王苍，正五经章句，皆命从谶。俗儒趋时，益为其学，篇卷第目，转加增广。言五经者，皆凭谶为说。唯孔安国、毛公、王璜、贾逵之徒独非之，相承以为妖妄，乱中庸之典。故因汉鲁恭王、河间献王所得古文，参而考之，以成其义，谓之"古学"。当世之儒，又非毁之，竟不得行。魏代王肃，推引古学，以难其义。王弼、杜预，从而明之，自是古学稍立。至宋大明中，始禁图谶，梁天监已后，又重其制。及高祖受禅，禁之逾切。炀帝即位，乃发使四出，搜天下书籍与谶纬相涉者，皆焚之，为吏所纠者至死。自是无复其学，秘府之内，亦多散亡。今录其见存，列于六经之下，以备异说。

《三苍》三卷郭璞注。秦相李斯作《苍颉篇》，汉扬雄作《训纂篇》，后汉郎中贾鲂作《滂喜篇》，故曰《三苍》。梁有《苍颉》二卷，后汉司空杜林注，亡。

《埤苍》三卷张揖撰。梁有《广苍》一卷，樊恭撰，亡。

《急就章》一卷汉黄门令史游撰。

《急就章》二卷崔浩撰。

《急就章》三卷豆卢氏撰。

《吴章》二卷陆机撰。

《小学篇》一卷晋下邳内史王义撰。

《少学》九卷杨方撰。

《始学》一卷

《劝学》一卷蔡邕撰。有司马相如《凡将篇》，班固《太甲篇》、《在昔篇》，崔瑗《飞龙篇》，蔡邕《圣皇篇》、《黄初篇》、《吴章篇》，蔡邕《女史篇》，合八卷；又《幼学》二卷，朱育撰；《始学》十二卷，吴朗中项峻撰；又《月仪》十二卷。亡。

《发蒙记》一卷晋著作郎束皙撰。

《启蒙记》三卷晋散骑常侍顾恺之撰。

《启疑记》三卷顾恺之撰。

《千字文》一卷梁给事郎周兴嗣撰。

《千字文》一卷梁国子祭酒萧子云注。

《千字文》一卷胡肃注。

《篆书千字文》一卷

《演千字文》五卷

《草书千字文》一卷

《古今字诂》三卷张揖撰。梁有《难字》一卷,《错误字》一卷,并张揖撰;《异字》二卷,朱育撰;《字属》一卷,贾鲂撰。亡。

《杂字解诂》四卷魏掖庭右丞周氏撰。梁有《解文字》七卷,周成撰;《字义训音》六卷,《古今字苑》十卷,曹侯彦撰。亡。

《杂字指》一卷后汉太子中庶子郭显卿撰。

《字指》二卷晋朝议大夫李彤撰。梁有《单行字》四卷,李彤撰;又《字偶》五卷。亡。

《说文》十五卷许慎撰。梁有《演说文》一卷,庾俨默注。亡。

《说文音隐》四卷

《字林》七卷晋弦令吕忱撰。

《字林音义》五卷宋扬州督护吴恭撰。

《古今字书》十卷

《字书》三卷

《字书》十卷

《字统》二十一卷杨承庆撰。

《玉篇》三十一卷陈左将军顾野王撰。

《字类叙评》三卷侯洪伯撰。

《要字苑》一卷宋豫章太守谢康乐撰。梁有《常用字训》一卷,殷仲堪撰;《要用字对误》四卷,梁轻车参军邹诞生撰,亡。

《要用杂字》三卷邹里撰。梁有《文字要记》三卷,王义撰,亡。

《俗语难字》一卷秘书少监王劭撰。

《杂字要》三卷密州行参军李少通撰。

《文字整疑》一卷

《正名》一卷

《文字集略》六卷梁文贞处士阮孝绪撰。

《今字辩疑》三卷李少通撰。

《异字同音》一卷梁有《释字同音》三卷，宋散骑常侍吉文甫撰。

字宗三卷薛立撰。

《文字谱》一卷梁有《古今文字序》一卷，刘歆撰；《文字统略》一卷，焦子明撰。亡。

《文字辩嫌》一卷彭立撰。

《辩字》一卷戴规撰。

《杂字音》一卷

《借音字》一卷

《音书考源》一卷

《声韵》四十一卷周研撰。

《声类》十卷魏左校令李登撰。

《韵集》十卷

《韵集》六卷晋安复令吕静撰。

《四声韵林》二十八卷张谅撰。

《韵集》八卷段弘撰。

《群玉典韵》五卷梁有《文章音韵》二卷，王该撰；又《五音韵》五卷，亡。

《韵略》一卷杨休之撰。

《修续音韵决疑》十四卷李槩撰。

《纂韵钞》十卷

《四声指归》一卷刘善经撰。

《四声》一卷梁太子少傅沈约撰。

《四声韵略》十三卷夏侯咏撰。

《音谱》四卷李槩撰。

《韵英》三卷释静洪撰。

《通俗文》一卷服虔撰。

《训俗文字略》一卷后齐黄门郎颜之推撰。

《证俗音字略》六卷梁有《诂幼》二卷，颜延之撰；《广诂幼》一卷，宋给事中荀楷撰。亡。

《文字音》七卷晋荡昌长王延撰。梁有《纂文》三卷,亡。

《翻真语》一卷王延撰。

《真言鉴诫》一卷

《字书音同异》一卷

《叙同音义》三卷

《河洛语音》一卷王长孙撰。

《国语》十五卷

《国语》十卷

《鲜卑语》五卷

《国语物名》四卷后魏侯伏侯可悉陵撰。

《国语真歌》十卷

《国语杂物名》三卷侯伏侯可悉陵撰。

《国语十八传》一卷

《国语御歌》十一卷

《鲜卑语》十卷

《国语号令》四卷

《国语杂文》十五卷

《鲜卑号令》一卷周武帝撰。

《杂号令》一卷

《古文官书》一卷后汉议郎卫敬仲撰。

《古今奇字》一卷郭显卿撰。

《六文书》一卷

《四体书势》一卷晋长水校尉卫恒撰。

《杂体书》九卷释正度撰。

《古今八体六文书法》一卷

《古今篆隶杂字体》一卷萧子政撰。

《古今文等书》一卷

《篆隶杂体书》二卷

《文字图》二卷

《古今字图杂录》一卷秘书学士曹宪撰。

《婆罗门书》一卷梁有《扶南胡书》一卷。

《外国书》四卷

《秦皇东巡会稽刻石文》一卷

《一字石经周易》一卷梁有三卷。

《一字石经尚书》六卷梁有《今字石经郑氏尚书》八卷，亡。

《一字石经鲁诗》六卷梁有《毛诗》二卷，亡。

《一字石经仪礼》九卷

《一字石经春秋》一卷梁有一卷。

《一字石经公羊传》九卷

《一字石经论语》一卷梁有二卷。

《一字石经典论》一卷

《三字石经尚书》九卷梁有十三卷。

《三字石经尚书》五卷

《三字石经春秋》三卷梁有十二卷。

右一百八部，四百四十七卷。通计亡书，合一百三十止部，五百六十九卷。

孔子曰："必也正名乎？"名谓书字。"名不正则言不顺，言不顺则事不成。"说者以为书之所起，起自黄帝苍颉。比类象形谓之文，形声相益谓之字，著于竹帛谓之书。故有象形、谐声、会意、转注、假借、处事六义之别。古者童子示而不诳，六年教之数与方名。十岁入小学，学书计。二十而冠，始习先王之道，故能成其德而任事。然自苍颉讫于汉初，书经五变：一曰古文，即苍颉所作。二曰大篆，周宣王时史籀所作。三曰小篆，秦时李斯所作。四曰隶书，程邈所作。五曰草书，汉初作。秦世既废古文，始用八体，有大篆、小篆、刻符、摹印、虫书、署书、殳书、隶书。汉时以六体教学童，有古文、奇字、篆书、隶书、缪篆、虫鸟，并藁书、楷书、悬针、垂露、飞白等二十余种之势，皆出于上六书，因事生变也。魏世又有八分书，其字义训读，有《史籀篇》、《苍颉篇》、《三苍》、《埤苍》《广苍》等诸篇章，训诂、《说文》、《字林》、音义、声韵、体势等诸书。自后汉佛法行于中国，又得西域胡书，能以十四字贯一切音，文省而义广，谓之婆罗门书。与八体六文之义殊别。今取以附体势之下。又后魏初定中原，军容号令，皆以夷语。后染华俗，多不能通，故录其本言，相传教习，谓之"国语"。今取以附音韵之末。又后汉镌刻七经，著于石碑，皆蔡邕所书。魏正始中，又立一字石经，相承以为七经正字。后魏之末，齐神武执政，自洛阳徙于邺都，行至河阳，值岸崩，遂没于水。其得至邺者，不盈太半。至隋开皇六年，又自邺京载入长安，置于秘书内省，议欲补缉，立于国学。寻属隋乱，事遂寝废，营造之司，因用为柱础。贞观初，秘书监臣魏徵，始收聚之，十不存一。其相承传拓之本，犹在秘府，并秦帝刻石，附于此篇，以备小学。

　　凡六艺经纬六百二十七部，五千三百七十一卷。通计亡书，合九百五十部，七千二百九十卷。

　　传曰："玉不琢，不成器，人不学，不知道。"古之君子，多识而不穷，畜疑以待问；学不逾等，教不陵节；言约而易晓，师逸而功倍；且耕且养，三年而成一艺。自孔子没而微言绝，七十子丧而大义乖，学者离群索居，各为异说。至于战国，典文遗弃，六经之儒，不能究其宗旨，多立小数，一经至数百万言。致令学者难晓，虚诵问答，唇腐齿落而不知益。且先王设教，以防人欲，必本于人事，折之中道。上天之命，略而罕言，方外之理，固所未说。至后汉好图谶，晋世重玄言，穿凿妄作，日以滋生。先王正典，杂之以妖妄，大雅之论，汩之以放诞。陵夷至于近代，去正转疏，无复师资之法。学不必解，专以浮华相尚，豫造杂难，拟为仇对，遂有芟角、反对、互从等诸翻竞之说。驰骋烦言，以紊彝叙，浇浇成俗，而不知变，此学者之蔽也。班固列六艺为九种，或以纬书解经，合为十种。

隋书卷三三
志第二八

经籍二

史

《史记》一百三十卷目录一卷,汉中书令司马迁撰。

《史记》八十卷宋南中郎外兵参军裴骃注。

《史记音义》十二卷宋中散大夫徐野民撰。

《史记音》三卷梁轻车录事参军邹诞生撰。

《古史考》二十五卷晋义阳亭侯谯周撰。

《汉书》一百一十五卷汉护军班固撰,太山太守应劭集解。

《汉书集解音义》二十四卷应劭撰。

《汉书音训》一卷服虔撰。

《汉书音义》七卷韦昭撰。

《汉书音》二卷梁寻阳太守刘显撰。

《汉书音》二卷夏侯咏撰。

《汉书音义》十二卷国子博士萧该撰。

《汉书音》十二卷废太子勇命包恺等撰。

《汉书集注》十三卷晋灼撰。

《汉书注》一卷齐金紫光禄大夫陆澄撰。

《汉书续训》三卷梁北平谘议参军韦棱撰。

《汉书训纂》三十卷陈吏部尚书姚察撰。

《汉书集解》一卷姚察撰。

《论前汉事》一卷蜀丞相诸葛亮撰。

《汉书驳议》二卷晋安北将军刘宝撰。

《定汉书疑》二卷姚察撰。

《汉书叙传》五卷项岱撰。

《汉疏》四卷梁有《汉书》孟康音九卷，刘孝标注《汉书》一百四十卷，陆澄注《汉书》一百二卷，梁元帝《汉书》一百一十五卷，并亡。

《东观汉记》一百四十三卷起光武记注至灵帝，长水校尉刘珧等撰。

《后汉书》一百三十卷无帝纪，吴武陵太守谢承撰。

《后汉记》六十五卷本一百卷，梁有，今残缺。晋散骑常侍薛莹撰。

《续汉书》八十三卷晋秘书监司马彪撰。

《后汉书》十七卷本九十七卷，今残缺。晋少府卿华峤撰。

《后汉书》八十五卷本一百二十二卷，晋祠部郎谢沈撰。

《后汉南记》四十五卷本五十五卷，今残缺。晋江州从事张莹撰。

《后汉书》九十五卷本一百卷，晋秘书监袁山松撰。

《后汉书》九十七卷宋太子詹事范晔撰。

《后汉书》一百二十五卷范晔本，梁剡令刘昭注。

《后汉书音》一卷后魏太常刘芳撰。

《范汉音训》三卷陈宗道先生臧竞撰。

《范汉音》三卷萧该撰。

《后汉书赞论》四卷范晔撰。

《汉书赞》十八卷范晔撰。梁有萧子显《后汉书》一百卷，王韶《后汉林》二百卷，韦阐《后汉音》二卷，亡。

《魏书》四十八卷晋司空王沈撰。

《吴书》二十五卷韦昭撰。本五十五卷，梁有，今残缺。

《吴纪》九卷晋太学博士环济撰。晋有张勃《吴录》三十卷，亡。

《三国志》六十五卷叙录一卷，晋太子中庶子陈寿撰，宋太中大夫裴松之注。

《魏志音义》一卷卢宗道撰。

《论三国志》九卷何常侍撰。

《三国志评》三卷徐爰撰。梁有《三国志序评》三卷，晋著作佐郎王涛撰，亡。

《晋书》八十六卷本九十三卷，今残缺。晋著作郎王隐撰。

《晋书》二十六卷本四十四卷，讫明帝，今残缺。晋散骑常侍虞预撰。

《晋书》十卷未成，本十四卷，今残缺。晋中书郎朱凤撰，讫元帝。

《晋中兴书》七十八卷起东晋。宋湘东太守何法盛撰。

《晋书》三十六卷宋临川内史谢灵运撰。

《晋书》一百一十卷齐徐州主簿臧荣绪撰。

《晋书》十一卷本一百二卷，梁有，今残缺。萧子云撰。

《晋史草》三十卷梁萧子显撰。梁有郑忠《晋书》七卷，沈约《晋书》一百一十一卷，庚铣《东晋新书》七卷，亡。

《宋书》六十五卷宋中散大夫徐爰撰。

《宋书》六十五卷齐冠军录事参军孙严撰。

《宋书》一百卷梁尚书仆射沈约撰。梁有宋文明中所撰《宋书》六十一卷，亡。

《齐书》六十卷梁吏部尚书萧子显撰。

《齐纪》十卷刘陟撰。

《齐纪》二十卷沈约撰。梁有江淹《齐史》十三卷，亡。

《梁书》四十九卷梁中书郎谢吴撰，本一百卷。

《梁史》五十三卷陈领军、大著作郎许亨撰。

《梁书帝纪》七卷姚察撰。

《通史》四百八十卷梁武帝撰。起三皇，讫梁。

《后魏书》一百三十卷后齐仆射魏收撰。

《后魏书》一百卷著作郎魏彦深撰。

《陈书》四十二卷讫宣帝，陈吏部尚书陆琼撰。

《周史》十八卷未成。吏部尚书牛弘撰。

右六十七部，三千八十三卷。通计亡书，合八十部，四千三十卷。

　　古者天子诸侯，必有国史，以纪言行，后世多务，其道弥繁。夏殷已上，左史记言，右史记事，周则太史、小史、内史、外史、御史，分掌其事，而诸侯之国，亦置史官。又《春秋国语》引周志、郑书之说，推寻事迹，似当时记事，各有职司，后又合而撰之，总成书记。其后陵夷衰乱，史官放绝，秦灭先王之典，遗制莫存。至汉武帝时，始置太史公，命司马谈为之，以掌其职。时天下计书，皆先上太史，副上丞相，遗文古事，靡不毕臻。谈乃据《左氏》、《国语》、《世本》、《战国策》、《楚汉春秋》，接其后事，成一家之言。谈卒，其子迁又为太史令，嗣成其志。上自黄帝，讫于炎汉，合十二本纪、十表、八书、三十世家、七十列传，谓之《史记》。迁卒以后，好事者亦颇著述，然多鄙浅，不足相继。至后汉扶风班彪，缀后传数十篇，并讥正前失。彪卒，明帝命其子固，续成其志。以为唐、虞三代，世有典籍，史迁所记，乃以汉氏继于百王之末，非其义也。故断自高祖，终于孝平、王莽之诛，为十二纪、八表、十志、六十九传，潜心积思，二十余年。建初中，始奏表及纪传，其十志竟不能就。固卒后，始命曹大家续成之。先是明帝召固为兰台令史，与诸先辈陈宗、尹敏、孟冀等，共成《光武本纪》。擢固为郎，典校秘书。固撰后汉事，作《列传载记》二十八篇。其后刘珍、刘毅、刘陶、伏无忌等，相次著述东观，谓之《汉记》。及三国鼎峙，魏氏及吴，并有史官。晋时，巴西陈寿删集三国之事，唯魏帝为纪，其功臣及吴、蜀之主，并皆为传，仍各依其国，部类相从，谓之《三国志》。寿卒后，梁州大中正范颎表奏其事，帝诏河南尹、洛阳令，就寿家写之。自是世有著述，皆拟班、马，以为正史，作者尤广。一代之史，至数十家。唯《史记》、《汉书》，师法相传，并有解释。《三国志》及范晔《后汉》，虽有音注，既近世之作，并读之可知。梁时，明《汉书》有刘显、韦稜，陈时有姚察，隋代有包恺、萧该，并为名家。《史记》传者甚微。今依其世代，聚而编之，以备正史。

　　《纪年》十二卷《汲冢书》，并《竹书同异》一卷。
　　《汉纪》三十卷魏秘书监荀悦撰。

《后汉纪》三十卷袁彦伯撰。

《后汉纪》三十卷张璠撰。

《献帝春秋》十卷袁晔撰。

《魏氏春秋》二十卷孙盛撰。

《魏纪》十二卷左将军阴澹撰。

《汉魏春秋》九卷孔舒元撰。

《晋纪》四卷陆机撰。

《晋纪》二十三卷干宝撰。讫愍帝。

《晋纪》十卷晋前军谘议曹嘉之撰。

《汉晋阳秋》四十七卷讫愍帝。晋荥阳太守习凿齿撰。

《晋纪》十一卷讫明帝。晋荆州别驾邓粲撰。

《晋阳秋》三十二卷讫哀帝。孙盛撰。

《晋纪》二十三卷宋中散大夫刘谦之撰。

《晋纪》十卷宋吴兴太守王韶之撰。

《晋纪》四十五卷宋中散大夫徐广撰。

《续晋阳秋》二十卷宋永嘉太守檀道鸾撰。

《续晋纪》五卷宋新兴太守郭季产撰。

《宋略》二十卷梁通直郎裴子野撰。

《宋春秋》二十卷梁吴兴令王琰撰。

《齐春秋》三十卷梁奉朝请吴均撰。

《齐典》五卷王逸撰。

《齐典》十卷

《三十国春秋》三十一卷梁湘东世子萧方等撰。

《战国春秋》二十卷李槩撰。

《梁典》三十卷刘璠撰。

《梁典》三十卷陈始兴王谘议何之元撰。

《梁撮要》三十卷陈征南谘议阴僧仁撰。

《梁后略》十卷姚勖撰。

《梁太清纪》十卷梁长沙蕃王萧韶撰。

《淮海乱离志》四卷<small>萧世怡撰。叙梁末侯景之乱。</small>

《齐纪》三十卷<small>纪后齐事。崔子发撰。</small>

《齐志》十卷<small>后齐事。王劭撰。</small>

二右三十四部六百六十六卷

自史官放绝，作者相承，皆以班、马为准。起汉献帝，雅好典籍，以班固《汉书》文繁难省，命颍川荀悦作《春秋左传》之体，为《汉纪》三十篇。言约而事详，辩论多美，大行于世。至晋太康元年，汲郡人发魏襄王冢，得古竹简书，字皆科斗。发冢者不以为意，往往散乱。帝命中书监荀勖、令和峤，撰次为十五部，八十七卷。多杂碎怪妄，不可训知，唯《周易》、《纪年》，最为分了。其《周易》上下篇，与今正同。《纪年》皆用夏正建寅之月为岁首，起自夏、殷、周三代王事，无诸侯国别。唯特记晋国，起自殇叔，次文侯、昭侯，以至曲沃庄伯，尽晋国灭。独记魏事，下至魏哀王，谓之"今王"。盖魏国之史记也。其著书皆编年相次，文意大似《春秋经》。诸所记事，多与《春秋》、《左氏》扶同。学者因之，以为《春秋》则古史记之正法，有所著述，多依《春秋》之体。今依其世代，编而叙之，以见作者之别，谓之古史。

《周书》十卷<small>《汲冢书》，似仲尼删书之余。</small>

《古文琐语》四卷<small>《汲冢书》。</small>

《春秋前传》十卷<small>何承天撰。</small>

《春秋前杂传》九卷<small>何承天撰。</small>

《春秋后传》三十一卷<small>晋著作郎乐资撰。</small>

《战国策》三十二卷<small>刘向录。</small>

《战国策》二十一卷<small>高诱撰注。</small>

《战国策论》一卷<small>汉京兆尹延笃撰。</small>

《楚汉春秋》九卷<small>陆贾撰。</small>

《古今注》八卷<small>伏无忌撰。</small>

《越绝记》十六卷<small>子贡撰。</small>

《吴越春秋》十二卷赵晔撰。

《吴越春秋削繁》五卷杨方撰。

《吴越春秋》十卷皇甫遵撰。

《吴越记》六卷

《南越志》八卷沈氏撰。

《小史》八卷

《汉灵、献二帝纪》三卷汉侍中刘芳撰，残缺。梁有六卷。

《山阳公载记》十卷乐资撰。

《汉末英雄记》八卷王粲撰，残缺。梁有十卷。

《九州春秋》十卷司马彪撰，记汉末事。

《魏武本纪》四卷梁并历五卷。

《魏尚书》八卷孔衍撰。梁十卷，成。

《魏晋世语》十卷晋襄阳令郭颁撰。

《魏末传》二卷梁又有《魏末传》并《魏氏大事》三卷，亡。

《吕布本事》一卷毛范撰。

《晋诸公赞》二十一卷晋秘书监傅畅撰。

《晋后略记》五卷晋下邳太守荀绰撰。

《晋书钞》三十卷梁豫章内史张缅撰。

《晋书鸿烈》六卷张氏撰。

《宋中兴伐逆事》二卷

《宋拾遗》十卷梁少府卿谢绰撰。

《左史》六卷李椠撰。

《魏国统》二十卷梁祚撰。

《梁帝纪》七卷

《梁太清录》八卷

《梁承圣中兴略》十卷刘仲威撰。

《梁末代纪》一卷

《梁皇帝实录》三卷周兴嗣撰。记武帝事。

《梁皇帝实录》五卷梁中书郎谢吴撰。记元帝事。

《楼凤春秋》五卷臧严撰。

《陈王业历》一卷陈中书郎赵齐旦撰。

《史要》十卷汉桂阳太守卫飒撰。约《史记》要言，以类相从。

《典略》八十九卷魏郎中鱼豢撰。

《史汉要集》二卷晋祠部郎王蔑撰。抄《史记》入《春秋》者不录。

《三史略》二十九卷吴太子太傅张温撰。

《史记正传》九卷张莹撰。

《后汉略》二十五卷张缅撰。

《汉皇德纪》三十汉有道徵士侯谨撰。起光武，至冲帝。

《洞纪》四卷韦昭撰。记庖牺已来，至汉建安二十七年。

《续洞纪》一卷臧荣绪撰。

《帝王世纪》十卷皇甫谧撰。起三皇，尽汉、魏。

《帝王世纪音》四卷虞绰撰。

《帝王本纪》十卷来奥撰。

《续帝王世纪》十卷何茂材撰。

《十五代略》十卷吉文甫撰。起庖牺，至晋。

《帝王要略》十二卷环济撰。纪帝王及天官、地理、丧服。

《周载》八卷东晋临贺太守孟仪撰。略记前代，下至秦。本三十卷，今七。

《汉书钞》三十卷晋散骑常侍葛洪撰。

《拾遗录》二卷伪秦姚苌方士王子年撰。

《王子年拾遗记》十卷萧绮撰。

《华夷帝王世记》三十卷杨晔撰。

《正史削繁》九十四卷阮孝绪撰。

《童悟》十二卷

《帝王世录》一卷甄鸾撰。

《先圣本纪》十卷刘绉撰。

《年历帝纪》三十卷姚恭撰。

《帝王诸侯世略》十一卷

《王霸记》三卷潘杰撰。

《历代记》三十二卷

《隋书》六十卷未成。秘书监王劭撰。

右七十二部，九百一十七卷。通计亡书，七十三部，九百三十九卷。

自秦拨去古文，篇籍遗散。汉初，得《战国策》，盖战国游士记其策谋。其后陆贾作《楚汉春秋》，以述诛锄秦、项之事。又有《越绝》，相承以为子贡所作。后汉赵晔，又为《吴越春秋》。其属辞比事，皆不与《春秋》、《史记》、《汉书》相似，盖率尔而作，非史策之正也。灵、献之世，天下大乱，史官失其常守。博达之士，愍其废绝，各记闻见，以备遗亡。是后群才景慕，作者甚众。又自后汉已来，学者多钞撮旧史，自为一书，或起自人皇，或断之近代，亦各其志，而体制不经。又有委巷之说，迂怪妄诞，真虚莫测。然其大抵皆帝王之事，通人君子，必博采广览，以酌其要，故备而存之，谓之杂史。

《赵书》十卷一曰《二石集》，记石勒事。伪燕太傅长史田融撰。

《二石传》二卷晋北中郎参军王度撰。

《二石伪治时事》二卷王度撰。

《汉之书》十卷常璩撰。

《华阳国志》十二卷常璩撰。梁有《蜀平记》十卷，《蜀汉伪官故事》一卷，亡。

《燕书》二十卷记慕容儁事。伪燕尚书范亨撰。

《南燕录》五卷记慕容德事。伪燕尚书郎张诠撰。

《南燕录》六卷记慕容德事。伪燕中书郎王景晖撰。

《南燕书》七卷游览先生撰。

《燕志》十卷记马跋事。魏侍中高闾撰。

《秦书》八卷何仲熙撰。记符健事。

《秦记》十一卷宋殿中将军裴景仁撰。梁雍州主簿席惠明注。

《秦纪》十卷记姚苌事。魏左民尚书姚和都撰。

《凉记》八卷记张轨事。伪燕右仆射张谘撰。

《凉书》十卷记张轨事。伪凉大将军从事中郎刘景撰。

《西河记》二卷记张重华事。晋侍御史喻归撰。

《凉记》十卷记吕光事。伪凉著作佐郎段龟龙撰。

《凉书》十卷高道让撰。

《凉书》十卷沮渠国史。

《托跋凉录》十卷

《敦煌实录》十卷刘景撰。

《十六国春秋》一百卷魏崔鸿撰。

《纂录》一十卷

《战国春秋》二十卷李槩撰。

《汉赵记》十卷和苞撰。

《吐谷浑记》二卷宋新亭侯段国撰。梁有《翟辽书》二卷,《诸国略记》二卷,《永嘉后纂年记》二卷,《段业传》一卷,亡。

《天启纪》十卷记梁元帝子嚞据湘州事。

右二十七部,三百三十五卷。通计亡书,合三十三部,三百四十六卷。

《传》曰:"不有君子,其能国乎?"自晋永嘉之乱,皇纲失驭,九州君长,据有中原者甚众。或推奉正朔,或假名窃号,然其君臣忠义之节,经国字民之务,盖亦勤矣。而当时臣子,亦各记录。后魏克平诸国,据有嵩、华,始命司徒崔浩,博采旧闻,缀述国史。诸国记注,尽集秘阁。尔朱之乱,并皆散亡。今举其见在,谓之霸史。

《穆天子传》六卷《汲冢书》。郭璞注。

《汉献帝起居注》五卷

《晋泰始起居注》二十卷李轨撰。

《晋咸宁起居注》十卷李轨撰。

《晋泰康起居注》二十一卷李轨撰。

《晋元康起居注》一卷梁有《永平、元康、永宁起居注》六卷,又有《惠帝起居注》二卷,《永嘉、建兴起居注》十三卷,亡。

《晋建武、大兴、永昌起居注》九卷梁有二十卷。

《晋元康起居注》一卷

《晋咸和起居注》十六卷李轨撰。

《晋咸康起居注》二十二卷

《晋建元起居注》四卷

《晋永和起居注》十七卷梁有二十四卷。

《晋升平起居注》十卷

《晋隆和、兴宁起居注》五卷

《晋咸安起居注》三卷

《晋泰和起居注》六卷梁十卷。

《晋宁康起居注》六卷

《晋泰元起居注》二十五卷梁五十四卷。

《晋隆安起居注》十卷

《晋元兴起居注》九卷

《晋义熙起居注》十七卷梁三十四卷。

《晋元熙起居注》二卷

《晋起居注》三百一十七卷宋北徐州主簿刘道会撰。梁有三百二十二卷。

《流别起居注》三十七卷梁有《晋宋起居注钞》五十一卷,《晋宋先朝起居注》二十卷,亡。

《宋永初起居注》十卷

《宋景平起居注》三卷

《宋元嘉起居注》五十五卷梁六十卷。

《宋孝建起居注》十二卷

《宋大明起居注》十五卷梁三十四卷,又有《景和起居注》四卷,《明帝在蕃注》三卷,亡。

《宋泰始起居注》十九卷梁二十三卷。

《宋泰豫起居注》四卷梁有《宋元徽起居注》二十卷,《升明起居注》六卷,亡。

《齐永明起居注》二十五卷梁有三十四卷,又有《建元起居注》十二卷,《隆昌、延兴、建武起居注》四卷,《中兴起居注》四卷,亡。

《梁大同起居注》十卷

《后魏起居注》三百三十六卷

《陈永定起居注》八卷

《陈天嘉起居注》二十三卷

《陈天康光大起居注》十卷

《陈太建起居注》五十六卷

《陈至德起居注》四卷

《后周太祖号令》三卷

《隋开皇起居注》六十卷

《南燕起居注》一卷

右四十四部,一千一百八十九卷

起居注者,录纪人君言行动止之事。《春秋传》曰:"君举必书,书而不法,后嗣何观?"《周官》,内史掌王之命,遂书其副而藏之,是其职也。汉武帝有《禁中起居注》,后汉明德马后撰《明帝起居注》,然则汉时起居,似在宫中,为女史之职。然皆零落,不可复知。今之存者,有汉献帝及晋代已来《起居注》,皆近侍之臣所录。晋时,又得《汲冢书》,有《穆天子传》,体制与今起居正同。盖周时内史所记王命之副也。近代已来,别有其职,事在《百官志》,今依其先后,编而次之。其伪国起居,唯《南燕》一卷,不可别出,附之于此。

《汉武帝故事》二卷

《西京杂记》二卷

《汉、魏、吴、蜀旧事》八卷

《晋朝杂事》二卷

《晋宋旧事》一百三十五卷

《晋要事》三卷

《晋故事》四十三卷

《晋建武故事》一卷

《晋咸和咸康故事》四卷晋孔愉撰。

《晋修复山陵故事》五卷车灌撰。

《交州杂事》九卷记士燮及陶黄事。

《晋八王故事》十卷

《晋四王起事》四卷晋廷尉卢綝撰。

《大司马陶公故事》三卷

《郗太尉为尚书令故事》三卷

《桓玄伪事》三卷

《晋东宫旧事》十卷

《秦汉已来旧事》十卷

《尚书大事》二十卷范汪撰。

《沔南故事》三卷应思远撰。

《天正旧事》三卷释撰，亡名。

《皇储故事》二卷

《梁旧事》三十卷内史侍郎萧大环撰。

《东宫典记》七十卷左庶子宇文恺撰。

《开业平陈记》二十卷

右二十五部，四百四卷。

古者朝廷之政，发号施令，百司奉之，藏于官府，各修其职，守而弗忘。《春秋传》曰：“吾视诸故府”，则其事也。《周官》，御史掌治朝之法，太史掌万民之约契与质剂，以逆邦国之治。然则百司庶府，各藏其事，太史之职，又总而掌之。汉时，萧何定律令，张苍制章程，叔孙通定仪法，条流派别，制度渐广。晋初，甲令已下，至九百余卷，晋武帝命车骑将军贾充，博引群儒，删采其要，增律十篇。其余不足经远者为法令，施行制度者为令，品式章程者为故事，各还其官府。搢绅之士，撰而录之，遂成篇卷，然亦随代遗失。今据其见存，谓之旧事篇。

《汉官解诂》三篇汉新汲令王隆撰，胡广注。

《汉官》五卷应劭注。

《汉官仪》十卷应劭撰。

《汉官典职仪式选用》二卷汉卫尉蔡质撰。梁有《荀攸魏官仪》一卷，《韦昭官仪职训》一卷，亡。

《晋公卿礼秩故事》九卷傅畅撰。

《晋新定仪注》十四卷梁有徐宣瑜《晋官品》一卷，荀绰《百官表注》十六卷，干宝《司徒仪》一卷，宋《职官记》九卷，晋《百官仪服录》五卷，大兴二年《定官品事》五卷，《百官品》九卷，亡。

《百官阶次》一卷

《齐职仪》五十卷齐长水校尉王珪之撰。梁有王珪之《齐仪》四十九卷，亡。

《齐职仪》五卷

《梁选簿》三卷徐勉撰。

《职官要录》三十卷陶藻撰。

《梁官品格》一卷

《百官阶次》三卷

《新定将军名》一卷

《吏部用人格》一卷

《官族传》十四卷何晏撰。

《百官春秋》五十卷王秀道撰。

《百官春秋》二十卷

《魏晋百官名》五卷

《晋百官名》三十卷

《晋官属名》四卷

《陈百官簿状》二卷

《陈将军簿》一卷

《新定官品》二十卷梁沈约撰。

《梁尚书职制仪注》四十一卷

《职令古今百官注》十卷郭演撰。

右二十七部,三百三十六卷。通计亡书,合三十六部,四百三十三卷。

古之仕者,名书于所臣之策,各有分职,以相统治。《周官》,冢宰掌建邦之六典,而御史数凡从正者。然则冢宰总六卿之属,以治其政,御史掌其在位名数,先后之次焉。今《汉书百官表》列众职之事,记在位之次,盖亦古之制也。汉末,王隆应劭等,以《百官表》不具,乃作《汉官解诂》、《汉官仪》等书。是后相因,正史表志,无复百僚在官之名矣。搢绅之徒,或取官曹名品之书,撰而录之,别行于世。宋、齐已后,其书益繁,而篇卷零叠,易为亡散;又多琐细,不足可纪,故删。其见存可观者,编为职官篇。

《汉旧仪》四卷卫敬仲撰。梁有卫敬仲《汉中兴仪》一卷,亡。

《晋新定仪注》四十卷晋安成太守傅瑗撰。

《晋杂仪注》十一卷

《晋尚书仪》十卷

《甲辰仪》五卷江左撰。

《封禅仪》六卷

《宋仪注》十卷

《宋仪注》二十卷

《宋尚书杂注》十八卷本二十卷。

《宋东宫仪记》二十三卷宋新安太守张镜撰。

《徐爰家仪》一卷

《东宫新记》二十卷萧子云撰。

《梁吉礼仪注》十卷明山宾撰。

《梁宾礼仪注》九卷贺瑒撰。案:梁明山宾撰《吉仪注》二百六卷,录六卷;严植之撰《凶仪注》四百七十九卷,录四十五卷;陆琏撰《军仪注》一百九十卷,录二卷;司马聚撰《嘉仪注》一百一十二卷,录三卷。并亡。存者唯《士》、

《吉》及《宾》,合十九卷。

《皇典》二十卷梁豫章太守丘仲孚撰。

《杂凶礼》四十二卷

《政礼》十卷何胤撰。梁有何胤《士丧仪注》九卷,亡。

《杂仪注》一百八十卷

《陈尚书杂仪注》五百五十卷

《陈吉礼》一百七十一卷

《陈宾礼》六十五卷

《陈军礼》六卷

《陈嘉礼》一百二卷

《后魏仪注》五十卷

《后齐仪注》二百九十卷

《杂嘉礼》三十八卷

《国亲皇太子序亲簿》一卷

《隋朝仪礼》一百卷牛弘撰。

《大汉舆服志》一卷魏博士董巴撰。

《魏晋谥议》十三卷何晏撰。

《汝南君讳议》二卷

《决疑要注》一卷挚虞撰。

《车服染注》一卷徐广撰。

《礼仪制度》十三卷王逡之撰。

《古今舆服杂事》二十卷梁周迁撰。

《晋卤簿图》一卷

《卤簿仪》二卷

《陈卤簿图》一卷

《齐卤簿仪》一卷

《诸卫左右厢旗图样》十五卷

《内外书仪》四卷谢元撰。

《书仪》二卷蔡超撰。

《书笔仪》二十一卷谢朓撰。

《宋长沙檀太妃薨,吊答书》十二卷

《吊答仪》十卷王俭撰。

《书仪》十卷王弘撰。

《皇室仪》十三卷鲍行卿撰。

《吉书仪》二卷王俭撰。

《书仪疏》一卷周舍撰。

《新仪》三十卷鲍泉撰。

《文仪》二卷梁修端撰。

《赵李家仪》十卷录一卷,李穆叔撰。

《书仪》十卷唐瑾撰。

《言语仪》十卷

《严植之仪》二卷

《迩仪》四卷马枢撰。

《妇人书仪》八卷

《僧家书仪》五卷释昙瑗撰。

《要典杂事》五十卷。

右五十九部,二千二十九卷。通计亡书,合六十九部,三千九十四卷。

仪注之兴,其所由来久矣。自君臣父子,六亲九族,各有上下亲疏之别。养生送死,吊恤贺庆,则有进止威仪之数。唐、虞已上,分之为三,在周因而为五。《周官》,宗伯所掌吉、凶、宾、军、嘉,以佐王安邦国,亲万民,而太史执书以协事之类是也。是时,典章皆具,可履而行。周衰,诸侯削除其籍。至秦,又焚而去之。汉兴,叔孙通定朝仪,武帝时始祀汾阴后土,成帝时初定南北之郊,节文渐具。后汉又使曹褒定汉仪,是后相承,世有制作。然犹以旧章残缺,各遵所见,彼此纷争,盈篇满牍。而后世多故,事在通变,或一时之制,非长久之道。载笔之士,删其大纲,编于史志。而或伤于浅近,或失于未达,不能尽其旨要。遗文余事,亦多散亡。今聚其见存,以为仪注篇。

《律本》二十一卷杜预撰。

《汉晋律序注》一卷晋僮长张斐撰。

《杂律解》二十一卷张斐撰。案:梁有《杜预杂律》七卷,亡。

《晋、宋、齐、梁律》二十卷蔡法度撰。

《梁律》二十卷梁义兴太守蔡法度撰。

《后魏律》二十卷

《北齐律》十二卷目一卷。

《陈律》九卷范泉撰。

《周律》二十五卷

《周大统式》三卷

《隋律》十二卷

《隋大业律》十一卷

《晋令》四十卷

《梁令》三十卷录一卷

《梁科》三十卷

《北齐令》五十卷

《北齐权令》二卷

《陈令》三十卷范泉撰。

《陈科》三十卷范泉撰。

《隋开皇令》三十卷目一卷。

《隋大业令》三十卷

《汉朝议驳》三十卷应劭撰。案:梁《建武律令故事》二卷,应劭《律略论》五卷,亡。

《晋杂议》十卷

《晋弹事》十卷

《南台奏事》二十二卷

《汉名臣奏事》三十卷

《魏王奏事》十卷

《魏名臣奏事》四十卷目一卷，陈寿撰。

《魏台杂访议》三卷高堂隆撰。

《魏廷尉决事》十卷

《晋驳事》四卷

《晋杂制》六十卷

《晋刺史六条制》一卷

《齐五服制》一卷

《陈新制》六十卷

右三十五部，七百一十二卷。通计亡书，合三十八部，七百二十六卷。

刑法者，先王所以惩罪恶，齐不轨者也。《书》述唐、虞之世，五刑有服，而夏后氏正刑有五，科条三千。《周官》，司寇掌三典以刑邦国；司刑掌五刑之法，丽万民之罪；太史又以典法逆于邦国；内史执国法以考政事。《春秋传》曰："在九刑不忘。"然则刑书之作久矣。盖藏于官府，惧人之知争端，而轻于犯。及其末也，肆情越法，刑罚僭滥。至秦，重之以苛虐，先王之正刑灭矣。汉初，萧何定律九章，其后渐更增益，令甲已下，盈溢架藏。晋初，贾充、杜预，删而定之。有律，有令，有故事。梁时，又取故事之宜于时者为《梁科》。后齐武帝时，又于麟趾殿。删正刑典谓之《麟趾格》。后周太祖，又命苏绰撰《大统式》，隋则律令格式并行。自律已下，世有改作，事在《刑法志》。《汉律》久亡，故事驳议，又多零失。今录其见存可观者，编为刑法篇。

《三辅决录》七卷汉太仆赵岐撰，挚虞注。

《海内先贤传》四卷魏明帝时撰。

《四海耆旧传》一卷

《海内士品》一卷

《先贤集》三卷

《衮州先贤传》一卷

《徐州先贤传》一卷

《徐州先贤传赞》九卷刘义庆撰。

《海岱志》二十卷齐前将军记室崔蔚祖撰。

《交州先贤传》三卷晋范瑗传。

《益部耆旧传》十四卷陈长寿撰。

《续益部耆旧传》二卷

《诸国清贤传》一卷

《鲁国先贤传》二卷晋大司农白褒撰。

《楚国先贤传赞》十二卷晋张方撰。

《汝南先贤传》五卷魏周斐撰。

《陈留耆旧传》二卷汉议郎圈称撰。

《陈留耆旧传》一卷魏散骑侍郎苏林撰。

《陈留先贤像赞》一卷陈英宗撰。

《陈留志》十五卷东晋剡令江敞撰。

《济北先贤传》一卷

《庐江七贤传》二卷

《东莱耆旧传》一卷王基撰。

《襄阳耆旧记》五卷习凿齿撰。

《会稽先贤传》七卷谢承撰。

《会稽后贤传记》二卷钟离岫撰。

《会稽典录》二十四卷虞豫撰。

《会稽先贤像赞》五卷

《汉世要记》一卷

《吴先贤传》四卷吴左丞相陆凯撰。

《东阳朝堂像赞》一卷晋南平太守留叔先撰。

《豫章烈士传》三卷徐整撰。

《豫章旧志》二卷晋会稽太守熊默撰。

《豫章旧志后撰》一卷熊欣撰。

《零陵先贤传》一卷

《长沙旧传赞》三卷晋临川王郎中刘彧撰。

《桂阳先贤书赞》一卷吴左中郎张胜撰。

《武昌先贤志》二卷宋天门太守郭缘生撰。

《蜀文翁学堂像题记》二卷

《圣贤高士传赞》三卷嵇康撰，周续之注。

《高士传》六卷皇甫谧撰。

《逸士传》一卷皇甫谧撰。

《逸民传》七卷张显撰。

《高士传》二卷虞槃佐撰。

《至人高士传赞》二卷晋廷尉卿孙绰撰。

《高隐传》十卷阮孝绪撰。

《高隐传》十卷

《高僧传》六卷虞孝敬撰。

《止足传》十卷

《续高士传》七卷周弘让撰。

《孝子传赞》三卷王昭之撰。

《孝子传》十五卷晋辅国将军萧广济撰。

《孝子传》十卷宋员外郎郑缉之撰。

《孝子传》八卷师觉授撰。

《孝子传》二十卷宋躬撰。

《孝子传略》二卷

《孝德传》三十卷梁元帝撰。

《孝友传》八卷

《曾参传》一卷

《忠臣传》三十卷梁元帝撰。

《显忠录》二十卷梁元帝撰。

《丹杨尹传》十卷梁元帝撰。

《英蕃可录》二卷张万贤撰，邵武侯新注。

《高才不遇传》四卷后齐刘画撰。

《良吏传》十卷钟屼撰。

《海内名》士传一卷

《正始名士传》三卷袁敬仲撰。

《江左名士传》一卷刘义庆撰。

《竹林七贤论》二卷晋太子中庶子戴逵撰。

《七贤传》五卷孟氏撰。

《文士传》五十卷张隐撰。

《列士传》二卷刘向撰。

《阴德传》二卷宋光禄大夫范晏撰。

《悼善传》十一卷

《杂传》三十六卷任昉撰。本一百四十七卷，亡。

《东方朔传》八卷

《毋丘俭记》三卷

《管辂传》三卷管辰撰。

《杂传》四十卷贺踪撰。本七十卷，亡。

《杂传》十九卷陆澄撰。

《杂传》十一卷

《玄晏春秋》三卷皇甫谧撰。

《孔子弟子先儒传》十卷

《李氏家传》一卷

《桓任家传》一卷

《王朗、王肃家传》一卷

《太原王氏家传》二十三卷

《褚氏家传》一卷褚凯等撰。

《薛常侍家传》一卷

《江氏家传》七卷江祚等撰。

《庾氏家传》一卷庾斐撰。

《裴氏家传》四卷裴松之撰。

《虞氏家记》五卷虞览撰。

《曹氏家传》一卷曹毗撰。

《范氏家传》一卷范汪撰。

《纪氏家纪》一卷纪友撰。

《韦氏家传》一卷

《何颙使君家传》一卷

《明氏家训》一卷伪燕卫尉明岌撰。

《明氏世录》六卷梁信武记室明粲撰。

《陆史》十五卷

《王氏江左世家传》二十卷王褒撰。

《孔氏家传》五卷

《崔氏王门家传》二卷崔氏传。

《暨氏家传》一卷

《周、齐王家传》一卷姚氏撰。

《尔朱家传》二卷王氏撰。

《周氏家传》一卷

《令狐氏家传》一卷

《新旧传》四卷

《汉南家传》三卷

《何氏家传》三卷

《童子传》二卷王琪之撰。

《幼童传》十卷刘昭撰。

《访来传》十卷来奥撰。

《怀旧志》九卷梁元帝撰。

《知己传》一卷卢思道撰。

《全德志》一卷梁元帝撰。

《同姓名录》一卷梁元帝撰。

《列女传》十五卷刘向撰，曹大家注。

《列女传》七卷赵毋注。

《列女传》八卷高氏撰。

《列女传颂》一卷刘歆撰。

《列女传颂》一卷曹植撰。

《列女传赞》一卷缪袭撰。

《列女后传》十卷项原撰。

《列女传》六卷皇甫谧撰。

《列女传》七卷綦毋邃撰。

《列女传要录》三卷

《女记》十卷杜预撰。

《美妇人传》六卷

《妒记》二卷虞通之撰。

《道人善道开传》一卷康泓撰。

《名僧传》三十卷释宝唱撰。

《高僧传》十四卷释僧祐撰。

《江东名德传》三卷释法进撰。

《法师传》十卷王巾撰。

《众僧传》二十卷裴子野撰。

《萨婆多部传》五卷释僧祐撰。

《梁故草堂法师传》一卷

《尼传》二卷皎法师撰。

《法显传》二卷

《法显行传》一卷

《梁武皇帝大舍》三卷严𪩝撰。

《列仙传赞》三卷刘向撰，总续，孙绰赞。

《列仙传赞》二卷刘向撰，晋郭元祖赞。

《神仙传》十卷葛洪撰。

《说仙传》一卷朱思祖撰。

《养性传》二卷

《汉武内传》三卷

《太元真人东乡司命茅君内传》一卷弟子李遵撰。

《清虚真人王君内传》一卷弟子华存撰。

《清虚真人裴君内传》一卷

《正一真人三天法师张君内传》一卷

《太极左仙公葛君内传》一卷

《仙人马君阴君内传》一卷

《仙人许远游传》一卷

《灵人辛玄子自序》一卷

《刘君内记》一卷王珍撰。

《陆先生传》一卷孔稚珪撰。

《列仙赞序》一卷郭元祖撰。

《集仙传》十卷

《洞仙传》十卷

《王乔传》一卷

《关令内传》一卷鬼谷先生撰。

《南岳夫人内传》一卷

《苏君记》一卷周季通撰。

《嵩高寇天师传》一卷

《华阳子自序》一卷

《太上真人内记》一卷李氏撰。

《道学传》二十卷

《宣验记》十三卷刘义庆撰。

《应验记》一卷宋光禄大夫傅亮撰。

《冥祥记》十卷王琰撰。

《列异传》三卷魏文帝撰。

《感应传》八卷王延秀撰。

《古异传》三卷宋永嘉太守袁王寿撰。

《甄异传》三卷晋西戎主簿戴祚撰。

《述异记》十卷祖冲之撰。

《异苑》十卷宋给事刘敬叔撰。

《续异苑》十卷

《搜神记》三十卷干宝撰。

《搜神后记》十卷陶潜撰。

《灵鬼志》三卷荀氏撰。

《志怪》二卷祖台之撰。

《志怪》四卷孔氏撰。

《神录》五卷刘之遴撰。

《齐谐记》七卷宋散骑侍郎东阳元疑撰。

《续齐谐记》一卷吴均撰。

《幽明录》二十卷刘义庆撰。

《补续冥祥记》一卷王曼颖撰。

《汉武洞冥记》一卷郭氏撰。

《嘉瑞记》三卷陆琼撰。

《祥瑞记》三卷

《符瑞记》十卷许善心撰。

《灵异录》十卷

《灵异记》十卷

《研神记》十卷萧绎撰。

《旌异记》十五卷侯君素撰。

《近异录》二卷刘质撰。

《鬼神列传》一卷谢氏撰。

《志怪记》三卷殖氏撰。

《舍利感应记》三卷王劭撰。

《真应记》十卷

《周氏冥通记》一卷

《集灵记》二十卷颜之推撰。

《冤魂志》三卷颜之推撰。

　　右二百一十七部，一千二百八十六卷。通计亡书，合二百一十九部，一千五百三卷。

　　古之史官，必广其所记，非独人君之举。《周官》，外史掌四方之志，则诸侯史记，兼而有之。《春秋传》曰："虢仲、虢叔，王季之穆，勋在王室，藏于盟府。"臧纥之叛，季孙命太史召掌恶臣而盟之。《周官》，司寇凡大盟约，莅其盟书，登于天府。太史、内史、司会，六官皆受其贰而藏之。是则王者诛赏，具录其事，昭告神明，百官史臣，皆藏其书。故自公卿诸侯，至于群士，善恶之迹，毕集史职。而又闾胥之政，凡聚众庶，书其敬敏任恤者，族师每月书其孝悌睦姻有学者，党正岁书其德行道艺者，而入之于乡大夫。乡大夫三年大比，考其德行道艺，举其贤者能者，而献其书。王再拜受之，登于天府，内史贰之。是以穷居侧陋之士，言行必达，皆有史传。自史官旷绝，其道废坏，汉初，始有丹书之约，白马之盟。武帝从董仲舒之言，始举贤良文学。天下计书，先上太史，善恶之事，靡不毕集。司马迁、班固，撰而成之，股肱辅弼之臣，扶义俶傥之士，皆有记录。而操行高洁，不涉于世者。

　　《史记》独传夷齐《汉书》但述杨王孙之俦，其余皆略而不说。又汉时，阮仓作《列仙图》，刘向典校经籍，始作《列仙》、《列士》、《列女》之传，皆因其志尚，率尔而作，不在正史。后汉光武，始诏南阳，撰作风俗，故沛、三辅有耆旧节士之序；鲁、庐江有名德先贤之赞。郡国之书，由是而作。魏文帝又作《列异》，以序鬼物奇怪之事，嵇康作《高士传》以叙圣贤之风。因其事类，相继而作者甚众，名目转广，而又杂以虚诞怪妄之说。推其本源，盖亦史官之末事也。载笔之士，删采其要焉。鲁、沛、三辅，序赞并亡，后之作者，亦多零失。今取其见存，部而类之，谓之杂传。

　　《山海经》二十三卷郭璞注。
　　《水经》三卷郭璞注。
　　《黄图》一卷记三辅宫观陵庙明堂辟雍郊畤等事。

《洛阳记》四卷

《洛阳记》一卷陆机撰。

《洛阳宫殿簿》一卷

《洛阳图》一卷晋怀州刺史杨佺期撰。

《述征记》二卷郭缘生撰。

《西征记》二卷戴延之撰。

《娄地记》一卷吴顾启期撰。

《风土记》三卷晋平西将军周处撰。

《吴兴记》三卷山谦之撰。

《吴郡记》一卷顾夷撰。

《京口记》二卷宋太常卿刘损撰。

《南徐州记》二卷山谦之撰。

《会稽土地记》一卷朱育撰。

《会稽记》一卷贺循撰。

《隋王入沔记》六卷宋侍中沈怀文撰。

《荆州记》三卷宋临川王侍郎盛弘之撰。

《神壤记》一卷记荥阳山水。黄闵撰。

《豫章记》一卷雷次宗撰。

《蜀王本记》一卷扬雄撰。

《三巴记》一卷谯周撰。

《珠崖传》一卷伪燕聘晋使盖泓撰。

《陈留风俗传》三卷圈称撰。

《邺中记》二卷晋国子助教陆翙撰。

《春秋土地名》三卷晋裴秀客京相璠撰。

《衡山记》一卷宗居士撰。

《游名山志》一卷谢灵运撰。

《圣贤冢墓记》一卷李彤撰。

《佛国记》一卷沙门释法显撰。

《游行外国传》一卷沙门释智猛撰。

《交州以南外国传》一卷

《十洲记》一卷东方朔撰。

《神异经》一卷东方朔撰。张华注。

《异物志》一卷后汉议郎杨孚撰。

《南州异物志》一卷吴丹阳太守万震撰。

《蜀志》一卷东京武平太守常宽撰。

《发蒙记》一卷束晰撰。载物产之异。

《地理书》一百四十九卷录一卷。陆澄合《山海经》已来一百六十家，以为此书。澄本之外，其旧事并多零失。见存别部自行者，唯四十二家，今列之于上。

《三辅故事》二卷晋世撰。

《湘州记》二卷庾仲雍撰。

《吴郡记》二卷晋本州主簿顾夷撰。

《日南传》一卷

《江记》五卷庾仲雍撰。

《汉水记》五卷庾仲雍撰。

《居名山志》一卷谢灵运撰。

《西征记》一卷戴祚撰。

《庐山南陵云精舍记》一卷

《永初山川古今记》二十卷齐都官尚书刘澄之撰。

《元康三年地记》六卷

《司州记》二卷

《并帖省置诸郡旧事》一卷

《地记》二百五十二卷梁任昉增陆澄之书八十四家，以为此记。其所增旧书，亦多零失。见存别部行者，唯十二家，今列之于上。

《山海经图赞》二卷郭璞注。

《山海经音》二卷

《水经》四十卷郦善长注。

《庙记》一卷

《地理书抄》二十卷 陆澄撰。

《地理书抄》九卷 任昉撰。

《地理书抄》十卷 刘黄门撰。

《洛阳伽蓝记》五卷 后魏杨衒之撰。

《荆南地志》二卷 萧世诚撰。

《巴蜀记》一卷

《交州异物志》一卷 杨孚撰。

《元康六年户口簿记》三卷

《元嘉六年地记》三卷

《九州郡县名》九卷

《扶南异物志》一卷 朱应撰。

《临海水土物志》一卷 沈莹撰。

《益州记》三卷 李氏撰。

《湘州记》一卷 郭仲彦撰。

《湘州图副记》一卷

《四海百川水源记》一卷 释道安撰。

《京师寺塔记》十卷录一卷。 刘璆撰。

《华山精舍记》一卷 张光禄撰。

《南雍州记》六卷 鲍至撰。

《京师寺塔记》二卷 释昙景撰。

《张骞出关志》一卷

《外国传》五卷 释昙景撰。

《历国传》二卷 释法盛撰。

《西京记》三卷

《京师录》七卷

《寻江源记》一卷

《后园记》一卷

《江表行记》一卷

《淮南记》一卷

《古来国名》二卷

《十三州志》十卷阚骃撰。

《慧生行传》一卷

《宋武北征记》一卷戴氏撰。

《林邑国记》一卷

《凉州异物志》一卷

《阆象传》二卷阆先生撰。

《司州山川古今记》三卷刘澄之撰。

《江图》一卷张氏撰。

《江图》二卷刘氏撰。

《广梁南徐州记》九卷虞孝敬撰。

《水饰图》二十卷

《瓯闽传》一卷

《北荒风俗记》二卷

《诸蕃风俗记》二卷

《男女二国传》一卷

《突厥所出风俗事》一卷

《古今地谱》二卷

《舆地志》三十卷陈顾野王撰。

《序行记》十卷姚最撰。

《魏永安记》三卷温子昇撰。

《国都城记》二卷

《周地图记》一百九卷

《冀州图经》一卷

《齐州图经》一卷

《齐州记》四卷李叔布撰。

《幽州图经》一卷

《魏聘使行记》六卷

《聘北道里记》三卷江德藻撰。

《李谐行记》一卷

《聘游记》三卷刘师知撰。

《朝觐记》六卷

《封君义行记》一卷李绘撰。

《舆驾东行记》一卷薛泰撰。

《北伐记》七卷诸葛颖撰。

《巡抚杨州记》七卷诸葛颖撰。

《大魏诸州记》二十一卷

《并州入朝道里记》一卷蔡允恭撰。

《赵记》十卷

《代都略记》三卷

《世界记》五卷释僧祐撰。

《州郡县簿》七卷

《大隋翻经婆罗门法师外国传》五卷

《隋区宇图志》一百二十九卷

《隋西域图》三卷裴矩撰。

《隋诸州图经集》一百卷郎蔚之撰。

《隋诸郡土俗物产》一百五十一卷

《西域道里记》三卷

《诸蕃国记》十七卷

《方物志》二十卷许善心撰。

《并州总管内诸州图》一卷

右一百三十九部,一千四百三十二卷。通计亡书,合一百四十部,一千四百三十四卷。

昔者先王之化民也,以五方土地,风气所生,刚柔轻重,饮食衣服,各有其性,不可迁变。是故疆理天下,物其土宜,知其利害,达其志而通其欲,齐其政而修其教。故曰广谷大川异制,人居其间异俗。《书》录禹别九州,定其山川,分其圻界,条其物产,辨其贡赋,斯之谓也。周则夏官司险,掌建九州之图,周知山林川泽之阻,达其道路。地官诵训,掌方志以诏观事,以知地俗。春官保章,以星土辨九州之地,所封之域,以观妖祥。秋官职方,掌天下之图地,辨四夷八蛮九貉五戎六狄之人,与其财用九谷六畜之数,周知利害,辨九州之国,使同其贯。司徒掌邦之土地之图,与其人民之教,以佐王扰邦国,周知九州之域,广轮之数,辨其山林川泽丘陵坟衍原隰之名物,及土会之法。然则其事分在众职,而冢宰掌建邦之六典,实总其事。太史以典逆冢宰之治,其书盖亦总为史官之职。汉初,萧何得秦图书,故知天下要害。后又得《山海经》,相传以为夏禹所记。武帝时,计书既上太史,郡国地志,固亦在焉。而史迁所记,但述河渠而已。其后刘向略言地域,丞相张禹使属朱贡条记风俗,班固因之作《地理志》。其州国郡县山川夷险时俗之异,经星之分,风气所生,区域之广,户口之数,各有攸叙,与古《禹贡》、《周官》所记相垺。是后载笔之士,管窥末学,不能及远,但记州郡之名而已。晋世,挚虞依《禹贡》、《周官》,作《畿服经》,其州郡及县分野封略事业,国邑山陵水泉,乡亭城道里土田,民物风俗,先贤旧好,靡不具悉。凡一百七十卷,今亡。而学者因其经历,并有记载,然不能成一家之体。齐时,陆澄聚一百六十家之说,依其前后远近,编而为部,谓之《地理书》。任昉又增陆澄之书八十四家,谓之《地记》。陈时,顾野王抄撰众家之言,作《舆地志》。隋大业中,普诏天下诸郡,条其风俗物产地图,上于尚书。故隋代有《诸郡物产土俗记》一百五十一卷,《区宇图志》一百二十九卷,《诸州图经集》一百卷。其余记注甚众。今任、陆二家所记之内而又别行者,各录在其书之上,自余次之于下,以备地理之记焉。

《世本王侯大夫谱》二卷

《世本》二卷刘向撰。

《世本》四卷宋表撰。

《汉氏帝王谱》三卷梁有《宋谱》四卷,刘湛《百家谱》二卷,亡。

《齐帝谱属》十卷

《百家集谱》十卷王俭撰。梁有王逡之《续俭百家谱》四卷,《南族谱》二卷,《百家谱拾遗》一卷,又有《齐、梁帝谱》四卷,《梁帝谱》十三卷,亡。

《百家谱》三十卷王僧孺撰。

《百家谱集钞》十五卷王僧孺撰。

《百家谱》二十卷贾执撰。

《百家谱》十五卷溥昭撰。

《百家谱世统》十卷

《百家谱钞》五卷

《姓氏英贤谱》一百卷贾执撰。案:梁有《王司空新集诸州谱》十一卷,又别有《诸姓谱》一百一十六卷,《益州谱》四十卷,《关东、关北谱》三十三卷,《梁武帝总责一境内十八州谱》六百九十卷,亡。

《后魏辩宗录》二卷元晖业撰。

《后魏皇帝宗族谱》四卷

《魏孝文列姓族牒》一卷

《后齐宗谱》一卷

《益州谱》三十卷

《冀州姓族谱》二卷

《洪州诸姓谱》九卷

《吉州诸姓谱》八卷

《江州诸姓谱》十一卷

《诸州杂谱》八卷

《袁州诸姓谱》八卷

《扬州谱钞》五卷

《京兆韦氏谱》二卷

《谢氏谱》一十卷

《杨氏血脉谱》二卷

《杨氏家谱状并墓记》一卷

《杨氏枝分谱》一卷

《杨氏谱》一卷

《北地傅氏谱》一卷

《苏氏谱》一卷

《述系传》一卷姚最撰。

《氏族要状》十五卷

《姓苑》一卷何氏撰。

《复姓苑》一卷

《齐永元中表簿》五卷

《竹谱》一卷

《钱谱》一卷顾烜撰。

《钱图》一卷

右四十一部，三百六十卷。通计亡书，合五十三部，一千二百八十卷。

氏姓之书，其所由来远矣。《书》称："别生分类。"《传》曰："天子建德，因生以赐姓。"周家小史定系世，辨昭穆，则亦史之职也。秦兼天下，铲除旧迹，公侯子孙，失其本系。汉初，得世本，叙黄帝已来祖世所出。而汉又有《帝王年谱》，后汉有《邓氏官谱》。晋世，挚虞作《族姓昭穆记》十卷，齐、梁之间，其书转广。后魏迁洛，有八氏十姓，咸出帝族。又有三十六族，则诸国之从魏者，九十二姓，世为部落大人者，并为河南洛阳人。其中国士人，则第其门阀，有四海大姓、郡姓、州姓、县姓。及周太祖入关，诸姓子孙有功者，并令为其宗长，仍撰谱录，纪其所承。又以关内诸州，为其本望。其《邓氏官谱》及《族姓昭穆记》，晋乱已亡。自余亦多遗失。今录其见存者，以为谱系篇。

《七略别录》二十卷刘向撰。

《七略》七卷刘歆撰。

《晋中经》十四卷荀勖撰。

《晋义熙已来新集目录》三卷

《宋元徽元年四部书目录》四卷王俭撰。

《今书七志》七十卷王俭撰。

《梁天监六年四部书目录》四卷殷钧撰。

《梁东宫四部目录》四卷刘遵撰。

《梁文德殿四部目录》四卷刘孝标撰。

《七录》十二卷阮孝绪撰。

《魏阙书目录》一卷

《陈秘阁图书法书目录》一卷

《陈天嘉六年寿安殿四部目录》四卷

《陈德教殿四部目录》四卷

《陈承香殿五经史记目录》二卷

《开皇四年四部目录》四卷

《开皇八年四部书目录》四卷

《香厨四部目录》四卷

《隋大业正御书目录》九卷

《法书目录》六卷

《杂仪注目录》四卷

《杂撰文章家集叙》十卷荀勖撰。

《文章志》四卷挚虞撰。

《续文章志》二卷傅亮撰。

《晋江左文章志》三卷宋明帝撰。

《宋世文章志》二卷沈约撰。

《书品》二卷

《名手画录》一卷

《正流论》一卷

右三十部,二百一十四卷。

古者史官既司典籍,盖有目录,以为纲记,体制埋灭,不可复知。孔子删书,别为之序,各陈作者所由。韩、毛二《诗》,亦皆相类。汉时刘向《别录》、刘歆《七略》,剖析条流,各有其部,推寻事迹,疑则古之制也。自是之后,不能辨其流别,但记书名而已。博览之士,疾其浑漫,故王俭作《七志》,阮孝绪作《七录》,并皆别行。大体虽准向、歆，而远不逮矣。其先代目录，亦多散亡。今总其见存，编为簿录篇。

凡史之所记，八百一十七部，一万三千二百六十四卷。_{通计亡}书，合八百七十四部，一万六千五百五十八卷。

夫史官者，必求博闻强识，疏通知远之士，使居其位，百官众职，咸所贰焉。是故前言往行，无不识也；天文地理，无不察也；人事之纪，无不达也。内掌八柄，以诏王治，外执六典，以逆官正。书美以彰善，记恶以垂戒，范围神化，昭明令德，穷圣人之至赜，详一代之亹亹。自史官废绝久矣，汉氏颇循其旧，班、马因之。魏、晋已来，其道逾替。南、董之位，以录贵游，政、骏之司，罕因才授。故梁世谚曰：“上车不落则著作，体中何如则秘书。”于是尸素之俦，盱衡延阁之上；立言之士，挥翰蓬茨之下。一代之记，至数十家，传说不同，闻见舛驳，理失中庸，辞乖体要。致令允恭之德，有阙于典坟，忠肃之才，不传于简策。斯所以为蔽也。班固以《史记》附《春秋》，今开其事类，凡十三种，别为史部。

隋书卷三四

志第二九

经籍三

子

《晏子春秋》七卷齐大夫晏婴撰。

《曾子》二卷目一卷。鲁国曾参撰。

《子思子》七卷鲁穆公师孔伋撰。

《公孙尼子》一卷尼，似孔子弟子。

《孟子》十四卷齐卿孟轲撰，赵岐注。

《孟子》七卷郑玄注。

《孟子》七卷刘熙注。梁有《孟子》九卷，綦毋邃撰，亡。

《孙卿子》十二卷楚兰陵令荀况撰。梁有《王孙子》一卷，亡。

《董子》一卷战国时，董无心撰。

《鲁连子》五卷、录一卷鲁连，齐人，不仕，称为先生。

《新语》二卷陆贾撰。

《贾子》十卷录一卷。汉梁太傅贾谊撰。

《盐铁论》十卷汉庐江府丞桓宽撰。

《新序》三十卷录一卷。刘向撰。

《说苑》二十卷刘向撰。

《扬子法言》十五卷、解一卷扬雄撰，李轨注。梁有《扬子法言》六卷，侯苞注，亡。

《扬子法言》十三卷宋衷撰。

《扬子太玄经》九卷宋衷注。梁有《扬子太玄经》九卷，扬雄自作章句，亡。

《扬子太玄经》十卷陆绩、宋衷撰。

《扬子太玄经》十卷蔡文邵注。梁有《扬子太玄经》十四卷，虞翻注；《扬子太玄经》十三卷，陆凯注；《扬子太玄经》七卷，王肃注。亡。

《桓子新论》十七卷后汉六安丞桓谭撰。

《潜夫论》十卷后汉处士王符撰。梁有王逸《正部论》八卷，后汉侍中王逸撰；《后序》十二卷，后汉司隶校尉应奉撰，《周生子要论》一卷，录一卷，魏侍中周生烈撰。亡。

《申鉴》五卷荀悦撰。

《魏子》三卷后汉会稽人魏朗撰。梁有《文检》六卷，似后汉末人作，亡。

《牟子》二卷后汉太尉牟融撰。

《典论》五卷魏文帝撰。

《徐氏中论》六卷魏太子文学徐干撰。梁目一卷。

《王子正论》十卷王肃撰。梁有《去伐论集》三卷，王粲撰，亡。

《杜氏体论》四卷魏幽州刺史杜恕撰。梁有《新书》五卷，王基撰；《周子》九卷，吴中书郎周昭撰。亡。

《顾子新语》十二卷吴太常顾谭撰。《通语》十卷，晋尚书左丞殷兴撰；典语十卷、《典语别》二卷，并吴中夏督陆景撰。亡。

《谯子法训》八卷谯周撰。梁有《谯子五教志》五卷，亡。

《袁子正论》十九卷袁准撰。梁又有《袁子正书》二十五卷，袁准撰；《孙氏成败志》三卷，孙毓撰；《古今通论》二卷，松滋令王婴撰'《蔡氏化清经》十卷，蔡洪撰；《通经》二卷，晋丞相从事中郎王长元撰。亡。

《新论》十卷晋散骑常侍夏侯湛撰。梁有《杨子物理论》十六卷，《杨子大元经》十四卷，并晋徵士杨泉撰；《新论》十卷，晋金紫光禄大夫华谭撰；《梅子新论》一卷。亡。

《志林新书》三十卷虞喜撰。梁有《广林》二十四卷，又《后林》十卷，虞喜撰；《干子》十八卷，干宝撰；《闵论》二卷，晋江州从事蔡韶撰；《顾子》十卷，晋扬州主簿顾夷撰。亡。

《要览》十卷晋郡儒林祭酒吕竦撰。

《正览》六卷梁太子詹事周舍撰。梁有《三统五德论》二卷，曹思文撰。
亡。

《诸葛武侯集诫》二卷

《众贤诫》十三卷

《女篇》一卷

《女鉴》一卷

《妇人训诫集》十一卷

《妇姒训》一卷

《曹大家女诫》一卷

《真顺志》一卷

右六十二部，五百三十卷。通计亡书，合六十七部，六百九卷。

儒者，所以助人君明教化者也。圣人之教，非家至而户说，故有
儒者宣而明之。其大抵本于仁义及五常之道，黄帝、尧、舜、禹、汤、
文、武，咸由此则。《周官》，太宰以九两系邦国之人，其四曰儒，是
也。其后陵夷衰乱，儒道废阙。仲尼祖述前代，修正六经，三千之徒，
并受其义。至于战国，孟轲、子思、荀卿之流，宗而师之，各有著述，
发明其指。所谓中庸之教，百王不易者也。俗儒为之，不顾其本，苟
欲哗众，多设问难，便辞巧说，乱其大体，致令学者难晓，故曰"博而
寡要"。

《鬻子》一卷周文王师鬻熊撰。

《老子道德经》二卷周柱下史李耳撰。汉文帝时，河上公注。梁有战国
时河上文人注《老子经》二卷，汉长陵三老毋丘望之注《老子》二卷，汉微士严
遵注《老子》二卷，虞翻注《老子》二卷。亡。

《老子道德经》二卷王弼注。梁有《老子道德经》二卷，张嗣注；《老子
道德经》二卷，蜀才注。亡。

《老子道德经》二卷钟会注。梁有《老子道德经》二卷，晋太傅羊祜解

释;《老子经》二卷,东晋江州刺史王尚述注;《老子》二卷,晋郎中程韶集解;《老子》二卷,邯郸氏注;《老子》二卷,常氏传;《老子》二卷,孟氏注;《老子》二卷,盈氏注。亡。

《老子道德经》二卷、音一卷晋尚书郎孙登注。

《老子道德经》二卷刘仲融注。梁有《老子道德经》二卷,巨生解;《老子道德经》二卷,晋西中郎将袁真注;《老子道德经》二卷,张凭注;《老子道德经》二卷,释惠琳注;《老子道德经》二卷,释惠严注;《老子道德经》二卷,王玄载注。亡。

《老子道德经》二卷卢景裕撰。

《老子音》一卷李轨撰。梁有《老子音》一卷,晋散骑常侍戴逵撰。亡。

《老子》四卷梁旷撰。

《老子指归》十一卷严遵注。

《老子指趣》三卷毌丘望之撰。

《老子义纲》一卷顾欢撰。梁有《老子道德论》二卷,何晏撰;《老子序决》一卷,葛仙公撰;《老子杂论》一卷,何、王等注;《老子私记》十卷,梁简文帝撰;《老子玄示》一卷,韩壮撰;《老子玄谱》一卷,晋柴桑令刘遗民撰;《老子玄机》三卷,宗塞撰;《老子幽易》五卷,又《老子志》一卷,山琮撰。亡。

《老子义疏》一卷顾欢撰。梁有《老子义疏》一卷,释慧观撰,亡。

《老子义疏》五卷孟智周私记。

《老子义疏》四卷韦处玄撰。

《老子讲疏》六卷梁武帝撰。

《老子义疏》九卷戴诜撰。

《老子节解》二卷

《老子章门》一卷

《文子》十二卷文子,老子弟子。《七略》有九篇,梁《七录》十卷,亡。

《鹖冠子》三卷楚之隐人。

《列子》八卷郑之隐人列御寇撰,东晋光禄勋张湛注。

《庄子》二十卷梁漆园吏庄周撰,晋散骑常侍向秀注。本二十卷,今阙。梁有《庄子》十卷,东晋议郎崔譔注。亡。

《庄子》十六卷司马彪注。本二十一卷,今阙。

《庄子》三十卷、目一卷晋太傅主簿郭象注。梁《七录》三十三卷。

《集注庄子》六卷梁有《庄子》三十卷,晋丞相参军李颐注;《庄子》十八卷,孟氏注,录一卷。亡。

《庄子音》一卷李轨撰。

《庄子音》三卷徐邈撰。

《庄子集音》三卷徐邈撰。

《庄子注音》一卷司马彪等撰。

《庄子音》三卷郭象撰。梁有向秀《庄子音》一卷

《庄子外篇杂音》一卷

《庄子内篇音义》一卷

《庄子讲疏》十卷梁简文帝。本二十卷,今阙。

《庄子讲疏》二卷张机撰,亡。

《庄子讲疏》八卷

《庄子文句义》二十八卷本三十卷,今阙。梁有《庄子义疏》十卷,又《庄子义疏》三卷,宋处士李叔之撰,亡。

《庄子内篇讲疏》八卷周弘正撰。

《庄子义疏》八卷戴诜撰。

《南华论》二十五卷梁旷撰。本三十卷。

《南华论音》三卷

《庄成子》十二卷梁有《蹇子》一卷,今亡。

《玄言新记明庄部》二卷梁澡撰。

《守白论》一卷

《任子道论》十卷魏河东太守任嘏撰。梁有《浑舆经》一卷,魏安成令桓威撰。亡。

《唐子》十卷,吴唐滂撰。梁有《苏子》七卷,晋北中郎参军苏彦撰;《宣子》二卷,晋宣城令宣聘撰;《陆子》十卷,陆云撰。亡。

《杜氏幽求新书》二十卷杜夷撰。

《抱朴子内篇》二十一卷、音一卷葛洪撰。梁有《顾道士新书论经》三卷,晋方士顾谷撰,亡。

《孙子》十二卷孙绰撰。

《符子》二十卷东晋员外郎符朗撰。梁有《贺子述言》十卷，宋太学博士贺道养撰；《少子》五卷，齐司徒左长史张融撰；梁又有《养生论》三卷，嵇康撰；《摄生论》二卷，晋河内太守阮侃撰；《无宗论》四卷，《圣人无情论》六卷。亡。

《夷夏论》一卷顾欢撰。梁二卷。梁又有《谈众》三卷。亡。

《简文谈疏》六卷晋简文帝撰。

《无名子》一卷张太衡撰。

《玄子》五卷

《游玄桂林》二十一卷、目一卷张机撰。

《广成子》十三卷商洛公撰。张太衡注，疑近人作。

右七十八部，合五百二十五卷。

道者，盖为万物之奥，圣人之至赜也。《易》曰："一阴一阳之谓道。"又曰："仁者见之谓之仁，智者见之谓之智，百姓日用而不知。"夫阴阳者，天地之谓也。天地变化，万物蠢生，则有经营之迹。至于道者，精微淳粹，而莫知其体，处阴与阴为一，在阳与阳不二。仁者资道以成仁，道非仁之谓也；智者资道以为智，道非智之谓也；百姓资道而日用，而不知其用也。圣人体道成性，清虚自守，为而不恃，长而不宰，故能不劳聪明而人自化，不假修营而功自成。其玄德深远，言象不测。先王惧人之惑，置于方外，六经之义，是所罕言。《周官》九两，其三曰师，盖近之矣。然自黄帝以下，圣哲之士，所言道者，传之其人，世无师说。汉时，曹参始荐盖公能言黄老，文帝宗之。自是相传，道学众矣。下士为之，不推其本，苟以异俗为高，狂狷为尚，迂诞谲怪而失其真。

《管子》十九卷齐相管夷吾撰。

《商君书》五卷秦相卫鞅撰。梁有《申子》三卷，韩相申不害撰。亡。

《慎子》十卷战国时处士慎到撰。

《韩子》二十卷、目一卷韩非撰。梁有《韩氏新书》三卷，汉御史大夫晁错撰，亡。

《正论》六卷汉大尚书崔寔撰。梁有《法论》十卷,刘邵撰;《政论》五卷,魏侍中刘廙撰;《阮子正论》五卷,魏清河太守阮武撰。亡。

《世要论》十二卷魏大司农桓范撰。梁有二十卷,又有《陈子要言》十四卷,吴豫章太守陈融撰;《蔡司徒难论》五卷,晋三公令史黄命撰。亡。

右六部,合七十二卷。

法者,人君所以禁淫慝,齐不轨,而辅于治者也。《易》著"先王明罚饬法",《书》美"明于五刑,以弼五教。"《周官》,司寇"掌建国之三典,以佐王刑邦国,诘四方。"司刑"以五刑之法,丽万民之罪",是也。刻者为之,则杜哀矜,绝仁爱,欲以威劫为化,残忍为治,乃至伤恩害亲。

《邓析子》一卷析,郑大夫。
《尹文子》二卷尹文,周之处士,游齐稷下。

《士操》一卷魏文帝撰。梁有《刑声论》一卷,亡。

《人物志》三卷刘邵撰。梁有《士纬新书》十卷,姚信撰,又《姚氏新书》二卷,与《士纬》相似;《九州人士论》一卷,魏司空卢毓撰;《通古人论》一卷。亡。

右四部,合七卷。

名者,所以正百物,叙尊卑,列贵贱,各控名而责实,无相僭滥者也。《春秋传》曰:"古者名位不同,节文异数。"《孔子》曰:"名不正则言不顺,言不顺则事不成。"《周官》,宗伯"以九仪之命,正邦国之位,辨其名物之类",是也。拘者为之,则苛察缴绕,滞于析辞而失大体。

《墨子》十五卷、目一卷宋大夫墨翟撰。
《随巢子》一卷巢,似墨翟弟子。
《胡非子》一卷非,似墨翟弟子。梁有《田休子》一卷,亡。

右三部,合一十七卷。

墨者,强本节用之术也。上述尧、舜、夏禹之行,茅茨不翦,粝粱之食，桐棺三寸，贵俭兼爱，严父上德，以孝示天下，右鬼神而非命。《汉书》以为本出清庙之守。然则《周官》宗伯"掌建邦之天神地祇人鬼"，肆师"掌立国祀及兆中庙中之禁令"，是其职也。愚者为之，则守于节俭，不达时变，推心兼爱，而混于亲疏也。

《鬼谷子》三卷皇甫谧注。鬼谷子，周世隐于鬼谷。梁有《补阙子》十卷，《湘东鸿烈》十卷，并元帝撰，亡。

《鬼谷子》三卷乐一注。

右二部，合六卷。

从横者，所以明辩说，善辞令，以通上下之志者也。《汉书》以为本出行人之官，受命出疆，临事而制。故曰："诵《诗》三百，使于四方，不能专对，虽多亦奚以为?"《周官》，掌交"以节与币，巡邦国之诸侯及万姓之聚，导王之德意志虑，使辟行之，而和诸侯之好，达万民之说;谕以九税之利，九仪之亲，九牧之维，九禁之难，九戎之威"，是也。佞人为之，则便辞利口，倾危变诈，至于贼害忠信，覆邦乱家。

《尉缭子》五卷梁并录六卷。尉缭，梁惠王时人。

《尸子》二十卷、目一卷梁十九卷。秦相卫鞅上客尸佼撰。其九篇亡，魏黄初中续。

《吕氏春秋》二十六卷秦相吕不韦撰，高诱注。

《淮南子》二十一卷汉淮南王刘安撰，许慎注。

《淮南子》二十一卷高诱注。

《论衡》二十九卷后汉徵士王充撰。梁有《洞序》九卷、录一卷，应奉撰，亡。

《风俗通义》三十一卷录一卷，应劭撰，梁三十卷。

《仲长子昌言》十二卷录一卷，汉尚书郎仲长统撰。

《蒋子万机论》八卷蒋济撰。梁有《笃论》四卷，杜恕撰;《刍荛论》五卷，钟会撰;梁有《诸葛子》五卷，吴太傅诸葛恪撰。亡。

《傅子》百二十卷晋司隶校尉傅玄撰。《默记》三卷，吴大鸿胪张俨撰。《裴氏新言》五卷，吴大鸿胪裴玄撰。梁有《新义》十八卷，吴太子中庶子刘廙撰。《析言论》二十卷，晋议郎张显撰；《桑丘先生书》二卷，晋征南军师杨伟撰。亡。

《时务论》十二卷杨伟撰。梁有《古世论》十七卷，《桓子》一卷，《秦子》三卷，吴秦菁撰。《刘子》十卷，《何子》五卷。亡。

《立言》六卷苏道撰。梁有《孔氏说林》二卷，孔衍撰，亡。

《抱朴子外篇》三十卷葛洪撰。梁有五十一卷。

《金楼子》十卷梁元帝撰。

《博物志》十卷张华撰。

《张公杂记》一卷张华撰。梁有五卷，与《博物志》相似，小小不同。又有《杂记》十卷，何氏撰，亡。

《杂记》十一卷张华撰。梁有《子林》二十卷，孟仪撰。亡。

《广志》二卷郭义恭撰。

《部略》十五卷

《博览》十三卷

《谏林》五卷齐晋陵令何望之撰。

《述政论》十三卷陆澄撰。

《古今注》三卷崔豹撰。

《古今训》十一卷张显撰。

《古今善言》三十卷宋车骑将军范泰撰。

《善谏》二卷宋领军长史虞通之撰。

《缺文》十三卷陆澄撰。

《政论》十三卷陆澄撰。

《记闻》二卷宋后军参军徐益寿撰。

《新旧传》四卷

《释俗语》八卷刘霁撰。

《称谓》五卷后周大将军卢辩撰。

《备遗记》三卷

《纂要》一卷戴安道撰。亦云颜延之撰。

《方类》六卷

《俗说》三卷沈约撰。梁五卷。

《杂说》二卷沈约撰。

《袖中记》二卷沈约撰。

《袖中略集》一卷沈约撰。

《珠丛》一卷沈约撰。

《采璧》三卷梁中书舍人庾肩吾撰。

《物始》十卷谢吴撰。

《宜览》二十二卷

《玉府集》八卷

《鸿宝》十卷

《显用》九卷

《坟典》三十卷卢辩撰。

《玉烛宝典》十二卷著作郎杜台卿撰。

《典言》四卷后魏人李穆叔撰。

《典言》四卷后齐中书郎荀士逊等撰。

《补文》六卷

《四时录》十二卷

《正训》二十卷

《内训》二十卷

《杂略》十三卷

《清神》三卷

《前言》八卷

《会林》五卷

《对林》十卷

《道言》六卷叱罗羡撰。

《道术志》三卷

《述伎艺》一卷

《诸书要略》一卷魏彦深撰。

《文府》五卷梁有《文章义府》三十卷。

《语对》十卷朱澹远撰。

《语丽》十卷｝朱澹远撰。

《对要》三卷

《杂语》三卷

《众书事对》三卷

《廊庙五格》二卷王彬撰。

《名数》八卷

《新言》四卷裴立撰。

《善说》五卷

《君臣相起发事》三卷

《物重名》五卷

《真注要录》一卷

《天地体》二卷

《杂事钞》二十四卷

《杂书钞》四十四卷

《子抄》三十卷梁黟令庾仲容撰。

《子抄》二十卷梁有《子钞》十五卷，沈约撰。亡。

《论集》八十六卷殷仲堪撰。梁九十六卷。梁又有《杂论》五十八卷，《杂论》十三卷，亡。

《皇览》一百二十卷缪卜等撰。梁六百八十卷。梁又有《皇览》一百二十三卷，何承天合；《皇览》五十卷，徐爰合；《皇览目》四卷，又有《皇览抄》二十卷，梁特进萧琛抄。亡。

《帝王集要》三十卷崔安撰。

《类苑》一百二十卷梁征虏刑狱参军刘孝标撰。梁《七录》八十二卷。

《华林遍略》六百二十卷梁绥安令徐僧权等撰。

《要录》六十卷

《寿光书苑》二百卷梁尚书左丞刘杳撰。

《科录》七十卷_{元晖撰。}

《书图泉海》二十卷_{陈张式撰。}

《圣寿堂御览》三百六十卷

《长洲玉镜》二百三十八卷

《书钞》一百七十四卷

《释氏谱》十五卷

《内典博要》三十卷

《净住子》二十卷_{齐竟陵王萧子良撰。}

《因果记》十卷

《历代三宝记》三卷_{费长房撰。}

《真言要集》十卷

《义记》二十卷_{萧子良撰。}

《感应传》八卷_{宋尚书郎王延秀撰。}

《众僧传》二十卷_{裴子野撰。}

《高僧传》六卷_{虞孝敬撰。}

《皇帝菩萨清净大舍记》三卷_{谢吴撰，亡。}

《宝台四法藏目录》一百卷_{大业中撰。}

《玄门宝海》一百二十卷_{大业中撰。}

　　右九十七部，合二千七百二十卷。

　　杂者，兼儒、墨之道，通众家之意，以见王者之化，无所不冠者也。古者，司史历记前言往行，祸福存亡之道。然则杂者，盖出史官之职也。放者为之，不求其本，材少而多学，言非而博，是以杂错漫羡，而无所指归。

《氾胜之书》二卷_{汉议郎氾胜之撰。}

《四人月令》一卷_{后汉大尚书崔寔撰。}

《禁苑实录》一卷

《齐民要术》十卷_{贾思勰撰。}

《春秋济世六常拟议》五卷_{杨瑾撰。梁有《陶朱公养鱼法》，《卜式养}

羊法》、《养猪法》、《月政畜牧栽种法》，各一卷。亡。

右五部，一十九卷。

农者，所以播五谷，艺桑麻，以供衣食者也。《书》叙八政，其一曰食，二曰贷。孔子曰："所重民食。"《周官》冢宰"以九职任万民"，其一曰"三农生九谷"；地官司稼"掌巡邦野之稼，而辨穜稑之种，周知其名与其所宜地，以为法而悬于邑闾"，是也。鄙者为之，则弃君臣之义，徇耕稼之利，而乱上下之序。

《燕丹子》一卷丹，燕王喜太子。梁有《青史子》一卷；又《宋玉子》一卷、录一卷，楚大夫宋玉撰；《群英论》一卷，郭颁撰；《语林》十卷，东晋处士裴启撰。亡。

《杂语》五卷

《郭子》三卷。东晋中郎郭澄之撰。

《杂对语》三卷

《要用语对》四卷

《文对》三卷

《琐语》一卷梁金紫光禄大夫顾协撰。

《笑林》三卷后汉给事中邯郸淳撰。

《笑苑》四卷

《解颐》二卷杨松玢撰。

《世说》八卷宋临川王刘义庆撰。

《世说》十卷刘孝标注。梁有《俗说》一卷，亡。

《小说》十卷梁武帝敕安右长史殷芸撰。梁目，三十卷。

《小说》五卷

《迩说》一卷梁南台治书伏梴撰。

《辩林》二十卷萧贲撰。

《辩林》二卷席希秀撰。

《琼林》七卷周兽门学士阴颢撰。

《古今艺术》二十卷

《杂书钞》十三卷

《座右方》八卷庚元威撰。

《座右法》一卷

《鲁史欹器图》一卷仪同刘徽注。

《器准图》三卷后魏丞相士曹行参军信都芳撰。

《水饰》一卷

　　右二十五部,合一百五十五卷。

　　小说者,街说巷语之说也。《传》载舆人之诵,《诗》美询于刍尧。古者圣人在上,史为书,瞽为诗,工诵箴谏,大夫规诲,士传言而庶人谤。孟春,徇木铎以求歌谣,巡省观人诗,以知风俗。过则正之,失则改之,道听涂说,靡不毕纪。《周官》,诵训"掌道方志以诏观事,道方匿以诏辟忌,以知地俗";而训方氏"掌道四方之政事,与其上下之志,诵四方之传道而观衣物",是也。孔子曰:"虽小道,必有可观者焉,致远恐泥。"

《司马兵法》三卷齐将司马穰苴撰。

《孙子兵法》二卷吴将孙武撰,魏武帝注。梁三卷。

《孙子兵法》一卷魏武王凌集解。

《孙武兵经》二卷张子尚注。

《钞孙子兵法》一卷太尉贾诩钞。梁有《孙子兵法》二卷,孟氏解诂;《孙子兵法》二卷,吴处士沈友撰;又《孙子八阵图》一卷。亡。

《吴起兵法》一卷贾诩注。

《吴孙子牝八变阵图》二卷

《续孙子兵法》二卷魏武帝撰。

《孙子兵法杂占》四卷梁有《诸葛亮兵法》五卷,又《慕容氏兵法》一卷,亡。

《皇帝兵法》一卷宋武帝所传神人书。梁有《杂兵注》二十四卷,《兵法序》二卷,亡。

《太公六韬》五卷梁六卷。周文王师姜望撰。

《太公阴谋》一卷梁六卷。梁又有《太公阴谋》三卷，魏武帝解。

《太公阴符钤录》一卷

《太公金匮》二卷

《太公兵法》二卷梁三卷

《太公兵法》六卷梁有《太公杂兵书》六卷。

《太公伏符阴阳谋》一卷

《黄帝兵法孤虚杂记》一卷

《太公三宫兵法》一卷梁有《太一三宫兵法立成图》二卷。

《太公书禁忌立成集》二卷

《太公枕中记》一卷

《周书阴符》九卷

《周吕书》一卷

《黄石公内记敌法》一卷

《黄石公三略》三卷下邳神人撰，成氏注。梁又有《黄石公记》三卷，《黄石公略注》三卷。

《黄石公三奇法》一卷梁有《兵书》一卷，《张良经》与《三略》往往同。亡。

《黄石公五垒图》一卷

《黄石公阴谋行军秘法》一卷梁有《黄石公秘经》二卷。

《大将军兵法》一卷

《黄石公兵书》三卷

《兵书接要》十卷魏武帝撰。梁有《兵书接要别本》五卷又有《兵书要论》七卷，亡。

《兵法接要》三卷魏武帝撰。

《三宫用兵法》一卷

《兵书略要》九卷魏武帝撰。梁有《兵要》二卷。

《魏武帝兵法》一卷梁有《魏时群臣表伐吴策》一卷，《诸州策》四卷，《军令》八卷，《尉缭子兵书》一卷。

《兵林》六卷东晋江都相孔衍撰。

《兵林》一卷

《玄女战经》一卷

《武林》一卷_{王略撰。}

《黄帝问玄女兵法》四卷_{梁三卷。}

《秦战斗》一卷

《梁主兵法》一卷

《梁武帝兵书钞》卷

《梁武帝兵书要钞》一卷

《玉韬》十卷_{梁元帝撰。}

《金韬》十卷

《金策》十九卷

《兵书要略》五卷_{后周齐王宇文宪撰。}

《兵书》七卷

《兵书要术》四卷_{伍景志撰。}

《兵记》八卷_{司马彪撰。一本二十卷。}

《兵书要序》十卷_{赵氏撰。}

《兵法》五卷

《杂兵书》十卷_{梁有《杂兵书》八卷，《三家兵法要集》三卷，《戎略机品》}二卷。亡。

《大将军》一卷

《杂兵图》二卷

《兵略》五卷

《军胜见》十卷_{许昉撰。}

《戎决》十三卷_{许昉撰。}

《阵图》一卷

《阴策》二十二卷_{大都督刘祐撰。}

《阴策林》一卷

《承神兵书》二十卷

《真人水镜》十卷

《战略》二十六卷金城公赵㬣撰。

《金海》三十卷萧吉撰。

《兵书》二十五卷

《杂撰阴阳兵书》五卷莫珍宝撰。

《黄帝兵法杂要决》一卷

《黄帝军出大师年命立成》一卷

《黄帝复姓符》二卷许昉撰。梁有《辟兵法》一卷

《黄帝太一兵历》一卷

《黄帝蚩尤风后行军秘术》二卷梁有《黄帝蚩尤兵法》一卷。亡。

《老子兵书》一卷

《吴有道占出军决胜负事》一卷梁二卷。又《黄帝出军杂用决》十二卷,《风气占军决胜战》二卷,太史令全范撰。

《对敌权变》一卷吴氏撰。

《对敌占风》一卷梁有《黄帝夏氏占气》六卷,《兵法风气等占》三卷,亡。

《对敌权变逆顺》一卷

《兵法权仪》一卷

《六甲孤虚杂决》一卷梁有《孙子战斗六甲兵法》一卷

《六甲孤虚兵法》一卷

《孤虚法》十卷梁有《兵法遁甲孤虚斗中域法》九卷。

《兵书杂占》十卷梁有《兵法日月风云背向杂占》十二卷,《兵法》三卷,《虚占》三卷,《京氏征伐军候》八卷

《兵书杂历》八卷

《太一兵书》一十一卷梁二十卷

《兵书内术》二卷

《兵法书决》九卷阙一卷

《军国要略》一卷

《兵法要录》二卷

《用兵撮要》二卷

《用兵要术》一卷

《用兵秘法云气占》一卷

《五家兵法》一卷

《兵法三家军占秘要》一卷李行撰。

《气经上部占》一卷

《天大芒雾气占》一卷

《鬼谷先生占气》一卷

《五行候气占灾》一卷

《乾坤气法》一卷

《杂匈奴占》一卷汉武帝王朔注。

《对敌占》一卷

《杂占》八卷梁有《推元嘉十二年日时兵法》二卷,《逆推元嘉五十年太岁计用兵法》一卷

《兵杀历》一卷

《马槊谱》一卷梁二卷。梁有《骑马都格》一卷,《骑马变图》一卷,《马射谱》一卷,亡。

《棋势》四卷梁有《术艺略序》五卷,孙畅之撰;《围棋势》七卷,湘东太守徐泓撰;《齐高棋图》二卷;《围棋九品序录》五卷,范汪等撰;《围棋势》二十九卷,晋赵王伦舍人马朗等撰;《棋品叙略》三卷,建元、永明《棋品》二卷,宋员外殿中将军褚思庄撰;天监《棋品》一卷,梁尚书仆射柳恽撰。亡。

《杂博戏》五卷

《投壶经》一卷

《梁东宫撰太一博法》一卷

《双博法》一卷

《皇博法》一卷梁有《大小博法》一卷,《投壶经》四卷,《投壶变》一卷,晋左光禄大夫虞潭撰。《投壶道》一卷,郝冲撰;《击壤经》一卷。亡。

《象经》一卷周武帝撰。

《博塞经》一卷邴纲撰。

《棋势》十卷沈敞撰。

《棋势》十卷二卷,成。

《棋势》十卷王子冲撰。

《棋势》八卷

《棋图势》十卷

《棋九品序录》一卷范汪等注。

《棋后九品序》一卷袁遵撰。

《围棋品》一卷梁武帝撰。

《棋品序》一卷陆云撰。

《棋法》一卷梁武帝撰。

《弹棋谱》一卷徐广撰。

《二仪十博经》一卷

《象经》一卷王褒注。

《象经》三卷王裕注。

《象经》一卷何妥注。

《象经发题义》一卷

右一百三十三部,五百一十二卷。

兵者,所以禁暴静乱者也。《易》曰:"古者弦木为弧,剡木为矢,弧矢之利,以威天下。"孔子曰:"不教人战,是谓弃之。"《周官》,大司马"掌九法九伐,以正邦国",是也。然皆动之以仁,行之以义,故能诛暴静乱,以济百姓。下至三季,恣情逞欲,争伐寻常,不抚其人,设变诈而灭仁义,至乃百姓离叛,以致于乱。

《周髀》一卷赵婴注。

《周髀》一卷甄鸾重述。

《周髀图》一卷

《灵宪》一卷张衡撰。

《浑天象注》一卷吴散骑常侍王蕃撰。

《浑天义》二卷

《浑天图》一卷石氏。

《浑天图》一卷

《浑天图记》一卷梁有《昕天论》一卷，姚信撰。《安天论》六卷，虞喜；《图天图》一卷，《原天论》一卷，《神光内抄》一卷。

《定天论》三卷

《天仪说要》一卷陶弘景撰。

《玄图》一卷

《石氏星簿经赞》一卷

《星经》二卷

《甘氏四七法》一卷

《巫咸五星占》一卷

《天仪说要》一卷陶弘景撰。

《录轨象以颂其章》一卷内有图。

《天文集占》十卷晋太史令陈卓定。

《天文要集》四十卷晋太史令韩扬撰。

《天文要集》四卷

《天文要集》三卷

《天文集占》十卷梁百卷。梁有《石氏》、《甘氏天文占》各八卷

《天文占》六卷李暹撰。

《天文占》一卷

《天文占气书》一卷

《天文集要钞》二卷

《天文书》二卷梁有《杂天文书》二十五卷

《杂天文横占》一卷

《天文横图》一卷高文洪撰。

《天文集占图》十一卷梁有《天文五行图》十二卷，《天文杂占》十六卷。亡。

《天文录》三十卷梁奉朝请祖师撰。

《天文志》十二卷吴云撰。

《天文志杂占》一卷吴云撰。梁有《天文杂占》十五卷，亡。

《天文》十二卷史崇注。

《天文十二次图》一卷梁有《天官宿野图》一卷,亡。

《婆罗门天文经》二十一卷婆罗门舍仙人所说。

《婆罗门竭伽仙人天文说》三十卷

《婆罗门天文》一卷

《陈卓四方宿占》一卷梁四卷。

《黄帝五星占》一卷

《五星占》一卷丁巡撰。

《五星占》一卷梁有《五星集占》六卷,《日月五星集占》十卷。

《五星占》一卷陈卓撰。

《五星犯列宿占》六卷

《杂星书》一卷

《星占》二十八卷孙僧化等撰。

《星占》一卷梁有《石氏星经》七卷,陈卓记;又《石氏星官》十九卷,又
《星经》七卷,郭历撰。亡。

《天官星占》十卷陈卓撰。梁《天官星占》二十卷,吴袭撰。

《星占》八卷梁又有《星占》十八卷。

《中星经簿》十五卷梁有《星官簿赞》十三卷,又有《星书》三十四卷,
《杂家星占》六卷,《论星》一卷。亡。

《著明集》十卷

《杂星图》五卷

《天文外官占》八卷

《杂星占》七卷

《杂星占》十卷

《海中星占》一卷梁有《论星》一卷。

《星图海中占》一卷

《解天命星宿要决》一卷

《摩登伽经说星图》一卷

《星图》二卷梁有《星书图》七卷。

《彗星占》一卷

《妖星流星形名占》一卷

《太白占》一卷

《流星占》一卷

《石氏星占》一卷吴袁撰。

《候云气》一卷

《星官次占》一卷

《彗孛占》一卷

《二十八宿二百八十三官图》一卷

《荆州占》二十卷宋通直郎刘严撰。梁二十二卷。

《翼氏占风》一卷

《日月晕》三卷梁《日月晕图》二卷。

《孝经内记》二卷

《京氏释五星灾异传》一卷

《京氏日占图》三卷

《夏氏日旁气》一卷许氏撰。梁四卷。

《日食荝候占》一卷

《魏氏日旁气图》一卷

《日旁云气图》五卷

《天文占云气图》一卷梁有《杂望气经》八卷,《候气占》一卷,《章贤十二时云气图》二卷。

《天文洪范日月变》一卷

《洪范占》二卷梁有《洪范五行星历》四卷

《黄道晷景占》一卷梁有《晷景记》二卷。

《月行黄道图》一卷梁有《日月交会图》郑玄注,一卷,又《日月本次位图》二卷。

《月晕占》一卷

《日月食晕占》四卷

《日食占》一卷

《日月薄蚀图》一卷

《日变异食占》一卷

《日月晕珥云气图占》一卷梁有《君失政大云雨日月占》二卷。

《二十八宿十二次》一卷

《二十八宿分野图》一卷

《五纬合杂》一卷

《五星合杂说》一卷

《垂象志》一百四十八卷

《太史注记》六卷

《灵台秘苑》二百一十五卷太史令庾季才撰。

右九十七部,合六百七十五卷。

天文者,所以察星辰之变,而参于政者也。《易》曰:"天垂象,见吉凶。"《书》称:"天视自我人视,天听自我人听。"故曰:"王政不修,谪见于天,日为之蚀。后德不修,谪见于天,月为之蚀。"其余孛彗飞流,见伏陵犯,各有其应。《周官》,冯相"掌十有二岁、十有二月、十有二辰、十日、二十有八星之位,辨其叙事,以会天位",是也。小人为之,则指凶为吉,谓恶为善,是以数术错乱而难明。

《四分历》三卷梁《四分历》三卷,汉修历人李梵撰。梁又有《三统历法》三卷,刘歆撰。亡。

《赵隐居四分历》一卷

《魏甲子元三统历》一卷

《姜氏三纪历》一卷

《历序》一卷姜氏撰。

《乾象历》三卷吴太子太傅阚泽撰。梁有《乾象历》五卷,汉会稽都尉刘洪等注。又有阚泽注五卷,又《乾象五星幻术》一卷,亡。

《历术》一卷吴太史令吴范撰。

《景初历》三卷晋杨伟撰。梁有《景初历术》二卷,《景初历法》三卷,又一本五卷,并杨伟撰;并《景初历略要》二卷,亡。

《景初壬辰元历》一卷杨伟撰。

《正历》四卷晋太常刘智撰。

《河西甲寅元历》一卷凉太史赵㩀撰。

《甲寅元历序》一卷赵㩀撰。

《宋元嘉历》二卷何承天撰。梁又有《元嘉历统》二卷,《元嘉中论历事》六卷,《元嘉历疏》一卷,《元嘉二十六年度日景数》一卷。亡。

《历术》一卷何承天撰。梁有《验日食法》三卷,何承天撰;又有《论频月合朔法》五卷,《杂历》七卷,《历法集》十卷,又《历术》十卷;《京氏要集历术》四卷,姜岌撰。亡。

《历术》一卷崔浩撰。

《神龟壬子元历》一卷后魏护军将军祖莹撰。

《魏后元年甲子历》一卷

《壬子元历》一卷后魏校书郎李业兴撰。

《甲寅元历序》一卷赵㩀撰。

《魏武定历》一卷

《齐甲子元历》一卷宋氏撰。

《宋景业历》一卷景业,后齐散骑常侍。

《周天和年历》一卷甄鸾撰。

《甲子元历》一卷李业兴撰。

《周大象年历》一卷王琛撰。

《历术》一卷王琛撰。

《壬辰元历》一卷

《甲午纪历术》一卷

《新造历法》一卷

《开皇甲子元历》一卷

《历术》一卷华州刺史张宾撰。

《七曜本起》三卷后魏甄叔遵撰。

《七曜小甲子元历》一卷

《七曜历术》一卷梁《七曜历法》四卷。

《七曜要术》一卷

《七曜历法》一卷

《推七曜历》一卷

《五星历术》一卷

《天图历术》一卷

《陈永定七曜历》四卷

《陈天嘉七曜历》七卷

《陈天康二年七曜历》一卷

《陈光大元年七曜历》二卷

《陈光大二年七曜历》一卷

《陈太建年七曜历》十三卷

《陈至德年七曜历》二卷

《陈祯明年七曜历》二卷

《开皇七曜年历》一卷

《仁寿二年七曜历》一卷

《七曜历经》四卷张宾撰。

《春秋去交分历》一卷

《历日义说》一卷

《律历注解》一卷

《龙历草》一卷

《推汉书律历志术》一卷

《推历法》一卷崔隐居撰。

《历疑质谳序》二卷

《兴和历疏》二卷

《七曜历数算经》一卷赵歋撰。

《算元嘉历术》一卷

《七曜历疏》一卷李业兴撰。

《七曜义疏》一卷李业兴撰。

《七曜术算》二卷甄鸾撰。

《七曜历疏》五卷太史令张胄玄撰。

《阴阳历术》一卷赵欧撰。梁有《朔气长历》二卷,皇甫谧撰;《历章句》二卷,《月令七十二候》一卷,《三五历说图》一卷亡。

《杂注》一卷

《历注》一卷

《历记》一卷

《杂历》二卷

《杂历术》一卷梁《三棋推法》一卷。

《太史注记》六卷

《太史记注》六卷

《见行历》一卷

《八家历》一卷

《漏刻经》一卷何承天撰。梁有后汉待诏太史霍融、何承天、杨伟等撰三卷。亡。

《漏刻经》一卷祖晅撰。

《漏刻经》一卷梁中书舍人朱史撰。

《漏刻经》一卷,梁伏撰。梁有《天监五年修漏刻事》一卷,亡。

《漏刻经》一卷陈太史令宋景撰。

《杂漏刻法》十一卷皇甫洪泽撰。

《晷漏经》一卷

《九章术义序》一卷

《九章算术》十卷刘徽撰。

《九章算术》二卷徐岳、甄鸾重述。

《九章算术》一卷李遵义疏。

《九九算术》二卷杨淑撰。

《九章别术》二卷

《九章算经》二十九卷徐岳、甄鸾等撰。

《九章算经》二卷徐岳注。

《九章六曹算经》一卷

《九章重差图》一卷刘徽撰。

《九章推图经法》一卷张峻撰。

《缀术》六卷

《孙子算经》二卷

《赵歔算经》一卷

《夏侯阳算经》二卷

《张丘建算经》二卷

《五经算术录遗》一卷

《五经算术》一卷

《算经异义》一卷张缵撰。

《张去斤算疏》一卷

《算法》一卷

《黄钟算法》三十八卷

《算律吕法》一卷

《众家算阴阳法》一卷

《婆罗门算法》三卷

《婆罗门阴阳算历》一卷

《婆罗门算经》三卷

　　右一百部,二百六十三卷。

　　历数者,所以揆天道,察昏明,以定时日,以处百事,以辨三统,以知厄会,吉隆终始,穷理尽性,而至于命者也。《易》曰:"先王以治历明时。"《书》叙:"期,三百有六旬有六日,以闰月定四时,成岁。"《春秋传》曰:"先王之正时也,履端于始,举正于中,归余于终。"又曰:"闰以正时,时以序事,事以厚生,生民之道。"其在《周官》,则亦太史之职。小人为之,则坏大为小,削远为近,是以道术破碎而难知。

《黄帝飞鸟历》一卷张衡撰。

《黄帝四神历》一卷吴范撰。

《黄帝地历》一卷

《黄帝斗历》一卷

《黄石公北斗三奇法》一卷

《风角集要占》十二卷

《风角要占》三卷梁八卷,京房撰。

《风角占》三卷梁有《候公领中风角占》四卷,亡。

《风角总占要决》十一卷梁有《风角总集》一卷,《风角杂占要决》十二卷。亡。

《风角杂占》四卷梁有《风角杂占》十卷,亡。

《风角要集》十卷

《风角要集》六卷梁十一卷。

《风角要集》一卷

《风角要候》十一卷翼奉撰。

《风角书》十二卷梁十卷。

《风角》七卷章仇太翼撰。

《风角占候》四卷梁有《风角杂兵候》十三卷,亡。

《风角镮历占》二卷吕氏撰。

《风角要候》一卷章仇太翼撰。

《兵法风角式》一卷

《战斗风角鸟情》三卷梁有《风角五音六情经》十三卷,《风角兵候》十二卷,亡。

《风角鸟情》一卷翼氏撰。

《风角鸟情》二卷仪同临孝恭撰。

《阴阳风角相动法》一卷梁有《风角回风卒起占》五卷,《风角地辰》一卷,《风角望气》八卷,《风雷集占》一卷。

《五音相动法》二卷

《五音相动法》一卷梁有《风角五音占》五卷,京房撰,亡。

《风角五音图》二卷

《风角杂占五音图》五卷翼氏撰。梁十三卷,京房撰,翼奉撰,亡。

《黄帝九宫经》一卷

《九宫经》三卷郑玄注。梁有《黄帝四部九宫》五卷，亡。

《九宫行棋经》三卷郑玄注。

《九宫行棋经》三卷

《九宫行棋法》一卷房氏撰。

《九州行棋立成法》一卷王琛撰。

《九宫行棋杂法》一卷

《九宫行棋法》一卷

《行棋新术》一卷

《九宫行棋钞》一卷

《九宫推法》一卷

《三元九宫立成》二卷

《九宫要集》一卷豆卢晃撰。

《九宫经解》二卷李氏注。

《九宫图》一卷

《九宫变图》一卷

《九宫八卦式蟠龙图》一卷

《九宫郡县录》一卷

《九宫杂书》十卷梁有《太一九宫杂占》十二卷，亡。

《射候》二卷

《太一飞鸟历》一卷王琛撰。

《太一飞鸟历》一卷

《太一飞鸟历》二卷

《太一十精飞鸟历》一卷

《太一飞鸟立成》一卷

《太一飞鸟杂决捕盗贼法》一卷

《太一三合五元要决》一卷梁有《黄帝太一杂书》十六卷，《黄帝太一度厄秘术》八卷，《太一帝记法》八卷，《太一杂用》十四卷，《太一杂要》七卷，《杂太一经》八卷，亡。

《太一龙首式经》一卷董氏注。梁三卷。梁又有《式经》三十三卷,亡。

《太一经》二卷宋珉撰。

《太一式杂占》十卷梁二十卷。

《太一九宫杂占》十卷

《黄帝飞鸟历》一卷

《黄帝集灵》三卷

《黄帝绛图》一卷

《黄帝龙首经》二卷

《黄帝式经三十六用》一卷曹氏撰。

《黄帝式用当阳经》二卷

《黄帝奄心图》一卷

《玄女式经要法》一卷

《黄帝阴阳遁甲》六卷

《遁甲决》一卷吴相伍子胥撰。

《遁甲文》一卷伍子胥撰。

《遁甲经要钞》一卷

《遁甲万一决》二卷

《遁甲九元九局立成法》一卷

《遁甲肘后立成囊中秘》一卷葛洪撰。

《遁甲囊中经》一卷

《遁甲囊中经疏》一卷

《遁甲立成》六卷

《遁甲叙三元玉历立成》一卷郭弘远撰。

《遁甲立成》一卷

《遁甲立成法》一卷临孝恭撰。

《遁甲穴隐秘处经》一卷

《黄帝九元遁甲》一卷王琛撰。

《黄帝出军遁甲式法》一卷

《遁甲法》一卷

《遁甲术》一卷

《阳遁甲用局法》一卷临孝恭撰。

《杂遁甲钞》四卷

《三元遁甲上图》一卷

《三元遁甲图》三卷

《遁甲九宫八门图》一卷

《遁甲开山图》三卷荣氏撰。

《遁甲返覆图》一卷葛洪撰。

《遁甲年录》一卷

《遁甲支手决》一卷

《遁甲肘后立成》一卷

《遁甲行日时》一卷

《遁甲孤虚记》一卷伍子胥撰。

《遁甲孤虚注》一卷

《东方朔岁占》一卷

《斗中孤虚图》一卷

《孤虚占》一卷

《遁甲九宫亭亭白奸书》一卷

《战斗博戏等法》一卷

《玉女反闭局法》三卷

《逆刺》一卷京房撰。

《逆刺占》一卷

《逆刺总决》一卷

《壬子决》一卷

《鸟情占》一卷王乔撰。

《鸟情逆占》一卷

《鸟情书》二卷

《鸟情杂占禽兽语》一卷

《占鸟情》二卷

《六情决》一卷王琛撰。

《六情鸟音内秘》一卷焦氏撰。

《孝经元辰决》九卷

《孝经元辰》二卷

《元辰本属经》一卷

《推元辰厄会》一卷

《元辰事》一卷

《元辰救生削死法》一卷

《推元辰要秘次序》一卷

《元辰章用》二卷

《杂推元辰要秘立成》六卷

《元辰立成谱》一卷

《方正百对》一卷京房撰。

《晋灾祥》一卷京房撰。

《灾祥集》七十六卷

《地形志》八十七卷庾季才撰。

《海中仙人占灾祥书》三卷

《周易占事》十二卷汉魏郡太守京房撰。

《遁甲》三卷梁有《遁甲经》十卷，《遁甲正经》五卷，《太一遁甲》一卷。
亡。

《遁甲要用》四卷葛洪撰。

《遁甲秘要》一卷葛洪撰。

《遁甲要》一卷葛洪撰。

《遁甲》三十三卷后魏信都芳撰。

《三元遁甲》六卷许昉撰。

《三元遁甲》六卷陈员外散骑常侍刘毗撰。

《三元遁甲》二卷梁《太一遁甲》一卷，《遁甲三元》三卷。

《三元九宫遁甲》二卷梁有《遁甲三元》三卷，亡。

《三正遁甲》一卷杜仲撰。

《遁甲》三十五卷

《遁甲时下决》三十三卷

《阴阳遁甲》十四卷

《遁甲正经》三卷梁五卷

《遁甲经》十卷

《遁甲开山图》一卷梁《遁甲开山经图》一卷。

《遁甲九星历》一卷

《遁甲三奇》三卷

《遁甲推时要》一卷

《遁甲三元九甲立成》一卷

《杂遁甲》五卷梁九卷。《遁甲经外篇》一百卷,《六甲隐图》并《遁甲图》二卷,亡。

《阳遁甲》九卷释智海撰。

《阴遁甲》九卷

《武王须臾》二卷

《六壬式经杂占》九卷梁有《六壬式经》三卷,亡。

《六壬释兆》六卷

《破字要决》一卷

《桓安吴式经》一卷梁有《杂式占》五卷,《式经杂要》、《决式立成》各九卷,《式王历》、《伍子胥式经章句》、《起射覆式》、《越相范蠡玉筒式》,各二卷,亡。

《光明符》十二卷录一卷,梁简文帝撰。

《龟经》二卷晋掌卜大夫史苏撰。有《史苏龟经》十卷;《梁龟决》二卷,葛洪撰;《管郭近要决》、《龟音色》、《九宫著龟序》各一卷;《龟卜要决》、《龟图五行九亲》各四卷;又《龟亲经》三十卷,周子曜撰。亡。

《史苏沉思经》一卷

《龟卜五兆动摇决》一卷

《周易占》十二卷京房撰。梁《周易妖占》十三卷,京房撰。

《周易守林》三卷京房撰。

《周易集林》十二卷京房撰。《七录》云，伏万寿撰。

《周易飞候》九卷，京房撰。梁有《周易飞候六日七分》八卷，亡。

《周易飞候》六卷京房撰。

《周易四时候》四卷京房撰。

《周易错卦》七卷京房撰。

《周易混沌》四卷京房撰。

《周易委化》四卷京房撰。

《周易逆刺占灾异》十二卷京房撰。

《周易占》一卷张浩撰。

《周易杂占》十三卷

《周易杂占》十一卷

《周易杂占》九卷尚广撰。梁有《周易杂占》八卷，武靖撰。亡。

《易林》十六卷焦赣撰。梁又本三十二卷。

《易林变占》十六卷焦赣撰。

《易林》二卷费直撰。梁五卷。

《易内神筮》二卷费直撰。梁有《周易筮占林》五卷，费直撰。亡。

《易新林》一卷后汉方士许峻等撰。梁十卷。

《易灾条》二卷许峻撰。

《易决》一卷许峻撰。梁有《易杂占》七卷，许峻撰；又《易要决》三卷，亡。

《周易通灵决》二卷魏少府丞管辂撰。

《周易通灵要决》一卷管辂撰。

《周易集林律历》一卷虞翻撰。梁有《周易筮占》二十四卷，晋徵士徐苗撰。亡。

《周易新林》四卷郭璞撰。梁有《周易杂占》十卷，葛洪撰。亡。

《周易新林》九卷郭璞撰。梁有《周易林》五卷，郭璞撰。亡。

《易洞林》三卷郭璞撰。

《周易新林》一卷

《周易新林》二卷

《易林》三卷鲁洪度撰。

《周易林》十卷梁《周易林》三十三卷,录一卷。

《易赞林》二卷

《易立成林》二卷郭氏撰。

《易立成》四卷

《易玄成》一卷

《周易立成占》三卷颜氏撰。

《神农重卦经》二卷

《文王幡音》一卷

《易三备》三卷

《易三备》一卷

《易占》三卷

《易射覆》二卷

《易射覆》一卷

《周易孔子通覆决》三卷颜氏撰。

《易林要决》一卷

《易要决》二卷梁有《周易历》、《周易初学筮要法》各一卷。

《周易髓脑》二卷

《易脑经》一卷郑氏撰。

《周易玄品》二卷

《易律历》一卷虞翻撰。

《易历》七卷

《易历决疑》二卷

《周易卦林》一卷

《洞林》三卷梁元帝撰。

《连山》三十卷梁元帝撰。

《杂筮占》四卷

《五兆算经》一卷

《十二灵基卜经》一卷梁有《管公明算占书》一卷,《五行杂卜经》十卷,亡。

　　《京君明推偷盗书》一卷

　　《天皇大神气君注历》一卷

　　《太史公万岁历》一卷

　　《千岁历祠》一卷任氏撰。

　　《万岁历祠》二卷

　　《万年历二十八宿人神》一卷

　　《六甲周天历》一卷孙僧化撰。

　　《六十甲子历》八卷

　　《历祀》一卷

　　《田家历》十二卷

　　《三合纪饥穰》一卷

　　《师旷书》三卷

　　《海中仙人占灾祥书》三卷

　　《东方朔占》二卷

　　《东方朔书》二卷

　　《东方朔书钞》二卷

　　《东方朔历》一卷

　　《东方朔占候水旱下人善恶》一卷梁有《择日书》十卷,《太岁所在占善恶书》一卷,亡。

　　《杂忌历》二卷魏光禄勋高堂隆撰。

　　《百忌大历要钞》一卷

　　《百忌历术》一卷

　　《百忌通历法》一卷梁有《杂百忌》五卷,亡。

　　《历忌新书》十二卷

　　《太史百忌历图》一卷梁有《太史百忌》一卷,亡。

　　《杂杀历》九卷梁有《秦灾异》一卷,后汉中郎郗萌撰;《后汉灾异》十五卷,《晋灾异簿》二卷,《宋灾异簿》四卷,《杂凶妖》一卷,《破书玄武书契》各一卷亡。

《二仪历头堪余》一卷

《堪余历》二卷

《注历堪余》一卷

《地节堪余》二卷

《堪余历注》一卷

《堪余》四卷

《大小堪余历术》一卷梁《大小堪余》三卷

《四序堪余》二卷殷绍撰。梁《堪余天敕书》七卷,《杂堪余》四卷,亡。

《八会堪余》一卷

《杂要堪余》一卷

《元辰五罗算》一卷

《孝经元辰》四卷梁有《五行元辰厄会》十三卷,《孝经元辰会》九卷,《孝经元辰决》一卷,亡。

《元辰历》一卷

《杂元辰禄命》二卷

《涩河禄命》三卷梁有《五行禄命厄会》十卷,亡。

《乾坤气法》一卷许辩撰。

《易通统卦验玄图》一卷

《易通统图》二卷

《易新图序》一卷

《易通统图》一卷

《易八卦命禄斗内图》一卷郭璞撰。

《易斗图》一卷郭璞撰。

《易八卦斗内图》二卷

《八卦斗内图》二卷梁有《周易八卦五行图》、《周易斗中八卦绝命图》、《周易斗中八卦推游年图》各一卷,亡。

《周易分野星图》一卷

《举百事略》一卷

《五姓岁月禁忌》一卷

《举百事要》一卷

《嫁娶经》四卷

《阴阳婚嫁书》四卷

《杂阴阳婚嫁书》三卷

《婚嫁书》二卷

《婚嫁黄籍科》一卷

《六合婚嫁历》一卷梁《六合婚嫁书》及图,各一卷。

《嫁娶迎书》四卷

《杂婚嫁书》六卷

《嫁娶阴阳图》二卷

《阴阳嫁娶图》二卷

《杂嫁娶房内图术》四卷

《九天嫁娶图》一卷

《六甲贯胎书》一卷

《产乳书》二卷

《产经》一卷

《推产妇何时产法》一卷王琛撰。

《推产法》一卷

《杂产书》六卷

《生产符仪》一卷

《产图》二卷

《杂产图》四卷

《拜官书》三卷

《临官冠带书》一卷

《仙人务子传神通黄帝登坛经》一卷

《坛经》一卷四等撰。

《登坛经》三卷

《五姓登坛图》一卷

《登坛文》一卷梁有《二公地基》一卷,《杂地基立成》五卷,《八神图》二卷,《十二属神图》一卷。亡。

《沐浴书》一卷梁有《裁衣书》一卷,亡。

《占梦书》三卷京房撰。

《占梦书》一卷崔元撰。

《竭伽仙人占梦书》一卷

《占梦书》一卷周宣等撰。

《新撰占梦书》十七卷并目录。

《梦书》十卷

《解梦书》二卷

《海中仙人占体瞤及杂吉凶书》三卷

《海中仙人占凶要略》二卷

《杂占梦书》一卷梁有《师旷占》五卷,《东方朔占》七卷,《黄帝太一杂占》十卷,《和菟鸟鸣书》、《王乔解鸟语经》、《嚏书》、《耳鸣书》、《目瞤书》各一卷,《董仲舒请祷图》三卷,亡。

《灶经》十四卷梁简文帝撰。梁又有《祠灶书》一卷,《六甲祀书》二卷,又有《太玄禁经》、《白兽七变经》、《墨子枕中五行要记》、《淮南万毕经》、《淮南变化术》、《陶朱变化术》各一卷,《三五步刚》三十卷,《五行变化墨子》五卷,《淮南中经》四卷,《六甲隐形图》五卷,太史公《素王妙议》二卷,亡。

《瑞应图》三卷

《瑞图赞》二卷梁有孙柔之《瑞应图记》、《孙氏瑞应图赞》各三卷,亡。

《祥瑞图》十一卷

《祥瑞图》八卷侯亶撰。

《芝英图》一卷

《祥异图》十一卷

《灾异图》一卷

《地动图》一卷

《张掖郡玄石图》一卷高堂隆撰。

《张掖郡玄石图》一卷孟众撰。梁有《晋玄石图》一卷,《晋德易天图》二卷,亡。

《天镜》二卷

《乾坤镜》二卷梁《天镜》、《地镜》、《日月镜》、《四规镜经》各一卷，《地镜图》六卷，亡。

《望气书》七卷

《云气占》一卷梁《望气相山川宝藏秘记》一卷，《仙宝剑经》二卷，亡。

《地形志》八十卷庾季才撰。

《宅吉凶论》三卷

《相宅图》八卷

《五姓墓图》一卷梁有《冢书》、《黄帝葬山图》各四卷，《五音相墓书》五卷，《五音图墓书》九十一卷，《五姓图山龙》及《科墓葬不传》各一卷，《杂相墓书》四十五卷，亡。

《相书》四十六卷

《相经要录》二卷萧吉撰。《相经》三十卷，钟武隶撰；《相书》十一卷，《樊许唐氏武王相书》一卷，《杂相书》九卷，《相书图》七卷，亡。

《相手板经》六卷梁《相手板经》、《受版图》、韦氏《相板印法指略抄》、魏征东将军程申伯《相印法》各一卷，亡。

《大智海》四卷

《白泽图》一卷

《相马经》一卷梁有《伯乐相马经》、《阙中铜马法》、《周穆王八马图》、《齐侯大夫宁戚相牛经》、《王良相牛经》、《高堂隆相牛经》、《淮南八公相鹤经》、《浮丘公相鹤书》、《相鸭经》、《相鸡经》、《相鹅经》、《相贝经》、《祖咺权衡记》、《称物重率术》各二卷，《刘潜泉图记》三卷，亡。

右二百七十二部，合一千二十二卷

五行者金、木、水、火、土，五常之形气者也。在天为五星，在人为五藏，在目为五色，在耳为五音，在口为五味，在鼻为五臭。在上则出气施变，在下则养人不倦。故《传》曰："天生五材，废一不可。"是以圣人推其终始，以通神明之变，为卜筮以考其吉凶，占百事以观于来物，者形法以辨其贵贱。《周官》则分在保章、冯相、卜师、筮人、占梦、眂祲，而太史之职，实司总之。小数者才得其十粗，便以细事相乱，以惑于世。

《黄帝素问》九卷梁八卷

《黄帝甲乙经》十卷音一卷梁十二卷

《黄帝八十一难》二卷梁有《黄帝众难经》一卷，吕博望注。亡。

《黄帝针经》九卷梁有《黄帝针灸经》十二卷，徐悦、龙衔素《针并孔穴虾蟆图》三卷，《杂针经》四卷，程天《祚针经》六卷，《灸经》五卷，《曹氏灸方》七卷，秦承祖《偃侧杂针灸经》三卷，亡。

徐叔响《针灸要钞》一卷

《玉匮针经》一卷

《赤乌神针经》一卷

《岐伯经》十卷

《脉经》十卷王叔和撰。

《脉经》二卷梁《脉经》十四卷，又《脉生死要决》二卷，又《脉经》六卷，黄公兴撰；《脉经》六卷，秦承祖撰；《脉经》十卷，康普思撰。亡。

《黄帝流注脉经》一卷梁有《明堂流注》六卷，亡。

《明堂孔穴》五卷梁《明堂孔穴》二卷，《新撰针灸穴》一卷，亡。

《明堂孔穴图》三卷

《明堂孔穴图》三卷梁有《偃侧图》八卷，又《偃侧图》二卷

《神农本草》八卷梁有《神农本草》五卷，《神农本草属物》二卷，《神农明堂图》一卷，《蔡邕本草》七卷，《华佗弟子吴普本草》六卷，《陶隐居本草》十卷，《随费本草》九卷，《秦承祖本草》六卷，《王季璞本草经》三卷，《李谠之本草经》、《谈道术本草经钞》各一卷，《宋大将军参军徐叔向本草病源合药要钞》五卷，《徐叔向等四家体疗杂病本草要钞》十卷，《王末钞小儿用药本草》二卷，《甘濬之痈疽耳眼本草要钞》九卷，《陶弘景本草经集注》七卷，《赵赞本草经》一卷，《本草经轻行》、《本草经利用》各一卷，亡。

《神农本草》四卷雷公集注。

《甄氏本草》三卷

《桐君药录》三卷梁有《云麾将军徐滔新集药录》四卷，《李谠之药录》六卷，《药法》四十二卷，《药律》三卷，《药性》、《药对》各二卷，《药目》三卷，《神农采药经》二卷，《药忌》一卷，亡。

《太清草木集要》二卷陶隐居撰。

《张仲景方》十五卷仲景，后汉人。梁有《黄素药方》二十五卷，亡。

《华佗方》十卷吴普撰。佗，后汉人。梁有《华佗内事》五卷，又《耿奉方》六卷，亡。

《集略杂文》十卷

《杂药方》一卷梁有《杂药方》四十六卷。

《杂药方》十卷

《寒食散论》二卷梁有《寒食散汤方》二十卷，《寒食散方》一十卷，《皇甫谧、曹歙论寒食散方》二卷，亡。

《寒食散对疗》一卷释道洪撰。

《解寒食散方》二卷释智斌撰。梁《解散论》二卷

《解寒食散论》二卷梁有《徐叔向解寒食散方》六卷，《释慧义寒食解杂论》七卷，亡。

《杂散方》八卷梁有《解散方》、《解散论》各十三卷，《徐叔向解散消息节度》八卷，《范氏解散方》七卷，《解释慧义解散方》一卷，亡。

《汤丸方》十卷

《杂丸方》十卷梁有《百病膏方》十卷，《杂汤丸散酒煎薄帖膏汤妇人少小方》九卷，《羊中散杂汤丸散酒方》一卷，《疗下汤丸散方》十卷

《石论》一卷

《医方论》七卷梁有《张仲景辨伤寒》十卷，《疗伤寒身验方》、《徐方伯辨伤寒》各一卷，《伤寒总要》二卷，《支法存申苏方》五卷，《王叔和论病》六卷，《张仲景评病要方》一卷，《徐叔向、谈道述、徐悦体疗杂病疾源》三卷，《甘濬之雍疽部党杂病疾源》三卷，《府藏要》三卷，亡。

《肘后方》六卷葛洪撰。梁二卷《陶弘景补阙肘后百一方》九卷，亡。

《姚大夫集验方》十二卷

《范阳东方》一百五卷录一卷范汪撰。梁一百七十六卷。梁又有《阮河南药方》十六卷，阮文叔撰；《释僧深药方》三十卷，《孔中郎杂药方》二十九卷，《宋建平王典术》一百二十卷；《羊中散药方》三十卷，羊欣撰；《褚澄杂药方》二十卷，齐吴郡太守褚澄撰。亡。

《秦承祖药方》四十卷见三卷。梁有《阳眒药方》二十八卷，《夏侯氏药

方》七卷,《王季琰药方》一卷,《徐叔向杂疗方》二十二卷,《徐叔向杂病方》六卷,《李谠之药方》一卷,《徐文伯药方》二卷。亡。

《胡洽百病方》二卷梁有《治卒病方》一卷;《徐奘要方》一卷,无锡令徐奘撰;《辽东备急方》三卷,都尉臣广上,《殷荆州要方》一卷,殷仲堪撰。亡。

《俞氏疗小儿方》四卷梁有《范氏疗妇人药方》十一卷《徐叔向疗少小百病杂方》三十七卷,《疗少小杂方》二十卷,《疗少小杂方》二十九卷,《范氏疗小儿药方》一卷,《王末疗小儿杂方》十七卷,亡。

《徐嗣伯落年方》三卷梁有《徐叔向疗脚弱杂方》八卷,《徐方伯辨脚弱方》一卷,《甘睿之疗痈疽金创要方》十四卷,《甘睿之疗痈疽毒惋杂病方》三卷,《甘伯齐疗痈疽金创方》十五卷,亡。

《陶氏效验方》六卷梁五卷梁又有《疗目方》五卷,《甘睿之疗耳眼方》十四卷,《神枕方》一卷;《杂戎狄方》一卷,宋武帝撰;《摩诃出胡国方》十卷,摩诃胡沙门撰;又《范晔上香方》一卷,《杂香膏方》一卷,亡。

《彭祖养性经》一卷

《养生要集》十卷张湛撰。

《玉房秘决》十卷

《墨子枕内五行纪要》一卷梁有《神枕方》一卷,疑此即是。

《如意方》十卷

《练化术》一卷

《神仙服食经》十卷

《杂仙饵方》八卷

《服食诸杂方》二卷梁有《仙人水玉酒经》一卷

《老子禁食经》一卷

《崔氏食经》四卷

《食经》十四卷梁有《食经》二卷,又《食经》十九卷,《刘休食方》一卷,齐冠军将军刘休撰。亡。

《食馔次第法》一卷梁有《黄帝杂饮食忌》二卷

《四时御食经》一卷梁有《太官食经》五卷,又《太官食法》二十卷,《食法杂酒食要方白酒》并《作物法》十二卷,《家政方》十二卷,《食图》、《四时酒要方》、《白酒方》、《七日面酒法》、《杂酒食要法》、《杂藏酿法》、《杂酒食要法》、

《酒》并《饮食方》、《鲊及铛蟹方》、《羹臛法》、《鲵膔胸法》、《北方生酱法》各一卷，亡。

《疗马方》一卷梁有《伯乐疗马经》一卷，疑与此同。

《黄帝素问》八卷全元越注。

《脉经》二卷徐氏撰。

《华佗观形察色并三部脉经》一卷

《脉经决》二卷徐氏新撰。

《脉经钞》二卷许建吴撰。

《黄帝素问女胎》一卷

《三部四时五藏辨诊色决事脉》一卷

《脉经略》一卷

《辨病形证》七卷

《五藏决》一卷

《论病源候论》五卷目一卷，吴景贤撰。

《服石论》一卷

《痈疽论方》一卷

《五藏论》五卷

《疖论并方》一卷

《神农本草经》三卷

《本草经》四卷蔡英撰。

《药目要用》二卷

《本草经略》一卷

《本草》二卷徐大山撰。

《本草经类用》三卷

《本草音义》三卷姚最撰。

《本草音义》七卷甄立言撰。

《本草集录》二卷

《本草钞》四卷

《本草杂要决》一卷

《本草要方》三卷甘睿之撰。

《依本草录药性》三卷录一卷。

《灵秀本草图》六卷原平仲撰。

《芝草图》一卷

《入林采药法》二卷

《太常采药时月》一卷

《四时采药及合目录》四卷

《药录》二卷李密撰。

《诸药异名》八卷沙门行矩撰。本十卷，今阙。

《诸药要性》二卷

《种植药法》一卷

《种神芝》一卷

《药方》二卷徐文伯撰。

《解散经论并增损寒食节度》一卷

《张仲景疗妇人方》二卷

《徐氏杂方》一卷

《少小方》一卷

《疗小儿丹法》一卷

《徐大山试验方》二卷

《徐文伯疗妇人瘕》一卷

《徐大山巾箱中方》三卷

《药方》五卷徐嗣伯撰。

《堕年方》二卷徐大山撰。

《效验方》三卷徐氏撰。

《杂要方》一卷

《玉函煎方》五卷葛洪撰。

《小品方》十二卷陈延之撰。

《千金方》三卷范世英撰。

《徐王方》五卷

《徐王八世家传效验方》十卷

《徐氏家传秘方》二卷

《药方》五十七卷后齐李思祖撰。本百一十卷。

《禀丘公论》一卷

《太一护命石寒食散》二卷宋尚撰。

《皇甫士安依诸方撰》一卷

《序服石方》一卷

《服玉方法》一卷

《刘涓子鬼遗方》十卷龚庆宣撰。

《疗痈经》一卷

《疗三十六瘘方》一卷

《王世荣单方》一卷

《集验方》十卷姚僧垣撰。

《集验方》十二卷

《备急草要方》三卷许证撰。

《药方》二十一卷徐辨卿撰。

《名医集验方》六卷

《名医别录》三卷陶氏撰。

《删繁方》十三卷谢士秦撰。

《吴山居方》三卷

《新撰药方》五卷

《疗痈疽诸疮方》二卷秦政应撰。

《单复要验方》二卷释莫满撰。

《释道洪方》一卷

《小儿经》一卷

《散方》二卷

《杂散方》八卷

《疗百病杂丸方》三卷释昙鸾撰。

《疗百病散》三卷

《杂汤方》十卷成毅撰。

《杂疗方》十三卷

《杂药酒疗》十五卷

《赵婆疗漯方》一卷

《议论备豫方》一卷于法开撰。

《扁鹊陷水丸方》一卷

《扁鹊肘后方》三卷

《疗消渴众方》一卷谢南郡撰。

《论气治疗方》一卷释昙鸾撰。

《梁武帝所服杂药方》一卷

《大略丸》五卷

《灵寿杂方》二卷

《经心录方》八卷宋候撰。

《黄帝养胎经》一卷

《疗妇人产后杂方》三卷

《黄帝明堂偃人图》十二卷

《黄帝针灸虾蟆忌》一卷

《明堂虾蟆图》一卷

《针灸图要决》一卷

《针灸图经》十一卷本十八卷。

《十二人图》一卷

《针灸经》一卷

《扁鹊偃侧针灸图》三卷

《流注针经》一卷

《曹氏灸经》一卷

《偃侧人经》二卷秦承祖撰。

《华佗枕中灸刺经》一卷

《谢氏针经》一卷

《殷元针经》一卷

《要用孔穴》一卷

《九部针经》一卷

《释僧匡针灸经》一卷

《三奇六仪针要经》一卷

《黄帝十二经脉明堂五藏人图》一卷

《老子石室兰台中治癫符》一卷

《龙树菩萨药方》四卷

《西域诸仙所说药方》二十三卷目一卷本二十五卷。

《香山仙人药方》十卷

《西域波罗仙人方》三卷

《西域名医所集要方》四卷本十二卷。

《婆罗门诸仙药方》二十卷

《婆罗门药方》五卷

《耆婆所述仙人命论方》二卷目一卷本三卷。

《乾陀利治鬼方》十卷

《新录乾陀利治鬼方》四卷本五卷,阙。《伯乐治马杂病经》一卷

《治马经》三卷俞极撰,亡。

《治马经》四卷

《治马经目》一卷

《治马经图》二卷

《马经孔穴图》一卷

《杂撰马经》一卷

《治马牛驼骡等经》三卷目一卷。

《香方》一卷宋明帝撰。

《杂香方》五卷

《龙树菩萨和香法》二卷

《食经》三卷马琬撰。

《会稽郡造海味法》一卷

《论服饵》一卷

《淮南王食经并目》百六十五卷大业中撰。

《膳羞养疗》二十卷

《金匮录》二十三卷目一卷京里先生撰。

《练化杂术》一卷陶隐居撰。

《玉衡隐书》七十卷目一卷周弘让撰。

《太清诸丹集要》四卷陶隐居撰。

《杂神丹方》九卷

《合丹大师口诀》一卷

《合丹节度》四卷陶隐居撰。

《合丹要略序》一卷孙文韬撰。

《仙人金银经并长生方》一卷

《狐刚子万金决》二卷葛仙公撰。

《杂仙方》一卷

《神仙服食经》十卷

《神仙服食神秘方》二卷

《神仙服食药方》十卷抱朴子撰。

《神仙饵金丹沙秘方》一卷

《卫叔卿服食杂方》一卷

《金丹药方》四卷

《杂神仙丹经》十卷

《杂神仙黄白法》十二卷

《神仙杂方》十五卷

《神仙服食杂方》十卷

《神仙服食方》五卷

《服食诸杂方》二卷

《服饵方》三卷陶隐居撰。

《真人九丹经》一卷

《太极真人九转还丹经》一卷

《练宝法》二十五卷目三卷本四十卷，阙。

《太清璇玑文》七卷冲子。

《陵阳子说黄金秘法》一卷

《神方》二卷

《狐子杂决》三卷

《太山八景神丹经》一卷

《太清神丹中经》一卷

《养生注》十一卷目一卷。

《养生术》一卷翟平撰。

《龙树菩萨养性方》一卷

《引气图》一卷

《道引图》三卷立一,坐一,卧一。

《养身经》一卷

《养生要术》一卷

《养生服食禁忌》一卷

《养生传》二卷

《帝王养生要方》二卷萧吉撰。

《素女秘道经》一卷并玄女经。

《素女方》一卷

《彭祖养性》一卷

《郯子说阴阳经》一卷

《序房内秘术》一卷葛氏撰。

《玉房秘决》八卷

《徐太山房内秘要》九卷

《新撰玉房必决》九卷

《四海类聚方》二千六百卷

《四海类聚单要方》三百卷

　右二百五十六部,合四千五百一十卷

　医方者,所以除疾疢,保性命之术者也。天有阴阳风雨晦明之气,人有喜怒哀乐好恶之情。节而行之,则和平调理;专壹其情,则溺而生疢。是以圣人原血脉之本，因针石之用，假药物之滋，调中养气，通滞解结，而反之于素。其善者，则原脉以知政，推疾以及国。《周官》，医师之职"掌聚诸药物，凡有疾者治之"，是其事也。鄙者为之，则反本伤性。故曰："有疾不治，恒得中医。"

　　凡诸子，合八百五十三部，六千四百三十七卷

　　《易》曰："天下同归而殊途，一致而百虑。"儒、道、小说，圣人之教也，而有所偏。兵及医方，圣人之政也，所施各异。世之治也，列在众职，下至衰乱，官失其守。或以其业游说诸侯，各崇所习，分镳并骛。若使总而不遗，折之中道，亦可以兴化致治者矣。《汉书》有《诸子》、《兵书》、《数术》、《方伎》之略，今合而叙之，为十四种，谓之子部。

隋书卷三五
志第三〇

经籍四

集　道经　佛经

《楚辞》十二卷并目录。后汉校书郎王逸注。

《楚辞》三卷郭璞注。梁有《楚辞》十一卷，宋何偃删王逸注，亡。

《楚辞九悼》一卷杨穆撰。

《参解楚辞》七卷皇甫遵训撰。

《楚辞音》一卷徐邈撰。

《楚辞音》一卷宋处士诸葛氏撰。

《楚辞音》一卷孟奥撰。

《楚辞音》一卷

《楚辞音》一卷释道骞撰。

《离骚草木疏》二卷刘杳撰。

　　右十部，二十九卷通计亡书十一部，四十卷。

《楚辞》者，屈原之所作也。自周室衰乱，诗人寝息，谄佞之道兴，讽刺之辞废。楚有贤臣屈原，被谗放逐，乃著《离骚》八篇，言己离别愁思，申抒其心，自明无罪，因以讽谏，冀君觉悟，卒不省察，遂赴汨罗死焉。弟子宋玉，痛惜其师，伤而和之。其后，贾谊、东方朔、刘向、扬雄，嘉其文彩，拟之而作。盖以原楚人也，谓之"楚辞"。然其气质高丽，雅致清远，后之文人，咸不能逮。始汉武帝命淮南王为之章句,且受诏,食时而奏之,其书今亡。后汉校书郎王逸,集屈原已下迄于刘向,逸文自为一篇,并叙而注之,今行于世。隋时有释道骞,善读之,能为楚声,音韵清切,至今传《楚辞》者,皆祖骞公之音。

楚兰陵令《荀况集》一卷残缺。梁二卷。

楚大夫《宋玉集》三卷

《汉武帝集》一卷梁二卷。

汉《淮南王集》一卷梁二卷又有《贾谊集》四卷,《晁错集》三卷,汉弘农都尉《枚乘集》二卷,录各一卷,亡。

汉中书令《司马迁集》一卷

汉太中大夫《东方朔集》二卷梁有汉光禄大夫《吾丘寿王集》二卷,亡。

汉文园令《司马相如集》一卷

汉胶西相《董仲舒集》一卷梁二卷又有汉太常《孔臧集》二卷,亡。

汉骑都尉《李陵集》二卷梁有汉丞相《魏相集》二卷,录一卷;左冯翊《张敞集》一卷,录一卷。亡。

汉谏议大夫《王褒集》五卷

汉谏议大夫《刘向集》六卷梁有汉射声校尉《陈汤集》二卷,丞相《韦玄成集》二卷,亡。

汉谏议大夫《谷永集》二卷梁有凉州刺史《杜邺集》二卷,骑都尉《李寻集》二卷,亡。

汉司空《师丹集》一卷梁三卷,录一卷。

汉光禄大夫《息夫躬集》一卷

汉太中大夫《扬雄集》五卷

汉太中大夫《刘歆集》五卷

《汉成帝班婕妤集》一卷梁有《班昭集》三卷,王莽建新大尹《崔篆集》一卷,保成师友《唐林集》一卷,中谒者《史岑集》二卷,后汉《东平王苍集》五卷,《桓谭集》五卷,亡。

后汉司隶从事《冯衍集》五卷

后汉徐令《班彪集》二卷梁五卷又有司徒掾《陈元集》一卷,《王隆集》二卷,云阳令《朱勃集》二卷,后汉处士《梁鸿集》二卷,亡。

后汉车骑从事《杜笃集》一卷

后汉车骑司马《傅毅集》二卷梁五卷。

后汉大将军护军司马《班固集》十七卷梁有魏郡太守《黄香集》一卷,亡。

后汉长岑长《崔集》十卷

后汉侍中《贾逵集》一卷梁二卷。

后汉校书郎《刘騊駼集》一卷梁二卷,录一卷又有乐安相《李尤集》五卷,大鸿胪《窦章集》二卷,亡。

后汉济北相《崔瑗集》六卷梁五卷。

后汉《刘珍集》二卷录一卷。

后汉河间《张衡集》十一卷梁十二卷,又一本十四卷又有郎中《籍顺集》二卷,录二卷;后汉太傅《胡广集》二卷,录一卷亡。

后汉黄门郎《葛龚集》六卷梁五卷,一本七卷。

后汉司空《李固集》十二卷梁十卷。

后汉南郡太守《马融集》九卷梁有外黄令《高彪集》二卷,录一卷;《王逸集》二卷,录一卷;司徒掾《桓鳞集》二卷,录一卷亡。

后汉征士《崔琦集》一卷梁二卷又有《郦炎集》二卷,录二卷;陈相《边韶集》一卷,录一卷;益州刺史《朱穆集》二卷,录一卷亡。

后汉京兆尹《延笃集》一卷梁二卷,录一卷又有司农卿《皇甫规集》五卷;太常卿《张奂集》二卷,录一卷;《王延寿集》三卷;五原太守《崔寔集》二卷,录一卷;上计《赵壹集》二卷,录一卷亡。

后汉谏议大夫《刘陶集》三卷]梁二卷,录一卷又有外黄令《张升集》二卷,录一卷;《侯瑾集》二卷,《庐植集》二卷,议郎《廉品集》二卷亡。

后汉司空《荀爽集》一卷梁三卷,录一卷。

后汉野王令《刘梁集》三卷梁二卷,录一卷又有《郑玄集》二卷,录一卷,亡。

后汉左中郎将《蔡邕集》十二卷梁有二十卷,录一卷又有尚书令士《孙瑞集》二卷,亡。

后汉太山太守《应劭集》二卷梁四卷又有别部司马《张超集》五卷，亡。

后汉少府《孔融集》九卷梁十卷，录一卷。

后汉侍御史《虞翻集》二卷梁三卷，录一卷。

后汉讨虏长史《张纮集》一卷梁二卷，录一卷梁有后汉处士《祢衡集》二卷，录一卷，亡。

后汉尚书右丞《潘勖集》二卷梁有录一卷，亡。

后汉丞相仓曹属《阮瑀集》五卷梁有录一卷，亡。

魏太子文学《徐干集》五卷梁有录一卷，亡。

魏太子文学《应玚集》一卷梁有五卷，录一卷，亡。

后汉丞相军谋掾《陈琳集》三卷梁十卷，录一卷。

魏太子文学《刘桢集》四卷录一卷。

后汉丞相主簿《繁钦集》十卷梁录一卷，亡。

后汉丞相主簿《杨修集》一卷梁二卷，录一卷。

后汉侍中《王粲集》十一卷梁有魏国郎中令《路粹集》二卷，录一卷；行御史大夫《袁涣集》五卷，录一卷；魏国奉常《王修集》二卷。亡。

后汉尚书《丁仪集》一卷梁二卷，录一卷。

后汉黄门郎《丁廙集》一卷梁二卷，录一卷梁又有妇人后汉黄门郎秦嘉妻《徐淑集》一卷，后汉董祀妻《蔡文姬集》一卷，傅石甫妻《孔氏集》一卷，亡。

《魏武帝集》二十六卷梁三十卷，录一卷梁又有《武皇帝逸集》十卷，亡。

《魏武帝集新撰》十卷

《魏文帝集》十卷梁二十三卷。

《魏明帝集》七卷梁五卷，或九卷，录一卷梁又有《高贵卿公集》四卷，亡。

魏《陈思王曹植集》三十卷梁又有司徒《华歆集》二卷，亡。

魏司徒《王朗集》三十四卷梁三十卷又司徒《陈群集》五卷，亡。

魏给事中《邯郸淳集》二卷梁有录一卷又有《刘廙集》二卷，侍中《吴质集》五卷，新城太守《孟达集》三卷，魏徵士《管宁集》三卷，录一卷，亡。

魏光禄勋《高堂隆》六卷梁十卷，录一卷又有光禄勋《刘邵集》二卷，录一卷。亡。

魏散骑常侍《缪袭集》五卷梁有录一卷又有散骑常侍《王象集》一卷；光禄大夫《韦诞集》三卷，录一卷；散骑常侍《麋元集》五卷；游击将军《卞兰集》二卷，录一卷；隰阳侯《李康集》二卷，录一卷；陈郡太守《孙该集》二卷，录一卷；尚书《傅巽集》二卷，录一卷亡。

魏章武太守《殷褒集》一卷梁二卷。

魏司空《王昶集》五卷梁有录一卷。

魏卫将军《王肃集》五卷梁有录一卷。又有《桓范集》二卷，中领军《曹义集》五卷，录一卷。亡。

魏尚书《何晏集》十一卷梁十卷，录一卷。

魏卫尉卿《应璩集》十卷梁有录一卷又有《王弼集》五卷，录一卷。中书令《刘阶集》二卷；太常卿《傅嘏集》二卷，录一卷。乐安太守《夏侯惠集》二卷，录一卷亡。

魏校书郎《杜挚集》二卷梁有《毋丘俭集》二卷，录一卷；征东军司马《江奉集》二卷。亡。

魏太常《夏侯玄集》三卷梁有车骑将军《钟毓集》五卷，录一卷，亡。

魏步兵校尉《阮籍集》十卷梁十三卷，录一卷。

魏中散大夫《嵇康集》十三卷梁十五卷，录一卷又有魏徵士《吕安集》二卷，录一卷，亡。

魏司徒《钟会集》九卷梁十卷，录一卷。

魏汝南太守《程晓集》二卷梁录一卷。

蜀丞相《诸葛亮集》二十五卷梁二十四卷又有蜀司徒《许靖集》二卷，录一卷；征北将军《夏侯霸集》二卷亡。

吴辅义中郎将《张温集》六卷梁有《士燮集》五卷，亡。

吴偏将军《骆统集》十卷梁有录一卷又有太孙子少傅《薛综集》三卷，录一卷。亡。

吴选曹尚书《暨艳集》二卷梁三卷，录一卷又有《姚信集》二卷。录一卷；《谢承集》四卷，今亡。

吴人《杨厚集》二卷梁又有录一卷。

吴丞相《陆凯集》五卷梁有录一卷。

吴侍中《胡综集》二卷梁有录一卷又有东观令《华覆集》五卷,录一卷,亡。

吴侍中《张俨集》一卷梁二卷,录一卷又有《韦昭集》二卷,录一卷,亡。

吴中书令《纪骘集》三卷梁有录一卷又有《陆景集》一卷,亡。

《晋宣帝集》五卷梁有录一卷。

《晋文帝集》三卷

《齐王攸集》二卷梁三卷。

晋《王沈集》五卷梁有《郑袤集》二卷,亡。

晋宗正《嵇喜集》一卷残缺。梁二卷,录一卷。

晋散骑常侍《应贞集》一卷梁五卷。

晋司隶校尉《傅玄集》十五卷梁五十卷,录一卷,亡。

晋著作郎《成公绥集》九卷残缺。梁十卷又有《裴秀集》三卷,录一卷,亡。

晋金紫光禄大夫《何桢集》一卷梁五卷又有《袁准集》二卷,录一卷,亡。

晋少傅《山涛集》九卷梁五卷,录一卷,又一本十卷齐奉朝请裴津注。又梁有《向秀集》二卷,录一卷;平原太守《阮种集》二卷,录一卷,《阮侃集》五卷,录一卷亡。

晋太傅《羊祜集》一卷残缺。梁二卷,录一卷又有《蔡玄通集》五卷;太宰《贾充集》五卷,录一卷;《荀勖集》三卷,录一卷亡。

晋征南将军《杜预集》十八卷

晋辅国将军《王睿集》一卷残缺。梁二卷,录一卷。

晋徵士《皇甫谧集》二卷录一卷。

晋侍中《程咸集》三卷梁有光禄大夫《刘毅集》二卷,录一卷;晋侍中《庾峻集》二卷,录一卷亡。

晋巴西太守《郤正集》一卷

晋散骑常侍《薛莹集》三卷梁又有散骑常侍《陶睿集》二卷,录一卷。亡。

晋通事郎《江伟集》六卷梁有《宣舒集》五卷,散骑常侍《曹志集》二卷,录一卷;《邹湛集》三卷,录一卷亡。

晋汝南太守《孙毓集》六卷

晋处士《杨泉集》二卷。录一卷。梁有司徒《王浑集》五卷,冀州刺史《王深集》五卷,亡。

晋徵士《闵鸿集》三卷梁有光禄大夫《裴楷集》二卷,录一卷。亡。

晋司空《张华集》十卷录一卷

晋尚书仆射《裴頠集》九卷梁有太子中庶子《许孟集》三卷,录一卷;太宰《何劭集》二卷,录一卷;光禄大夫《刘颂集》三卷,录一卷;《刘寔集》二卷,录一卷亡。

晋散骑常侍《王佑集》三卷录一卷梁有晋骠骑将军《王济集》二卷,亡。

《华峤集》八卷梁二卷

晋秘书丞《司马彪集》四卷梁三卷,录一卷又有尚书《庾修集》二卷,录一卷;国子祭酒《谢衡集》二卷亡。

晋汉中太守《李虔集》一卷梁二卷,录一卷。

晋司隶校尉《傅咸集》十七卷梁三十卷,录一卷又有太子中庶子《枣据集》二卷,录一卷;《刘宝集》三卷亡。

晋冯翊太守《孙楚集》六卷梁十二卷,录一卷。

晋散骑常侍《夏侯湛集》十卷梁有录一卷又有弋阳太守《夏侯淳集》二卷,散骑侍郎《王赞集》五卷,亡。

晋卫尉卿《石崇集》六卷梁有录一卷。

晋尚书郎《张敏集》二卷梁五卷又有黄门郎《伏伟集》一卷,亡。

晋黄门郎《潘岳集》十卷

晋太常卿《潘尼集》十卷

晋顿丘太守《欧阳建集》二卷梁有宗正《刘讦集》二卷,录一卷;散骑常侍《李重集》二卷;光禄大夫《乐广集》二卷,录一卷;《阮浑集》三卷,录一卷亡。

晋侍中《嵇绍集》二卷录一卷梁有钱唐令《杨建集》九卷,长沙相《盛彦集》五卷,左长史《杨乂集》三卷,录一卷。

晋尚书《卢播集》一卷梁二卷，录一卷又有《栾肇集》五卷，录一卷；南中郎长史《应亨集》二卷亡。

晋国子祭酒《杜育集》二卷

晋太常卿《挚虞集》九卷梁十卷，录一卷又秘书监《缪徵集》二卷，录一卷，亡。

晋齐王府记室《左思集》二卷梁有五卷，录一卷。

又有晋豫章太守《夏靖集》二卷，录一卷；吴王文学《郑丰集》二卷，录一卷；大司马东曹掾《张翰集》二卷，录一卷；清河王文学《陈略集》二卷，录一卷；扬州从事《陆冲集》二卷，录一卷亡。

晋平原内史《陆机集》十四卷梁四十七卷，录一卷，亡。

晋清河太守《陆云集》十二卷梁十卷，录一卷又有少府丞《孙极集》二卷，录一卷。亡。

晋中书郎《张载集》七卷梁一本二卷，录一卷。

晋黄门郎《张协集》三卷梁四卷，录一卷。

晋著作郎《束皙集》七卷梁五卷，录一卷又有征南司马《曹据集》三卷，录一卷；散骑常侍《江统集》十卷，录一卷；著作郎《胡济集》五卷，录一卷亡。

晋中书令《卞粹集》一卷梁五卷又有光禄勋《闾丘冲集》二卷，录一卷。亡。

晋太傅从事中郎《庾敳集》一卷梁五卷，录一卷又有太子中舍人《阮瞻集》二卷，录一卷；太子洗马《阮修集》二卷，录一卷；广威将军《裴邈集》二卷，录一卷。亡。

晋太傅《郭象集》二卷梁五卷，录一卷又有广州刺史《嵇含集》十卷，录一卷。亡。

晋安丰太守《孙惠集》八卷梁十一卷，录一卷又有松滋令《蔡洪集》二卷，录一卷。亡。

晋平北将军《牵秀集》四卷梁三卷，录一卷；又有车骑从事中郎《蔡克集》二卷，录一卷；游击将军《索靖集》三卷；陇西太守《阎纂集》二卷，录一卷；秦州刺史《张辅集》二卷，录一卷；交阯太守《殷巨集》二卷，录一卷；太子洗马《陶佐集》五卷，录一卷；东晋鄱阳太守《虞溥集》二卷，录一卷；益阳令《吴商集》五卷;《仲长敖集》二卷;晋太常卿《刘弘集》三卷,录一卷;开府《山简集》二卷,录一卷;兖州刺史《宗岱集》二卷,侍中《王峻集》二卷,录一卷;济阳内史《王旷集》五卷,录一卷。亡。

晋散骑常侍《枣嵩集》一卷梁二卷,录一卷又有襄阳太守《枣腆集》二卷,录一卷。亡。

晋太尉《刘琨集》九卷梁十卷

《刘琨别集》十二卷

晋司空从事中郎《卢谌集》十卷梁有录一卷。

晋秘书丞《傅畅集》五卷梁有录一卷又有《晋明帝集》五卷,录一卷;《简文帝集》五卷,录一卷;《孝武帝集》二卷,录一卷;《彭城王纮集》二卷;《谯烈王集》九卷,录一卷亡。

晋会稽王《司马道子集》八卷梁九卷又有镇东从事中郎《傅毅集》五卷,亡。

晋衡阳内史《鲁环集》三卷梁四卷,录一卷又有骠骑将军《顾荣集》五卷,录一卷。亡。

晋司空《贺循集》十八卷梁二十卷,录一卷,又有散骑常侍《张杭集》二卷,录一卷;车骑长史贾彬集三卷,录一卷亡。

晋光禄大夫《卫展集》十二卷梁十五卷。又有东晋太尉《荀组集》三卷,录一卷。亡。

晋秘书郎《张委集》九卷梁五卷。又有关内侯《傅珉集》一卷;光禄大夫《周顗集》二卷,录一卷亡。

晋太常《谢鲲集》六卷梁二卷。

晋骠骑将军《王廙集》十卷梁三十四卷,录一卷。又有《华谭集》二卷,亡。

晋御史中丞《熊远集》十二卷梁五卷,录一卷又有湘州秀才《谷俭集》一卷;大鸿胪《周嵩集》三卷,录一卷亡。

晋弘农太守《郭璞集》十七卷梁十卷,录一卷。

晋《张骏集》八卷残缺。

晋大将军《王敦集》十卷梁有吴兴太守《沈充集》三卷;散骑常侍《傅纯集》二卷,录一卷。亡。

晋光禄大夫《梅陶集》九卷梁二十卷,录一卷又有金紫光禄大夫《荀邃集》二卷,录一卷。亡。

晋散骑常侍《王览集》九卷梁五卷又有晋著作佐郎《王涛集》五卷;廷尉卿《阮放集》十卷,录一卷;宗正卿《张俊集》五卷,录一卷,汝南太守《应硕集》二卷;金紫光禄大夫《张阖集》二卷,录一卷;扬州从事《陆沈集》二卷,录一卷;骠骑将军《卞壶集》二卷,录一卷;光禄勋《钟雅集》一卷;卫尉卿《刘超集》二卷;卫将军《戴邈集》五卷,录一卷;光禄大夫《荀崧集》一卷。亡。

晋大将军《温峤集》十卷梁录一卷。

晋侍中《孔坦集》十七卷梁五卷,录一卷又有《臧冲集》一卷,晋镇南大将军《应瞻集》五卷,亡。

晋太仆卿《王峤集》八卷梁有卫尉《荀闿集》一卷,镇北将军《刘隗集》二卷,大司马《陶侃集》二卷,录一卷亡。

晋丞相《王导集》十一卷梁十卷,录一卷。

晋太尉《郗鉴集》十卷录一卷。

晋太尉《庾亮集》二十一卷梁二十卷,录一卷又有《虞预集》十卷,录一卷。平越司马《黄整集》十卷,录一卷。亡。

晋护军长史《庾坚集》十三卷梁十卷,录一卷。

晋司空《庾冰集》七卷梁二十卷,录一卷。

晋给事中《庾阐集》九卷梁十卷,录一卷。

晋著作郎《王隐集》十卷梁二十卷,录一卷。

晋散骑常侍《干宝集》四卷梁五卷。

晋太常卿《殷融集》十卷梁有卫尉《张虞集》十卷,光禄大夫《诸葛恢集》五卷,录一卷。亡。

晋车骑将军《庾翼集》二十二卷梁二十卷,录一卷。

晋司空《何充集》四卷梁五卷又有御史中丞《郝默集》五卷,征西谘议《甄述集》十二卷,武昌太守《徐彦则集》十卷,亡。

晋散骑常侍《王愆期集》七卷梁十卷,录一卷又有司徒左长史《王濛集》五卷,丹阳尹《刘恢集》二卷,录一卷,益州刺史《袁乔集》七卷。亡。

晋尚书令《顾和集》五卷梁有录一卷又有尚书仆射《刘退集》五卷;徵士《江淳集》三卷,录一卷;魏兴太守《荀述集》一卷;平南将军《贺翘集》五卷;

《李轨集》八卷。亡。

晋《李充集》二十二卷梁十五卷，录一卷。

晋司徒《蔡谟集》十七卷梁四十三卷。

晋扬州刺史《殷浩集》四卷梁五卷，录一卷。又有吴兴孝廉《钮滔集》五卷，录一卷；宣城内史《刘系之集》五卷，录一卷。亡。

《庚赤王集》四卷

晋寻阳太守《庾纯集》八卷梁有骠骑司马《王修集》二卷，录一卷；卫将军《谢尚集》十卷，录一卷；青州刺史《王侠集》二卷亡。

晋西中郎将《王胡之集》十卷梁五卷，录一卷。

晋中书令《王洽集》五卷录一卷梁有宜春令《范保集》七卷；徵士《范宣集》十卷，录一卷；建安太守《丁纂集》四卷，录一卷。亡。

晋金紫光禄大夫《王羲之集》九卷梁十卷，录一卷

晋散骑常侍《谢万集》十六卷梁十卷。

晋司徒长史《张凭集》五卷梁有录一卷梁有高凉太守《杨方集》二卷，亡。

晋徵士《许询集》三卷梁八卷，录一卷。

晋征西将军《张望集》十卷梁十二卷，录一卷。

晋余姚令《孙统集》二卷梁九卷，录一卷。又有晋陵令《戴元集》三卷，录一卷。亡。

晋卫尉卿《孙绰集》十五卷梁二十五卷。

晋太常《江攸集》九卷梁有《谢沈集》十卷，亡。

晋《李颙集》十卷录一卷。

晋光禄勋《曹毗集》十卷梁十五卷，录一卷又有郡主簿《王篴集》五卷，亡。

晋沙门《支遁集》八卷梁十三卷又有《刘彧集》十六卷，亡。

张重华酒泉太守《谢艾集》七卷梁八卷。又有抚军长史《蔡系集》二卷；护军将军《江彬集》五卷，录一卷。亡。

晋《范汪集》一卷梁十卷。

晋尚书仆射《王述集》八卷梁又有《王度集》五卷，录一卷；中领军《庾龢集》二卷，录一卷；将作大匠《喻希集》一卷；吴兴太守《孔严集》十一卷，

录一卷。亡。

晋大司马《桓温集》十一卷梁有四十三卷又有《桓温要集》二十卷，录一卷；豫章太守《车灌集》五卷，录一卷。亡。

晋尚书仆射《王坦之集》七卷梁五卷，录一卷。亡。

晋左光禄《王彪之集》二十卷梁有录一卷。

晋中书郎《郗超集》九卷梁十卷又有南中郎《桓嗣集》五卷；平固令《邵毅集》五卷，录一卷；太学博士《滕辅集》五卷，录一卷。亡。

晋符坚丞相《王猛集》九卷录一卷梁有《顾夷集》五卷，散骑常侍《郑袤集》四卷，抚军掾《刘畅集》一卷。亡。

晋太常卿《韩康伯集》十六卷梁有黄门郎《范启集》四卷；豫章太守《王恪集》十卷，零陵太守《陶混集》七卷；海盐令《祖抚集》三卷；吴兴太守《殷康集》五卷，录一卷。亡。

晋太傅《谢安集》十卷梁十卷，录一卷；又有中军参军《孙嗣集》三卷，录一卷；司徒左长史《刘衮集》三卷亡。

晋御史中丞《孔欣时集》八卷梁七卷。

晋《伏滔集》十一卷并目录。梁五卷，录一卷。

晋荣阳太守《习凿齿集》五卷

晋秘书监《孙盛集》五卷残缺。梁十卷，录一卷。

晋东阳太守《袁宏集》十五卷梁二十卷，录一卷。又有晋黄门郎《顾淳集》一卷，寻阳太守《熊鸣鹄集》十卷，车骑司马《谢韶集》三卷；金紫光禄大夫《王献之集》十卷，录一卷；琅邪内史《袁质集》二卷，录一卷；太宰从事中郎《袁邵集》五卷，录一卷；车骑长史《谢朗集》六卷，录一卷；车骑将军《谢颜集》十卷，录一卷。亡。

晋新安太守《郗愔集》四卷残缺。梁五卷又有吴郡功曹《陆法之集》十九卷。亡。

晋太常卿《王岷集》十卷梁录一卷。

晋中散大夫《罗含集》三卷梁有太宰长史《庾蒨集》二卷，大司马参军《庾悠之集》三卷，司徒右长史《庾凯集》二卷。亡。

晋国子博士《孙放集》一卷残缺。梁十卷。

晋聘士《殷叔献集》四卷并目录。梁三卷，录一卷。

晋湘东太守《庾肃之集》十卷录一卷梁有晋北中郎参军《苏彦集》十卷；太子左率《王肃之集》三卷，录一卷；黄门郎《王徽之集》八卷；徵士《谢敷集》五卷，录一卷；太常卿《孔汪集》十卷，《陈统集》七卷，太常《王恺集》十五卷；右将军《王忱集》五卷，录一卷；太常《殷允集》十卷亡。

晋徵士《戴逵集》九卷残缺。梁十卷，录一卷。又有晋光禄大夫《孙庡集》十卷，尚书左丞《徐禅集》六卷。亡。

晋太子前率《徐邈集》九卷并目录。梁二十卷，录一卷。

晋给事中《徐乾集》二十一卷并目录。梁二十卷，录一卷。又有晋冠军将军《张玄之集》五卷，录一卷；员外常侍《荀世之集》八卷，《袁崧集》十卷，黄门郎《魏逷之集》五卷，骠骑参军《卞湛集》五卷；金紫光禄大夫《褚爽集》十六卷，录一卷。亡。

晋豫章太守《范宁集》十六卷梁有晋余杭令《范弘之集》六卷，亡。

晋司徒《王珣集》十一卷并目录。梁十卷，录一卷。亡。

晋处士《薄萧之集》九卷梁十卷又有晋安北参军《薄要集》九卷，薄邕集七卷，延陵令《唐迈之集》十一卷，录一卷。亡。

晋《孙恩集》五卷梁有晋殿中将军《傅绰集》十五卷，骁骑将军《弘戎集》十六卷，御史中丞《魏叔齐集》十五卷，司徒右长史《刘宁之集》五卷。亡。

晋临海太守《辛德远集》五卷梁四卷又有晋车骑参军《何瑾之集》十一卷；太保《王恭集》五卷，录一卷；《殷觊集》十卷，录一卷。亡。

晋荆州刺史《殷仲堪集》十二卷并目录。梁十卷，录一卷。亡。

晋骠骑长史《谢景重集》一卷

晋《桓玄集》二十卷梁有晋丹杨令《卞范之集》五卷，录一卷；光禄勋《卞承之集》十卷，录一卷。亡。

晋东阳太守《殷仲文集》七卷梁五卷。

晋司徒《王谧集》十卷录一卷梁有晋光禄大夫《伏系之集》十卷，录一卷。亡。

晋右军参军《孔璠集》二卷

晋卫军谘议《湛方生集》十卷录一卷。

晋光禄大夫《祖台之集》十六卷梁二十卷。

晋通直常侍《顾恺之集》七卷梁二十卷。

晋太常卿《刘瑾集》九卷_{梁五卷。}

晋左仆射《谢混集》三卷_{梁五卷。}

晋秘书监《滕演集》十卷_{录一卷。}

晋司徒长史《王诞集》二卷_{梁有晋太尉咨议《刘简之集》十卷,亡。}

晋丹杨太守《袁豹集》八卷_{梁十卷,录一卷又有晋庐江太守《殷遵}
集》五卷,录一卷兴平令《荀轨集》五卷。亡。

晋西中郎长史《羊徽集》九卷_{梁十卷,录一卷。}

晋国子博士《周祗集》十一卷_{梁二十卷,录一卷;又有晋相国主簿}
《殷阐集》十卷,录一卷;太常《傅迪集》十卷。亡。

晋始安太守《卞裕集》十三卷_{梁十五卷。又有《晋韦公艺集》六卷,}
亡。

晋《毛伯成集》一卷

晋沙门《支昙谛集》六卷

晋沙门《释惠远集》十二卷

晋姚苌沙门《释僧肇集》一卷

晋《王茂略集》四卷

晋《曹毗集》四卷

晋《宗钦集》二卷_{梁有晋中军功曹《殷旷之集》五卷,太学博士《魏说}
集》十三卷;征西主簿《丘道护集》五卷,录一卷;紫桑令《刘遗民集》五卷,录一
卷;《郭澄之集》十卷,微士《周桓之集》一卷,《孔瞻集》九卷。亡。

晋江州刺史王凝之妻《谢道韫集》二卷_{梁有妇人晋司徒王浑妻《钟}
夫人集》五卷,《晋武帝左九嫔集》四卷,晋太宰贾充妻《李扶集》一卷,晋武平
都尉陶融妻《陈窈集》一卷,晋都水使者妻《陈玢集》五卷,晋海西令刘骥妻《陈
骖集》亡卷,晋刘柔妻《王邵之集》十卷,晋散骑常侍傅优妻《辛萧集》一卷,晋
松阳令钮滔母《孙琼集》二卷,晋成公道贤妻《庞馥集》一卷,晋宣城太守何殷
妻《徐氏集》一卷。亡。

《宋武帝集》十二卷_{梁二十卷,录一卷。}

《宋文帝集》七卷_{梁十卷,亡。}

《宋孝武帝集》二十五卷_{梁三十一卷,录一卷;又有《宋废帝景和集》}
十卷,录一卷;《明帝集》三十三卷。亡。

宋《长沙王道怜集》十卷录一卷。梁有《宋临川王道规集》四卷，录一卷，亡。

宋《临川王义庆集》八卷

宋《江夏王义恭集》十一卷梁十五卷，录一卷。又有《江夏王集别本》十五卷；宋《衡阳王义季集》十卷，录一卷。亡。

宋《南平王铄集》五卷梁有宋《竟陵王诞集》二十卷，《建平王休祐集》十卷，《新渝惠侯义宗集》十二卷，散骑常侍《祖柔之集》二十卷，亡。

宋豫章太守《谢瞻集》三卷梁有宋征虏将军《沈林子集》七卷，亡。

宋太常卿《孔琳之集》九卷并目录，梁十卷，录一卷。

宋《王叔之集》七卷梁十卷，录一卷。

宋太中大夫《徐广集》十五卷录一卷。

宋秘书监《卢繁集》一卷残缺。梁十卷，录一卷。

宋侍中《孔宁子集》十一卷并目录。梁十五卷，录一卷。

宋建安太守《卞瑾集》十卷梁十卷。

宋太常卿《蔡廓集》九卷并目录。梁十卷，录一卷。又有宋《王韶之集》二十四卷，亡。

宋尚书令《傅亮集》三十一卷梁二十卷，录一卷。又有宋征南长史《孙康集》十卷，左军长史《范述集》三卷，亡。

宋太常卿《郑鲜之集》十三卷梁二十卷，录一卷。

宋徵士《陶潜集》九卷梁五卷，录一卷。又有《张野集》十卷，宋零陵令《陶阶集》八卷，东莞太守《张元瑾集》八卷；光禄大夫《王昙首集》二卷，录一卷。亡。

宋太常卿《范泰集》十九卷梁二十卷，录一卷

宋中书郎《荀昶集》十四卷梁十五卷；录一卷。又有《卞伯玉集》五卷，录一卷，中散大夫《羊欣集》七卷。亡。

宋司徒《王弘集》一卷梁二十卷，录一卷。又有宋金紫光禄大夫《沈演集》十卷，广平太守《范凯集》八卷，亡。

宋沙门《释惠琳集》五卷梁九卷，录一卷。又有宋《范晏集》十四卷，亡。

宋司徒府参军《谢惠连集》六卷梁五卷，录一卷。又有宋太常《谢弘

微集》二卷,亡。

宋临川内史《谢灵运集》十九卷梁二十卷,录一卷。

宋给事中《丘深之集》七卷梁十五卷又有义成太守《祖仙之集》五卷,荆州西曹《孙韶集》十卷,《殷淳集》二卷,杨州刺史《殷景仁集》九卷;国子博士《姚涛之集》二十卷,录一卷;《周牧集》十一卷亡。

《殷阐之集》一卷

宋徵士《宗景集》十六卷梁十五卷。

宋徵士《雷次宗集》十六卷梁二十九卷,录一卷。

宋奉朝请《伍缉之集》十二卷梁有宋南蛮主簿《卫令元集》八卷,《范晔集》十五卷,录一卷;抚军谘议《范广集》一卷,右光禄大夫《王敬集》五卷,录一卷;《任豫集》六卷。

宋御史中丞《何承天集》二十卷梁三十二卷,亡。

宋太中大夫《裴松之集》十三卷梁二十一卷。又有《王韶之集》十九卷;宋光禄大夫《江湛集》四卷,录一卷。亡。

宋太尉《袁淑集》十一卷并目录。梁十卷,录一卷。

宋秘书监《王微集》十卷梁有录一卷又有宋太子舍人《王僧谦集》二卷,金紫光禄大夫《王僧绰集》一卷,征北行参军《顾迈集》二十卷,鱼复令《陈超之集》十卷,平南将军《何长瑜集》八卷。亡。

宋员外郎《荀雍集》二卷梁四卷又有宋国子博士《范演集》八卷,钱唐令《顾昱集》六卷,临成令《韩睿之集》八卷,南阳太守《沈亮之集》七卷,国子博士《孔欣集》九卷,临海太守《江玄叔集》四卷,尚书郎《刘馥集》十一卷,太子中舍人《张演集》八卷,南昌令《蔡眇之集》三卷,大学博士《顾雅集》十三卷,巴东太守《孙仲之集》十一卷,太尉谘议参军《谢元集》一卷,南海太守《陆展集》九卷,棘阳令《山谦之集》十二卷,广州刺史《杨希集》九卷,员外常侍《周始之集》十一卷,主客郎《羊崇集》六卷,太子舍人《孔景亮集》三卷。亡。

宋中书郎《袁伯文集》十一卷并目录。梁有宋丞相谘议《蔡超集》七卷,亡。

宋东中郎长史《孙缅集》八卷并目录。梁十一卷又有宋《贺道养集》十卷,太子洗马《谢登集》六卷,新安太守《张镜集》十卷;兼中书舍人《褚诠之集》八卷,录一卷。亡。

宋特进《颜延之集》二十五卷梁三十卷又有《颜延之逸集》一卷，亡。

宋东扬州刺史《颜竣集》十四卷并目录。

宋大司马录事《颜测集》十一卷并目录。

宋护军将军《王僧达集》十卷梁有录一卷。又有国子博士《羊戎集》十卷，江宁令《苏宝生集》四卷，衮州别驾《范义集》十二卷，吴兴太守《刘瑀集》七卷，本郡孝廉《刘氏集》九卷。亡。

宋会稽太守《张畅集》十二卷残缺。梁十四卷，录一卷。又有宋司空《何尚之集》十卷，亡。

宋吏部尚书《何偃集》十九卷梁十六卷。又有庐江太守《周朗集》八卷，亡。

宋侍中《沈怀文集》十二卷残缺。梁十六卷。

宋北中郎长史《江智深集》九卷并目一卷。

宋太子中庶子《殷琰集》七卷梁又有宋武陵太守《袁顗集》八卷，《荀钦明集》六卷，安北参军《王询之集》五卷，越骑校尉《戴法兴集》四卷，亡。

宋黄门郎《虞通之集》十五卷梁二十卷。

宋司徒左长史《沈勃集》十五卷梁二十卷。

宋金紫光禄大夫《谢庄集》十九卷梁十五卷。又有宋金紫光禄大夫《谢协集》三卷，三巴校尉《张悦集》十一卷，扬州从事《贺颉集》十一卷，领军长史《孔迈之集》八卷，抚军参军《贺弼集》十六卷，本州秀才《刘遂集》二卷，亡。

宋《建平王景素集》十卷

宋征虏记室参军《鲍照集》十卷梁六卷。又有宋武康令《沈怀远集》十九卷，《裴駰集》六卷，删定郎《刘鲲集》五卷，宜都太守《费修集》十卷，亡。

宋太中大夫《徐爰集》六卷梁十卷。又有宋护军司马《孙勃集》六卷，右光禄大夫《张永集》十卷，阳羡令《赵绎集》十六卷，亡。

宋《庾蔚之集》十六卷梁二十卷。又有太子中舍人徵不就《王素集》十六卷，亡。

宋豫章太守《刘愔集》八卷梁十卷。又有宋起部《费镜运集》二十卷，光禄大夫《孙夐集》十一卷，太尉从事中郎《蔡颐集》三卷；司空《刘缅集》二十卷，录一卷；青州刺史《明旧昺集》十卷，吴兴太守《萧惠开集》七卷，《沈宗之集》十卷，大司农《张辩集》十六卷；金紫光禄大夫《王瓒集》十五卷，录一卷；

《郭坦之集》五卷，会稽主簿《辛湛之集》八卷，太子舍人《朱年集》二卷，东海王常侍《鲍德远集》六卷，会稽郡丞《张缓集》六卷。亡。

宋宁国令《刘荟集》七卷

宋江州从事《吴迈远集》一卷残缺。梁八卷，亡。

宋宛朐令《汤惠休集》三卷梁四卷。又有南海太守《孙奉伯集》十卷，右将军《成元范集》十卷，奉朝请《虞喜集》十一卷，延陵令《唐思贤集》十五卷，《戴凯之集》六卷，亡。

宋司徒《袁粲集》十一卷并目录。梁九卷。又有妇人《牵氏集》一卷，宋后宫司仪《韩兰英集》四卷，亡。

《齐文帝集》一卷残缺。梁十一卷。又有齐《晋安王子懋集》四卷，录一卷；《随王子隆集》七卷，亡。

齐《竟陵王子良集》四十卷梁又有齐闻喜公《萧遥欣集》十一卷，领军谘议《刘祥集》十卷，亡。

齐太宰《褚彦回集》十五卷梁又有齐黄门侍郎《崔祖思集》二十卷，中军佐《钟蹈集》十二卷；余杭《丘令巨源集》十卷，录一卷亡。

齐太尉《王俭集》五十一卷梁六十卷。又有齐东海太守《谢颢集》十六卷，《谢篇集》十卷，豫州刺史《刘善明集》十卷，侍中《褚贲集》十二卷，徵士《刘虬集》二十四卷，司徒主簿徵不就《庾易集》十卷，《顾欢集》三十卷，《刘瓛集》三十卷，射声校尉《刘琎集》三卷，亡。

齐中书郎《周颙集》八卷梁十六卷。又有齐左侍郎《鲍鸿集》二十卷，录一卷；雍州秀才《韦瞻集》十卷；正员郎《刘怀慰集》十卷，录一卷；永嘉太守《江山图集》十卷，骠骑记室参军《荀宪集》十一卷。亡。

齐前军参军《虞义集》九卷残缺。梁十一卷。又有平阳令《韦沈集》十卷，车骑参军《任文集》十一卷，《卞铄集》十六卷，《娄幼瑜集》六十六卷，长水校尉《祖冲之集》五十一卷，亡。

齐中书郎《王融集》十卷

齐吏部郎《谢朓集》十二卷

《谢朓逸集》一卷梁又有《王巾集》十一卷，亡。

齐司徒左长史《张融集》二十七卷梁十卷。又有张融《玉海集》十卷、《大泽集》十卷、《金波集》六十卷，又有齐羽林监《庾韶集》十卷，黄门郎《王僧祐集》十卷；太常卿《刘悛集》二十卷，录一卷；秘书《王寂集》五卷。亡。

　　齐金紫光禄大夫《孔稚珪集》十卷

　　齐后军法曹参军《陆厥集》八卷梁十卷。

　　齐太尉《徐孝嗣集》十卷梁七卷。又有侍中《刘暄集》一十一卷，通直常侍《裴昭明集》九卷，《虞炎集》七卷，吏部郎《刘瑱集》十卷，梁国从事中郎《刘绘集》十卷，亡。

　　齐侍中《袁彖集》五卷并录。

　　齐中书郎《江奂集》九卷并录。

　　齐平西谘议《宗躬集》十三卷

　　齐太子舍人《沈骑士集》六卷

　　《梁武帝集》二十六卷梁三十二卷。

　　《梁武帝诗赋集》二十卷

　　《梁武帝杂文集》九卷

　　《梁武帝别集目录》二卷

　　《梁武帝净业赋》三卷

　　《梁简文帝集》八十五卷陆罩撰，并录。

　　《梁元帝集》五十二卷

　　《梁元帝小集》十卷

　　梁《昭明太子集》二十卷梁有《晋安成王集》三十卷，亡。

　　梁《岳阳王詧集》十卷

　　梁《王萧归集》十卷

　　梁《邵陵王纶集》六卷

　　梁《武陵王纪集》八卷

　　梁《萧琮集》七卷梁又有《安成炀王集》五卷，亡。

　　梁司徒谘议《宗史集》九卷并录。

　　梁国子博士《丘迟集》十卷并录。梁十一卷。又有《谢朓集》十五卷，亡。

　　梁金紫光禄大夫《江淹集》九卷梁二十卷。

　　《江淹后集》十卷

梁尚书仆射《范云集》十一卷并录。

梁太常卿《任昉集》三十四卷梁有晋安太守《谢纂集》十卷,抚军《柳憕集》二十卷,中护军《柳恽集》十二卷,豫州刺史《柳惔集》六卷,尚书令《柳忱集》十三卷,义兴郡丞《何佝集》三卷,抚军中兵参军《韦温集》十卷,镇西录事参军《到洽集》十一卷,太子洗马《刘苞集》十卷,南徐州秀才《诸葛璩集》十卷,亡。

梁特进《沈约集》一百一卷并录。梁又有《谢绰集》十一卷,亡。

梁中军府谘议《王僧孺集》三十卷

梁尚书左丞《范缜集》十一卷

梁护军将军《周舍集》二十卷梁有秘书张炽《金河集》六十卷,《刘敲集》八卷,玄贞处士《刘许集》一卷,亡。

梁《萧洽集》二卷

梁隐居先生《陶弘景集》三十卷

《陶弘景内集》十五卷

梁徵士《魏道微集》三卷

梁黄门郎《张率集》三十八卷

梁南徐州治中《王冏集》三卷

梁都官尚书《江革集》六卷

梁奉朝请《吴均集》二十卷

梁光禄大夫《庾昙隆集》十卷并录。

梁仪同三司《徐勉前集》三十五卷

《徐勉后集》十六卷并序录。

梁吏部郎《王锡集》七卷并录。

梁尚书左仆射《王暕集》二十一卷

梁平西刑狱参军《刘孝标集》六卷

梁鸿胪卿《裴子野集》十四卷

梁仁威府长史《司马褧集》九卷

梁《萧子晖集》九卷

梁始兴内史《萧子范集》十三卷

梁建阳令《江洪集》二卷

梁镇西府记室《鲍畿集》八卷

梁尚书祠部郎《虞嚼集》十卷

梁新田令《费昶集》三卷

梁《萧机集》二卷

梁东阳郡丞《谢璟集》八卷

梁通直郎《谢琛集》五卷

梁仁威记室《何逊集》七卷梁有安西记室《刘绥集》四卷,沙门《释智藏集》五卷,亡。

梁太常卿《陆倕集》十四卷

梁廷尉卿《刘孝绰集》十四卷

梁都官尚书《刘孝仪集》二十卷

梁太子庶子《刘孝威集》十卷

梁东阳太守《王揖集》五卷

梁黄门郎《陆云公集》十卷

梁国子祭酒《萧子云集》十九卷

梁征西府长史《杨眺集》十一卷并录。

梁太子洗马《王筠集》十一卷并录。

王筠《中书集》十一卷并录。

王筠《临海集》十一卷并录。

王筠《左佐集》十一卷并录。

王筠《尚书集》九卷并录。

梁西昌侯《萧深藻集》四卷并录。

梁中书郎《任孝恭集》十卷

梁平北府长史《鲍泉集》一卷

梁雍州刺史《张缵集》十一卷并录。

梁尚书仆射《张绾集》十一卷并录。

梁度支尚书《庾肩吾集》十卷

梁太常卿《刘之遴前集》十一卷

《刘之遴后集》二十一卷

梁豫章世子侍读《谢郁集》五卷

梁安成蕃王《萧欣集》十卷

梁中书舍人《朱超集》一卷

梁护军将军《甄玄成集》十卷并录。

梁散骑常侍《沈君攸集》十三卷

梁《临安恭公主集》三卷武帝女。

梁征西记室范靖妻《沈满愿集》三卷

梁太子洗马徐俳妻《刘令娴集》三卷

《后魏孝文帝集》三十九卷

后魏司空《高允集》二十一卷

后魏司农卿《李谐集》十卷

后魏太常卿《卢元明集》十七卷

后魏司空祭酒《袁跃集》十三卷

后魏著作佐郎《韩显宗集》十卷

后魏散骑常侍《温子升集》三十九卷

后魏太常卿《阳固集》三卷

北齐特进《邢子才集》三十一卷

北齐尚书仆射《魏收集》六十八卷

北齐仪同《刘逖集》二十六卷

后周《明帝集》九卷

后周《赵王集》八卷

后周《滕简王集》八卷

后周仪同《宗懔集》十二卷并录。

后周沙门《释忘名集》十卷

后周小司空《王褒集》二十一卷并录。

后周少傅《萧㧑集》十卷

后周开府仪同《庾信集》二十一卷并录。

《陈后主集》三十九卷

《陈后主沈后集》十卷

陈大匠卿《杜之伟集》十二卷

陈金紫光禄大夫《周弘让集》九卷

陈《周弘让后集》十二卷

陈侍中《沈炯前集》七卷

陈《沈炯后集》十三卷

陈沙门《释标集》二卷

陈沙门《释洪偃集》八卷

陈沙门《释瑗集》六卷

陈沙门《释灵裕集》四卷

陈尚书仆射《周弘正集》二十卷

陈镇南府司马《阴铿集》一卷

陈左卫将军《顾野王集》十九卷

陈沙门《策上人集》五卷

陈尚书左仆射《徐陵集》三十卷

陈右卫将军《张式集》十四卷

陈尚书度支郎《张正见集》十四卷

陈司农卿《陆琰集》二卷

陈少府卿《陆玢集》十卷

陈光禄卿《陆瑜集》十一卷并录。

陈护军将军《蔡景历集》五卷

陈沙门《释暠集》六卷

陈御史中丞《褚玠集》十卷

陈安右府谘议《司马君卿集》二卷

陈著作佐郎《张仲简集》一卷

《炀帝集》五十五卷

《王祐集》一卷

武阳太守《卢思道集》三十卷

金州刺史《李元操集》十卷

蜀王府记室《辛德源集》三十卷

太尉《杨素集》十卷

怀州刺史《李德林集》十卷

吏部尚书《牛弘集》十二卷

司隶大夫《薛道衡集》三十卷

国子祭酒《何妥集》十卷

秘书监《柳䛒集》五卷

开府《江总集》三十卷

《江总后集》二卷

记室参军《萧悫集》九卷

著作郎《魏彦深集》三卷

著作郎《诸葛颍集》十四卷

刘子政母《祖氏集》九卷

著作郎《王胄集》十卷

右四百三十七部,四千三百八十一卷通计亡书,合八百八十六部,八千一百二十六卷。

别集之名,盖汉东京之所创也。自灵均已降,属文之士众矣,然其志尚不同,风流殊别。后之君子,欲观其体势,而见其心灵,故别聚焉,名之为集。辞人景慕,并自记载,以成书部。年代迁徙,亦颇遗散。其高唱绝俗者,略皆具存,今依其先后,次之于此。

《文章流别集》四十一卷梁六十卷,志二卷,论二卷,挚虞撰。

《文章流别志》、《论》二卷挚虞撰。

《文章流别本》十二卷谢混撰。

《续文章流别》三卷孔宁撰。

《集苑》四十五卷梁六十卷

《集林》一百八十一卷宋临川王刘义庆撰。梁二百卷。

《集林钞》十一卷

《集钞》十卷沈约撰。梁有《集钞》四十卷,丘迟撰,亡。

《集略》二十卷

《撰遗》六卷梁又有《零集》三十六卷，亡。

《翰林论》三卷李充撰。梁五十四卷。

《文苑》一百卷孔逭撰。

《文苑钞》三十卷

《文选》三十卷梁昭明太子撰。《词林》五十八卷

《文海》五十卷

《吴朝士文集》十卷梁十三卷又有《汉书文府》三卷，亡。

《巾箱集》七卷梁有《文章志录杂文》八卷，谢沈撰，又《名士杂文》八卷，亡。

《妇人集》二十卷梁有《妇人集》三十卷，殷淳撰。又有《妇人集》十一卷，亡。

《妇人集钞》二卷

《杂文》十六卷为妇人作。

《文选音》三卷萧该撰。

《文心雕龙》十卷梁兼东宫通事舍人刘勰撰。

《文章始》一卷姚察撰。梁有《文章始》一卷，任昉撰；《四代文章记》一卷，吴郡功曹张防撰。亡。

《赋集》九十二卷谢灵运撰。梁又有《赋集》五十卷，宋新渝惠侯撰；《赋集》四十卷，宋明帝撰；《乐器赋》十卷；《伎艺赋》六卷亡。

《赋集钞》一卷

《赋集》八十六卷后魏秘书丞崔浩撰。

《续赋集》十九卷残缺。

《历代赋》十卷梁武帝撰。

《皇德瑞应赋颂》一卷梁十六卷。

《五都赋》六卷并录。张衡及左思撰。

《杂都赋》十一卷梁《杂赋》十六卷又《东都赋》一卷，孔逭作；《二京赋》二卷，李轨、綦毋邃撰；《齐都赋》二卷。并音，左思撰；《相风赋》七卷，傅玄等撰；《迦维国赋》二卷，晋右军行参军虞干纪撰；《遂志赋》十卷，《乘舆赭白马》

二。卷亡。

《述征赋》一卷

《神雀赋》一卷后汉傅毅撰。

《杂赋注本》三卷梁有郭璞注《子虚上林赋》一卷,薛综注张衡《二京赋》二卷,晁矫注《二京赋》一卷,武巽注《二京赋》二卷,张载及晋侍中刘逵、晋怀令卫瓘注左思《三都赋》三卷,綦毋邃注《三都赋》三卷,项氏注《幽通赋》,萧广济注木玄虚《海赋》一卷,徐爰注《射雉赋》一卷,亡。

《献赋》十八卷

《围棋赋》一卷梁武帝撰。

《观象赋》一卷

《洛神赋》一卷孙壑注。

《枕赋》一卷张君祖撰。

《二都赋音》一卷李轨撰。

《百赋音》十卷宋御史褚诠之撰。梁有《赋音》二卷,郭徵之撰。《杂赋图》十七卷。亡。

《大隋封禅书》一卷

《上封禅书》二卷梁有《杂封禅文》八卷,《秦帝刻石文》一卷,宋会稽太守褚淡撰,亡。

《集雅篇》五卷

《靖恭堂颂》一卷晋凉王李暠撰。梁有《颂集》二十卷,王僧绰撰。《木连理颂》二卷,太元十九年群臣上。亡。

《诗集》五十卷谢灵运撰。梁五十一卷又有宋侍中张敷、袁淑补谢灵运《诗集》一百卷;又《诗集》百卷,并例、录二卷,颜峻撰;《诗集》四十卷,宋明帝撰;《杂诗》七十九卷,江邃撰;《杂诗》二十卷,宋太子洗马刘和注;《二晋杂诗》二十卷;《古今五言诗美文》五卷,荀绰撰;《诗钞》十卷。亡。

《诗集钞》十卷谢灵运撰。梁有《杂诗钞》十卷,录一卷,谢灵运撰,亡。

《古诗集》九卷

《六代诗集钞》四卷梁有《杂言诗钞》五卷,谢朓撰,亡。

《诗英》九卷谢灵运集。梁十卷。又有《文章英华》三十卷,梁昭明太子撰,亡。

《今诗英》八卷

《古今诗苑英华》十九卷梁昭明太子撰。

《诗缵》十三卷

《众诗英华》一卷

《诗类》六卷

《玉台新咏》十卷徐陵撰。

《百志诗》九卷干宝撰。梁五卷。又有《古游仙诗》一卷，应贞注应璩《百一诗》八卷；《百一诗》二卷，晋蜀郡太守李彪撰。亡。

齐《释奠会诗》一十卷

《齐宴会诗》十七卷

《青溪诗》三十卷齐宴会作。梁有魏、晋、宋《杂祖伐宴会诗集》二十一部，一百四十三卷，亡，今略其数。

《西府新文》十一卷并录。梁萧淑撰。

《百国诗》四十三卷

《文林馆诗府》八卷后齐文林馆作。

《诗评》三卷钟嵘撰。或曰《诗品》。

《古乐府》八卷

《文会诗》三卷陈仁威记室徐伯阳撰。

《五岳七星回文诗》一卷梁有《杂诗图》一卷，亡。

《毛伯成诗》一卷伯成，东晋征西将军。

《春秋宝藏诗》四卷张胐撰。

《江淹拟古》一卷罗潜注。

《乐府歌辞钞》一卷

《歌录》十卷

《古歌录钞》二卷

《晋歌章》八卷梁十卷。

《吴声歌辞曲》一卷梁二卷。又有《乐府歌诗》二十卷，秦伯文撰；《乐府歌诗》十二卷，《乐府三校歌诗》十卷，《乐府歌辞》九卷，《太乐歌诗》八卷，《歌辞》四卷，张永记；《魏宴乐歌辞》七卷，《晋歌章》十卷；又《晋歌诗》十八卷，

《晋宴乐歌辞》十卷，荀勖撰；《宋太始祭高禖歌辞》十一卷，《齐三调雅辞》五卷；《古今九代歌诗》七卷，张湛撰；《三调相和歌辞》五卷，《三调诗吟录》六卷，《奏鼙铎舞曲》二卷，《管弦录》一卷，《伎录》一卷；《太乐备问钟铎律奏舞歌》四卷，郝生撰；《回文集》十卷，谢灵运撰；又《回文诗》八卷；《织锦回文诗》一卷，符坚秦州刺史窦氏妻苏氏作；《颂集》二十卷，王僧绰撰；《木连理颂》二卷，晋太元十九年群臣上；又有鼓吹、清商、乐府、宴乐、高禖、鼙、铎等《歌辞舞录》凡十部。

《陈郊庙歌辞》三卷并录。徐陵撰。

《乐府新歌》十卷秦王记室崔子发撰。

《乐府新歌》二卷秦王司马殷僧首撰。

《古今箴铭集》十四卷张湛撰。录一卷。梁有《箴集》十六卷，《杂诫箴》二十四卷，《女箴》一卷，《女史箴图》一卷，又有《铭集》十一卷，又陆少玄撰《佛像杂铭》十三卷，释僧祐撰《箴器杂铭》五卷，亡。

《众贤诫集》十卷残缺。梁有《诫林》三卷，綦毋邃撰；《四帝诫》三卷，王诞撰；《杂家诫》七卷，《诸家杂诫》九卷，《集诫》二十二卷亡。

《诸葛武侯诫》一卷、《女诫》一卷

《女诫》一卷曹大家撰。

《女鉴》一卷梁有《女训》十六卷。

《妇人训诫集》十一卷并录。梁十卷。宋司空徐湛之撰。

《娣姒训》一卷冯少胄撰。

《贞顺志》一卷

《赞集》五卷谢庄撰。

《画赞》五卷汉明帝殿阁画，魏陈思王赞。梁五十卷。又有《谏集》十五卷，谢庄撰，亡。

《七集》十卷谢灵运集。

《七林》十卷梁十二卷，录二卷卞景撰。梁又有《七林》三十卷，音一卷，亡。

《七悟》一卷颜之推撰。梁有《吊文集》六卷，录一卷；《吊文》二卷。亡。

《碑集》二十九卷

《杂碑集》二十九卷

《杂碑集》二十二卷梁有《碑集》十卷,谢庄撰;《释氏碑文》三十卷,梁元帝撰;《杂碑》二十二卷,《碑文》十五卷,晋将作大匠陈顗撰;《碑文》十卷,车灌撰;又有《羊祜堕泪碑》一卷,《桓宣武碑》十卷,《长沙景王碑文》三卷,《荆州杂碑》三卷,《雍州杂碑》四卷,《广州刺史碑》十二卷,《义兴周许碑》一卷,《太原王氏家碑诔颂赞铭集》二十六卷;《诸寺碑文》四十六卷,释僧祐撰;《杂祭文》六卷;《众僧行状》四十卷,释僧祐撰。亡。

《设论集》二卷刘楷撰。梁有《设论集》三卷,东晋人撰;《客难集》二十卷。亡。

《论集》七十三卷

《杂论》十卷

《明真论》一卷晋兖州刺史宗岱撰。

《东西晋兴亡论》一卷

《陶神论》五卷

《正流论》一卷

《黄芳引连珠》一卷

《梁武连珠》一卷沈约注。

《梁武帝制旨连珠》十卷梁邵陵王纶注。

《梁武帝制旨连珠》十卷陆缅注。梁有《设论连珠》十卷,谢灵运撰《连珠集》五卷,陈证撰《连珠》十五卷;又《连珠》一卷,陆机撰,何承天注;又班固《典引》一卷,蔡邕注。亡。

《梁代杂文》三卷

《诏集区分》四十一卷后周兽门学士宗干撰。

《魏朝杂诏》二卷梁有《汉高祖手诏》一卷,亡。

《录魏吴二志诏》二卷梁有《三国诏诰》十卷,亡。

《晋咸康诏》四卷

《晋朝杂诏》九卷梁有《晋杂诏》百卷,录一卷。又有《晋杂诏》二十八卷,录一卷;又《晋诏》六十卷,《晋文王》、《武帝杂诏》十二卷。亡。

《录晋诏》十四卷梁有《晋武帝诏》十二卷,《成帝诏草》十七卷,《康帝诏草》十卷,《建元直诏》三卷,《求和副诏》九卷,《升平、隆和、兴宁副诏》十卷,《泰元咸宁、宁康副诏》二十二卷,《隆安直诏》五卷,《元兴太亨副诏》三卷,亡。

《晋义熙诏》十卷梁有《义熙副诏》十卷,《义熙以来至于大明诏》三十卷,《晋宋杂诏》四卷;又《晋宋杂诏》八卷,王韶之撰;又《杂诏》十四卷,《班五条诏》十卷。亡。

《宋永初杂诏》十三卷梁有《诏集》百卷,起汉讫宋;《武帝诏》四卷,宋《元熙诏令》五卷,《永初二年五年诏》三卷,《永初已来中书杂诏》二十卷。亡。

《宋孝建诏》一卷梁有《宋景平诏》三卷,亡。

《宋元嘉副诏》十五卷梁有《宋元嘉诏》六十二卷,又《宋孝武诏》五卷,《宋大明诏》七十卷,《宋永光、景和诏》五卷,《宋泰始、泰豫诏》二十二卷,《宋义嘉伪诏》一卷,《宋元徽诏》十三卷,《宋昇明诏》四卷,亡。

《齐杂诏》十卷

《齐中兴二年诏》三卷梁有《齐建元诏》五卷,《永明诏》三卷《武帝中诏》十卷,《齐隆平,延兴、建武诏》九卷,《齐建武二年副诏》九卷,《梁天监元年至七年诏》十二卷,《天监九年、十年诏》二卷,亡。

《后魏诏集》十六卷

《后周杂诏》八卷

《杂诏》八卷

《杂赦书》六卷

《陈天嘉诏草》三卷

《霸朝集》三卷李德林撰。

《皇朝诏集》九卷

《皇朝陈事诏》十三卷梁有《杂九锡文》四卷,亡。

《上法书表》一卷虞和撰。

《梁中表》十一卷梁邵陵王撰。梁有《汉名臣奏》三十卷;《魏名臣奏》三十卷,陈长寿撰;《魏杂事》七卷,《晋诸公奏》十一卷,《杂表奏驳》三十五卷,《汉丞相匡衡、大司马王凤奏》五卷,《刘隗奏》五卷,《孔群奏》二十二卷,《晋金紫光禄大夫周闵奏事》四卷,《晋中丞刘邵奏事》六卷,《中丞司马无忌奏事》十三卷,《中丞虞谷奏事》六卷,《中丞高崧奏事》五卷,又《诸弹事》等十四部。亡。

《杂露布》十二卷梁有《杂檄文》十七卷,《魏武帝露布文》九卷,亡。

《山公启事》三卷

《范宁启事》三卷梁十卷。梁有《杂荐文》十二卷,《荐文集》七卷,亡。

《善文》五十卷杜预撰。

《杂集》一卷殷仲堪撰。

《梁、魏、周、齐、陈皇朝聘使杂启》九卷

《政道集》十卷

《书集》八十八卷晋散骑常侍王履撰。梁八十卷,亡。

《书林》十卷

《杂逸书》六卷梁二十二卷。徐爰撰。《应璩书林》八卷,夏赤松撰;《抱朴君书》一卷,葛洪撰;《蔡司徒书》三卷,蔡谟撰;《前汉杂笔》十卷,《吴晋杂笔》九卷,《吴朝文》二十四卷,《李氏家书》八卷,晋左将军《王镇恶与刘丹阳书》一卷,亡。

《后周与齐军国书》二卷

《高澄与侯景书》一卷

《策集》一卷殷仲堪撰。

《策集》六卷梁有《孝秀对策》十二卷,亡。

《宋元嘉策孝秀文》十卷

《诽谐文》三卷袁淑撰。梁有《续诽谐文集》十卷;又有《诽谐文》一卷,沈宗之撰;《任子春秋》一卷,杜嵩撰;《傅阳秋》一卷,宋零陵令辛邕之撰。亡。

《法集》百七卷梁沙门释宝唱撰。

右一百七部,二千二百一十三卷。通计亡书,合二百四十九部,五千二百二十四卷。

总集者,以建安之后,辞赋转繁,众家之集,日以滋广,晋代挚虞,苦览者之劳倦,于是采摘孔翠,芟剪繁芜,自诗赋下,各为条贯,合而编之,谓为《流别》。是后文集总钞,作者继轨,属辞之士,以为覃奥,而取则焉。今次其前后,并解释评论,总于此篇。

凡集五百五十四部,六千六百二十二卷。通计亡书,合一千一百四十六部,一万三千三百九十卷。

文者,所以明言也。古者登高能赋,山川能祭,师旅能誓,丧纪能诔,作器能铭,则可以为大夫。言其因物骋辞,情灵无拥者也。唐歌虞咏,商颂、周雅,叙事缘情,纷纶相袭,自斯已降,其道弥繁。世有浇淳,时移治乱,文体迁变,邪正或殊。宋玉、屈原,激清风于南楚,严、邹、枚、马,陈盛藻于西京,平子艳发于东都,王粲独步于漳、滏。爰逮晋氏,见称潘、陆,并黼藻相辉,宫商间起,清辞润乎金石,精义薄乎云天。永嘉已后,玄风既扇,辞多平淡,文寡风力。降及江东,不胜其弊。宋、齐之世,下隶梁初,灵运高致之奇,延年错综之美,谢玄晖之藻丽,沈休文之富溢,辉焕斌蔚,辞义可观。梁简文之在东宫,亦好篇什,清辞巧制,止乎衽席之间,雕琢蔓藻,思极闺闱之内。后生好事,递相放习,朝野纷纷,号为宫体。流宕不已,讫于丧亡。陈氏因之,未能全变。其中原,则兵乱积年,文章道尽。后魏文帝,颇效属辞,未能变俗,例皆淳古。齐宅漳滨,辞人间起,高言累句,纷纭络绎,清辞雅致,是所未闻。后周草创,干戈不戢,君臣戮力,专事经营,风流文雅,我则未暇。其后,南平汉、沔,东定河朔,讫于有隋,四海一统,采荆南之杞梓,收会稽之箭竹,辞人才士,总萃京师。属以高祖少文,炀帝多忌,当路执权,逮相摈压。于是握灵蛇之珠,韫荆山之玉,转死沟壑之内者,不可胜数。草泽怨刺,于是兴焉。古者陈诗观风,斯亦所以关乎盛衰者也。班固有《诗赋略》,凡五种,今引而伸之,合为三种,谓之集部。

凡四部经传三千一百二十七部,三万六千七百八卷。通计亡书,合四千一百九十一部,四方九千四百六十七卷。

经戒三百一部,九百八卷。饵服四十六部,一百六十七卷。房中十三部,三十八卷。符录十七部,一百三卷。

右三百七十七部,一千二百一十六卷。

道经者,云有元始天尊,生于太元之先,禀自然之气,冲虚凝远,莫知其极。所以说天地沦坏,劫数终尽,略与佛经同。以而天尊之体,常存不灭。每至天地初开,或在玉京之上,或在穷桑之野,授以秘道,谓之开劫度人。然其开劫,非一度矣!故有延康、赤明、龙汉、开皇，是其年号。其间相去经四十一亿万载，所度皆诸天仙上品，有太上老君、太上丈人、天真皇人、五方天帝及诸仙官，转共承受，世人莫之豫也。所说之经，亦禀元一之气，自然而有，非所造为，亦与天尊常在不灭。天地不坏，则蕴而莫传，劫运若开，其文自见。凡八字，尽道体之奥，谓之天书。字方一丈，八角垂芒，光辉照耀，惊心眩目，虽诸天仙，不能省视。天尊之开劫也，乃命天真皇人，改转天音而辩析之。自天真以下，至于诸仙，展转节级，以次相授。诸仙得之，始授世人。然以天尊经历年载，始一开劫，受法之人，得而宝秘，亦有年限，方始传授。上品则年久，下品则年近。故今授道者，经四十九年，始得授人。推其大旨，盖亦归于仁爱清静，积而修习，渐致长生，自然神化，或白日登仙，与道合体。其受道之法，初受《五千文箓》，次受《三洞箓》，次受《洞玄箓》，次受《上清箓》。箓皆素书，纪诸天曹官属佐吏之名有多少，又有诸符，错在其间，文章诡怪，世所不识。受者必先洁斋，然后赍金环一，并诸赘币，以见于师。师受其赘，以箓授之，仍剖金环，各持其半，云以为约。弟子得箓，缄而佩之。

　　其洁斋之法，有黄箓、玉箓、金箓、涂炭等斋。为坛三成，每成皆置绵蕝，以为限域。傍各开门，皆有法象。斋者亦有人数之限，以次入于绵蕝之中，鱼贯面缚，陈说愆咎，告白神祇，昼夜不息，或一二七日而止。其斋数之外有人者，并在绵蕝之外，谓之斋客，但拜谢而已，不面缚焉。而又有诸消灾度厄之法，依阴阳五行数术，推人年命书之，如章表之仪，并具赘币，烧香陈读。云奏上天曹，请为除厄，谓之上章。夜中，于星辰之下，陈设酒脯饼饵币物，历祀天皇太一，祀五星列宿，为书如上章之仪以奏之，名之为醮。又以木为印，刻星辰日月于其上，吸气执之，以印疾病，多有愈者。又能登刀入火而焚救之，使刃不能割，火不能热。而又有诸服饵、辟谷、金丹、玉浆、云英，蠲除滓秽之法，不可殚记。云自上古黄帝、帝喾、夏禹之俦，并遇神人，咸受道箓，年代既远，经史无闻焉。

　　推寻事迹，汉时诸子，道书之流有三十七家，大旨皆去健羡，处

冲虚而已，无上天官符箓之事。其《黄帝》四篇，《老子》二篇，最得深
旨。故言陶弘景者，隐于句容，好阴阳五行，风角星算，修辟谷导引
之法，受道经符箓，武帝素与之游。及禅代之际，弘景取图谶之文，
命成"景梁"，字以献之，由是恩遇甚厚。又撰《登真隐诀》，以证古有
神仙之事；又言神丹可成，服之则能长生，与天地永毕。帝令弘景试
合神丹，竟不能就，乃言中原隔绝，药物不精故也。帝以为然，敬之
尤甚。然武帝弱年好事，先受道法，及即位，犹自上章，朝士受道者
众。三吴及边海之际，信之逾甚。陈武世居吴兴，故亦奉焉。后魏
之世，嵩山道士寇谦之，自云尝遇真人成公兴，后遇太上老君，授谦
之为天师，而又赐之《云中音诵科诫》二十卷。又使玉女授其服气导
引之法，遂得辟谷，气盛体轻，颜色鲜丽。弟子十余人，皆得其术。其
后又遇神人李谱，云是老君玄孙，授其图箓真经，劾召百神，六十余
卷，及销炼金丹云英八石玉浆之法。太武始光之初，奉其书而献之。
帝使谒者，奉玉帛牲牢，祀嵩岳，迎致其余弟子，代都东南起坛宇，
给道士百二十余人，显扬其法，宣布天下。太武亲备法驾，而受符箓
焉。自是道业大行，每帝即位，必受符箓，以为故事，刻天尊及诸仙
之象，而供养焉。迁洛已后，置道场于南郊之傍，方二百步。正月、
十月之十五日，并有道士哥人百六人，拜而祠焉。后齐武帝迁邺，遂
罢之。文襄之世，更置馆宇，选其精至者使居焉。后周承魏，崇奉道
法，每帝受箓，如魏之旧，寻与佛法俱灭。开皇初又兴，高祖雅信佛
法，于道士蔑如也。大业中，道士以术进者甚众。其所以讲经，由以
《老子》为本，次讲《庄子》及《灵宝》、《升玄》之属。其余众经，或言传
之神人，篇卷非一。自云天尊姓乐名静信，例皆浅俗，故世甚疑之。
其术业优者，行诸符禁，往往神验。而金丹玉液长生之事，历代糜
费，不可胜纪，竟无效焉。今考其经目之数，附之于此。

大乘经，六百一十七部，二千七十六卷。五百五十八部，一千六百
九十七卷，经。五十九部，三百七十九卷，疏。小乘经，四百八十七部，八百
五十二卷。杂经，三百八十部，七百一十六卷。杂经目残缺甚，见数如

此。杂疑经,一百七十二部,三百三十六卷。大乘律,五十二部,九十一卷。小乘律,八十部,四百七十二卷。七十七部,四百九十卷,律。二部,二十三卷,讲疏。杂律,二十七部,四十六卷。大乘论,三十五部,一百四十一卷。三十部,九十四卷,论。十五部,四十七卷,疏。小乘论,四十一部,五百六十七卷。二十一部,四百九十一卷,论。十部,七十六卷,讲疏。杂论,五十一部,四百三十七卷。三十二部,二百九十九卷,论。九部,一百三十八卷,讲疏。记,二十部,四百六十四卷。

右一千九百五十部,六千一百九十八卷。

佛经者,西域天竺之迦维卫国净饭王太子释迦牟尼所说。释迦当周庄王之九年四月八日,自母右胁而生,姿貌奇异,有三十二相,八十二好。舍太子位,出家学道,勤行精进,觉悟一切种智,而谓之佛,亦曰佛陀,亦曰净屠,皆胡言也。华言译之为净觉。其所说云,人身虽有生死之异,至于精神,则恒不灭。此身之前,则经无量身矣。积而修习,精神清净,则佛道。天地之外,四维上下,更有天地,亦无终极,然皆有成有败。一成一败,谓之一劫。自此天地已前,则有无量劫矣。每劫必有诸佛得道,出世教化,其数不同。今此劫中,当有千佛。自初至于释迦,已七佛矣。其次当有弥勒出世,必经三会,演说法藏,开度众生。由其道者,有四等之果。一曰须陁洹,二曰斯陁含,三曰阿那含,四曰阿罗汉。至罗汉者,则出入生死,去来隐显,而不为累。阿罗汉已上,至菩萨者,深见佛性,以至成道。每佛灭度,遗法相传,有正、象、末三等淳醨之异。年岁远近,亦各不同。末法已后,众生愚钝,无复佛教,而业行转恶,年寿渐短,经数百千载间,乃至朝生夕死。然后有大水、大火、大风之灾,一切除去之,而更立生人,又归淳朴,谓之小劫。每一小劫,则一佛出世。

初天竺中多诸外道,并事水火毒龙,而善诸变幻。释迦之苦行也,是诸邪道,并来嬲恼,以乱其心,而不能得。及佛道成,尽皆摧伏,并为弟子。弟子,男曰桑门,译言息心,而总曰僧,译言行乞;女曰比丘尼。皆剃落须发,释累辞家,相与和居,治心修净,行乞以自资,而防心摄行。僧至二百五十戒,尼五百戒。俗人信凭佛法者,男曰优婆塞，女曰优婆夷，皆去杀、盗、淫、妄言、饮酒，是为五诫。释迦在世教化四十九年，乃至天龙人鬼并来听法，弟子得道，以百千万亿数。然后于拘尸那城娑罗双树间，以二月十五日，入般涅槃，涅槃亦曰泥洹，译言灭度，亦言常乐我净。初释迦说法，以人之性识根业各差，故有大乘小乘之说。至是谢世，弟子大迦叶与阿难等五百人，追共撰述，缀以文字，集载为十二部。后数百年，有罗汉菩萨，相继著论，赞明其义。然佛所说，我灭度后，正法五百年，像法一千年，末法三千年，其义如此。

推寻典籍，自汉已上，中国未传。或云久以流布，遭秦之世，所以埋灭。其后张骞使西域，盖闻有浮屠之教。哀帝时，博士弟子秦景使伊存口授浮屠经，中土闻之，未之信也。后汉明帝，夜梦金人飞行殿庭，以问于朝，而傅毅以佛对。帝遣郎中蔡愔及秦景使天竺求之，得《佛经四十二章》及释迦立像。并与沙门摄摩腾、竺法兰东还。愔之来也，以白马负经，因立白马寺于洛城雍门西以处之。其经缄于兰台石室，而又画像于清源台及显节陵上。章帝时，楚王英以崇敬佛法闻，西域沙门，赍佛经而至者甚众。永平中，法兰又译《十住经》。其余传译，多未能通。至桓帝时，有安息国沙门安静，赍经至洛，翻译最为通解。灵帝时，有月支沙门支谶、天竺沙门竺佛朔等，并翻佛经。而支谶所译《泥洹经》二卷，学者以为大得本旨。汉末，太守竺融，亦崇佛法。三国时，有西域沙门康僧会，赍佛经至吴译之，吴主孙权，甚大敬信。魏黄初中，中国人始依佛戒，剃发为僧。先是西域沙门来此，译《小品经》，首尾乖舛，未能通解。甘露中，有朱仕行者，往西域，至于阗国，得经九十章，晋元康中，至邺译之，题曰《放光般若经》。太始中，有月支沙门竺法护，西游诸国，大得佛经，至洛翻译，部数甚多。佛教东流，自此而盛。

石勒时，常山沙门卫道安，性聪敏，诵经日至万余言。以胡僧所译《维摩》、《法华》，未尽深旨，精思十年，心了神悟，乃正其乖舛，宣扬解释。时中国纷扰，四方隔绝，道安乃率门徒，南游新野，欲令玄宗所在流布，分遣弟子，各趋诸方。法性诣扬州，法和入蜀，道安与慧远之襄阳。后至长安，与符坚甚敬之。道安素闻天竺沙门鸠摩罗什，思通法门，劝坚致之。什亦闻安令问，遥拜致敬。姚苌弘始二年，罗什至长安，时道安卒后已二十载矣，什深慨恨。什之来也，大译经论，道安所正，与什所译，义如一，初无乖舛。

初，晋元熙中，新丰沙门智猛，策杖西行，到华氏城，得《泥洹经》及《僧祇律》，东至高昌，译《泥洹》为二十卷。后有天竺沙门昙摩罗谶复赍胡本，来至河西。沮渠蒙逊遣使至高昌取猛本，欲相参验，未还而蒙逊破灭。姚苌弘始十年，猛本始至长安，译为三十卷。昙摩罗谶又译《金光明》等经。时胡僧至长安者数十辈，惟鸠摩罗什才德最优。其所译则《维摩》、《法华》、《成实论》等诸经，及昙无忏所译《金光明》，昙摩罗忏所译《泥洹》等经，并为大乘之学。而什又译《十诵律》，天竺沙门佛陀耶舍译《长阿含经》及《四方律》，兜法去勒沙门云摩难提译《增一阿含经》，昙摩耶舍译《阿毗昙论》，并为小乘之学。其余经论，不可胜记。自是佛法流通，极于四海矣。东晋隆安中，又有罽宾沙门僧伽提婆译《增一阿含经》及《中阿含经》。义熙中，沙门支法领，从于阗国得《华严经》三万六千偈，至金陵宣译。又有沙门法显，自长安游天竺，经三十余国。随有经律之处，学其书语，译而写之。还至金陵，与天竺禅师跋罗，参共辩定，谓《僧祇律》，学者传之。

齐梁及陈，并有外国沙门。然所宣译，无大名部可为沙门者。梁武大崇佛沙，于华林园中，总集释氏经典，凡五千四百卷。沙门宝唱，撰《经目录》。又后魏时，太武帝西征长安，以沙门多违佛律，群聚秽乱，乃诏有司，尽坑杀之，焚破佛像。长安僧徒，一时歼灭。自余征镇，豫闻诏书，亡匿得免者十一二。文成之世，又使修复。熙平中，遣沙门慧生使西域，采诸经律，得一百七十部。永平中，又有天竺沙门菩提留支，大译佛经，与罗什相埒。其《地持》、《十地论》，为大乘学者所重。后齐迁邺，佛法不改。至周武帝时，蜀郡沙门卫元嵩上书，称僧徒猥滥，武帝出诏，一切废毁。

开皇元年，高祖晋诏天下，任听出家，仍令计口出钱，营造经像。而京师及并州、相州、洛州等诸大都邑之处,并官写一切经,置于寺内;而又别写,藏于秘阁。天下之人,从风而靡,竞相景慕,民间佛经,多于六经数十百倍。大业时,又令沙门智果,于东都内道场,撰诸经目,分别条贯,以佛所说经为三部:一曰大乘,二曰小乘,三曰杂经。其余似后人假托为之者,别为一部,谓之疑经。又有菩萨及诸深解奥义、赞明佛理者,名之为论,及戒律并有大、小及中三部之别。又所学者,录其当时行事,名之为记。凡十一种。今举其大数,列于此篇。

　　右道、佛经二千三百二十九部,七千四百一十四卷。

　　道、佛者,方外之教,圣人之远致也。俗士为之,不通其指,多离以迂怪,假托变幻乱于世,斯所以为弊也。故中庸之教,是所罕言,然亦不可诬也。故录其大纲,附于四部之末。

　　大凡经传存亡及道、佛六千五百二十部,五万六千八百八十一卷。

隋书卷三六
列传第一

后　妃

文献独孤皇后　　宣华夫人陈氏
容华夫人蔡氏　　炀帝萧皇后

　　夫阴阳肇分,乾坤定位,君臣之道斯著,夫妇之义存焉。阴阳和则裁成万物,家道正则化行天下,由近及远,自家刑国,配天作合,不亦大乎! 兴亡是系,不亦重乎! 是以先王慎之,正其本而严其防。后之继体,靡克丰修,甘心柔曼之容,罔念幽闲之操。成败攸属,安危斯在。故皇、英降而虞道隆,任、姒归而姬宗盛,妹、妲致夏、殷之衅,褒、赵结周、汉之祸。爰历晋、宋,实繁有徒。皆位以宠升,荣非德进,恣行淫僻,莫顾礼仪,为枭为鸱,败不旋踵。后之伉俪宸极,正位居中,罕蹈平易之涂,多遵覆车之辙。睢鸠之德,千载寂寥;牝鸡之晨,殊邦接响。窈窕淑女,靡有求于寤寐;铿锵环珮,鲜克嗣于徽音。永念前修,叹深彤管。览载籍于既往,考行事于当时,存亡得失之机,盖亦多矣。故述《皇后列传》,所以垂戒将来。
　　然妃后之制,夏、殷以前略矣。周公定礼,内职始备列焉。秦、汉以下,代有沿革,品秩差次,前史载之详矣。齐、梁以降,历魏暨周,废置益损,参差不一。周宣嗣位,不率典章,衣袆翟、称中宫者,凡有五。夫人以下,略无定数。高祖思革前弊,大矫其违,唯皇后正位,傍无私宠,妇官称号,未详备焉。开皇二年,著内宫之式,略依

《典礼》,省减其数。嫔三员,掌教四德,视正三品。世妇九员,掌宾客祭祀,视正五品。女御三十八员,掌女工丝枲,视正七品。又采汉、晋旧仪,置六尚、六司、六典,递相统摄,以掌宫掖之政。一曰尚宫,掌导引皇后及闺阁廪赐。管司令三人,掌图籍法式,纠察宣奏;典琮三人,掌琮玺器玩。二曰尚仪掌礼仪教学,管司乐三人,掌音律之事;典赞三人,掌导引内外,命妇朝见。三曰尚服,掌服章宝藏。管司饰三人,掌簪珥花严;典栉三人,掌巾栉膏沐。四曰尚食,掌进膳先尝。管司医三人,掌方药卜筮;典器三人,掌樽彝器皿。五曰尚寝,掌帏帐床褥。管司筵三人,掌铺设洒扫;典执三人,掌扇伞灯烛。六曰尚工,掌营造百役。管司制三人,掌衣服裁缝;典会三人,掌财帛出入。六尚各三员,视从九品,六司视勋品,六典视流外二品。初,文献皇后功参历试,外预朝政,内擅宫闱,怀嫉妒之心,虚嫔妾之位,不设三妃,防其上逼。自嫔以下,置六十员。加又抑损服章,降其品秩。至文献崩后,始置贵人三员,增嫔至九员,世妇二十七员,御女八十一员。贵人等关掌宫闱之务,六尚已下,皆分隶焉。

炀帝时后妃嫔御,无厘妇职,唯端容丽饰,陪从宴游而已。帝又详参典故,自制嘉名,著之于令。贵妃、淑妃、德妃,是为三夫人,品正第一。顺仪、顺容、顺华、修仪、修容、修华、充仪、充容、充华,是为九嫔,品正第二。婕妤一十二员,品正第三,美人、才人一十五员,品正第四,是为世妇。宝林二十四员,品正第五;御女二十四员,品正第六;采女三十七员,品正第七,是为女御。总一百二十,以叙于宴寝。又有承衣刀人,皆趋侍左右,并无员数,视六品已下。

时又增置女官,准尚书省,以六局管二十四司。一曰尚宫局,管司言,掌宣传奏启;司簿,掌名录计度;司正,掌格式推罚;司闱,掌门阁管钥。二曰尚仪局,管司籍,掌经史教学,纸笔几案;司乐,掌音律;司宾,掌宾客;司赞,掌礼仪赞相导引。三曰尚服局,管司玺,掌琮玺符节;司衣,掌衣服;司饰,掌汤沐巾栉玩弄;司仗,掌仗卫戎器。四曰尚食局,管司膳,掌膳羞;司酝,掌酒醴醯醢;司药,掌医巫药剂;司馆,掌廪饩柴炭。五曰尚寝局,管司设,掌床席帷帐,铺设洒扫,司舆,掌舆辇伞扇,执持羽仪;司苑,掌园篽种植,蔬菜瓜果;司灯,掌火烛。六曰尚工局,管司制,掌营造裁缝;司宝,掌金玉珠玑钱货;司彩,掌缯帛;司织,掌织染。六尚二十二司,员各二人,唯司乐、司膳员各四人。每司又置典及掌,以贰其职。六尚十人,品从第五;司二十八人,品从第六;典二十八人,品从第七;掌二十八人,品从第九。女使流外,量局闲剧,多者十人已下,无定员数。联事分职,各有司存焉。

文献独孤皇后,河南洛阳人,周大司马、河内公信之女也。信见高祖有奇表,故以后妻焉,时年十四。高祖与后相得,誓无异生之子。后初亦柔顺恭孝,不失妇道。后姊为周明帝后,长女为周宣帝后,贵戚之盛,莫与为比,而后每谦卑自守,世以为贤。及周宣帝崩,高祖居禁中,总百揆,后使人谓高祖曰:“大事已然,骑兽之势,必不得下,勉之!”高祖受禅,立为皇后。

突厥尝与中国交市,有明珠一箧,价值八百万,幽州总管阴寿白后市之。后曰:“非我所须也。当今戎狄屡寇,将士罢劳,未若以八百万分赏有功者。”百僚闻而毕贺。高祖甚宠惮之。上每临朝,后辄与上方辇而进,至阁乃止。使宦官伺上,政有所失,随则匡谏,多所弘益。候上退朝而同反燕寝,相顾欣然。后早失二亲,常怀感慕,见公卿有父母者,每为致礼焉。有司奏以《周礼》百官之妻,命于王后,宪章在昔,请依古制。后曰:“以妇人与政,或从此渐,不可开其源也。”不许。后每谓诸公主曰:“周家公主,类无妇德,失礼于舅姑,离薄人骨肉,此不顺事,尔等当诫之。”大都督崔长仁,后之中外兄弟也,犯法当斩。高祖以后之故,欲免其罪。后曰:“国家之事,焉可顾私!”长仁竟坐死。后异母弟陀,以猫鬼巫蛊,咒诅于后,坐当死。后三日不食,为之请命曰:“陀若蠹政害民者,妾不敢言。今坐为妾身,敢请其命。”陀于是减死一等。后每与上言及政事,往往意合,宫中称为二圣。

后颇仁爱,每闻大理决囚,未尝不流涕。然性尤妒忌,后宫莫敢进御。尉迟迥女孙有美色，先在宫中。上于仁寿宫见而悦之，因此得幸。后伺上听朝，阴杀之。上由是大怒，单骑从苑中而出，不由径路，入山谷间二十余里。高颎、杨素等追及上，扣马苦谏。上太息曰："吾贵为天子，而不得自由！"高颎曰："陛下岂以一妇人而轻天下！"上意少解，驻马良久，中夜方始还宫。后俟上于阁内。及上至，后流涕拜谢，颎、素等和解之。上置酒极欢，后自此意颇衰折。初，后以高颎是父之家客，甚见亲礼。至是，闻颎谓己为一妇人，因此衔恨。又以颎夫人死，其妾生男，益不善之，渐加谮毁，上亦每事唯后言是用。后见诸王及朝士有妾孕者，必劝上斥之。时皇太子多内宠，妃元氏暴薨，后意太子爱妾云氏害之。由是讽上，黜高颎，竟废太子，立晋王讳，皆后之谋也。

仁寿二年八月甲子，月晕四重，己巳，太白犯轩辕。其夜，后崩于永安宫，时年五十。葬于太陵。其后，宣华夫人陈氏、容华夫人蔡氏俱有宠，上颇惑之，由是发疾。及危笃，谓侍者曰："使皇后在，吾不及此"云。

宣华夫人陈氏，陈宣帝之女也。性聪慧，姿貌无双。及陈灭，配掖庭，后选入宫为嫔。时独孤皇后性妒，后宫罕得进御，唯陈氏有宠。晋王广之在藩也，阴有夺宗之计，规为内助，每致礼焉。进金蛇、金驼等物，以取媚于陈氏。皇太子废立之际，颇有力焉。及文献皇后崩，进位为贵人，专房擅宠，主断内事，六宫莫与为比。及上大渐，遗诏拜为宣华夫人。

初，上寝疾于仁寿宫也，夫人与皇太子同侍疾。平旦出更衣，为太子所逼，夫人拒之得免，归于上所。上怪其神色有异，问其故。夫人泫然曰："太子无礼。"上恚曰："畜生何足付大事，独孤诚误我！"意谓献皇后也。因呼兵部尚柳述、黄门侍郎元岩曰："召我儿！"述等将呼太子，上曰："勇也。"述、岩出阁为敕书讫，示左仆射杨素。素以其事白太子，太子遣张衡入寝殿，遂令夫人及后宫同侍疾者，并出就别室。俄闻上崩，而未发丧也。夫人与诸后宫相顾曰："事变矣！"

皆色动股栗。晡后,太子遣使者赍金合子,帖纸于际,亲署封字,以赐夫人。夫人见之惶惧,以为鸩毒,不敢发。使者促之,于是乃发,见合中有同心结数枚。诸宫人咸悦,相谓曰:"得免死矣!"陈氏恚而却坐,不肯致谢。诸宫人共逼之,乃拜使者。其夜,太子烝焉。

及炀帝嗣位之后,出居仙都宫。寻召入,岁余而终,时年二十九。帝深悼之,为制《神伤赋》。

容华夫人蔡氏,丹阳人也。陈灭之后,以选入宫。为世妇。容仪婉嫕,上甚悦之。以文献皇后故,希得进幸。及后崩,渐见宠遇,拜为贵人,参断宫掖之务,与陈氏相亚。上寝疾,加号容华夫人。上崩后,自请言事,亦为炀帝所烝。

炀帝萧皇后,梁明帝岿之女也。江南风俗,二月生子者不举。后以二月生,由是季父岌收而养之。未几,岌夫妻俱死,转养舅氏张轲家。然轲甚贫窭,后躬亲劳苦。炀帝为晋王时,高祖将为王选妃于梁,遍占诸女,诸女皆不吉。岿迎后于舅氏,令使者占之,曰:"吉。"于是遂策为王妃。

后性婉顺,有智识,好学解属文,颇知占候。高祖大善之,帝甚宠敬焉。及帝嗣位,诏曰:"朕祗承丕绪,宪章在昔,爰建长秋,用承飨荐。妃萧氏,凤禀成训,妇道克修,宜正位轩闱,式弘柔教,可立为皇后。"

帝每游幸,后未尝不随从,时后见帝失德,心知不可,不敢厝言,因为《述志赋》以自寄。其词曰:

　　承积善之余庆,备箕帚于皇庭。恐修名之不立,将负累于先灵。乃夙夜而匪懈,实寅惧于玄冥。虽自强而不息,亮愚蒙之所滞。思竭节于天衢,才追心而弗逮。实庸薄之多幸,荷隆宠之嘉惠。赖天高而地厚,属王道之升平。均二仪之覆载,与日月而齐明。乃春生而夏长,等品物而同荣。愿立志于恭俭,私自兢于诚盈。孰有念于知足,苟无希于滥名。惟至德之弘深,情不迩于声色。感怀旧之余恩，求故剑于宸极。叨不世之殊盼，谬非才而奉职。何宠禄之逾分，抚胸襟而未识。虽沐浴于恩光，内惭惶而累息。顾微躬之寡昧，思令淑之良难。实不遑于启处，将何情而自安！若临深而履薄，心战栗其如寒。

　　夫居高而必危，虑处满而防溢。知恣夸之非道，乃摄生于冲谧。嗟宠辱之易惊，尚无为而抱一。履谦光而守志，且愿安乎容膝。珠帘玉箔之奇，金屋瑶台之美，虽时俗之崇丽，盖吾人之所鄙。愧缔绤之不工，岂丝竹之喧耳。知道德之可尊，明善恶之由己。荡嚣烦之俗虑，乃伏膺于经史。综箴诫以训心，观女图而作轨。遵古贤之令范，异福禄之能绥。时循躬而三省，觉今是而昨非。嗤黄老之损思，信为善之可归。慕周姒之遗风，美虞妃之圣则。仰先哲之高才，贵至人之休德。质菲薄而难纵，心恬愉而去惑。乃平生之耿介，实礼义之所遵。虽生知之不敏，庶积行以成仁。惧达人之盖寡，谓何求而自陈。诚素志之难写，同绝笔于获麟。

及帝幸江都，臣下离贰，有宫人白后曰：“外闻人人欲反。”后曰：“任汝奏之。”宫人言于帝，帝大怒曰：“非所宜言！”遂斩之。后人复白后曰：“宿卫者往往偶语谋反。”后曰：“天下事一朝至此，势已然，无可救也。何用言之，徒令帝忧烦耳。”自是无复言者。

及宇文氏之乱，随军至聊城。化及败，没于窦建德。突厥处罗可汗遣使迎后于洺州，建德不敢留，遂入于虏庭。大唐贞观四年，破灭突厥，乃以礼致之，归于京师。

史臣曰：二后，帝未登庸，早俪宸极，恩隆好合，始终不渝。文献德异鸤鸠，心非均一，擅宠移嫡，倾覆宗社，惜哉！《书》曰：“牝鸡之晨，惟家之索。”高祖之不能敦睦九族，抑有由矣。萧后初归藩邸，有辅佐君子之心。炀帝得不以道，便谓人无忠信。父子之间，尚怀猜阻，夫妇之际，其何有焉！暨乎国破家亡，窜身无地，飘流异域，良足悲矣！

隋书卷三七
列传第二

李穆
子浑　穆兄子询　询弟崇　崇子敏
梁睿

　　李穆字显庆，自云陇西成纪人，汉骑都尉陵之后也。陵没匈奴，子孙代居北狄，其后随魏南迁，复归汧、陇。祖斌，以都督镇高平，因家焉。父文保，早卒，及穆贵，赠司空。穆风神警俊，倜傥有奇节。周太祖首建义旗，穆便委质，释褐统军。永熙末，奉迎魏武帝，授都督，封永平县子，邑三百户。又领乡兵，累以军功进爵为伯。从太祖击齐师于芒山，太祖临阵堕马，穆突围而进，以马策击太祖而詈之，授以从骑，溃围俱出。贼见其轻侮，谓太祖非贵人，遂缓之。以故得免。既而与穆相对泣，顾谓左右曰："成我事者，其此人乎！"即令抚慰关中，所至克定，擢授武卫将军、仪同三司，进封安武郡公，增邑一千七百户，赐以铁券，恕其十死。寻加开府，领侍中。初，芒山之败，穆以骢马授太祖。太祖于是厩内骢马尽以赐之，封穆姊妹皆为郡县君，宗从舅氏，颁赐各有差。转太仆。从于谨破江陵，增邑千户，进位大将军。击由沔蛮，破之，授原州刺史，拜嫡子惇为仪同三司。穆以二兄贤、远并为佐命功臣，而子弟布列清显，穆深惧盈满，辞不受拜，太祖不许。俄迁雍州刺史，兼小冢宰。周元年，增邑三千户，通前三千七百户。又别封一子为升迁伯。穆让兄子孝轨，许之。

　　宇文护执政，穆兄远及其子植俱被诛，穆当从坐。先是，穆知植非保家之主，每劝远除之，远不能用。及远临刑，泣谓穆曰："显庆，吾不用汝言，以至于此，将复奈何！”穆以此获免，除名为民，及其子弟亦免官。植弟浙州刺史基，当坐戮，穆请以二子代基之命，护义而两释焉。未几，拜开府仪同三司、直州刺史，复爵安武郡公。武成中，子弟免官爵者悉复之。寻除少保，进位大将军。岁余，拜小司徒，进位柱国，转大司空。奉诏筑通洛城。天和中，进爵申国公，持节绥集东境，筑武申、旦郏、慈涧、崇德、安民、交城、鹿卢等诸镇。建德初，拜太保。岁余，出为原州总管。数年，进位上柱国，转并州总管。大象初，加邑至九千户，拜大左辅，总管如故。

高祖作相，尉迥之作乱也，遣使招穆。穆锁其使，上其书。穆子士荣，以穆所居天下精兵处，阴劝穆反。穆深拒之，乃奉十三环金带于高祖，盖天子之服也。穆寻以天命有在，密表劝进。高祖既受禅，下诏曰：“公既旧德，且又父党，敬惠来旨，义无有违。便以今月十三日恭膺天命。”俄而穆来朝，高祖降坐礼之，拜太师，赞拜不名，真食成安县三千户。于是穆子孙虽在襁褓，悉拜仪同，其一门执象笏者百余人。穆之贵盛，当时无比。穆上表乞骸骨，诏曰：“朕初临宇内，方藉嘉猷，养老乞言，实怀虚想。七十致仕，本为常人。至若吕尚以期颐佐周，张苍以华皓相汉，高才命世，不拘恒礼，迟得此心，留情规训。公年既耆旧，筋力难烦，今勒所司，敬蠲朝集。如有大事，须共谋谟，别遣侍臣，就第询访。”

时太史奏云当有移都之事。上以初受命，甚难之。穆上表曰：

帝王所居，随时兴废，天道人事，理有存焉。始自三皇，暨夫两汉，有一世而屡徙，无革命而不迁。曹、马同洛水之阳，魏、周共长安之内，此之四代，盖闻之矣。曹则三家鼎立，马则四海寻分，有魏及周，甫得平定，事乃不暇，非曰师古。

往者周运将穷，祸生华裔，庙堂冠带，屡睹奸回，士有苞藏，人稀柱石。四海万国，皆纵豺狼，不叛不侵，百城罕一。伏惟陛下膺期诞圣，秉录受图，始晦君人之德，俯从将相之重。内翦群凶，崇朝大定，外诛巨猾，不日肃清。变大乱之民，成太平之俗，百灵符命，兆庶讴歌。幽显乐推，日月填积，方屈箕、颍之志，始顺内外之请。自受命神宗，弘道设教，陶冶与阴阳合德，覆育共天地齐旨。万物开辟之初，八表光华之旦，视听以革，风俗且移。至若帝室天居，未议经创，非所谓发明大造，光赞惟新。自汉已来，为丧乱之地，爰从近代，累叶所都。未尝谋龟问筮，瞻星定鼎，何以副圣主之规，表大隋之德？

　　窃以神州之广，福地之多，将为皇家兴庙建寝，上玄之意，当别有之。伏愿远顺天人，取决卜筮，时改都邑，光宅区夏。任子来之民，垂无穷之业，应神宫于辰极，顺和气于天壤，理康物阜，永隆长世。臣日薄桑榆，位高轩冕，经邦论道，自顾缺然。丹赤所怀，无容嘿嘿。

上素嫌台城制度迮小，又宫内多鬼妖，苏威尝劝迁，上不纳。遇太史奏状，意乃惑之。至是，省穆表，上曰："天道聪明，已有征应，太师民望，复抗此请，则可矣。"遂从之。

　　岁余，下诏曰："礼制凡品，不拘上智，法备小人，不防君子。太师、上柱国、申国公，器宇弘深，风猷遐旷，社稷佐命，公为称首，位极帅臣，才为人杰，万顷不测，百炼弥精。乃无伯玉之非，岂有颜回之贰。故以自居寥廓，弗关宪纲。然王者作教，惟旌善人，去法弘道，示崇年德。自今已后，虽有愆罪，但非谋逆，纵有百死，终不推问。"

　　开皇六年薨于第，年七十七。遗令曰："吾荷国恩，年宦已极，启足归泉，无所复恨。竟不得陪玉銮于岱宗，预金泥于梁甫，眷眷光景，其在斯乎！"诏遣黄门侍郎监护丧事，赗马四匹，粟麦二千斛，布绢一千匹。赠使持节、冀定赵相瀛毛魏卫洛怀十州诸军事、冀州刺史。谥曰明。赐以石椁、前后部羽葆鼓吹、辒辌车。百僚送之郭外。诏遣太常卿牛弘赍哀册，祭以太牢。孙筠嗣。

　　筠父惇，字士献，穆长子也。仕周，官至安乐郡公、凤州刺史，先穆卒。筠幼以穆功，拜仪同。开皇八年，以嫡孙袭爵。仁寿初，叔父浑忿其吝啬，阴遣兄子善衡贼杀之。求盗不获，高祖大怒，尽禁其亲族。初，筠与从父弟瞿昙有隙，时浑有力，遂证瞿昙杀之。瞿昙竟坐斩，而善衡获免。四年，议立嗣。邳公苏威奏筠不义，骨血相杀，请绝其封。上不许。惇弟怡，官至仪同，早卒，赠谓州刺史。

怡弟雅，少有识量。周保定中，屡以军功封西安县男，拜大都督。天和中，从元定征江西，时诸军失利，遂没于陈。后得归国，拜开府仪同三司，领左右军。其年，从太子西征吐谷浑，雅率步骑二千，督军粮于洮河，为贼所蹑，相持数日。雅患之，遂与伪和，虏备稍解，纵奇兵击破之。赐奴婢百口，封一子为侯。后拜齐州刺史，俄征还京。数载，授瀛州刺史。高祖作相，镇灵州以备胡。还授大将军，迁荆州总管，加邑八百户。开皇初，进爵为公。

雅弟恒，官至盐州刺史，封阳曲侯。恒弟荣，官至合州刺史、长城县公。荣弟直，官至车骑将军、归政县侯。直弟雄，官至柱国、密国公、骠骑将军。雄弟浑，最知名。

浑字金才，穆第十子也。姿貌瑰伟，美须髯。起家周左侍上士。尉迥反于邺，时穆在并州，高祖虑其为迥所诱，遣浑乘驿往布腹心。穆遽令浑入京，奉熨斗于高祖，曰："愿执威柄以熨安天下也。"高祖大悦。又遣浑诣韦孝宽所而述穆意焉。适遇平邺，以功授上仪同三司，封安武郡公。开皇初，进授象城府骠骑将军。晋王讳出藩，浑以骠骑领亲信，从往杨州。仁寿元年，从左仆射杨素为行军总管，出夏州北三百里，破突厥阿勿侯斤于纳远川，斩首五百级。进位大将军，拜左武卫将军，领太子宗卫率。

初，穆孙筠卒，高祖议立嗣，浑规欲绍之，谓其妻兄太子左卫率宇文述曰："若得袭封，当以国赋之半，每岁奉公。"述利之，因入白皇太子曰："立嗣以长，不则以贤。今申明公嗣绝，遍观其子孙，皆无赖，不足以当荣宠。唯金才有勋于国，谓非此人无可以袭封者。"太子许之，竟奏高祖，封浑为申国公，以奉穆嗣。大业初，转右骁卫将军。六年，有诏追改穆封为郕国公，浑乃袭焉。累加光禄大夫。九年，迁右骁卫大将军。

浑既绍父业，日增豪侈，后房曳罗绮者以百数。二岁之后，不以俸物与述。述大恚之，因醉，乃谓其友人于象贤曰："我竟为金才所卖,死且不忘!"浑亦知其言,由是结隙。后帝讨辽东,有方士安伽陀,自言晓图谶,谓帝曰:"当有李氏应为天子。"劝尽诛海内凡姓李者。述知之,因诬构浑于帝曰:"伽陀之言,信有征矣。臣与金才夙亲,闻其情趣大异。常日数共李敏、善衡等,日夜屏语,或终夕不寐。浑大臣也,家代隆盛,身捉禁兵,不宜如此。愿陛下察之。"帝曰:"公言是矣,可览其事。"述乃遣武贲郎将裴仁基表告浑反,即日发宿卫千余人付述,掩浑等家,遣左丞元文都、御史大夫裴蕴杂治之。案问数日,不得其反状,以实奏闻。帝不纳,更遣述穷治之。述入狱中,召出敏妻宇文氏谓之曰:"夫人,帝甥也,何患无贤夫!李敏、金才,名当妖谶,国家杀之,无可救也。夫人当自求全,若相用语,身当不坐。"敏妻曰:"不知所出,惟尊长教之。"述曰:"可言李家谋反,金才尝告敏云:'汝应图箓,当为天子。今主上好兵,劳扰百姓,此亦天亡隋时也,正当共汝取之。若复渡辽,吾与汝必为大将,每军二万余兵,固以五万人矣。又发诸房子侄,内外亲娅,并募从征。吾家子弟,决为主帅,分领兵马,散在诸军,伺候间隙,首尾相应。吾与汝前发,袭取御营,子弟响起,各杀军将。一日之间,天下足定矣'。"述口自传授,令敏妻写表,封云上密。述持入奏之,曰:"已得金才反状,并有敏妻密表。"帝览之泣曰:"吾宗社几倾,赖亲家公而获全耳。"于是诛浑、敏等宗族三十二人,自余无少长,皆徙岭外。

浑从父兄威,开皇初,以平蛮功,官至上柱国、黎国公。

询字孝询。父贤,周大将军。询沉深有大略,颇涉书记。仕周纳言上士,俄转内史上士,兼掌吏部,以干济闻。建德三年,武帝幸云阳宫,拜司卫上士,委以留府事。周卫王直作乱,焚肃章门,询于内益火,故贼不得入。帝闻而喜之,拜仪同三司,迁长安令。累迁英果中大夫。屡以军功,加位大将军,赐爵平高郡公。

高祖为丞相,尉迥作乱,遣韦孝宽击之,以询为元帅长史,委以心膂。军至永桥,诸将不一,询密启高祖,请重臣监护。高祖遂令高颎监军,与颎同心协力,唯询而已。及平尉迥,进位上柱国,改封陇西郡公,赐帛千匹,加以口马。

　　开皇元年,引杜阳水灌三畤原,询督其役,民赖其利。寻检校襄州总管事。岁余,拜隰州总管。数年,以疾征还京师,中使顾问不绝。卒于家,时年四十九,上悼惜者久之。谥曰襄。有子元方嗣。

　　崇字永隆,英果有筹算,胆力过人。周元年,以父贤勋,封回乐县侯。时年尚小,拜爵之日,亲族相贺,崇独泣下。贤怪而问之,对曰:"无勋于国,而幼少封侯,当报主恩,不得终于孝养,是以悲耳。"贤由此大奇之。起家州主簿,非其所好,辞不就官,求为将兵都督。随宇文护伐齐,以功最,擢授仪同三司。寻除小司金大夫,治军器监。建德初,迁少侍伯大夫,转少承御大夫,摄太子宫正。周武帝平齐,引参谋议,以勋加授开府,封襄阳县公,邑一千户。寻改封广宗县公,转太府中大夫,历工部中大夫,迁右司驭。

　　高祖为丞相,迁左司武上大夫,加授上开府仪同大将军。寻为怀州刺史,进爵郡公,加邑至二千户。尉迥反,遣使招之。崇初欲相应,后知叔父穆以并州附高祖,慨然太息曰:"合家富贵者数十人,值国有难,竟不能扶倾继绝,复何面目处天地间乎!"韦孝宽亦疑之,与俱卧起。其兄询时为元帅长史,每讽谕之,崇由是亦归心焉。及破尉惇,拜大将军。既平尉迥,授徐州总管,寻进位上柱国。

　　开皇三年,除幽州总管。突厥犯塞,崇辄破之。奚、霫、契丹等慑其威略,争来内附。其后突厥大为寇掠,崇率步骑三千拒之,转战十余日,师人多死,遂保于砂城。突厥围之。城本荒废,不可守御,晓夕力战,又无所食,每夜出掠贼营,复得六畜,以继军粮。突厥畏之,厚为其备,每夜中结阵以待之。崇军苦饥,出辄遇敌,死亡略尽,迟明奔还城者,尚且百许人。然多伤重,不堪更战。突厥意欲降之,遣使谓崇曰:"若来降者,封为特勤。"崇知必不免,令其士卒曰:"崇丧师徒,罪当死,今日效命以谢国家。待看吾死,且可降贼。方便散走,努力还乡。若见至尊,道崇此意。"乃挺刃突贼复杀二人。贼乱射之,卒于阵,年四十八。赠豫息申永浍亳六州诸军事、豫州刺史,谥曰壮。子敏嗣。

敏字树生。高祖以其父死王事，养宫中者久之。及长，袭爵广宗公，起家左千牛。美姿仪，善骑射，歌舞管弦，无不通解。开皇初，周宣帝后封乐平公主，有女娥英，妙择婚对，敕贵公子弟集弘圣宫者，日以百数。公主亲在帷中，并令自序，并试技艺。选不中者，辄引出之。至敏而合意，竟为姻媾。敏假一品羽仪，礼如尚帝之女，后将侍宴，公主谓敏曰："我以四海与至尊，唯一女夫，当为汝求柱国。若授余官，汝慎无谢。"及进见上，上亲御琵琶，遣敏歌舞。既而大悦，谓公主曰："李敏何官？"对曰："一白丁耳。"上因谓敏曰："今授汝仪同。"敏不答。上曰："不满尔意邪？今授汝开府。"敏又不谢。上曰："公主有大功于我，我何得向其女婿而惜官乎！今授卿柱国。"敏乃拜而蹈舞。遂于坐发诏授柱国，以本官宿卫。后避讳，改封经城县公，邑一千户。历蒲、幽、金、华、敷州刺史，多不莅职，常留京师，往来宫内，侍从游宴，赏赐超于功臣。后幸仁寿宫，以为岐州刺史。

大业初，转卫尉卿。乐平公主之将薨也，遗言于炀帝曰："妾无子息，唯有一女。不自忧死，但深怜之。今汤沐邑，乞回与敏。"帝从之。竟食五千户，摄屯卫将军。杨玄感反后城大兴，敏之策也。转将作监，从征高丽，领新城道军将，加光禄大夫。十年，帝复征辽东，遣敏于黎阳督运。

时或言敏一名洪儿，帝疑"洪"字当谶，尝面告之，冀其引决。敏由是大惧，数与金才、善衡等屏人私语。宇文述知而奏之，竟与浑同诛，年三十九。其妻宇文氏，后数月亦赐鸩而终。

梁睿字恃德，安定乌氏人也。父御，西魏太尉。睿少沉敏，有行检。周太祖时，以功臣子养宫中者数年。其后命诸子与睿游处，同师共业，情契甚欢。七岁，袭爵广平郡公，累加仪同三司，邑五百户。寻为本州大中正。魏恭帝时加开府，改封为五龙郡公，拜谓州刺史。周闵帝受禅，征为御伯。未几，出为中州刺史，镇新安，以备齐。齐人来寇,睿辄挫之,帝甚嘉叹。拜大将军,进爵蒋国公,入为司会。后从齐王宪拒齐将斛律明月于洛阳,每战有功,迁小冢宰。武帝时,历敷州刺史、凉安二州总管,俱有惠政,进位柱国。

高祖总百揆,代王谦为益州总管。行至汉川而谦反,遣兵攻始州,睿不得进。高祖命睿为行军元帅,率行军总管于义、张威、达奚长儒、梁升、石孝义步骑二十万讨之。时谦遣开府李三王等守通谷,睿使张威击破之,擒数千人,进至龙门。谦将赵俨、秦会拥众十万,据险为营,周亘三十里。睿令将士衔枚出自间道。四面奋击,力战破之。蜀人大骇,睿鼓行而进。谦将敬豪守剑阁,梁岩拒平林,并惧而来降。谦又令高阿那肱、达奚惎等以盛兵攻利州。闻睿将至,惎分兵据开远。睿顾谓将士曰:"此虏据要,欲遏吾兵势,吾当出其不意,破之必矣。"遣上开府拓拔宗趣剑阁,大将军宇文琼诣巴西,大将军赵达水军入嘉陵。睿遣张威、王伦、贺若震、于义、韩相贵、阿那惠等分道攻惎,自午及申,破之。惎奔归于谦。睿进逼成都,谦令达奚惎、乙弗虔城守,亲率精兵五万,背城结阵。睿击之,谦不利,将入城,惎、虔以城降,拒谦不内。谦将麾下三十骑遁走,新都令王宝执之。睿斩谦于市,剑南悉平。进位上柱国,总管如故。赐物五千段,奴婢一千口,金二千两,银三千两,食邑千户。

睿时威振西川,夷、獠归附,唯南宁酋帅爨震恃远不宾。睿上疏曰:"窃以远抚长驾,王者令图,易俗移风,有国恒典。南宁州,汉世牂柯之地,近代已来,分置兴古、云南、建宁、朱提四郡。户口殷众,金宝富饶,二河有骏马、明珠,益宁出盐井、犀角。晋太始七年,以益州旷远,分置宁州。至伪梁南宁州刺史徐文盛,被湘东征赴荆州,属东夏尚阻,未遑远略。土民爨瓒遂据一方,国家遥授刺史。其子震,相承至今。而震臣礼多亏,贡赋不入,每年奉献,不过数十匹马。其处去益,路止一千,朱提北境,即与戎州接界。如闻彼人苦其苛政,思被皇风。伏惟大丞相匡赞圣朝,宁济区宇,绝后光前,方垂万代,辟土服远,今正其时。幸因平蜀士众,不烦重兴师旅,押獠既讫,即请略定南宁。自卢、戎已来,军粮须给,过此即于蛮夷征税,以供兵马。其宁州、朱提、云南、西爨，并置总管州镇。计彼熟蛮租调，足供城防仓储。一则以肃蛮夷，二则裨益军国。今谨件南宁州郡县及事意如别。有大都督杜神敬，昔曾使彼，具所谙练，今并送往。"书未答，又请曰："窃以柔远能迩，著自前经，拓土开疆，王者所务。南宁州，汉代牂柯之郡，其地沃壤，多是汉人，既饶宝物，又出名马。今若往取，仍置州郡，一则远振威名，二则有益军国。其处与交、广相接，路乃非遥。汉代开此，本为讨越之计。伐陈之日，复是一机，以此商量，决谓须取。"高祖深纳之，然以天下初定，恐民心不安，故未许。后竟遣史万岁讨平之，并因睿之策也。

睿威惠兼著，民夷悦服，声望逾重，高祖阴惮之。薛道衡从军在蜀，因入接宴，说睿曰："天下之望，已归于隋。"密令劝进，高祖大悦。及受禅，顾待弥隆。睿复上平陈之策，上善之，下诏曰："公英风震动，妙算纵横，清荡江南，宛然可见。循环三复，但以欣然。公既上才，若管戎律，一举大定，固在不疑。但朕初临天下，政道未洽，恐先穷武事，未为尽善。昔公孙述、隗嚣，汉之贼也，光武与其通和，称为皇帝。尉佗之于高祖，初犹不臣。孙皓之答晋文，书尚云白。或寻款服，或即灭亡。王者体大，义存遵养，虽陈国来朝，未尽藩节，如公大略，诚须责罪。尚欲且缓其诛，宜知此意。淮海未灭，必兴师旅，若命永袭，终当相屈。想以身许国，无足致辞也。"睿乃止焉。

睿时见突厥方强，恐为边患，复陈镇守之策十余事，上书奏之曰："窃以戎狄作患，其来久矣。防遏之道，自古为难。所以周无上算，汉收下策，以其倏来忽往，云屯雾散，强则骋其犯塞，弱又不可尽除故也。今皇祚肇兴，宇内宁一，唯有突厥种类，尚为边梗。此臣所以废寝与食，癏瘝思之。昔匈奴未平，去病辞老，先零尚在，充国自劾。臣才非古烈，而志追昔士。谨件安置北边城镇烽候，及人马粮贮战守事意如别，谨并图上呈，伏惟裁览。"上嘉叹久之，答以厚意。

睿时自以周代旧臣，久居重镇，内不自安，屡请入朝，于是征还京师。及引见，上为之兴，命睿上殿，握手极欢。睿退谓所亲曰："功

遂身退，今其时也。"遂谢病于家，阖门自守，不交当代。上赐以版
舆，每有朝觐，必令三卫舆上殿。睿初平王谦之始，自以威名太盛，
恐为时所忌，遂大受金贿以自秽。由是勋簿多不以实，诣朝堂称屈
者，前后百数。上令有司案验其事，主者多获罪。睿惶惧，上表陈谢，
请归大理。上慰谕遣之。

　　十五年，从上至洛阳而卒，时年六十五。谥曰襄。子洋嗣，官历
嵩、徐二州刺史、武贲郎将。大业六年，诏追改封睿为戴公，命以洋
袭焉。

　　史臣曰：李穆、梁睿，皆周室功臣，高祖王业初基，俱受腹心之
寄。故穆首登师傅，睿终膺殊宠，观其见机而动，抑亦民之先觉。然
方魏朝之贞烈，有愧王陵，比晋室之忠臣，终惭徐广。穆之子孙，特
为隆盛，朱轮华毂，凡数十人，见忌当时，祸难遄及。得之非道，可不
戒欤！

隋书卷三八
列传第三

刘昉　郑译　柳裘　皇甫绩
韦谟　卢贲

　　刘昉，博陵望都人也。父孟良，大司农。从魏武入关，周太祖以为东梁州刺史。昉性轻狡，有奸数。周武帝时，以功臣子入侍皇太子。及宣帝嗣位，以技佞见狎，出入宫掖，宠冠一时。授大都督，迁小御正，与御正中大夫颜之仪并见亲信。及帝不念，召昉及之仪俱入卧内，属以后事。帝瘖不复能言。昉见静帝幼冲，不堪负荷。然昉素知高祖，又以后父之故，有重名于天下，遂与郑译谋，引高祖辅政。高祖固让，不敢当。昉曰：“公若为，当速为之；如不为，昉自为也。”高祖乃从之。

　　及高祖为丞相，以昉为司马。时宣帝弟汉王赞居禁中，每与高祖同帐而坐。昉饰美妓进于赞，赞甚悦之。昉因说赞曰：“大王，先帝之弟，时望所归。孺子幼冲，岂堪大事！今先帝初崩，群情尚扰，王且归第。待事宁之后，入为天子，此万全之计也。”赞时年未弱冠，性识庸下，闻昉之说，以为信然，遂从之。高祖以昉有定策之功，拜上大将军，封黄国公，与沛国公郑译皆为心膂。前后赏赐钜万，出入以甲士自卫，朝野倾瞩，称为黄、沛。时人为之语曰：“刘昉牵前，郑译推后。”昉自恃其功，颇有骄色。然性粗疏，溺于财利，富商大贾朝夕盈门。

　　于时尉迥起兵，高祖令韦孝宽讨之。至武陟，诸将不一。高祖欲遣昉、译一人往监军,因谓之曰:"须得心膂以统大军,公等两人,谁当行者?"昉自言未尝为将,译又以母老为请,高祖不怿。而高颎请行,遂遣之。由是恩礼渐薄。又王谦、司马消难相继而反,高祖忧之,忘寝与食。昉逸游纵酒,不以职司为意,相府事物,多所遗落。高祖深衔之,以高颎代为司马。是后益见疏忌。及受禅,进位柱国,改封舒国公,闲居无事,不复任使。

昉自以佐命元功,中被疏远,甚不自安。后遇京师饥,上令禁酒,昉使妾赁屋,当垆沽酒。治书侍御史梁毗劾奏昉曰:"闻处贵则戒之以奢,持满则守之以约。昉既位列群公,秩高庶尹,縻爵稍久,厚禄已淹,正当戒满归盈,鉴斯止足,何乃规麹蘗之润,竞锥刀之末,身昵酒徒,家为逋薮?若不纠绳,何以肃厉!"有诏不治。

昉郁郁不得志。时柱国梁士彦、宇文忻俱失职怏望,昉并与之交,数相来往。士彦妻有美色,昉因与私通,士彦不之知也。情好弥协,遂相与谋反,许推士彦为帝。后事泄,上穷治之。昉自知不免,默无所对。下诏诛之,曰:

> 朕君临四海,慈爱为心。加以起自布衣,入升皇极,公卿之内,非亲则友,位虽差等,情皆旧人。护短全长,恒思覆育,每殷勤戒约,言无不尽。天之历数,定于杳冥,岂虑苞藏之心,能为国家之害?欲使其长守富贵,不触刑书故也。

> 上柱国、郕国公梁士彦,上柱国、杞国公宇文忻,柱国、舒国公刘昉等,朕受命之初,并展勤力,酬勋报效,荣高禄重。待之既厚,爱之实隆,朝夕宴言,备知朕意。但心如溪壑,志等豺狼,不荷朝恩,忽谋逆乱。士彦爰始幼来,恒自诬罔,称有相者,云其应录,年过六十,必据九五。初平尉迥,暂临相州,已有反心,彰于行路。朕即遣人代之,不声其罪。入京之后,逆意转深。忻、昉之徒,言相扶助。士彦许率僮仆,克期不远,欲于蒲州起事。即断河桥,捉黎阳之关,塞河阳之路,劫调布以为牟甲,募盗贼而为战士,就食之人,亦云易集。轻忽朝廷,嗤笑官人,自谓一朝奋发,无人当者。其第二子刚,每常苦谏,第三子叔谐,

固深劝奖。朕既闻知,犹恐枉滥,乃授晋部之任,欲验蒲州之情。士彦得以欣然,云是天赞,忻及昉等,皆贺时来。忻往定邺城,自矜不已,位极人臣,犹恨赏薄。云我欲反,何虑不成。怒色忿言,所在流布。朕深念其功,不计其礼,任以武候,授以领军,寄之爪牙,委之心腹。忻密为异计,树党宫闱,多奏亲友,入参宿卫。朕推心待物,言必依许。为而弗止,心迹渐彰,仍解禁兵,令其改悔。而志规不逞,愈结于怀,乃与士彦情意偏厚,要请神明,誓不负约。俱营贼逆,逢则交谋,委彦河东,自许关右,蒲津之事,即望从征,两军结东西之旅,一举合连横之势,然后北破晋阳,还图宗社。昉入佐相府,便为非法,三度事发,二度其妇自论。常云姓是"卯金刀",名是"一万日",刘氏应王,为万日天子。朕训之导之,示其利害,每加宽宥,望其修改。口请自新,志存如旧,亦与士彦情好深重,逆节奸心,尽探肝鬲。尝共士彦论太白所犯,问东井之间。思秦地之乱,访轩辕之里,愿宫掖之灾。唯待蒲坂事兴,欲在关内应接。

残贼之策,千端万绪。惟忻及昉,名位并高,宁肯北面曲躬,臣于士彦,乃是各怀不逊,图成乱阶,一得扰攘之基,方逞吞并之事。人之奸诈,一至于此!虽国有常刑,罪在不赦,朕载思草创,咸著厥诚,情用憝然,未忍极法。士彦、忻、昉身为谋首,叔谐赞成父意,义实难容,并已处尽。士彦、忻、昉兄弟叔侄,特恕其命,有官者除名。士彦小男女、忻母妻女及小男并放,士彦、叔谐妻妾及资财田宅,忻、昉妻妾及资财田宅,悉没官。士彦、昉儿年十五以上远配。上仪同薛摩儿,是士彦交旧,上柱国府户曹参军事裴石达,是士彦府僚,反状逆心,巨细皆委。薛摩儿闻语,仍相应和,俱不申陈,宜从大辟。问即承引,颇是恕心,可除名免死。朕握图当箓,六载于斯,政事徒勤,淳化未洽,兴言轸念,良深叹愤!

临刑,至朝堂,宇文忻见高颎,向之叩头求哀。昉勃然谓忻曰:"事形如此,何叩头之有!"于是伏诛,籍没其家。后数日,上素服临

射殿,尽取昉、忻、士彦三家资物置于前,令百僚射取之,以为鉴诫
云。

郑译字正义,荥阳开封人也。祖琼,魏太常。父道邕,魏司空。
译颇有学识,兼知钟律,善骑射。译从祖开府文宽,尚魏平阳公主,
则周太祖元后之妹也。主无子,太祖令译后之。由是译少为太祖所
亲,恒令与诸子游集。年十余岁,尝诣相府司录李长宗,长宗于众中
戏之。译敛容谓长宗曰:“明公位望不轻,瞻仰斯属,辄相玩狎,无乃
丧德也。”长宗甚异之。文宽后诞二子,译复归本生。

周武帝时,起家给事中士,拜银青光禄大夫,转左侍上士。与仪
同刘昉恒侍帝侧。译时丧妻,帝命译尚梁安固公主。及帝亲总万机,
以为御正下大夫,俄转太子宫尹。时太子多失德,内史中大夫乌丸
轨每劝帝废太子而立秦王,由是太子恒不自安。其后,诏太子西征
吐谷浑,太子乃阴谓译曰:“秦王,上爱子也。乌丸轨,上信臣也。今
吾此行,得无扶苏之事乎?”译曰:“愿殿下勉著仁孝,无失子道而
已。勿为他虑。”太子然之。既破贼,译以功最,赐爵开国子,邑三百
户。后坐亵狎皇太子,帝大怒,除名为民。太子复召之,译戏狎如初。
因言于太子曰:“殿下何时可得据天下?”太子悦而益昵之。

及帝崩,太子嗣位,是为宣帝。超拜开府、内史下大夫、封归昌
县公,邑一千户,委以朝政。俄迁内史上大夫,进封沛国公,邑五千
户,以其子善愿为归昌公,元琮为永安县男,又监国史。译颇专权,
时帝幸东京,译擅取官材,自营私第,坐是复除名为民。刘昉数言于
帝,帝复召之,顾待如初。诏领内史事。初,高祖与译有同学之旧,
译又素知高祖相表有奇,倾心相结。至是,高祖为宣帝所忌,情不自
安,尝在永巷私于译曰:“久愿出藩,公所悉也。敢布心腹,少留意
焉。”译曰:“以公德望,天下归心,欲求多福,岂敢忘也。谨即言之。”
时将遣译南征,译请元帅。帝曰:“卿意如何?”译对曰:“若定江东,
自非懿戚重臣无以镇抚。可令隋公行,且为寿阳总管以督军事。”帝
从之。乃下诏以高祖为杨州总管,译发兵俱会寿阳以伐陈。行有日

矣，帝不愈，遂与御正下大夫刘昉谋，引高祖入受顾托。既而译宣诏，文武百官皆受高祖节度。时御正中大夫颜之仪与宦者谋，引大将军宇文仲辅政。仲已至御坐，译知之，遽率开府杨惠及刘昉、皇甫绩、柳裘俱入。仲与之仪见译等，愕然，逡巡欲出，高祖因执之。于是矫诏复以译为内史上大夫。明日，高祖为丞相，拜译柱国、相府长史、治内史上大夫事。及高祖为大冢宰，总百揆，以译兼领天官都府司会，总六府事。出入卧内，言无不从，赏赐玉帛不可胜计。每出入，以甲士从。拜其子元璹为仪同。时尉迥、王谦、司马消难等作乱，高祖逾加亲礼。俄而进位上柱国，恕以十死。

译性轻险，不亲职务，而赃贷狼藉。高祖阴疏之，然以其有定策功，不忍废放，阴敕官属不得白事于译。译犹坐厅事，无所关预。译惧，顿首求解职，高祖宽谕之，接以恩礼。及上受禅，以上柱国公归第，赏赐丰厚。进子元璹爵城皋郡公，邑二千户，元珣永安男。追赠其父及亡兄二人并为刺史。译自以被疏，阴呼道士章醮以祈福助，其婢奏译厌蛊左道。上谓译曰："我不负公，此何意也？"译无以对。译又与母别居，为宪司所劾，由是除名。下诏曰："译嘉谋良策，寂尔无闻，鬻狱卖官，沸腾盈耳。若留之于世，在人为不道之臣，戮之于朝，入地为不孝之鬼。有累幽显，无以置之，宜赐以《孝经》，令其熟读。"仍遣与母共居。

未几，诏译参撰律令，复授开府、隆州刺史。请还治疾，有诏征之，见于醴泉宫。上赐宴甚欢，因谓译曰："贬退已久，情相矜愍。"于是复爵沛国公，位上柱国。上顾谓侍臣曰："郑译与朕同生共死，间关危难，兴言念此，何日忘之！"译因奉觞上寿。上令内史令李德林立作诏书，高颎戏谓译曰："笔干。"译答曰："出为方岳，杖策言归，不得一钱，何以润笔。"上大笑。未几，诏译参议乐事。译以周代七声废缺，自大隋受命，礼乐宜新，更修七始之义，名曰《乐府声调》，凡八篇。奏之，上嘉美焉。俄迁岐州刺史。在职岁余，复奉诏定乐于太常，前后所论乐事，语在《音律志》。上劳译曰："律令则公定之，音乐则公正之。礼乐律令，公居其三，良足美也。"于是还岐州。

开皇十一年，以疾卒官，时年五十二，上遣使吊祭焉。谥曰达。子元琦嗣。炀帝初立，五等悉除，以译佐命元功，诏追改封译莘公，以元琦袭。

元琦初为骠骑将军，后转武贲郎将，数以军功进位右光禄大夫，迁右候卫将军。大业末，出为文城太守。及义兵起，义将张伦略地至文城，元琦以城归之。

柳裘字茂和，河东解人，齐司空世隆之曾孙也。祖恢，梁尚书左仆射。父明，太子舍人、义兴太守。裘少聪慧，弱冠有令名，在梁仕历尚书郎、驸马都尉。梁元帝为魏军所逼，遣裘请和于魏。俄而江陵陷，遂入关中。周明、武间，自麟趾学士累迁太子侍读，封昌乐县侯。后除天官府都上士。宣帝即位，拜仪同三司，进爵为公，转御饰大夫。及帝不念，留侍禁中，与刘昉、韦谟、皇甫绩同谋，引高祖入总万机。高祖固让不许。裘进曰：“时不可再，机不可失，今事已然，宜早定大计。天与不取，反受其咎，如更迁延，恐贻后悔。”高祖从之。进位上开府，拜内史大夫，委以机密。

及尉迥作乱，天下骚动，并州总管李穆颇怀犹豫，高祖令裘往喻之。裘见穆，盛陈利害，穆甚悦，遂归心于高祖。后以奉使功，赐彩三百匹，金九环带一腰。时司马消难阻兵安陆，又令喻之，未到而消难奔陈。高祖即令裘随便安集淮南，赐马及杂物。

开皇元年，进位大将军，拜许州刺史。在官清简，吏民怀之。复转曹州刺史。其后上思裘定策功，欲加荣秩，将征之，顾问朝臣曰：“曹州刺史何当入朝？”或对曰：“即今冬也。”帝乃止。裘寻卒，高祖伤惜者久之，谥曰安。子惠童嗣。

皇甫绩字功明，安定朝那人也。祖穆，魏陇东太守。父道，周湖州刺史、雍州都督。绩三岁而孤，为外祖韦孝宽所鞠养。尝与诸外兄博奕，孝宽以其惰业，督以严训，愍绩孤幼，特舍之。绩叹曰：“我无庭训，养于外氏，不能克躬励己，何以成立？”深自感激，命左右自杖三十。孝宽闻而对之流涕。于是精心好学,略涉经史。

周武帝为鲁公时,引为侍读。建德初,转宫尹中士。武帝尝避暑云阳宫,时宣帝为太子监国。卫刺王作乱,城门已闭,百僚多有遁者。绩闻难赴之,于玄武门遇皇太子,太子下楼执绩手,悲喜交集。帝闻而嘉之,迁小宫尹。宣政初,录前后功,封义阳县男,拜畿伯下大夫。累转御正下大夫。

宣帝崩,高祖总已,绩有力焉,语在《郑译传》。加位上开府,转内史中大夫,进封郡公,邑千户。寻拜大将军。

开皇元年,出为豫州刺史,增邑通前二千五百户。寻拜都官尚书。后数载,转晋州刺史,将之官,稽首而言曰:"臣实庸鄙,无益于国,每思犯难以报国恩。今伪陈尚存,以臣度之,有三可灭。"上问其故。绩答曰:"大吞小,一也;以有道伐无道,二也;纳叛臣萧岩,于我有词,三也。陛下若命鹰扬之将,臣请预戎行,展丝发之效。"上嘉其壮志,劳而遣之。及陈平,拜苏州刺史。

高智慧等作乱江南,州民顾子元发兵应之,因以攻绩,相持八旬。子元素感绩恩,于冬至日遣使奉牛酒。绩遗子元书曰:"皇帝握符受箓,合极通灵,受揖让于唐、虞,弃干戈于汤、武。东逾蟠木,方朔所未穷,西尽流沙,张骞所不至。玄漠黄龙之外,交臂来王,葱岭、榆关之表,屈膝请吏。曩者伪陈独阻声教,江东士民困于荼毒。皇天辅仁,假手朝廷,聊申薄伐,应时瓦解。金陵百姓,死而复生,吴、会臣民,白骨还肉。唯当怀音感德,行歌击壤,岂宜自同吠主,翻成反噬。卿非吾民,何须酒礼?吾是隋将,何容外交?易子析骸,未能相告,况是足食足兵,高城深堑,坐待强援,绰有余力。何劳踵轻敝之俗,作虚伪之辞,欲阻诚臣之心,徒惑骁雄之志。以此见期,必不可得。卿宜善思活路,晓谕黎元,能早改迷,失道非远。"子元得书,于城下顿首陈谢。杨素援兵至,合击破之。拜信州总管、十二州诸军事。俄以病乞骸骨,诏征还京,赐以御药,中使相望,顾问不绝。卒于家,时年五十二。谥曰安。子偲嗣。大业之世,官至尚书主爵郎。

韦谟者,京兆人也。仕周内史大夫。高祖以谟有定策之功,累迁上柱国，封普安郡公。开皇初，卒于蒲州刺史。

卢贲字子征，涿郡范阳人也。父光，周开府、燕郡公。贲略涉书记，颇解钟律。周武帝时，袭爵燕郡公，邑一千九百户。后历鲁阳太守、太子小宫尹、仪同三司。平齐有功，增邑四百户，转司武上士。时高祖为大司武，贲知高祖为非常人，深自推结。宣帝嗣位，加开府。

及高祖初被顾托，群情未一，乃引贲置于左右。高祖将之东第，百官皆不知所去。高祖潜令贲部伍仗卫，因召公卿而谓曰："欲求富贵者，当相随来。"往往偶语，欲有去就。贲严兵而至，众莫敢动。出崇阳门，至东宫，门者拒不内。贲谕之，不去，瞋目叱之，门者遂却。既而高祖得入。贲恒典宿卫，后承问进说曰："周历已尽，天人之望，实归明公，愿早应天顺民也。天与不取，反受其咎。"高祖甚然之。及受禅，命贲清宫，因典宿卫。贲于是奏改周代旗帜，更为嘉名。其青龙、驺虞、朱雀、玄武、千秋、万岁之旗，皆贲所创也。寻拜散骑常侍，兼太子左庶子、左领军、右将军。

时高颎、苏威共掌朝政，贲甚不平。柱国刘昉时被疏忌，贲因讽昉及上柱国元谐、李询、华州刺史张宾等，谋出颎威，五人相与辅政。又以晋王上之爱子，谋行废立。复私谓皇太子曰："贲将数谒殿下，恐为上所遣，愿察区区之心。"谋泄，上穷治其事。昉等委罪于宾、贲，公卿奏二人坐当死。上以龙潜之旧，不忍加诛，并除名为民。宾未几卒。

岁余，贲复爵位，检校太常卿。贲以古乐宫悬七八，损益不同，历代通儒，议无定准。于是上表曰："殷人以上，通用五音，周武克殷，得鹑火、天驷之应，其音用七。汉兴，加应钟，故十六枚而在一簴。郑玄注《周礼》，二八十六簨。此则七八之义，其来远矣。然世有沿革，用舍不同，至周武帝，复改悬七，以林钟为宫。夫乐者，治之本也，故移风易俗，莫善于乐，是以吴札观而辨兴亡。然则乐也者，所以动天地，感鬼神，情发于声，治乱斯应。周武以林钟为宫，盖将亡之征也。且林钟之管，即黄钟下生之义。黄钟，君也，而生于臣，明为皇家九五之应。又阴者臣也,而居君位,更显国家登极之祥。斯实冥数相符,非关人事。伏惟陛下握图御宇,道迈前王,功成作乐,焕乎曩策。臣闻五帝不相沿乐,三王不相袭礼,此盖随时改制,而不失雅正者也。"上竟从之,即改七悬八,以黄钟为宫。诏贲与仪同杨庆和删定周、齐音律。

未几,拜郢州刺史,寻转虢州刺史。后迁怀州刺史,决沁水东注,名曰利民渠,又派入温县,名曰温润渠,以溉舄卤,民赖其利。后数年,转齐州刺史。民饥,谷米踊贵,闭人粜而自粜之。坐是除名为民。

后从幸洛阳,上从容谓贲曰:"我始为大司马时,卿以布腹心于我。及总百揆,频繁左右,与卿足为恩旧。卿若无过者,位与高颎齐。坐与凶人交构,由是废黜。言念畴昔之恩,复当牧伯之位,何乃不思报效,以至于此!吾不忍杀卿,是屈法申私耳。"贲俯伏陈谢,诏复本官。后数日,对诏失旨,又自叙功绩,有怨言。上大怒,顾谓群臣曰:"吾将与贲一州,观此不可复用。"后皇太子为其言曰:"此辈并有佐命之功,虽性行轻险,诚不可弃。"上曰:"我抑屈之,全其命也。微刘昉、郑译及贲、柳裘、皇甫绩等,则我不至此。然此等皆反覆子也。当周宣帝时,以无赖得幸,及帝大渐,颜之仪等请以宗王辅政,此辈行诈,顾命于我。我将为治,又欲乱之。故昉谋大逆于前,译为巫蛊于后。如贲之徒,皆不满志。任之则不逊,致之则怨,自难信也,非我弃之。众人见此,或有窃议,谓我薄于功臣,斯不然矣。"苏威进曰:"汉光武欲全功臣,皆以列侯奉朝请。至尊仁育,复用此道以安之。"上曰:"然。"遂废于家。是岁卒,年五十四。

史臣曰:高祖肇基王业,昉、译实启其谋,当轴执钧,物无异论。不能忘身急病,以义断恩,方乃虑难求全,偷安怀禄。暨夫帝迁明德,义非简在,盐梅之寄,自有攸归。言追昔款,内怀觖望,耻居吴、耿之末,羞与绛、灌为伍。事君尽礼,既阙于宿心,不爱其亲,遂彰于物议。其在周也,靡忠贞之节,其奉隋也,愧竭命之诚。非义掩其前功,畜怨兴其后衅,而望不陷刑辟,保贲全生,难矣。柳裘、皇甫绩、卢贲,因人成事,协规不二,大运光启,莫参枢要。斯固在人欲其悦己,在我欲其骂人,理自然也。晏婴有言:"一心可以事百君,百心不可以事一君。"于昉、译见之矣。

隋书卷三九
列传第四

于义 <small>子宣道　宣敏</small>　　阴寿 <small>子世师</small>

<small>骨仪</small>　窦荣定　　元景山　　源雄

豆卢勣 <small>子毓　勣兄通</small>　　贺若谊

　　于义字慈恭，河南洛阳人也。父谨，从魏武帝入关，仕周，官至太师，因家京兆。义少矜严，有操尚，笃志好学。大统末，以父功，赐爵平昌县伯，邑五百户。起家直阁将军。其后改封广都县公。周闵帝受禅，增邑六百户。累迁安武太守，专崇德教，不尚威刑。有郡民张善安、王叔儿争财相讼，义曰："太守德薄不胜任之所致，非其罪也。"于是取家财，倍与二人，喻而遣去。善安等各怀耻愧，移贯他州，于是风教大洽。其以德化人，皆此类也。进封建平郡公。明、武世，历西兖、瓜、邵三州刺史。数从征伐，进位开府。

　　宣帝嗣位，政刑日乱，义上疏谏。时郑译、刘昉以恩幸当权，谓义不利于己，先恶之于帝。帝览表色动，谓侍臣曰："于义谤讪朝廷也。"御正大夫颜之仪进曰："古先哲王立诽谤之木，置敢谏之鼓，犹惧不闻过。于义之言，不可罪也。"帝乃解。

　　及高祖作相，王谦构逆，高祖将击之，问将于高颎。颎答曰："于义素有经略，可为元帅。"高祖初然之。刘昉进曰："梁睿位望素重，不可居义之下。"高祖乃止。于是以睿为元帅，以义为行军总管。谦将达奚惎拥众据开远，义将左军击破之。寻拜潼州总管，赐奴婢五百口,杂彩三千段,超拜上柱国。时义兄翼为太尉,弟智、兄子仲文并上柱国,大将军已上十余人,称为贵戚。

岁余,以疾免职,归于京师。数月卒,时年五十。赠豫州刺史,谥曰刚。赙物千段,粟米五百石。子宣道、宣敏,并知名。

宣道字元明,性谨密,不交非类。仕周,释褐左侍上士。以父功,赐爵成安县男,邑二百户。后转小承御上士。高祖为丞相,引为外兵曹,寻拜仪同。及践阼,迁内史舍人,进爵为子。丁父忧,水浆不入口者累日。献皇后命中使敦谕,岁余,起令视事。免丧,拜车骑将军,兼左卫长史,舍人如故。后六岁,迁太子左卫副率,进位上仪同。卒,年四十二。子志宁,早知名,出继叔父宣敏。

宣敏字仲达,少沉密,有才思。年十一,诣周赵王招,王命之赋诗。宣敏为诗,甚有幽贞之志。王大奇之,坐客莫不嗟赏。起家右侍上士,迁千牛备身。

高祖践阼,拜奉车都尉,奉使抚慰巴、蜀。及还,上疏曰:

臣闻开盘石之宗,汉室于是惟永,建维城之固,周祚所以灵长。昔秦皇置牧守而罢诸侯,魏后暱谄邪而疏骨肉,遂使宗社移于他族,神器传于异姓。此事之明,甚于观火。然山川设险,非亲勿居。且蜀土沃饶,人物殷阜,西通邛、僰,南属荆、巫。周德之衰,兹土遂成戎首,炎政失御,此物便为祸先。是以明者防于无形,治者制其未乱,方可庆隆万世,年逾七百。

伏惟陛下日角龙颜,膺乐推之运,参天贰地,居揖让之期。亿兆宅心,百神受职,理须树建藩屏,封植子孙,继周、汉之宏图,改秦、魏之覆轨,抑近习之权势,崇公族之本枝。但三蜀、三齐,古称天险,分王戚属,今正其时。若使利建合宜,封树得所,巨猾息其非望,奸臣杜其邪谋。盛业洪基,同天地之长久,英声茂实,齐日月之照临。臣虽学谢多闻,然情深体国,辄申管见,战灼惟深。

帝省表嘉之，谓高颎曰："于氏世有人焉。"竟纳其言，遣蜀王秀镇于蜀。

宣敏常以盛满之诚，昔贤所重，每怀静退，著《述志赋》以见其志焉。未几，卒官，时年二十九。

阴寿字罗云，武威人也。父嵩，周夏州刺史。寿少果烈，有武干，性谨厚，敦然诺。周世屡以军功，拜仪同。从武帝平齐，进位开府，赐物千段，奴婢百口，女乐二十人。

及高祖为丞相，引寿为据。尉迥作乱，高祖以韦孝宽为元帅击之，令寿监军。时孝宽有疾，不能亲总戎事，每卧帐中，遣妇人传教命。三军纲纪，皆取决于寿。以功进位上柱国。寻以行军总管镇幽州，即拜幽州总管，封赵国公。

时有高宝宁者，齐氏之疏属也，为人桀黠，有筹算，在齐久镇黄龙。及齐灭，周武帝拜为营州刺史，甚得华夷之心。高祖为丞相，遂连结契丹、靺鞨举兵反。高祖以中原多故，未遑进讨，以书喻之而不得。开皇初，又引突厥攻围北平。至是，令寿率步骑数万，出卢龙塞以讨之。宝宁求救于突厥。时卫王爽等诸将数道北征，突厥不能援。宝宁弃城奔于碛北，黄龙诸县悉平。寿班师，留开府成道昂镇之。宝宁遣其子僧伽率广骑掠城下而去。寻引契丹、靺鞨之众来攻，道昂苦战连日乃退。寿患之，于是重购宝宁，又遣人阴间其所亲任者赵世模、王威等。月余，世模率其众降，宝宁复走契丹，为其麾下赵修罗所杀，北边遂安。赐物千段。未几，卒官，赠司空。子世师嗣。

世师少有节概，性忠厚，多武艺。弱冠，以功臣子拜仪同，累迁骠骑将军。炀帝嗣位，领东都瓦工监。后三岁，拜张掖太守。先是，吐谷浑及党项羌屡为侵掠，世师至郡，有来寇者，亲自捕击，辄擒斩之，深为戎狄所惮。入为武贲郎将。辽东之役，出襄平道。明年，帝复击高丽，以本官为涿郡留守。于时盗贼蜂起，世师逐捕之，往往克捷。及帝还，大加赏劳，拜楼烦太守。时帝在汾阳宫，世师闻始毕可汗将为寇,劝帝幸太原。帝不从,遂有雁门之难。寻迁左翊卫将军,与代王留守京师。及义军至,世师自以世荷隋恩,又藩邸之旧,遂勒兵拒守。月余,城陷,与京兆郡丞骨仪等见诛,时年五十三。

骨仪,京兆长安人也。性刚鲠,有不可夺之志。开皇初,为侍御史,处法平当,不为势利所回。炀帝嗣位,迁尚书右司郎。于时朝政渐乱,浊货公行,凡当枢要之职,无问贵贱,并家累金宝。天下士大夫莫不变节,而仪励志守常,介然独立。帝嘉其清苦,超拜京兆郡丞,公方弥著。时刑部尚书卫玄兼领京兆内史,颇行诡道,辄为仪所执正。玄虽不便之,不能伤也。及义兵至,而玄恐祸及己,遂称老病,无所干预。仪与世师同心协契,父子并诛,其后遂绝。世师有子弘智等,以年幼获全。

窦荣定,扶风平陵人也。父善,周太傅。季父炽,开皇初,为太傅。荣定沈深有器局,容貌瑰伟,美须髯,便弓马。魏文帝时,为千牛备身。周太祖见而奇之,授平东将军,赐爵宜君县子,邑三百户。后从太祖与齐人战于北芒,周师不利。荣定与汝南公宇文神庆帅精骑二千邀击之,齐师乃却。以功拜上仪同。后从武元皇帝引突厥木杆侵齐之并州,赐物三百段。袭爵永富县公,邑千户,进位开府,除忠州刺史。从武帝平齐,加上开府,拜前将军次飞中大夫。

其妻则高祖姊安成长公主也。高祖少小与之情契甚厚,荣定亦知高祖有人君之表,尤相推结。及高祖作相,领左右宫伯,使镇守天台,总统露门内两箱仗卫,常宿禁中。遇尉迥初平,朝廷颇以山东为意,乃拜荣定为洛州总管,候以镇之。前后赐缣四千匹,西凉女乐一部。

高祖受禅,来朝京师。上顾谓群臣曰:“朕少恶轻薄,性相近者,唯窦荣定而已。”赐马三百匹,部曲八千户而遣之。坐事除名,高祖以长公主之故,寻拜右武侯大将军。上数幸其第,恩赐甚厚。每令尚食局日供羊一口,珍味称是。以佐命功,拜上柱国、宁州刺史。未几，复为右武侯大将军。寻除秦州总管，赐吴乐一部。突厥沙钵略寇边，以为行军元帅，率九总管，步骑三万，出凉州。与虏战于高越原，两军相持，其地无水，士卒渴甚，至刺马血而饮，死者十有二三。荣定仰天太息，俄而澍雨，军乃复振。于是进击，数挫其锋，突厥惮之，请盟而去。赐缣万匹，进爵安丰郡公，增邑千六百户。复封子宪为安康郡公，赐缣五千匹。

岁余，拜右武卫大将军，俄转左武卫大将军。上欲以为三公，荣定上书曰：“臣每观西朝卫、霍，东都梁、邓，幸托葭莩，位极台铉，宠积骄盈，必致倾覆。向使前贤少自贬损，远避权势，推而不居，则天命可保，何覆宗之有！臣每览前修，实为畏惧。”上于是乃止。前后赏赐，不可胜计。

开皇六年卒，时年五十七。上为之废朝，令左卫大将军元旻监护丧事，赙缣三千匹。上谓侍臣曰：“吾每欲致荣定于三事，其人固让不可。今欲赠之，重违其志。”于是赠冀州刺史、陈国公，谥曰懿。子抗嗣。

抗美容仪，性通率，长于巧思。父卒之后，恩遇弥隆，所赐钱帛金宝，亦以钜万。抗官至定州刺史，复检校幽州总管。炀帝即位，汉王谅构逆，以为抗与通谋，由是除名，以其弟庆袭封陈公焉。

庆亦有姿仪，性和厚，颇工草隶。初封永富郡公，官至河东太守、卫尉卿。大业之末，出为南郡太守，为盗贼所害。

庆弟进，亦工草隶，颇解钟律。官历颍川、南郡、扶风太守。

元景山，字宝岳，河南洛阳人也。祖燮魏安定王。父琰，宋安王。景山少有器局，干略过人。周闵帝时，从大司马贺兰祥击吐谷浑，以功拜抚军将军。其后数从征伐，累迁仪同三司，赐爵文昌县公，授澧川防主。后与齐人战于北邙，斩级居多，加开府，迁建州刺史，进封宋安郡公,邑三千户。从武帝平齐,每战有功,拜大将军,改封平原郡公,邑二千户,赐女乐一部,帛六千匹,奴婢二百五十口,牛羊数千。

治亳州总管。先是,州民王回洛、张季真等聚结亡命,每为劫盗。前后牧守不能制。景山下车,逐捕之,回洛、季真挺身奔江南。擒其党与数百人,皆斩之。法令明肃,盗贼屏迹,称为大治。陈人张景遵以淮南内属,为陈将任蛮奴所攻,破其数栅。景山发谯、颍兵援之,蛮奴引军而退。征为候正。

宣帝嗣位,从上柱国韦孝宽经略淮南。郧州总管宇文亮谋图不轨,以轻兵袭孝宽。孝宽窘迫,未得整阵,为亮所薄。景山率铁骑三百出击,破之,斩亮传首。以功拜亳州总管。

高祖为丞相,尉迥称兵作乱。荥州刺史宇文胄与迥通谋,阴以书讽动景山。景山执其使,封书诣相府。高祖甚嘉之,进位上大将军。司马消难之以郧州入陈也,陈遣将樊毅、马杰等来援。景山率轻骑五百驰赴之。毅等惧,掠居民而遁。景山追之,一日一夜,行三百余里,与毅战于漳口,二合皆克。毅等退保甑山镇。其城邑为消难所陷者,悉平之。拜安州总管,进位柱国,前后赐帛二千匹。时桐柏山蛮相聚为乱,景山复击平之。

高祖受禅,拜上柱国。明年,大举伐陈,以景山为行军元帅,率行军总管韩延、吕哲出汉口。遣上开府邓孝儒将劲卒四千,攻陈甑山镇。陈人遣其将陆纶以舟师来援,孝儒逆击,破之。陈将鲁达、陈纪以兵守涢口,景山复遣兵击走之。陈人大骇,甑山、沌阳二镇守将皆弃城而遁。景山将济江,会陈宣帝卒,有诏班师。景山大著威名,甚为敌人所惮。

后数载,坐事免,卒于家,时年五十五。赠梁州总管,赐缣千匹,谥曰襄。子成寿嗣。

成寿便弓马,起家千牛备身。以上柱国世子,拜仪同。后为秦王库真车骑。炀帝嗣位,征为左亲卫郎将。杨玄感之乱也,从刑部尚书卫玄击之，以功进位正议大夫，拜西平通守。

源雄，字世略，西平乐都人也。祖怀、父纂，俱为魏陇西王。雄少宽厚，伟姿仪。在魏起家秘书郎，寻加征讨将军。属其父为高氏所诛，雄脱身而遁，变姓名，西归长安。周太祖见而器之，赐爵陇西郡公。后从武帝伐齐，以功授开府，改封朔方郡公，拜冀州刺史。时以突厥寇边，徙雄为平州刺史以镇之。未几，检校徐州总管。

及高祖为丞相，尉迥作乱。时雄家累在相州，迥潜以书诱之，雄卒不顾。高祖遗雄书曰："公妻子在邺城，虽言离隔，贼徒翦灭，聚会非难。今日已后，不过数旬之别，迟能开慰，无以累怀。徐部大蕃，东南襟带，密迩吴寇，特须安抚。藉公英略，委以边谋，善建功名，用副朝委也。"迥遣其将毕义绪据兰陵，席毗陷昌虑、下邑。雄遣徐州刺史刘仁恩击义绪，仪同刘弘、李琰讨席毗，悉平之。

陈人见中原多故，遣其将陈纪、萧摩诃、任蛮奴、周罗睺、樊毅等侵江北，西自江陵，东距寿阳，民多应之。故陷城镇。雄与吴州总管于𫖳、杨州总管贺若弼、黄州总管元景山等击走之，悉复故地。东潼州刺史曹孝达据州作乱，雄遣兵袭斩之。进位上大将军，拜徐州总管。后数岁，转怀州刺史，寻迁朔州总管。突厥有来寇掠，雄辄捕斩之，深为北夷所惮。

伐陈之役，高祖下册书曰："於戏！唯尔上大将军、朔方公雄，识悟明允，风神果毅。往牧徐方，时逢寇逆，建旟马邑，安抚北蕃。嘉谋绝外境之虞，挺剑息韦韝之望。沙漠以北，俱荷威恩，吕梁之间，罔不怀惠。但江淮蕞尔，有陈僭俊出信州道。及陈平，以功进位上柱国。赐子崇爵端氏县伯，褒为安化县伯，赐物五千段，复镇朔州。二岁，上表乞骸骨，征还京师，卒于家，时年七十。

子崇嗣，官至仪同。大业中，自上党赞治入为尚书虞部郎。及天下盗起，将兵讨北海，与贼力战而死，赠正议大夫。

豆卢勣字定东，昌黎徒河人也。本姓慕容，燕北地王精之后也。中山败，归魏，北人谓归义为"豆卢"，因氏焉。祖苌，魏柔玄镇大将。父宁，柱国、太保。勣初生时，周太祖亲幸宁家称庆，时遇新破齐师，太祖因字之曰定东。勣聪悟，有器局。少受业国子学，略涉文艺。魏大统十二年，太祖以勣勋臣子，封义安县侯。周闵帝受禅，授稍伯下大夫、开府仪同三司，改封丹阳郡公，邑千五百户。明帝时，为左武伯中大夫。勣自以经业未通，请解职游露门学。帝嘉之，敕以本官就学。未几，齐王宪纳勣妹为妃，恩礼逾厚。

会武帝嗣位，拜邛州刺史。未之官，渭源烧当羌因饥馑作乱，以勣有才略，转渭州刺史。甚有惠政，华夷悦服，德泽流行，大致祥瑞。鸟鼠山俗呼为高武陇，其下渭水所出。其山绝壁千寻，由来乏水，诸羌苦之。勣马足所践，忽飞泉涌出。有白鸟翔止听前，乳子而后去，又白狼见于襄武。民为之谣曰："我有丹阳，山出玉浆。济我民夷，神鸟来翔。"百姓因号其泉为玉浆泉。

后丁父艰，毁瘁过礼。天和二年，授邵州刺史，袭爵楚国公。复征为天官府司会，历信、夏二州总管、相州刺史。以母忧还京。宣帝大象三年，拜利州总管，进位上大将军。月余，拜柱国。

高祖为丞相，益州总管王谦作乱。勣婴城固守，谦遣其将达奚惎、高阿那肱、乙弗虔等众十万攻之，起土山，凿城为七十余穴，堰江水以灌之。勣时战士不过二千，昼夜相拒。经四旬，势渐迫。勣于是出奇兵击之，斩数千级，降二千人。梁睿军且至，贼因而解去。高祖遣开府赵仲卿劳之，诏曰："勣器识优长，气调英远，总驭藩部，风化已行。巴、蜀称兵，奄来围逼，入守出战，大摧凶丑。贞节雄规，厥功甚茂，可使持节、上柱国，赐一子爵中山县公。"

开皇二年，突厥犯塞，以勣为北道行军元帅以备边。岁余，拜夏州总管。上以其家世贵盛，勋效克彰，甚重之。后为汉王谅纳勣女为妃，恩遇弥厚。七年，诏曰："上柱国、楚国公勣，蜀人寇乱之日，称兵犯顺。固守金汤，稳如敌国。嘉猷大节，其劳已多，可食始州临津县邑千户。"

十年，以疾征还京师，诏诸王并至勔第，中使顾问，道路不绝。其年卒，时年五十五。上悼惜者久之，特加赗赠，鸿胪监护丧事，谥曰襄。子贤嗣，官至显州刺史、大理少卿、武贲郎将。贤弟毓。

毓字道生，少英果，有气节。汉王谅出镇并州，毓以妃兄为王府主簿。从赵仲卿北征突厥，以功授仪同三司。

及高祖崩，炀帝即位，征谅入朝。谅纳谘议王頍之谋，发兵作乱。毓苦谏不从，因谓弟懿曰："吾匹马归朝，自得免祸。此乃身计，非为国也。今且伪从，以思后计。"毓兄显州刺史贤，言于帝曰："臣弟毓素怀志节，必不从乱，但逼凶威，不能克遂。臣请从军，与毓为表里，谅不足图也。"帝以为然，许之。贤密遣家人赍敕书至毓所，与之计议。谅出城，将往介州，令毓与总管属朱涛留守。毓谓涛曰："汉王构逆，败不旋踵，吾岂坐受夷灭，孤负家国邪！当与卿出兵拒之。"涛惊曰："王以大事相付，何得有是语！"因拂衣而去。毓追斩之。时谅司马皇甫诞，前以谏谅被囚。毓于是出诞，与之协计，及开府、盘石侯宿勤武，开府宇文永昌，仪同成端、长孙恺，车骑、安成侯元世雅，原武令皇甫文颢等，闭城拒谅。部分未定，有人告谅，谅袭击之。毓见谅至，绐其众曰："此贼军也。"谅攻城南门，毓时遣稽胡守堞，稽胡不识谅，射之，箭下如雨。谅复至西门，守兵皆并州人，素识谅，即开门纳之。毓遂见害，时年二十八。

及谅平，炀帝下诏曰："褒显名节，有国通规，加等饰终，抑推令典。毓深识大义，不顾姻亲，出于万死，首建奇策。去逆归顺殉义亡身，追加荣命，宜优恒礼。可赠大将军，封正义县公，赐帛二千匹，谥曰愍。子愿师嗣，寻拜仪同三司。大业初，行新令，五等并除。未几，帝复下诏曰："故大将军、正义愍公毓，临节能固，捐生殉国，成为令典，没世不忘。象贤无坠，德隆必祀，改封雍丘愍侯。"复以愿师承袭。大业末，授千牛左右。

通字平东，勔之兄也，一名会。弘厚有器局。在周，少以父功，赐爵临贞县侯,邑千户。寻授大都督,俄迁仪同三司。大冢宰宇文护引之令督亲信兵,改封沃野县公,邑四千七百户。后加开府,历武贲中大夫、北徐州刺史。

及高祖为丞相,尉迥作逆,遣其所署莒州刺史乌丸尼率众来攻。通逆击,破之。赐物八百段,进位大将军。

开皇初,进爵南陈郡公。寻征入朝,以本官典宿卫。岁余,出拜定州刺史。后转相州刺史。尚高祖妹昌乐长公主,自是恩礼渐隆。迁夏州总管、洪州总管。所在之职,并称宽惠。十七年,卒官,年五十九。谥曰安。有子宽。

贺若谊,字道机,河南洛阳人也。祖伏连,魏云州刺史。父统,右卫将军。谊性刚果,有干略。在魏,以功臣子,赐爵容城县男。累迁直阁将军、大都督、通直散骑常侍、尚食典御。

周太祖据有关中,引之左右。尝使诣杏城,属茹茹种落携贰,屯于河表。谊因譬以祸福,诱令归附,降者万余口。太祖深奇之,赐金银百两。齐遣其舍人杨畅结好于茹茹,太祖恐其并力,为边境之患,使谊聘茹茹。谊因啖以厚利,茹茹信之,遂与周连和,执畅付谊。太祖嘉之,拜车骑大将军、仪同三司、略阳公府长史。

周闵帝受禅,除司射大夫,改封霸城县子,转左宫伯,寻加开府。后历灵、邵二州刺史,原信二州总管,俱有能名。其兄敦,为金州总管,以谗毁伏诛。坐是免职。

武帝亲总万机,召谊治熊州刺史。平齐之役,谊率兵出函谷,先据洛阳,即拜洛州刺史,进封建威县侯。齐范阳王高绍义之奔突厥也,谊以兵追之,战于马邑,遂擒绍义。以功进位大将军。

高祖为丞相,拜亳州总管,驰驿之部。西遏司马消难,东拒尉迥。申州刺史李慧反,谊讨之,进爵范阳郡公,授上大将军。

开皇初,入为右武侯将军。河间王弘北征突厥,以谊为副元帅。军还,转左武侯大将军。坐事免。岁余,拜华州刺史,俄转敷州刺史,改封海陵郡公,复转泾州刺史。时突厥屡为边患,朝廷以谊素有威名,拜灵州刺史,进位柱国。谊时年老,而筋力不衰,犹能重铠上马,甚为北夷所惮。数载,上表乞骸骨,优诏许之。

谊家富于财,于郊外构一别庐,多植果木。每邀宾客,列女乐,游集其间。卒于家,时年七十七。子举袭爵。

庶长子协,官至骠骑将军。协弟祥,奉车都尉。祥弟与,车骑将军。谊兄子弼,别有传。

史臣曰:于义、窦荣定等,或南阳姻亚,或丰邑旧游,运属时来,俱宣力用。以劳定国,以功懋赏,保其禄位,贻厥子孙。析薪克荷,崇基弗坠,盛矣!豆卢毓遇屯剥之机,亡身殉义,阴世师遭天之所废,舍命不渝。使夫死者有知,足以无愧君亲矣。

隋书卷四〇
列传第五

梁士彦 子刚 梁默 宇文忻
王谊 元谐 王世积
虞庆则 元胄

梁士彦字相如，安定乌氏人也。少任侠，不仕州郡。性刚果，喜正人之是非。好读兵书，颇涉经史。周世以军功拜仪同三司。武帝将有事东夏，闻其勇决，自扶风郡守除九曲镇将，进位上开府，封建威县公，齐人甚惮焉。寻迁熊州刺史。

后从武帝拔晋州，进位柱国，除使持节、晋绛二州诸军事、晋州刺史。及帝还后，齐后主亲总六军而围之。独守孤城，外无声援，众皆震惧，士彦慷慨自若。贼尽锐攻之，楼堞皆尽，城堞所存，寻仞而已。或短兵相接，或交马出入。士彦谓将士曰："死在今日，吾为尔先！"于是勇烈齐奋，呼声动地，无不一当百。齐师少却。乃令妻妾军民子女，昼夜修城，三日而就。帝率六军亦至，齐师解围，营于城东十余里。士彦见帝，持帝须而泣曰："臣几不见陛下！"帝亦为之流涕。时帝以将士疲倦，意欲班师。士彦叩马谏曰："今齐师遁，众心皆动，因其惧也而攻之，其势必举。"帝从之，大军遂进。帝执其手曰："余之有晋州，为平齐之基。若不固守，则事不谐矣。朕无前虑，惟恐后变，善为我守之。"及齐平，封郕国公，进位上柱国、雍州主簿。

宣帝即位,除东南道行台、使持节、徐州总管、三十二州诸军事、徐州刺史。与乌丸轨擒陈将吴明彻、裴忌于吕梁,别破黄陵,略定淮南地。

高祖作相,转亳州总管、二十四州诸军事。尉迥之反也,以为行军总管,从韦孝宽击之。至河阳,与迥军相对。令家僮梁默等数人为前锋,士彦以其徒继之,所当皆破。乘胜至草桥,迥众复合,进战,大破之。及围邺城,攻北门而入,驰启西门,纳宇文忻之兵。

及迥平,除相州刺史。高祖忌之。未几,征还京师,闲居无事。自恃元功,甚怀怨望,遂与宇文忻、刘昉等谋作乱。将率僮仆,于享庙之际,因车驾出,图以发机。复欲于蒲州起事,略取河北,捉黎阳关,塞河阳路,劫调布以为牟甲,募盗贼以为战士。其甥裴通豫知其谋而奏之。高祖未发其事,授晋州刺史,欲观其意。士彦欣然谓昉等曰:“天也!”又请仪同薛摩儿为长史,高祖从之。后与公卿朝谒,高祖令左右执士彦、忻、昉等于行间,诘之曰:“尔等欲反,何敢发此意?”初犹不伏,捕薛摩儿适至,于是庭对之。摩儿具论始末,云:“第二子刚垂泣苦谏,第三子叔谐曰:‘作猛兽要须成斑。”士彦失色,顾谓摩儿曰:“汝杀我!”于是伏诛,时年七十二。

有子五人。操字孟德,出继伯父,官至上开府、义乡县公、长宁王府骠骑,早卒。刚字永固,弱冠授仪同,以平尉迥勋,加开府。击突厥有功,进位上大将军、通政县公、泾州刺史。士彦之诛也,以谏获免,徙瓜州。叔谐官至上仪同、广平县公、车骑将军。志远为安定伯,务为建威伯,皆坐士彦诛。

梁默者,士彦之苍头,骁武绝人。士彦每从征伐,常与默陷阵。仕周,致位开府。开皇末,以行军总管从杨素北征突厥,进位大将军。汉王谅之反也,复以行军总管从杨素讨平之,加授柱国。大业五年,从炀帝征吐谷浑,遇贼力战而死,赠光禄大夫。

宇文忻字仲乐,本朔方人,徙京兆。祖莫豆于,魏安平公。父贵,周大司马、许国公。忻幼而敏慧,为儿童时,与群辈游戏,辄为部伍,进止行列，无不用命，有识者见而异之。年十二，能左右驰射，骁捷若飞。恒谓所亲曰："自古名将，唯以韩、白、卫、霍为美谈，吾察其行事，未足多尚。若使与仆并时，不令竖子独擅高名也。"其少小慷慨如此。年十八，从周齐王宪讨突厥有功，拜仪同三司，赐爵兴固县公。韦孝宽之镇玉壁也，以忻骁勇，请与同行。屡有战功，加位开府、骠骑将军，进爵化政郡公，邑二千户。

从武帝伐齐，攻拔晋州。齐后主亲驭六军，兵势甚盛，帝惮之，欲旋师。忻谏曰："以陛下之圣武，乘敌人之荒纵，何往不克！若使齐人更得令主，君臣协力，虽汤、武之势，未易平也。今主暗臣愚，兵无斗志，虽有百万之众，实为陛下奉耳。"帝从之，战遂大克。及帝攻陷并州，先胜后败，帝为贼所窘，左右皆歼，帝挺身而遁，诸将多劝帝还。忻勃然而进曰："自陛下克晋州，破高纬，乘胜逐北，以至于此。致令伪主奔波，关东响振，自古行兵用师，未有若斯之盛也。昨日破城，将士轻敌，微有不利，何足为怀。丈夫当死中求生，败中取胜。今者破竹，其势已成，奈何弃之而去？"帝纳其言，明日复战，遂拔晋阳。及齐平，进位大将军，赐物千段。寻与乌丸轨破陈将吴明彻于吕梁，进位彻柱国，赐奴婢二百口，除豫州总管。

高祖龙潜时，与忻情好甚协，及为丞相，恩顾弥隆。尉迥作乱，以忻为行军总管，从韦孝宽击之。时兵屯河阳，诸军莫敢先进。帝令高颎驰驿监军，与颎密谋进取者，唯忻而已。迥遣子惇，盛兵武陟，忻先锋击走之。进临相州，迥遣精甲三千伏于野马冈，欲邀官军。忻以五百骑袭之。斩获略尽。进至草桥，迥又拒守，忻率奇兵击破之，直趋邺下。迥背城结阵，与官军大战，官军不利。时邺城士女观战者数万人，忻与高颎、李询等谋曰："事急矣，当以权道破之。"于是击所观者，大嚣而走，转相腾藉，声如雷霆。忻乃传呼曰："贼败矣！"众军复振，齐力急击之，迥军大败。及平邺城，以功加上柱国，赐奴婢二百口，牛马羊万计。高祖顾谓忻曰："尉迥倾山东之众，运百万之师，公举无遗策，战无全阵，诚天下之英杰也。"进封英国公，增邑三千户。自是以后，每参帷幄，出入卧内，禅代之际，忻有力焉。后拜右领军大将军，恩顾弥重。

忻妙解兵法，驭戎齐整，当时六军有一善事，虽非忻所建，在下輒相谓曰："此必英公法也。"其见推服如此。后改封杞国公。上尝欲令忻率兵击突厥，高颎言于上曰："忻有异志，不可委以大兵。"乃止。

忻既佐命功臣，频经将领，有威名于当世。上由是微忌焉，以谴去官。忻与梁士彦昵狎，数相往来，士彦时亦怨望，阴图不轨。忻谓士彦曰："帝王岂有常乎？相扶即是。公于蒲州起事，我必从征。两阵相当，然后连结，天下可图也。"谋泄伏诛，年六十四，家口籍没。

忻兄善，弘厚有武艺。仕周，官至上柱国、许国公。高祖受禅，遇之甚厚，拜其子颖为上仪同。及忻诛，并废于家。善未几卒。颖至大业中，为司农少卿。及李密逼东都，叛归于密。忻弟恺，别有传。

王谊字宜君，河南洛阳人也。父显，周凤州刺史。谊少慷慨，有大志，便弓马，博览群言。周闵帝时，为左中侍上士。时大冢宰宇文护执政，势倾王室，帝拱默无所关预。有朝士于帝侧，微为不恭，谊勃然而进，将击之。其人惶惧请罪，乃止。自是朝士无敢不肃。岁余，迁御正大夫。丁父艰，毁瘁过礼，庐于墓侧，负土成坟。岁余，起拜雍州别驾，固让，不许。

武帝即位，授仪同，累迁内史大夫，封杨国公。从帝伐齐，至并州，帝既入城，反为齐人所败，左右多死。谊率麾下骁雄赴之，帝赖以全济。时帝以六军挫衄，将班师。谊固谏，帝从之。及齐平，授相州刺史。未几，复征为大内史。汾州稽胡为乱，谊率兵击之。帝弟越王盛、谯王俭虽为总管，并受谊节度。其见重如此。及平贼而还，赐物五千段，封一子开国公。帝临崩，谓皇太子曰："王谊社稷臣，宜处以机密，不须远任也。"皇太子即位，是为宣帝。惮谊刚正，出为襄州总管。

及高祖为丞相，转为郑州总管。司马消难举兵反，高祖以谊为行军元帅，率四总管讨之。军次近郊，消难惧而奔陈。于时北至商、洛,南拒江、淮,东西二千余里,巴蛮多叛,共推渠帅兰雒州为主。雒州自号河南王,以附消难,北连尉迥。谊率行军总管李威、冯晖、李远等分讨之,旬月皆平。高祖以谊前代旧臣,甚加礼敬,遣使劳问,冠盖不绝。以第五女妻其子奉孝,寻拜大司徒。谊自以与高祖有旧,亦归心焉。

及上受禅,顾遇弥厚,上亲幸其第,与之极欢。太常卿苏威立议,以为户口滋多,民田不赡,欲减功臣之地以给民。谊奏曰:“百官者,历世勋贤,方蒙爵土。一旦削之,未见其可。如臣所虑,正恐朝臣功德不建,何患人田有不足?”上然之,竟寝威议。开皇初,上将幸岐州。谊谏曰:“陛下初临万国,人情未洽,何用此行?”上戏之曰:“吾昔与公位望齐等,一朝屈节为臣,或当耻愧。是行也,震扬威武,欲以服公心耳。”谊笑而退。寻奉使突厥,上嘉其称旨,进封郧国公。

未几,其子奉孝卒。逾年,谊上表,言公主少,请除服。御史大夫杨素劾谊曰:“臣闻丧服有五,亲疏异节,丧制有四,降杀殊文。王者之所常行,故曰不易之道也。是以贤者不得逾,不肖者不得不及。而仪同王奉孝,既尚兰陵公主,奉孝以去年五月身丧,始经一周,而谊便请除释。窃以虽曰王姬,终成下嫁之礼,公则主之,犹在移天之义。况复三年之丧,自上达下,及期释服,在礼未详。然夫妇则人伦攸始,丧纪则人道至大,苟不重之,取笑君子。故钻燧改火,责以居丧之速,朝祥暮歌,讥以忘哀之早。然谊虽不自强,爵位已重,欲为无礼,其可得乎?乃薄俗伤教,为父则不慈,轻礼易丧,致妇于无义。若纵而不正,恐伤风俗,请付法推科。”有诏勿治,然恩礼稍薄。谊颇怨望。或告谊谋反,上令案其事。主者奏谊有不逊之言,实无反状。上赐酒而释之。

于时上柱国元谐亦颇失意,谊数与相往来,言论丑恶。胡僧告之。公卿奏谊大逆不道,罪当死。上见谊怆然曰:“朕与公旧为同学,甚相怜愍,将奈国法何?”于是下诏曰:“谊,有周之世,早豫人伦,朕共游庠序,遂相亲好。然性怀险薄,巫觋盈门,鬼言怪语,称神道圣。朕受命之初,深存诚约,口云改悔,心实不悛。乃说四天王神道,谊应受命，书有谊谶，天有谊星，桃、鹿二川，岐州之下，岁在辰巳，兴帝王之业。密令卜问，伺殿省之灾。又说其身是明王，信用左道，所在诖误，自言相表当王不疑。此而赦之，将或为乱，禁暴除恶，宜伏国刑。"上复令大理正赵绰谓谊曰："时命如此，将若之何！"于是赐死于家，时年四十六。

元谐，河南洛阳人也，家代贵盛。谐性豪侠，有气调。少与高祖同受业于国子，甚相友爱。后以军功，累迁大将军。及高祖为丞相，引致左右。谐白高祖曰："公无党援，譬如水间一堵墙，大危矣。公其勉之。"尉迥作乱，遣兵寇小乡，令谐击破之。及高祖受禅，上顾谐笑曰："水间墙竟何如也？"于是赐宴极欢。进位上大将军，封乐安郡公，邑千户。奉诏参修律令。

时吐谷浑寇凉州，诏谐为行军元帅，率行军总管贺娄子干、郭竣、元浩等步骑数万击之。上敕谐曰："公受朝寄，总兵西下，本欲自宁疆境，保全黎庶，非是贪无用之地，害荒服之民。王者之师，意在仁义。浑贼若至界首者，公宜晓示以德，临之以教，谁敢不服也！"时贼将定城王钟利房率骑三千渡河，连结党项。谐率兵出鄯州，趋青海，邀其归路。吐谷浑引兵拒谐，相遇于丰利山。贼铁骑二万，与谐大战，谐击走之。贼驻兵青海，遣其太子可博汗以劲骑五万来掩官军。谐逆击，败之，追奔三十余里，俘斩万计，虏大震骇。于是移书谕以祸福，其名王十七人，公侯十三人，各率其所部来降。上大悦，下诏曰："褒善畴庸，有闻前载，谐识用明达，神情警悟，文规武略，誉流朝野。申威拓土，功成疆场，深谋大节，实简朕心。加礼延代，宜隆赏典。可柱国，别封一子县公。"谐拜宁州刺史，颇有威惠。然刚愎，好排诋，不能取媚于左右。尝言于上曰："臣一心事主，不曲取人意。"上曰："宜终此言。"后以公事免。

时上柱国王谊有功于国，与谐俱无任用，每相往来。胡僧告谐、谊谋反，上按其事，无逆状，上慰谕而释之。未几，谊伏诛，谐渐被疏忌。然以龙潜之旧，每预朝请，恩礼无亏。及上大宴百僚，谐进曰：

"陛下威德远被,臣请突厥可汗为候正,陈叔宝为令史。"上曰:"朕平陈国,以伐罪吊人,非欲夸诞取威天下。公之所奏,殊非朕心。突厥不知山川,何能警候!叔宝昏醉,宁堪驱使!"谐默然而退。

后数岁,有人告谐与从父弟上开府滂、临泽侯田鸾、上仪同祁绪等谋反。上令案其事。有司奏:"谐谋令祁绪勒党项兵,即断巴、蜀。时广平王雄、左仆射高颎二人用事,谐欲潜去之,云:'左执法星动已四年矣,状一奏,高颎必死。'又言:'太白犯月,光芒相照,主杀大臣,杨雄必当之。'谐尝与滂同谒上,谐私谓滂曰:'我是主人,殿上者贼也。'因令滂望气,滂曰:'彼云似蹲狗走鹿,不如我辈有福德云。'"上大怒,谐、滂、鸾、绪并伏诛,籍没其家。

王世积,阐熙新国人也。父雅,周使持节、开府仪同三司。世积容貌魁岸,腰带十围,风神爽拔,有杰人之表。在周,有军功,拜上仪同,封长子县公。高祖为丞相,尉迥作乱,从韦孝宽击之,每战有功。拜上大将军。

高祖受禅,进封宜阳郡公。高颎美其才能,甚善之。尝密谓颎曰:"吾辈俱周之臣子,社稷沦灭,其若之何?"颎深拒其言。未几,授蕲州总管。平陈之役,以舟师自蕲水趋九江,与陈将纪真战于蕲口,大破之。既而晋王广已平丹杨,世积于是移书告谕,遣千金公权始璋略取新蔡。陈江州司马黄偲弃城而遁,始璋入据其城。世积继至,陈豫章太守徐璒、卢陵太守萧廉、浔阳太守陆仲容、巴山太守王诵、太原太守马颐、齐昌太守黄正始、安成太守任瑓等及鄱阳、临川守将,并诣世积降。以功进位柱国、荆州总管,赐绢五千段,加之宝带,邑三千户。后数岁,桂州人李光仕作乱,世积以行军总管讨平之。上遣都官员外郎辛凯卿驰劳之。及还,进位上柱国,赐物二千段。上甚重之。

世积见上性忌刻,功臣多获罪,由是纵酒,不与执政言及时事。上以为有酒疾,舍之宫内,令医者疗之。世积诡称疾愈,始得就第。

及起辽东之役,世积与汉王并为行军元帅,至柳城,遇疾疫而还。拜凉州总管，令骑士七百人送之官。未几，其亲信安定皇甫孝谐有罪，吏捕之，亡抵世积。世积不纳，由是有憾。孝谐竟配防桂州，事总管令狐熙。熙又不之礼，甚困穷，因徼幸上变，称："世积尝令道人相其贵不？道人答曰：'公当为国主。'谓其妻曰：'夫人当为皇后。'又将之凉州，其所亲谓世积曰：'河西天下精兵处，可以图大事也。'世积曰：'凉州土旷人稀，非用武之国。'"由是被征入朝，按其事。有司奏："左卫大将军元旻、右卫大将军元胄、左仆射高颎，并与世积交通，受其名马之赠。"世积竟坐诛，旻、胄等免官，拜孝谐为上大将军。

虞庆则，京兆栎阳人也。本姓鱼。其先仕于赫连氏，遂家灵武，代为北边豪杰。父祥，周灵武太守。庆则幼雄毅，性倜傥，身长八尺，有胆气，善鲜卑语，身被重铠，带两鞬，左右驰射，本州豪侠皆敬惮之。初以弋猎为事，中便折节读书，常慕傅介子、班仲升为人。仕周，释褐中外府行参军，稍迁外兵参军事，袭爵沁源县公。宣政元年，授仪同大将军，除并州总管长史。二年，授开府。时稽胡数为反叛，越王盛、内史下大夫高颎讨平之。将班师，鞬与盛谋，须文武干略者镇遏之。表请庆则，于是即拜石州总管。甚有威惠，境内清肃，稽胡慕义而归者八千余户。

开皇元年，进位大将军，迁内史监、吏部尚书、京兆尹，封彭城郡公，营新都总监。二年冬，突厥入寇，庆则为元帅讨之。部分失所，士卒多寒冻，堕指者千余人。偏将达奚长儒率骑兵二千人别道邀贼，为虏所围，甚急。庆则案营不救。由是长儒孤军独战，死者十八九。上不之责也。寻迁尚书右仆射。

后突厥主摄图将内附，请一重臣充使，于是上遣庆则诣突厥所。摄图恃强，初欲抗礼，庆则责以往事，摄图不服。其介长孙晟又说谕之，摄图及弟叶护皆拜受诏，因即称臣朝贡，请永为藩附。初，庆则出使，高祖敕之曰："我欲存立突厥，彼送公马，但取五三匹。"摄图见庆则，赠马千匹，又以女妻之。上以庆则勋高，皆无所问。授上柱国,封鲁国公,食任城县千户。诏以彭城公回授第二子义。

高祖平陈之后,幸晋王第,置酒会群臣。高颎等奉觞上寿。上因曰:"高颎平江南,虞庆则降突厥,可谓茂功矣。"杨素曰:"皆由至尊威德所被。"庆则曰:"杨素前出兵武牢、硖石,若非至尊威德,亦无克理。"遂与互相长短。御史欲弹之,上曰:"今日计功为乐,宜不须劾。"上观群臣宴射,庆则进曰:"臣蒙赍酒食,令尽乐,御史在侧,恐醉而被弹。"上赐御史酒,因遣之出。庆则奉觞上寿,极欢。上谓诸公曰:"饮此酒,愿我与诸公等子孙常如今日,世守富贵。"九年,转为右卫大将军,寻改为右武侯大将军。

开皇十七年,岭南人李贤据州反,高祖议欲讨之。诸将二三请行,皆不许。高祖顾谓庆则曰:"位居宰相,爵乃上公,国家有贼,遂无行意,何也?"庆则拜谢恐惧,上乃遣焉。为桂州道行军总管,以妇弟赵什柱为随府长史。什柱先与庆则爱妾通,恐事彰,乃宣言曰:"庆则不欲此行。"遂闻于上。先是,朝臣出征,上皆宴别,礼赐遣之,及庆则南讨辞上,上色不悦,庆则由是怏怏不得志。暨平贤,至潭州临桂镇,庆则观眺山川形势,曰:"此诚险固,加以足粮。若守得其人,攻不可拔。"遂使什柱驰诣京奏事,观上颜色。什柱至京,因告庆则谋反。上案验之,庆则于是伏诛。拜什柱为柱国。

庆则子孝仁,幼豪侠任气,起家拜仪同,领晋王亲信。坐父事除名。炀帝嗣位,以藩邸之旧,授侯卫长史,兼领金谷监,监禁苑。有巧思,颇称旨。九年,伐辽,授都水丞,充使监运,颇有功。然性奢华,以骆驼负函盛水养鱼而自给。十一年,或告孝仁谋图不轨,遂诛之。其弟澄道,东宫通事舍人,坐除名。

元胄,河南洛阳人也,魏昭成帝之六代孙。祖顺,魏濮阳王。父雄,武陵王。胄少英果,多武艺,美须眉,有不可犯之色。周齐王宪见而壮之,引致左右,数从征伐。官至大将军。

高祖初被召入,将受顾托,先呼胄,次命陶澄,并委以腹心,恒宿卧内。及为丞相,每典军在禁中,又引弟威俱入侍卫。周赵王招知高祖将迁周鼎，乃要高祖就第。赵王引高祖入寝室，左右不得从，唯杨弘与胄兄弟坐于户侧。赵王谓其二子员、贯曰："汝当进瓜，我因刺杀之。"及酒酣，赵王欲生变，以佩刀子刺瓜，连啖高祖，将为不利。胄进曰："相府有事，不可久留。"赵王诃之曰："我与丞相言，汝何为者！"叱之使却。胄瞋目愤气，扣刀入卫。赵王问其姓名，胄以实对。赵王曰："汝非昔事齐王者乎？诚壮士也！"因赐之酒，曰："吾岂有不善之意邪？卿何猜警如是！"赵王伪吐，将入后阁，胄恐其为变，扶令上坐，如此者再三。赵王称喉干，命胄就厨取饮，胄不动。会滕王攸后至，高祖降阶迎之，胄与高祖耳语曰："事势大异，可速去。"高祖犹不悟，谓曰："彼无兵马，复何能为？"胄曰："兵马悉他家物，一先下手，大事便去。胄不辞死，死何益耶？"高祖复入坐。胄闻屋后有被甲声，遽请曰："相府事殷，公何得如此？"因扶高祖下床，趋而去。赵王将追之，胄以身蔽户，王不得出。高祖及门，胄自后而至。赵王恨不时发，弹指出血。及诛赵王，赏赐不可胜计。

高祖受禅，进位上柱国，封武陵郡公，邑三千户。拜左卫将军，寻迁右卫大将军。高祖从容曰："保护朕躬，成此基业，元胄功也。"后数载，出为豫州刺史，历亳、浙二州刺史。时突厥屡为边患，朝廷以胄素有威名，拜灵州总管，北夷甚惮焉。后复征为右卫大将军，亲顾益密。尝正月十五日，上与近臣登高，时胄下直，上令驰召之。及胄见，上谓曰："公与外人登高，未若就朕胜也。"赐宴极欢。晋王广每致礼焉。

房陵王之废也，胄豫其谋。上正穷治东宫事，左卫大将军元旻苦谏，杨素乃谮之。上大怒，执旻于仗。胄时当下直，不去，因奏曰："臣不下直者，为防元旻耳。"复以此言激怒上，上遂诛旻，赐胄帛千匹。蜀王秀之得罪，胄坐与交通，除名。

炀帝即位，不得调。慈州刺史上官政坐事徙岭南，将军丘和亦以罪废。胄与和有旧，因数从之游。胄尝酒酣谓和曰："上官政壮士也，今徙岭表，得无大事乎？"因自拊腹曰："若是公者，不徒然矣。"和明日奏之，胄竟坐死。于是征政为骁卫将军，拜和代州刺史。

　　史臣曰：昔韩信愆垓下之期，则项王不灭，英布无淮南之举，则汉道未隆。以二子之勋庸，咸愤怨而俎戮，况乃无古人之殊绩，而怀悖逆之心者乎！梁士彦、宇文忻皆一时之壮士也。遭云雷之会，并以勇略成名，遂贪天之功以为己力。报者倦矣，施者未厌，将生厉阶，求逞其欲。及兹颠坠，自取之也。王谊、元谐、王世积、虞庆则、元胄，或契阔艰厄，或绸缪恩旧，将安将乐，渐见遗忘，内怀怏怏，矜伐不已。虽时主之刻薄，亦言语以速祸乎？然高祖佐命元功，鲜有终其天命，配享清庙，寂寞无闻。斯盖草创帝图，事出权道，本异同心，故久而逾薄。其牵牛蹊田，虽则有罪，夺之非道，能无怨乎？皆深文巧诋，致之刑辟，高祖沉猜之心，固已甚矣。求其余庆，不亦难哉！

隋书卷四一
列传第六

高颎　苏威 子夔

　　高颎字昭玄,一名敏,自云渤海蓚人也。父宾,背齐归周,大司马独孤信引为僚佐,赐姓独孤氏。及信被诛,妻子徙蜀。文献皇后以宾父之故吏,每往来其家。宾后官至都州刺史,及颎贵,赠礼部尚书、渤海公。

　　颎少明敏,有器局,略涉书史,尤善词令。初,孩孺时,家有柳树,高百许尺,亭亭如盖。里中父老曰:"此家当出贵人。"年十七,周齐王宪引为记室。武帝时,袭爵武阳县伯,除内史上士,寻迁下大夫。以平齐功,拜开府。寻从越王盛击隰州叛胡,平之。

　　高祖得政,素知颎强明,又习兵事,多计略,意欲引之入府。遣邗国公杨惠谕意,颎承旨欣然曰:"愿受驱驰。纵令公事不成,颎亦不辞灭族。"于是为相府司录。时长史郑译、司马刘昉并以奢纵被疏,高祖弥属意于颎,委以心膂。尉迥之起兵也,遣子惇率步骑八万,进屯武陟。高祖令韦孝宽击之,军至河阳,莫敢先进。高祖以诸将不一,令崔仲方监之,仲方辞父在山东。时颎又见刘方、郑译并无去意,遂自请行,深合上旨,遂遣颎。颎受命便发,遣人辞母,云忠孝不可两兼,歔欷就路。至军。为桥于沁水,贼于上流纵大筏,颎预为木狗以御之。既渡,焚桥而战,大破之。遂至邺下,与迥交战,仍共宇文忻、李询等设策,因平尉迥。军还,侍宴于卧内,上撤御帷以赐之。进位柱国,改封义宁县公,迁相府司马,任寄益隆。

　　高祖受禅，拜尚书左仆射，兼纳言，进封渤海郡公，朝臣莫与为比，上每呼为独孤而不名也。颎深避权势，上表逊位，让于苏威。上欲成其美，听解仆射。数日，上曰："苏威高蹈前朝，颎能推举。吾闻进贤受上赏，宁可令去官！"于是命颎复位。俄拜左卫大将军，本官如故。时突厥屡为寇患，诏颎镇遏缘边。及还，赐马百余匹，牛羊千计。领新都大监，制度多出于颎。颎每坐朝堂北槐树下以听事，其树不依行列，有司将伐之。上特命勿去，以示后人。其见重如此。又拜左领军大将军，余官如故。母忧去职，二旬起令视事。颎流涕辞让，优诏不许。

　　开皇二年，长孙览、元景山等伐陈，令颎节度诸军。会陈宣帝殂，颎以礼不伐丧，奏请班师。萧岩之叛也，诏颎绥集江、汉，甚得人和。上尝问颎取陈之策，颎曰："江北地寒，田收差晚，江南土热，水田早熟。量彼收获之际，微征士马，声言掩袭。彼必屯兵御守，足得废其农时。彼既聚兵，我便解甲，再三若此，贼以为常。后更集兵，彼必不信，犹豫之顷，我乃济师，登陆而战，兵气益倍。又江南土薄，舍多竹茅，所有储积，皆非地窖。密遣行人，因风纵火，待彼修立，复更烧之。不出数年，自可财力俱尽。"上行其策，由是陈人益弊。九年，晋王讳大举伐陈，以颎为元帅长史，三军咨禀，皆取断于颎。及陈平，晋王欲纳陈主宠姬张丽华。颎曰："武王灭殷，戮妲己。今平陈国，不宜取丽华。"乃命斩之，王甚不悦。及军还，以功加授上柱国，进爵齐国公，赐物九千段，定食千乘县千五百户。上因劳之曰："公伐陈后，人言公反，朕已斩之。君臣道合，非青蝇所间也。"颎又逊位，诏曰："公识鉴通远，器略优深，出参戎律，廓清淮海，入司禁旅，实委心腹。自朕受命，常典机衡，竭诚陈力，心迹俱尽。此则天降良辅，翊赞朕躬，幸无词费也。"其优奖如此。

　　是后右卫将军庞晃，及将军卢贲等，前后短颎于上。上怒之，皆被疏黜。因谓颎曰："独孤公犹镜也，每被磨莹，皎然益明。"未几，尚书都事姜晔、楚州行参军李君才，并奏称水旱不调，罪由高颎，请废黜之。二人俱得罪而去，亲礼逾密。上幸并州，留颎居守。及上还

京,赐缣五千匹,复赐行宫一所,以为庄舍。其夫人贺拔氏寝疾,中
使顾问,络绎不绝。上亲幸其第,赐钱百万,绢万匹,复赐以千里马。
上尝从容命颎与贺若弼言及平陈事,颎曰:"贺若弼先献十策,后于
蒋山苦战破贼。臣文吏耳,焉敢与大将军论功!"帝大笑,时论嘉其
有让。寻以其子表仁取太子勇女,前后赏赐不可胜计。时荧惑入太
微,犯左执法。术者刘晖私言于颎曰:"天文不利宰相,可修德以禳
之。"颎不自安,以晖言奏之。上厚加赏慰。突厥犯塞,以颎为元帅,
击贼破之。又出白道,进图入碛,遣使请兵。近臣缘此言颎欲反,上
未有所答,颎亦破贼而还。

　　时太子勇失爱于上,潜有废立之意。谓颎曰:"晋王妃有神凭
之,言王必有天下,若之何?"颎长跪曰:"长幼有序,其可废乎!"上
默然而止。独孤皇后知不可夺,阴欲去之。初,夫人卒,后言于上曰:
"高仆射老矣,而丧夫人,陛下何能不为之娶!"上以后言谓颎,颎流
涕谢曰:"臣今已老,退朝之后,唯斋居读佛经而已。虽陛下垂哀之
深,至于纳室,非臣所愿。"上乃止。至是,颎爱妾产男,上闻之极欢,
后甚不悦。上问其故,后曰:"陛下当复信高颎邪?始陛下欲为颎娶,
颎心存爱妾,面欺陛下。今其诈已见,陛下安得信之!"上由是疏颎。
会议伐辽东,颎固谏不可。上不从,以颎为元帅长史,从汉王征辽
东,遇霖潦疾疫,不利而还。后言于上曰:"颎初不欲行,陛下强遣
之,妾固知其无功矣。"又上以汉王年少,专委军于颎。颎以任寄隆
重,每怀至公,无自疑之意。谅所言多不用,甚衔之。及还,谅泣言
于后曰:"儿幸免高颎所杀。"上闻之,弥不平。俄而上柱国王世积以
罪诛,当推覆之际,乃有宫禁中事,云于颎处得之。上欲成颎之罪,
闻此大惊。时上柱国贺若弼、吴州总管宇文弼、刑部尚书薛胄、民部
尚书斛律孝卿、兵部尚书柳述等明颎无罪,上逾怒,皆以之属吏。自
是朝臣莫敢言者。颎竟坐免,以公就第。

　　未几,上幸秦王俊第,召颎侍宴。颎歔悲不自胜,独孤皇后亦对
之泣,左右皆流涕。上谓颎曰:"朕不负公,公自负也。"因谓侍臣曰:
"我于高颎胜儿子,虽或不见,常似目前。自其解落,瞑然忘之,如本

无高颎。不可以身要君,自云第一也。”

顷之,颎国令上颎阴事,称:“其子表仁谓颎曰:‘司马仲达初托疾不朝,遂有天下。公今遇此,焉知非福!’”于是上大怒,囚颎于内史省而鞫之。宪司复奏颎他事,云:“沙门真觉尝谓颎云:‘明年国有大丧。’尼令晖复云:‘十七、十八年,皇帝有大厄。十九年不可过。’”上闻而益怒,顾谓群臣曰:“帝王岂可力求。孔子以大圣之才,作法垂世,宁不欲大位邪?天命不可耳。颎与子言,自比晋帝,此何心乎?”有司请斩颎。上曰:“去年杀虞庆则,今兹斩王世积,如更诛颎,天下其谓我何?”于是除名为民。颎初为仆射,其母诫之曰:“汝富贵已极,但有一斫头耳,尔宜慎之!”颎由是常恐祸变。及此,颎欢然无恨色,以为得免于祸。

炀帝即位,拜为太常。时诏收周、齐故乐人及天下散乐。颎奏曰:“此乐久废。今若征之,恐无识之徒弃本逐末,递相教习。”帝不悦。帝时侈靡,声色滋甚,又起长城之役。颎甚病之,谓太常丞李懿曰:“周天元以好乐而亡,殷鉴不遥,安可复尔!”时帝遇启民可汗恩礼过厚,颎谓太府卿何稠曰:“此虏颇知中国虚实、山川险易,恐为后患。”复谓观王雄曰:“近来朝廷殊无纲纪。”有人奏之,帝以为谤讪朝政,于是下诏诛之,诸子徙边。

颎有文武大略,明达世务。及蒙任寄之后,竭诚尽节,进引贞良,以天下为己任。苏威、杨素、贺若弼、韩擒等,皆颎所推荐,各尽其用,为一代名臣。自余立功立事者,不可胜数。当朝执政将二十年,朝野推服,物无异议。治致升平,颎之力也。论者以为真宰相。及其被诛,天下莫不伤惜,至今称冤不已。所有奇策密谋及损益时政,颎皆削藁,世无知者。

其子盛道,官至莒州刺史,徙柳城而卒。次弘德,封应国公,晋王府记室。次表仁,封渤海郡公,徙蜀郡。

苏威字无畏,京兆武功人也。父绰,魏度支尚书。威少有至性,五岁丧父,哀毁有若成人。周太祖时,袭爵美阳县公,仕郡功曹。大冢宰宇文护见而礼之，以其女新兴公主妻焉。见护专权，恐祸及己，逃入山中，为叔父所逼，卒不获免。然威每屏居山寺，以讽读为娱。未几，授使持节、车骑大将军、仪同三司，改封怀道县公。武帝亲总万机，拜稍伯下大夫。前后所授，并辞疾不拜。有从父妹者，适河南元雄。雄先与突厥有隙，突厥入朝，请雄及其妻子，将甘心焉。周遂遣之。威曰："夷人昧利，可以赂动。"遂标卖田宅，罄家所有以赎雄，论者义之。宣帝嗣位，就拜开府。

高祖为丞相，高颎屡言其贤，高祖亦素重其名，召之。及至，引入卧内，与语大悦。居月余，威闻禅代之议，遁归田里。高颎请追之，高祖曰："此不欲预吾事，且置之。"及受禅，征拜太子少保。追赠其父为邳国公，邑三千户，以威袭焉。俄兼纳言、民部尚书。威上表陈让，诏曰："舟大者任重，马骏者远驰。以公有兼人之才，无辞多务也。"威乃止。

初，威父在西魏，以国用不足，为征税之法，颇称为重。既而叹曰："今所为者，正如张弓，非平世法也。后之君子，谁能弛乎？"威闻其言，每以为己任。至是，奏减赋役，务从轻典，上悉从之。渐见亲重，与高颎参掌朝政。威见宫中以银为幔钩，因盛陈节俭之美以谕上。上为之改容，雕饰旧物，悉命除毁。上尝怒一人，将杀之，威入阁进谏，不纳。上怒甚，将自出斩之，威当上前不去。上避之而出，威又遮止，上拂衣而入。良久，乃召威谢曰："公能若是，吾无忧矣。"于是赐马二匹，钱十余万。寻复兼大理卿、京兆尹、御史大夫，本官悉如故。

治书侍御史梁毗以威领五职，安繁恋剧，无举贤自代之心，抗表劾威。上曰："苏威朝夕孜孜，志存远大，举贤有阙，何遽迫之！"顾谓威曰："用之则行，舍之则藏，唯我与尔有是夫！"因谓朝臣曰："苏威不值我，无以措其言；我不得苏威，何以行其道？杨素才辩无双，至若斟酌古今，助我宣化，非威之匹也。苏威若逢乱世，南山四皓，岂易屈哉！"其见重如此。

未几，拜刑部尚书，解少保、御史大夫之官。后京兆尹废，检校雍州别驾。时高颎与威同心协赞，政刑大小，无不筹之，故革运数年，天下称治。俄转民部尚书，纳言如故。属山东诸州民饥，上令威赈恤之。后二载，迁吏部尚书。岁余，兼领国子祭酒。隋承战争之后，宪章踌驳，上令朝臣厘改旧法，为一代通典。律令格式，多威所定，世以为能。九年，拜尚书右仆射。其年，以母忧去职，柴毁骨立。上敕威曰："公德行高人，情寄殊重，大孝之道，盖同俯就。必须抑割，为国惜身。朕之于公，为君为父，宜依朕旨，以礼自存。"未几，起令视事，固辞，优诏不许。明年，上幸并州，使与高颎同总留事。俄追诣行在所，使决民讼。

威子夔，少有盛名于天下，引致宾客，四海士大夫多归之。后议乐事，夔与国子博士何妥各有所持。于是夔、妥俱为一议，使百僚署其所同。朝廷多附威，同夔者十八九。妥恚曰："吾席间函丈四十余年，反为昨暮儿之所屈也！"遂奏威与礼部尚书卢恺、吏部侍郎薛道衡、尚书右丞王弘、考功侍郎李同和等共为朋党，省中呼王弘为世子，李同和为叔，言二人如威之子弟也。复言威以曲道任其从父弟彻、肃等罔冒为官。又国子学请荡阴人王孝逸为书学博士，威属卢恺，以为其府参军。上令蜀王秀、上柱国虞庆则等杂治之，事皆验。上以《宋书谢晦传》中朋党事，令威读之。威惶惧，免冠顿首。上曰："谢已晚矣。"于是免威官爵，以开府就第。知名之士坐威得罪者百余人。

未几，上曰："苏威德行者，但为人所误耳。"命之通籍。岁余，复爵邳公，拜纳言。从祠太山，坐不敬免。俄而复位。上谓群臣曰："世人言苏威诈清，家累金玉，此妄言也。然其性很戾，不切世要，求名太甚，从己则悦，违之必怒，此其大病耳。"寻令持节巡抚江南，得以便宜从事。过会稽，逾五岭而还。时突厥都蓝可汗屡为边患，复使威至可汗所，与结和亲。可汗即遣使献方物。以勤劳，进位大将军。仁寿初，复拜尚书右仆射。上幸仁寿宫，以威总留后事。及上还，御史奏威职事多不理，请推之。上怒，诘责威。威拜谢，上亦止。后上幸仁寿宫，不豫，皇太子自京师来侍疾，诏威留守京师。

炀帝嗣位，加上大将军。及长城之役，威谏止之。高颎、贺若弼等之诛也，威坐与相连，免官。岁余，拜鲁郡太守。俄召还，参预朝政。未几，拜太常卿。其年从征吐谷浑，进位左光禄大夫。帝以威先朝旧臣，渐加委任。后岁余，复为纳言。与左翊卫大将军宇文述、黄门侍郎裴矩、御史大夫裴蕴、内史侍郎虞世基参掌朝政，时人称为"五贵"。

及辽东之役，以本官领左武卫大将军，进位光禄大夫，赐爵房陵侯。其年，进封房公。威以年老，上表乞骸骨。上不许，复以本官参掌选事。明年，从征辽东，领右御卫大将军。

杨玄感之反也，引威帐中，惧见于色，谓威曰："此小儿聪明，得不为患乎？"威曰："夫识是非，审成败者，乃所谓聪明。玄感粗疏，非聪明者，必无所虑。但恐浸成乱阶耳。"威见劳役不息，百姓思乱，微以此讽帝，帝竟不寤。从还至涿郡，诏威安抚关中。以威孙尚辇直长儇为副。其子鸿胪少卿爽，先为关中简黜大使，一家三人，俱奉使关右，三辅荣之。岁余，帝下手诏曰："玉以洁润，丹紫莫能渝其质，松表岁寒，霜雪莫能凋其采。可谓温仁劲直，性之然乎！房公威器怀温裕，识量弘雅，早居端揆，备悉国章，先皇旧臣，朝之宿齿。栋梁社稷，弼谐朕躬，守文奉法，卑身率礼。昔汉之三杰，辅惠帝者萧何，周之十乱，佐成王者邵奭。国之宝器，其在得贤，参燮台阶，具瞻斯允。虽复事藉论道，终期献替，铨衡时务，朝寄为重，可开府仪同三司，余并如故。"威当时见尊重，朝臣莫与为比。

后从幸雁门，为突厥所围，朝廷危惮。帝欲轻骑溃围而出，威谏曰："城守则我有余力，轻骑则彼之所长。陛下万乘之主，何宜轻脱！"帝乃止。突厥俄亦解围而去。车驾至太原，威言于帝曰："今者盗贼不止，士马疲敝。愿陛下还京师，深根固本。为社稷之计。"帝初然之，竟用宇文述等议，遂往东都。

时天下大乱，威知帝不可改，意甚患之。属帝问侍臣盗贼事，宇文述曰："盗贼信少，不足为虞。"威不能诡对，以身隐于殿柱。帝呼威而问之。威对曰："臣非职司，不知多少，但患其渐近。"帝曰："何谓也?"威曰:"他日贼据长白山,今者近在荥阳、汜水。"帝不悦而罢。寻属五月五日,百僚上馈,多以珍玩。威献《尚书》一部,微以讽帝,帝弥不平。后复问伐辽东事,威对愿赦群盗,遣讨高丽,帝益怒。御史大夫裴蕴希旨,令白衣张行本奏威昔在高阳典选,滥授人官;畏怯突厥,请还京师。帝令案其事。及狱成,下诏曰:"威立性朋党,好为异端,怀挟诡道,徼幸名利,诋诃律令,谤讪台省。昔岁薄伐,奉述先志,凡预切问,各尽胸臆。而威不以开怀,遂无对命,启沃之道,其若是乎!资敬之义,何其甚薄!"于是除名为民。后月余,有人奏威与突厥阴图不轨者,大理簿责威。威自陈奉事二朝三十余载,精诚微浅不能上感,咎衅屡彰,罪当万死。帝悯而释之。其年从幸江都宫,帝将复用威。裴蕴、虞世基奏言,昏耄羸疾。帝乃止。

宇文化及之弑逆也,以威为光禄大夫、开府仪同三司。化及败,归于李密。未几,密败,归东都,越王侗以为上柱国、邳公。王充僭号,署太师。威自以隋室旧臣,遭逢丧乱,所经之处,皆与时消息,以求容免。及大唐秦王平王充,坐于东都阊阖门内,威请谒见,称老病不能拜起。王遣人数之曰:"公隋朝宰辅,政乱不能匡救,遂令品物涂炭,君弑国亡。见李密、王充,皆拜伏舞蹈。今既老病,无劳相见也。"寻归长安,至朝堂请见,又不许。卒于家,时年八十八。

威治身清俭,以廉慎见称。每至公议,恶人异己,虽或小事,必固争之。时人以为无大臣之体。所修格令章程,并行于当世,然颇伤苛碎,论者以为非简久之法。及大业末年,尤多征役,至于论功行赏,威每承望风旨,辄寝其事。时群盗蜂起,郡县有表奏诣阙者,又诃诘使人,令减贼数。故出师攻讨,多不克捷。由是为物议所讥。子夔。

夔字伯尼,少聪敏,有口辩。八岁诵诗书,兼解骑射。年十三,从父至尚书省,与安德王雄驰射,赌得雄骏马而归。十四诣学,与诸儒论议,词致可观,见者莫不称善。及长,博览群言,尤以钟律自命。初不名夔,其父改之,颇为有识所哂。起家太子通事舍人。杨素甚奇之，素每戏威曰："杨素无儿，苏夔无父。"后与沛国公郑译、国子博士何妥议乐，因而得罪，议寝不行。著《乐志》十五篇，以见其志。数载，迁太子舍人。后加武骑尉。仁寿末，诏天下举达礼乐之源者，晋王昭时为雍州牧，举夔应之。与诸州所举五十余人谒见，高祖望夔谓侍臣："唯此一人，称吾所举。"于是拜晋王友。

炀帝嗣位，迁太子洗马，转司朝谒者。以父免职，夔亦去官。后历尚书职方郎、燕王司马。辽东之役，夔领宿卫，以功拜朝散大夫。时帝方勤远略，蛮夷朝贡，前后相属。帝尝从容谓宇文述、虞世基等曰："四夷率服，观礼华夏，鸿胪之职，须归令望。宁有多才艺，美容仪，可以接对宾客者为之乎？"咸以夔对。帝然之，即日拜鸿胪少卿。其年，高昌王麹伯雅来朝，朝廷妻以公主。夔有雅望，令主婚焉。其后弘化、延安等数郡盗贼蜂起，所在屯结，夔奉诏巡抚关中。突厥之围雁门也，夔领城东面事。夔为弩楼车箱兽圈，一夕而就。帝见而善之，以功进位通议大夫。坐父事，除名为民。复丁母忧，不胜哀而卒，时年四十九。

史臣曰：齐公，霸图伊始，早预经纶，鱼水冥符，风云玄感。正身直道，弼谐兴运，心同契合，言听计从。东夏克平，南国底定，参谋帷幄，决胜千里。高祖既复禹迹，思布尧心，舟楫是寄，盐梅斯在。兆庶赖以康宁，百僚资而辑睦，年将二纪，人无间言。属高祖将废储宫，由忠信而得罪，逮炀帝方逞浮侈，以忤时而受戮。若使遂无猜衅，克终厥美，虽未可参踪稷、契，足以方驾萧、曹。继之实难，惜矣！邳公，周道云季，方事幽贞，隋室龙兴，首应旌命。绸缪任遇，穷极荣宠，久处机衡，多所损益，罄竭心力，知无不为。然志尚清俭，体非弘旷，好同恶异，有乖直道，不存易简，未为通德。历事二帝，三十余年，虽废黜当时，终称遗老。君邪而不能正言，国亡而情均众庶。予违汝弼，徒闻其语，疾风劲草，未见其人。礼命阙于兴王，抑亦此之由也。夔志识沉敏，方雅可称，若天假之年，足以不亏堂构矣。

隋书卷四二
列传第七

李德林　子百药

　　李德林字公辅，博陵安平人也。祖寿，湖州户曹从事。父敬族，历太学博士、镇远将军。魏孝静帝时，命当世通人正定文籍，以为内校书，别在直阁省。德林幼聪敏，年数岁，诵左思《蜀都赋》，十余日便度。高隆之见而嗟叹，遍告朝士，云："若假其年，必为天下伟器。"邺京人士多就宅观之，月余，日中车马不绝。年十五，诵五经及古今文集，日数千言。俄而该博坟典，阴阳纬候无不通涉。善属文，辞核而理畅。魏收尝对高隆之谓其父曰："贤子文笔终当继温子升。"隆之大笑曰："魏常侍殊已嫉贤，何不近比老、彭，乃远求温子！"年十六，遭父艰，自驾灵舆，反葬故里。时正严冬，单衰跣足，州里人物由是敬慕之。博陵豪族有崔谌者，仆射之兄，因休假还乡，车服甚盛。将从其宅诣德林赴吊，相去十余里，从者数十骑，稍稍减留。比至德林门，才余五骑，云不得令李生怪人熏灼。德林居贫辙轲，母氏多疾，方留心典籍，无复官情。其后，母病稍愈，逼令仕进。

　　任城王湝为定州刺史，重其才，召入州馆。朝夕同游，殆均师友，不为君民礼数。尝语德林云："窃闻蔽贤蒙显戮。久令君沉滞，吾独得润身，朝廷纵不见尤，亦惧明灵所谴。"于是举秀才入邺，于时天保八年也。王因遗尚书令杨遵彦书云："燕、赵固多奇士，此言诚不为谬。今岁所贡秀才李德林者，文章学识，固不待言，观其风神器宇，终为栋梁之用。至如经国大体，是贾生、晁错之俦；雕虫小技，殆相如、子云之辈。今虽唐、虞君世，俊义盈朝，然修大厦者，岂厌夫良材之积也。吾尝见孔文举《荐祢衡表》云：‘洪水横流，帝思俾乂。’以正平比夫大禹，常谓拟谕非伦。今以德林言之，便觉前言非大。”遵彦即命德林制《让尚书令表》，援笔立成，不加治点。因大相赏异，以示吏部郎中陆卬。卬云：“已大见其文笔，浩浩如长河东注。比来所见，后生制作，乃涓浍之流耳。”卬仍命其子乂与德林周旋，诫之曰：“汝每事宜师此人，以为模楷。”时遵彦铨衡，深慎选举，秀才擢第，罕有甲科。德林射策五条，考皆为上，授殿中将军。既是西省散员，非其所好，又以天保季世，乃谢病还乡，阖门守道。

乾明初，遵彦奏追德林入议曹。皇建初，下诏搜扬人物，复追赴晋阳。撰《春思赋》一篇，代称典丽。是时长广王作相，居守在邺。敕德林还京，与散骑常侍高元海等参掌机密。王引授丞相府行参军。未几，而王即帝位，授奉朝请，寓直舍人省。河清中，授员外散骑侍郎，带斋帅，仍别直机密省。天统初，授给事中，直中书，参掌诏诰。寻迁中书舍人。武平初，加通直散骑侍郎。又敕与中书侍郎宋士素、副侍中赵彦深别典机密。寻丁母艰去职，勺饮不入口五日。因发热病，遍体生疮，而哀泣不绝。诸士友陆骞、宋士素，名医张子彦等，为合汤药。德林不肯进，遍体洪肿，数日间，一时顿差，身力平复。诸人皆云孝感所致。太常博士巴叔仁表上其事，朝廷嘉之。才满百日，夺情起复，德林以羸病属疾，请急罢归。

魏收与阳休之论《齐书》起元事，敕集百司会议。收与德林书曰：“前者议文，总诸事意，小如混漫，难可领解。今便随事条列，幸为留怀，细加推逐。凡言或者，皆是敌人之议。既闻人说，而探论耳。”德林复书曰：“即位之元，《春秋》常义。谨按鲁君息姑不称即位，亦有元年，非独即位得称元年也。议云受终之元，《尚书》之古典。谨案《大传》，周公摄政，一年救乱，二年伐殷，三年践奄，四年建侯卫，五年营成周，六年制礼作乐，七年致政成王。论者或以舜、禹受终，是为天子。然则周公以臣礼而死，此亦称元，非独受终为帝也。蒙示议文，扶病省览，荒情迷识，暂得发蒙。当世君子，必无横议，唯应阁笔赞成而已。辄谓前二条有益于议，仰见议中不录，谨以写呈。"收重遗书曰："惠示二事，感佩殊深。以鲁公诸侯之事，咋小为疑。息姑不书即位，舜、禹亦不言即位。息姑虽摄，尚得书元，舜、禹之摄称元，理也。周公居摄，乃云一年救乱，似不称元。自无《大传》，不得寻讨。一之与元，其事何别？更有所见，幸请论之。"德林答曰：

摄之与相，其义一也。故周公摄政，孔子曰："周公相成王"；魏武相汉，曹植曰"如虞翼唐"。或云高祖身未居摄，灼然非理。摄者专赏罚之名，古今事殊，不可以体为断。陆机见舜肆类上帝，班瑞群后，便云舜有天下，须格于文祖也，欲使晋之三主异于舜摄。窃以为舜若尧死狱讼不归，便是夏朝之益，何得不须格于文祖也？若使用王者之礼，便曰即真，则周公负扆朝诸侯，霍光行周公之事，皆真帝乎？斯不然矣。必知高祖与舜摄不殊，不得从士衡之谬。

或以为书元年者，当时实录，非追书也。大齐之兴，实由武帝，谦匿受命，岂直史也？比观论者闻追举受命之元，多有河汉，但言追数受命之岁，情或安之。似所怖者元字耳，事类朝三，是许其一年，不许其元年也。案《易》"黄裳元吉"，郑玄注云："如舜试天子，周公摄政。"是以试摄不殊。《大传》虽无元字，一之与元，无异义矣。《春秋》不言一年一月者，欲使人君体元以居正，盖史之婉辞，非一与元别也。汉献帝死，刘备自尊崇。陈寿，蜀人，以魏为汉贼。宁肯蜀主未立，已云魏武受命乎？士衡自尊本国，诚如高议，欲使三方鼎峙，同为霸名。习氏《汉晋春秋》，意在是也。正司马炎兼并，许其帝号。魏之君臣，吴人并以为戮贼，亦宁肯当涂之世，云晋有受命之征？史者，编年也，故鲁号《纪年》。墨子又云，吾见《百国春秋》。史又有无事而书年者，是重年验也。若欲高祖事事谦冲，即须号令皆推魏氏。便是编魏年，纪魏事，此即魏末功臣之传，岂复皇朝帝纪者也。

陆机称纪元立断，或以正始，或以嘉平。束晳议云，赤雀白鱼之事。恐晋朝之议，是并论受命之元，非止代终之断也。公议云陆机不论元者，是所未喻，愿更思之。陆机以刊木著于《虞书》，龛黎见于商典，以蔽晋朝正始、嘉平之议，斯又谬矣。唯可二代相涉，两史并书，必不得以后朝创业之迹，断入前史。若然，则世宗、高祖皆天保以前，唯入魏氏列传，不作齐朝帝纪，可乎？此既不可，彼复何证！

是时中书侍郎杜台卿上《世祖武成皇帝颂》，齐主以为未尽善，令和士开以颂示德林。宣旨云：“台卿此文，未当朕意。以卿有大才，须叙盛德，即宜速作，急进本也。”德林乃上颂十六章并序，文多不载。武成览颂善之，赐名马一匹。三年，祖孝征入为侍中，尚书左仆射赵彦深出为衮州刺史。朝士有先为孝征所待遇者，间德林，云是彦深党与，不可仍掌机密。孝征曰：“德林久滞绛衣，我常恨彦深待贤未足。内省文翰，方以委之。寻当有佳处分，不宜妄说。”寻除中书侍郎，仍诏修国史。齐主留情文雅，召入文林馆。又令与黄门侍郎颜之推二人同判文林馆事。五年，敕令与黄门侍郎李孝贞、中书侍郎李若别掌宣传。寻除通直散骑常侍，兼中书侍郎。隆化中，假仪同三司。承光中，授仪同三司。

及周武帝克齐，入邺之日，敕小司马唐道和就宅宣旨慰喻，云：“平齐之利，唯在于尔。朕本畏尔逐齐王东走，今闻犹在，大以慰怀，宜即入相见。”道和引之入内，遣内史宇文昂访问齐朝风俗政教、人物善恶，即留内省，三宿乃归。仍遣从驾至长安，授内史上士。自此以后，诏诰格式，及用山东人物，一以委之。武帝尝于云阳宫作鲜卑语谓群臣云：“我常日唯闻李德林名，及见其与齐朝作诏书移檄，我正谓其是天上人。岂言今日得其驱使，复为我作文书。极为大异。”神武公纥豆陵毅答曰：“臣闻明王圣主，得麒麟凤凰为瑞，是圣德所感，非力能致之。瑞物虽来，不堪使用。如李德林来受驱策，亦陛下圣德感致，有大才用，无所不堪，胜于麒麟，凤凰远矣。”武帝大笑曰：“诚如公言。”宣政末，授御正下大夫。大象初，赐爵成安县男。

　　宣帝大渐，属高祖初受顾命，邗国公杨惠谓德林曰："朝廷赐令总文武事，经国任重，非群才辅佐，无以克成大业。今欲与公共事，必不得辞。"德林闻之甚喜，乃答云："德林虽庸懦，微诚亦有所在。若曲相提奖，必望以死奉公。"高祖大悦，即召与语。刘昉、郑译初矫诏召高祖受顾命辅少主，总知内外兵马事。诸卫既奉敕，并受高祖节度。郑译、刘昉议，欲授高祖冢宰，郑译自摄大司马，刘昉又求小冢宰。高祖私问德林曰："欲何以见处？"德林云："即宜作大丞相，假黄钺，都督内外诸军事。不尔，无以压众心。"及发丧，便即依此。以译为相府长史，带内史上大夫，昉但为丞相府司马。译、昉由是不平。以德林为丞相府属，加仪同大将军。未几而三方构乱，指授兵略，皆与之参详。军书羽檄，朝夕填委，一日之中，动逾百数。或机速竞发，口授数人，文意百端，不加治点。郧公韦孝宽为东道元帅，师次永桥，为沁水泛长，兵未得渡。长史李询上密启云："大将梁士彦、宇文忻、崔弘度并受尉迟迥饷金，军中恼恼，人情大异。"高祖得询启，深以为忧，与郑译议，欲代此三人。德林独进计云："公与诸将，并是国家贵臣，未相伏驭，今以挟令之威，使得之耳。安知后所遣者，能尽腹心，前所遣人，独致乖异？又取金之事，虚实难明，即令换易，彼将惧罪，恐其逃逸，便须禁锢。然则郧公以下，必有惊疑之意。且临敌代将，自古所难，乐毅所以辞燕，赵括以之而败赵。如愚所见，但遣公一腹心，明于智略，为诸将旧来所信服者，速至军所，使观其情伪。纵有异志，必不敢动。"丞相大悟曰："若公不发此言，几败大事。"即令高颎驰驿往军所，为诸将节度，竟成大功。凡厥谋谟，多此类也。进授丞相府从事内郎。禅代之际，其相国总百揆、九锡殊礼诏策笺表玺书，皆德林之辞也。高祖登阼之日，授内史令。初，将受禅，虞庆则劝高祖尽灭宇文氏，高颎、杨惠亦依违从之。唯德林固争，以为不可。高祖作色怒云："君读书人，不足平章此事。"于是遂尽诛之。自是品位不加，出于高、虞之下，唯依班例授上仪同，进爵为子。

　　开皇元年，敕令与太尉任国公于翼、高颎等同修律令。事讫奏闻,别赐九环金带一腰,骏马一匹,赏损益之多也。格令班后,苏威每欲改易事条。德林以为格式已颁,义须画一,纵令小有踳驳,非过蠹政害民者,不可数有改张。威又奏置五百家乡正,即令理民间辞讼。德林以为本废乡官判事,为其里闾亲戚,剖断不平,今令乡正专治五百家,恐为害更甚。且今时吏部,总选人物,天下不过数百县,于六七百万户内,诠简数百县令,犹不能称其才,乃欲于一乡之内,选一人能治五百家者,必恐难得。又即时要荒小县,有不至五百家者,复不可令两县共管一乡。敕令内外群官,就东宫会议。自皇太子以下多从德林议,苏威又言废郡,德林诘之云:“修令时,公何不论废郡为便。今令才出,其可改乎?”然高颎同威之议,称德林狠戾,多所固执。由是高祖尽依威议。

五年,敕令撰录作相时文翰,勒成五卷,谓之《霸朝杂集》。序其事曰:

窃以阳鸟垂曜,微藿倾心,神龙腾举,飞云触石。圣人在上,幽显冥符,故称比屋可封,万物斯睹。臣皇基草创,便豫驱驰,遂得参可封之民,为万物之一。其为嘉庆,固以多也。若夫帝臣王佐,应运挺生,接踵于朝,谅有之矣。而班、尔之妙,曲木变容,朱蓝所染,素丝改色。二十二臣,功成尽美,二十八将,效力于时。种德积善,岂皆比于稷、契,计功称伐,非悉类于耿、贾。书契已还,立言立事,质非殆庶,何世无之。盖上禀睿后,旁资群杰,牧商鄙贱,屠钓幽微,化为侯王,皆由此也。有教无类,童子羞于霸功,见德思齐,狂夫成于圣业。治世多士,亦因此焉。烟雾可依,腾蛇与蛟龙俱远,栖息有所,苍蝇同骐骥之速。因人成事,其功不难。自此而谈,虽非上智,事受命之主,委质为臣,遇高世之才,连官接席,皆可以翊亮天地,流名钟鼎,何必苍颉造书,伊尹制命,公旦操笔,老聃为史,方可叙帝王之事,谈人鬼之谋乎?至若臣者,本惭宾实,非勋非德,厕轩冕之流,无学无才,处艺文之职。若不逢休运,非遇天恩,光大含弘,博约文礼,万官百辟,才悉兼人,收拙里闾,退仕乡邑,不种东陵之瓜,岂过南阳之掾,安得出入闱阖之闬,趋走太微之庭,履天子之阶,侍圣皇之侧,枢机帷幄,沾及荣宠者也!

昔岁木行将季,谅闇在辰,火运肇兴,群官总已。有周典八柄之所,大隋纳百揆之日,两朝文翰,臣兼掌之。时溥天之下,三方构乱,军国多务,朝夕填委。簿领纷纭,羽书交错,或速均发弩,或事大滔天,或日有万几,或几有万事。皇帝内明外顺,经营区宇,吐无穷之术,运不测之神,幽赞两仪,财成万类。咨谋台阁,晓喻公卿,训率土之滨,责反常之贼。三军奉律,战胜攻取之方,万国承风,安上治民之道。让受终之礼,报群臣之令,有宪章古昔者矣,有随事作故者矣。千变万化,譬彼悬河,寸阴尺日,不弃光景。大则天壤不遗,小则毫毛无失。远寻三古,未闻者尽闻,遥听百王,未见者皆见。发言吐论,即成文章,臣染翰操牍,书记而已。昔放勋之化,老人睹而未知,孔丘之言,弟子闻而不达。愚情禀圣,多必乖舛。加以奏阁墀,盈怀满袖,手披目阅,堆案积几。心无别虑,笔不暂停,或毕景忘餐,或连宵不寐,以勤补拙,不遑自处。其有词理疏谬,遗漏阙疑,皆天旨训诱,神笔改定。运筹建策,通幽达冥,从命者获安,违命者悉祸。悬测万里,指期来事,常如目见,固乃神知。变大乱而致太平,易可诛而为淳粹,化成道洽,其在人文,尽出圣怀,用成典诰,并非臣意所能至此。伯禹矢谟,成汤陈誓,汉光数行之札,魏武《接要》之书,济时拯物,无以加也。属神器大宝,将迁明德,天道人心,同谟归往。周静南面,每诏褒扬,在位诸公,各陈本志,玺书表奏,群情赐委。臣寰海之内,忝曰一民,乐推之心,切于黎献,欣然从命,辄不敢辞。比夫潘勖之册魏王,阮籍之劝晋后,道高前世,才谢往人,内手扪心,夙宵惭惕。檄书露板,及以诸文,有臣所作之,有臣润色之。唯是愚思,非奏定者,虽词乖黼藻,而理归霸德,文有可忽,事不可遗。前奉敕旨,集纳麓已还,至于受命文笔,当时制述,条目甚多,今日收撰,略为五卷云尔。

高祖省读讫,明旦谓德林曰:"自古帝王之兴,必有异人辅佐。我昨读《霸朝集》,方知感应之理。昨宵恨夜长,不能早见公面。必令公贵与国始终。"于是追赠其父恒州刺史。未几,上曰:"我本意欲深荣之。"复赠定州刺史、安平县公,谥曰孝。以德林袭焉。德林既少有才名,重以贵显,凡制文章,动行于世。或有不知者,谓为古人焉。

德林以梁士彦及元谐之徒频有逆意,大江之南,抗衡上国。乃著《天命论》上之,其辞曰:

粤若邃古,玄黄肇辟,帝王神器,历薮有归。生其德者天,应其时者命,确乎不变,非人力所能为也。龙图鸟篆,号谥遗迹,疑而难信,缺而未详者,靡得而明焉。其在典文,焕乎缃素,钦明至德,莫盛于唐、虞,贻谋长世,莫过于文、武。大隋神功积于文王,天命显于唐叔。昔邑姜方娠,梦帝谓己:"余命而子曰虞,将与之唐,而蕃育其子孙。"及生,有文在其手曰"虞",遂以命之。成王灭唐而封太叔。又唐叔之封也,箕子曰:"其后必大。"《易》曰:"崇高富贵,莫大于帝王。"《老子》谓:"域内四大,王居一焉。"此则名虞与唐,美兼二圣,将令其后必大,终致唐、虞之美,蕃育子孙,用享无穷之祚。

逮皇家建国,初号大兴,箕子必大之言,于兹乃验。天之眷命,悬属圣朝,重耳区区,岂足云也!有娀玄鸟,商以兴焉,姜嫄巨迹,周以兴焉,邑姜梦帝,隋以兴焉。古今三代,灵命如一,本枝种德,弈叶丕基。佐高帝而灭楚,立宣皇以定汉,东京太尉,关西孔子,生感遗鳣之集,殁降巨鸟之奇,累仁积善,大申休命。太祖挺生,庇民匡主,立殊勋于魏室,建盛业于周朝。启翼轸之国,肇炎精之纪,爰受厥命,陟配彼天。皇帝载诞之初,神光满室,具兴王之表,韫大圣之能。或气或云,荫映于廊庙,如天如日,临照于轩冕。内明外顺,自险获安,岂非万福扶持,百禄攸集。有周之末,朝野骚然,降志执均,镇卫宗社。明神飨其德,上帝付其民,诛奸逆于九重,行神化于四海。于斯时也,尉迥据有齐累世之都,乘新国易乱之俗,驱驰蛇豕,连合纵横,地乃九州陷三,民则十分拥六。王谦乘连率之威,凭全蜀之险,兴兵举众,震荡江山,鸩毒巴、庸,蚕食秦、楚。此二虏也,穷凶极逆,非欲割洪沟之地,闭剑阁之门,皆将长戟强弩,睥睨宸极。从彰河而达负海,连岱岳而距华阳,迫胁荆蛮,吐纳江汉。佐斗嫁祸,纷若猬毛,暴骨履肠,间不容砺。尔乃奉殪戎之命,运先天之略,不出户庭,推毂分阃,一麾以定三方,数旬而清万国。荡涤天壤之速,规摹指画之神,造化以来,弗之闻也。光熙前绪,罔有不服,烟云改色,钟石变音,三灵顾望,万物影响,木运告尽。褰裳克让,天历在躬,推而弗有。百辟庶尹,四方岳牧,稽图谶之文,顺亿兆之请,披肝沥胆,昼歌夜吟,方屈箕颖之高,式允幽明之愿。基命宥密,如恒如升,推帝居歆,创业垂统。殊徽号,改服色,建都邑,叙彝伦,薄赋轻徭,慎刑恤狱,除繁苛之政,兴清静之风,去无用之官,省相监之职。奇才间出,盛德无隐,星精云气,共趋走于堭埒,山神海灵,咸爕理于台阁。东渐日谷,西被月川,教暨北溟之表,声加南海之外,悠悠沙漠,区域万里,蠢蠢百蛮,莫之与竞。五帝所不化,三王所未宾,屈膝顿颡,尽为臣妾。殊方异类,书契不传,梯山越海,贡琛奉贽,欣欣如也。巢居穴处,化以宫室,不火不粒,训以庖厨。礼乐合天地之同,律吕节寒暑之候,制作详垂衣之后,淳粹得神农之前。遨游文雅之场,出入杳冥之极,合神谟鬼,通幽洞微,群物岁成,含生日用,饮和气以自得,沐玄泽而不知也。丹雀为史,玄龟载书,甘露自天,醴泉出地。神禽异兽,珍木奇草,望风观海,应化归风。备休祥于图牒,罄幽遐而庚止。犹且父天子民,兢兢翼翼,至矣大矣,七十四帝,曷可同年而语哉!

若夫天下之重,不可妄据,故唐之许由,夏之伯益,怀道立事,人授而弗可也。轩初四帝,周余六王,藉世因基,自取而不得也。孟轲称仲尼之德过于尧、舜,著述成帝者之事,弟子备王佐之才,黑不代苍,泣麟叹凤,栖栖汲汲,虽圣达而莫许也。虽尤则黄帝抗衡，共工则黑帝勃敌，项羽诛秦摧汉，宰割神州，角逐争驱，尽威力而无就也。其余欻起妖妄，曾何足数！贼子逆臣，所以为乱，皆由不识天道，不悟人谋，牵逐鹿之邪说，谓飞凫而为鼎。若命四凶争八元之诚，三监同九臣之志，韩信、彭越深明帝子之符，孙述、隗嚣妙识真人之出，尉迥同讴歌之类，王谦比狱讼之民，福禄蝉聊，胡可穷也！而违天逆物，获罪人神。呜呼！此前事之大戒矣。诛夷烹醢，历代共尤，僭逆凶邪，时烦狱史，其可不戒慎哉！盖积恶既成，心自绝于善道，物类相感，理必至于诛戮。天夺其魄，鬼恶其盈故也。大帝聪明，群臣正直，耳目监于率土，赏罚参于国朝，辅助一人，覆育兆庶。岂有食人之禄，受人之荣，包藏祸心而不殄尽者也？必当执法未处其罪，司命已除其籍。自古明哲，虑远防微，执一心，持一德，立功坐树，上书削藁，位尊而心逾下，禄厚而志弥约，宠盛思之以惧，道高守之以恭，克念于此，则奸回不至。事乃畏天，岂惟爱礼，谦光满覆，义在知几，吉凶由人，妖不自作。

　　众星共极，在天成象。夙沙则主虽愚蔽，民尽知归，有苗则始为跋扈，终而大服。汉南诸国，见一面以从殷，河西将军，率五郡以归汉。故能招信顺之助，保太山之安。彼陈国者，盗窃江外，民少一郡，地减半州。遇受命之主，逢太平之日，自可献土衔璧，乞同溥天。乃复养丧家之疹，遵颠覆之轨，趑趄吴、越。仍为匪民，虽时属大道，偃兵舞铖，然国家当混一之运，金陵是殄灭之期，有命不恒，断可知矣。房风之戮，元龟匪遥，孙皓之侯，守株难得。迷而未觉，谅可愍焉。斯故未辩玄天之心，不闻君子之论也。

　　德林自隋有天下，每赞平陈之计。八年，车驾幸同州，德林以疾不从。敕书追之，书后御笔注云："伐陈事意，宜自随也。"时高颎因使入京，上语颎曰："德林若患未堪行，宜自至宅取其方略。"高祖以之付晋王讳。后从驾还，在途中，高祖以马鞭南指云："待平陈讫，会以七宝装严公，使自山东无及之者。"及陈平，授柱国、郡公，实封八百户,赏物三千段。晋王讳已宣敕讫,有人说高颎曰:"天子画策,晋王及诸将戮力之所致也。今乃归功于李德林,诸将必当愤惋,且后世观公有若虚行。"颎入言之,高祖乃止。

初,大象末,高祖以逆人王谦宅赐之,文书已出,至地官府,忽复改赐崔谦。上语德林曰:"夫人欲得,将与其舅。于公无形迹,不须争之,可自选一好宅。若不称意,当为营造,并觅庄店作替。"德林乃奏取逆人高阿那肱卫国县市店八十瓯为王谦宅替。九年,车驾幸晋阳,店人上表诉称:"地是民物,高氏强夺,于内造舍。"上命有司料还价直。遇追苏威自长安至,奏云:"高阿那肱是乱世宰相,以谄媚得幸,枉取民地,造店赁之。德林诬调,妄奏自入。"李圆通、冯世基等又进云:"此店收利如食千户,请计日追赃。"上因责德林,德林请勘逆人文簿及本换宅之意,上不听,乃悉追店给所住者。自是益嫌之。十年,虞庆则等于关东诸道巡省使还,并奏云:"五百家乡正,专理辞讼,不便于民。党与爱憎,公行货贿。"上乃令废之。德林复奏云:"此事臣本以为不可。然置来始尔,复即停废,政令不一,朝成暮毁,深非帝王设法之义。臣望陛下若于律令辄欲改张,即以军法从事。不然者,纷纭未已。"高祖遂发怒,大诟云:"尔欲将我作王莽邪?"初,德林称父为太尉咨议以取赠官,李元操与陈茂等阴奏之曰:"德林之父终于校书,妄称咨议。"上甚衔之。至是,复庭议忤意,因数之曰:"公为内史,典朕机密,比不可豫计议者,以公不弘耳。宁自知乎?朕方以孝治天下,恐斯道废阙,故立五教以弘之。公言孝由天性,何须设教。然则孔子不当说《孝经》也。又调冒取店,妄加父官,朕实忿之而未能发。今当以一州相遣耳。"因出为湖州刺史。德林拜谢曰:"臣不敢复望内史令,请预散参。待陛下登封告成,一观盛礼,然后收拙丘园,死且不恨。"上不许,转怀州刺史。在州逢亢旱,课民掘井溉田,空致劳扰,竟无补益,为考司所贬。岁余,卒官,时年六十一。赠大将军、廉州刺史,谥曰文。及将葬,敕令羽林百人,并鼓吹一部,以给丧事。赠物三百段,粟千石,祭以太牢。

德林美容仪,善谈吐,齐天统中,兼中书侍郎,于宾馆受国书。

陈使江总目送之曰："此即河朔之英灵也。"器量沉深,时人未能测,唯任城王湝、赵彦深、魏收、陆卬大相钦重,延誉之言,无所不及。德林少孤,未有字,魏收谓之曰："识度天才,必至公辅,吾辄以此字卿。"从官以后,即典机密,性重慎,尝云古人不言温树,何足称也。少以才学见知,及位望稍高,颇伤自任,争名之徒,更相谮毁,所以运属兴王,功参佐命,十余年间竟不徙级。所撰文集,勒成八十卷,遭乱亡失,见五十卷行于世。敕撰《齐史》未成。

有子曰百药,博涉多才,词藻清赡。释巾太子通事舍人,后迁太子舍人、尚书礼部员外郎,袭爵安平县公,桂州司马。炀帝恐其初不附己,以为步兵校尉。大业末,转建安郡丞。

史臣曰:德林幼有操尚,学富才优,誉重邺中,声飞关右。王基缔构,叶赞谋猷,羽檄交驰,丝纶间发,文诰之美,时无与二。君臣体合,自致青云,不患莫己知,岂徒言也!

隋书卷四三
列传第八

河间王弘 子庆　杨处纲
杨子崇　观德王雄 子弟达

河间王弘字辟恶,高祖从祖弟也。祖爱敬,早卒。父元孙,少孤,随母郭氏,养于舅族。及武元皇帝与周太祖建义关中,元孙时在邺下,惧为齐人所诛,因假外家姓为郭氏。元孙死,齐为周所并,弘始入关,与高祖相得。高祖哀之,为买田宅。弘性明悟,有文武干略。数从征伐,累迁开府仪同三司。高祖为丞相,常置左右,委以心腹。高祖诣周赵王宅,将及于难,弘时立于户外,以卫高祖。寻加上开府,赐爵永康县公。

及上受禅,拜大将军,进爵郡公。寻赠其父为柱国、尚书令、河间郡公。其年立弘为河间王,拜右卫大将军。岁余,进授柱国。时突厥屡为边患,以行军元帅,率众数万,出灵州道,与房相遇,战,大破之,斩数千级。赐物二千段,出拜宁州总管,进位上柱国。弘在州,治尚清净,甚有恩惠。后数载,征还京师。未几,拜蒲州刺史,得以便宜从事。时河东多盗贼,民不得安。弘奏为盗者百余人,投之边裔,州境帖然,号为良吏。每晋王广入朝,弘辄领扬州总管,及晋王归藩,弘复还蒲州。在官十余年,风教大洽。炀帝嗣位,征还,拜太子太保。岁余,薨。大业六年,追封郇王。子庆嗣。

庆倾曲,善候时变。帝时猜忌骨肉,滕王纶等皆被废放,唯庆获全。累迁荥阳郡太守，颇有治绩。

及李密据洛口仓，荥阳诸县多应密，庆勒兵拒守，密频遣攻之，不能克。岁余，城中粮尽，兵势日蹙。密因遗庆书曰：

自昏狂嗣位，多历岁年，剥削生民，涂炭天下。璿室瑶台之丽，未极骄奢，糟丘酒池之荒，非为淫乱。今者共举义旗，勘剪凶虐，八方同德，万里俱来，莫不期入关以亡秦，争渡河而灭纣。东穷海、岱，南洎江、淮，凡厥遗人，承风慕义，唯荥阳一郡，王独守迷。夫微子，纣之元兄，族实为重；项伯，籍之季父，戚乃非疏。然犹去朝歌而入周，背西楚而归汉。岂不眷恋宗祊，留连骨肉，但识宝鼎之将移，知神器之先改。而王之先代，家住山东，本姓郭氏，乃非杨族。止为宿与隋朝先有勋旧，遂得预沾盘石，名在葭莩。娄敬之与汉高，殊非血胤，吕布之于董卓，良异天亲。芝焚蕙叹，事不同此。又王之昏主，心若豺狼，仇忿同胞，有逾沉、阋，惟勇与谅，咸罄旬师，况乃族类为非，何能自保！为王计者，莫若举城从义，开门送款，安若太山，高枕而卧，长守富贵，足为美谈，乃至子孙，必有余庆。

今王世充屡被摧蹙，自救无聊，偷存晷漏，讵能支久？段达、韦津，东都固自，何暇图人？世充朝亡，达便夕灭。又江都荒湎，流宕忘归，内外崩离，人神怨愤。上江米船，皆被抄截，士卒饥馁，半菽不充，事切析骸，义均煮弩。举烽火于骊山，诸侯莫至，浮胶船于汉水，还日未期。王独守孤城，绝援千里，糇粮之计，仅有月余，敝卒之多，才盈数百。有何恃赖，欲相拒抗！求枯鱼于市肆，即事非虚，因归雁以运粮，竟知何日。然城中豪杰，王之腹心，思杀长吏，将为内启。正恐祸生匕首，衅发萧墙，空以七尺之躯，悬赏千金之购，可为寒心，可为酸鼻者也。幸能三思，自求多福。

于时江都败问亦至，庆得书，遂降于密，改姓为郭氏。密为王世充所破，复归东都，更为杨氏，越王侗不之责也。及侗称制，拜宗正卿。

世充将篡，庆首为劝进。世充既僭伪号，降爵郇国公，庆复为郭氏。世充以兄女妻之，署荥州刺史。及世充将败，庆欲将其妻同归长安，其妻谓之曰："国家以妾奉箕帚于公者，欲以申厚意，结公心耳。今叔父穷迫，家国阽危，而公不顾婚姻，孤负付属，为全身之计，非妾所能责公也。妾若至长安，则公家一婢耳，何用妾为！愿得送还东都，君之惠也。"庆不许。其妻遂沐浴靓妆，仰药而死。庆归大唐，为宜州刺史、郇国公，复姓杨氏。其嫡母元太妃，年老，两目失明，王世充以庆叛己而斩之。

杨处纲，高祖族父也。生长北边，少习骑射。在周，尝以军功拜上仪同。高祖受禅，赠其父钟葵为柱国、尚书令、义城县公，以处纲袭焉。授开府，督武候事。寻为太子宗卫率，转左监门郎将。后数载，起授右领军将军。处纲虽无才艺，而性质直，在官强济，亦为当时所称。寻拜蒲州刺史，吏民悦之。进位大将军。后迁秦州总管，卒官。谥曰恭。

弟处乐，官至洛州刺史。汉王谅之反也，朝廷以为有二心，废锢不齿。

杨子崇，高祖族弟也。父盆生，赠荆州刺史。子崇少好学，涉猎书记，有风仪，爱贤好士。开皇初，拜仪同，以车骑将军恒典宿卫。后为司门侍郎。炀帝嗣位，累迁候卫将军，坐事免。未几，复令检校将军事。从帝幸汾阳宫，子崇知突厥必为寇患，屡请早还京师，帝不纳。寻有雁门之围。及贼退，帝怒曰："子崇怯懦，妄有陈请，惊动我众心，不可居爪牙之寄。"出为离石郡太守，治有能名。

自是突厥屡寇边塞，胡贼刘六儿复拥众劫掠郡境，子崇上表请兵镇遏。帝复大怒，下书令子崇巡行长城。子崇出百余里，四面路绝，不得进而归。时百姓饥馑，相聚为盗，子崇前后捕斩数千人。岁余，朔方梁师都、马邑刘武周等各称兵作乱，郡中诸胡复相啸聚。子崇患之，言欲朝集，遂与心腹数百人自孟门关将还京师。辎重半济，遇河西诸县各杀长吏,叛归师都,道路隔绝,子崇退归离石。所将左右,既闻太原有兵起,不复入城,遂各叛去。子崇悉收叛者父兄斩之。后数日,义兵夜至城下,城中豪杰复出应之。城陷,子崇为仇家所杀。

　　观德王雄,初名惠,高祖族子也。父纳,仕周,历八州刺史、傥城县公,赐姓叱吕引氏。雄美姿仪,有器度,雍容闲雅,进止可观。周武帝时,为太子司旅下大夫。帝幸云阳宫,卫王直作乱,以其徒袭肃章门,雄逆拒破之。进位上仪同,封武阳县公,邑千户。累迁右司卫上大夫。大象中,进爵邗国公,邑五千户。高祖为丞相,雍州牧毕王贤谋作难,雄时为别驾,知其谋,以告高祖。贤伏诛,以功授柱国、雍州牧,仍领相府虞候。周宣帝葬,备诸王有变,令雄率六千骑送至陵所。进位上柱国。

　　高祖受禅,除左卫将军,兼宗正卿。俄迁右卫大将军,参预朝政。进封广平王,食邑五千户,以邗公别封一子。雄请封弟士贵,朝廷许之。或奏高颎朋党者,上诘雄于朝。雄对曰:“臣忝卫宫闱,朝夕左右,若有朋附,岂容不知!至尊钦明睿哲,万机亲览,颎用心平允,奉法而行。此乃爱憎之理,惟陛下察之。”高祖深然其言。雄时贵宠,冠绝一时,与高颎、虞庆则、苏威称为“四贵”。

　　雄宽容下士,朝野倾瞩。高祖恶其得众,阴忌之,不欲其典兵马。乃下册书,拜雄为司空,曰:“维开皇九年八月朔壬戌,皇帝若曰:於戏!惟尔上柱国、左卫大将军、宗正卿、广平王,风度宽弘,位望隆显,爰司禁旅,绵历十载。入当心腹,外任爪牙,驱驰轩陛,勤劳著绩。念旧庸勋,礼秩加等。公辅之寄,民具尔瞻,宜竭乃诚,副兹名实。是用命尔为司空。往钦哉!光应宠命,得不慎欤!”外示优崇,实夺其权也。雄无职务,乃闭门不通宾客。寻改封清漳王。仁寿初,高祖曰:“清漳之名,未允声望。”命职方进地图,上指安德郡以示群臣曰:“此号足为名德相称。”于是改封安德王。

　　大业初,授太子太傅。及元德太子薨,检校郑州刺史事。岁余,授怀州刺史。寻拜京兆尹。帝亲征吐谷浑，诏雄总管浇河道诸军。及还，改封观王。上表让曰："臣早逢兴运，预班末属，有命有时，藉风云之会，无才无德，滥公卿之首。蒙先皇不次之赏，荷陛下非分之恩，久綦台槐，常虑盈满，岂可仍叨匪服，重窃鸿名！臣实面墙，敢缘往例，臣诚昧宠，交惧身责。昔刘贾封王，岂备三阶之任，曹洪上将，宁超五等之爵？况臣衮章逾于帝子，京尹亚于皇枝，锡土作藩，钮金开国，于臣何以自处，在物谓其乖分。是以露款执愚，祈恩固守。伏愿陛下曲留慈照，特鉴丹诚。频触宸严，伏增流汗。"优诏不许。

辽东之役，检校左翊卫大将军，出辽东道。次泸河镇，遘疾而薨，时年七十一。帝为之废朝，鸿胪监护丧事。有司考行，请谥曰懿。帝曰："王道高雅俗，德冠生人。"乃赐谥曰德。赠司徒、襄国、武安、渤海、清河、上党、河间、济北、高密、济阴、长平等十郡太守。

子恭仁，位至吏部侍郎。恭仁弟綝，性和厚，颇有文学。历义州刺史、淮南太守。及父薨，起为司隶大夫。辽东之役，帝令綝于临海顿别有所督。杨玄感之反也，玄感弟玄纵，自帝所逃赴其兄，路逢綝，綝避人偶语久之，既别而复相就者数矣。司录刺史刘休文奏之，时綝兄吏部侍郎恭仁将兵于外，帝以是寝之，未发其事。綝忧惧，发病而卒。綝弟续，仕至散骑侍郎。

雄弟达，字士达。少聪敏，有学行。仕周，官至仪同、内史下大夫，遂宁县男。高祖受禅，拜给事黄门侍郎，进爵为子。时吐谷浑寇边，诏上柱国元楷为元帅，达为司马。军还，兼吏部侍郎，加开府。岁余，转内史侍郎，出为鄘、郑、赵三州刺史，俱有能名。平陈之后，四海大同，上差品天下牧宰，达为第一，赐杂彩五百段，加以金带，擢拜工部尚书，加位上开府。达为人弘厚，有局度。杨素每言曰："有君子之貌，兼君子之心者，唯杨达耳。"献皇后及高祖山陵制度，达并参豫焉。

炀帝嗣位，转纳言，仍领营东都副监，帝甚信重之。辽东之役，领右武卫将军，进位左光禄大夫，卒于师，时年六十二。帝叹惜者久之,赠吏部尚书、始安侯。谥曰恭。赠物三百五十段。

史臣曰:高祖始迁周鼎,众心未附,利建同姓,维城宗社,是以河间、观德,咸启山河。属乃葭莩,地非宠逼,故高位厚秩,与时终始。杨庆二三其德,志在苟生,变本宗如反掌,弃慈母如遗迹,及身而绝,宜其然矣。观王位登台衮,庆流后嗣,保兹宠禄,实仁厚之所致乎!

隋书卷四四
列传第九

滕穆王瓒 嗣王纶　道悼王静
卫昭王爽 嗣王集　蔡王智积

滕穆王瓒字恒生，一名慧，高祖母弟也。周世，以太祖军功封竟陵郡公，尚武帝妹顺阳公主，自右中侍上士迁御伯中大夫。保定四年，改为纳言，授仪同。瓒贵公子，又尚公主，美姿仪，好书爱士，甚有令名于当世。时人号曰杨三郎。武帝甚亲爱之。平齐之役，诸王咸从，留瓒居守，帝谓之曰："六府事殷，一以相付。朕将遂事东方，无西顾之忧矣。"其见亲信如此。宣帝即位，迁吏部中大夫，加上仪同。

未几，帝崩，高祖入禁中，将总朝政，令废太子勇召之，欲有计议。瓒素与高祖不协，闻召不从，曰："作隋国公恐不能保，何乃更为族灭事邪？"高祖作相，迁大将军。寻拜大宗伯，典修礼律。进位上柱国、邵国公，瓒见高祖执政，群情未一，恐为家祸，阴有图高祖之计，高祖每优容之。及受禅，立为滕王。后拜雍州牧。上数与同坐，呼为阿三。后坐事去牧，以王就第。

瓒妃宇文氏，先时与独孤皇后不平，及此郁郁不得志，阴有咒诅。上命瓒出之，瓒不忍离绝，固请。上不得已，从之，宇文氏竟除属籍。瓒由是忤旨，恩礼更薄。开皇十一年，从幸栗园，暴薨，时年四十二。人皆言其遇鸩以毙。子纶嗣。

纶字斌籍，性弘厚，美姿容，颇解钟律。高祖受禅，封邵国公，邑八千户。明年，拜邵州刺史。晋王广纳妃于梁，诏纶致礼焉，甚为梁人所敬。

纶以穆王之故，当高祖之世，每不自安。炀帝即位，尤被猜忌。纶忧惧不知所为，呼术者王琛而问之。琛答曰："王相禄不凡。"乃因曰："滕即腾也，此字足为善应。"有沙门惠恩、崛多等，颇解占候，纶每与交通，常令此三人为度星法。有人告纶怨望咒诅，帝命黄门侍郎王弘穷治之。弘见帝方怒，遂希旨奏纶厌蛊恶逆，坐当死。帝令公卿议其事，司徒杨素等曰："纶希冀国灾，以为身幸。原其性恶之由，积自家世。惟皇运之始，四海同心，在于孔怀，弥须协力。其先乃离阻大谋，弃同即异。父悖于前，子逆于后，非直觊觎朝廷，便是图危社稷。为恶有状，其罪莫大，刑兹无赦，抑有旧章，请依前律。"帝以公族不忍，除名为民，徙始安。诸弟散徙边郡。大业七年，亲征辽东，纶欲上表，请从军自效，为郡司所遏。末几，复徙朱崖。及天下大乱，为贼林仕弘所逼，携妻子，窜于儋耳。后归大唐，为怀化县公。

纶弟坦，字文籍，初封竟陵郡公，坐纶徙长沙。坦弟猛，字武籍，徙衡山。猛弟温，字明籍，初徙零陵。温好学，解属文，既而作《零陵赋》以自寄，其辞哀思。帝见而怒之，转徙南海。温弟诜，字弘籍，前亦徙零陵。帝以其修谨，袭封滕王，以奉穆王嗣。大业末，薨于江都。

道悼王静字贤籍，滕穆王瓒之子也。出继叔父嵩。嵩在周代，以太祖军功。赐爵兴城公，早卒。高祖践位，追封道王，谥曰宣。以静袭焉。卒，无子，国除。

卫昭王爽字师仁，小字明达，高祖异母弟也。周世，在襁褓中，以太祖军功，封同安郡公。六岁而太祖崩，为献皇后之所鞠养，由是高祖于诸弟中特宠爱之。十七为内史上士。高祖执政，拜大将军、秦州总管。未之官，转授蒲州刺史，进位柱国。及受禅，立为卫王。

寻迁雍州牧，领左右将军。俄迁右领军大将军，权领并州总管。岁余，进位上柱国，转凉州总管。爽美风仪，有器局，治甚有声。

其年，以爽为行军元帅，步骑七万以备胡。出平凉，无虏而还。明年，大举北伐，又为元帅。河间王弘、豆卢勣、窦荣定、高颎、虞庆则等分道而进，俱受爽节度。爽亲率李元节等四将出朔州，遇沙钵略可汗于白道，接战，大破之，虏获千余人，驱马牛羊巨万。沙钵略可汗中重疮而遁。高祖大悦，赐爽真食梁安县千户。六年，复为元帅，步骑十五万，出合川。突厥遁逃，而返。明年，征为纳言。高祖甚重之。

未几，爽寝疾，上使巫者薛荣宗视之，云众鬼为厉。爽令左右驱逐之。居数日，有鬼物来击荣宗，荣宗走下阶而毙。其夜爽薨，时年二十五。赠太尉、冀州刺史。子集嗣。

集字文会，初封遂安王，寻袭封卫王。炀帝时，诸侯王恩礼渐薄，猜防日甚。集忧惧不知所为，乃呼术者俞普明，章醮以祈福助。有人告集咒诅，宪司希旨，锻成其狱，奏集恶逆，坐当死。天子下公卿议其事，杨素等曰："集密怀左道，厌蛊君亲，公然咒诅，无惭幽显。情灭人理，事悖先朝，是君父之罪人，非臣子之所赦，请论如律。"时滕王纶坐与相连，帝不忍加诛，乃下诏曰："纶、集以附尊之华，犹子之重，縻之好爵，匪由德进。正应与国升降，休戚是同，乃包藏妖祸，诞纵邪僻。在三之义，爱敬俱沦，急难之情，孔怀顿灭。公卿议既如此，览以潜然。虽复王法无私，恩从义断，但法隐公族，礼有亲亲。致之极辟，情所未忍。"于是除名为民，远徙边郡。遇天下大乱，不知所终。

蔡王智积，高祖弟整之子也。整周明帝时，以太祖军功。赐爵陈留郡公。寻授开府、车骑大将军。从武帝平齐，至并州，力战而死。及高祖作相，赠柱国、大司徒、冀定瀛相怀卫赵贝八州刺史。高祖受禅，追封蔡王，谥曰景。以智积袭焉。又封其弟智明为高阳郡公，智才为开封县公。寻拜智积为开府仪同三司，授同州刺史，仪卫资送甚盛。顷之，以修谨闻，高祖善之。在州未尝嬉戏游猎，听政之暇，端坐读书，门无私谒。有侍读公孙尚仪，山东儒士，府佐杨君英、萧德言，并有文学，时延于座，所设唯饼果，酒才三酌。家有女妓，唯年节嘉庆，奏于太妃之前，其简静如此。昔高祖龙潜时，景王与高祖不睦，其太妃尉氏，又与独孤皇后不相谐，以是智积常怀危惧，每自贬损。高祖知其若是，亦哀怜之。人或劝智积治产业者，智积曰："昔平原露朽财帛，苦其多也。吾幸无可露，何更营乎？"有五男，止教读《论语》、《孝经》而已，亦不令交通宾客。或问其故，智积答曰："卿非知我者。"其意恐儿子有才能，以致祸也。开皇二十年，征还京第，无他职任，阖门自守，非朝觐不出。

炀帝即位，滕王纶、卫王集并以谗构得罪，高阳公智明亦以交游夺爵，智积逾惧。大业七年，授弘农太守，委政僚佐，清净自居。及杨玄感作乱，自东都引军而西，智积谓官属曰："玄感闻大军将至，欲西图关中。若成其计，则根本固矣。当以计縻之，使不得进。不出一旬，自可擒耳。"及玄感军至城下，智积登陴詈辱之，玄感怒甚，留攻之。城门为贼所烧，智积乃更益火，贼不得入。数日，宇文述等援军至，合击破之。

十二年，从驾江都，寝疾。帝时疏薄骨肉，智积每不自安，及遇患，不呼医。临终，谓所亲曰："吾今日始知得保首领没于地矣。"时人哀之。有子道玄。

史臣曰：周建懿亲，汉开盘石，内以敦睦九族，外以辑宁亿兆，深根固本，崇奖王室。安则有以同其乐，衰则有以恤其危，所由来久矣。魏、晋以下，多失厥中，不遵王度，各徇所私。抑之则势齐于匹夫，抗之则权侔于万乘，矫枉过正，非一时也。得失详乎前史，不复究而论焉。高祖昆弟之恩，素非笃睦，闺房之隙，又不相容。至于二世承基，其弊愈甚。是以滕穆暴薨，人皆窃议，蔡王将没，自以为幸。唯卫王养于献后，故任遇特隆，而诸子迁流，莫知死所，悲夫！其锡以茅土,称为盘石,行无甲兵之卫,居与皁隶为伍。外内无虞,颠危不暇,时逢多难,将何望焉!

隋书卷四五
列传第一〇

文四子

房陵王勇 子俨　秦孝王俊 子浩
庶人秀　庶人谅

　　高祖五男,皆文献皇后之所生也。长曰房陵王勇,次炀帝,次秦孝王俊,次庶人秀,次庶人谅。

　　房陵王勇字睍地伐,高祖长子也。周世,以太祖军功,封博平侯。及高祖辅政,立为世子,拜大将军、左司卫,封长宁郡公。出为洛州总管、东京小冢宰,总统旧齐之地。后征还京师,进位上柱国、大司马,领内史御正,诸禁卫皆属焉。高祖受禅,立为皇太子,军国政事及尚书奏死罪已下,皆令勇参决之。上以山东民多流冗,遣使按检,又欲徙民北实边塞。勇上书谏曰:"窃以导俗当渐,非可顿革,恋土怀旧,民之本情,波进流离,盖不获已。有齐之末,主暗时昏,周平东夏,继以威虐,民不堪命,致有逃亡,非厌家乡,愿为羁旅。加以去年三方逆乱,赖陛下仁圣,区宇肃清,锋刃虽屏,疮痍未复。若假以数岁,沐浴皇风,逃窜之徒,自然归本。虽北夷猖厥,尝犯边烽,今城镇峻峙,所在严固,何待迁配,以致劳扰。臣以庸虚,谬当储贰,寸诚管见。辄以尘闻。"上览而嘉之,遂寝其事。是后时政不便,多所损益,上每纳之。上尝从容谓群臣曰:"前世皇王,溺于嬖幸,废立之所由生。朕傍无姬侍,五子同母,可谓真兄弟也。岂若前代多诸内宠,孽子忿净,为亡国之道邪!

勇颇好学,解属词赋,性宽仁和厚,率意任情,无矫饰之行。引明克让、姚察、陆开明等为之宾友。勇尝文饰蜀铠,上见而不悦,恐致奢侈之渐,因而诫之曰:"我闻天道无亲,唯德是与,历观前代帝王,未有奢华而得长久者。汝当储后,若不上称天心,下合人意,何以承宗庙之重,居兆民之上?吾昔日衣服,各留一物,时复看之,以自警戒。今以刀子赐汝,宜识我心。"

其后经冬至,百官朝勇,勇张乐受贺。高祖知之,问朝臣曰:"近闻至节,内外百官,相率朝东宫,是何礼也?"太常少卿辛亶对曰:"于东宫是贺,不得言朝。"高祖曰:"改节称贺,正可三数十人,逐情各去。何因有司征召,一时普集,太子法服设乐以待之?东宫如此,殊乖礼制。"于是下诏曰:"礼有等差,君臣不杂,爰自近代,圣教渐亏,俯仰逐情,因循成俗。皇太子虽居上嗣,义兼臣子,而诸方岳牧,正冬朝贺,任土作贡,别上东宫。事非典则,宜悉停断。"自此恩宠始衰,渐生疑阻。

时高祖令选宗卫侍官,以入上台宿卫。高颎奏称,若尽取强者,恐东宫宿卫太劣。高祖作色曰:"我有时行动,宿卫须得雄毅。太子毓德东宫,左右何须强武?此极敝法,甚非我意。如我商量,恒于交番之日,分向东宫上下,围伍不别,岂非好事?我熟见前代,公不须仍踵旧风。"盖疑高颎男尚勇女,形于此言,以防之也。

勇多内宠,昭训云氏,尤称嬖幸,礼匹于嫡。勇妃元氏无宠,尝遇心疾,二日而薨。献皇后意有他故,甚责望勇。自是云昭训专擅内政,后弥不平,颇遣人伺察,求勇罪过。晋王知之,弥自矫饰,姬妾但备员数,唯共萧妃居处。皇后由是薄勇,愈称晋王德行。其后晋王来朝,车马侍从,皆为俭素,敬接朝臣,礼极卑屈,声名籍甚,冠于诸王。临还扬州,入内辞皇后,因进言曰:"臣镇守有限,方违颜色,臣子之恋,实结于心。一辞阶闼,无由侍奉,拜见之期,杳然未曰",因哽咽流涕,伏不能兴,皇后亦曰:"汝在方镇,我又年老,今者之别,有切常离。"又泫然泣下,相对歔欷。王曰:"臣性识愚下,常守平年昆弟之意,不知何罪,失爱东宫,恒蓄盛怒,欲加屠陷。每恐谗谮生于投杼,鸩毒遇于杯勺,是用勤忧积念,惧履危亡。"皇后忿然曰:"睍地伐渐不可耐,我为伊索得元家女,望隆基业,竟不闻作夫妻,专宠阿云,使有如许豚犬。前新妇本无病痛,忽尔暴亡,遣人投药,致此夭逝。事已如是,我亦不能穷治,何因复于汝处发如此意?我在尚尔,我死后,当鱼肉汝乎?每思东宫竟无正嫡,至尊千秋万岁之后,遣汝等兄弟向阿云儿前再拜问讯,此是几许大苦痛邪!"晋王又拜,呜咽不能止,皇后亦悲不自胜。

此别之后,知皇后意移,始构夺宗之计。因引张衡定策,遣褒公宇文述深交杨约,令喻旨于越国公素,具言皇后此语。素瞿然曰:"但不知皇后如何?必如所言,吾又何为者!"后数日,素入侍宴,微称晋王孝悌恭俭,有类至尊,用此揣皇后意。皇后泣曰:"公言是也。我儿大孝顺,每闻至尊及我遣内使到,必迎于境首。言及违离,未尝不泣。又其新妇亦大可怜,我使婢去,常与之同寝共食。岂若睍地伐共阿云相对而坐,终日酣宴,昵近小人,疑阻骨肉。我所以益怜阿麽者,常恐暗地杀之。"素既知意,因盛言太子不才。皇后遂遗素金,始有废立之意。

勇颇知其谋,忧惧,计无所出。闻新丰人王辅贤能占候,召而问之。辅贤曰:"白虹贯东宫门,太白袭月,皇太子废退之象也。"以铜铁五兵造诸厌胜。又于后园之内作庶人村,屋宇卑陋,太子时于中寝息,布衣草褥,冀以当之。高祖知其不安,在仁寿宫,使杨素观勇。素至东宫,偃息未入,勇束带待之,故久不进,以激怒勇。勇衔之,形于言色。素还,言勇怨望,恐有他变,愿深防察。高祖闻素潜毁,甚疑之。皇后又遣人伺觇东宫,纤介事皆闻奏,因加媒蘖,构成其罪。高祖惑于邪议,遂疏忌勇。乃于玄武门达至德门量置候人,以伺动静,皆随事奏闻。又东宫宿卫之人,侍官已上,名籍悉令属诸卫府,有健儿者,咸屏去之。晋王又令段达私于东宫幸臣姬威,遗以财货,令取太子消息,密告杨素。于是内外宣谤,过失日闻。段达胁姬威曰:"东宫罪过,主上皆知之矣,已奉密诏,定当废立。君能告之,则大富贵。"威遂许诺。

九月壬子,车驾至自仁寿宫,翌日,御大兴殿,谓侍臣曰:"我新还京师,应开怀欢乐,不知何意翻邑然愁苦?"吏部尚书牛弘对曰:"由臣等不称职,故至尊忧劳。"高祖既数闻谗谮,疑朝臣皆具委,故有斯问,冀闻太子之愆。弘为此对,大乖本旨。高祖因作色谓东宫官属曰:"仁寿宫去此不远,而令我每还京师,严备仗卫,如入敌国。我为患利,不脱衣卧。昨夜欲得近厕,故在后房,恐有警急,还移就前殿。岂非尔辈欲坏我国家邪?"于是执唐令则等数人,付所司讯鞫。令杨素陈东宫事状,以告近臣。素显言之曰:"臣奉敕向京,令皇太子检校刘居士余党。太子奉诏,乃作色奋厉,骨肉飞腾,语臣云:'居士党尽伏法,遣我何处穷讨?尔作右仆射,委寄不轻,自检校之,何关我事?'又云:'若大事不遂,我先被诛。今作天子,竟乃令我不如诸弟。一事以上,不得自由。'因长叹回视云:'我大觉身妨。'高祖曰:此儿不堪承嗣久矣。皇后恒劝我废之,我以布素时生,复是长子,望其渐改,隐忍至今。勇昔从南兖州来,语卫王云:'阿娘不与我一好妇女,亦是可恨。'因指皇后侍儿曰:'是皆我物。'此言几许异事。其妇初亡,即以斗帐安余老妪。新妇初亡,我深疑使马嗣明药杀。我曾责之,便怼曰:'会杀元孝矩。'此欲害我而迁怒耳。初,长宁诞育,朕与皇后共抱养之,自怀彼此,连遣来索。且云定兴女,在外私合而生,想此由来,何必是其体胤!昔晋太子取屠家女,其儿即好屠割。今偒非类,便乱宗社。又刘金骥,谄佞人也,呼定兴作亲家翁,定兴愚人,受其此语。我前解金骥者,为其此事。勇尝引曹妙达共定兴女同宴,妙达在外说云:'我今得劝妃酒。'直以其诸子偏庶,畏人不服,故逆纵之,欲收天下之望耳。我虽德惭尧、舜,终不以万姓付不肖子也。我恒畏其加害,如防大敌,今欲废之,以安天下。"左卫大将军、五原公元旻谏曰:"废立大事,天子无二言,诏旨若行,后悔无及。谗言罔极,惟陛下察之。"旻辞直争强,声色俱厉,上不答。

是时姬威又抗表告太子非法。高祖谓威曰:"太子事迹,宜皆尽言。”威对曰：“皇太子由来共臣语，唯意在骄奢，欲得从樊川以至于散关，总规为苑。兼云：‘昔汉武帝将起上林苑，东方朔谏之，赐朔黄金百斤，几许可笑。我实无金辄赐此等。若有谏者，正当斩之，不杀百许人，自然永息。’前苏孝慈解左卫率，皇太子奋髯扬肘曰：‘大丈夫会当有一日，终不忘之，决当快意。’又宫内所须，尚书多执法不与，便怒曰：‘仆射以下，吾会戮一二人，使知慢我之祸。’又于苑内筑一小城，春夏秋冬，作役不辍，营起亭殿，朝造夕改。每云：‘至尊嗔我多侧庶，高纬、陈叔宝岂是孽子乎？’尝令师姥卜吉凶，语臣曰：‘至尊忌在十八年，此期促矣。’”高祖泫然曰：“谁非父母生，乃至于此！我有旧使妇女，令看东宫，奏我云：‘勿令广平王至皇太子处。东宫憎妇，亦广平教之。’元赞亦知其阴恶，劝我于左藏之东，加置两队。初平陈后，宫人好者悉配春坊，如闻不知厌足，于外更有求访。朕近览《齐书》，见高欢纵其儿子，不胜忿愤，安可效尤邪！”于是勇及诸子皆被禁锢，部分收其党与。杨素舞文巧诋，锻炼以成其狱。勇由是遂败。

居数日，有司承素意，奏言左卫元旻身备宿卫，常曲事于勇，情存附托。在仁寿宫，裴弘将勇书于朝堂与旻，题封云勿令人见。高祖曰：“朕在仁寿宫，有纤小事，东宫必知，疾于驿马。怪之甚久，岂非此徒耶？”遣武士执旻及弘付法治其罪。

先是，勇尝从仁寿宫参起居还，途中见一枯槐，根干蟠错，大且五六围，顾左右曰：“此堪作何器用？”或对曰：“古槐尤堪取火。”于时卫士皆佩火燧，勇因令匠者造数千枚，欲以分赐左右。至是，获于库。又药藏局贮艾数斛，亦搜得之。大将为怪，以问姬威。威曰：“太子此意别有所在。比令长宁王已下，诣仁寿宫还，每尝急行，一宿便至。恒饲马千匹，云径往捉城门，自然饿死。”素以威言诘勇，勇不服曰：“窃闻公家马数万匹，勇忝备位太子，有马千匹，乃是反乎？”素又发泄东宫服玩，似加雕饰者，悉陈之于庭，以示文武群官，为太子之罪。高祖遣将诸物示勇，以诮诘之。皇后又责之罪。高祖使使责问勇，勇不服。太史令袁充进曰：“臣观天文，皇太子当废。”

上曰:"玄象久见矣。"群臣无敢言者。

于是使人召勇。勇见使者,惊曰:"得无杀我耶?"高祖戎服陈兵,御武德殿,集百官,立于东面,诸亲立于西面,引勇及诸子列于殿庭。命薛道衡宣废勇之诏曰:"太子之位,实为国本,苟非其人,不可虚立。自古储副,或有不才,长恶不悛,仍令守器,皆由情溺宠爱,失于至理,致使宗社倾亡,苍生涂地。由此言之,天下安危,系乎上嗣,大业传世,岂不重哉!皇太子勇,地则居长,情所钟爱,初登大位,即建春宫,冀德业日新,隆兹负荷。而性识庸暗,仁孝无闻,昵近小人,委任奸佞,前后愆衅,难以具纪。但百姓者,天之百姓,朕恭天命,属当安育,虽欲爱子,实畏上灵,岂敢以不肖之子,而乱天下。勇及其男女为王、公主者,并可废为庶人。顾惟兆庶,事不获已,兴言及此,良深愧叹!"令薛道衡谓勇曰:"尔之罪恶,人神所弃,欲求不废,其可得耶?"勇再拜而言曰:"臣合尸之都市,为将来鉴诫,幸蒙哀怜,得全性命。"言毕,泣下流襟,既而舞蹈而去。左右莫不悯默。

又下诏曰:

自古以来,朝危国乱,皆邪臣佞媚,凶党扇惑,致使祸及宗社,毒流兆庶。若不标明典宪,何以肃清天下!左卫大将军、五原郡公元旻,任掌兵卫,委以心膂,陪侍左右,恩宠隆渥;乃包藏奸伏,离间君亲,崇长厉阶,最为魁首。太子左庶子唐令则,策名储贰,位长宫僚,谄曲取容,音技自进,躬执乐器,亲教内人,赞成骄侈,导引非法。太子家令邹文腾,专行左道,偏被亲昵,心腹委付,巨细关知,占问国家,希觊灾祸。左卫率司马夏侯福,内事谄谀,外作威势,凌侮上下,亵渎宫闱。典膳监元淹,谬陈爱憎,开示怨隙,妄起讪谤,潜行离阻,进引妖巫,营事厌祷。前吏部侍郎萧子宝,往居省阁,旧非宫臣,禀性浮躁,用怀轻险,进画奸谋,要射荣利,经营间构,开造祸端。前主玺下士何竦,假托玄象,妄说妖怪,志图祸乱,心在速发,兼制奇器异服,皆竦规摹,增长骄奢,糜费百姓。凡此七人,为害乃甚,并处斩,妻妾子孙皆悉没官。

　　车骑将军阎毗、东郡公崔君绰、游骑尉沈福宝、瀛州民章仇太翼等四人，所为之事，皆是悖恶，论其状迹，罪合极刑。但朕情存好生，未能尽戮，可并特免死，各决杖一百，身及妻子资财田宅，悉可没官。副将作大匠商龙义，豫追番丁，辄配东宫使役，营造亭舍，进入春坊。率更令晋文建，通直散骑侍郎、判司农少卿事元衡，料度之外，私自出给，虚破丁功，擅割园地。并处尽。

　　于是集群官于广阳门外，宣诏以戮之。广平王雄答诏曰："至尊为百姓割骨肉之恩，废黜无德，实为大庆，天下幸甚！"乃移勇于内史省，立晋王广为皇太子，仍以勇付之，复囚于东宫。赐杨素物三千段，元胄、杨约并千段，杨难敌五百段，皆鞫勇之功赏也。

　　时文林郎杨孝政上书谏曰："皇太子为小人所误，宜加训诲，不宜废黜。"上怒，挞其胸。寻而贝州长史裴肃表称："庶人罪黜已久，当克己自新，请封一小国。"高祖知勇之黜也，不允天下之情，乃征肃入朝，具陈废立之意。

　　时勇自以废非其罪，频请见上，面申冤屈。而皇太子遏之，不得闻奏。勇于是升树大叫，声闻于上，冀得引见。素因奏言："勇情志昏乱，为颠鬼所著，不可复收。"上以为然，卒不得见。素诬陷经营，构成其罪，类皆如此。

　　高祖寝疾于仁寿宫征皇太子入侍医药，而奸乱宫闱，事闻于高祖。高祖抵床曰："枉废我儿！"因遣追勇。未及发使，高祖暴崩，秘不发丧。遽收柳述、元岩，系于大理狱，伪为高祖敕书，赐庶人死。追封房陵王，不为立嗣。

　　勇有十男：云昭训生长宁王俨、平原王裕、安城王筠，高良娣生安平王嶷、襄城王恪，王良媛生高阳王该、建安王韶，成姬生颍川王煚，后宫生孝实、孝范。

　　长宁王俨，勇长子也。诞乳之初，以报高祖，高祖曰："此即皇太孙，何乃生不得地？"云定兴奏曰："天生龙种，所以因云而出。"时人以为敏对。六岁，封长宁郡王。勇败，亦坐废黜。上表乞宿卫，辞情哀切，高祖览而悯焉。杨素进曰："伏愿圣心同于蝥手，不宜复留意。"炀帝践极，俨常从行，卒于道，实鸩之也。诸弟分徙岭外，仍敕在所皆杀焉。

秦孝王俊字阿祇，高祖第三子也。开皇元年立为秦王。二年春，拜上柱国、河南道行台尚书令、洛州刺史，时年十二。加右武卫大将军，领关东兵。三年，迁秦州总管，陇右诸州尽隶焉。俊仁恕慈爱，崇敬佛道，请为沙门，上不许。六年，迁山南道行台尚书令。伐陈之役，以为山南道行军元帅，督三十总管，水陆十余万，屯汉口，为上流节度。陈将周罗睺、荀法上等，以劲兵数万屯鹦鹉洲，总管崔弘度请击之。俊虑杀伤，不许。罗睺亦相率而降。于是遣使奉章诣阙，垂泣谓使者曰："谬当推毂，愧无尺寸之功，以此多惭耳。"上闻而善之。授扬州总管四十四州诸军事，镇广陵。岁余，转并州总管二十四州诸军事。

初，颇有令问，高祖闻而大悦，下书奖励焉。其后俊渐奢侈，违犯制度，出钱求息，民吏苦之。上遣使按其事，与相连坐者百余人。俊犹不悛，于是盛治宫室，穷极侈丽。俊有巧思，每亲运斤斧，工巧之器，饰以珠玉。为妃作七宝幕篱，又为水殿，香涂粉壁，玉砌金阶，梁柱楣栋之间，周以明镜，间以宝珠，极荣饰之美。每与宾客妓女，弦歌于其上。俊颇好内，妃崔氏性妒，甚不平之，遂于瓜中进毒。俊由是遇疾，征还京师。上以其奢纵，免官，以王就第。左武卫将军刘升谏曰："秦王非有他过，但费官物营廨舍而已。臣谓可容。"上曰："法不可违。"升固谏，上忿然作色，升乃止。其后杨素复进谏曰："秦王之过，不应至此，愿陛下详之。"上曰："我是五儿之父，若如公意，何不别制天子儿律？以周公之为人，尚诛管、蔡，我诚不及周公远矣，安能亏法乎？"卒不许。

俊疾笃，未能起，遣使奉表陈谢。上谓其使曰："我戮力关塞，创兹大业，作训垂范，庶臣下守之而不失。汝为吾子，而欲败之，不知何以责汝!"俊惭怖,疾甚。大都督皇甫统上表,请复王官,不许。岁余,以疾笃,复拜上柱国。二十年六月,薨于秦邸。上哭之数声而已。俊所为侈丽之物,悉命焚之。敕送终之具,务从俭约,以为后法也。王府僚佐请立碑,上曰:"欲求名,一卷史书足矣,何用碑为?若子孙不能保家,徒与人作镇石耳。"

妃崔氏以毒王之故,下诏废绝,赐死于其家。子浩,崔氏所生也。庶子曰湛。群臣议曰:"《春秋》之义,母以子贵,子以母贵。贵既如此,罪则可知。故汉时栗姬有罪,其子便废!郭后被废,其子斯黜。大既然矣,小亦宜同。今秦王二子,母皆罪废,不合承嗣。"于是以秦国官为丧主。俊长女永丰公主,年十二,遭父忧,哀慕尽礼,免丧,遂绝鱼肉。每至忌日,辄流涕不食。有开府王延者,性忠厚,领亲信兵十余年,俊甚礼之。及俊有疾,延恒在阁下,衣不解带。俊薨,勺饮不入口者数日,羸顿骨立。上闻而悯之,赐以御药,授骠骑将军,典宿卫。俊葬之日,延号恸而绝。上嗟异之,令通事舍人吊祭焉。诏葬延于俊墓侧。

炀帝即位,立浩为秦王,以奉孝王嗣。封湛为济北侯。后以浩为河阳都尉。杨玄感作逆之际,左翊卫大将军宇文述勒兵讨之。至河阳,修启于浩,浩复诣述营,兵相往复。有司劾浩,以诸侯交通内臣,竟坐废免。宇文化及弑逆之始,立浩为帝。化及败于黎阳,北走魏县,自僭伪号,因而害之。湛骁果,有胆烈。大业初,为荥阳太守,坐浩免,亦为化及所害。

庶人秀,高祖第四子也。开皇元年,立为越王。未几,徙封于蜀,拜柱国、益州刺史、总管二十四州诸军事。二年,进位上柱国、西南道行台尚书令,本官如故。岁余而罢。十二年,又为内史令、右领军大将军。寻复出镇于蜀。

秀有胆气,容貌环伟,美须髯,多武艺,甚为朝臣所惮。上每谓献皇后曰:"秀必以恶终。我在当无虑,至兄弟必反。"兵部侍郎元衡使于蜀,秀深结于衡,以左右为请。既还京师,请益左右,上不许。大将军刘哙之讨西爨也,高祖令上开府杨武通将兵继进。秀使嬖人万智光为武通行军司马,上以秀任非其人,谴责之。因谓群臣曰:"坏我法者,必在子孙乎?譬如猛兽,物不能害,反为毛间虫所损食耳。"于是遂分秀所统。

秀渐奢侈,违犯制度,车马被服,拟于天子。及太子勇以谗毁废,晋王广为皇太子,秀意甚不平。皇太子恐秀终为后变,阴令杨素求其罪而谮之。仁寿二年,征还京师,上见,不与语。明日,使使切让之。秀谢曰:"忝荷国恩,出临藩岳,不能奉法,罪当万死。"皇太子及诸王流涕庭谢。上曰:"顷者秦王糜费财物,我以父道训之。今秀蠹害生民,当以君道绳之。"于是付执法者。开府庆整谏曰:"庶人勇既废,秦王已薨,陛下儿子无多,何至如是?然蜀王性甚耿介,今被重责,恐不自全。"上大怒,欲断其舌。因谓群臣曰:"当斩秀于市,以谢百姓。"乃令杨素、苏威、牛弘、柳述、赵绰等推治之。太子阴作偶人,书上及汉王姓字,缚手钉心,命人埋之华山下,令杨素发之。又作檄文曰:"逆臣贼子,专弄威柄,陛下唯守虚器,一无所知。"陈甲兵之盛,云:"指期问罪。"置秀集中,因以闻奏。上曰:"天下宁有是耶!"于是废为庶人,幽内侍省,不得与妻子相见,令给獠婢二人驱使。与相连坐者百余人。

秀既幽逼,愤懑不知所为,乃上表曰:"臣以多幸,联庆皇枝,蒙天慈鞠养,九岁荣贵,唯知富乐,未尝忧惧。轻恣愚心,陷兹刑网,负深山岳,甘心九泉。不谓天恩尚假余漏,至如今者,方知愚心不可纵,国法不可犯,抚膺念咎,自新莫及。犹望分身竭命,少答慈造,但以灵祇不祐,福禄消尽,夫归抱恩,不相胜致。只恐长辞明世,永归泉壤,伏愿慈恩,赐垂矜愍,残息未尽之间,希与爪子相见。请赐一穴,令骸骨有所。"爪子即其爱子也。上因下诏数其罪曰:

　　汝地居臣子,情兼家国,庸、蜀要重,委以镇之。汝乃干纪乱常,怀恶乐祸,睥睨二宫,伫迟灾衅,容纳不逞,结构异端。我有不和,汝便觇候,望我不起,便有异心。皇太子,汝兄也,次当建立,汝假托妖言,乃云不终其位。妄称鬼怪,又道不得入宫,自言骨相非人臣,德业堪承重。妄道清城出圣,欲以己当之,诈称益州龙见.托言吉兆。重述木易之姓,更治成都之宫,妄诉禾乃之名,以当八千之运。横生京师妖异,以证父兄之灾,妄造蜀地征祥,以符己身之箓。汝岂不欲得国家恶也,天下乱也?辄造白玉之珽,又为白羽之箭,文物服饰,岂似有君?鸠集左道,符书厌镇。汉王于汝,亲则弟也,乃画其形像,书其姓名,缚手钉心,枷锁杻械。仍云请西岳华山慈父圣母神兵九亿万骑,收杨谅魂神,闭在华山下,勿令散荡。我之于汝,亲则父也,复云请西岳华山慈父圣母,赐为开化杨坚夫妻,回心欢喜。又画我形像,缚首撮头,仍云请西岳神兵收杨坚魂神。如此形状,我今不知杨谅、杨坚是汝何亲也?

苞藏凶慝,图谋不轨,逆臣之迹也。希父之灾,以为身幸,贼子之心也。怀非分之望,肆毒心于兄,悖弟之行也。嫉妒于弟,无恶不为,无孔怀之情也。违犯制度,坏乱之极也。多杀不辜,豺狼之暴也。剥削民庶,酷虐之甚也。唯求财货,市井之业也。专事妖邪,顽嚣之性也。弗克负荷,不材之器也。凡此十者,灭天理,逆人伦,汝皆为之,不祥之甚也,欲免祸患,长守富贵,其可得乎!"

后复听与其子同处。

炀帝即位,禁锢如初。宇文化及之杀逆也,欲立秀为帝,群议不许。于是害之,并其诸子。

庶人谅,字德章,一名杰,开皇元年,立为汉王。十二年,为雍州牧,加上柱国、右卫大将军。岁余,转左卫大将军。十七年,出为并州总管,上幸温汤而送之。自山以东,至于沧海,南拒黄河,五十二州尽隶焉。特许以便宜,不拘律令。十八年,起辽东之役,以谅为行军元帅,率众至辽水,遇疾疫,不利而还。十九年,突厥犯塞,以谅为行军元帅,竟不临戎。高祖甚宠爱之。

谅自以所居天下精兵处,以太子谗废,居常怏怏,阴有异图。遂讽高祖云："突厥方强，太原即为重镇，宜修武备。"高祖从之。于是大发工役，缮治器械，贮纳于并州。招佣亡命，左右私人，殆将数万。王頍者，梁将王僧辩之子也，少倜傥，有奇略，为谅咨议参军。萧摩诃者，陈氏旧将。二人俱不得志，每郁郁思乱，并为谅所亲善。

　　及蜀王以罪废，谅愈不自安。会高祖崩，征之不赴，遂发兵反。总管司马皇甫诞切谏，谅怒，收系之。王頍说谅曰："王所部将吏家属，尽在关西，若用此等，即宜长驱深入，直据京都，所谓疾雷不及掩耳。若但欲割据旧齐之地，宜任东人。"谅不能专定，乃兼用二策，唱言曰："杨素反，将诛之。"闻喜人总管府兵曹裴文安说谅曰："井陉以西，是王掌握之内，山东士马，亦为我有，宜悉发之。分遣羸兵，屯守要路，仍令随方略地。率其精锐，直入蒲津。文安请为前锋，王以大军继后，风行电击，顿于霸上，咸阳以东可指麾而定。京师震扰，兵不暇集，上下相疑，群情离骇，我即陈兵号令，谁敢不从，旬日之间，事可定矣。"谅大悦。于是遣所署大将军余公理出大谷，以趣河阳。大将军綦良出滏口，以趣黎阳。大将军刘建出井陉，以略燕、赵。柱国乔钟葵出雁门。署文安为柱国，纥单贵、王聃、大将军茹茹天保、侯莫陈惠直指京师。未至蒲津百余里，谅忽改图，令纥单贵断河桥，守蒲州，而召文安。文安至曰："兵机诡速，本欲出其不意。王既不行，文安又退，使彼计成，大事去矣。"谅不对。以王聃为蒲州刺史，裴文安为晋州，薛粹为绛州，梁菩萨为潞州，韦道正为韩州，张伯英为泽州。

　　炀帝遣杨素率骑五千，袭王聃、纥单贵于蒲州，破之。于是率步骑四万趣太原。谅使赵子开守高壁，杨素击走之。谅大惧，拒素于蒿泽。属天大雨，谅欲旋师，王頍谏曰："杨素悬军，士马疲弊，王以锐卒亲戎击之，其势必举。今见敌而还，示人以怯，阻战士之心，益西军之气，愿王必勿还也。"谅不从，退守清原。素进击之，谅勒兵与官军大战，死者万八千人。谅退保并州，杨素进兵围之。谅穷蹙，降于素。百僚奏谅罪当死，帝曰："朕终鲜兄弟，情不忍言，欲屈法恕谅一死。"于是除名为民，绝其属籍，竟以幽死。子颢，因而禁锢，宇文化及弑逆之际,遇害。

史臣曰:高祖之子五人,莫有终其天命,异哉!房陵资于骨肉之亲,笃以君臣之义,经纶缔构,契阔夷险,抚军监国,凡二十年。虽三善未称,而视膳无阙。恩宠既变,谗言间之,顾复之慈,顿隔于人理,父子之道,遂灭于天性。隋室将亡之效,众庶皆知之矣。《慎子》有言曰:"一兔走街,百人逐之,积兔于市,过者不顾。"岂其无欲哉?分定故也。房陵分定久矣,高祖一朝易之,开逆乱之源,长觊觎之望。又维城肇建,崇其威重,恃宠而骄,厚自封植,进之既逾制,退之不以道。俊以忧卒,实此之由。俄属天步方艰,谗人已胜,尺布斗粟,莫肯相容。秀窥岷、蜀之阻,谅起晋阳之甲,成兹乱常之衅,盖亦有以动之也。《棠棣》之诗徒赋,有鼻之封无期,或幽囚于囹圄,或颠殒于鸩毒。本根既绝,枝叶毕剪,十有余年,宗社沦陷。自古废嫡立庶,覆族倾宗者多矣,考其乱亡之祸,未若有隋之酷。《诗》曰:"殷鉴不远,在夏后之世。"后之有国有家者,可不深戒哉!

隋书卷四六
列传第一一

赵煚　赵芬　杨尚希
长孙平　元晖　韦师　杨异
苏孝慈 兄子沙罗　李雄　张煚
刘仁恩　郭均　冯世基　厍狄嵚

　　赵煚字贤通，天水西人也。祖超宗，魏河东太守。父仲懿，尚书左丞。煚少孤，养母至孝。年十四，有人伐其父墓中树者，煚对之号恸。因执送官。见魏右仆射周惠达，长揖不拜，自述孤苦，涕泗交集，惠达为之陨涕，叹息者久之。及长，深沉有器局，略涉书史。周太祖引为相府参军事。寻从破洛阳。及太祖班师，煚请留抚纳亡叛，太祖从之。煚于是帅所领与齐人前后五战，斩郡守、镇将、县令五人，虏获甚众，以功封平定县男，邑三百户。累转中书侍郎。

　　闵帝受禅，迁陕州刺史。蛮酋向天王聚众作乱，以兵攻信陵、秭归。煚勒所部五百人，出其不意，袭击破之，二郡获全。时周人于江南岸置安蜀城以御陈，属霖雨数旬，城颓者百余步。蛮酋郑南乡叛，引陈将吴明彻欲掩安蜀。议者皆劝煚益修守御，煚曰：“不然，吾自有以安之。”乃遣使说诱江外生蛮向武阳，令乘虚掩袭所居，获其南乡父母妻子。南乡闻之，其党各散，陈兵遂退。明年，吴明彻屡为寇患，煚勒兵御之，前后十六战，每挫其锋。获陈裨将覃冏、王足子、吴朗等三人，斩首百六十级。以功授开府仪同三司，迁荆州总管长史。

入为民部中大夫。

武帝出兵巩洛，欲收齐河南之地。�谏曰：“河南洛阳。四面受敌，纵得之，不可以守。请从河北，直指太原，倾其巢穴，可一举以定。”帝不纳，师竟无功。寻从上柱国于翼率众数万，自三鸦道以伐陈，克陈十九城而还。以谗毁，功不见录，除益州总管长史。未几，入为天官司会，累迁御正上大夫。晪与宗伯斛斯征素不协，征后出为齐州刺史，坐事下狱，自知罪重，遂逾狱而走。帝大怒，购之甚急。晪上密奏曰：“征自以负罪深重，惧死遁逃，若不北窜匈奴，则南投吴越。徵虽愚陋，久历清显，奔彼敌国，无益圣朝。今者炎旱为灾，可因兹大赦。”帝从之。征赖而获免，晪卒不言。

高祖为丞相，加上开府，复拜天官都司会。俄迁大宗伯。及践阼，晪授玺绂，进位大将军，赐爵金城郡公，邑二千五百户，拜相州刺史。朝廷以晪骁习故事，征拜尚书右仆射。视事未几，以忤旨，寻出为陕州刺史，俄转冀州刺史，甚有威德。晪尝有疾，百姓奔驰，争为祈祷，其得民情如此。冀州俗薄，市井多奸诈，晪为铜斗铁尺，置之于肆，百姓便之。上闻而嘉焉，颁告天下，以为常法。尝有人盗晪田中蒿者，为吏所执。晪曰：“此乃刺史不能宣风化，彼何罪也。”慰谕而遣之，令人载蒿一车以赐盗者，盗者愧恧，过于重刑。其以俭化民，皆此类也。上幸洛阳，晪来朝，上劳之曰：“冀州大藩，民用殷实，卿之为政，深副朕怀。”开皇十九年卒，时年六十八。子义臣嗣，官至太子洗马。后同杨谅反，诛。

赵芬字士茂，天水西人也。父演，周秦州刺史。芬少有辩智，颇涉经史。周太祖引为相府铠曹参军，历记室，累迁熊州刺史。抚纳降附，得二千户，加开府仪同三司。大冢宰宇文护召为中外府掾，俄迁吏部下大夫。芬性强济，所居之职，皆有声绩。武帝亲总万机，拜内史下大夫，转少御正。芬明习故事，每朝廷有所疑议，众不能决者，芬辄为评断，莫不称善。后为司会。申国公李穆之讨齐也，引为行军长史，封淮安县男，邑五百户。复出为浙州刺史，转东京小宗伯,镇洛阳。

　　高祖为丞相,尉迥与司马消难阴谋往来,芬察知之,密白高祖。由是深见亲委,迁东京左仆射,进爵郡公。开皇初,罢东京官,拜尚书左仆射,与郕国公王谊修律令。俄兼内史令,上甚信任之。未几,以老病出拜蒲州刺史,加金紫光禄大夫,仍领关东运漕,赐钱百万、粟五千石而遣之。后数年,上表乞骸骨,征还京师。赐以二马轺车、几杖被褥,归于家。皇太子又致巾帔。后数年,卒。上遣使致祭,鸿胪监护丧事。

　　子元恪嗣,官至扬州总管司马,左迁候卫长史。少子元楷与元恪,皆明干世事。元楷,大业中为历阳郡丞,与卢江郡丞徐仲宗,皆竭百姓之产,以贡于帝。仲宗迁南郡丞,元楷超拜江都郡丞,兼领江都宫使。

　　杨尚希,弘农人也。祖真,魏天水太守。父承宾,商、直、浙三州刺史。尚希龆龀而孤。年十一,辞母请受业长安。涿郡卢辩见而异之,令入太学,专精不倦,同辈皆共推伏。周太祖当亲临释奠,尚希时年十八,令讲《孝经》,词旨可观。太祖奇之,赐姓普六茹氏,擢为国子博士。累转舍人。仕明、武世,历太学博士、太子宫尹、计部中大夫,赐爵高都县侯,东京司宪中大夫。宣帝时,令尚希抚慰山东、河北,至相州而帝崩,与相州总管尉迥发丧于馆。尚希出谓左右曰:"蜀公哭不哀而视不安,将有他计。吾不去,将及于难。"遂夜中从捷径而遁。迟明,迥方觉,分数十骑自驿路追之,不及,遂归京师。高祖以尚希宗室之望,又背迥而至,待之甚厚。及迥屯兵武陟,遣尚希督宗室兵三千人镇潼关。寻授司中大夫。

　　高祖受禅,拜度支尚书,进爵为公。岁余,出为河南道行台兵部尚书,加银青光禄大夫。尚希时见天下州郡过多,上表曰:"自秦并天下,罢侯置守,汉、魏及晋,邦邑屡改。窃见当今郡县,倍多于古,或地无百里,数县并置,或户不满千,二郡分领。具僚以众,资费日多,吏卒又倍,租调岁减。清干良才,百分无一,动须数万,如何可觅？所谓民少官多，十羊九牧。琴有更张之义，瑟无胶柱之理。今存要去闲，并小为大，国家则不亏粟帛，选举则易得贤才，敢陈管见，伏听裁处。"帝览而嘉之，于是遂罢天下诸郡。寻拜瀛州刺史，未之官，奉诏巡省淮南。还除兵部尚书。俄转礼部尚书，授上仪同。

尚希性弘厚，兼以学业自通，甚有雅望，为朝廷所重。上时每旦临朝，日侧不倦，尚希谏曰："周文王以忧勤损寿，武王以安乐延年。愿陛下举大纲，责成宰辅，繁碎之务，非人主所宜亲也。"上欢然曰："公爱我者。"尚希素有足疾，上谓之曰："蒲州出美酒，足堪养病，屈公卧治之。"于是出拜蒲州刺史，仍领本州宗团、骠骑。尚希在州，甚有惠政，复引瀵水，立堤防，开稻田数千顷，民赖其利。开皇十年卒官，时年五十七。谥曰平。子旻嗣，后改封丹水县公，官至安定县丞。

长孙平字处均，河南洛阳人也。父俭，周柱国。平美容仪，有器干，颇览书记。仕周，释褐卫王侍读。时武帝逼于宇文护，谋与卫王诛之，王前后常使平往来通意于帝。及护伏诛，拜开府、乐部大夫。宣帝即位，置东宫官属，以平为小司寇，与小宗伯赵芬分掌六府。

高祖龙潜时，与平情好款洽，及为丞相，恩礼弥厚。尉迥、王谦、司马消难并称兵内侮，高祖深以淮南为意。时贺若弼镇寿阳，恐其怀二心，遣平驰驿往代之。弼果不从，平麾壮士执弼，送于京师。

开皇三年，征拜度支尚书。平见天下州县多罹水旱，百姓不给，奏令民间每秋家出粟麦一石已下，贫富差等，储之闾巷，以备凶年，名曰义仓。因上书曰："臣闻国以民为本，民以食为命，劝农重谷，先王令轨。古者三年耕而余一年之积，九年作而有三年之储，虽水旱为灾，而民无菜色，皆由劝导有方，蓄积先备者也。去年亢阳，关右饥馁，陛下运山东之粟，置常平之官，开发仓廪，普加赈赐，大德鸿恩，可谓至矣。然经国之道，义资远算，请勒诸州刺史、县令，以劝农积谷为务。"上深嘉纳。自是州里丰衍，民多赖焉。

后数载，转工部尚书，名为称职。时有人告大都督邴绍非毁朝廷为愦愦者，上怒，将斩之。平进谏曰："川泽纳污，所以成其深，山岳藏疾,所以就其大。臣不胜至愿,愿陛下弘山海之量,茂宽裕之德。鄙谚曰:"不痴不聋,未堪作大家翁。"此言虽小,可以喻大。邴绍之言,不应闻奏,陛下又复诛之,臣恐百代之后,有亏圣德。"上于是赦绍。因敕群臣,诽谤之罪,勿复以闻。

其后突厥达头可汗与都蓝可汗相攻,各遣使请援。上使平持节宣谕,令其和解,赐缣三百匹,良马一匹而遣之。平至突厥所,为陈利害,遂各解兵。可汗赠平马二百匹,及还,平进所得马,上尽以赐之。

未几,遇遣以尚书检校汴州事。岁余,除汴州刺史。其后历许、贝二州,俱有善政。邺都俗薄,旧号难治,前后刺史多不称职。朝廷以平所在善称,转相州刺史,甚有能名。在州数年,会正月十五日,百姓大戏,画衣裳为鍪甲之象,上怒而免之。俄而念平镇淮南时事,进位大将军,拜太常卿,判吏部尚书事。仁寿中卒。谥曰康。

子师孝,性轻狡好利,数犯法。上以其不克负荷,遣使吊平国官。师孝后为渤海郡主簿,属大业之季,政教陵迟,师孝恣行贪浊,一郡苦之。后为王世充所害。

元晖字叔平,河南洛阳人也。祖琛,魏恒、朔二州刺史。父翌,尚书左仆射。晖须眉如画,进止可观,颇好学,涉猎书记。少得美名于京下,周太祖见而礼之,命与诸子游处,每同席共砚,情契甚厚。弱冠,召补相府中兵参军,寻迁武伯下大夫。于时突厥屡为寇患,朝廷将结和亲,令晖赍锦彩十万,使于突厥。晖说以利害,中国厚礼,可汗大悦,遣其名王随献方物。俄拜仪同三司、宾部下大夫。保定初,大冢宰宇文护引为长史,会齐人来结盟好,以晖多才辩,与千乘公崔睦俱使于齐。迁振威中大夫。武帝之娉突厥后也,令晖致礼焉。加开府,转司宪大夫。及平关东,使晖安集河北,封义宁子,邑四百户。

高祖总百揆,加上开府,进爵为公。开皇初,拜都官尚书,兼领太仆。奏请决杜阳水灌三畤原,溉舄卤之地数千顷,民赖其利。明年,转左武候将军,太仆卿如故。寻转兵部尚书,监漕渠之役。未几,坐事免。顷之,拜魏州刺史,颇有惠政。在任数年,以疾去职。岁余,卒于京师,时年六十。上嗟悼久之,敕鸿胪监护丧事。谥曰元。子肃嗣,官至光禄少卿。肃弟仁器,性明敏,官至日南郡丞。

韦师字公颖,京兆杜陵人也。父瑱,周骠骑大将军。师少沉谨,有至性。初就学,始读《孝经》,舍书而叹曰:"名教之极,其在兹乎!"少丁父母忧,居丧尽礼,州里称其孝行。及长,略涉经史,尤工骑射。周大冢宰宇文护引为中外府记室,转宾曹参军。师雅知诸蕃风俗及山川险易,其有夷狄朝贡,师必接对,论其国俗,如视诸掌。夷人惊服,无敢隐情。齐王宪为雍州牧,引为主簿,本官如故。及武帝亲总万机,转少府大夫。及平高氏,诏师安抚山东,徙为宾部大夫。

高祖受禅,拜吏部侍郎,赐爵井陉侯,邑五百户。数年,迁河北道行台兵部尚书,诏为山东河南十八州安抚大使。奏事称旨,赐钱三百万,兼领晋王讳司马。其族人世康,为吏部尚书,与师素怀胜负。于时晋王为雍州牧,盛存望第,以司空杨雄、尚书左仆射高颎并为州都督,引师为主簿。而世康弟世约为法曹从事。世康恚恨不能食,又耻世约在师之下,召世约数之曰:"汝何故为从事?"遂杖之。

后从上幸醴泉宫,上召师与左仆射高颎、上柱国韩擒等,于卧内赐宴,令各叙旧事,以为笑乐。平陈之役,以本官领元帅掾,陈国府藏,悉委于师,秋毫无所犯,称为清白。后上为长宁王俨纳其女为妃。除汴州刺史,甚有治名,卒官。谥曰定。子德政嗣,大业中,仕至给事郎。

杨异字文殊,弘农华阴人也。祖钧,魏司空。父俭,侍中。异美风仪,沉深有器局。髫龀就学,日诵千言,见者奇之。九岁丁父忧,哀毁过礼,殆将灭性。及免丧之后,绝庆吊,闭户读书。数年之间,博涉书记。周闵帝时,为宁都太守,甚有能名。赐爵昌乐县子。后数以军功,进为侯。

高祖作相,行济州事。及践阼,拜宗正少卿,加上开府。蜀王秀之镇益州也,朝廷盛选纲纪,以异方直,拜益州总管长史,赐钱二十万,缣三百匹,马五十匹而遣之。寻迁西南道行台兵部尚书。数载,复为宗正少卿。未几,擢拜刑部尚书。岁余,出除吴州总管,甚有能名。时晋王讳镇扬州,诏令异每岁一与王相见,评论得失,规讽疑阙。数载,卒官,时年六十二。子虔逊。

苏孝慈,扶风人也。父武周,周兖州刺史。孝慈少沉谨,有器干,美容仪。周初为中侍上士。后拜都督,聘于齐,以奉使称旨,迁大都督。其年又聘于齐,还授宣纳上士。后从武帝伐齐,以功进位开府,赐爵文安县公,邑千五百户。寻改封临水县公,增邑千二百户,累迁工部上大夫。

高祖受禅,进爵安平郡公,拜太府卿。于时王业初基,百度伊始,征天下工匠,纤微之巧,无不毕集,孝慈总其事,世以为能。俄迁大司农,岁余,拜兵部尚书,待遇逾密。时皇太子勇颇知时政,上欲重宫官之望,多令大臣领其职。于是拜孝慈为太子右卫率,尚书如故。明年,上于陕州置常平仓,转输京下。以渭水多沙,流乍深乍浅,漕运者苦之,于是决渭水为渠以属河,令孝慈督其役。渠成,上善之。又领太子右庶子,转授左卫率,仍判工部、民部二尚书,称为干理。数载,进位大将军,转工部尚书,率如故。先是,以百僚供费不足,台省府寺咸置廨钱,收息取给。孝慈以为官民争利,非兴化之道,上表请罢之,请公卿以下给职田各有差,上并嘉纳焉。开皇十八年,将废太子,惮其在东宫,出为浙州刺史。太子以孝慈去,甚不平,形于言色。其见重如此。仁寿初,迁洪州总管,俱有惠政。其后桂林山越相聚为乱,诏孝慈为行军总管,击平之。其年卒官。有子会昌。

孝慈兄子沙罗,字子粹。父顺,周眉州刺史。沙罗仕周,释褐都督。后从韦孝宽破尉迥,以功授开府仪同三司,封通秦县公。开皇初,蜀王秀镇益州,沙罗以本官从,拜资州刺史。八年,冉龙羌作乱,

攻汶山、金川二镇,沙罗率兵击破之,授邛州刺史。后数载,检校利
州总管事。从史万岁击西爨,累战有功,进位大将军,赐物千段。寻
检校益州总管长史。会越嶲人王奉举兵作乱,沙罗从段文振讨平
之,赐奴婢百口。会蜀王秀废,吏案奏沙罗云:"王奉为奴所杀,秀乃
诈称左右斩之。又调熟獠,令出奴婢,沙罗隐而不奏。"由是除名,卒
于家。有子康。

　　李雄字毗卢,赵郡高邑人也。祖楛,魏太中大夫。父徽伯,齐陕
州刺史,陷于周,雄因随军入长安。雄少慷慨,有大志。家世并以学
业自通,雄独习骑射。其兄子旦让之曰:"弃文尚武,非士大夫之素
业。"雄答曰:"窃览自古诚臣贵仕,文武不备而能济其功业者鲜矣。
雄虽不敏,颇观前志,但不守章句耳。既文且武,兄何病焉!"子旦无
以应之。
　　周太祖时,释褐辅国将军。从达奚武平汉中,定兴州,又讨汾州
叛胡,录前后功,拜骠骑大将军、仪同三司。闵帝受禅,进爵为公,迁
小宾部。其后复从达奚武与齐人战于芒山,诸军大败,雄所领独全。
武帝时,从陈王纯迎后于突厥,进爵奚伯,拜硖州刺史。数岁,征为
本府中大夫。寻出为凉州总管长史。从滕王逌破吐谷浑于青海,以
功加上仪同。宣帝嗣位,从行军总管韦孝宽略定淮南。雄以轻骑数
百至硖口,说下十余城,拜豪州刺史。
　　高祖总百揆,征为司会中大夫。以淮南之功。加位上开府。及
受禅,拜鸿胪卿,进爵高都郡公,食邑二千户。后数年,晋王广出镇
并州,以雄为河北行台兵部尚书。上谓雄曰:"吾儿既少,更事未多,
以卿兼文武才,今推诚相委,吾无北顾之忧矣。"雄顿首而言曰:"陛
下不以臣之不肖,寄臣以重任。臣虽愚固,心非木石,谨当竭诚效
命,以答鸿恩。"歔欷流涕,上慰谕而遣之。雄当官正直,侃然有不可
犯之色,王甚敬惮,吏民称焉。岁余,卒官。子公挺嗣。

　　张煚字士鸿,河间鄚人也。父羡,少好学,多所通涉,仕魏为荡

难将军。从武帝入关，累迁银青光禄大夫。周太祖引为从事中郎，赐姓叱罗氏。历司职大夫、雍州治中、雍州刺史、仪同三司，赐爵虞乡县公。复入为司成中大夫，典国史。周代公卿，类多武将，唯羡以素业自通，甚为当时所重。后以年老，致仕于家。及高祖受禅，钦其德望，以书征之曰："朕初临四海，思存政术，旧齿名贤，实怀勤伫。仪同昔在周室，德业有闻，虽云致仕，犹克壮年。即宜入朝，用副虚想。"及谒见，敕令勿拜，扶升殿，上降榻执手，与之同坐，宴语久之，赐以几杖。会迁都龙首，羡上表劝以俭约，上优诏答之。俄而卒，时年八十四。赠沧州刺史，谥曰定。撰《老子》、《庄子》义，名曰《道言》，五十二篇。

　　煚好学，有父风。在魏释褐奉朝请，迁员外侍郎。周太祖引为外兵曹。闵帝受禅，加前将军。明、武世，历膳部大夫、冢宰司录，赐爵北平县子，邑四百户。宣帝时，加仪同，进爵为伯。

　　高祖为丞相，煚深自推结，高祖以其有干用，甚亲遇之。及受禅，拜尚书右丞，进爵为侯。俄迁太府少卿，领营新都监丞。丁父忧去职，柴毁骨立。未期，起令视事，固让不许，授仪同三司，袭爵虞乡县公，增邑通前千五百户。寻迁太府卿，拜民部尚书。晋王讳为扬州总管，授煚司马，加银青光禄大夫。煚性和厚，有识度，甚有当时之誉。后拜冀州刺史，晋王广频表请之，复为晋王长史，检校蒋州事。及晋王为皇太子，复为冀州刺史，进位上开府，吏民悦服，称为良二千右。仁寿四年，卒官，时年七十四。子慧宝，官至绛郡丞。

　　开皇时有刘仁恩者，不知何许人也。倜傥，有文武干用。初为毛州刺史，治绩号天下第一，擢拜刑部尚书。又以行军总管从杨素伐陈，与素破陈将吕仲肃于荆门，仁恩之计居多，授上大将军，甚有当时之誉。冯翊郭均、上党冯世基，并明悟有干略，相继为兵部尚书。代人库狄嵚，性弘厚，有局度，官至民部尚书。此四人俱显名于当世，然事行阙落，史莫能详。

史臣曰：二赵明习故事，当世所推，及居端右，无闻殊绩。固知人之才器，各有分限，大小异宜，不可逾量。长孙平谏赦诽谤之罪，可谓仁人之言，高祖悦而从之，其利亦已博矣。元晖以明敏显达，韦师以清白成名，杨尚希、杨异，宗室之英，誉望隆重，苏孝慈、李雄、张煚，内外所履，咸称贞干，并任开皇之初，盖当时之选也。

隋书卷四七
列传第一二

韦世康 弟洸 艺 冲 从父弟寿 柳机
子述 机弟旦 肃 从弟雄亮 从子謇之 族兄昂
昂子调

　　韦世康，京兆杜陵人也，世为关右著姓。祖旭，魏南幽州刺史。父夐，隐居不仕，魏、周二代，十征不出，号为逍遥公。世康幼而沉敏，有器度。年十岁，州辟主簿。在魏，弱冠为直寝，封汉安县公，尚周文帝女襄乐公主，授仪同三司。后仕周，自典祠下大夫，历沔、硖二州刺史。从武帝平齐，授司州总管长史。于时东夏初定，百姓未安，世康绥抚之，士民胥悦。岁余，入为民部中大夫，进位上开府，转司会中大夫。

　　尉迥之作乱也，高祖忧之，谓世康曰："汾、绛旧是周、齐分界，因此乱阶，恐生摇动。今以委公，善为吾守。"因授绛州刺史，以雅望镇之，阖境清肃。世康性恬素好古，不以得丧干怀。在州，尝慨然有止足之志，与子弟书曰："吾生因绪余，夙沾缨弁，驱驰不已，四纪于兹。滥登衮命，频叨方岳，志除三惑，心慎四知，以不贪而为宝，处膏脂而莫润。如斯之事，颇为时悉。今耄虽未及，壮年已谢，霜早梧楸，风先蒲柳。眼暗更剧，不见细书，足疾弥增，非可趋走。禄岂须多，防满则退，年不待暮，有疾便辞。况娘春秋已高，温清宜奉，晨昏有阙，罪在我躬。今世穆、世文并从戎役，吾与世冲复婴远任，陟岵瞻望，此情弥切，桓山之悲，倍深常恋。意欲上闻，乞遵养礼，未访汝等,故遣此及。兴言远慕,感咽难胜。"诸弟报以事恐难遂,于是乃止。

在任数年,有惠政,奏课连最,擢为礼部尚。世康寡嗜欲,不慕贵势,未尝以位望矜物。闻人之善,若己有之,亦不显人过咎,以求名誉。寻进爵上庸郡公,加邑至二千五百户。其年转吏部尚书,余官如故。四年,丁母忧去职。未期,起令视事。世康固请,乞终私制,上不许。世康之在吏部,选用平允,请托不行。开皇七年,将事江南,议重方镇,拜襄州刺史。坐事免。未几,授安州总管,寻迁为信州总管。十三年,入朝,复拜吏部尚书。前后十余年间,多所进拔,朝廷称为廉平。尝因休暇,谓子弟曰:"吾闻功遂身退,古人常道。今年将耳顺,志在悬车,汝辈以为云何?"子福嗣答曰:"大人澡身浴德,名立官成,盈满之诫,先哲所重。欲追踪二疏,伏奉尊命。"后因侍宴,世康再拜陈让曰:"臣无尺寸之功,位亚台铉。今犬马齿齾,不益明时,恐先朝露,无以塞责。愿乞骸骨,退避贤能。"上曰:"朕夙夜庶几,求贤若渴,冀与公共治天下,以致太平。今之所请,深乖本望,纵令筋骨衰谢,犹屈公卧治一隅。"于是出拜荆州总管。时天下唯置四大总管,并、扬、益三州,并亲王临统,唯荆州委于世康,时论以为美。世康为政简静,百姓爱悦,合境无讼。十七年,卒于州,时年六十七。上闻而痛惜之,赠赙甚厚。赠大将军,谥曰文。

世康性孝友,初以诸弟位并隆贵,独季弟世约宦途不达,共推父时田宅,尽以与之,世多其义。

长子福子,官至司隶别驾。次子福嗣,仕至内史舍人,后以罪黜。杨玄感之作乱也,以兵逼东都,福嗣从卫玄战于城北,军败,为玄感所擒。令作文檄,辞甚不逊。寻背玄感还东都,帝衔之不已,车裂于高阳。少子福奖,通事舍人,在东都,与玄感战没。

洸字世穆,性刚毅,有器干,少便弓马。仕周,释褐主寝上士。数从征伐,累迁开府,赐爵卫国县公,邑千二百户。高祖为丞相,从季父孝宽击尉迥于相州,以功拜柱国,进封襄阳郡公,邑二千户。时突厥寇边,皇太子屯咸阳,令洸统兵出原州道,与虏相遇,击破之。寻拜江陵总管。未几,以母疾征还。俄拜安州总管。

伐陈之役,领行军总管。及陈平,拜江州总管,率步骑二万,略定九江。陈豫章太守徐璒据郡持两端,洸遣吕开府昂、长史冯世基以兵相继而进。既至城下,璒伪降,其夜率所部二千人袭击昂。昂与世基合击,大破之,擒璒于阵。高梁女子,洗氏率众迎洸,遂进图岭南。上遗洸书曰:"公鸿勋大业,名高望重,率将戎旅,抚慰彼方,风行电扫,咸应稽服。若使干戈不用,兆庶获安,方副朕怀,是公之力。"至广州,说陈渝州都督王猛下之,岭表皆定。上闻而大悦,许以便宜从事。洸所绥集二十四州,拜广州总管。

岁余,番禺夷王仲宣聚众为乱,以兵围洸。洸勒兵拒之,中流矢而卒。赠上柱国,赐绵绢万段,谥曰敬。子协嗣。

协字钦仁,好学,有雅量。起家著作佐郎。后转秘书郎。开皇中,其父在广州有功,上令协赍诏书劳问,未至而父卒。上以其父身死王事,拜协柱国。后历定、息、秦三州刺史,皆有能名,卒官。

艺字世文,少受业国子。周武帝时,数以军功,致位上仪同,赐爵修武县侯,邑八百户。授左旅下大夫。出为魏郡太守。

及高祖为丞相,尉迥阴图不轨,朝廷微知之。遣艺季父孝宽驰往代迥。孝宽将至邺,因诈病,止传舍,从迥求药,以察其变。迥遣艺迎孝宽。孝宽问迥所为,艺党于迥,不以实答。孝宽怒,将斩之,艺惧,乃言迥反状。孝宽于是将艺西遁,每至亭驿,辄尽驱传马而去。复谓驿曰:"蜀公将至,宜速具酒食。"迥寻遣骑追孝宽,追人至驿,辄逢盛馔,又无马,遂迟留不进,孝宽与艺由是得免。高祖以孝宽故,弗问艺之罪,加授上开府,即从孝宽击迥,及破尉惇,平相州,皆有力焉。以功进位上大将军,改封武威县公,邑千户。以修武县侯别封一子。

高祖受禅,进封魏兴郡公。岁余,拜齐州刺史。为政清简,士庶怀惠。在职数年,迁营州总管。艺容貌瑰伟,每夷狄参谒,必整仪卫,盛服以见之,独坐满一榻。番人畏惧,莫敢仰视。而大治产业,与北夷贸易,家资钜万,颇为清论所讥。开皇十五年卒官,时年五十八。谥曰怀。

冲字世冲,少以名家子,在周释褐卫公府礼曹参军。后从大将军元定渡江伐陈,为陈人所虏,周武帝以币赎而还之。帝复令冲以马千匹使于陈,以赎开府贺拔华等五十人及元定之柩而还。冲有辞辩,奉使称旨,累迁少御伯下大夫,加上仪同。于时稽胡屡为寇乱,冲自请安集之,因拜汾州刺史。

高祖践阼,征为兼散骑常侍,进位开府,赐爵安固县侯。岁余,发南汾州胡千余人北筑长城,在途皆亡。上呼冲问计,冲曰:“夷狄之性,易为反覆,皆由牧宰不称之所致也。臣请以理绥静,可不劳兵而定。”上然之。因命冲绥怀叛者。月余皆至,并赴长城,上下书劳勉之。寻拜石州刺史,甚得诸胡欢心。以母忧去职。俄而起为南宁州总管,持节抚慰。复遣柱国王长述以兵继进。冲上表固让。诏曰:“西南夷裔,屡有生梗,每相残贼,朕甚愍之,已命戎徒,清抚边服。以开府器干堪济,识略英远,军旅事重,故以相任。知在艰疚,日月未多,金革夺情,盖有通式。宣自抑割,即膺往旨。”冲既至南宁,渠帅爨震及西爨首领皆诣府参谒。上大悦,下诏褒扬之。其兄子伯仁,随冲在府,掠人之妻,士卒纵暴,边人失望。上闻而大怒,令蜀王秀治其事。益州长史元岩,性方正,案冲无所宽贷,冲竟坐免。其弟太子洗马世约,潜岩于皇太子。上谓太子曰:“古人有沽酒酸而不售者,为噬犬耳。今何用世约乎?适累汝也。”世约遂除名。

后数载,令冲检校括州事。时东阳贼帅陶子定、吴州贼帅罗慧方并聚众为乱,攻围婺州永康、乌程诸县,冲率兵击破之。改封义丰县侯,检校泉州事。寻拜营州总管。

冲容貌都雅,宽厚得众心。怀抚靺鞨、契丹,皆能致其死力。奚、霫畏惧,朝贡相续。高丽尝入寇,冲率兵击走之,仁寿中,高祖为豫章王暕纳冲女为妃。征拜民部尚书。未几,卒,时年六十六。少子挺，最知名。

寿字世龄。父孝宽，周上柱国、郧国公。寿在周，以贵公子，早有令誉，为右侍上士。迁千牛备身。赵王为雍州牧，引为主簿。寻迁少御伯。武帝亲征高氏，拜京兆尹，委以后事。以父军功，赐爵永安县侯，邑八百户。高祖为丞相，以其父平尉迥，拜寿仪同三司，进封滑国公，邑五千户。俄以父丧去职。高祖受禅，起令视事，寻迁恒、毛二州刺史，颇有治名。开皇十年，以疾征还，卒于家，时年四十二。谥曰定。仁寿中，高祖为晋王广纳其女为妃。以其子保峦嗣。

寿弟霁，位至太常少卿，安邑县伯。津位至内史侍郎，判民部尚书事。

世康从父弟操，字元节，刚简有风概。仕周，致位上开府、光州刺史。高祖为丞相，以平尉迥功。进位柱国，封平桑郡公，历青、荆二州总管，卒官。谥曰静。

柳机字匡时，河东解人也。父庆，魏尚书左仆射。机伟仪容，有器局，颇涉经史。年十九，周武帝时为鲁公，引为记室。及帝嗣位，自宣纳上士累迁少纳言、太子宫尹，封平齐县公。从帝平齐，拜开府，转司宗中大夫。宣帝时，迁御正上大夫。机见帝失德，屡谏不听，恐祸及己，托于郑译，阴求出外，于是拜华州刺史。

及高祖作相，征还京师。时周代旧臣皆劝禅让，机独义形于色，无所陈请。俄拜卫州刺史。及践阼，进爵建安郡公，邑二千四百户，征为纳言。机性宽简，有雅望，然当近侍，无所损益，又好饮酒，不亲细务，在职数年，复出为华州刺史。奉诏每月朝见。寻转冀州刺史。后征入朝，以其子述尚兰陵公主，礼遇益隆。

初，机在周，与族人文城公昂俱历显要。及此，机、昂并为外职，杨素时为纳言，方用事，因上赐宴，素戏机曰：“二柳俱摧，孤杨独耸。”坐者欢笑，机竟无言。未几，还州。前后作牧，俱称宽惠。后数年，以疾征还京师，卒于家，时年五十六。赠大将军、青州刺史，谥曰简。子述嗣。

柳述字业隆，性明敏，有干略，颇涉文艺。少以父荫，为太子亲卫。后以尚主之故，拜开府仪同三司，内史侍郎。上于诸婿中，特所宠敬。岁余，判兵部尚书事。丁父艰去职。未几，起摄给事黄门侍郎事，袭爵建安郡公。仁寿中，判吏部尚书事。

述虽职务修理，为当时所称，然不达大体，暴于驭下，又怙宠骄豪，无所降屈。杨素时称贵幸，朝臣莫不詟惮，述每陵侮之，数于上前面折素短。判事有不合素意，素或令述改之，辄谓将命者曰："语仆射，道尚书不肯。"素由是衔之。俄而杨素亦被疏忌，不知省务。述任寄逾重，拜兵部尚书，参掌机密。述自以无功可纪，过叨匪服，抗表陈让。上许之，令摄兵部尚书。

上于仁寿宫寝疾，述与杨素、黄门侍郎元岩等侍疾宫中。时皇太子无礼于陈贵人，上知而大怒，因令述召房陵王。述与元岩出外作敕书，杨素闻之，与皇太子协谋，便矫诏执述、岩二人，持以属吏。及炀帝嗣位，述竟坐除名，与公主离绝。徙述于龙川郡。公主请与述同徙，帝不听，事见《列女传》。述在龙川数年，复徙宁越，遇瘴疠而死，时年三十九。

旦字匡德，工骑射，颇涉书籍。起家周左侍上士，累迁兵部下大夫。顷之，益州总管王谦起逆，拜为行军长史，从梁睿讨平之，以功授仪同三司。开皇元年，加授开府，封新城县男，迁授掌设骠骑。历罗、浙、鲁三州刺史，并有能名。大业初，拜龙川太守。民居山洞，好相攻击，旦为开设学校，大变其风。帝闻而善之，下诏褒美。四年，征为太常少卿，摄判黄门侍郎事。卒官，年六十一。子爕，官至河内掾。

肃字匡仁，少聪敏，闲于占对。起家周齐王文学，武帝见而异之，召拜宣纳上士。高祖作相，引为宾曹参军。开皇初，授太子洗马。

陈使谢泉来聘，以才学见称，诏肃宴接，时论称其华辩。转太子内舍人，迁太子仆。太子废，坐除名为民。大业中，帝与段达语及庶人罪恶之状，达云："柳肃在宫，大见疏斥。"帝问其故，答曰："学士刘臻，尝进章仇太翼于宫中，为巫蛊事。肃知而谏曰：'殿下帝之冢子，位当储贰，诚在不孝，无患见疑。刘臻书生，鼓摇唇舌，适足以相诳误，愿殿下勿纳之。'庶人不怿，他日谓臻曰：'汝何故漏泄，使柳肃知之，令面折我？'自是后言皆不用。"帝曰："肃横除名，非其罪也。"召守礼部侍郎，转工部侍郎，大见亲任。每行幸辽东，常委之于涿郡留守。十一年卒，时年六十二。

雄亮字信诚。父桧，仕周华阳太守。遇黄众宝作乱，攻陷华阳，桧为贼所害。雄亮时年十四，哀毁过礼，阴有复仇之志。武帝时，众宝率其所部归于长安，帝待之甚厚。雄亮手斩众宝于城中，请罪阙下，帝特原之。寻治梁州总管记室，迁湖城令，累迁内史中大夫，赐爵汝阳县子。

司马消难作乱江北，高祖令雄亮聘于陈，以结邻好。及还，会高祖受禅，拜尚书考功侍郎，寻迁给事黄门侍郎。尚书省凡有奏事，雄亮多所驳正，深为公卿所惮。俄以本官检校太子左庶子，进爵为伯。秦王俊之镇陇右也，出为秦州总管府司马，领山南道行台左丞。卒官，时年五十一。有子赞。

赞之字公正。父蔡年，周顺州刺史。赞之身长七尺五寸，仪容甚伟，风神爽亮，进止可观。为童儿时，周齐王宪尝遇赞之于途，异而与语，大奇之。因奏入国子，以明经擢第，拜宗师中士，寻转守庙下士。武帝尝有事太庙，赞之读祝文，音韵清雅，观者属目。帝善之，擢为宣纳上士。及高祖作相，引为田曹参军，仍谘典签事。

开皇初，拜通事舍人，寻迁内史舍人，历兵部、司勋二曹侍郎。朝廷以赞之有雅望，善谈谑，又饮酒至石不乱，由是每梁、陈使至，辄令赞之接对。后迁光禄少卿。出入十余年，每参掌敷奏。会吐谷浑来降，朝廷以宗女光化公主妻之，以謇之兼散骑常侍，送公主于西域。俄而突厥启民可汗求结和亲，复令謇之送义成公主于突厥。謇之前后奉使，得二国所赠马千余匹，杂物称是，皆散之宗族，家无余财。仁寿中，出为肃州刺史，寻转息州刺史，俱有惠政。后二岁，以母忧去职。

炀帝践阼，复拜光禄少卿。大业初，启民可汗自以内附，遂畜牧于定襄、马邑间，帝使謇之谕令出塞。及还，奏事称旨，拜黄门侍郎。

时元德太子初薨，朝野注望，皆以齐王当立。帝方重王府之选，大业三年，车驾还京师，拜为齐王长史。帝法服临轩，备仪卫，命齐王立于西朝堂之前，北面。遣吏部尚书牛弘、内史令杨约、左卫大将军宇文述等，从殿廷引謇之诣齐王所，西面立。牛弘宣敕谓齐王曰："我昔阶缘恩宠，启封晋阳，出藩之初，时年十二。先帝立我于西朝堂，乃令高颎、虞庆则、元旻等，从内送王子相于我。于时诫我曰：'以汝幼冲，未更世事，今令子相作辅于汝，事无大小，皆可委之。无得昵近小人，疏远子相。若从我言者，有益于社稷，成立汝名行。如不用此言，唯国及身，败无日矣。'吾受敕之后，奉以周旋，不敢失坠。微子相之力，吾无今日矣。若与謇之从事，一如子相也。"又敕謇之曰："今以卿作辅于齐，善思匡救之理，副朕所望。若齐王德业修备，富贵自当钟卿一门。若有不善，罪亦相及。"时齐王正擅宠，左右放纵，乔令则之徒，深见昵狎。謇之虽知其罪失，不能匡正。及王得罪，謇之竟坐除名。

帝幸辽东，召謇之检校燕郡事。及帝班师，至燕郡，坐供顿不给，配戍岭南，卒于洭口，时年六十。子威明。

昂字千里。父敏，有高名，好礼笃学，治家如官。仕周，历职清显。开皇初，为太子太保。昂有器识，干局过人。周武帝时，为大内史，赐爵文城郡公，致位开府，当涂用事，百寮皆出其下。宣帝嗣位，稍被疏远，然不离本职。

及高祖为丞相，深自结纳。高祖大悦之，以为大宗伯。昂受拜

之日,遂得偏风,不能视事。高祖受禅,昂疾愈,加上开府,拜潞州刺史。昂见天下无事,可以劝学行礼,因上表曰:

臣闻帝王受命,建学制礼,故能移既往之风,成惟新之俗。自魏道将谢,分割九区,关右、山东,久为战国,各逞权诈,俱殉干戈,赋役繁重,刑政严急。盖救焚拯溺,无暇从容,非朝野之愿,以至于此。晚世因循,遂成希慕,俗化浇敝,流宕忘反。自非天然上哲,挺生于时,则儒雅之道,经礼之制,衣冠民庶,莫肯用心。世事所以未清,轨物由兹而坏。

伏惟陛下禀灵上帝,受命旻天,合三阳之期,膺千祀之运。往者周室颓毁,区宇沸腾,圣策风行,神谋电发,端坐廊庙,荡涤万方,俯顺幽明,君临四海。择万古之典,无善不为,改百王之弊,无恶不尽。至若因情缘义,为其节文,故以三百三千,事高前代。然下土黎献,尚未尽行。臣谬蒙奖策,从政藩部,人庶轨仪,实见多阙,儒风以坠,礼教犹微,是知百姓之心,未能顿变。仰惟深思远虑,情念下民,渐被以俭,使至于道。臣恐业淹事缓,动延年世。若行礼劝学,道教相催,必当靡然向风,不远而就。家知礼节,人识义方,比屋可封,辄谓非远。

上览而善之,因下诏曰:

建国重道,莫先于学,尊主庇民,莫先于礼。自魏氏不竞,周、齐抗衡,分四海之民,斗二邦之力。递为强弱,多历年所。务权诈而薄儒雅,重干戈而轻俎豆,民不见德,唯争是闻。朝野以机巧为师,文吏用深刻为法,风浇俗弊,化之然也。虽复建立庠序,兼启黉塾,业非时贵,道亦不行。其间服膺儒术,盖有之矣,彼众我寡,未能移俗。然其维持名教,奖饰彝伦,微相弘益,赖斯而已。王者承天,休咎随化,有礼则祥瑞必降,无礼则妖孽兴起。人禀五常,性灵不一,有礼则阴阳合德,无礼则禽兽其心。治国立身,非礼不可。

朕受命于天,财成万物,去华夷之乱,求风化之宜。戒奢崇俭,率先百辟,轻徭薄赋,冀以宽弘。而积习生常,未能惩革,间阎士庶,吉凶之礼,动悉乖方,不依制度。执宪之职,似塞耳而无闻,莅民之官,犹蔽目而不察。宣扬朝化,其若是乎？古人之学,且耕且养。今者民丁非役之日,农亩时候之余,若敦以学业,劝以经礼,自可家慕大道,人希至德。岂止知礼节,识廉耻,父慈子孝,兄恭弟顺者乎？始自京师,爰及州郡,宜祗朕意,劝学行礼。

自是天下州县皆置博士习礼焉。

昂在州,甚有惠政。数年,卒官。

子调,起家秘书郎,寻转侍御史。左仆射杨素尝于朝堂见调,因独言曰：“柳条通体弱,独摇不须风。”调敛板正色曰：“调信无取者,公不当以为侍御史；调信有可取,不应发此言。公当具瞻之秋,枢机何可轻发！”素甚奇之。炀帝嗣位,累迁尚书左司郎。时王纲不振,朝士多赃货,唯调清素守常,为时所美。然于干用,非其所长。

史臣曰：韦氏自居京兆,代有人物。世康昆季,余庆所钟,或入处礼闱,或出总方岳,朱轮接轸,旟旆成阴,在周暨隋,勋庸并茂,盛矣！建安风韵闲雅,望重当时。述恃宠骄人,终致倾败。且屡有惠政,肃每存诚谠。雄亮名节自立,忠正见称,謇之神情开爽,颇为疏放。文城历仕二朝,咸见推重,献书高祖,遂兴学校,言能弘道,其利博哉！

隋书卷四八
列传第一三

杨素　弟约　从父文思　文纪

　　杨素字处道,弘农华阴人也。祖暄,魏辅国将军、谏议大夫。父敷,周汾州刺史,没于齐。素少落拓,有大志,不拘小节,世人多未之知,唯从叔祖魏尚书仆射宽深异之,每谓子孙曰:"处道当逸群绝伦,非常之器,非汝曹所逮也。"后与安定牛弘同志好学,研精不倦,多所通涉。善属文,工草隶,颇留意于风角。美须髯,有英杰之表。周大冢宰宇文护引为中外记室,后转礼曹,加大都督。武帝亲总万机,素以其父守节陷齐,未蒙朝命,上表申理。帝不许,至于再三。帝大怒,命左右斩之。素乃大言曰:"臣事无道天子,死其分也。"帝壮其言,由是赠敷为大将军,谥曰忠壮。拜素为车骑大将军、仪同三司,渐见礼遇。帝命素为诏书,下笔立成,词义兼美。帝嘉之,顾谓素曰:"善自勉之,勿忧不富贵。"素应声答曰:"臣但恐富贵来逼臣,臣无心图富贵。"

　　及平齐之役,素请率父麾下先驱。帝从之,赐以竹策,曰:"朕方欲大相驱策,故用此物赐卿。"从齐王宪与齐人战于河阴,以功封清河县子,邑五百户。其年授司城大夫。明年,复从宪拔晋州。宪屯兵鸡栖原,齐主以大军至,宪惧而宵遁。为齐兵所蹑,众多败散。素与骁将十余人尽力苦战,宪仅而获免。其后每战有功。及齐平,加上开府,改封成安县公,邑千五百户,赐以粟帛、奴婢、杂畜。从王轨破陈将吴明彻于吕梁,治东楚州事。封弟慎为义安侯。陈将樊毅筑城于泗口,素击走之,夷毅所筑。

宣帝即位,袭父爵临贞县公,以弟约为安成公。寻从韦孝宽徇淮南,素别下盱眙、钟离。

及高祖为丞相,素深自结纳,高祖甚器之,以素为汴州刺史。行至洛阳,会尉迥作乱,荥州刺史宇文胄据武牢以应迥,素不得进。高祖拜素大将军,发河内兵击胄,破之。迁徐州总管,进位柱国,封清河郡公,邑二千户。以弟岳为临贞公。高祖受禅,加上柱国。开皇四年,拜御史大夫。其妻郑氏性悍,素忿之曰:“我若作天子,卿定不堪为皇后。”郑氏奏之,由是坐免。

上方图江表,先是,素数进取陈之计,未几,拜信州总管,赐钱百万、锦千段、马二百匹而遣之。素居永安,造大舰,名曰五牙,上起楼五层,高百余尺,左右前后置六拍竿,并高五十尺,容战士八百人,旗帜加于上。次曰黄龙,置兵百人。自余平乘、舴艋等各有差。及大举伐陈,以素为行军元帅,引舟师趣三硖。军至流头滩,陈将戚欣,以青龙百余艘、屯兵数千人守狼尾滩,以遏军路。其地险峭,诸将患之。素曰:“胜负大计,在此一举。若昼日下船,彼则见我,滩流迅激,制不由人,则吾失其便。”乃以夜掩之。素亲率黄龙数千艘,衔枚而下,遣开府王长袭,引步卒从南岸击欣别栅,令大将军刘仁恩率甲骑趣白沙北岸,迟明而至,击之,欣败走。悉虏其众,劳而遣之,秋毫不犯,陈人大悦。素率水军东下,舟舻被江,旌甲曜日。素坐平乘大船,容貌雄伟,陈人望之惧曰:“清河公即江神也。”陈南康内史吕仲肃屯岐亭,正据江峡,于北岸凿岩,缀铁锁三条,横截上流,以遏战船。素与仁恩登陆俱发,先攻其栅,仲肃军夜溃,素徐去其锁。仲肃复据荆门之延洲。素遣巴蜑卒千人,乘五牙四艘,以柏櫂碎贼十余舰,遂大破之,俘甲士二千余人,仲肃仅以身免。陈主遣其信州刺史顾觉,镇安蜀城,荆州刺史陈纪镇公安,皆惧而退走。巴陵以东,无敢守者。湘州刺史、岳阳王陈叔慎遣使请降。素下至汉口,与秦孝王会。及还,拜荆州总管,进爵郢国公,邑三千户,真食长寿县千户。以其子玄感为仪同,玄奖为清河郡公。赐物万段,粟万石,加以金宝,又赐陈主妹及女妓十四人。素言于上曰:"里名胜母,曾子不入,逆人王谊,前封于郢,臣不愿与之同。"于是改封越国公。寻拜纳言。岁余,转内史令。

俄而江南人李棱等聚众为乱,大者数万,小者数千,共相影响,杀害长吏。以素为行军总管,师众讨之。贼朱莫问自称南徐州刺史,以盛兵据京口。素率舟师入自杨子津,进击破之。晋陵顾世兴自称太守,与其都督鲍迁等复来拒战。素逆击破之,执迁,虏三千余人。进击无锡贼帅叶略,又平之。吴郡沈玄憎、沈杰等以兵围苏州,刺史皇甫绩频战不利。素率众援之,玄憎势迫,走投南沙贼帅陆孟孙。素击孟孙于松江,大破之,生擒孟孙、玄憎。黝、歙贼帅沈雪、沈能据栅自固,又攻拔之。浙江贼帅高智慧自号东杨州刺史,船舰千艘,屯据要害,兵甚劲。素击之,自旦至申,苦战而破。智慧逃入海,素蹑之,从余姚泛海趣永嘉。智慧来拒战,素击走之,擒获数千人。贼帅汪文进自称天子,据东阳,署其徒蔡道人为司空,守乐安。进讨,悉平之。又破永嘉贼帅沈孝彻。于是步道向天台,指临海郡,逐捕遗逸寇。前后百余战,智慧遁守闽越。

上以素久劳于外,诏令驰传入朝。加子玄感官为上开府,赐彩物三千段。素以余贼未殄,恐为后患,又自请行。乃下诏曰:"朕忧劳百姓,日旰忘食,一物失所,情深纳隍。江外狂狡,妄构妖逆,虽经殄除,民未安堵。犹有贼首凶魁,逃亡山洞,恐其聚结,重扰苍生。内史令、上柱国、越国公素,识达古今,经谋长远,比曾推毂,旧著威名,宜任以大兵,总为元帅。宣布朝风,振扬威武,擒剪叛亡,慰劳黎庶,军民事务,一以委之。"素复乘传至会稽。先是,泉州人王国庆,南安豪族也,杀刺史刘弘,据州为乱,诸亡贼皆归之。自以海路艰阻,非北人所习,不设备伍。素泛海掩至,国庆遑遽,弃州而走,余党散入海岛,或守溪洞。素分遣诸将,水陆追捕。乃密令人谓国庆曰:"尔之罪状,计不容诛。唯有斩送智慧,可以塞责。"国庆于是执送智慧,斩于泉州。自余支党,悉来降附,江南大定。上遣左领军将军独孤陀至浚仪迎劳。比到京师,问者日至。拜素子玄奖为仪同,赐黄金四十斤,加银瓶,实以金钱,缣三千段,马二百匹,羊二千口,公田百顷,宅一区。代苏威为尚书右仆射,与高颎专掌朝政。

素性疏而辩,高下在心,朝臣之内,颇推高颎,敬牛弘,厚接薛道衡,视苏威蔑如也。自余朝贵,多被陵轹。其才艺风调,优于高颎,至于推诚体国,处物平当,有宰相识度,不如颎远矣。

寻令素监营仁寿宫,素遂夷山堙谷,督役严急,作者多死,宫侧时闻鬼哭之声。及宫成,上令高颎前视,奏称颇伤绮丽,大损人丁,高祖不悦。素忧惧,计无所出,即于北门启独孤皇后曰:“帝王法有离宫别馆,今天下太平,造此一宫,何足损费!”后以此理谕上,上意乃解。于是赐钱百万,缯绢三千段。

十八年,突厥达头可汗犯塞,以素为灵州道行军总管,出塞讨之,赐物二千段,黄金百斤。先是,诸将与虏战,每虑胡骑奔突,皆以戎车步骑相参,舆鹿角为方阵,骑在其内。素谓人曰:“此乃自固之道,非取胜之方也。”于是悉除旧法,令诸军为骑阵。达头闻之大喜,曰:“此天赐我也。”因下马仰天而拜,率精骑十余万而至。素奋击,大破之,达头被重创而遁,杀伤不可胜计,群虏号哭而去。优诏褒扬,赐缣二万匹,及万钉宝带。加子玄感位大将军,玄奖、玄纵、积善并上仪同。

素多权略,乘机赴敌,应变无方,然大抵驭戎严整,有犯军令者,立斩之,无所宽贷。每将临寇,辄求人过失而斩之,多者百余人,少不下十数。流血盈前,言笑自若。及其对阵,先令一二百人赴敌,陷阵则已,如不能陷阵而还者,无问多少,悉斩之,又令三二百人,复进,还如向法。将士股栗,有必死之心,由是战无不胜,称为名将。素时贵倖,言无不从,其从素征伐者,微功必录,至于他将,虽有大功,多为文吏所谴却。故素虽严忍,士亦以此愿从焉。

二十年,晋王广为灵朔道行军元帅,素为长史。王卑躬以交素。及为太子,素之谋也。

仁寿初,代高颎为尚书左仆射,赐良马百匹,牝马二百匹,奴婢百口。其年,以素为行军元帅,出云州击突厥,连破之。突厥退走,率骑追蹑，至夜而及之。将复战，恐贼越逸，令其骑稍后。于是亲将两骑，并降突厥二人，与虏并行，不之觉也。俟其顿舍未定，趣后骑掩击，大破之。自是突厥远遁，碛南无复虏庭。以功进子玄感位为柱国，玄纵为淮南郡公。赏物二万段。

及献皇后崩，山陵制度，多出于素。上善之，下诏曰：

君为元首，臣则股肱，共治万姓，义同一体。上柱国、尚书左仆射、仁寿宫大监、越国公素，志度恢弘，机鉴明远，怀佐时之略，包经国之才。王业初基，霸图肇建，策名委质，受脤出师，擒剪凶魁，克平虢、郑。频承庙算，扬旌江表，每禀戎律，长驱塞阴，南指而吴、越肃清，北临而獯、玁摧服。自居端揆，参赞机衡，当朝正色，直言无隐。论文则词藻纵横，语武则权奇间出，既文且武，唯朕所命，任使之处，夙夜无怠。

献皇后奄离六宫，远日云及，莹兆安厝，委素经营。然葬事依礼，唯卜泉石，至如吉凶，不由于此。素义存奉上，情深体国，欲使幽明俱泰，宝祚无穷。以为阴阳之书，圣人所作，祸福之理，特须审慎。乃遍历川原，亲自占择，纤介不善，即更寻求，志图元吉，孜孜不已。心力备尽，人灵协赞，遂得神皋福壤，营建山陵。论素此心，事极诚孝，岂与夫平戎定寇，比其功业？非唯廊庙之器，实是社稷之臣，若不加褒赏，何以申兹劝励？可别封一子义康郡公，邑万户，子子孙孙，承袭不绝。余如故。

并赐田三十顷，绢万段，米万石，金钵一，实以金，银钵一，实以珠，并绫锦五百段。

时素贵宠日隆，其弟约、从父文思、弟文纪，及族父异，并尚书列卿。诸子无汗马之劳，位至柱国、刺史。家童数千，后庭妓妾曳绮罗者以千数。第宅华侈，制拟宫禁。有鲍亨者，善属文，殷胄者，工草隶，并江南士人，因高智慧没为家奴。亲戚故吏，布列清显，素之贵盛，近古未闻。

炀帝初为太子，忌蜀王秀，与素谋之，构成其罪，后竟废黜。朝臣有违忤者，虽至诚体国，如贺若弼、史万岁、李纲、柳彧等，素皆阴中之。若有附会及亲戚,虽无才用,必加进擢。朝廷靡然,莫不畏附。唯兵部尚书柳述,以帝婿之重,数于上前面折素。大理卿梁毗,抗表上言,素作威作福。上渐疏忌之,后因出敕曰:"仆射国之宰辅,不可躬亲细务,但三五日一度向省,评论大事。"外示优崇,实夺之权也。终仁寿之末,不复通判省事。上赐王公以下射,素箭为第一,上手以外国所献金精盘,价直巨万,以赐之。四年,从幸仁寿宫,宴赐重叠。

及上不豫,素与兵部尚书柳述、黄门侍郎元岩等入阁侍疾。时皇太子入居大宝殿,虑上有不讳,须豫防拟,乃手自为书,封出问素。素录出事状以报太子。宫人误送上所,上览而大恚。所宠陈贵人,又言太子无礼。上遂发怒,欲召庶人勇。太子谋之于素,素矫诏追东宫兵士帖上台宿卫,门禁出入,并取宇文述、郭衍节度,又令张衡侍疾。上以此日崩,由是颇有异论。

汉王谅反,遣茹茹天保来据蒲州,烧断河桥。又遣王聃子率数万人并力拒守。素将轻骑五千袭之,潜于渭口宵济,迟明击之,天保败走,聃子惧而以城降。有诏征还。初,素将行也,计日破贼,皆如所量。帝于是以素为并州道行军总管、河北安抚大使,率众数万讨谅。时晋、绛、吕三州并为谅城守,素各以二千人縻之而去。谅遣赵子开拥众十余万,策绝径路,屯据高壁,布阵五十里。素令诸将以兵临之,自引奇兵潜入霍山,缘崖谷而进,直指其营,一战破之,杀伤数万。谅所署介州刺史梁修罗屯介休,闻素至,惧,弃城而走。进至清原,去并州三十里,谅率其将王世宗、赵子开、萧摩诃等,众且十万,来拒战。又击破之,擒萧摩诃。谅退保并州,素进兵围之,谅穷蹙而降,余党悉平。帝遣素弟修武公约赍手诏劳素曰:

> 我有隋之御天下也,于今二十有四年,虽复外夷侵叛,而内难不作,修文偃武,四海晏然。朕以不天,衔恤在疚,号天叩地,无所逮及。朕本以藩王,谬膺储两,复以庸虚,纂承鸿业。天下者,先皇之天下也,所以战战兢兢,弗敢失坠,况复神器之重,生民之大哉!

> 贼谅苞藏祸心,自幼而长,羊质兽心,假托名誉,不奉国

讳,先图叛逆,违君父之命,成莫大之罪。迸惑良善,委任奸回,称兵内侮,毒流百姓。私假署置,擅相谋戮,小加大,少凌长,民怨神怒,众叛亲离,为恶不同,同归于乱。朕寡兄弟,犹未忍及言,是故开关门而待寇,戢干戈而不发。朕闻之,天生蒸民,为之置君,仰惟先旨,每以子民为念,朕岂得枕伏苦庐,颠而不救也!大义灭亲,《春秋》高义,周旦以诛二叔,汉启乃戮七藩,义在兹乎?事不获已,是以授公戎律,问罪太原。且逆子贼臣,何代不有,岂意今者,近出家国。所叹荼毒甫尔,便及此事。由朕不能和兄弟,不能安苍生,德泽未弘,兵戈先动,贼乱者止一人,涂炭者乃众庶。非唯寅畏天威,亦乃孤负付嘱,薄德厚耻,愧乎天下。

公乃先朝功臣,勋庸克茂。至如皇基草创,百物惟始,便匹马归朝,诚识兼至。汴部、郑州,风卷秋箨,荆南、塞北,若火燎原,早建殊勋,夙著诚节。及献替朝端,具瞻惟允,爰弼朕躬,以济时难。昔周勃、霍光,何以加也!贼乃窃据蒲州,关梁断绝,公以少击众,指期平殄。高壁据险,抗拒官军,公以深谋,出其不意,雾廓云除,冰消瓦解,长驱北迈,直趣巢窟。晋阳之南,蚁徒数万,谅不量力,犹欲举斧。公以棱威外讨,发愤于内,忘身殉义,亲当矢石。兵刃暂交,渔溃鸟散,僵尸蔽野,积甲若山。谅遂守穷城,以拒铁钺,公董率骁勇,四面攻围,使其欲战不敢,求走无路,智力俱尽,面缚军门。斩将搴旗,伐叛柔服,元恶既除,东夏清宴,嘉庸茂绩,于是乎在。昔武安平赵,淮阴定齐,岂若公远而不劳,速而克捷者也。朕殷忧谅暗,不得亲御六军,未能问道于上庠,遂使劬劳于行阵。言念于此,无忘寝食。公乃建累世之元勋,执一心之确志。古人有言曰:"疾风知劲草,世乱有诚臣。"公得之矣。乃铭之常鼎,岂止书勋竹帛哉!功绩克谐,哽叹无已。稍冷,公如宜。军旅务殷,殊当劳虑,故遣公弟,指宣往怀。迷塞不次。

素上表陈谢曰:

　　臣自惟虚薄，志不及远，州郡之职，敢惮劬劳，卿相之荣，无阶觊望。然时逢昌运，王业惟始，虽涓流赴海，诚心屡竭，轻尘集岳，功力盖微。徒以南阳里闾，丰、沛子弟，高位重爵，荣显一时。遂复入处朝端，出总戎律，受文武之任，豫帷幄之谋。岂臣才能，实由恩泽。欲报之德，义极旻天。伏惟陛下照重离之明，养继天之德，牧臣于疏远，照臣以光晖，南服降枉道之书，春官奉肃成之旨。然草木无识，尚荣枯候时，况臣有心，实自效无路。昼夜回徨，寝食惭惕，常惧朝露奄至，虚负圣慈。

　　贼谅包藏祸心，有自来矣，因幸国哀，便肆凶逆，兴兵晋、代，摇荡山东。陛下拔臣于凡流，授臣以戎律，蒙心膂之寄，禀平乱之规。萧王赤心，人皆以死，汉皇大度，天下争归，妖寇廓清，岂臣之力！曲蒙使臣弟约赍诏书问劳，高旨峻笔，有若天临，洪恩大泽，便同海运。悲欣惭惧，五情振越，虽百殒微躯，无以一报。

其月还京师，因从驾幸洛阳，以素领营东京大监。以平谅之功，拜其子万石、仁行，侄玄挺，皆仪同三司，赍物五万段，绮罗千匹，谅之妓妾二十人。大业元年，迁尚书令，赐东京甲第一区，物二千段。寻拜太子太师，余官如故。前后赏锡，不可胜计。明年，拜司徒，改封楚公，真食二千五百户。其年，卒官。谥曰景武，赠光禄大夫、太尉公、弘农河东绛郡临汾文城河内汲郡长平上党西河十郡太守。给辒车，班剑四十人，前后部羽葆鼓吹，粟麦五千石，物五千段。鸿胪监护丧事。帝又下诏曰：“夫铭功彝器，纪德丰碑，所以垂名迹于不朽，树风声于没世。故楚景武公素，茂绩元勋，劬劳王室，竭尽诚节，叶赞朕躬。故以道迈三杰，功参十乱。未臻遐寿，遽戢清徽。春秋递代，方绵岁祀，式播雕篆，用图勋德，可立碑宰隧，以彰盛美。”素尝以五言诗七百字赠番州刺史薛道衡，词气宏拔，风韵秀上，亦为一时盛作。未几而卒，道衡叹曰：“人之将死，其言也善，岂若是乎！”有集十卷。

　　素虽有建立之策，及平杨谅功，然特为帝所猜忌，外示殊礼，内情甚薄。太史言隋分野有大丧,因改封于楚。楚与隋同分,欲以此厌当之。素寝疾之日,帝每令名医诊候,赐以上药。然密问医人,恒恐不死。素又自知名位已极,不肯服药,亦不将慎,每语弟约曰:"我岂须更活耶?"素负冒财货,营求产业,东、西二京,居宅侈丽,朝毁夕复,营缮无已,爰及诸方都会处,邸店、水磑并利田宅以千百数,时议以此鄙之。子玄感嗣,别有传。诸子皆坐玄感诛死。

约字惠伯,素异母弟也。在童儿时,尝登树堕地,为查所伤,由是竟为宦者。性好沉静,内多谲诈,好学强记。素友爱之,凡有所为,必先筹于约而后行之。在周末,以素军功,赐爵安成县公,拜上仪同三司。高祖受禅,授长秋卿。久之,为邵州刺史,入为宗正少卿,转大理少卿。

时皇太子无宠,而晋王广规欲夺宗,以素幸于上,而雅信约。于是用张衡计,遣宇文述大以金宝赂遗于约,因通王意说之曰:"夫守正履道,固人臣之常致,反经合义,亦达者之令图。自古贤人君子,莫不与时消息,以避祸患。公之兄弟,功名盖世,当涂用事,有年岁矣。朝臣为足下家所屈辱者,可胜数哉!又储宫以所欲不行,每切齿于执政。公虽自结于人主,而欲危公者,固亦多矣。主上一旦弃群臣,公亦何以取庇?今皇太子失爱于皇后,主上素有废黜之心,此公所知也。今若请立晋王,在贤兄之口耳。诚能因此时建大功,王必镇铭于骨髓,斯则去累卵之危,成太山之安也。"约然之,因以白素。素本凶险,闻之大喜,乃抚掌而对曰:"吾之智思,殊不及此,赖汝起予。"约知其计行,复谓素曰:"今皇后之言,上无不用,宜因机会,早自结托,则匪唯长保荣禄,传祚子孙;又晋王倾身礼士,声名日盛,躬履节俭,有主上之风,以约料之,必能安天下。兄若迟疑,一旦有变,令太子用事,恐祸至无日矣。"素遂行其策,太子果废。

及晋王入东宫,引约为左庶子,改封修武县公,进位大将军。及素被高祖所疏,出约为伊州刺史。入朝仁寿宫,遇高祖崩,遣约入京。易留守者,缢杀庶人勇,然后陈兵集众,发高祖凶问。炀帝闻之曰："令兄之弟,果堪大任。"即位数日,拜内史令。约有学术,兼达时务,帝甚任之。后数载,加位右光禄大夫。

后帝在东都,令约诣京师享庙,行至华阴,见其兄墓,遂枉道拜哭,为宪司所劾。坐是免官。未几,拜淅阳太守。其兄子玄感,时为礼部尚书,与约恩义甚笃。既怆分离,形于颜色,帝谓之曰："公比忧瘁,得非为叔邪?"玄感再拜流涕曰:"诚如圣旨。"帝亦思约废立功,由是征入朝。未几,卒,以素子玄挺后之。

文思字温才,素从叔也。父宽,魏左仆射,周小冢宰。文思在周,年十一,拜车骑大将军、仪同三司、散骑常侍。寻以父功,封新丰县子,邑五百户。天和初,治武都太守。十姓獠反,文思讨平之,复治冀州事。党项羌叛,文恩率州兵讨平之,进击资中、武康、隆山生獠及东山獠,并破之。后从陈王攻齐河阴城,又从武帝攻拔晋州,以勋进授上仪同三司,改封永宁县公,增邑至千户。寿阳刘叔仁作乱,从清河公宇文神举讨之,战于砖井,在阵生擒叔仁。又别从王谊破贼于鲤鱼栅。其后累以军功,迁果毅右旅下大夫。

高祖为丞相,从韦孝宽拒尉迥于武陟。迥遣其将李隽围怀州,与行军总管宇文述击走之。破尉惇,平邺城,皆有功,进授上大将军,改封洛川县公。寻拜隆州刺史。开皇元年,进爵正平郡公,加邑二千户。后为魏州刺史,甚有惠政,及去职,吏民思之,为立碑颂德。转冀州刺史。

炀帝嗣位,征为民部尚书。转纳言,改授右光禄大夫。从幸江都宫,以足疾不堪趋奏,复授民部尚书,加位左光禄大夫。卒官,时年七十。谥曰定。初,文思当袭父爵,自以非嫡,遂让封于弟文纪,当世多之。

文纪字温范,少刚正,有器局。在周,袭爵华山郡公,邑二千七百户。自右侍上士累迁车骑大将军、仪同三司、安州总管长史。将兵迎陈降将李瑗于齐安,与陈将周法尚军遇,击走之。以功进授开府,入为虞部下大夫。高祖为丞相,改封汾阴县公。从梁睿讨王谦,以功进授上大将军。前后增邑三千户。拜资州刺史。入为宗正少卿,坐事除名。后数载,复其爵位,拜熊州刺史,改封上明郡公。除宗王卿,兼给事黄门侍郎,判礼部尚书事。仁寿二年,迁荆州总管。岁余,卒官,时年五十八。谥曰恭。

史臣曰:杨素少而轻侠,俶傥不羁,兼文武之资,包英奇之略,志怀远大,以功名自许。高祖龙飞,将清六合,许以腹心之寄,每当推毂之重。扫妖氛于牛斗,江海无波,摧骁骑于龙庭,匈奴远遁。孝其夷凶静乱,功臣莫居其右,览其奇策高文,足为一时之杰。然专以智诈自立,不由仁义之道,阿谀时主,高下其心,营构离宫,陷君于奢侈,谋废冢嫡,致国于倾危。终使宗庙丘墟,市朝霜露,究其祸败之源,实乃素之由也。幸而得死,子为乱阶,坟土未干,合门殂戮,丘陇发掘,宗族诛夷。则知积恶余殃,信非徒语。多行无礼必自及,其斯之谓欤!约外示温柔,内怀狡算,为蛇画足,终倾国本,俾无遗育,宜哉!

隋书卷四九
列传第一四

牛　弘

　　牛弘字里仁,安定鹑觚人也,本姓寮氏。祖炽,郡中正。父允,
魏侍中、工部尚书、临泾公,赐姓为牛氏。弘初在襁褓,有相者见之,
谓其父曰:“此儿当贵,善爱养之。”及长,须貌甚伟,性宽裕,好学博
闻。在周,起家中外府记室、内史上士。俄转纳言上士,专掌文翰,
甚有美称。加威烈将军、员外散骑侍郎,修起居注。其后袭封临泾
公。宣政元年,转内史下大夫,进位使持节、大将军、仪同三司。

　　开皇初,迁授散骑常侍、秘书监。弘以典籍遗逸,上表请开献书
之路,曰:

　　　　经籍所兴,由来尚矣。爻画肇于庖羲,文字生于苍颉,圣人
　　所以弘宣教导,博通古今,扬于王庭,肆于时夏。故尧称至圣,
　　犹考古道而言,舜其大智,尚观古人之象。《周官》,外史掌三皇
　　五帝之书,及四方之志。武王问黄帝、颛顼之道,太公曰:“在
　　《丹书》。”是知握符御历,有国有家者,曷尝不以《诗》、《书》而
　　为教,因礼乐而成功也。

　　　　昔周德既衰,旧经紊弃。孔子以大圣之才,开素王之业,宪
　　章祖述,制《礼》刊《诗》,正五始而修《春秋》,阐《十翼》而弘
　　《易》道。治国立身,作范垂法。及秦皇驭宇,吞灭诸侯,任用威
　　力,事不师古,始下焚书之令,行偶语之刑。先王坟籍,扫地皆
　　也。汉兴,改秦之弊,敦尚儒术,建藏书之策,置校书之官,屋壁

山岩,往往间出。外有太常、太史之藏,内有延阁、秘书之府。至孝成之世,亡逸尚多,遣谒者陈农求遗书于天下,诏刘向父子雠校篇籍。汉之典文,于斯为盛。及王莽之末,长安兵起,宫室图书,并从焚烬。此则书之二厄也。光武嗣兴,尤重经诰,未及下车,先求文雅。于是鸿生巨儒,继踵而集,怀经负帙,不远斯至。肃宗亲临讲肄,和帝数幸书林,其兰台、石室、鸿都、东观,秘牒填委,更倍于前。及孝献移都,吏民扰乱,图书缣帛,皆取为帷囊。所收而西,裁七十余乘,属西京大乱,一时燔荡。此则书之三厄也。魏文代汉,更集经典,皆藏在秘书、内外三阁,遣秘书郎郑默删定旧文。时之论者,美其朱紫有别。晋氏承之,文籍尤广。晋秘书监荀勖定魏《内经》,更著《新簿》。虽古文旧简,犹云有缺,新章后录,鸠集已多,足得恢弘正道,训范当世。属刘、石凭陵,京华覆灭,朝章国典,从而失坠。此则书之四厄也。永嘉之后,寇窃竞兴,因河据洛,跨秦带赵。论其建国立家,虽传名号,宪章礼乐,寂灭无闻。刘裕平姚,收其图籍,五经子史,才四千卷,皆赤轴青纸,文字古拙。僭伪之盛,莫过二秦,以此而论,足可明矣。故知衣冠轨物,图画记注,播迁之余,皆归江左。晋、宋之际,学艺为多,齐、梁之间,经史弥盛。宋秘书丞王俭,依刘氏《七略》,撰为《七志》。梁人阮孝绪,亦为《七录》。总其书数,三万余卷。及侯景渡江,破灭梁室,秘省经籍,虽从兵火,其文德殿内书史,宛然犹存。萧绎据有江陵,遣将破平侯景,收文德之书,及公私典籍,重本七万余卷,悉送荆州。故江表图书,因斯尽萃于绎矣。及周师入郢,绎悉焚之于外城,所收十才一二。此则书之五厄也。后魏爰自幽方,迁宅伊、洛,日不暇给,经籍阙如。周氏创基关右,戎车未息。保定之始,书止八千,后加收集,方盈万卷。高氏据有山东,初亦采访,验其本目,残缺犹多。及东夏初平,获其经史,四部重杂,三万余卷。所益旧书,五千而已。

　　今御书单本,合一万五千余卷,部帙之间,仍有残缺。比梁之旧目，止有其半。至于阴阳河洛之篇，医方图谱之说，弥复为少。臣以经书，自仲尼已后，迄于当今，年逾千载，数遭五厄，兴集之期，属膺圣世。伏惟陛下受天明命，君临区宇，功无与二，德冠往初。自华夏分离，彝伦攸斁，其间虽霸王递起，而世难未夷，欲崇儒业，时或未可。今土宇迈于三王，民黎盛于两汉，有人有时，正在今日。方当大弘文教，纳俗升平，而天下图书尚有遗逸，非所以仰协圣情，流训无穷者也。臣史籍是司。寝兴怀惧。昔陆贾奏汉祖云"天下不可马上治之，"故知经邦立政，在于典谟矣。为国之本，莫此攸先。今秘藏见书，亦足披览，但一时载籍，须令大备。不可王府所无，私家乃有。然士民殷杂，求访难知，纵有知者，多怀吝惜，必须勒之以天威，引之以微利。若猥发明诏，兼开购赏，则异典必臻，观阁斯积，重道之风，超于前世，不亦善乎！伏愿天监，少垂照察。

上纳之，于是下诏，献书一卷，赍缣一匹。一二年间，篇籍稍备。进爵奇章郡公，邑千五百户。

三年，拜礼部尚书，奉敕修撰《五礼》，勒成百卷，行于当世。弘请依古制修立明堂，上议曰：

窃谓明堂者，所以通神灵，感天地，出教化，崇有德。《孝经》曰："宗祀文王于明堂，以配上帝。"《祭义》云："祀于明堂，教诸侯孝也。"黄帝曰合宫，尧曰五府，舜曰总章，布政兴治，由来尚矣。《周官考工记》曰："夏后氏世室，堂修二七，广四修一。"郑玄注云："修十四步，其广益以四分修之一，则堂广十七步半也。""殷人重屋，堂修七寻，四阿重屋。"郑云："其修七寻，广九寻也。"周人明堂，度九尺之筵，南北七筵，"五室，凡室二筵。"郑云："此三者，或举宗庙，或举王寝，或举明堂，互言之，明其同制也。"马融、王肃、干宝所注，与郑亦异，今不具出。汉司徒马宫议云："夏后氏世室，室显于堂，故命以室。殷人重屋，屋显于堂，故命以屋。周人明堂，堂大于夏室，故命以堂。夏后氏益其堂之广百四十四尺，周人明堂，以为两序间大夏后氏七十二尺。"若据郑玄之说，则夏室大于周堂，如依马宫之言，则周堂大于夏室。后王转文，周大为是。但宫之所言，未详其义。此皆去圣久远，礼文残缺，先儒解说，家异人殊。郑注《玉藻》亦云："宗庙路寝，与明堂同制。"《王制》曰："寝不逾庙。"明大小是同。今依郑玄注，每室及堂，止有一丈八尺，四壁之外，四尺有余。若以宗庙论之，祫享之时，周人旅酬六尸，并后稷为七，先公昭穆二尸，先王昭穆二尸，合十一尸，三十六王，及君北面行事于二丈之堂，愚不及此。若以正寝论之，便须朝宴。据《燕礼》："诸侯宴，则宾及卿大夫脱屦升坐。"是知天子宴，则三公九卿并须升堂。《燕义》又云："席，小卿次上卿。"言皆侍席。止于二筵之间，岂得行礼？若以明堂论之，总享之时，五帝各于其室。设青帝之位，须于太室之内，少北西面。太昊从食，坐于其西，近南北面。祖宗配享者，又于青帝之南，稍退西面。丈八之室，神位有三，加以簠簋边豆，牛羊之俎，四海九州美物咸设，复须席工升歌，出樽反坫，揖让升降，亦以隘矣。据兹而说，近是不然。

案刘向《别录》及马宫、蔡邕等所见，当时有《古文明堂礼》、《王居明堂礼》、《明堂图》、《明堂大图》、《明堂阴阳》、《太山通义》、《魏文侯孝经传》等，并说古明堂之事。其书皆亡，莫得而正。今《明堂月令》者，郑玄云："是吕不韦著，《春秋十二纪》之首章，礼家钞合为记。"蔡邕、王肃云："周公所作。"《周书》内有《月令》第五十三，即此也。各有证明，文多不载。束皙以为夏时之书。刘瓛云："不韦鸠集儒者，寻于圣王月令之事而记之。不韦安能独为此记？"今案不得全称《周书》，亦未可即为秦典，其内杂有虞、夏、殷、周之法，皆圣王仁恕之政也。蔡邕具为章句，又论之曰："明堂者，所以宗祀其祖以配上帝也。夏后氏曰世室，殷人曰重屋，周人曰明堂。东曰青阳，南曰明堂，西曰总章，北曰玄堂，内曰太室。圣人南面而听，向明而治，人君之位莫不正焉。故虽有五名，而主以明堂也。制度之数，各有所依。堂方一百四十四尺,坤之策也,屋圆楣径二百一十六尺,乾之策也。太庙明堂方六丈,通天屋径九丈,阴阳九六之变,且圆盖方覆,九六之道也。八闼以象卦,九室以象州,十二宫以应日辰。三十六户,七十二牖,以四户八牖乘九宫之数也。户皆外设而不闭,示天下以不藏也。通天屋高八十一尺,黄钟九九之实也。二十八柱布四方,四方七宿之象也。堂高三尺,以应三统,四向五色,各象其行。水阔二十四丈,象二十四气,于外,以象四海。王者之大礼也。”观其模范天地,则象阴阳,必据古文,义不虚出。今若直取《考工》,不参《月令》,青阳总章之号不得而称,九月享帝之礼不得而用。汉代二京所建,与此说悉同。

建安之后,海内大乱,京邑焚烧,宪章泯绝。魏氏三方未平,无闻兴造,晋则侍中裴颁议曰:“尊祖配天,其义明著,而庙宇之制,理据未分。宜可直为一殿,以崇严父之祀,其余杂碎,一皆除之。”宋、齐已还,咸率兹礼。此乃世乏通儒,时无思术,前王盛事,于是不行。后魏代都所造,出自李冲,三三相重,合为九室。櫽不覆基,房间通街,穿凿处多,迄无可取。及迁宅洛阳,更加营构,五鬼纷竞,遂至不成,宗配之事,于焉靡托。

今皇猷遐阐,化覃海外,方建大礼,垂之无穷。弘等不以庸虚,谬当议限。今检明堂必须五室者何?《尚书帝命验》曰:“帝者承天立五府,赤曰文祖,黄曰神升,白曰显纪,黑曰玄矩,苍曰灵府。”郑玄注曰:“五府与周之明堂同矣。”且三代相沿,多有损益,至于五室,确然不变。夫室以祭天,天实有五,若立九室,四无所用。布政视朔,自依其辰。郑司农云:“十二月分在青阳等左右之位。”不云居室。郑玄亦言:“每月于其时之堂而听政焉。”《礼图》画个,皆在堂偏,是以须为五室。明堂必须上圆下方者何?《孝经援神契》曰:“明堂者,上圆下方,八窗四达,布政之宫。”《礼记盛德篇》曰:“明堂四户八牖,上圆下方。”《五经异义》称讲学大夫淳于登亦云:“上圆下方。”郑玄同之。是以须为圆方。明堂必须重屋者何?案《考工记》,夏言“九阶,四旁两夹窗，门堂三之二，室三之一。"殷、周不言者，明一同夏制。殷言"四阿重屋"，周承其后不言屋，制亦尽同可知也。其"殷人重屋"之下，本无五室之文。郑注云："五室者，亦据夏以知之。"明周不云重屋，因殷则有，灼然可见。《礼记明堂位》曰："太庙天子明堂。"言鲁为周公之故，得用天子礼乐，鲁之太庙与周之明堂同。又曰："复庙重檐，刮楹达向，天子之庙饰。"郑注："复庙重屋也。"据庙既重屋，明堂亦不疑矣。《春秋》文公十三年："太室屋坏。"《五行志》曰："前堂曰太庙，中央曰太室，屋其上重者也。"服虔亦云："太室，太庙太室之上屋也。《周书作洛篇》曰："乃立太庙宗宫路寝明堂，咸有四阿反坫，重亢重廊。"孔晁注曰："重亢累栋，重廊累屋也。"依《黄图》所载，汉之宗庙皆为重屋。此去古犹近，遗法尚在，是以须为重屋。明堂必须为辟雍者何?《礼记盛德篇》云："明堂者，明诸侯尊卑也。外水曰辟雍，《明堂阴阳录》曰："明堂之制，周圜行水，左旋以象天，内有太室以象紫宫。"此明堂有水之明文也。然马宫、王肃以为明堂、辟雍、太学同处，蔡邕、卢植亦以为明堂、灵台、辟雍、太学同实异名。邕云："明堂者，取其宗祀之清貌，谓之清庙，取其正室，则曰太室，取其堂，则曰明堂，取其四门之学，则曰太学，取其周水圜如璧，则曰璧雍。其实一也。"其言别者，五经通义曰："灵台以望气，明堂以布政，璧雍以养老教学。"三者不同。袁准、郑玄亦以为别。历代所疑，岂能辄定?今据《郊祀志》云："欲治明堂，未晓其制。济南人公玉带上黄帝时《明堂图》，一殿无壁，盖之以茅，水圜宫垣，天子从之。"以此而言，其来则久。汉中元二年，起明堂、辟雍、灵台于洛阳，并别处。然明堂亦有壁水，李尤《明堂铭》云"流水洋洋"是也。以此须有辟雍。

夫帝王作事，必师古昔，今造明堂，须以礼经为本。形制依于周法，度数取于《月令》，遗阙之处，参以余书，庶使该详沿革之理。其五室九阶，上圆下方，四阿重屋，四旁两门，依《考工记》、《孝经》说。堂方一百四十四尺，屋圆楣径二百一十六尺，太室方六丈,通天屋径九丈,八闼二十八柱,堂高三尺,四向五色,依《周书月令》论。殿垣方在内,水周如外,水内径三百步,依《太山盛德记》、《觐礼经》。仰观俯察,皆有则象,足以尽诚上帝,祗配祖宗,弘风布教,作范于后矣。弘等学不稽古,辄申所见,可否之宜,伏听裁择。

上以时事草创,未遑制作,竟寝不行。

六年,除太常卿。九年,诏改定雅乐,又作乐府歌词,撰定圆丘五帝凯乐,并议乐事。弘上议云:

谨案《礼》,五声、六律、十二管还相为宫。《周礼》奏黄钟,歌大吕,奏太簇,歌应钟,皆是旋相为宫之义。蔡邕《明堂月令章句》曰:“孟春月则太簇为宫,姑洗为商,蕤宾为角,南吕为征,应钟为羽,大吕为变宫,夷则为变征。他月仿此。”故先王之作律吕也,所以辩天地四方阴阳之声。扬子云曰:“声生于律,律生于辰。”故律吕配五行,通八风,历十二辰,行十二月,循环转运,义无停止。譬如立春木王火相,立夏火王土相,季夏余分,土王金相,立秋金王水相,立冬水王木相。还相为宫者,谓当其王月,名之为宫。

今若十一月不以黄钟为宫,十二月不以太簇为宫,便是春木不王,夏王不相,岂不阴阳失度,天地不通哉?刘歆《钟律书》云:“春宫秋律,百卉必雕;秋宫春律,万物必荣;夏宫冬律,雨雹必降;冬宫夏律,雷必发声。”以斯而论,诚为不易。且律十二,今直为黄钟一均,唯用七律,以外五律,竟复何施?恐失圣人制作本意。故须依礼作还相宫之法。

上曰:“不须作旋相为宫,且作黄钟一均也。”弘又论六十律不可行:

谨案《续汉书律历志》,元帝遣韦玄成问京房于乐府,房对:“受学故小黄令焦延寿。六十律相生之法,以上生下,皆三生二,以下生上,皆三生四。阳下生阴,阴上生阳,终于中吕,而十二律毕矣。中吕上生执始,执始下生去灭,上下相生,终于南事,六十律毕矣。十二律之变至于六十,犹八卦之变至于六十四也。冬至之声,以黄钟为为宫,太簇为商,姑洗为角,林钟为征,南吕为羽,应钟为变宫,蕤宾为变征。此声气之元,五音之正也。故各统一日。其余以次运行,宫日者各自为宫,而商征以类从焉。"房又曰:"竹声不可以度调,故作准以定数。准之状如瑟,长一丈而十三弦,隐间九尺,以应黄钟之律九寸。中央一弦,下画分寸,以为六十律清浊之节。"执始之类,皆房自造。房云受法于焦延寿,未知延寿所承也。

至元和年,待诏候钟殷肜上言:"官无晓六十律以准调音者。故待诏严嵩具以准法教其子宣,愿召宣补学官,主调乐器。"大史丞弘试宣十二律,其二中,其四不中,其六不知何律,宣遂罢。自此律家莫能为准施弦。嘉平年,东观召典律者太子舍人张光问准意。光等不知,归阅旧藏,乃得其器,形制如房书,犹不能定其弦缓急,故史官能辨清浊者遂绝。其可以相传者,唯大榷常数及候气而已。

据此而论,京房之法,汉世已不能行。沈约《宋志》曰:"详案古典及今音家,六十律无施于乐。"《礼》云"十二管还相为宫",不言六十。《封禅书》云:"大帝使素女鼓五十弦瑟而悲,破为二十五弦。"假令六十律为乐,得成亦所不用。取"大乐必易,大礼必简"之意也。

又议曰:

案《周官》云:"大司乐掌成均之法。"郑众注云:"均,调也。乐师主调其音。"《三礼义宗》称:"《周官》奏黄钟者,用黄钟为调,歌大吕者,用大吕为调。奏者谓堂下四悬,歌者谓堂上所歌。但一祭之间,皆用二调。"是知据宫称调,其义一也。明六律六吕迭相为宫,各自为调。

今见行之乐,用黄钟之宫,乃以林钟为调,与古典有违。晋内书监荀勖依典记,以五声十二律还相为宫之法,制十二笛。黄钟之笛,正声应黄钟,下征应林钟,以姑洗为清角。大吕之笛,正声应大吕,下征应夷则。以外诸均,例皆如是。然今所用林钟，是勖下征之调。不取其正，先用其下，于理未通，故须改之。

上甚善其议，诏弘与姚察、许善心、何妥、虞世基等正定新乐，事在《音律志》。是后议置明堂，诏弘条上故事，议其得失，事在《礼志》。上甚敬重之。

时杨素恃才矜贵，轻侮朝臣，唯见弘未尝不改容自肃。素将击突厥，诣太常与弘言别。弘送素至中门而止，素谓弘曰："大将出征，故来叙别，何相送之近也？"弘遂揖而退。素笑曰："奇章公可谓其智可及，其愚不可及也。"亦不以屑怀。

寻授大将军，拜吏部尚书。时高祖又令弘与杨素、苏威、薛道衡、许善心、虞世基、崔子发等并召诸儒，论新礼降杀轻重。弘所立议，众咸推服之。仁寿二年，献皇后崩，三公已下不能定其仪注。杨素谓弘曰："公旧学，时贤所仰，今日之事，决在于公。"弘了不辞让，斯须之间，仪注悉备，皆有故实。素叹曰："衣冠礼乐尽在此矣，非吾所及也！"弘以三年之丧，祥禫具有降杀，期服十一月而练者，无所象法，以闻于高祖，高祖纳焉。下诏除期练之礼，自弘始也。弘在吏部，其选举先德行而后文才，务在审慎。虽致停缓，所有进用，并多称职。吏部侍郎高孝基，鉴赏机晤，清慎绝伦，然爽俊有余，迹似轻薄，时宰多以此疑之。唯弘深识其真，推心委任。隋之选举，于斯为最。时论弥服弘识度之远。

炀帝之在东宫也，数有诗书遗弘，弘亦有答。及嗣位之后，尝赐弘诗曰："晋家山吏部，魏世卢尚书，莫言先哲异，奇才并佐余。学行敦时俗，道素乃冲虚，纳言云阁上，礼仪皇运初。彝伦欣有叙，垂拱事端居。"其同被赐诗者，至于文词赞扬，无如弘美。大业二年，进位上大将军。三年，改为右光禄大夫。从拜恒岳，坛场珪币，墠畤牲牢，并弘所定。还下太行，炀帝尝引入内帐，对皇后赐以同席饮食。其礼遇亲重如此。弘谓其诸子曰："吾受非常之愚，荷恩深重。汝等子孙，宜以诚敬自立，以答恩遇之隆也。"六年，从幸江都。其年十一月，卒于江都郡，时年六十六。帝伤惜之，赗赠甚厚。归葬安定，赠开府仪同三司、光禄大夫、文安侯，谥曰宪。

弘荣宠当世，而车服卑俭，事上尽礼，待下以仁，讷于言而敏于行。上尝令其宣敕，弘至阶下，不能言，退还拜谢，云："并忘之。"上曰："传语小辩，故非宰臣任也。"愈称其质直。大业之世，委遇弥隆。性宽厚，笃志于学，虽职务繁杂，书不释手。隋室旧臣，始终信任，悔吝不及，唯弘一人而已。有弟曰弼，好酒而酗，尝因醉，射杀弘驾车牛。弘来还宅，其妻迎谓之曰："叔射杀牛矣。"弘闻之，以无所怪问，直答云："作脯。"坐定，其妻又曰："叔忽射杀牛，大是异事！"弘曰："已知之矣。"颜色自若，读书不辍。其宽和如此。有文集十三卷行于世。

长子方大，亦有学业，官至内史舍人。次子方裕，性凶险，无人心，从幸江都，与裴虔通等同谋弑逆，事见《司马德戡传》。

史臣曰：牛弘笃好坟籍，学优而仕，有淡雅之风，怀旷远之度，采百王之损益，成一代之典章，汉之叔孙，不能尚也。绸缪省闼三十余年，夷险不渝，始终无际。虽开物成务非其所长，然澄之不清，混之不浊，可谓大雅君子矣。子实不才，崇基不构，干纪犯义，以坠家风，惜哉！

隋书卷五○
列传第一五

宇文庆　李礼成　元孝矩
_{弟褒}　郭荣　庞晃　李安

宇文庆字神庆，河南洛阳人也。祖金殿，魏征南大将军，仕历五州刺史、安吉侯。父显和，夏州刺史。庆沉深，有器局，少以聪敏见知。周初，受业东观，颇涉经史。既而谓人曰："书足记姓名而已，安能久事笔砚，为腐儒之业！"于时文州民夷相聚为乱，庆应募从征。贼据保岩谷，径路悬绝，庆束马而进，袭破之，以功授都督。卫王直之镇山南也，引为左右。庆善射，有胆气，好格猛兽，直甚壮之。稍迁车骑大将军、仪同三司，柱国府掾。及诛宇文护，庆有谋焉，进授骠骑大将军，加开府。后从武帝攻河阴，先登攀堞，与贼短兵接战，良久，中石乃坠，绝而后苏。帝劳之曰："卿之余勇，可以贾人也。"复从武帝拔晋州。其后齐师大至，庆与宇文宪轻骑而觇，卒与贼相遇，为贼所窘。宪挺身而遁，庆退据汾桥，众贼争进，庆引弓射之，所中人马必倒，贼乃稍却。及破高纬，拔高壁，克并州，下信都，禽高湝，功并居最。周武帝诏曰："庆勋庸早著，英望华远，出内之绩，简在朕心。戎车自西，俱总行阵，东夏荡定，实有茂功。高位缛礼，宜崇荣册。"于是进位大将军，封汝南郡公，邑千六百户。寻以行军总管击延安反胡，平之，拜延州总管。俄转宁州总管。高祖为丞相，复以行军总管南征江表。师次白帝，征还，以劳进位上大将军。高祖与庆有旧，甚见亲待，令督丞相军事，委以心腹。寻加柱国。开皇初，拜左武卫将军，进位上柱国。数年，出除凉州总管。岁余，征还，不任以职。

初，上潜龙时，尝从容与庆言及天下事，上谓庆曰："天元实无积德，视其相貌，寿亦不长。加以法令繁苛，耽恣声色，以吾观之，殆将不久。又复诸侯微弱，各令就国，曾无深根固本之计，羽翮既剪，何能及远哉！尉迥贵戚，早著声望，国家有衅，必为乱阶。然智量庸浅，子弟轻佻，贪而少惠，终致亡灭。司马消难反覆之虏，亦非池内之物，变成俄顷，但轻薄无谋，未能为害，不过自窜江南耳。庸、蜀险隘，易生艰阻，王谦愚蠢，素无筹略，但恐为人所误，不足为虞。"未几，上言皆验。及此，庆恐上遗忘，不复收用，欲见旧蒙恩顾，具录前言为表而奏之曰："臣闻智侔造化，二仪无以隐其灵，明同日月，万象不能藏其状。先天弗违，实圣人之体道，未萌见兆，谅达节之神机。伏惟陛下特挺生知，徇齐诞御，怀五岳其犹轻，吞八荒而不梗，蕴妙见于胸襟，运奇谟于掌握。臣以微贱，早逢天眷，不以庸下，亲蒙推赤。所奉成规，纤毫弗舛，寻惟圣虑，妙出蓍龟，验一人之庆有征，实天子之言无戏，臣亲闻亲见，实荣实喜。"上省表大悦，下诏曰："朕之与公，本来亲密，怀抱委曲，无所不尽。话言岁久，尚能记忆，今览表奏，方悟昔谈。何谓此言，遂成实录。古人之先知祸福，明可信也，朕言之验，自是偶然。公乃不忘，弥表诚节，深感至意，嘉尚无已。"自是上每加优礼。卒于家。

子静礼，初为太子千牛备身，寻尚高祖女广平公主，授仪同，安德县公，邑千五百户。后为熊州刺史。先庆卒。

子协，历武贲郎将、右翊卫将军，宇文化及之乱遇害。

协弟晶，字婆罗门，大业之世，少养宫中。后为千牛左右，炀帝甚亲昵之。每有游宴，晶必侍从，至于出入卧内，伺察六宫，往来不限门禁，其恩幸如此。时人号曰宇文三郎。晶与宫人淫乱，至于妃嫔公主，亦有丑声。萧后言于帝，晶闻而惧，数日不敢见。其兄协因奏曰："晶今已壮，不可在宫掖"。帝曰："晶安在？"协曰："在朝堂。"帝不之罪，因召入，待之如初。宇文化及弑逆之际，晶时在玄览门，觉变，将入奏，为门司所遏，不得时进。会日暝，宫门闭，退还所守。俄而难作，晶与五十人赴之，为乱兵所害。

李礼成字孝谐，陇西狄道人也。凉王暠之六世孙。祖延实，魏司徒。父彧，侍中。礼成年七岁，与姑之子兰陵太守荥阳郑颢，随魏武帝入关。颢母每谓所亲曰："此儿平生未尝回顾，当为重器耳。"及长，沉深有行检，不妄交宾客。魏大统中，释褐著作郎，迁太子洗马、员外散骑常侍。周受禅，拜平东将军、散骑常侍。于时贵公子皆竞习弓马，被服多为军容。礼成虽善骑射，而从容儒服，不失素望。后以军功，拜车骑大将军、仪同三司，赐爵修阳县侯，拜迁州刺史。时朝廷有所征发，礼成度以蛮夷不可扰，扰必为乱，上表固谏。周武帝从之。伐齐之役，从帝围晋阳，礼成以兵击南门，齐将席毗罗率精甲数千拒帝，礼成力战，击退之。加开府，进封冠军县公，拜北徐州刺史。未几，征为民部中大夫。

礼成妻窦氏早没，知高祖有非常之表，遂聘高祖妹为继室，情契甚欢。及高祖为丞相，进位上大将军，迁司武上大夫，委以心膂。及受禅，拜陕州刺史，进封绛郡公，赏赐优洽。寻征为左卫将军，迁右武卫大将军。岁余，出拜襄州总管，称有惠政。后数载，复为左卫大将军。时突厥屡为寇患，缘边要害，多委重臣，由是拜宁州刺史。岁余，以疾征还京师，终于家。其子世师，官至度支侍郎。

元孝矩，河南洛阳人也。祖修义，父子均，并为魏尚书仆射。孝矩西魏时袭爵始平县公，拜南丰州刺史。时见周太祖专政，将危元氏，孝矩每慨然有兴复社稷之志，阴谓昆季曰："昔汉氏有诸吕之变，朱虚、东牟，卒安刘氏。今宇文之心，路人所见，颠而不扶，焉用宗子？盍将图之。"为兄则所遏，孝矩乃止。其后，周太祖为兄子晋公护娶孝矩妹为妻，情好甚密。及闵帝受禅，护总百揆，孝矩之宠益隆。及护诛，坐徙蜀。数载，征还京师，拜益州总管司马，转司宪大夫。

高祖重其门地,娶其女为房陵王妃。及高祖为丞相,拜少冢宰,进位柱国,赐爵洵阳郡公。时房陵王镇洛阳,及上受禅,立为皇太子,令孝矩代镇。既而立其女为皇太子妃,亲礼弥厚。俄拜寿州总管,赐孝矩玺书曰:"杨、越氛祲,侵轶边鄙,争桑兴役,不识大猷。以公志存远略,今故镇边服,怀柔以礼,称朕意焉。"时陈将任蛮奴等屡寇江北,复以孝矩领行军总管,屯兵于江上。后数载,自以年老,筋力渐衰,不堪军旅,上表乞骸骨,转泾州刺史,高祖下书曰:"知执谦挹,请归初服。恭膺宝命,实赖元功,方欲委裘,寄以分陕,何容便请高蹈,独为君子者乎!若以边境务烦,即宜徙节泾郡,养德卧治也。"在州岁余,卒官,年五十九。谥曰简。子无竭嗣。

孝矩兄子文都,见《诚节传》。孝矩次弟雅,字孝方,有文武干用。开皇中,历左领左右将军、集沁二州刺史,封顺阳郡公。季弟褒,最知名。

褒字孝整,便弓马,少有成人之量。年十岁而孤,为诸兄所鞠养。性友悌,善事诸兄。诸兄议欲别居,褒泣谏不得,家素富,多金宝,褒无所受,脱身而出,为州里所称。及长,宽仁大度,涉猎书史。仕周,官至开府、北平县公、赵州刺史。

及高祖为丞相,从韦孝宽击尉迥,以功超拜柱国,进封河间郡公,邑二千户。开皇二年,拜安州总管。岁余,徙原州总管。有商人为贼所劫,其人疑同宿者而执之,褒察其色冤而辞正,遂舍之。商人诣阙讼褒受金纵贼,上遣使穷治之。使者薄责褒曰:"何故利金而舍盗也?"褒便即引咎,初无异词。使者与褒俱诣京师,遂坐免官。其盗寻发于佗所,上谓褒曰:"公朝廷旧人,位望隆重,受金舍盗非善事,何至自诬也?"对曰:"臣受委一州,不能息盗贼,臣之罪一也。州民为人所谤,不付法司,悬即放免,臣之罪二也。牵率愚诚,无顾形迹,不恃文书约束,至令为物所疑,臣之罪三也。臣有三罪,何所逃责?臣又不言受赂,使者复将有所穷究,然则缧绁横及良善,重臣之罪,是以自诬。"上叹异之,称为长者。十四年,以行军总管屯兵备边。辽东之役，复以行军总管从汉王至柳城而还。仁寿初，嘉州夷、獠为寇，褒率步骑二万击平之。

炀帝即位，拜齐州刺史，寻改为齐郡太守，夷民安之。及兴辽东之役，郡官督事者前后相属，有西曹掾当行，诈疾，诘之，掾理屈，褒杖之，掾遂大言曰："我将诣行在所，欲有所告。"褒大怒，因杖百余，数日而死，坐是免官。卒于家，时年七十三。

郭荣字长荣，自云太原人也。父徽，魏大统末，为同州司马。时武元皇帝为刺史，由是与高祖有旧。徽后官至洵州刺史、安城县公。及高祖受禅，拜太仆卿，数年，卒官。荣容貌魁岸，外疏内密，与其交者多爱。周大冢宰宇文护引为亲信。护察荣谨厚，擢为中外府水曹参军。时齐寇屡侵，护令荣于汾州观贼形势。时汾州与姚襄镇相去悬远，荣以为二城孤迥，势不相救，请于州镇之间更筑一城，以相控摄，护从之。俄而齐将段孝先攻陷姚襄、汾州二城，唯荣所立者独能自守。护作浮桥，出兵渡河，与孝先战。孝先于上流纵大筏以击浮桥，护令荣督便水者引取其筏。以功授大都督。护又以稽胡数为寇乱，使荣绥集之。荣于上郡、延安筑周昌、弘信、广安、招远、咸宁等五城，以遏其要路，稽胡由是不能为寇。武帝亲总万机，拜宣纳中士。后从帝平齐，以战功，赐马二十匹，绵绢六百段，封平阳县男，迁司水大夫。

荣少与高祖亲狎，情契极欢，尝与高祖夜坐月下，因从容谓荣曰："吾仰观玄象，俯察人事，周历已尽，我其代之。"荣深自结纳。宣帝崩，高祖总百揆，召荣，抚其背而笑曰："吾言验未?"即拜相府乐曹参军。俄以本官复领蕃部大夫。高祖受禅，引为内史舍人，以龙潜之旧，进爵蒲城郡公，加位上仪同。累迁通州刺史。仁寿初，西南夷、獠多叛，诏荣领八州诸军事行军总管，率兵讨之。岁余悉平，赐奴婢三百余口。

炀帝即位，入为武候骠骑将军，以严正闻。后数岁，黔安首领田罗驹阻清江作乱，夷陵诸郡民夷多应者，诏荣击平之。迁左候卫将军。从帝西征吐谷浑，拜银青光禄大夫。辽东之役，以功进位左光禄大夫。明年，帝复事辽东，荣以为中国疲敝，万乘不宜屡动，乃言于帝曰："戎狄失礼，臣下之事。臣闻千钧之弩不为鼷鼠发机，岂有亲辱大驾以临小寇？"帝不纳。复从军攻辽东城，荣亲蒙矢石，昼夜不释甲胄百余日。帝每令人窥诸将所为，知荣如是，帝大悦，每劳勉之。九年，帝至东都，谓荣曰："公年德渐高，不宜久涉行阵，当与公一郡，任所选也。"荣不愿违离，顿首陈让，辞情哀苦，有感帝心，于是拜为右侯卫大将军。后数日，帝谓百僚曰："诚心纯至如郭荣者，固无比矣。"其见信如此。杨玄感之乱，帝令驰守太原。明年，复从帝至柳城，遇疾，帝令存问动静，中使相望。卒于怀远镇，时年六十八。帝为之废朝，赠兵部尚书，谥曰恭。赠物千段。有子福善。

庞晃字元显，榆林人也。父虬，周骠骑大将军。晃少以良家子，刺史杜达召补州都督。周太祖既有关中，署晃大都督，领亲信兵，常置左右。晃因徙居关中。后迁骠骑将军，袭爵比阳侯。卫王直出镇襄州，晃以本官从。寻与长湖公元定击江南，孤军深入，遂没于阵。数年，卫王直遣晃弟车骑将军元俊赍绢八百匹赎焉，乃得归朝。拜上仪同，赐彩二百段，复事卫王。

时高祖出为随州刺史，路经襄阳，卫王令晃诣高祖。晃知高祖非常人，深自结纳。及高祖去官归京师，晃迎见高祖于襄邑。高祖甚欢，晃因白高祖曰："公相貌非常，名在图箓。九五之日，幸愿不忘。"高祖笑曰："何妄言也！"顷之，有一雄雉鸣于庭，高祖命晃射之，曰："中则有赏。然富贵之日，持以为验。"晃既射而中，高祖抚掌大笑曰："此是天意，公能感之而中也。"因以二婢赐之，情契甚密。武帝时，晃为常山太守，高祖为定州总管，屡相往来。俄而高祖转亳州总管，将行，意甚不悦。晃因白高祖曰："燕、代精兵之处，今若动众，天下不足图也。"高祖握晃手曰："时未可也。"晃亦转为车骑将军。及高祖为扬州总管，奏晃同行。既而高祖为丞相，进晃位开府，命督左右，甚见亲待。及践阼，谓晃曰："射雉之符，今日验不？"晃再拜曰："陛下应天顺民,君临宇内,犹忆曩时之言,不胜庆跃。"上笑曰："公之此言,何得忘也!"寻加上开府,拜右卫将军,进爵为公,邑千五百户。河间王弘之击突厥也,晃以行军总管从至马邑。别路出贺兰山,击贼破之,斩首千余级。

晃性刚悍,时广平王雄当涂用事,势倾朝廷,晃每陵侮之。尝于军中卧,见雄不起,雄甚衔之。复与高颎有隙,二人屡潜晃。由是宿卫十余年,官不得进。出为怀州刺史,数岁,迁原州总管。仁寿中卒官,年七十二。高祖为之废朝,赐物三百段,米三百石,谥曰敬。子长寿,颇知名,官至骠骑将军。

李安字玄德,陇西狄道人也。父蔚,仕周为朔燕恒三州刺史、襄武县公。安美姿仪,善骑射。周天和中,释褐右侍上士,袭爵襄武公。俄授仪同、少师右上士。高祖作相,引之左右,迁职方中大夫。复拜安弟悊为仪同。安叔父梁州刺史璋,时在京师,与周赵王谋害高祖,诱悊为内应。悊谓安曰:"寝之则不忠,言之则不义,失忠与义,何以立身?"安曰:"丞相父也,其可背乎?"遂阴白之。及赵王等伏诛,将加官赏,安顿首而言曰:"兄弟无汗马之劳,过蒙奖擢,合门竭节,无以酬谢。不意叔父无状,为凶党之所蛊惑,覆宗绝嗣,其甘若荠。蒙全首领,为幸实多,岂可将叔父之命以求官赏?"于是俯伏流涕,悲不自胜。高祖为之改容曰:"我为汝特存璋子。"乃命有司罪止璋身,高祖亦为安隐其事而不言。寻授安开府,进封赵郡公,悊上仪同、黄台县男。

高祖即位,授安内史侍郎,转尚书左丞、黄门侍郎。平陈之役,以为杨素司马,仍领行军总管,率蜀兵顺流东下。时陈人屯白沙,安谓诸将曰:"水战非北人所长。今陈人依险泊船,必轻我而无备。以夜袭之,贼可破也。"诸将以为然。安率众先锋,大破陈师。高祖嘉之,诏书劳曰:"陈贼之意,自言水战为长,险隘之间,弥谓官军所惮。开府亲将所部,夜动舟师,摧破贼徒,生擒虏众,益官军之气,破贼人之胆,副朕所委,闻以欣然。"进位上大将军,除郢州刺史。数日,转邓州刺史。安请为内职,高祖重违其意,除左领左右将军。俄迁右领军大将军,复拜悊开府仪同三司、备身将军。兄弟俱典禁卫,恩信甚重。八年,突厥犯塞,以安为行军总管,从杨素击之。安别出长川,会虏渡河,与战破之。仁寿元年,出安为宁州刺史,悊为卫州刺史。安子琼,悊子玮,始自襁褓,乳养宫中,至是年八九岁,始命归家。其见亲顾如是。

高祖尝言及作相时事,因愍安兄弟灭亲奉国,乃下诏曰:"先王立教,以义断恩,割亲爱之情,尽事君之道,用能弘奖大节,体此至公。往者周历既穷,天命将及,朕登庸惟始,王业初基,承此浇季,实繁奸宄。上大将军、宁州刺史、赵郡公李安,其叔璋潜结藩枝,扇惑犹子,包藏不逞,祸机将发。安与弟开府仪同三司、卫州刺史、黄台县男悊,深知逆顺,披露丹心,凶谋既彰,罪人斯得。朕每念诚节,嘉之无已,畴庸册赏,宜不逾时。但以事涉其亲,犹有疑惑,欲使安等名教之方,自处有地,朕常为思审,遂致淹年。今更详按圣典,求诸往事,父子天性,诚孝犹不并立,况复叔侄恩轻,情礼本有差降,忘私奉国,深得正理,宜录旧勋,重弘赏命。"于是拜安、悊俱为柱国,赐缣各五千匹,马百匹,羊千口。复以悊为备身将军,进封顺阳郡公。安谓亲族曰:"虽家门获全,而叔父遭祸,今奉此诏,悲愧交怀。"

因歔欷悲感,不能自胜。先患水病,于是疾甚而卒,时年五十三。谥曰怀。子琼嗣。少子孝恭,最有名。悊后坐事除名,配防岭南,道病卒。

史臣曰:宇文庆等,龙潜惟旧,畴昔亲姻,或素尽平生之言,或早有腹心之托。沾云雨之余润,照日月之末光,骋步天衢,与时升降。高位厚秩,贻厥后昆,优矣。晶幼养宫中,未闻教义,炀帝爱之不以礼,其能不及于此乎?安、悊之于高祖,未有君臣之分,陷其骨肉,使就诛夷,大义灭亲,所闻异于此矣。虽有悲悼,何损于愆。

隋书卷五一
列传第一六

长孙览　从子炽　炽弟晟

长孙览字休因，河南洛阳人也。祖稚，魏太师、假黄钺、上党文宣王。父绍远，周小宗伯、上党郡公。览性弘雅，有器量，略涉书记，尤晓钟律。魏大统中，起家东宫亲信。周明帝时，为大都督。武帝在藩，与览亲善，及即位，弥加礼焉，超拜车骑大将军，每公卿上奏，必令省读。览有口辩，声气雄壮，凡所宣传，百僚属目，帝每嘉叹之。览初名善，帝谓之曰："朕以万机委卿先览。"遂赐名焉。及诛宇文护，以功进封薛国公。其后历小司空。从平齐，进位柱国，封第二子宽管国公。宣帝时，进位上柱国、大司徒，俄历同、泾二州刺史。高祖为丞相，转宜州刺史。

开皇二年，将有事于江南，征为东南道行军元帅，统八总管出寿阳，水陆俱进。师临江，陈人大骇。会陈宣帝卒，览欲以乘衅遂灭之，监军高颎以礼不伐丧而还。上常命览与安德王雄、上柱国元谐、李充、左仆射高颎、右卫大将军虞庆则、吴州总管贺若弼等同宴，上曰："朕昔在周朝，备展诚节，但苦猜忌，每致寒心。为臣若此，竟何情赖？朕之于公，义则君臣，恩犹父子。朕当与公共享终吉，罪非谋逆，一无所问。朕亦知公至诚，特付太子，宜数参见之，庶得渐相亲爱。柱臣素望，实属于公，宜识朕意。"其恩礼如此。又为蜀王秀纳览女为妃。其复以母忧去职。岁余，起令复位，俄转泾州刺史，所在并有政绩。卒官。子洪嗣。仕历宋顺临三州刺史、司农少卿、北平太守。

炽字仲光，上党文宣王稚之曾孙也。祖裕，魏太常卿、冀州刺史。父兕，周开府仪同三司、熊绛二州刺史、平原侯。炽性敏慧，美姿仪，颇涉群书，兼长武艺。建德初，武帝尚道法，尤好玄言，求学兼经史、善于谈论者，为通道馆学士。炽应其选，与英俊并游，通涉弥博。建德二年，授雍州仓城令，寻转盩厔令。频宰二邑，考绩连最，迁崤郡守。入为御正上士。高祖作相，擢为丞相府功曹参军，加大都督，封阳平县子，邑二百户。迁稍伯下大夫。其年王谦反，炽从信州总管王长述溯江而上。以炽为前军，破谦一镇，定楚、合等五州，擒伪总管荆山公元振，以功拜仪同三司。

及高祖受禅，炽率官属先入清宫，即日授内史舍人、上仪同三司。寻以本官摄判东宫右庶子，出入两宫，甚被委遇。加以处事周密，高祖每称美之。授左领军长史，持节，使于东南道三十六州，废置州郡，巡省风俗。还授太子仆，加谏议大夫，摄长安令。与大兴令梁毗俱为称职。然毗以严正闻，炽以宽平显，为政不同，部内各化。寻领右常平监，迁雍州赞治，改封饶良县子。迁鸿胪少卿。后数岁，转太常少卿，进位开府仪同三司。复持节为河南道二十八州巡省大使，于路授吏部侍郎。大业元年，迁大理卿，复为西南道大使，巡省风俗。擢拜户部尚书。吐谷浑寇张掖，令炽率精骑五千击走之，追至青海而还，以功授银青光禄大夫。六年，幸江都宫，留识于东都居守，仍摄左候卫将军事。其年卒官，时年六十二。谥曰静。子安世，通事谒者。

晟字季晟，性通敏，略涉书记，善弹工射，趫捷过人。时周室尚武，贵游子弟咸以相矜，每共驰射，时辈皆出其下。年十八，为司卫上士，初未知名，人弗之识也。唯高祖一见，深嗟异焉，乃携其手而谓人曰："长孙郎武艺逸群，适与其言，又多奇略。后之名将，非此子邪？"

　　宣帝时,突厥摄图请婚于周,以赵王招女妻之。然周与摄图各相夸竞,妙选骁勇以充使者,因遣晟副汝南公宇文神庆,送千金公主至其牙。前后使人数十辈,摄图多不礼,见晟而独爱焉,每共游猎,留之竟岁。尝有二雕,飞而争肉,因以两箭与晟曰:"请射取之。"晟乃弯弓驰往,遇雕相攫,遂一发而双贯焉。摄图喜,命诸子弟贵人皆相亲友,冀昵近之,以学弹射。其弟处罗侯号突利设,尤得众心,而为摄图所忌,密托心腹,阴与晟盟。晟与之游猎,因察山川形势,部众强弱,皆尽知之。时高祖作相,晟以状白高祖。高祖大喜,迁奉车都尉。

　　至开皇元年,摄图曰:"我周家亲也,今隋公自立而不能制,复何面目见可贺敦乎?"因与高宝宁攻陷临渝镇,约诸面部落谋共南侵。高祖新立,由是大惧,修筑长城,发兵屯北境,命阴寿镇幽州,虞庆则镇并州,屯兵数万人以为之备。晟先知摄图、玷厥、阿波、突利等叔侄兄弟各统强兵,俱号可汗,分居四面,内怀猜忌,外示和同,难以力征,易可离间,因上书曰:"臣闻丧乱之极,必致升平,是故上天启其机,圣人成其务。伏惟皇帝陛下当百王之末,膺千载之期,诸夏虽安,戎场尚梗。兴师致讨,未是其时,弃于度外,又复侵扰。故宜密运筹策,渐以攘之,计失则百姓不宁,计得则万代之福,吉凶所系,伏愿详思。臣于周末,忝充外使,匈奴倚伏,实所具知。玷厥之于摄图,兵强而位下,外名相属,内隙已彰,鼓动其情,必将自战,又处罗侯者,摄图之弟,奸多而势弱,曲取于众心,国人爱之,因为摄图所忌,其心殊不自安,迹示弥缝,实怀疑惧。又阿波首鼠,介在其间,颇畏摄图,受其牵率,唯强是与,未有定心。今宜远交而近攻,离强而合弱,通使玷厥,说合阿波,则摄图迥兵,自防右地。又引处罗,遣连奚、霫,则摄图分众,还备左方。道尾猜嫌,腹心离阻,十数年后,承衅讨之,必可一举而空其国矣。"上省表大悦,因召与语,晟复口陈形势,手画山川,写其虚实,皆如指掌。上深嗟异,皆纳用焉。因遣太仆元晖出伊吾道,后诣玷厥,赐以狼头纛,谬为钦敬,礼数甚优。玷厥使来,引居摄图使上。反间既行,果相猜贰。授晟车骑将军,出黄龙道,赍币,赐奚、霫、契丹等,遣为向导,得至处罗侯所,深布心腹,诱令内附。

二年,摄图四十万骑自兰州入,至于周盘,破达奚长儒军,更欲南入。玷厥不从,引兵而去。时晟又说染干诈告摄图曰:"铁勒等反,欲袭其牙。"摄图乃惧,回兵出塞。

后数年,突厥大入,发八道元帅分出拒之。阿波至凉州,与窦荣定战,贼帅累北,时晟为偏将使谓之曰:"摄图每来,战皆大胜。阿波才入,便即致败,此乃突厥之耻,岂不内愧于心乎?且摄图之与阿波,兵势本敌。今摄图日胜,为众所崇,阿波不利,为国生辱。摄图必当因以罪归于阿波,成其夙计,灭北牙矣。愿自量度,能御之乎?"阿波使至,晟又谓之曰:"今达头与隋连和,而摄图不能制。可汗何不依附天子,连结达头,相合为强,此万全之计。岂若丧兵负罪,归就摄图,受其戮辱邪?"阿波纳之。因留塞上,使人随晟入朝。时摄图与卫王军遇,战于白道,败走至碛。闻阿波怀贰,乃掩北牙,尽获其众而杀其母。阿波还无所归,西奔玷厥,乞师十余万,东击摄图,复得故地,收散卒数万,与摄图相攻。阿波频胜,其势益张。摄图又遣使朝贡,公主自请改姓,乞为帝女,上许之。

四年,遣晟副虞庆则使于摄图,赐公主姓为杨氏,改封大义公主。摄图奉诏,不肯起拜,晟进曰:"突厥与隋俱是大国天子,可汗不起,安敢违意。但可贺敦为帝女,则可汗是大隋女婿,奈何无礼,不敬妇公乎?"摄图乃笑谓其达官曰:"须拜妇公,我从之耳。"于是乃拜诏书。使还称旨,授仪同三司、左勋卫车骑将军。

七年,摄图死,遣晟持节拜其弟处罗侯为莫何可汗,以其子雍闾为叶护可汗。处罗侯因晟奏曰:"阿波为天所灭,与五六千骑在山谷间,伏听诏旨,当取之以献。"乃召文武议焉。乐安公元谐曰:"请就彼枭首,以惩其恶。"武阳公李充曰:"请生将入朝,显戮以示百姓。"上谓晟曰:"于卿何如?"晟对曰:"若突厥背诞,须齐之以刑。今其昆弟自相夷灭,阿波之恶,非负国家。因其困穷,取而为戮,恐非招远之道,不如两存之。"上曰:"善。八年,处罗侯死,遣晟往吊,仍赍陈国所献宝器,以赐雍闾。

十三年,流人杨钦亡入突厥,诈言彭城公刘昶共宇文氏女谋欲反隋,称遣其来,密告公主。雍闾信之,乃不修职贡。又遣晟出使,微观察焉。公主见晟,乃言辞不逊,又遣所私胡人安执遂迦共钦计议,扇惑雍闾。晟至京师,具以状奏。又遣晟往索钦,雍闾欲勿与,谬答曰:"检校客内,无此色人。"晟乃货其达官,知钦所在,夜掩获之,以示雍闾,因发公主私事,国人大耻。雍闾执遂迦等,并以付晟。上大喜,加授开府,仍遣入藩,泹杀大义公主。雍闾又表请婚,金议将许之。晟又奏曰:"臣观雍闾,反覆无信,特共玷厥有隙,所以依倚国家。纵与为婚,终当必叛。今若得尚公主,承藉威灵,玷厥、染干必又受其征发。强而更反,后恐难图。且染干者,处罗侯之子也,素有诚款,于今两代。臣前与相见,亦乞通婚,不如许之,招令南徙,兵少力弱,易可抚驯,使敌雍闾,以为边捍。"上曰:"善。"又遣慰喻染干,许尚公主。

十七年,染干遣五百骑随晟来逆女,以宗女封安义公主以妻之。晟说染干率众南徙,居度斤旧镇。雍闾疾之,亟来抄略。染干伺知动静,辄遣奏闻,是以贼来每先有备。

十九年,染干因晟奏,雍闾作攻具,欲打大同城。诏发六总管,并取汉王节度,分道出塞讨之。雍闾大惧,复共达头同盟,合力掩袭染干,大战于长城下。染干败绩,杀其兄弟子侄,而部落亡散。染干与晟独以五骑逼夜南走,至旦,行百余里,收得数百骑,乃相与谋曰:"今兵败入朝,一降人耳,大隋天子岂礼我乎?玷厥虽来,本无冤隙,若往投之,必相济。"晟知其怀贰,乃密遣从者入伏远镇,令速举烽。染干见四烽俱发,问晟曰:"城上燃烽何也?"晟绐之曰:"城高地迥,必遥见贼来。我国家法,若贼少举二烽,来多举三烽,大逼举四烽,使见贼多而又近耳。"染干大惧,谓其众曰:"追兵已逼,且可投城。"既入镇,晟留其达官执室以领其众,自将染干驰驿入朝。帝大喜,进授左勋卫骠骑将军,持节护突厥。晟遣降虏觇候雍闾,知牙内屡有灾变,夜见赤虹,光照数百里,天狗陨,雨血三日,流星坠其营内，有声如雷。每夜自惊，言隋师且至。并遣奏知，仍请出讨突厥。都速等归染干，前后至者男女万余口，晟安置之。由是突厥悦附。寻以染干为意利弥豆启人可汗，赐射于武安殿。选善射者十二人，分为两朋。启人曰："臣由长孙大使得见天子，今日赐射，愿入其朋。"许之。给晟箭六侯，发皆入鹿，启人之朋竟胜。时有鸢群飞，上曰："公善弹，为我取之。"十发俱中，并应丸而落。是日百官获赉，晟独居多。寻遣领五万人，于朔州筑大利城以处染干，安义公主死，持节送义城公主，复以妻之。晟又奏："染干部落归者既众，虽在长城之内犹被雍闾抄略，往来辛苦，不得宁居。请徙五原，以河为固，于夏、胜两州之间，东西至河，南北四百里，掘为横堑，令处其内，任情放牧，免于抄略，人必自安。"上并从之。

二十年，都蓝大乱，为其部下所杀。晟因奏请曰："今王师临境，战数有功，贼内携离，其主被杀。乘此招诱，必并来降，请遣染干部下分头招慰。"上许之，果尽来附。达头恐怖，又大集兵。诏晟部领降人，为秦川行军总管，取晋王广节度出讨。达头与王相抗，晟进策曰："突厥饮泉，易可行毒。"因取诸药毒水上流，达头人畜饮之多死，于是大惊曰："天雨恶水，其亡我乎？"因夜遁。晟追之，斩首千余级，俘百余口，六畜数千头。王大喜，引晟入内，同宴极欢。有突厥达官来降，时亦预坐，说言突厥之内，大畏长孙总管，闻其弓声，谓为霹雳，见其走马，称为闪电。王笑曰："将军震怒，威行域外，遂与雷霆为比，一何壮哉！"师旋，授上开府仪同三司，复遣还大利城，安抚新附。

仁寿元年，晟表奏曰："臣夜登城楼，望见碛北有赤气，长百余里，皆如雨足下垂被地。谨验兵书，此名洒血，其下之国必且破亡。欲灭匈奴，宜在今日。"诏杨素为行军元帅，晟为受降使者，送染干北伐。二年，军次北河，值贼帅思力俟斤等领兵拒战，晟与大将军梁默击走之，转战六十余里，贼众多降。晟又教染干分遣使者，往北方铁勒等部招携取之。三年，有铁勒、思结、伏利具、浑、斜萨、阿拔、仆骨等十余部，尽背达头，请来降附。达头众大溃，西奔吐谷浑。晟送染干安置于碛口。

事毕，入朝，遇高祖崩，匿丧未发。炀帝引晟于大行前委以内衙宿卫，知门禁事，即日拜左领军将军。遇杨谅作逆，敕以本官为相州刺史，发山东兵马，与李雄等共经略之。晟辞曰："有男行布，今在逆地，忽蒙此任，情所不安。"帝曰："公著勤诚，朕之所悉。今相州之地，本是齐都，人俗浇浮，易可搔扰。傥生变动，贼势即张，思所以镇之，非公莫可。公体国之深，终不可以儿害义，故用相委，公其勿辞。"于是遣捉相州。谅破，追还，转武卫将军。

大业三年，炀帝幸榆林，欲出塞外，陈兵耀武，经突厥中，指于涿郡。仍恐染干惊惧，先遣晟往喻旨，称述帝意。染干听之，因召所部诸国，奚、霫、室韦等种落数十酋长咸萃。晟以牙中草秽，欲令染干亲自除之，示诸部落，以明威重，乃指帐前草曰："此根大香。"染干遽嗅之曰："殊不香也。"晟曰："天子行幸所在，诸侯躬亲洒扫，耘除御路，以表至敬之心。今牙中芜秽，谓是留香草耳。"染干乃悟曰："奴罪过。奴之骨肉，皆天子赐也，得效筋力，岂敢有辞？特以边人不知法耳，赖将军恩泽而教导之。将军之惠，奴之幸也。"遂拔所佩刀，亲自芟草，其贵人及诸部争放效之，乃发榆林北境，至于其牙，又东达于蓟，长三千里，广百步，举国就役而开御道。帝闻晟策，乃益嘉焉。后除淮阳太守，未赴任，复为右骁卫将军。

五年，卒，时年五十八。帝深悼惜之，赗赠甚厚。后突厥围雁门，帝叹曰："向使长孙晟在，不令匈奴至此！"晟好奇计，务功名。性至孝，居忧毁瘠，为朝士所称。贞观中，追赠司空、上柱国、齐国公，谥曰献。少子无忌嗣。

其长子行布，亦多谋略，有父风。起家汉王谅库直，甚见亲狎。后遇谅于并州起逆，率众南拒官军，乃留行布城守，遂与豆卢毓等闭门拒谅，城陷，遇害。次子恒安，以兄功授鹰扬郎将。

史臣曰：长孙氏爰自代阴，来仪京洛，门传钟鼎，家誓山河。汉代八王，无以方其茂绩，张氏七叶，不能譬此重光。览独擅雄辨，炽早称爽俊，俱司礼阁，并统师旅，且公且侯，文武不坠。晟体资英武，兼包奇略，因机制变，怀彼戎夷。倾巢尽落，屈膝稽颡，塞垣绝鸣镝之旅，渭桥有单于之拜。惠流边朔，功光王府，保兹爵禄，不亦宜乎！

隋书卷五二
列传第一七

韩擒虎 <small>弟僧寿 洪</small>　　贺若弼

　　韩擒字子通,河南东垣人也,后家新安。父雄,以武烈知名,仕周,官至大将军、洛、虞等八州刺史。擒少慷慨,以胆略见称,容貌魁岸,有雄杰之表。性又好书,经史百家皆略知大旨。周太祖见而异之,令与诸子游集。后以军功,拜都督、新安太守,稍迁仪同三司,袭爵新义郡公。武帝伐齐,齐将独孤永业守金墉城,擒说下之。进平范阳,加上仪同,拜永州刺史。陈人逼光州,擒以行军总管击破之。又从宇文忻平合州。高祖作相,迁利州刺史。陈将甄庆、任蛮奴、萧摩诃等共为声援,频寇江北,前后入界。擒屡挫其锋,陈人夺气。

　　开皇初,高祖潜有吞并江南之志,以擒有文武才用,夙著声名,于是拜为庐州总管,委以平陈之任,甚为敌人所惮。及大举伐陈,以擒为先锋。擒率五百人宵济,袭采石,守者皆醉,擒遂取之。进攻姑熟,半日而拔,次于新林。江南父老素闻其威信,来谒军门,昼夜不绝。陈人大骇,其将樊巡、鲁世真、田瑞等相继降之。晋王广上状,高祖闻而大悦,宴赐群臣。晋王遣行军总管杜彦与擒合军,步骑二万。陈叔宝遣领军蔡征守朱雀航,闻擒将至,众惧而溃。任蛮奴为贺若弼所败,弃军降于擒。擒以精骑五百,直入朱雀门。陈人欲战,蛮奴挥之曰:"老夫尚降,诸君何事!"众皆散走。遂平金陵,执陈主叔宝。时贺若弼亦有功。乃下诏于晋王曰:"此二公者,深谋大略,东南遄寇,朕本委之,静地恤民,悉如朕意。九州不一,已数百年,以名臣之功,成太平之业,天下盛事,何用过此!闻以欣然,实深庆快。平定江表,二人之力也。"赐物万段。又下优诏于擒、弼曰:"申国威于万里,宣朝化于一隅,使东南之民俱出汤火,数百年寇旬日廓清,专是公之功也。高名塞于宇宙,盛业光于天壤,遂听前古,罕闻其匹。班师凯入,诚知非远,相思之甚,寸阴若岁。"

及至京,弼与擒争功于上前,弼曰:"臣在蒋山死战,破其锐卒,擒其骁将,震扬威武,遂平陈国。韩擒略不交阵,岂臣之比!"擒曰:"本奉明旨,令臣与弼同时合势,以取伪都。弼乃敢先期,逢贼遂战,致令将士伤死甚多。臣以轻骑五百,兵不血刃,直取金陵,降任蛮奴,执陈叔宝,据其府库,倾其巢穴。弼至夕,方扣北掖门,臣启关而纳之。斯乃救罪不暇,安得与臣相比!"上曰:"二将俱合上勋。"于是进位上柱国,赐物八千段。有司劾擒放纵士卒,淫污陈宫,坐此不加爵邑。

先是,江东有谣歌曰:"黄班青骢马,发自寿阳涘,来时冬气末,去日春风始。"皆不知所谓。擒本名豹,平陈之际,又乘青骢马,往反时节与歌相应,至是方悟。其后突厥来朝,上谓之曰:"汝闻江南有陈国天子乎?"对曰:"闻之。"上命左右引突厥诣擒前,曰:"此是执得陈国天子者。"擒厉然顾之,突厥惶恐,不敢仰视,其有威容如此。别封寿光县公,食邑千户。以行军总管屯金城,御备胡寇,即拜凉州总管。

俄征还京,上宴之内殿,恩礼殊厚。无何,其邻母见擒门下仪卫甚盛,有同王者,母异而问之。其中人曰:"我来迎王。"忽然不见。又有人疾笃,忽惊走至擒家曰:"我欲谒王。"左右问曰:"何王也?"答曰:"阎罗王。"擒子弟欲挞之,擒止之曰:"生为上柱国,死作阎罗王,斯亦足矣。"因寝疾,数日竟卒,时年五十五。子世谔嗣。

世谔倜傥骁捷,有父风。杨玄感之作乱也,引世谔为将,每战先登。及玄感败,为吏所拘。时帝在高阳,送诣行所。世谔日令守者市酒肴以酣畅,扬言曰:"吾死在朝夕,不醉何为!"渐以酒进守者,守者狎之,遂饮令致醉。世谔因得逃奔山贼,不知所终。

　　僧寿字玄庆，擒母弟也，亦以勇烈知名。周武帝时，为侍伯中旅下大夫。高祖得政，从韦孝宽平尉迥，每战有功，授大将军，封昌乐公，邑千户。开皇初，拜安州刺史。时擒为庐州总管，朝廷不欲同在淮南，转为熊州刺史。后转蔚州刺史，进爵广陵郡公。寻以行军总管击突厥于鸡头山，破之。后坐事免。数岁，复拜蔚州刺史。突厥甚惮之。十七年，屯兰州以备胡。明年，辽东之役，领行军总管，还，检校灵州总管事。从杨素击突厥，破之，进位上柱国，改封江都郡公。炀帝即位，又改封新蔡郡公。自是之后，不复任用。大业五年，从幸太原。有京兆人达奚通妾王氏，能清歌，朝臣多相会观之，僧寿亦豫焉，坐是除名。寻令复位。八年，卒于京师，时年六十五。有子孝基。

　　洪字叔明，擒季弟也。少骁勇，善射，膂力过人。仕周侍伯上士，后以军功，拜大都督。高祖为丞相，从韦孝宽破尉迥于相州，加上开府，甘棠县侯，邑八百户。高祖受禅，进爵为公。寻授骠骑将军，开皇九年，平陈之役，授行军总管。及陈平，晋王广大猎于蒋山，有猛兽在围中，众皆惧。洪驰马射之，应弦而倒。陈氏诸将，列观于侧，莫不叹伏焉。王大喜，赐缣百匹。寻以功加柱国，拜蒋州刺史。数岁，转廉州刺史。
　　时突厥屡为边患，朝廷以洪骁勇，检校朔州总管事。寻拜代州总管。仁寿元年，突厥达头可汗犯塞，洪率蔚州刺史刘隆、大将军李药王拒之。遇房于恒安，众寡不敌，洪四面搏战，身被重创，将士沮气。房悉众围之，矢下如雨。洪伪与房和，围少解。洪率所领溃围而出，死者大半，杀房亦倍。洪及药王除名为民，隆竟坐死。炀帝北巡，至恒安，见白骨被野，以问侍臣。侍臣曰："往者韩洪与房战处也。"帝悯然伤之，收葬骸骨，命五郡沙门为设佛供，拜洪陇西太守。
　　未几，朱崖民王万昌作乱，诏洪击平之。以功加位金紫光禄大夫，领郡如故。俄而万昌弟仲通复叛，又诏洪讨平之。师未旋，遇疾而卒,时年六十三。

　　贺若弼字辅伯,河南洛阳人也。父敦,以武烈知名,仕周为金州总管,宇文护忌而害之。临刑,呼弼谓之曰:"吾必欲平江南,然此心不果,汝当成吾志。县吾以舌死,汝不可不思。"因引锥刺弼舌出血,诫以慎口。弼少慷慨,有大志,骁勇便弓马,解属文,博涉书记,有重名于当世。周齐王宪闻而敬之,引为记室。未几,封当亭县公,迁小内史。周武帝时,上柱国乌丸轨言于帝曰:"太子非帝王器,臣亦尝与贺若弼论之。"帝呼弼问之,弼知太子不可动摇,恐祸及己,诡对曰:"皇太子德业日新,未睹其阙。"帝默然。弼既退,轨让其背己,弼曰:"君不密则失臣,臣不密则失身,所以不敢轻议也。"及宣帝嗣位,轨竟见诛,弼乃获免。寻与韦孝宽伐陈,攻拔数十城,弼计居多。拜寿州刺史,改封襄邑县公。高祖为丞相,尉迥作乱邺城,恐弼为变,遣长孙平驰驿代之。

　　高祖受禅,阴有并江南之志,访可任者。高颎曰:"朝臣之内,文武才干,无若贺若弼者。"高祖曰:"公得之矣。"于是拜弼为吴州总管,委以平陈之事,弼忻然以为己任。与寿州总管源雄并为重镇。弼遗雄诗曰:"交河骠骑幕,合浦伏波营,勿使骐骝上,无我二人名。"献取陈十策,上称善,赐以宝刀。开皇九年,大举伐陈,以弼为行军总管。将渡江,酹酒而咒曰:"弼亲承庙略,远振国威,伐罪吊民,除凶翦暴。上天长江,鉴其若此。如使福善祸淫,大军利涉;如事有乖违,得葬江鱼腹中,死且不恨。"先是,弼请缘江防人每交代之际,必集历阳。于是大列旗帜,营幕被野。陈人以为大兵,至悉发国中士马。既知防人交代,其众复散。后以为常,不复设备。及此,弼以大军济江,陈人弗之觉也。袭陈南徐州,拔之,执其刺史黄恪。军令严肃,秋毫不犯,有军士于民间沽酒者,弼立斩之。进屯蒋山之白土冈,陈将鲁达、周智安、任蛮奴、田瑞、樊毅、孔范、萧摩诃等以劲兵拒战。田瑞先犯弼军,弼击走之。鲁达等相继递进,弼军屡却。弼揣知其骄,士卒且惰,于是督属将士,殊死战,遂大破之。麾下开府

员明擒摩诃至,弼命左右牵斩之。摩诃颜色自若,弼释而礼之。从
北掖门而入。时韩擒已执陈叔宝,弼至,呼叔宝视之。叔宝惶惧流
汗,股栗再拜。弼谓之曰:"小国之君,当大国卿,拜,礼也。入朝不
失作归命侯,无劳恐惧。"既而弼恚恨不获叔宝,功在韩擒之后,于
是与擒相诟,挺刃而出。上闻弼有功,大悦,下诏褒扬,语在《韩擒
传》。晋王以弼先期决战,违军命,于是以弼属吏。上驿召之,及见,
迎劳曰:"克定三吴,公之功也。"命登御坐,赐物八千段,加位上柱
国,进爵宋国公,真食襄邑三千户,加以宝剑、宝带、金瓮、金盘各
一,并雉尾扇、曲盖,杂彩二千段,女乐二部,又赐陈叔宝妹为妾。拜
右领军大将军,寻转右武候大将军。

　　弼时贵盛,位望隆重,其兄隆为武都郡公,弟东为万荣郡公,并
刺史、列将。弼家珍玩不可胜计,婢妾曳绮罗者数百,时人荣之。弼
自谓功名出朝臣之右,每以宰相自许。既而杨素为右仆射,弼仍将
军,甚不平,形于言色,由是免官,弼怨望愈甚。后数年,下弼狱,上
谓之曰:"我以高颎、杨素为宰相,汝每倡言,云此二人惟堪啖饭耳,
是何意也?"弼曰:"颎,臣之故人,素,臣之舅子,臣并知其为人,诚
有此语。"公卿奏弼怨望,罪当死。上惜其功,于是除名为民。岁余,
复其爵位。上亦忌之,不复任使,然每宴赐,遇之甚厚。开皇十九年,
上幸仁寿宫,晏王公,诏弼为五言诗,词意愤怨,帝览而容之。尝遇
突厥入朝,上赐之射,突厥一发中的。上曰:"非贺若弼无能当此。"
于是命弼。弼再拜,祝曰:"臣若赤诚奉国者,当一发破的。如其不
然,发不中也。"既射,一发而中。上大悦,顾谓突厥曰:"此人,天赐
我也!"

　　炀帝之在东宫,尝谓弼曰:"杨素、韩擒、史万岁三人,俱称良
将,优劣如何?"弼曰:"杨素是猛将,非谋将;韩擒是斗将,非领将;
史万岁是骑将,非大将。"太子曰:"然则大将谁也?"弼拜曰:"唯殿
下所择。"弼意自许为大将。及炀帝嗣位,尤被疏忌。大业三年,从
驾北巡,至榆林。帝时为大帐,其下可坐数千人,召突厥启民可汗飨
之。弼以为大侈,与高颎、宇文弼等私议得失,为人所奏,竟坐诛,时

年六十四。妻子为官奴婢,群从徙边。

　　子怀亮,慷慨有父风,以柱国世子拜仪同三司。坐弼为奴,俄亦诛死。

　　史臣曰:夫天地未泰,圣哲启其机,疆场尚梗,爪牙宣其力。周之方、邵,汉室韩、彭,代有其人,非一时也。自晋衰微,中原幅裂,区宇分隔,将三百年。陈氏凭长江之地险,恃金陵之余气,以为天限南北,人莫能窥。高祖爰应千龄,将一函夏。贺若弼慷慨,申必取之长策,韩擒奋发,贾余勇以争先,势甚疾雷,锋逾骇电。隋氏自此一戎,威加四海。稽诸天道,或时有废兴,考之人谋,实二臣之力。其俶傥英略,贺若居多,武毅威雄,韩擒称重。方于晋之王、杜,勋庸绰有余地。然贺若功成名立,矜伐不已,竟颠殒于非命,亦不密以失身。若念父临终之言,必不及于斯祸矣。韩擒累世将家,威声动俗,敌国既破,名遂身全,幸也。广陵、甘棠,咸有武艺,骁雄胆略,并为当时所推,赳赳干城,难兄难弟矣。

隋书卷五三
列传第一八

达奚长儒　贺娄子干
史万岁　刘方　冯昱　王楙　李充
杨武通　陈永贵　房兆

　　达奚长儒字富仁，代人也。祖俟，魏定州刺史。父庆，骠骑大将军、仪同三司。长儒少怀节操，胆烈过人。十五，袭爵乐安公。魏大统中，起家奉车都尉。周太祖引为亲信，以质直恭勤，授子都督。数有战功，假辅国将军，累迁使持节、抚军将军、通直散骑常侍。平蜀之役，恒为先锋，攻城野战，所当必破之。除车骑大将军、仪同三司，增邑三百户。天和中，除渭南郡守，迁骠骑大将军、开府仪同三司。从帝平齐，迁上开府，进爵成安郡公，邑千二百户，别封一子县公。宣政元年，除左前军勇猛中大夫。后与乌丸轨围陈将吴明彻于吕梁，陈遣骁将刘景率劲勇七千来为声援，轨令长儒逆拒之。长儒于是取车轮数百，系以大石，沉之清水，连毂相次，以待景军。景至，船舰碍轮不得进，长儒乃纵奇兵，水陆俱发，大破之，俘数千人。及获吴明彻，以功进位大将军。寻授行军总管，北巡沙塞，卒与虏遇，接战，大破之。

　　高祖作相，王谦举兵于蜀，沙氏上柱国杨永安扇动利、兴、武、文、沙、龙等六州以应谦，诏长儒击破之。谦二子自京师亡归其父，长儒并捕斩之。高祖受禅，进位上大将军，封蕲春郡公，邑二千五百户。

　　开皇二年,突厥沙钵略可汗并弟叶护及潘那可汗众十余万,寇掠而南,诏以长儒为行军总管,率众二千击之。遇于周槃,众寡不敌,军中大惧,长儒慷慨,神色愈烈。为虏所冲突,散而复聚,且战且行,转斗三日,五兵咸尽,士卒以拳殴之,手皆见骨,杀伤万计,虏气稍夺,于是解去。长儒身被五疮,通中者二;其战士死伤者十八九。突厥本欲大掠秦、陇,既逢长儒,兵皆力战,虏意大沮,明日,于战处焚尸恸哭而去。高祖下诏曰:“突厥猖狂,辄犯边塞,犬羊之众,弥亘山原。而长儒受任北鄙,式遏寇贼,所部之内,少将百倍。以昼通宵,四面抗敌,凡十有四战,所向必摧。凶徒就戮,过半不反,锋刃之余,亡魂窜迹。自非英威奋发,奉国情深,抚御有方,士卒用命,岂能以少破众,若斯之伟?言念勋庸,宜隆名器,可上柱国,余勋回授一子。其战亡将士,皆赠官三转,子孙袭之。”

　　其年,授宁州刺史,寻转鄜州刺史,母忧去职。长儒性至孝,水浆不入口五日,毁悴过礼,殆将灭性,天子嘉叹。起为夏州总管三州六镇都将事,匈奴惮之,不敢窥塞。以病免。又除襄州总管,在职二年,转兰州总管。高祖遣凉州总管独孤罗、原州总管元褒、灵州总管贺若谊等发卒备胡,皆受长儒节度。长儒率众出祁连山北,西至蒲类海,无虏而还。复转荆州总管三十六州诸军事,高祖谓之曰:“江陵要害,国之南门,今以委公,朕无虑也。”岁余,卒官。谥曰威。子嵩大业时,官至太仆少卿。

　　贺娄子干字万寿,本代人也。随魏氏南迁,世居关右。祖道成,魏侍中、太子太傅。父景贤,右卫大将军。子干少以骁武知名。周武帝时,释褐司水上士,称为强济。累迁小司水,以勤劳,封思安县子。俄授使持节,仪同大将军。大象初,领军器监,寻除秦州刺史,进爵为伯。

　　及尉迥作乱,子干与宇文司录从韦孝宽讨之。遇贼围怀州,子干与宇文述等击破之。高祖大悦,手书曰:“逆贼尉迥,敢遣蚁众,作寇怀州。公受命诛讨,应机荡涤,闻以嗟赞,不易可言。丈夫富贵之秋，正在今日，善建功名，以副朝望也。"其后每战先登，及破邺城，与崔弘度逐迥至楼上。进位上开府，封武川县公，邑三千户，以思安县伯别封子皎。

开皇元年，进爵巨鹿郡公。其年，吐谷浑寇凉州，子干以行军总管从上柱国元谐击之，功最优，诏褒美。高祖虑边塞未安，即令子干镇凉州。明年，突厥寇兰川，子干率众拒之，至可洛崲山，与贼相遇。贼众甚盛，子干阻川为营，贼军不得水数日，人马甚敝，纵击，大破之。于是册授子干为上大将军曰："於戏！敬听朕命。唯尔器量闲明，志情强果，任经武将，勤绩有闻。往岁凶丑未宁，屡惊疆场，拓土静乱，殊有厥劳。是用崇兹赏典，加此车服，往钦哉！祗承荣册，可不慎欤！"征授营新都副监，寻拜工部尚书。其年，突厥复犯塞，以行军总管从窦荣定击之。子干别路破贼，斩首千余级，高祖嘉之，遣通事舍人曹威赍优诏劳勉之。子干请入朝，诏令驰驿奉见。吐谷浑复寇边，西方多被其害，命子干讨之。驰驿至河西，发五州兵，入掠其国，杀男女万余口，二旬而还。高祖以陇西频被寇掠，甚患之。彼俗不设村坞，敕子干勒民为堡，营田积谷，以备不虞。子干上书曰："比者凶寇侵扰，荡灭之期，匪朝伊夕。伏愿圣虑，勿以为怀。今臣在此，观机而作，不得准诏行事。且陇西、河右，土旷民稀，边境未宁，不可广为田种。比见屯田之所，获少费多，虚役人功，卒逢践暴。屯田疏远者，请皆废省。但陇右之民以畜牧为事，若更屯聚，弥不获安。只可严谨斥候，岂容集人聚畜。请要路之所，加其防守。但使镇戍连接，烽候相望，民虽散居，必谓无虑。"高祖从之。俄而虏寇岷、洮二州，子干勒兵赴之，贼闻而遁去。

高祖以子干晓习边事，授榆关总管十镇诸军事。岁余，拜云州刺史，甚为虏所惮。后数年，突厥雍虞闾遣使请降，并献羊马。诏以子干为行军总管，出西北道应接之。还拜云州总管，以突厥所献马百匹、羊千口以赐之，乃下书曰："自公守北门，风尘不警。突厥所献还以赐公。"母忧去职。朝廷以榆关重镇，非子干不可，寻起视事。十四年，以病卒官，时年六十。高祖伤惜者久之，赗缣千匹，米麦千斛，赠怀、魏等四州刺史,谥曰怀。子善柱嗣,官至黔安太守。

子干兄诠,亦有才器,位至银青光禄大夫、鄁纯深三州刺史、北地太守、东安郡公。

史万岁,京兆杜陵人也。父静,周沧州刺史。万岁少英武,善骑射,骁捷若飞。好读兵书,兼精占候。年十五,值周、齐战于芒山,万岁时从父入军,旗鼓正相望,万岁令左右趣治装急去。俄而周师大败,其父由是奇之。武帝时,释褐侍伯上士。及平齐之役,其父战没,万岁以忠臣子,拜开府仪同三司,袭爵太平县公。

尉迥之乱也,万岁从梁士彦击之。军次冯翊,见群雁飞来,万岁谓士彦曰:“请射行中第三者。”既射之,应弦而落,三军莫不悦服。及与迥军相遇,每战先登。邺城之阵,官军稍却,万岁谓左右曰:“事急矣,吾当破之。”于是驰马奋击,杀数十人,众亦齐力,官军乃振。及迥平,以功拜上大将军。

尔朱勣以谋反伏诛,万岁颇相关涉,坐除名,配敦煌为戍卒。其戍主甚骁武,每单骑深入突厥中,掠取羊马,辄大克获。突厥无众寡,莫之敢当。其人深自矜负,数骂辱万岁。万岁患之,自言亦有武用。戍主试令驰射而工,戍主笑曰:“小人定可。”万岁请弓马,复掠突厥中,大得六畜而归。戍主始善之,每与同行,辄入突厥数百里,名詟北夷。窦荣定之击突厥也,万岁诣辕门请自效。荣定数闻其名,见而大悦。因遣人谓突厥曰:“士卒何罪过,令杀之,但当各遣一壮士决胜负耳。”突厥许诺,因遣一骑挑战。荣定遣万岁出应之,万岁驰斩其首而还。突厥大惊,不敢复战,遂引军而去。由是拜上仪同,领车骑将军。平陈之役,又以功加上开府。

及高智慧等作乱江南,以行军总管从杨素击之。万岁率众二千,自东阳别道而进,逾岭越海,攻陷溪洞不可胜数。前后七百余战,转斗千余里,寂无声问者十旬,远近皆以万岁为没。万岁以水陆阻绝,信使不通,乃置书竹筒中,浮之于水。汲者得之,以言于素。素大悦,上其事。高祖嗟叹,赐其家钱十万,还拜左领军将军。

　　先是，南宁夷爨翫来降，拜昆州刺史，既而复叛。遂以万岁为行军总管，率众击之。入自蜻蛉川，经弄栋，次小勃弄、大勃弄，至于南中。贼前后屯据要害，万岁皆击破之。行数百里，见诸葛亮纪功碑，铭其背曰："万岁之后，胜我者过此。"万岁令左右倒其碑而进。渡西二河，入渠滥川，行千余里，破其三十余部，虏获男女二万余口。诸夷大惧，遣使请降，献明珠径寸。于是勒石颂美隋德。万岁遣使驰奏，请将翫入朝，诏许之。翫阴有二心，不欲诣阙，因赂万岁以金宝，万岁于是舍翫而还。蜀王时在益州，知其受赂，遣使将索之。万岁闻而悉以所得金宝沉之于江，索无所获。以功进位柱国。晋王广虚衿敬之，待以交友之礼。上知为所善，令万岁督晋府军事。明年，爨翫复反，蜀王秀奏万岁受赂纵贼，致生边患，无大臣节。上令穷治其事，事皆验，罪当死。上数之曰："受金放贼，重劳士马。朕念将士暴露，寝不安席，食不甘味，卿岂社稷臣也？"万岁曰："臣留爨翫者，恐其州有变，留以镇抚。臣还至泸水，诏书方到，由是不将入朝，实不受赂。"上以万岁心有欺隐，大怒曰："朕以卿为好人，何乃官高禄重，翻为国贼也？"顾有司曰："明日将斩之。"万岁惧而服罪，顿首请命。左仆射高颎、左卫大将军元旻等进曰："史万岁雄略过人，每行兵用师之处，未尝不身先士卒，尤善抚御，将士乐为致力，虽古名将未能过也。"上意少解，于是除名为民。岁余，复官爵。寻拜河州刺史，复领行军总管以备胡。

　　开皇末，突厥达头可汗犯塞，上令晋王广及杨素出灵武道，汉王谅与万岁出马邑道。万岁率柱国张定和、大将军李药王、杨义臣等出塞，至大斤山，与虏相遇。达头遣使问曰："隋将为谁？"候骑报"史万岁也"。突厥复问曰："得非敦煌戍卒乎？"候骑曰："是也。"达头闻之，惧而引去。万岁驰追百余里乃及，击大破之，斩数千级，逐北入碛数百里，虏遁逃而还。杨素害其功，因谮万岁云："突厥本降，初不为寇，来于塞上畜牧耳。"遂寝其功。万岁数抗表陈状，上未之悟。会上从仁寿宫初还京师，废皇太子，穷东宫党与。上问万岁所在，万岁实在朝堂，杨素见上方怒，因曰："万岁谒东宫矣。"以激怒上。上谓为信然,令召万岁。时所将士卒在朝称冤者数百人,万岁谓之曰:"吾今日为汝极言于上,事当决矣。"既见上,言将士有功,为朝廷所抑,词气愤厉,忤于上。上大怒,令左右暴杀之。既而悔,追之不及,因下诏罪万岁曰:"柱国、太平公万岁,拔擢委任,每总戎机。往以南宁逆乱,令其出讨。而昆州刺史爨翫包藏逆心,为民兴患。朕备有成敕,令将入朝。万岁乃多受金银,违敕令住,致爨翫寻为反逆,更劳师旅,方始平定。所司检校,罪合极刑,舍过念功,怒其性命,年月未久,即复本官。近复总戎,进讨蕃裔。突厥达头可汗领其凶众,欲相拒抗,既见军威,便即奔退,兵不血刃,贼徒瓦解。如此称捷,国家盛事,朕欲成其勋庸,复加褒赏。而万岁、定和通簿之日,乃怀奸诈,妄称逆面交兵,不以实陈,怀反覆之方,弄国家之法。若竭诚立节,心无虚罔者,乃为良将,至如万岁,怀诈要功,便是国贼,朝宪难亏,不可再舍。"死之日,天下士庶闻者,识与不识,莫不冤惜。

万岁为将不治营伍,令士卒各随所安,无警夜之备,虏亦不敢犯。临阵对敌,应变无方,号为良将。有子怀义。

刘方,京兆长安人也。性刚决,有胆气。仕周承御上士,寻以战功,拜上仪同。高祖为丞相,方从韦孝宽破尉迥于相州,以功加开府,赐爵河阴县侯,邑八百户。高祖受禅,进爵为公。开皇三年,从卫王爽破突厥于白道,进位大将军。其后历甘、瓜二州刺史,尚未知名。

仁寿中,会交州俚人李佛子作乱,据越王故城,遣其兄子大权据龙编城,其别帅李普鼎据乌延城。左仆射杨素言方有将帅之略,上于是诏方为交州道行军总管,以度支侍郎敬德亮为长史,统二十七营而进。方法令严肃,军容齐整,有犯禁者,造次斩之。然仁而爱士,有疾病者,亲自抚养。长史敬德亮从军至尹州,疾甚,不能进,留之州馆。分别之际,方哀其危笃,流涕呜咽,感动行路。其有威惠如此,论者称为良将。至都隆岭,遇贼二千余人来犯官军,方遣营主宋纂、何贵、严愿等击破之。进兵临佛子,先令人谕以祸福,佛子惧而降,送于京师。其有桀黠者,恐于后为乱,皆斩之。

寻授驩州道行军总管,以尚书右丞李纲为司马,经略林邑。方遣钦州刺史甯长真、驩州刺史李晕、上开府秦雄以步骑出越常,方亲率大将军张愻、司马李纲舟师趣北景。高祖崩,炀帝即位,大业元年正月,军至海口。林邑王梵志遣兵守险,方击走之。师次阇黎江,贼据南岸立栅,方盛陈旗帜,击金鼓,贼惧而溃。既渡江,行三十里,贼乘巨象,四面而至。方以弩射象,象中疮,却蹂其阵,王师力战,贼奔于栅,因攻破之,俘馘万计。于是济区粟,度六里,前后逢贼,每战必擒。进至大缘江,贼据险为栅,又击破之。迳马援铜柱,南行八日,至其国都。林邑王梵志弃城奔海,获其庙主金人,污其宫室,刻石纪功而还。士卒脚肿,死者十四五。方在道遇患而卒,帝甚伤惜之,乃下诏曰:"方肃承庙略,恭行天讨,饮冰遄迈,视险若夷。摧锋直指,出其不意,鲸鲵尽殪,巢穴咸倾,役不再劳,肃清海外。致身王事,诚绩可嘉,可赠上柱国、卢国公。"子通仁嗣。

开皇时,有冯昱、王㥄、李充、杨武通、陈永贵、房兆,俱为边将,名显当时。昱、㥄,并不知何许人也。昱多权略,有武艺。高祖初为丞相,以行军总管与王谊、李威等讨叛蛮,平之,拜柱国。开皇初,又以行军总管屯乙弗泊以备胡。突厥数万骑来掩之,昱力战累日,众寡不敌,竟为虏所败,亡失数千人,杀虏亦过当。其后备边数年,每战常大克捷。㥄骁勇善射,高祖以其有将帅才,每以行军总管屯兵江北,御陈寇。数有战功,为陈人所惮。伐陈之役,及高智慧反,攻讨皆有殊绩。官至柱国、白水郡公。充,陇西成纪人也。少慷慨,有英略。开皇中,频以行军总管击突厥有功,官至上柱国、武阳郡公,拜朔州总管,甚有威名,为虏所惮。后有人谮其谋反,征还京师,上遣怒之。充性素刚,遂忧愤而卒。武通,弘农华阴人,性果烈,善驰射。数以行军总管讨西南夷,每有功,封白水郡公,拜左武卫大将军。时党项羌屡为边患,朝廷以其有威名,历岷、兰二州总管以镇之。后与周法尚讨嘉州叛獠,法尚军初不利,武通率数千人,为贼断其归路。武通于是束马悬车，出贼不意，频战破之。贼知其孤军无援，倾部落而至。武通转斗数百里，为贼所拒，四面路绝。武通轻骑接战，坠马，为贼所执，杀而啖之。永贵，陇右胡人也，本姓白氏，以勇烈知名。高祖甚亲爱之，数以行军总管镇边，每战必单骑陷阵。官至柱国、兰利二州总管，封北陈郡公。兆，代人也，本姓屋引氏，刚毅有武略。频为行军总管击胡，以功官至柱国、徐州总管。并史失其事。

史臣曰：长儒等结发从戎，俱有骁雄之略，总统师旅，各擅御侮之功。长儒以步卒二千，抗十万之虏，师歼矢尽，勇气弥厉，壮哉！子干西涉青海，北临玄塞，胡夷慑惮，烽候无警，亦有可称。万岁实怀智勇，善抚士卒，人皆乐死，师不疲劳。北却匈奴，南平夷、獠，兵锋所指，威惊绝域。论功杖气，犯伍贵臣，偏听生奸，死非其罪，人皆痛惜，有李广之风焉。刘方号令无私，治军严肃，克剪林邑，遂清南海，徼外百蛮，无思不服。凡此诸将，志烈过人，出当推毂之重，入受爪牙之寄，虽马伏波之威行南裔，赵充国之声动西羌，语事论功，各一时也。

隋书卷五四
列传第一九

王长述　　李衍　　伊娄谦
田仁恭　　元亨　　杜整　　李彻
崔彭

　　王长述，京兆霸城人也。祖罴，魏太尉。父庆远，周淮州刺史。长述幼有仪范，年八岁，周太祖见而异之，曰："王公有此孙，足为不朽。"解褐员外散骑侍郎，封长安县伯。累迁抚军将军、银青光禄大夫、太子舍人。长述早孤，少为祖罴所养，及罴薨，居丧过礼，有诏褒异之。免丧，袭封扶风郡公，邑三千户。除中书舍人，修起居注，改封龙门郡公。从于谨平江陵有功，增邑五百户。周受禅，又增邑，通前四千七百户。拜宾部大夫，出为晋州刺史，转玉壁总管长史。寻授司宪大夫，出拜广州刺史，甚有威惠，吏人怀之，在任数年，蛮夷归之者三万余户。朝议嘉之，就拜大将军。后历襄、仁二州总管，并有能名。

　　及高祖为丞相，授信州总管，部内夷、獠犹有未宾，长述讨平之，进位上大将军。王谦作乱益州，遣使致书于长述。因执其使，上其书，又陈取谦之策。上大悦，前后赐黄金五百两，授行军总管，率众讨谦。以功进位柱国。开皇初，复献平陈之计，修营战舰，为上流之师。上善其能，频加赏劳，下书曰："每览高策，深相嘉叹，命将之日，当以公为元帅也。"后数岁，以行军总管击南宁，未至，道病卒。

上甚伤惜之，令使者吊祭，赠上柱国、冀州刺史，谥曰庄。子谟嗣。弟轨，大业末，东郡通守。少子文楷，起部郎。

李衍字拔豆，辽东襄平人也。父弼，周太师。衍少专武艺，慷慨有志略。周太祖时，释褐千牛备身，封怀仁县公。加开府，改封普宁县公，迁义州刺史。寻从韦孝宽镇玉壁城，数与贼战，敌人惮之。及平齐，以军功进授大将军，改封真乡郡公，拜左宫伯，赐杂彩三百匹，奴婢二十口，赐子仲威爵浮阳郡公。后历定、郧二州刺史。

及王谦作乱，高祖以衍为行军总管，从梁睿击平之。进位上大将军，赐缣二千匹。开皇元年，又以行军总管讨叛蛮，平之。进位柱国，赐帛二千匹。寻检校利州总管事。明年，突厥犯塞，以行军总管率众讨之，不见虏而还。转介州刺史。后数年，朝廷将有事江南，诏衍于襄州道营战船。及大举伐陈，授行军总管，从秦王俊出襄阳道，以功赐帛三千匹，米六百石。拜安州总管，颇有惠政，岁余，以疾还京师，卒于家，时年五十七。子仲威嗣。

衍弟子长雅，尚高祖女襄国公主，袭父纶爵，为河阳郡公。开皇初，拜将军、散骑常侍，历内史侍郎、河州刺史、检校秦州总管。

衍从孙密，别有传。

伊娄谦字彦恭，本鲜卑人也。其先代为酋长，随魏南迁。祖信，中部太守。父灵，相、隆二州刺史。谦性忠直，善辞令。仕魏为直阁将军。周受禅，累迁宣纳上士，使持节、车骑大将军。

武帝将伐齐，引入内殿，从容谓曰：“朕将有事戎马，何者为先？”谦对曰：“愚臣诚不足以知大事，但伪齐僭擅，跋扈不恭，沈溺倡优，耽昏麴蘖。其折冲之将斛律明月已毙，谗人之口，上下离心，道路仄目。若命六师，臣之愿也。”帝大笑，因使谦与小司寇拓拔伟聘齐观衅。帝寻发兵。齐主知之，令其仆射阳休之责谦曰：“贵朝盛夏征兵，马首何向？”谦答曰：“仆凭式之始，未闻兴师。设复西增白帝之城，东益巴丘之戍，人情恒理，岂足怪哉！”谦参军高遵以情输于齐，遂拘留谦不遣。帝克并州，召谦劳之曰："朕之举兵，本俟卿还；不图高遵中为叛逆，乖朕宿心，遵之罪也。"乃执遵付谦，任令报复。谦顿首请赦之，帝曰："卿可聚众唾面，令知愧也。"谦跪曰："以遵之罪，又非唾面之责。帝善其言而止。谦竟待遵如初。其宽厚仁恕，皆此类也。寻赐爵济阳县伯，累迁前驱中大夫。大象中，进爵为侯，加位开府。

高祖作相，授亳州总管，俄征还京。既平王谦，谦耻与逆人同名，因尔称字。高祖受禅，以彦恭为左武候将军，俄拜大将军，进爵为公。数年，出为泽州刺史，清约自处，甚得人和。以疾去职，吏人攀恋，行数百里不绝。数岁，卒于家，时年七十。子杰嗣。

田仁恭字长贵，平凉长城人也。父弘，周大司空。仁恭性宽仁，有局度。在周，以明经为掌式中士。后以父军功。赐爵鹑阴子。大冢宰宇文护引为中外兵曹。后数载，复以父功拜开府仪同三司，迁中外府掾。从护征伐，数有战功，改封襄武县公，邑五百户。从武帝平齐，加授上开府，进封浙阳郡公，增邑二千户，拜幽州总管。宣帝时，进爵雁门郡公。

高祖为丞相，征拜小司马，进位大将军。从韦孝宽破尉迟迥于相州，拜柱国。高祖受禅，进上柱国，拜太子太师，甚见亲重，尝幸其第，宴饮极欢，礼赐殊厚。奉诏营庙社，进爵观国公，增邑通前五千户。未几，拜右武卫大将军。岁余，卒官，时年四十七。赠司空，谥曰敬。子世师嗣。次子德懋，在《孝义传》。

时有玉城郡公王景、鲜虞县公谢庆恩，并官至上柱国。大义公辛遵及其弟韶，并官至柱国。高祖以其俱佐命功臣，特加崇贵，亲礼与仁恭等。事皆亡失云。

元亨字德良，一名孝才，河南洛阳人也。父季海，魏司徒、冯翊王，遇周、齐分隔，季海遂仕长安。亨时年数岁，与母李氏在洛阳。齐神武帝以亨父在关西，禁锢之。其母则魏司空李冲之女也，素有智谋,遂诈称冻馁,请就食于荥阳。齐人以其去关西尚远,老妇弱子,不以为疑,遂许之。李氏阴托大豪李长寿,携亨及孤侄八人,潜行草间,得至长安。周太祖见而大悦,以亨功臣子,甚优礼之。亨年十二,魏恭帝在储宫,引为交友。释褐千牛备身。大统末,袭爵冯翊王,邑千户。授拜之日,悲恸不能自胜。俄迁通直散骑常侍,历武卫将军、勋州刺史,改封平凉王。周闵帝受禅,例降为公。明、武时,历陇州刺史、御正大夫、小司马。宣帝时,为洛州刺史。

　　高祖为丞相,遇尉迟迥作乱,洛阳人梁康、邢流水等举兵应迥,旬日之间,众至万余。州治中王文舒潜与梁康相结,将图亨。亨阴知其谋,乃选关中兵,得二千人为左右,执文舒斩之,以兵袭击梁康、邢流水,皆破之。高祖受禅,征拜太常卿,增邑七百户。寻出为卫州刺史,加大将军。卫土俗薄,亨以威严镇之,在职八年,风化大洽。后以老病,表乞骸骨,吏人诣阙上表,请留卧治,上嗟叹者久之。其年,亨以笃疾,重请还京,上令使者致医药,问动静,相望于道。岁余,卒于家,时年六十九。谥曰宣。

　　杜整字皇育,京兆杜陵人也。祖盛,魏直阁将军、颍川太守。父辟,渭州刺史。整少有风概,九岁丁父忧,哀毁骨立,事母以孝闻。及长,骁勇有旅力,好读孙、吴《兵法》。魏大统末,袭爵武乡侯。周太祖引为亲信。后事宇文护子中山公训,甚被亲遇。俄授都督。明帝时,为内侍上士,累迁仪同三司,拜武州刺史。从武帝平齐,加上仪同,进爵平原县公,邑千户,入为勋曹中大夫。

　　高祖为丞相,进位开府。及受禅,加上开府,进封长广郡公,俄拜左武卫将军。在职数年,以母忧去职,起令视事。开皇六年,突厥犯塞,诏遣卫王爽总戎北伐,以整为行军总管兼元帅长史。至合川,无虏而还。整密进取陈之策,上善之,于是以行军总管镇襄阳。寻病卒,时年五十五。高祖闻而伤之,赠帛四百匹,米四百石,谥曰襄。子楷嗣。官至开府。

　　整弟肃,亦少有志行。开皇初,为通直散骑常侍、北地太守。

　　李彻字广达,朔方岩绿人也。父和,开皇初为柱国。彻性刚毅,有器干,伟容仪,多武艺。大冢宰宇文护引为亲信,寻拜殿中司马,累迁奉车都尉。护以彻谨厚有才具,甚礼之。护子中山公训为蒲州刺史,护令彻以本官从焉。未几,拜车骑大将军、仪同三司。武帝时,从皇太子西征吐谷浑,以功赐爵同昌男,邑三百户。后从帝拔晋州。及帝班师,彻与齐王宪屯鸡栖原。齐主高纬以大军至,宪引兵西上,以避其锋。纬遣其骁将贺兰豹子率劲骑蹑宪,战于晋州城北。宪师败,彻与杨素、宇文庆等力战,宪军赖以获全。复从帝破齐师于汾北,乘胜下高壁,拔晋阳,擒高湝于冀州,俱有力焉。录前后功,加开府,别封蔡阳县公,邑千户。宣帝即位,从韦孝宽略定淮南,每为先锋。及淮南平,即授淮州刺史,安集初附,甚得其欢心。

　　高祖受禅,加上开府,转云州刺史。岁余,征为左武卫将军。及晋王广之镇并州也,朝廷妙选正人有文武才干者,为之僚佐。上以彻前代旧臣,数持军旅,诏彻总晋王府军事,进爵齐安郡公。时蜀王秀亦镇益州,上谓侍臣曰:“安得文同王子相,武如李广达者乎?”其见重如此。

　　明年,突厥沙钵略可汗犯塞,上令卫王爽为元帅,率众击之,以彻为长史。遇虏于白道,行军总管李充言于爽曰:“周、齐之世,有同战国,中夏力分,其来久矣。突厥每侵边,诸将辄以全军为计,莫能死战。由是突厥胜多败少,所以每轻中国之师。今者沙钵略悉国内之众,屯据要险,必轻我而无备,精兵袭之,可破也。”爽从之。诸将多以为疑,唯彻奖成其计,请与同行。遂与充率精骑五千,出其不意,掩击大破之。沙钵略弃所服金甲,潜草中而遁。以功加上大将军。沙钵略因此屈膝称藩。未几,沙钵略为阿拔所侵,上疏请援。以彻为行军总管,率精骑一万赴之。阿拔闻而遁去。及军还,复领行军总管,屯平凉以备胡寇,封安道郡公。开皇十年,进位柱国。及晋王广转牧淮海,以彻为扬州总管司马,改封德广郡公。寻徙封城阳郡公。其后突厥犯塞,彻复领行军总管击破之。

　　左仆射高颎之得罪也，以彻素与颎相善，因被疏忌，不复任使。后出怨言，上闻而召之，入卧内赐宴，言及平生，因遇鸩而卒。大业中，其妻宇文氏为孽子安远诬以咒诅，伏诛。

　　崔彭字子彭，博陵安平人也。祖楷，魏殷州刺史。父谦，周荆州总管。彭少孤，事母以孝闻。性刚毅，有武略，工骑射。善《周官》、《尚书》，略通大义。周武帝时，为侍伯上士，累转门正上士。

　　及高祖为丞相，周陈王纯镇齐州，高祖恐纯为变，遣彭以两骑征纯入朝。彭未至齐州三十里，因诈病，止传舍，遣人谓纯曰："天子有诏书至王所，彭苦疾，不能强步，愿王降临之。"纯疑有变。多将从骑至彭所。彭出传舍迎之，察纯有疑色，恐不就征，因诈纯曰："王可避人，将密有所道。"纯麾从骑，彭又曰："将宣诏，王可下马。"纯遽下，彭顾其骑士曰："陈王不从诏征，可执也。"骑士因执而锁之。彭乃大言曰："陈王有罪，诏征入朝，左右不得辄动。"其从者愕然而去。高祖见而大悦，拜上仪同。

　　及践阼，迁监门郎将，兼领右卫长史，赐爵安阳县男。数岁，转车骑将军，俄转骠骑，恒典宿卫。性谨密，在省闼二十余年，每当上在仗，危坐终日，未尝有怠惰之容，上甚嘉之。上每谓彭曰："卿当上日，我寝处自安。"又尝曰："卿弓马固以绝人，颇知学不？"彭曰："臣少爱《周礼》、《尚书》，每于休沐之暇，不敢废也。"上曰："试为我言之。"彭因说君臣戒慎之义，上称善。观者以为知言。后加上开府，迁备身将军。

　　上尝宴达头可汗使者于武德殿，有鸽鸣于梁上。上命彭射之，既发而中。上大悦，赐钱一万。及使者反，可汗复遣使于上曰："请得崔将军一与相见。"上曰："此必善射闻于房庭，所以来请耳。"遂遣之。及至匈奴中，可汗召善射者数十人，因掷肉于野，以集飞鸢，遣其善射者射之，多不中。复请彭射之，彭连发数矢，皆应弦而落。突厥相顾，莫不叹服。可汗留彭不遣百余日，上赂以缯彩，然后得归。仁寿末，进爵安阳县公，邑二千户。

　　炀帝即位，迁左领军大将军。从幸洛阳，彭督后军。时汉王谅初平，余党往往屯聚，令彭率众数万镇遏山东，复领慈州事。帝以其清，赐绢五百匹。未几而卒，时年六十三。帝遣使吊祭，赠大将军，谥曰肃。子宝德嗣。

　　史臣曰：王长述等，或出总方岳，或入司禁旅，咸著声绩，以功名终，有以取之也。伊娄谦志量弘远，不念旧恶，请赦高遵之罪，有国士之风焉。崔彭巡警岩廊，毅然难犯，御侮之寄，有足称乎！

隋书卷五五
列传第二〇

杜彦　高劢　尔朱敞　周摇
独孤楷　乞伏慧　张威
和洪　侯莫陈颖

杜彦,云中人也。父迁,属葛荣之乱,徙家于豳。彦性勇果,善骑射。仕周,释褐左侍上士,后从柱国陆通击陈将吴明彻于土州,破之。又击叛蛮,克仓堆、白杨二栅,并斩其渠帅。进平郢州贼帅樊志,以战功,拜大都督。寻迁仪同,治隆山郡事。明年,拜陇州刺史,赐爵永安县伯。高祖为丞相,从韦孝宽击尉迥于相州,每战有功,赐物三千段,奴婢三十口。进位上开府,改封襄武县侯,拜魏郡太守。

开皇初,授丹州刺史,进爵为公。后六岁,征为左武卫将军。平陈之役,以行军总管与新义公韩擒相继而进。军至南陵,贼屯据江岸,彦遣仪同樊子盖率精兵击破其栅,获船六百余艘。渡江,击南陵城,拔之,擒其守将许翼。进至新林,与擒合军。及陈平,赐物五千段,粟六千石,进位柱国,赐子宝安爵昌阳县公。高智慧等之作乱也,复以行军总管从杨素讨之,别解江州围。智慧余党往往屯聚,保投溪洞,彦水陆兼进,攻锦山、阳父、若、石壁四洞,悉平之,皆斩其渠帅。贼李陁拥众数千,据彭山,彦袭击破之,斩陁,传其首。又击徐州、宜丰二洞,悉平之。赐奴婢百余口。拜洪州总管,甚有治名。

岁余,云州总管贺娄子干卒,上悼惜者久之,因谓侍臣曰:"榆林国之重镇,安得子干之辈乎?"后数日,上曰:"吾思可以镇榆林者,莫过杜彦。"于是征拜云州总管。突厥来寇,彦辄擒斩之,北夷畏惮,胡马不敢至塞。后数年,朝廷复追录前功,赐子宝虔爵承县公。十八年,辽东之役,以行军总管从汉王至营州。上以彦晓习军旅,令总统五十营事。及还,拜朔州总管。突厥复寇云州,上令杨素击走之,是后犹恐为边患,以彦素为突厥所惮,复拜云州总管。未几,以疾征还,卒,时年六十。子宝虔,大业末,文城郡丞。

高劢字敬德,渤海蓨人也,齐太尉、清河王岳之子也。幼聪敏,美风仪,以仁孝闻,为齐祖所爱。年七岁,袭爵清河王。十四,为青州刺史,历右卫将军、领军大将军、祠部尚书、开府仪同三司,改封乐安王。性刚直,有才干,甚为时人所重。斛律明月雅敬之,每有征伐,则引之为副。迁侍中、尚书右仆射。及后主为周师所败,劢奉太后归邺。时宦官放纵,仪同苟之溢尤称宠幸,劢将斩之以徇。太后救之,乃释。刘文殊窃谓劢曰:"子溢之徒,言成祸福,何得如此!"劢攘袂曰:"今者西寇日侵,朝贵多叛,正由此辈弄权,致使衣冠解体。若得今日杀之,明日受诛,无所恨也。"文殊甚愧。既至邺,劢劝后主:"五品已上家累,悉置三台之上,因胁之曰:"若战不捷,则烧之。"此辈惜妻子,必当死战,可败也。"后主不从,遂弃邺,东遁。劢恒后殿,为周军所得。武帝见之,与语,大悦,因问齐亡所由。劢发言流涕,悲不自胜,帝亦为之改容。授开府仪同三司。

高祖为丞相,谓劢曰:"齐所以亡者,由任邪佞。公父子忠良闻于邻境,宜善自爱。"劢再拜谢曰:"劢,亡齐末属,世荷恩荣。不能扶危定倾,以臻沦覆。既蒙获宥,恩幸已多,况复滥叨名位,致速官谤。"高祖甚器之,以劢检校扬州事。后拜楚州刺史,民安之。先是,城北有伍子胥庙,其俗敬鬼,祈祷者必以牛酒,至破产业。劢叹曰:"子胥贤者,岂宜损百姓乎?"乃告谕所部,自此遂止,百姓赖之。

七年,转光州刺史,上取陈五策,又上表曰:"臣闻夷凶翦暴,王者之懋功,取乱侮亡,往贤之雅诰。是以苗民逆命,爰兴两阶之舞,有扈不宾，终召六师之伐。皆所以宁一宇内，匡济群生者也。自昔晋氏失驭，天纲绝维，群凶于焉蝟起，三方因而鼎立。陈氏乘其际运，拔起细微，蒨项纵其长蛇，窃据吴会，叔宝肆其昏虐，毒被金陵。数年已来，荒悖滋甚。牝鸡司旦，昵近奸回，尚方役徒，积骸千数，疆场防守，长戍三年。或微行暴露，沉湎王侯之宅，或奔驰骏骑，颠坠康衢之首。有功不赏，无辜获戮，烽燧日警，未以为虞，耽淫靡嫚，不知纪极。天厌乱德，妖实人兴，或空裹时有大声，或行路共传鬼怪，或刳人肝以祠天狗，或自舍身以厌妖讹。民神怨愤，灾异荐发，天时人事，昭然可知。臣以庸才，猥蒙朝寄，频历藩任，与其邻接，密迩仇雠，知其动静，天讨有罪，此即其时。若戎车雷动，戈船电迈，臣虽驽怯，请效鹰犬。"高祖览表嘉之，答以优诏。及大举伐陈，以勘为行军总管，从宜阳公王世积下陈江州。以功拜上开府，赐物三千段。

陇右诸羌数为寇乱，朝廷以勘有威名，拜洮州刺史。下车大崇威惠，民夷悦附，其山谷间生羌相率诣府称谒，前后至者，数千余户。豪猾屏迹，路不拾遗，在职数年，称为治理。后遇吐谷浑来寇，勘遇疾不能拒战，贼遂大掠而去。宪司奏勘亡失户口，又言受羌馈遗，竟坐免官。后卒于家，时年五十六。子士廉，最知名。

尔朱敞字乾罗，秀容契胡人，尔朱荣之族子也。父彦伯，官至司徒、博陵王。齐神武帝韩陵之捷，尽诛尔朱氏，敞小，随母养于宫中。及年十二，自窦而走，至于大街，见童儿群戏者，敞解所著绮罗金翠之服，易衣而遁。追骑寻至，初不识敞，便执绮衣儿。比究问知非，会日已暮，由是得免。遂入一村，见长孙氏妪踞胡床而坐。敞再拜求哀，长孙氏悯之，藏于复壁。三年，购之愈急，迹且至，长孙氏曰："事急矣，不可久留。"资而遣之。遂诈为道士，变姓名，隐高山，略涉经史。数年之间，人颇异之。尝独坐岩石之下，泫然而叹曰："吾岂终于此乎？伍子胥独何人也！"于是间行微服，西归于周。太祖见而礼之，拜大都督、行台郎中，封灵寿县伯，邑千五百户。迁通直散骑常侍，转车骑大将军、仪同三司，进爵为侯。保定中，迁使持节、骠骑大将军，开府仪同三司。天和中，增邑五百户，历信、临、熊、潼四州刺史，进爵为公。武帝东征，上表求从，许之。攻城陷阵，所当皆破，进位上开府。除南光州刺史，入为护军大将军。岁余，转胶州刺史。于是迎长孙氏及弟置于家，厚资给之。

高祖受禅，改封边城郡公。黔安蛮叛，命敞讨平之。师旋，拜金州总管，寻转徐州总管。在职数年，号为明肃，民吏惧之。后以年老，上表乞骸骨，赐二马轺车，归于河内，卒于家，时年七十二。子最嗣。

周摇字世安，其先与后魏同源，初为普乃氏，及居洛阳，改为周氏。曾祖拔拔，祖右六肱，俱为北平王。父恕延，历行台仆射、南荆州总管。摇少刚果，有武艺，性谨厚，动遵法度。仕魏，官至开府仪同三司。周闵帝受禅，赐姓车非氏，封金水郡公。历凤、楚二州刺史，吏民安之。从帝平齐，每战有功，超授柱国，进封夔国公。未几，拜晋州总管。时高祖为定州总管，文献皇后自京师诣高祖，路经摇所，主礼甚薄。既而白后曰："公廨甚富于财，限法不敢辄费。又王臣无得效私。"其质直如此。高祖以其奉法，每嘉之。及为丞相，徙封济北郡公，寻拜豫州总管。高祖受禅，复姓周氏。

开皇初，突厥寇边，燕、蓟多被其患，前总管李崇为虏所杀，上思所以镇之，临朝曰："无以加周摇者。"拜为幽州总管六州五十镇诸军事。摇修鄣塞，谨斥候，边民以安。后六载，徙为寿州。初，自以年老，乞骸骨，上召之。既引见，上劳之曰："公积行累仁，历仕三代，克终富贵，保兹遐寿，良足善也。"赐坐褥，归于第。岁余，终于家，谥曰恭，时年八十四。

独孤楷字修则，不知何许人也，本姓李氏。父屯，从齐神武帝与周师战于沙苑，齐师败绩，因为柱国独孤信所擒，配为士伍，给使信家，渐得亲近，因赐姓独孤氏。楷少谨厚，便弄马槊，为宇文护执刀，累转车骑将军。其后数从征伐，赐爵广阿县公，邑千户，拜右侍下大夫。周末，从韦孝宽平淮南，以功赐子景云爵西河县公。

高祖为丞相,进授开府,每督亲信兵。及受禅,拜右监门将军,进封汝阳郡公。数岁,迁右卫将军。仁寿初,出为原州总管。时蜀王秀镇益州,上征之,犹豫未发。朝廷恐秀生变,拜楷益州总管,驰传代之。果有异志,楷讽谕久之,乃就路。楷察秀有悔色,因勒兵为备。秀至兴乐,去益州四十余里将反袭楷,密令左右觇所为,知楷不可犯而止。楷在益州,甚有惠政,蜀中父老于今称之。

炀帝即位,转并州总管。遇疾丧明,上表乞骸骨。帝曰:"公先朝旧臣,历职二代,高风素望,卧以镇之,无劳躬亲簿领也。"遣其长子凌云监省郡事。其见重如此。数载,转长平太守,未视事而卒。谥曰恭。子凌云、平云、彦云,皆不知名。楷弟盛,见《诚节传》。

乞伏慧字令和,马邑鲜卑人也。祖周,魏银青光禄大夫,父纂,金紫光禄大夫,并为第一领民酋长。慧少慷慨,有大节,便弓马,好鹰犬。齐文襄帝时,为行台左丞,加荡寇将军,累迁右卫将军、太仆卿,自永宁县公封宜民郡王。其兄贵和,又以军功为王,一门二王,称为贵显。周武平齐,授使持节、开府仪同大将军,拜伇飞右旅下大夫,转熊渠中大夫。高祖为丞相,从韦孝宽击尉惇于武陟,所当皆破,授大将军,赐物八百段。及平尉迥,进位柱国,赐爵西河郡公,邑三千户,赍物二千三百段。请以官爵让兄,朝廷不许,论者义之。高祖受禅,拜曹州刺史。曹土旧俗,民多奸隐,户口簿帐恒不以实。慧下车按察,得户数万。迁凉州总管。先是,突厥屡为寇抄,慧于是严警烽燧,远为斥候,虏亦素惮其名,竟不入境。岁余,转齐州刺史,得隐户数千。迁寿州总管。其年,左转杞州刺史,在职数年,迁徐州总管。时年逾七十,上表求致仕,不许。俄转荆州总管,又领潭、桂二州总管三十一州诸军事。其俗轻剽,慧躬行朴素以矫之,风化大洽。曾见人以篝捕鱼者,出绢买而放之,其仁心如此。百姓美之,号其处曰西河公篝。转秦州总管。

炀帝即位,为天水太守。大业五年,征吐谷浑,郡滨西境,民苦劳役,又遇帝西巡,坐为道不整,献食疏薄,帝大怒,命左右斩之。见其无发，乃释，除名为民。卒于家。

张威，不知何许人也。父琛，魏弘农太守。威少倜傥，有大志，善骑射，膂力过人。在周，数从征伐，位至柱国、京兆尹，封长寿县公，邑千户。

王谦作乱，高祖以威为行军总管，从元帅梁睿击之。军次通谷，谦守将李三王拥劲兵拒守。睿以威为先锋。三王初闭垒不战，威令人詈侮以激怒之，三王果出阵。威令壮士奋击，三王军溃，大兵继至，于是擒斩四千余人。进至开远，谦将赵俨众十万，连营三十里。威凿山通道，自西岭攻其背，俨遂败走。追至成都，与谦大战，威将中军。及谦平，进位上柱国，拜泸州总管。

高祖受禅，历幽、洛二州总管，改封晋熙郡公。寻拜河北道行台仆射，后督晋王军府事。数年，拜青州总管，赐钱八十万，米五百石，杂彩三百段。威在青州，颇治产业，遣家奴于民间鬻芦服根，其奴缘此侵扰百姓。上深加谴责，坐废于家。后从上祠太山，至洛阳，上谓威曰："自朕之有天下，每委公以重镇，可谓推赤心矣。何乃不修名行，唯利是视？岂直孤负朕心，亦且累卿名德。"因问威曰："公所执笏今安在？"威顿首曰："臣负罪亏宪，无颜复执，谨藏于家。"上曰："可持来。"威明日奉笏以见，上曰："公虽不遵法度，功效实多，朕不忘之。今还公笏。"于是复拜洛州刺史，后封宛城郡公。寻转相州刺史，卒官。有子植，大业中，至武贲郎将。

和洪，汝南人也。少有武力，勇烈过人。周武帝时，数从征伐，以战功，累迁车骑大将军、仪同三司。时龙州蛮任公忻、李国立等聚众为乱，刺史独孤善不能御。朝议以洪有武略，代善为刺史。月余，擒公忻、国立，皆斩首枭之，余党悉平。从帝攻河阴，洪力战，陷其西门。帝壮之，赏物千段。复从帝平齐，进位上仪同，赐爵北平侯，邑八百户，拜左勋曹下大夫。柱国王轨之擒吴明彻也，洪有功焉，加位开府，迁折冲中大夫。

尉迥作乱相州,以洪为行军总管,从韦孝宽击之。军至河阳,迥遣兵围怀州,洪与总管宇文述等击走。又破尉惇于武陟。及平相州,每战有功,拜柱国,封广武郡公,邑二千户。前后赐物万段,奴婢五十口,金银各百挺,牛马百匹。时东夏初平,物情尚梗,高祖以洪有威名,令领冀州事,甚得人和。数岁,征入朝,为漕渠总管监,转拜泗州刺史。属突厥寇边,诏洪为北道行军总管,击走虏,至碛而还。后迁徐州总管,卒,时年六十四。

侯莫陈颖字遵道,代人也。与魏南迁,世为列将。父崇,魏、周之际,历职显要,官至大司空。颖少有器量,风神警发,为时辈所推。魏大统末,以父军功赐爵广平侯,累迁开府仪同三司。周武帝时,从滕王逌击龙泉、文城叛胡,与柱国豆卢勣各帅兵分路而进。颖悬军五百余里,破其三栅。先是,稽胡叛乱,辄略边人为奴婢。至是诏胡敢有压匿良人者诛,籍没其妻子。有人言为胡村所隐匿者,勣将诛之。颖谓勣曰:"将在外,君命有所不行。诸胡固非悉反,但相迫胁为乱耳。大兵临之,首乱者知惧,胁从者思降。今渐加抚慰,自可不战而定。如即诛之,转相惊恐,为难不细。未若召其渠帅,以隐匿者付之,令自归首,则群胡可安。"勣从之。群胡感悦,争来降附,北土以安。迁司武,加振威中大夫。

高祖为丞相,拜昌州刺史。会受禅,竟不行,加上开府,进爵升平郡公。俄拜延州刺史。数年,转陈州刺史。平陈之役。以行军总管从秦王俊出鲁山道。属陈将荀法尚、陈纪降,颖与行军总管段文振渡江安集初附。寻拜饶州刺史,未之官,迁瀛州刺史,甚有惠政。在职数年,坐与秦王俊交通免官。百姓将送者,莫不流涕,因相与立碑,颂颖清德。未几,检校汾州事,俄拜邢州刺史。仁寿中,吏部尚书牛弘持节巡抚山东,以颖为第一。高祖嘉叹,优诏褒扬。时朝廷以岭南刺史、县令多贪鄙,蛮夷怨叛,妙简清吏以镇抚之,于是征颖入朝。及进见,上与颖言及平生,以为欢笑。数日,进位大将军,拜桂州总管十七州诸军事,赐物而遣之。及到官,大崇恩信,民夷悦服，溪洞生越多来归附。

炀帝即位，颖兄梁国公芮坐事徙边，朝廷恐颖不自安，征归京师。数年，拜恒山太守。其年，岭南、闽越多不附，帝以颖前在桂州有惠政，为南土所信伏，复拜南海太守。后四岁，卒官。谥曰定。子虔会，最知名。

史臣曰：杜彦东夏、南服屡有战功，作镇朔垂，胡尘不起。高劢死亡之际，志气懔然，疾彼奸邪，致兹余庆。尔朱敞幼有权奇，终能止足，崇基坠而复构，不亦仁且智乎！周摇以质实见知，独孤以恤人流誉，乞伏慧能以国让，侯莫陈所居治理，或知牧人之道，或践仁义之路，皆有可称焉。慧以供帐不厚，至于放黜，并结发登朝，出入三代，终享禄位，不夭性龄，盖其任心而行，不为矫饰之所致也。

隋书卷五六
列传第二一

卢恺　令狐熙　薛胄
宇文㢸　张衡　杨汪

　　卢恺字长仁，涿郡范阳人也。父柔，终于魏中书监。恺性孝友，神情爽悟，略涉书记，颇解属文。周齐王宪引为记室。其后袭爵容城伯，邑千一百户。从宪伐齐，恺说柏杜镇下之。迁小吏部大夫，增邑七百户。染工上士王神欢者，尝以赂自进，冢宰宇文护擢为计部下大夫。恺谏曰："古者登高能赋，可为大夫，求贤审官，理须详慎。今神欢出自染工，更无殊异，徒以家富自通，遂与搢绅并列，实恐惟鹈之刺闻之外境。"护竟寝其事。建德中，增邑二百户。岁余，转内史下大夫。武帝在云阳宫，敕诸屯简老牛，欲以享士。恺进谏曰："昔田子方赎老马，君子以为美谈。向奉明敕，欲以老牛享士，有亏仁政。"帝美其言而止。转礼部大夫，为聘陈使副。先是，行人多从其国礼，及恺为使，一依本朝，陈人莫能屈。四年秋，李穆攻拔轵关、柏崖二镇，命恺作露布，帝读之大悦，曰："卢恺文章大进，荀景倩故是令君之子。"寻授襄州总管司录，转治中。大象元年，征拜东京吏部大夫。

　　开皇初，加上仪同三司，除尚书吏部侍郎，进爵为侯，仍摄尚书左丞。每有敷奏，侃然正色，虽逢喜怒，不改其常。帝嘉恺有吏干，赐钱二十万，并赉杂彩三百匹，加散骑常侍。八年，上亲考百僚，以恺为上。恺固让，不敢受，高祖曰："吏部勤干，旧所闻悉。今者上考，佥议攸同,当仁不让,何愧之有! 皆在朕心,无劳饰让。

岁余,拜礼部尚书,摄吏部尚书事。会国子博士何妥与右仆射苏威不平,奏威阴事。恺坐与相连,上以恺属吏。宪司奏恺曰:"房恭懿者,尉迟迥之党,不当仕进。威、恺二人曲相荐达,累转为海州刺史。又吏部预选者甚多,恺不即授官,皆注色而遣。威之从父弟彻、肃二人,并以乡正征诣吏部。彻文状后至而先任用,肃左足挛蹇,才用无算,恺以威故,授朝请郎。恺之朋党,事甚明白。"上大怒曰:"恺敢将天官以为私惠!"恺免冠顿首曰:"皇太子将以通事舍人苏夔为舍人,夔即苏威之子,臣以夔未当迁。固启而止。臣若与威有私,岂当如此!"上曰:"苏威之子,朝廷共知,卿乃固执,以徼身幸。至所不知者,便行朋附,奸臣之行也。"于是除名为百姓。未几,卒于家。自周氏以降,选无清浊,及恺摄吏部,与薛道衡、陆彦师等甄别士流,故涉党固之谮,遂及于此。子义恭嗣。

令狐熙字长熙。敦煌人也,代为西州豪右。父整,仕周,官至大将军、始、丰二州刺史。熙性严重,有雅量,虽在私室,终日俨然。不妄通宾客,凡所交结,必一时名士。博览群书,尤明《三礼》,善骑射,颇知音律。起家以通经为吏部上士,寻授都督、辅国将军,转夏官府都上士,俱有能名。以母忧去职,殆不胜丧。其父戒之曰:"大孝在于安亲,义不绝嗣。吾今见存,汝又只立,何得过尔毁顿,贻吾忧也!"熙自是稍加饘粥。服阕,除小驾部,复丁父忧,非杖不起,人有闻其哭声,莫不为之下泣。河阴之役,诏令墨缞从事,还授职方下大夫,袭爵彭阳县公,邑二千一百户。及武帝平齐,以留守功,增邑六百户。进位仪同,历司勋、吏部二曹中大夫,甚有当时之誉。

高祖受禅之际,熙以本官行纳言事。寻除司徒左长史,加上仪同,进爵河南郡公。时吐谷浑寇边,以行军长史从元帅谐讨之,以功进位上开府。会蜀王秀出镇于蜀,纲纪之选,咸属正人,以熙为益州总管长史。未之官,拜沧州刺史。时山东承齐之弊,户口簿籍类不以实。熙晓谕之,令自归首,至者一万户。在职数年,风教大洽,称为良二千石。开皇四年，上幸洛阳，熙来朝，吏民恐其迁易，悲泣于道。及熙复还，百姓出境迎谒，欢叫盈路。在州获白乌、白獐、嘉麦，甘露降于庭前柳树。八年，徙为河北道行台度支尚书，吏民追思，相与立碑颂德。及行台废，授并州总管司马。后征为雍州别驾。寻为长史，迁鸿胪卿。后以本官兼吏部尚书，往判五曹尚书事，号为明干，上甚任之。

及上祠太山还，次汴州，恶其殷盛，多有奸侠，于是以熙为汴州刺史。下车禁游食，抑工商，民有向街开门者杜之，船客停于郭外星居者勒为聚落，侨人逐令归本，其有滞狱，并决遣之，令行禁止，称为良政。上闻而嘉之，顾谓侍臣曰："邺都，天下难理处也。敕相州刺史豆卢通令习熙之法。其年来朝，考绩为天下之最，赐帛三百匹，颁告天下。

上以岭南夷、越数为反乱，征拜桂州总管十七州诸军事，许以便宜从事，刺史以下官得承制补授。给帐内五百人，赐帛五百匹，发传送其家累，改封武康郡公。熙至部，大弘恩信，其溪洞渠帅更相谓曰："前时总管皆以兵威相胁，今者乃以手教相谕，我辈其可违乎？"于是相率归附。先是，州县生梗，长吏多不得之官，寄政于总管府。熙悉遣之，为建城邑，开设学校，华夷感敬，称为大化。时有宁猛力者，与陈后主同日生，自言貌有贵相。在陈日，已据南海，平陈后，高祖因而抚之，即拜安州刺史。然骄倨，恃其阻险，未尝参谒。熙手书谕之，申以交友之分。其母有疾，熙复遗以药物。猛力感之，诣府请谒，不敢为非。熙以州县多有同名者，于是奏改安州为钦州，黄州为峰州，利州为智州，德州为骥州，东宁为融州，上皆从之。在职数年，上表曰："臣忝寄岭表，四载于兹，犬马之年，六十有一。才轻任重，愧惧兼深，常愿收拙避贤，稍免官谤。然所管遐旷，绥抚尤难，虽未能顿革夷风，颇亦渐识皇化。但臣夙患消渴，比更增甚，筋力精神，转就衰迈。昔在壮齿，犹不如人，况今年疾俱侵，岂可犹当重寄！请解所任。"优诏不许，赐以医药。熙奉诏，令交州渠帅李佛子入朝，佛子欲为乱，请至仲冬上道，熙意在羁縻，遂从之。有人诣阙讼熙受佛子赇而舍之，上闻而固疑之。既而佛子反问至，上大怒，以为信然，遣使者锁熙诣阙。熙性素刚，郁郁不得志，行至永州，忧愤发病而卒，时年六十三。上怒不解，于是没其家财。及行军总管刘方擒佛子送于京师，言熙实无赃货，上乃悟，于是召其四子，听预仕焉。少子德棻，最知名。

薛冑字绍玄，河东汾阴人也。父端，周蔡州刺史。冑少聪明，每览异书，便晓其义。常叹训注者不会圣人深旨，辄以意辩之，诸儒莫不称善。性慷慨，志立功名。周明帝时，袭爵文城郡公。累迁上仪同，寻拜司金大夫，后加开府。

高祖受禅，擢拜鲁州刺史，未之官，检校庐州总管事。寻除兖州刺史。及到官，系囚数百，冑剖断旬日便了，囹圄空虚。有陈州人向道力者，伪作高平郡守，将之官，冑遇诸途，察其有异，将留诘之。司马王君馥固谏，乃听诣郡。既而悔之，即遣主簿追禁道力。有部人徐俱罗者，尝任海陵郡守，先是已为道力伪代之。比至秩满，公私不悟。俱罗遂语君馥曰："向道力以经代俱罗为郡，使君岂容疑之？"君馥以俱罗所陈，又固请冑。冑呵君馥曰："吾已察知此人诈也。司马容奸，当连其坐！"君馥乃止。遂往收之，道力惧而引伪。其发奸摘伏，皆此类也，时人谓为神明。先是，兖州城东沂、泗二水合而南流，泛滥大泽中，冑遂积石堰之，使决令西注，陂泽尽为良田。又通转运，利尽淮海，百姓赖之，号为薛公丰兖渠。冑以天下太平，登封告禅，帝王盛烈，遂遣博士登太山，观古迹，撰《封禅图》及仪上之。高祖谦让不许。后转郢州刺史，前后俱有惠政。微拜卫尉卿，寻转大理卿，持法宽平，名为称职。后迁刑部尚书。

时左仆射高颎稍被疏忌，及王世积之诛也，颎事与相连，上因此欲成颎罪。冑明雪之，正议其狱。由是忤旨，机系之，久而得免。检校相州事，甚有能名。会汉王谅作乱并州，遣伪将綦良东略地，攻逼慈州。刺史上官政请援于冑，冑畏谅兵锋，不敢拒。良又引兵攻冑，冑欲以计却之，遣亲人鲁世范说良曰："天下事未可知，冑为人臣,去就须得其所,何遽相攻也?"良于是释去,进图黎阳。及良为史祥所攻,弃军归胄。朝廷以胄怀贰心,锁诣大理。相州吏人素怀其恩,诣阙理胄者百余人,胄竟坐除名,配防岭南,道病卒。有子筠、献,并知名。

　　宇文弼字公辅,河南洛阳人也,其先与周同出。祖直力觐,魏巨鹿太守。父珍,周宕州刺史。弼慷慨有大节,博学多通。仕周为礼部上士,尝奉使邓至国及黑水、龙涸诸羌,前后降附三十余部。及还,奉诏修定《五礼》,书成奏之,赐公田十二顷,粟百石。累迁少吏部,擢八人为县令,皆有异绩,时以为知人。转内史都上士。武帝将出兵河阳以伐齐,谋及臣下,弼进策曰:"齐氏建国,于今累叶,虽曰无道,藩屏之寄,尚有其人。今之用兵,须择其地。河阳冲要,精兵所聚,尽力攻围,恐难得志。如臣所见,彼汾之曲,戍小山平,攻之易拔。用武之地,莫过于此,愿陛下详之。"帝不纳,师竟无功。建德五年,大举齐伐,卒用弼计。弼于是募三辅豪侠少年数百人,以为别队,从帝攻拔晋州。身被三疮,苦战不息,帝奇而壮之。后从帝平齐,以功拜上仪同,封武威县公,邑千五百户,赐物千五百段,奴婢百五十口,马牛羊千余头,拜司州总管司录。

　　宣帝嗣位,迁左守庙大夫。时突厥寇甘州,帝令侯莫陈昶率兵击之,弼为监军,弼谓昶曰:"黠虏之势,来如激矢,去若绝弦,若欲追蹑,良为难及。且宜选精骑,直趋祁连之西。贼若收军,必自蓼泉之北,此地险隘,兼复下湿,度其人马,三日方度,缓辔追讨,何虑不及?彼劳我逸,破之必矣。若邀此路,真上策也。"昶不能用之,西取合黎,大军行迟,虏已出塞。其年,弼又率兵从梁士彦攻拔寿阳,寻改封安乐县公,增邑六百户,赐物六百段,加以口马。除浍州刺,俄转南司州刺史。后司马消难之奔陈也,弼追之不及。遇陈将樊毅,战于漳口,自旦及午,三战三捷,虏获三千人。除黄州刺史,寻转南定州刺史。

　　开皇初,以前功封平昌县公,加邑一千二百户,入为尚书右丞。

时西羌内附,诏弼持节安集之,置盐泽、蒲昌二郡而还。迁尚书左丞,当官正色,为百僚所惮。三年,突厥寇甘州,以行军司马从元帅窦荣定击破之。还除太仆少卿,转吏部侍郎。平陈之役,杨素出信州道,令弼持节为诸军节度,仍领行军总管。刘仁恩之破陈将吕仲肃也,弼有谋焉。加开府,擢拜刑部尚书,领太子虞候率。上尝亲临释奠,弼与博士论议,词致清远,观者属目。上大悦,顾谓侍臣曰:"朕今睹周公之制礼,见宣尼之论孝,实慰朕心。"于是颁赐各有差。时朝廷以晋阳为重镇,并州总管必属亲王,其长史、司马亦一时高选。前长史王韶卒,以弼有文武干用,出为并州长史。俄以父艰去职,寻诏起之。十八年,辽东之役,授元帅汉王府司马,仍寻领行军总管。军还之后,历朔、代、吴三州总管,皆有能名。

炀帝即位,征拜刑部尚书,仍持节巡省河北。还除泉州刺史。岁余,复拜刑部尚书,寻转礼部尚书。弼既以才能著称,历职显要,声望甚重,物议时谈,多见推许,帝颇忌之。时帝渐好声色,尤勤远略,弼谓高颎曰:"昔周天元好声色而国亡,以今方之,不亦甚乎?"又言"长城之役,幸非急务"。有人奏之,竟坐诛死,时年六十二,天下冤之。所著辞赋二十余万言,为《尚书》、《孝经注》行于时。有子俭、瑗。

张衡字建平,河内人也。祖嶷,魏河阳太守。父光,周万州刺史。衡幼怀志尚,有骨鲠之风。年十五,诣太学受业,研精覃思,为同辈所推。周武帝居太后忧,与左右出猎,衡露发舆梴,扣马切谏。帝嘉焉,赐衣一袭,马一匹,擢拜汉王侍读。衡又就沈重受《三礼》,略究大旨。累迁掌朝大夫。

高祖受禅,拜司门侍郎。及晋王广为河北行台,衡历刑部、度支二曹郎。后以台废,拜并州总管掾。及王转牧扬州,衡复为掾,王甚亲任之。衡亦竭虑尽诚事之,夺宗之计,多衡所建也。以母忧去职,岁余,起授扬州总管司马,赐物三百段。开皇中,熙州李英林聚众反,署置百官,以衡为行军总管,率步骑五万人讨平之。拜开府,赐奴婢一百三十口,物五百段,金银杂畜称是。及王为皇太子,拜衡右庶子,仍领给事黄门侍郎。

炀帝嗣位,除给事黄门侍郎,进位银青光禄大夫,俄迁御史大夫,甚见亲重。大业三年,帝幸榆林郡,还至太原,谓衡曰:"朕欲过公宅,可为朕作主人。"衡于是驰至河内,与宗族具牛酒。帝上太行,开直道九十里,以抵其宅。帝悦其山泉,留宴三日。因谓衡曰:"往从先皇拜太山之始,途经洛阳,瞻望于此,深恨不得相过,不谓今日得谐宿愿。"衡俯伏辞谢,奉觞上寿。帝益欢,赐其宅傍田三十顷,良马一匹,金带,缣彩六百段,衣一袭,御食器一具。衡固让,帝曰:"天子所至称幸者,盖为此也,不足为辞。"衡复献食于帝,帝令颁赐公卿,下至卫士,无不沾洽。

衡以藩邸之旧,恩宠莫与为比,颇自骄贵。明年,帝幸汾阳宫,宴从官,特赐绢五百匹。帝欲大汾阳宫,令衡与纪弘整具图奏之。衡承间进谏曰:"比年劳役繁多,百姓疲敝,伏愿留神,稍加折损。"帝意甚不平。后尝目衡谓侍臣曰:"张衡自谓由其计画,令我有天下也。"时齐王暕失爱于上,帝密令人求暕罪失。有人潜暕违制,将伊阙令皇甫诩从之汾阳宫。又录前幸涿郡及祠恒岳时,父老谒见者,衣冠多不整。帝谴衡以宪司皆不能举正,出为榆林太守。明年,帝复幸汾阳宫,衡督役筑楼烦城,因而谒帝。帝恶衡不损瘦,以为不念咎,因谓衡曰:"公甚肥泽,宜且还郡。"衡复之榆林。俄而敕衡督役江都宫。有人诣衡讼宫监者,衡不为理,还以讼书付监,其人大为监所困。礼部尚书杨玄感使至江都,其人诣玄感称冤。玄感固以衡为不可。及与衡相见,未有所言,又先谓玄感曰:"薛道衡真为枉死。"玄感具上其事,江都丞王世充又奏衡频减顿具。帝于是发怒,锁衡诣江都市,将斩之,久而乃释,除名为民,放还田里。帝每令亲人觇衡所为。八年,帝自辽东还都,衡妾言衡怨望,谤讪朝政,竟赐尽于家。临死大言曰:"我为人作何物事,而望久活!"监刑者塞耳,促令杀之。义宁中,以死非其罪,赠大将军、南阳郡公,谥曰忠。有子希玄。

杨汪字元度,本弘农华阴人也,曾祖顺,徙居河东。父琛,仪同三司,及汪贵,追赠平乡县公。汪少凶疏,好与人群斗,拳所殴击,无不颠踣。长更折节勤学,专精《左氏传》,通《三礼》。解褐周冀王侍读,王甚重之,每曰:"杨侍读德业优深,孤之穆生也。"其后问《礼》于沈重,受《汉书》于刘臻,二人推许之曰:"吾弗如也。"由是知名,累迁夏官府都上士。及高祖居相,引知兵事,迁掌朝下大夫。

高祖受禅,赐爵平乡县伯,邑二百户。历尚书司勋兵部二曹侍郎、秦州总管长史,名为明干。迁尚书左丞,坐事免。后历荆、洛二州长史,每听政之暇,必延生徒讲授,时人称之。数年,高祖谓谏议大夫王达曰:"卿为我觅一好左丞。"达遂私于汪曰:"我当荐君为左丞,若事果,当以良田相报也。"汪以达所言奏之,达竟以获罪,卒拜汪为尚书左丞。汪明习法令,果于剖断,当时号为称职。

炀帝即位,守大理卿。汪视事二日,帝将亲省囚徒。其时系囚二百余人,汪通宵究审,诘朝而奏,曲尽事情,一无遗误,帝甚嘉之。岁余,拜国子祭酒。帝令百僚就学,与汪讲论,天下通儒硕学多萃焉,论难锋起,皆不能屈。帝令御史书其问答奏之,省而大悦,赐良马一匹。大业中,为银青光禄大夫。

及杨玄感反河南,赞治裴弘策出师御之,战不利,弘策出还,遇汪而屏人交语。既而留宁樊子盖斩弘策,以状奏汪,帝疑之,出为梁郡通守。后李密已逼东都,其徒频寇梁郡,汪勒兵拒之,频挫其锐。炀帝崩,王世充推越王侗为主,征拜吏部尚书,颇见亲委。及世充僭号,汪复用事,世充平,以凶党诛死。

史臣曰:"卢恺谏说可称,令狐熙所居而治,薛胄执宪平允,宇文㢸声望攸归,张衡以鲠正立名,杨汪以学业自许。然皆有善始,鲜克令终,九仞之基,俱倾于一篑,惜哉!夫忠为令德,施非其人尚或不可,况托足邪径,而又不得其人者欤!语曰:"无为权首,将受其咎。"又曰:"无始祸,无召乱。"张衡既召乱源,实为权首,动不以顺,其能不及于此乎?

隋书卷五七
列传第二二

卢思道 从父兄昌衡 李孝贞
薛道衡 从弟孺

　　卢思道字子行，范阳人也。祖阳乌，魏秘书监。父道亮，隐居不仕。思道聪爽俊辩，通脱不羁。年十六，遇中山刘松，松为人作碑铭，以示思道。思道读之，多所不解，于是感激，闭户读书，师事河间邢子才。后思道复为文，以示刘松，松又不能甚解。思道乃喟然叹曰："学之有益，岂徒然哉！"因就魏收借异书，数年之间，才学兼著。然不持操行，好轻侮人。齐天保中，《魏史》未出，思道先已诵之，由是大被笞辱。前后屡犯，因而不调。其后左仆射杨遵彦荐之于朝，解褐司空行参军，长兼员外散骑侍郎，直中书省。文宣帝崩，当朝文士各作挽歌十首，择其善者而用之。魏收、阳休之、祖孝徵等不过得三首，唯思道独得八首。故时人称为"八米卢郎"。后漏曳省中语，出为丞相西阁祭酒，历太子舍人、司徒录事参军。每居官，多被谴辱。后以擅用库钱，免归于家。尝于蓟北怅然感慨，为五言诗以见意，人以为工。数年，复为京畿主簿，历主客郎、给事黄门侍郎，待诏文林馆。周武帝平齐，授仪同三司，追赴长安，与同辈阳休之等数人作《听蝉鸣篇》。思道所为，词意清切，为时人所重。新野庾信遍览诸同作者，而深叹美之。未几，以母疾还乡，遇同郡祖英伯及从兄昌期、宋护等举兵作乱，思道预焉。周遣柱国宇文神举讨平之，罪当法，已在死中。神举素闻其名，引出之，令作露布。思道援笔立成，文无加点，神举嘉而宥之。后除掌教上士。

高祖为丞相，迁武阳太守，非其好也。为《孤鸿赋》以寄其情曰：

余志学之岁，自乡里游京师，便见识知音，历受群公之眷。年登弱冠，甫就朝列，谈者过误，遂窃虚名。通人杨令君、邢特进已下，皆分庭致礼，倒屣相接，蔚拂吹虚，长其光价。而才本驽拙，性实疏懒，势利货殖，淡然不营。虽笼绊朝市且三十载，而独往之心未始去怀抱也。摄生舛和，有少气疾。分符坐啸，作守东原。洪河之湄，沃野弥望，嚣务既屏，鱼鸟为邻。有离群之鸿，为罗者所获，野人驯养，贡之于余。置诸池庭，朝夕赏玩，既用销忧，兼以轻疾。《大易》称"鸿渐于陆"，羽仪盛也。《扬子》曰"鸿飞冥冥"，骞翥高也。《淮南》云"东归碣石"，违潦暑也。平子赋曰"南寓衡阳"，避祁寒也。若其雅步清音，远心高韵，鸳鸾以降，罕见其俦，而铩翮墙阴，偶影独立，嘤喋秕稗，鸡鹜为伍，不亦伤乎！余五十之年，勿焉已至，永言身事，慨然多绪，乃为之赋，聊以自慰云。其词曰：

惟此孤鸿，擅奇羽虫，实禀清高之气，远生辽碣之东。毹毛将落，和鸣顺风，壮冰云厚，矫翅排空。出岛屿之绵邈，犯霜露之溟濛，惊缯缴之密网，畏落雁之虚弓。若其斗柄东指，女夷司月，乃遥集于寒门，遂轻举于玄阙。至如天高气肃，摇落在时，既啸俦于淮浦，亦弄吭于江湄。摩赤霄以凌厉，乘丹气之威夷，溯商飚之袅袅，玩阳景之迟迟。彭蠡方春，洞庭初绿，理翻整翰，群浮侣浴。振雪羽而临风，掩霜毛而候旭，餍江湖之菁藻，饫原野之菽粟。行离离而高逝，响嗈嗈而相续，洁齐国之冰纨，皓密山之华玉。若乃晨沐清露，安趾徐步；夕息芳洲，延颈乘流；违寒竞逐，浮沉水宿；避暑言归，绝漠云飞。望玄鹄而为侣，比朱鹭而相依，倦天衢之冥漠，降河渚之芳菲。

忽值罗人设网，虞者悬机，永辞寥廓，蹈迹重围。始则窘束笼樊，忧惮刀俎，靡躯绝命，恨失其所。终乃驯狎园庭，栖托池篽，稻粱为惠，恣其容与。于是翕羽宛颈，屏气销声，灭烟霞之高想，闷江海之幽情。何时骧首奋翼，上凌太清，搴鬐鼓舞，远薄层城。恶禽视而不贵，小鸟顾而相轻，安控地而无耻，岂冲天之复荣！若夫图南之羽，伟而去美，栖睫之虫，微而不贱，各遂性于天壤，弗企怀以交战。不听《咸池》之乐，不飨太牢之荐，匹晨鸡而共饮，偶野凫以同膳。匪扬声以显闻，宁校体而求见，聊寓形乎沼沚，且夷心于潒淀。齐荣辱以晏如，承君子之余眄。

开皇初，以母老，表请解职，优诏许之。思道自恃才地，多所陵轹，由是官涂沦滞。既而又著《劳生论》指切当时，其词曰：

《庄子》曰："大块劳我以生。"诚哉斯言也！余年五十，赢老云至，追惟畴昔，勤矣厥生。乃著兹论，因言时云尔。

罢郡屏居，有客造余者，少选之顷，盱衡而言曰："生者天地之大德，人者有生之最灵，所以作配两仪，称贵群品，妍蚩愚智之辩，天悬壤隔，行己立身之异，入海登山。今吾子生于右地，九叶卿族，天授俊才，万夫所仰，学综流略，慕孔门之游、夏，辞穷丽则，拟汉日之卿、云。行藏有节，进退以礼，不谄不骄，无愠无怿，俛仰贵贱之间，从容语默之际，何其裕也！下走所欣羡焉。"余莞尔而笑曰："未之思乎？何所言之过也！子其清耳，请为左右陈之。夫人之生也，皆未若无生。在余之生，劳亦勤止，纨绮之年，伏膺教义，规行矩步，从善而登。巾冠之后，濯缨受署，缠锁仁义，笼绊朝市。失翘陆之本性，丧江湖之远情，沦此风波，溺于倒踬，忧劳总至，事非一绪。何则？地胄高华，既致嫌于管库，才识美茂，亦受嫉于愚庸。笃学强记，聋瞽于焉侧目，清言河泻，本讷所以疚心。岂徒蛊惜春浆，鸱吝腐鼠，相江都而永叹，傅长沙而不归，固亦鲁值臧仓，楚逢靳尚，赵壹为之哀歌，张升于是恸哭。有齐之季，不遇休明，申胆就鞅，屏迹无地。段珪、张让，金贝是视，贾谧、郭淮，腥臊可厌。淫刑以逞，祸近池鱼，耳听恶来之谮，足践龙逢之血。周氏末叶，仍值僻王，敛笏升阶，汗流浃背，苴客之踊跃焦原，匹兹非险，齐人之手执马尾，方此未危。若乃羊肠、句注之道，据鞍振策，武落、鸡田之外，栉风沐雨，三旬九食，不敢称弊，此之为役，盖其小小者耳。

今泰运肇开，四门以穆，冕旒司契于上，夔、龙佐命于下，岐伯、善卷，耻徇幽忧，卞随、务光，悔从木石。余年在秋方，已迫知命，情礼宜退，不获晏安。一叶从风，无损邓林之攒植，双凫退飞，不亏渤澥之游泳。耕田凿井，晚息晨兴，候南山之朝云，揽北堂之明月。氾胜九谷之书，观其节制，崔实四人之令，奉以周旋。晨荷簑笠，白屋黄冠之伍，夕谈谷稼，沾体涂足之伦。浊酒盈樽，高歌满席，恍兮惚兮，天地一指。此野人之乐也，子或以是羡余乎？”

客曰：“吾子之事，既闻之矣。佗人有心，又请论其梗概。”余答曰：“云飞泥沉，卑高异等，圆行方止，动息殊致。是以摩霄运海，轻尉罗于薮泽，五衢四照，忽斤斧于山林。余晚值昌辰，遂其弱尚，观人事之陨获，睹时路之遭危。玄冬修夜，静言长想，可以累叹悼心，流涕酸鼻。人之百年，脆促已甚，奔驹流电，不可为辞。顾慕周章，数纪之内，穷通荣辱，事无足道。而有识者鲜，无识者多，褊隘凡近，轻险躁薄。居家则人面兽心，不孝不义，出门则谄谀谗佞，无愧无耻。退身知足，忘伯阳之炯戒，陈力就列，弃周任之格言。悠悠远古，斯患已积，迄于于近代，此蠹尤深。范卿执让之风，搢绅不嗣，《夏书》昏垫之罪，执政所安。朝露未晞，小车盈董、石之巷，夕阳且落，皂盖填阘、窦之里。皆如脂如韦，俯偻匍匐，嗷恶求媚，舐痔自亲。美言谄笑，助其愉乐，诈泣佞哀，恤其丧纪。近通旨酒，远贡文蛇，艳姬美女，委如脱屣，金铣玉华，弃同遗迹。及邓通失路，一簪之贿无余，梁冀就诛，五侯之贵将起。向之求官买职，晚谒晨趋，刺促望尘之旧游，伊优上堂之夜客，始则亡魂褫魄，若牛兄之遇兽，心战色沮，似叶公之见龙。俄而抵掌扬眉，高视阔步，结侣弃廉公之第，携手哭圣卿之门。华毂生尘，来如激矢，雀罗暂设，去等绝弦。饴蜜非甘，山川未阻，千变万化，鬼出神入。为此者皆衣冠士族，或有艺能，不耻不仁，不畏不义，靡愧友朋，莫惭妻子。外呈厚貌，内蕴百心，繇是则纡青佩紫，牧州典郡，冠帻劫人，厚自封殖。妍歌妙舞，列鼎撞钟，耳倦丝桐，口饫珍旨。虽素论以为非，而时宰之不责，末俗蚩蚩，如此之敝。

余则违时薄宦，屏息穷居，甚耻驱驰，深畏乾没。心若死灰，不营势利，家无担石，不费囊钱。偶影联官，将数十载，驽拙致笑，轻生所以告劳也。真人御宇，斗雕为朴，人知荣辱，时反邕熙。风力上宰，内敷文教，方、邵重臣，外扬武节。被之大道，洽以淳风，举必以才，爵无滥授。禀斯首鼠，不预衣簪，阿党比周，扫地俱尽，薄轻之俦，灭影窜迹，砥石变成瑜瑾，莨莠化为芝兰。曩之扇俗搅时，驳耳秽目，今悉不闻不见，莫余敢侮。《易》曰：'圣人作而万物睹。'斯之谓乎！"

岁余，被征，奉诏郊劳陈使。顷之，遭母忧，未几，起为散骑侍郎，奏内史侍郎事，于是议置六卿，将除大理。思道上奏曰："省有驾部，寺留大仆，省有刑部，寺除大理，斯则重畜产而贱刑名，诚为未可。"又陈殿庭非杖罚之所，朝臣犯笞罪，请以赎论，上悉嘉纳之。是岁，卒于京师，时年五十二。上甚惜之，遣使吊祭焉。有集三十卷，行于时。子赤松，大业中，官至河东长史。

昌衡字子均。父道虔，魏尚书仆射。昌衡小字龙子，风神澹雅，容止可法，博涉经史，工草行书。从弟思道，小字释奴，宗中俱称英妙。故幽州为之语曰："卢家千里，释奴、龙子。"年十七，魏济阴王元晖业召补太尉参军事，兼外兵参军。齐氏受禅，历平恩令、太子舍人。寻为仆射祖孝征所荐，迁尚书金部郎。孝征每曰："吾用卢子均为尚书郎，自谓无愧幽州矣。"其后兼散骑侍郎，迎劳周使。武帝平齐，授司玉中士，与大宗伯斛斯征修礼令。

开皇初，拜尚书祠部侍郎。高祖尝大集群下，令自陈功绩，人皆竞进，昌衡独无所言。左仆射高颎目而异之。陈使贺彻、周濆相继来聘，朝廷每令昌衡接对之。未几，出为徐州总管长史，甚有能名。

吏部尚书苏威考之曰："德为人表，行为士则。"论者以为美谈。尝行至浚仪，所乘马为佗牛所触，因致死。牛主陈谢，求还价直。昌衡谓之曰："六畜相触，自关常理，此岂人情也，君何谢？"拒而不受。性宽厚不校，皆此类也。转寿州总管长史。总管宇文述甚敬之，委以州务。岁余，迁金州刺史。仕寿中，奉诏持节为河南道巡省大使，及还，以奉使称旨，授信同三司，赐物三百段。昌衡自以年在悬车，表乞骸骨，优诏不许。大业初，征为太子左庶子，行诣洛阳，道卒，时年七十二。子宝素、宝胤。

李孝贞字元操，赵郡柏人人也。父希礼，齐信州刺史世为著姓。孝贞少好学，能属文。在齐，释褐司徒府参军事。简静，不妄通宾客，与从兄仪曹郎中骞、太子舍人季节、博陵崔子武、范阳卢询祖为断金之契。后以射策甲科，拜给事中。于时黄门侍郎高乾和亲要用事，求婚于孝贞。孝贞拒之，由是有隙，阴谮之，出为太尉府外兵参军。后历中书舍人、博陵太守、司州别驾，复兼散骑常侍、聘周使副，还除给事黄门侍郎。周武帝平齐，授仪同三司、少典祀下大夫。宣帝即位，转吏部下大夫。

高祖为丞相，尉迥作乱相州，孝贞从韦孝宽击之，以功授上仪同三司。开皇初，拜冯翊太守，为犯庙讳，于是称字。后数岁，迁蒙州刺史，吏民安之。自此不复留意于文笔，人问其故，慨然叹曰："五十之年，倏焉而过，鬓垂素发，筋力已衰，宦意文情，一时尽矣，悲夫！"然每暇日，辄引宾客弦歌对酒，终日为欢。征拜内史侍郎，与内史李德林参典文翰。然孝贞无干剧之用，颇称不理，上遣怒之，敕御史劾其事，由是出为金州刺史。卒官。所著文集二十卷，行于世。有子允玉。

孝贞弟孝威，亦有雅望，大业中，官至大理少卿。

薛道衡字玄卿，河东汾阴人也。祖聪，魏济州刺史。父孝通，常山太守。道衡六岁而孤，专精好学。年十三，讲《左氏传》，见子产相郑之功，作《国侨赞》，颇有词致，见者奇之。其后才名益著。齐司州牧、彭城王浟引为兵曹从事。尚书左仆射弘农杨遵彦，一代伟人，见而嗟赏。授奉朝请。吏部尚书陇西辛术与语，叹曰："郑公业不亡矣。"河东裴谳目之曰："自鼎迁河朔，吾谓关西孔子罕值其人，今复遇薛君矣。"武成作相，召为记室，及即位，累迁太尉府主簿。岁余，兼散骑常侍，接对周、陈二使。武平初，诏与诸儒修定《三礼》，除尚书左外兵郎。陈使傅縡聘齐，以道衡兼主客郎接对之。縡赠诗五十韵，道衡和之，南北称美，魏收曰："傅縡所谓以蚓投鱼耳。"待诏文林馆，与范阳卢思道、安平李德林齐名友善。复以本官直中书省，寻拜中书侍郎，仍参太子侍读。后主之时，渐见亲用，于时颇有附会之讥。后与侍中斛律孝卿参预政事，道衡具陈备周之策，孝卿不能用。及齐亡，周武引为御史二命士。后归乡里，自州主簿入为司禄上士。

高祖作相，从元帅梁睿击王谦，摄陵州刺史。大定中，授仪同，摄邛州刺史。高祖受禅，坐事除名。河间王弘北征突厥，召典军书，还除内史舍人。其年，兼散骑常侍，聘陈主使。道衡因奏曰："江东蕞尔一隅，僭擅遂久，实由永嘉已后，华夏分崩。刘、石、符、姚、慕容、赫连之辈，妄窃名号，寻亦灭亡。魏氏自北徂南，未遑远略。周、齐两立，务在兼并，所以江表逋诛，积有年祀。陛下圣德天挺，光膺宝祚，比隆三代，平一九州，岂容使区区之陈久在天网之外？臣今奉使，请责以称藩。"高祖曰："朕且含养，置之度外，勿以言辞相折，识朕意焉。"江东雅好篇什，陈主尤爱雕虫，道衡每有所作，南人无不吟诵焉。

及八年伐陈，授淮南道行台尚书吏部郎，兼掌文翰。王师临江，高颎夜坐幕下，谓之曰："今段之举克定江东已不？君试言之。"道衡答曰："凡论大事成败，先须以至理断之。《禹贡》所载九州，本是王者封域。后汉之季，群雄竞起，孙权兄弟遂有吴、楚之地。晋武受命，寻即吞并，永嘉南迁，重此分割。自尔已来，战争不息，否终斯泰，天道之恒。郭璞有云："江东偏王三百年，还与中国合。"今数将满矣。以运数而言，其必克一也。有德者昌，无德者亡，自古兴灭，皆由此道。主上躬履恭俭，忧劳庶政，叔宝峻宇雕墙，酣酒荒色。上下离心，人神同愤，其必克二也。为国之体，在于任寄，彼之公卿，备员而已。拔小人施文庆委以政事，尚书令江总唯事诗酒，本非经略之才，萧摩诃、任蛮奴是其大将，一夫之用耳。其必克三也。我有道而大，彼无德而小，量其甲士，不过十万。西至巫峡，东至沧海，分之则势悬而力弱，聚之则守此而失彼。其必克四也。席卷之势，其在不疑。"颎忻然曰："君言成败，事理分明，吾今豁然矣。本以才学相期，不意筹略乃尔。"还除吏部侍郎。

后坐抽擢人物，有言其党苏威，任人有意故者，除名，配防岭表。晋王广时在扬州，阴令人讽道衡从扬州路，将奏留之。道衡不乐王府，用汉王谅之计，遂出江陵道而去。寻有诏征还，直内史省。晋王由是衔之，然爱其才，犹颇见礼。后数岁，授内史侍郎，加上仪同三司。

道衡每至构文，必隐坐空斋，蹋壁而卧，闻户外有人便怒，其沉思如此。高祖每曰："薛道衡作文书称我意。"然诚之以迂诞。后高祖善其称职，谓杨素、牛弘曰："道衡老矣，驱使勤劳，宜使其朱门陈戟。"于是进位上开府，赐物百段。道衡辞以无功，高祖曰："尔久劳阶陛，国家大事，皆尔宣行，岂非尔功也？"道衡久当枢要，才名益显，太子诸王争相与交，高颎、杨素雅相推重，声名籍甚，无竞一时。

仁寿中，杨素专掌朝政，道衡既与素善，上不欲道衡久知机密，因出检校襄州总管。道衡久蒙驱策，一旦违离，不胜悲恋，言之哽咽。高祖怆然改容曰："尔光阴晚暮，侍奉诚劳。朕欲令尔将摄，兼抚萌俗。今尔之去，朕如断一臂。"于是赍物三百段，九环金带，并时服一袭，马十匹，慰勉遣之。在任清简，吏民怀其惠。

炀帝嗣位，转潘州刺史。岁余，上表求致仕。帝谓内史侍郎虞世基曰："道衡将至，当以秘书监待之。"道衡既至，上《高祖文皇帝颂》，其词曰：

　　太始太素，荒茫造化之初，天皇、地皇，杳冥书契之外。其道绝，其迹远，言谈所不诣，耳目所不追。至于入穴登巢，鹑居鳖饮,不殊于羽族,取类于毛群,亦何贵于人灵,何用于心识？羲、轩已降,爰既唐、虞,则乾象而施法度,观人文而化天下,然后帝王之位可重,圣哲之道为尊。夏后、殷、周之国,禹、汤、文武之主,功济生民,声流《雅颂》,然陵替于三五,惭德于干戈。秦居闰位,任刑名为政本,汉执灵图,杂霸道而为业。当涂兴而三方峙,典午末而四海乱,九州封域,窟穴鲸鲵之群,五都遗黎,蹴踏戎马之足。虽玄行定嵩、洛,木运据崤、函,未正沧海之流,讵息昆山之燎！叶千龄之旦暮,当万叶之一朝者,其在大随乎？

粤若高祖文皇帝,诞圣降灵则赤光照室,韬神晦迹则紫气腾天。龙颜日角之奇,玉理珠衡之异,著在图录,彰乎仪表。而帝系灵长,神基崇峻,类邻、岐之累德,异丰、沛之勃起,俯膺历试,纳揆宾门,位长六卿,望高百辟,犹重华之为太尉,若文命之任司空。苍历将尽,率土糜沸,玉弩惊天,金铤照野,奸雄挺祸,据河朔而连海岱,猾长纵恶,杜白马而塞成皋,庸、蜀逆命,凭铜梁之险,郧、黄背诞,引金陵之寇,三川已震,九鼎将飞。高祖龙跃凤翔,濡足授手,应赤伏之符,受玄狐之箓,命百下百胜之将,动九天九地之师,平共工而殄蚩尤,翦契窳而戮凿齿。不烦二十八将,无假五十二征,曾未逾时,妖逆咸殄,廓氛雾于区宇,出黎元于涂炭。天柱倾而还正,地维绝而更纽,殊方稽颡,识牛马之内向,乐师伏地,惧钟石之变声。万姓所以乐推,三灵于是改卜,坛场已备,犹弘五让之心,亿兆难违,方从四海之请。光临宝祚,展礼郊丘,舞六代而降天神,陈四圭而飨上帝,乾坤交泰,品物咸亨。酌前王之令典,改易徽号,因庶萌之子来,移创都邑。天文上当朱鸟,地理下据黑龙,正位辨方,揆影于日月,内宫外座,取法于辰象。悬政教于魏阙,朝群后于明堂,除旧布新,移风易俗。天街之表,地脉之外,獯猃孔炽,其来自久,横行十万,樊哙于是失辞,提步五千,李陵所以陷没。周、齐两盛,竞结旄头,娉狄后于漠北,未足息其侵扰,倾珍藏于山东,不能止其贪暴。炎灵启祚,圣皇驭宇,运天策于帷扆,播神威于沙朔,柳室、毡裘之长,皆为臣隶,瀚海、蹛林之地,尽充沙苑。三吴、百越,九江五湖,地分南北,天隔内外,谈黄旗紫盖之气,恃龙蟠兽据之险,恒有僭伪之君,妄窃帝王之号。时经五代,年移三百,爰降皇情,永怀大道,悯彼黎献,独为匪人。今上利建在唐,则哲居代,地凭宸极,天纵神武,受脤出车,一举平定。于是八荒无外,九服大同,四海为家,万里为宅。乃休牛散马,偃武修文。

自华厦乱离,绵积年代,人造战争之具,家习浇伪之风,圣人之遗训莫存,先王之旧典咸坠。爰命秩宗,刊定《五礼》,申敕太子,改正六乐,玉帛镈俎之仪,节文乃备,金石匏革之奏,雅俗始分。而留心政术,垂神听览,早朝晏罢,废寝忘食,忧百姓之未安,惧一物之失所。行行王之道,夜思待旦,革百王之弊,朝不及夕,见一善事,喜彰于容旨,闻一愆犯,叹深于在予。薄赋轻徭,务农重谷,仓廪有红腐之积,黎萌无阻饥之虑。天性弘慈,圣心恻隐,恩加禽兽,胎卵于是获全,仁沾草木,牛羊所以勿践。至于宪章重典,刑名大辟,申法而屈情,决断于俄顷,故能彝伦攸叙,上下齐肃。左右绝谄谀之路,缙绅无势力之门,小心翼翼,敬事于天地,终日乾乾,诚慎于亢极。陶黎萌于德化,致风俗于太康,公卿庶尹,逡巡岳牧,佥以天平地成,千载之嘉会,登封降禅,百王之盛典。宜其金泥玉检,展礼介丘,飞声腾实,常为称首。天子为而不恃,成而不居,冲旨凝邈,固辞弗许。而虽休勿休,上德不德,更乃洁诚岱岳,逊谢愆咎。方知六十四卦,谦挹之道为尊,七十二君,告成之义为小。巍巍荡荡,无得以称焉。而深诚至德,感达于穹壤,和气薰风,充溢于宇宙。二仪降福,百灵荐祉,日月星象,风云草树之祥,山川玉石,鳞介羽毛之瑞,岁见月彰,不可胜纪。至于振古所未有,图籍所不载,目所不见,耳所未闻。古语称圣人作,万物睹,神灵滋,百宝用,此其效矣。

　　既而游心姑射，脱屣之志已深，铸鼎荆山，升天之驾遂远。凡在黎献，共惟帝臣，慕深考妣，哀缠弓剑，途山幽峻，无复玉帛之礼，长陵寂寞，空见衣冠之游。若乃降精熛怒，飞名帝箓，开运握图，创业垂统，圣德也；拨乱反正，济国宁人，六合八纮，同文共轨，神功也；玄酒陶匏，云和孤竹，禋祀上帝，尊极配天，大孝也；偃伯戢戈，正礼裁乐，纳民寿域，驱俗福林，至政也。张四维而临万宇，俥三皇而并五帝，岂直锱铢周、汉，么麼魏、晋而已。虽五行之舞每陈于清庙，九德之歌无绝于乐府，而玄功畅洽不局于形器，懿业远大岂尽于揄扬。

　　臣轻生多幸，命偶兴运，趋事紫宸，驱驰丹陛，一辞天阙，奄隔鼎湖，空有攀龙之心，徒怀蕂蚁之意。庶凭毫翰，敢希赞述！昔埏海之禽不增于大地，泣河之士非益于洪流，尽其心之所存，忘其力之所及，辄缘斯义，不觉斐然。乃作颂曰：

　　悠哉邃古，邈矣季世，四海九州，万王千帝。三代之后，其道逾替，爰逮金行，不胜其弊。戎狄猾夏，群凶纵慝，窃号淫名，十有余国。怙威逞暴，悖礼乱德，五岳尘飞，三象雾塞。玄精启历，发迹幽方，并吞寇伪，独擅雄强。载祀二百，比祚前王，江湖尚阻，区域未康。句吴、闽越，河朔渭涣，九县瓜分，三方鼎跱。狙诈不息，干戈竞起，东夏虽平，乱离瘼矣。五运叶期，千年肇旦，赫矣高祖，人灵攸赞。圣德迥生，神谋独断，瘴恶彰善，夷凶静难。宗伯撰仪，太史练日，孤竹之管，云和之瑟。展礼上玄，飞烟太一，珪璧朝会，山川望秩。占揆星景，移建邦畿，下凭赤壤，上叶紫微。布政衢室，悬法象魏，帝宅天府，固本崇威。匈河瀚海，龙荒狼望，种落陆梁，时犯亭障。皇威远摄，帝德遐畅，稽颡归诚，称臣内向。吴、越提封，斗牛星象，积有年代，自称君长。大风未缴，长鲸漏网，授钺天人，豁然清荡。戴日戴斗，太平太蒙，礼教周被，书轨大同。复禹之迹，成舜之功，礼以安上，乐以移风。忧劳庶绩，矜育黔首，三面解罗，万方引咎。纳民轨物，驱时仁寿，神化隆平，生灵熙阜。虔心恭己，奉天事地，协气

横流，休征绍至。坛场望幸，云亭虚位，推而不居，圣道弥粹。齐
迹姬文，登发嗣圣，道类汉光，传庄宝命。知来藏往，玄览幽镜，
鼎业灵长，洪基隆盛。崆峒问道，汾射窅然，御辩遐逝，乘云上
仙。哀缠率土，痛感穹玄，流泽万叶，用教百年。尚想睿图，永
惟圣则，道洽幽显，仁沾动植。爻象不陈，乾坤将息，微臣作颂，
用申罔极。

　　帝览之不悦，顾谓苏威曰："道衡致美先朝，此《鱼藻》之义也。"
于是拜司隶大夫，将置之罪。道衡不悟。司隶刺史房彦谦素相善，
知必及祸，劝之杜绝宾客，卑辞下气，而道衡不能用。会议新令，久
不能决，道衡谓朝士曰："向使高颎不死，决当久行。"有人奏之，帝
怒曰："汝忆高颎邪？"付执法者勘之。道衡自以非大过，促宪司早
断。暨于奏日，冀帝赦之，敕家人具馔，以备宾客来候者。及奏，帝
令自尽。道衡殊不意，未能引诀。宪司重奏，缢而杀之，妻子徙且末。
时年七十。天下冤之。有集七十卷，行于世。

　　有子五人，收最知名，出继族父孺。孺清贞孤介，不交流俗，涉
历经史，有才思，虽不为大文，所有诗咏，词致清远。开皇中，为侍御
史、扬州总管司功参军。每以方直自处，府僚多不便之。及满，转清
阳令、襄城郡掾，卒官。所经并有惠政。与道衡偏相友爱，收初生，
即与孺为后，养于孺宅。至于成长，殆不识本生。太常丞胡仲操曾
在朝堂，就孺借刀子割爪甲。孺以仲操非雅士，竟不与之。其不肯
妄交，清介独行，皆此类也。

　　道衡兄子迈，官至选部郎，从父弟道实，官至礼部侍郎、离石太
守，并知名于世。从子德音，有隽才，起家为游骑尉。佐魏澹修《魏
史》，史成，迁著作佐郎。及越王侗称制东都，王世充之僭号也，军书
羽檄，皆出其手。世充平，以罪伏诛。所有文笔，多行于时。

　　史臣曰：二三子有齐之季皆以辞藻著闻，爰历周、隋，咸见推
重。李称一代俊伟，薛则时之令望，握灵蛇以俱照，骋逸足以并驱，
文雅纵横，金声玉振。静言扬榷，卢居二子之右。李、薛纡青拖紫，

思道官涂寥落,虽穷通有命,抑亦不护细行之所致也。

隋书卷五八
列传第二三

明克让　　魏澹　　陆爽 侯白
杜台卿　　辛德源　　柳䛒
许善心　　李文博

　　明克让字弘道，平原鬲人也。父山宾，梁侍中。克让少好儒雅，善谈论，博涉书史，所览将万卷。《三礼》礼论，尤所研精，龟策历象，咸得其妙。年十四，释褐湘东王法曹参军。时舍人朱异在仪贤堂讲《老子》，克让预焉。堂边有修竹，异令克让咏之。克让揽笔辄成，其卒章曰：“非君多爱赏，谁贵此贞心。”异甚奇之。仕历司徒祭酒、尚书都官郎中、散骑侍郎，兼国子博士、中书侍郎。梁灭，归于长安，周明帝引为麟趾殿学士，俄授著作上士，转外史下大夫，出为卫王友，历汉东、南陈二郡守。武帝即位，复征为露门学士，令与太史官属正定新历。拜仪同三司，累迁司调大夫，赐爵历城县伯，邑五百户。

　　高祖受禅，拜太子内舍人，转率更令，进爵为侯。太子以师道处之，恩礼甚厚。每有四方珍味，辄以赐之。于时东宫盛征天下才学之士，至于博物洽闻，皆出其下。诏与太常牛弘等修礼议乐，当朝典故多所裁正。开皇十四年，以疾去官，加通直散骑常侍。卒，年七十。上甚伤惜焉，赗物五百段，米三百石。太子又赠绢布二千匹，钱十万，朝服一具，给棺椁。著《孝经义疏》一部，《古今帝代记》一卷，《文类》四卷，《续名僧记》一卷，集二十卷。

子余庆,官至司门郎。越王侗称制,为国子祭酒。

魏澹字彦深,巨鹿下曲阳人也。祖鸾,魏光州刺史。父季景,齐大司农卿,称为著姓,世以文学自业。澹年十五而孤,专精好学,博涉经史,善属文,词采赡逸。齐博陵王济闻其名,引为记室。及琅邪王俨为京畿大都督,以澹为铠曹参军,转殿中侍御史。寻与尚书左仆射魏收、吏部尚书阳休之、国子博士熊安生同修《五礼》。又与诸学士撰《御览》,书成,除殿中郎中、中书舍人。复与李德林俱修国史。周武帝平齐,授纳言中士。

及高祖受禅,出为行台礼部侍郎。寻为散骑常侍、聘陈主使。还除太子舍人。废太子勇深礼遇之,屡加优锡,令注《庾信集》,复撰《笑苑》、《词林集》,世称其博物。数年,迁著作郎,仍为太子学士。

高祖以魏收所撰书,褒贬失实,平绘为《中兴书》,事不伦序,诏澹别成《魏史》。澹自道武下及恭帝,为十二纪,七十八传,别为史论及例一卷,并《目录》,合九十二卷。澹之义例与魏收多所不同:

其一曰,臣闻天子者,继天立极,终始绝名。故《谷梁传》曰:"太上不名。"《曲礼》曰:"天子不言出,诸侯不生名。"诸侯尚不生名,况天子乎!若为太子,必须书名。良由子者对父生称,父前子名,礼之意也。是以桓公六年九月丁卯,子同生,《传》曰:"举以太子之礼。"杜预注云:"桓公子庄公也。"十二公唯子同是嫡夫人之长子,备用太子之礼,故史书之于策。即位之日,尊成君而不名,《春秋》之义,圣人之微旨也。至如马迁,周之太子并皆言名,汉之储两俱没其讳,以尊汉卑周,臣子之意也。窃谓虽立此理,恐非其义。何者?《春秋》、《礼记》,太子必书名,天王不言出。此仲尼之褒贬,皇王之称谓,非当时与异代遂为优劣也。班固、范晔、陈寿、王隐、沈约参差不同,尊卑失序。至于魏收,讳储君之名,书天子之字,过又甚焉。今所撰史,讳皇帝名,书天子字,欲以尊君卑臣,依《春秋》之义也。

其二曰,五帝之圣,三代之英,积德累功,乃文乃武,贤圣相承，莫过周室，名器不及后稷，追谥止于三王，此即前代之茂实，后人之龟镜也。魏氏平文以前，部落之君长耳。太祖远追二十八帝，并极崇高，违尧、舜宪章，越周公典礼。但道武出自结绳，未师典诰，当须南、董直笔，越而正之。反更饰非，言是观过，所谓决渤澥之水，复去堤防，襄陵之灾，未可免也。但力微天女所诞，灵异绝世，尊为始祖，得礼之宜。平文、昭成雄据塞表，英风渐盛，图南之业，基自此始。长孙斤之乱也，兵交御坐，太子授命，昭成获免。道武此时，后缗方娠，宗庙复存，社稷有主，大功大孝，实在献明。此之三世，称谥可也。自兹以外，未之敢闻。

其三曰，臣以为南巢桀亡，牧野纣灭，斩以黄钺，悬首白旗，幽王死于骊山，厉王出奔于彘，未尝隐讳，直笔书之，欲以劝善惩恶，贻诚将来者也。而太武、献文并皆非命，前史立纪，不异天年，言论之间，颇露首尾。杀主害君，莫知名姓，逆臣贼子，何所惧哉！君子之过，如日月之食，圆首方足，孰不瞻仰，况复兵交御坐，矢及王屋，而可隐没者乎！今所撰史，分明直书，不敢回避。且隐、桓之死，闵、昭杀逐，丘明据实叙于经下，况复悬隔异代而致依违哉！

其四曰，周道陵迟，不胜其敝，楚子亲问九鼎，吴人来征百牢，无君之心，实彰行路，夫子刊经，皆书曰卒。自晋德不竞，宇宙分崩，或帝或王，各自署置。当其生日，聘使往来，略如敌国，及其终也，书之曰死，便同庶人。存没顿殊，能无怀愧！今所撰史，诸国凡处华夏之地者，皆书曰卒，同之吴、楚。

其五曰，壶遂发问，马迁答之，义已尽矣。后之述者，仍未领悟。董仲舒、司马迁之意，本云《尚书》者，隆平之典，《春秋》者，拨乱之法，兴衰理异，制作亦殊。治定则直叙钦明，世乱则辞兼显晦，分路命家，不相依放。故云"周道废，《春秋》作焉，尧、舜盛，《尚书》载之"，是也。"汉兴以来，改正朔，易服色，臣力诵圣德，仍不能尽，余所谓述故事，而君比之《春秋》，谬哉"。

然则纪传之体出自尚书，不学《春秋》明矣。而范晔云："《春秋》者，文既总略，好失事形，今之拟作，所以为短。纪传者，史、班之所变也，网罗一代，事义周悉，适之后学，此焉为优，故继而述之。"观晔此言，岂直非圣人之无法，又失马迁之意旨。孙盛自谓钻仰具体而放之。魏收云："鲁史既修，达者贻则，子长自拘纪传，不存师表，盖泉源所由，地非企及。"虽复逊辞畏圣，亦未思纪传所由来也。

澹又以为司马迁创立纪传以来，述者非一，人无善恶，皆为立论。计在身行迹，具在正书，事既无奇，不足惩劝。再述乍同铭颂，重叙唯觉繁文。案丘明亚圣之才，发扬圣旨，言"君子曰"者，无非甚泰，其间寻常，直书而已。今所撰史，窃有慕焉，可为劝戒者，论其得失，其无损益者，所不论也。

澹所著《魏书》，甚简要，大矫收、绘之失。上览而善之。未几，卒，时年六十五。有《文集》三十卷行于世。子信言，颇知名。

澹弟彦玄，有文学，历扬州总管府记室、洧州司马。有子满行。

陆爽字开明，魏郡临漳人也。祖顺宗，魏南青州刺史。父概之，齐霍州刺史。爽少聪敏，年九岁就学，日诵二千余言。齐司州牧、清河王岳召为主簿。擢殿中侍御史，俄兼治书，累转中书侍郎。及齐灭，周武帝闻其名，与阳休之、袁叔德等十余人俱征入关。诸人多将辎重，爽独载书数千卷。至长安，授宣纳上士。

高祖受禅，转太子内直监，寻迁太子洗马。与左庶子宇文恺等撰《东宫典记》七十卷。朝廷以其博学，有口辩，陈人至境，常令迎劳。开皇十一年，卒官，时年五十三，赠上仪同、宣州刺史，赐帛百匹。

子法言，敏学有家风，释褐承奉郎。初，爽之为洗马，尝奏高祖云："皇太子诸子未有嘉名，请依《春秋》之义更立名字。"上从之。及太子废，上追怒爽云："我孙制名，宁不自解，陆爽乃尔多事！扇惑于勇，亦由此人。其身虽故，子孙并宜屏黜，终身不齿。"法言竟坐除名。

爽同郡侯白，字君素，好学有捷才，性滑稽，尤辩俊。举秀才，为儒林郎。通脱不恃威仪，好为诽谐杂说，人多爱狎之，所在之处，观者如市。杨素甚狎之。素尝与牛弘退朝，白谓素曰："日之夕矣。"素大笑曰："以我为牛羊下来邪？"高祖闻其名，召与语，甚悦之，令于秘书修国史。每将擢之，高祖辄曰"侯白不胜官"而止。后给五品食，月余而死，时人伤其薄命。著《旌异记》十五卷，行于世。

杜台卿字少山，博陵曲阳人也。父弼，齐卫尉卿。台卿少好学，博览书记，解属文。仕齐奉朝请，历司空西阁祭酒、司徒户曹、著作郎、中书黄门侍郎。性儒素，每以雅道自居。及周武帝平齐，归于乡里，以《礼记》、《春秋》讲授子弟。开皇初，被征入朝。台卿尝采《月令》，触类而广之，为书名《玉烛宝典》十二卷。至是奏之，赐绢二百匹。台卿患聋，不堪吏职，请修国史。上许之，拜著作郎。十四年，上表请致仕，敕以本官还第。数载，终于家。有集十五卷，撰《齐记》二十卷，并行于世。无子。

有兄蕤，学业不如台卿，而干局过之。仕至开州刺史。子公赡，少好学，有家风，卒于安阳令。公赡子之松，大业中，为起居舍人。

辛德源字孝基，陇西狄道人也。祖穆，魏平原太守。父子馥，尚书右丞。德源沉静好学，年十四，解属文。及长，博览书记，少有重名。齐尚书仆射杨遵彦、殿中尚书辛术皆一时名士，见德源，并虚襟礼敬，因同荐之于文宣帝。起家奉朝请，后为兼员外散骑侍郎，聘梁使副。后历冯翊、华山二王记室。中书侍郎刘逖上表荐德源曰："弱龄好古，晚节逾厉，枕藉六经，渔猎百氏。文章绮艳，体调清华，恭慎表于闺门，谦挹著于朋执。实后进之辞人，当今之雅器。必能效节一官，骋足千里。"由是除员外散骑侍郎，累迁比部郎中，复兼通直散骑常侍。聘于陈，及还，待诏文林馆，除尚书考功郎中，转中书舍人。及齐灭，仕周为宣纳上士。因取急诣相州，会尉迥作乱，以为中郎。德源辞不获免,遂亡去。

高祖受禅,不得调者久之,隐于林虑山,郁郁不得志,著《幽居赋》以自寄,文多不载。德源素与武阳太守卢思道友善,时相往来。魏州刺史崔彦武奏德源潜为交结,恐其有奸计。由是谪令从军讨南宁,岁余而还。秘书监牛弘以德源才学显著,奏与著作郎王劭同修国史。德源每于务隙撰《集注春秋三传》三十卷,注扬子《法言》二十三卷。蜀王秀闻其名而引之,居数岁,奏以为掾。后转谘议参军,卒官。有集二十卷,又撰《政训》、《内训》各二十卷。有子素臣、正臣,并学涉有文义。

柳晉字顾言,本河东人也,永嘉之乱,徙家襄阳。祖炎,梁侍中。父晖,都官尚书。晉少聪敏,解属文,好读书,所览将万卷。仕梁,释褐著作佐郎。后萧詧据荆州,以为侍中,领国子祭酒、吏部尚书。及梁国废,拜开府、通直散骑常侍,寻迁内史侍郎。以无吏干去职,转晋王谘议参军。王好文雅,招引才学之士诸葛颖、虞世南、王胄、朱瑒等百余人以充学士。而晉为之冠,王以师友处之,每有文什,必令其润色,然后示人。尝朝京师还,作《归藩赋》,命晉为序,词甚典丽。初,王属文,为庾信体,及见晉已后,文体遂变。仁寿初,引晉为东宫学士,加通直散骑常侍,检校洗马。甚见亲待,每召入卧内,与之宴谑。晉尤俊辩,多在侍从,有所顾问,应答如响。性又嗜酒,言杂诽谐,由是弥为太子之所亲狎。以其好内典,令撰《法华玄宗》,为二十卷,奏之。太子览而大悦,赏赐优洽,侪辈莫与为比。

炀帝嗣位,拜秘书监,封汉南县公。帝退朝之后,便命入阁,言宴讽读,终日而罢。帝每与嫔后对酒,时逢兴会,辄遣命之至,与同榻共席,恩若友朋。帝犹恨不能夜召,于是命匠刻木偶人,施机关,能坐起拜伏,以像晉。帝每在月下对酒,辄令宫人置之于座,与相酬酢,而为欢笑。从幸扬州,遇疾卒,年六十九。帝伤惜者久之,赠大将军,谥曰康。撰《晋王北伐记》十五卷,有集十卷,行于世。

许善心字务本,高阳北新城人也。祖茂,梁太子中庶子,始平、天门二郡守、散骑常侍。父亨,仕梁至给事黄门侍郎,在陈历羽林监、太中大夫、卫尉卿,领大著作。善心九岁而孤,为母范氏所鞠养。幼聪明,有思理,所闻辄能诵记,多闻默识,为当世所称。家有旧书万余卷,皆遍通涉。十五解属文,笺上父友徐陵,陵大奇之,谓人曰:"才调极高,此神童也。"起家除新安王法曹。太子詹事江总举秀才,对策高第,授度支郎中,转侍郎,补撰史学士。"

祯明二年,加通直散骑常侍,聘于隋。遇高祖伐陈,礼成而不获反命,累表请辞。上不许,留絷宾馆。及陈亡,高祖遣使告之。善心衰服号哭于西阶之下,藉草东向,经三日。敕书唁焉。明日,有诏就馆,拜通直散骑常侍,赐衣一袭。善心哭尽哀,入房改服,复出北面立,垂涕再拜受诏。明日乃朝,伏泣于殿下,悲不复兴。上顾左右曰:"我平陈国,唯获此人。既能怀其旧君,即是我诚臣也。"敕以本官直门下省,赐物千段,草马二十匹。从幸太山,还授虞部侍郎。

十六年,有神雀降于含章闼,高祖召百官赐晏,告以此瑞。善心于座请纸笔,制《神雀颂》,其词曰:

臣闻观象则天,乾元合其德,观法审地,域大表其尊。雨施云行,四时所以生杀,川流岳立,万物于是裁成。出震乘离之君,纪凤司凤之后,玉锤玉斗而降,金版金縢以传。并陶冶性灵,含煦动植,眇玄珠于赤水,寂明镜乎虚堂。莫不景福氤氲,嘉贶蠡集,驰声南、董,越响《云》、《韶》。

粤我皇帝之君临,阐大方,抗太极,负凤邸,据龙图。不言行焉,摄提建指,不肃清焉,喉铃启闭。括地复夏,截海夷商,就望体其尊,登咸昌其会。绵区浃宇,逮至迩安,腾实飞声,直畅傍施。无体之礼,威仪布政之宫,无声之乐,缀兆总章之观。上庠养老,躬问百年,下土字民,心为百姓。月楼日浴,热坂寒门,吹鳞没羽之荒,赤蛇青马之裔,解辫请史,削衽承风。岂止呼韩北场,颊勒狼居之岫,熄慎南境,近表不耐之城。故使天弗爱道,地宁吝宝,川岳展异,幽明效灵。狎素游颖,团膏漱醴,半景青赤,挈历亏盈。足足怀仁,般般扰义,祥佑之来若此,升隆之化如彼。而登封盛典,云亭伫白检之仪,致治成功,柴燎靡玄珪之告。虽奉常定礼,武骑草文,天子抑而未行,推而不有。允恭克让,其在斯乎?七十二君,信蔑如也!故神禽显贲,玄应特昭,白爵主铁豸之奇,赤爵衔丹书之贵。班固《神爵》之颂,履武戴文,曹植《嘉爵》之篇,栖庭集牖,未若于飞武帐,来贺文榱,刷采青薄,将翱赤墀。玉几朝御,取玩轩盾之间,金门旦开,兼留翠翟之鉴。终古旷世,未或前闻,福召冥征,得之兹日。

岁次上章,律谐大吕,玄枵会节,玄英统时。至尊未明求衣,晨兴于含章之殿。爰有瑞爵,翱翔而下。载行载止,当宸宁而徐前,来集来仪,承轩墀而顾步。夫瑞者符也,明主之休征;雀者爵也,圣人之大宝。谨案《考异邮》云:"轩辕有黄爵赤头,立日傍。"占云:"土精之应。"又《礼稽命征》云:"祭祀合其宜,则黄爵集。"昔汉集泰畤之殿,魏下文昌之宫,一见雍丘之祠,三入平东之府,并旁观回瞩,事陋人微,奚足称矣。抑又闻之,不刳胎剖卵则鸾凤驯鸣,不漉浸焚原则螭龙盘蜿。是知陛下止杀,故飞走宅心,皇慈好生,而浮潜育德。臣面奉纶绐,垂示休祥,预承嘉宴,不胜藻跃。李虔僻处西土,陆机少长东隅,微臣惭于往贤,逢时盛乎曩代。辄竭庸琐,敢献颂云。

太素式笔,大德资生,功玄不器,道要无名。质文鼎革,沿习因成,祥图瑞史,赫赫明明。天保大定,于铄我君,武义乃武,文教惟文。横塞宇宙,旁凝射、汾,轩物重造,姚风再薰。焕发王策,昭彰帝道,御地七神,飞天五老。山祇吐秘,河灵孕宝,黑羽升坛,青鳞伏皂。丹乌流火,白雉从风,楼阿德劭,鸣岐祚隆。未如神爵,近贺王宫,五灵何有,百福攸同。孔图献赤,荀文表白,节节奇音,行行瑞迹。化玉黼扆,衔环陛戟,上天之命,明神所格。绥应在旌,伊臣预焉,永缉韦素,方流管弦。颂歌不足,蹈舞无宣,臣拜稽首,亿万斯年。

颂成,奏之,高祖甚悦,曰:"我见神雀,共皇后观之。今旦召公等入,适述此事,善心于座始知,即能成颂。文不加点,笔不停豪,常闻此言,今见其事。"因赐物二百段。十七年,除秘书丞。于时秘藏图籍尚多淆乱,善心仿阮孝绪《七录》更制《七林》,各为总叙,冠于篇首。又于部录之下,明作者之意,区分其类例焉。又奏追李文博、陆从典等学者十许人,正定经史错谬。仁寿元年,摄黄门侍郎。二年,加摄太常少卿,与牛弘等议定礼乐,秘书丞、黄门,并如故。四年,留守京师。高祖崩于仁寿宫,炀帝秘丧不发,先易留守官人,出除岩州刺史。逢汉王谅反,不之官。

大业元年,转礼部侍郎,奏荐儒者徐文远为国子博士,包恺、陆德明、褚徽、鲁世达之辈并加品秩,授为学官。其年,副纳言杨达为冀州道大使,以称旨,赐物五百段。左卫大将军宇文述每旦借本部兵数十人,以供私役,常半日而罢。摄御史大夫梁毗奏劾之。上方以腹心委述,初付法推,千余人皆称被役。经二十余日,法官候伺上意,乃言役不满日,其数虽多,不合通计,纵令有实,亦当无罪。诸兵士闻之,更云初不被役。上欲释之,付议虚实,百僚咸议为虚。善心以为述于仗卫之所抽兵私役,虽不满日,阙于宿卫,与常役所部,情状乃殊。又兵多下番,散还本府,分道追至,不谋同辞。今殆一月,方始翻覆,奸状分明,此何可舍。苏威、杨汪等二十余人,同善心之议。其余皆议免罪。炀帝可免罪之奏。后数月,述谮善心曰:"陈叔宝卒,善心与周罗睺、虞世基、袁充、蔡征等同往送葬。善心为祭文,谓为陛下,敢于今日加叔宝尊号。"召问有实,自援古例,事得释,而帝甚恶之。又太史奏帝即位之年,与尧时符合,善心议,以国哀甫尔,不宜称贺。述讽御史劾之,左迁给事郎,降品二等。四年,撰《方物志》奏之。七年,从至涿郡,帝方自御戎以东讨,善心上封事忤旨,免官。其年覆征为守给事郎。九年,摄左翊卫长史,从渡辽,授建节尉。帝尝言及高祖受命之符,因问鬼神之事,敕善心与崔祖璿撰《灵异记》十卷。

初,善心撰著《梁史》,未就而殁。善心述成父志,修续家书,其《序传》末,述制作之意曰:

　　谨案太素将萌,洪荒初判,乾仪资始,辰象所以正时,川载厚生,品物于焉播气。参三才而育德,肖二统而降灵。有人民焉,树之君长,有贵贱矣,为其宗极。保上天之眷命,膺下土之乐推,莫不执太方,振长策,感召风云,驱驰英俊。干戈揖让,取之也殊功,鼎玉龟符,成之也一致。革命创制,竹素之道稍彰,纪事记言,笔墨之官渐著。炎农以往,存其名而漏其迹,黄轩以来,晦其文而显其用。登丘纳麓,具训诰及典谟,贯昴入房,传夏正与殷祀。洎辩方正位,论时训功,南北左右,兼四名之别,《梼杌》、《乘》车,擅一家之称。国恶虽讳,君举必书,故贼子乱臣,天下大惧,元龟明镜,昭然可察。及三郊递袭,五胜相沿,俱称百谷之王,并以四海自任,重光累德,何世无哉!

　　逮有梁之君临天下,江左建国,莫斯为盛。受命在于一君,继统传乎四主,克昌四十八载,余祚五十六年。武皇帝出自诸生,爰升宝历,拯百王之弊,救万姓之危,反浇季之末流,登上皇之独道。朝多君子,野无遗贤,礼乐必备,宪章咸举。弘深慈于不杀,济大忍于无刑,荡荡巍巍,可为称首。属阴戎入颍,羯胡侵洛,沸腾碜黩,三季所未闻,扫地滔天,一元之巨厄。廊庙有序,�成狐兔之场,珪帛有仪,碎夫犬羊之手。福善积而身祸,仁义在而国亡。岂天道欤?岂人事欤?尝别论之,在《序论》之卷。

　　先君昔在前代,早怀述作,凡撰《齐书》为五十卷,《梁书》纪传,随事勒成,及阙而未就者,《目录》注为一百八卷。梁室交丧,坟籍销尽。冢壁皆残,不淮无所盗,帷囊同毁,陈农何以求!秦儒既坑,先王之道将坠,汉臣徒请,口授之文亦绝。所撰之书,一时亡散。有陈初建,诏为史官,补阙拾遗,心识口诵。依旧目录,更加修撰,且成百卷,已有六帙五十八卷,上秘阁讫。

　　善心早婴荼蓼,弗荷薪构,大建之末,频抗表闻,至德之初,蒙授史任。方愿油素采访,门庭记录,俯励弱才,仰成先志;而单宗少强近,虚室类原、颜,退屏无所交游,栖迟不求进益。

假班嗣之书,徒闻其语,给王隐之笔,未见其人。加以庸琐凉能,孤陋末学,忝职郎署,兼撰《陈史》,致此书延时,未既成续。祯明二年,以台郎入聘,值本邑沦覆,他郎播迁,行人失时,将命不复。望都亭而长恸,迁别馆而悬壶,家史旧书,在后焚荡。今止有六十八卷在,又并缺落失次。自入京已来,随见补葺,略成七十卷。《四帝纪》八卷,《后妃》一卷,《三太子录》一卷,为一帙十卷。《宗室王侯列传》一帙十卷。《具臣列传》二帙二十卷。《外戚传》一卷,《孝德传》一卷,《诚臣传》一卷,《文苑传》二卷,《儒林传》二卷,《逸民传》一卷《权幸传》一卷,《羯贼传》二卷,《逆臣传》二卷,《叛臣传》二卷,《叙传论述》一卷,合一帙十卷。凡称史臣者,皆先君所言,下称名案者,并善心补阙。别为《叙论》一篇,托于《叙传》之末。

十年,又从至怀远镇,加授朝散大夫,突厥围雁门,摄左亲卫武贲郎将,领江南兵宿卫殿省。驾幸江都郡,追叙前勋,授通议大夫,诏还本品,行给事郎。十四年,化及杀逆之日,隋官尽诣朝堂谒贺,善心独不至。许弘仁驰告之曰:“天子已崩,宇文将军摄政,合朝文武莫不咸集。天道人事,自有代终,何预于叔而低徊若此!”善心怒之,不肯随去。弘仁反走上马,泣而言曰:“将军于叔全无恶意,忽自求死,岂不痛哉!”还告唐奉义,以状白化及,遣人就宅执至朝堂。化及令释之,善心不舞蹈而出。化及目送之曰:“此人大负气。”命捉将来,骂云:“我好欲放你,敢如此不逊!”其党辄牵曳,因遂害之,时年六十一。及越王称制,赠左光禄大夫、高阳县公,谥曰文节。

善心母范氏,梁太子中舍人孝才之女,少寡养孤,博学有高节。高祖知之,敕尚食每献时新,常遣分赐。尝诏范入内,侍皇后讲读,封永乐郡君。及善心遇祸,范年九十有二,临丧不哭,抚枢曰:“能死国难,我有儿矣。”因卧不食,后十余日亦终。

博陵李文博,性贞介鲠直,好学不倦,至于教义名理,特所留心。每读书至治乱得失,忠臣烈士,未尝不反覆吟玩。开皇中,为羽骑尉,特为吏部侍郎薛道衡所知,恒令在听事帷中披检书史,并察己行事。若遇治政善事,即抄撰记录,如选用疏谬,即委之臧否。道衡每得其语,莫不欣然从之。后直秘书内省,典校坟籍,守道居贫,晏如也。虽衣食乏绝,而清操逾厉,不妄通宾客,恒以礼法自处,侪辈莫不敬惮焉。道衡知其贫,每延于家,给以资费。文博商略古今,治政得失,如指诸掌,然无吏干。稍迁校书郎,后出为县丞,遂得下考,数岁不调。道衡为司隶大夫,遇之于东都尚书省,甚嗟悯之,遂奏为从事。因为齐王司马李纲曰:"今日遂遇文博,得奏用之。"以为欢笑。其见赏知音如此。在洛下,曾诣房玄龄,相送于衢路。玄龄谓之曰:"公生平志尚,唯在正直,今既得为从事,故应有会素心。比来激浊扬清,所为多少?"文博遂奋臂厉声曰:"夫清其流者必洁其源,正其末者须端其本。今治源混乱,虽日免十贪郡守,亦何所益!"其謇直疾恶,不知忌讳,皆此类也。于时朝政浸坏,人多赃贿,唯文博不改其操,论者以此贵之。遭离乱播迁,不知所终。

　　初,文博在内校书,虞世基子亦在其内,盛饰容服,而未有所却。文博因从容问之年马,答云:"十八。"文博乃谓之曰:"昔贾谊当此之年,议论何事?君今徒事仪容,故何为者!"又秦孝王妃生男,高祖大喜,颁赐群官各有差。文博家道屡空,人谓其悦,乃云:"赏罚之设,功过所归,今王妃生男,于群官何事,乃妄受赏也!"其循名责实,录过计功,必使赏罚不滥,功过无隐者皆尔。文博本为经学,后读史书,于诸子及论尤所该洽。性长议论,亦善属文,著《治道集》十卷,大行于世。

　　史臣曰:明克让、魏澹等,或博学洽闻,词藻赡逸,既称燕、赵之俊,实曰东南之美。所在见宝,咸取录位,虽无往非命,盖亦道有存焉。澹之《魏书》,时称简正,条例详密,足传于后。此外诸子,各有记述,虽道或小大,皆志在立言,美矣。

隋书卷五九
列传第二四

炀三子

元德太子昭　　齐王暕　　赵王杲

炀帝三男，萧皇后生元德太子昭、齐王暕，萧嫔生赵王杲。

元德太子昭，炀帝长子也，生而高祖命养宫中。三岁时，于玄武门弄石师子，高祖与文献后至其所。高祖适患腰痛，举手凭后，昭因避去，如此者再三。高祖叹曰："天生长者，谁复教乎！"由是大奇之。高祖尝谓曰："当为尔娶妇。"昭应声而泣。高祖问其故，对曰："汉王未婚时，恒在至尊所，一朝娶妇，便则出外。惧将违离，是以啼耳。"上叹其有至性，特钟爱焉。

年十二，立为河南王。仁寿初，徙为晋王，拜内史令，兼左卫大将军。后三年，转雍州牧。炀帝即位，便幸洛阳宫，昭留守京师。大业元年，帝遣使者立为皇太子。昭有武力，能引强弩。性谦冲，言色恂恂，未尝忿怒。有深嫌可责者，但云"大不是"。所膳不许多品，帷席极于俭素。臣吏有老父母者，必亲问其安否，岁时皆有惠赐。其仁爱如此。明年，朝于洛阳。后数月，将还京师，愿得少留，帝不许。拜请无数，体素肥，因致劳疾。帝令巫者视之，云："房陵王为祟。"未几而薨。诏内史侍郎虞世基为哀册文曰：

　　维大业二年七月癸丑朔二十三日，皇太子薨于行宫。粤三年五月庚辰朔六日,将迁座于庄陵,礼也。屬绤宵载,鹤关晓辟,肃文物以具陈,俨宾从其如昔。皇帝悼离方之云晦,嗟震宫之亏象,顾守器以长怀,临登馂而兴想。先远戒日,占谋允从,庭彝撤祖,阶阤收重,抗铭旌以启路,动徐轮于振容。揆行度名,累德彰谥,爰诏史册,式遵典志,俾濬哲之徽猷,播长久乎天地。其辞曰:

宸基峻极,帝绪会昌。体元袭圣,仪耀重光。气秀春陆,神华少阳。居周轶诵,处汉韬庄。有纵生知,诞膺惟睿。性道觿日,几深绮岁。降迹大成,俯情多艺。树亲建国,命懿作藩。威蕤先路,鸟奕渠门。庸服有纪,分器惟尊。风高楚殿,雅盛梁园。睿后膺储,天人叶顺。本茂条远,基崇体峻。改王参墟,奄有唐、晋。在贵能谦,居冲益慎。封畿千里,阊阖九重。神州王化,禁旅军容。瞻言偃草,高视折冲。帷宸清秘,亲贤允属。泛景凤澜,飞华螭玉。挥翰泉涌,敷言藻缛。式是便烦,思谋启沃。洪惟积德,丰衍繁祉。粤自天孙,光升元子。绿车逮事,翠缨奉祀。肃穆满容,仪形让齿。礼乐交畅,爱敬兼资。优游养德,恭己承仪。南山聘隐,东序尊师。有粹神仪,深穆其度。显显观德,温温审谕。炯戒齐箴,留连主赋。入监出抚,日就月将。冲情玉裕,令问金相。宜绥景福,永作元良。神理冥漠,天道难究。仁不必寿,善或愆佑。遽瑶山之颓坏,忽桂宫之毁构。痛结幽明,悲缠宇宙。恻皇情之深悯,摧具僚其如疢。呜呼哀哉!回环气朔,荏苒居诸。沾零露于瑶圃,下申霜于玉除。夜漏尽兮空阶曙,晓月悬兮帷殿虚。呜呼哀哉!将宁甫窆,长违望苑。渡渭涘于造舟,遵长平之修坂。望鹤驾而不追,顾龙楼而日远。呜呼哀哉!永隔存没,长分古今。去荣华于人世,即潜壑之幽深。霏夕烟而稍起,惨落景而将沈。听哀挽之凄楚,杂灌木之悲吟。纷徒御而流袂,欷缨弁以沾衿。呜呼哀哉!九地黄泉,千年白日。虽金石之能久,终天壤乎长毕。敢图芳于篆素,永飞声而腾实。

帝深追悼。

　　有子三人,韦妃生恭皇帝,大刘良娣生燕王倓,小刘良娣生越王侗。

　　燕王倓字仁安。敏慧美姿仪,炀帝于诸孙中特所钟爱,常置左右。性好读书,尤重儒素,非造次所及,有若成人。良娣早终,每至忌日,未尝不流涕呜咽。帝由是益以奇之。宇文化及弑逆之际,倓觉变,欲入奏,恐露其事,因与梁公萧钜、千牛宇文晶等穿芳林门侧水窦而入。至玄武门,诡奏曰:“臣卒中恶,命悬俄顷,请得面辞,死无所恨。”冀以见帝,为司宫者所遏,竟不得闻。俄而难作,为贼所害,时年十六。

　　越王侗字仁谨,美姿仪,性宽厚。大业二年,立为越王。帝每巡幸,侗常留守东都。杨玄感作乱之际,与民部尚书樊子盖拒之。及玄感平,朝于高阳,拜高阳太守。俄以本官复留守东都。十三年,帝幸江都,复令侗与金紫光禄大夫段达、太府卿元文都、摄民部尚书韦津、右武卫将军皇甫无逸等总留台事。

　　宇文化及之弑逆也,文都等议,以侗元德太子之子,属最为近,于是乃共尊立,大赦,改元曰皇泰。谥帝曰明,庙号世祖。追尊元德太子为孝成皇帝,庙号世宗。尊其母刘良娣为皇太后。以段达为纳言、右翊卫大将军、摄礼部尚书,王世充亦纳言、左翊卫大将军、摄吏部尚书,元文都内史令、左骁卫大将军,卢楚亦内史令,皇甫无逸兵部尚书、右武卫大将军,郭文懿内史侍郎,赵长文黄门侍郎,委以机务,为金书铁券,藏之宫掖。于时洛阳称段达等为“七贵”。

　　未几,宇文化及立秦王子浩为天子,来次彭城,所经城邑多从逆党。侗惧,遣使者盖琮、马公政,招怀李密。密遂遣使请降,侗大悦,礼其使甚厚。即拜密为太尉、尚书令、魏国公,令拒化及。下书曰:

　　我大隋之有天下,于兹三十八载。高祖文皇帝圣略神功,载造区夏。世祖明皇帝则天法地，混一华戎。东暨蟠木，西通细柳，前逾丹徼，后越幽都。日月之所临，风雨之所至，圆首方足，禀气食毛，莫不尽入提封，皆为臣妾。加以宝贶毕集，灵瑞咸臻，作乐制礼，移风易俗。智周寰海，万物咸受其赐，道济天下，百姓用而不知。世祖往因历试，统临南服，自居皇极，顺兹望幸。所以往岁省方，展礼肆觐，停銮驻跸，按驾清道，八屯如昔，七萃不移。岂意衅起非常，逮于轩陛，灾生不意，延及冕旒。奉讳之日，五情崩陨，攀号荼毒，不能自胜。

且闻之，自古代有屯剥，贼臣逆子，无世无之。至如宇文化及，世传庸品。其父述，往属时来，早沾厚遇，赐以婚媾，置之公辅。位尊九命，禄重万钟，礼极人臣，荣冠世表。徒承海岳之恩，未有涓尘之益。化及此下材，凤蒙顾盼，出入外内，奉望阶墀。昔陪藩国，统领禁卫，及从升皇祚，陪列九卿。但本性凶狠，恣其贪秽，或交结恶党，或侵掠货财，事重刑篇，状盈狱简。在上不遗簪履，恩加草芥，应至死辜，每蒙恕免。三经除解，寻复本职，再徙边裔，仍即追还。生成之恩，昊天罔极，奖擢之义，人事罕闻。化及枭獍为心，禽兽不若，纵毒兴祸，倾覆行宫。诸王兄弟，一时残酷，痛暴行路，世不忍言。有穷之在夏时，犬戎之于周代，衅辱之极，亦未是过。朕所以刻骨崩心，饮胆尝血，瞻天视地，无处容身。

今王公卿士，庶僚百辟，咸以大宝鸿名，不可颠坠，元凶巨猾，须早夷殄，翼戴朕躬，嗣守宝位。顾惟寡薄，志不逮此。今者出黼扆而杖旄钺，释衰麻而擐甲胄，衔冤誓众，忍泪治兵，指日专征，以平大盗。且化及伪立秦王之子，幽遏比于囚拘，其身自称霸相，专擅拟于九五。履践禁御，据有宫闱，昂首扬眉，初无惭色。衣冠朝望，外惧凶威，志士诚臣，内皆愤怨。以我义师，顺彼天道，枭夷丑族，匪夕伊朝。

太尉、尚书令、魏公丹诚内发，宏略外举，率勤王之师，讨违天之逆。果毅争先，熊罴竞逐，金鼓振詟，若火焚毛，锋刃纵横,如汤沃雪。魏公志在匡济,投袂前驱,朕亲御六军,星言继进。以此众战,以斯顺举,擘山可以动,射石可以入。况拥此人徒,皆有离德,京都侍卫,西忆乡家,江左淳民,南思邦邑,比来表书骆驿,人信相寻。若王师一临,旧章暂睹,自应解甲倒戈,冰销叶散。且闻化及自恣,天夺其心,杀戮不辜,挫辱人士,莫不道路仄目,号天踊地。朕今复仇雪耻,枭圜者一人,拯溺救焚,所哀者士庶。唯天鉴孔殷,佑我宗社,亿兆感义,俱会朕心。枭戮元凶,策勋饮至,四海交泰,称朕意焉。兵术军机,并受魏公节度。

密见使者,大悦,北面拜伏,臣礼甚恭。密遂东拒化及。

“七贵”颇不协,阴有相图之计。未几,元文都、卢逸、郭文懿、赵长文等为世充所杀,皇甫无逸遁归长安。世充诣侗所陈谢,辞情哀苦。侗以为至诚,命之上殿,被发为盟,誓无贰志。自是侗无所关预。侗心不能平,遂与记室陆士季谋图世充,事不果而止。及世充破李密,众望益归之,遂自为郑王,总百揆,加九锡,备法物,侗不能禁也。段达、云定兴等十人入见于侗曰:“天命不常,郑王功德甚盛,愿陛下揖让告禅,遵唐、虞之迹。”侗闻之怒曰:“天下者,高祖之天下,东都者,世祖之东都。若隋德未衰,此言不可发;必天命有改,亦何论于禅让!公等或先朝旧臣,缵宣上代,或勤王立节,身服轩冕,忽有斯言,朕复当何所望!”神色懔然,侍卫者莫不流汗。既而退朝,对良娣而泣。世充更使人谓侗曰:“今海内未定,须得长君。待四方义安,复子明辟,必若前盟,义不违负。”侗不得已,逊位于世充,遂被幽于含凉殿。世充僭伪号,封为潞国公,邑五千户。

月余,宇文儒童、裴仁基等谋诛世充,复尊立侗,事泄,并见害。世充兄世恽因劝世充害侗,以绝民望。世充遣其侄行本赍鸩诣侗所曰:“愿皇帝饮此酒。”侗知不免,请与母相见不许。遂布席焚香备礼佛,咒曰:“从今以去,愿不生帝王尊贵之家。”于是仰药,不能时绝,更以帛缢之。世充伪谥为恭皇帝。

齐王暕字世朏,小字阿孩。美容仪,疏眉目,少为高祖所爱。开皇中,立为豫章王,邑千户。及长,颇涉经史,尤工骑射。初为内史令。仁寿中,拜扬州总管沿淮以南诸军事。炀帝即位,进封齐王,增邑四千户。大业二年,帝初入东都,盛陈卤簿,暕为军导。寻转豫州牧。俄而元德太子薨,朝野注望,咸以暕当嗣。帝又敕吏部尚书牛弘妙选官属,公卿由是多进子弟。明年,转雍州牧,寻徙河南尹,开府仪同三司。元德太子左右二万余人悉隶于暕,宠遇益隆,自乐平公主及诸戚属竞来致礼,百官称谒,填咽道路。

暕颇骄恣,昵近小人,所行多不法,遣乔令则、刘虔安、裴该、皇甫谌、库狄仲锜、陈智伟等求声色狗马。令则等因此放纵,访人家有女者,辄矫暕命呼之,载入暕宅,因缘藏隐,恣行淫秽,而后遣之。仲奇、智伟二人诣陇西,挝灸诸胡,责其名马,得数匹以进于暕。暕令还主,仲奇等诈言王赐,将归于家,暕不之知也。又乐平公主尝奏帝,言柳氏女美者,帝未有所答。久之,主复以柳氏进于暕,暕纳之。其后帝问主,柳氏女所在,主曰:"在齐王所。"帝不悦。暕于东都营第,大门无故而崩,听事枏中折,识者以为不祥。其后从帝幸榆林,枏督后军步骑五万,恒与帝相去数十里而舍。会帝于汾阳宫大猎,诏暕以千骑入围。暕大获麋鹿以献,而帝未有得也,乃怒从官,皆言为暕左右所遏,兽不得前。帝于是发怒,求暕罪失。

时制县令无故不得出境,有伊阙令皇甫诩幸于暕,违禁将之汾阳宫。又京兆人达奚通有妾王氏善歌,贵游宴聚,多或要致,于是展转亦出入王家。御史韦德裕希旨劾暕,帝令甲士千余,大索暕第,因穷治其事。暕妃韦氏者,民部尚书冲之女也,早卒。暕遂与妃姊元氏妇通,遂产一女。外人皆不得知。阴引乔令则于第内酣宴,令则称庆,脱暕帽以为欢乐。召相工令偏视后庭,相工指妃姊曰:"此产子者当为皇后。王贵不可言。"时国无储副,暕自谓次当得立。又以元德太子有三子,内常不安,阴挟左道,为厌胜之事。至是,事皆发,帝大怒,斩令则等数人,妃姊赐死,暕府僚皆斥之边远。时赵王杲犹在孩孺,帝谓侍臣曰:"朕唯有暕一子,不然者,当肆诸市朝,以明国宪也"暕自是恩宠日衰,虽为京尹,不复关预时政。帝恒令武贲郎将一人监其府事,暕有微失,武贲辄奏之。帝亦常虑暕生变,所给左右,皆以老弱,备员而已。暕每怀危惧,心不自安。又帝在江都宫,元会,暕具法服将朝,无故有血从裳中而下。又坐斋中,见群鼠数十,至前而死,视皆无头。暕意甚恶之。俄而化及作乱,兵将犯跸,帝闻,顾谓萧后曰:"得非阿孩邪?"其见疏忌如此。化及复令人捕暕,暕时尚卧未起,贼既进,暕惊曰:"是何人?"莫有报者,暕犹谓帝令捕之,因曰:"诏使且缓,儿不负国家。"贼于是曳至街而斩之,及其二子亦遇害。暕竟不知杀者为谁。时年三十四。

有遗腹子政道,与萧后同入突厥,处罗可汗号为隋王,中国人没入北蕃者,悉配之以为部落,以定襄城处之。及突厥灭,归于大唐,授员外散骑侍郎。

赵王杲小字季子。年七岁,以大业九年封赵王。寻授光禄大夫,拜河南尹。从幸淮南,诏行江都太守事。杲聪令,美容仪,帝有所制词赋,杲多能诵之。性至孝,常见帝风动,不进膳,杲亦终日不食。又萧后当灸,杲先请试炷,后不许之。杲泣请曰:"后所服药,皆蒙尝之。今灸,愿听尝炷。"悲咽不已。后竟为其停灸,由是尤爱之。后遇化及反,杲在帝侧,号恸不已。裴虔通使贼斩之于帝前,血溅御服。时年十二。

史臣曰:元德太子雅性谨重,有君人之量,享年不永,哀哉!齐王敏慧可称,志不及远,颇怀骄僭,故炀帝疏而忌之。心无父子之亲,貌展君臣之敬,身非积善,国有余殃。至令赵及燕、越皆不得其死,悲夫!

隋书卷六〇
列传第二五

崔仲方　于仲文 兄颚
从父弟玺　段文振

　　崔仲方字不齐，博陵安平人也。祖孝芬，魏荆州刺史。父宣猷，周小司徒。仲方少好读书，有文武才干。年十五，周太祖见而异之，令与诸子同就学。时高祖亦在其中，由是与高祖少相款密。后以明经为晋公宇文护参军事，寻转记室，迁司玉大夫，与斛斯征、柳敏等，同修礼律。后以军功，授平东将军、银青光禄大夫，赐爵石城县男，邑三百户。时武帝阴有灭齐之志，仲方献二十策，帝大奇之，后与少内史赵芬删定格式。寻从帝攻晋州，齐之亚将崔景嵩请为内应，仲方与段文振等登城应接，遂下晋州，语在《文振传》。又令仲方说翼城等四城，下之。授仪同，进爵范阳县侯。后以行军长史从郯公王轨擒陈将吴明彻于吕梁，仲方计策居多。宣帝嗣位，为少内史，奉使淮南而还。

　　会帝崩，高祖为丞相，与仲方相见，握手极欢，仲方亦归心焉。其夜上便宜十八事，高祖并嘉纳之。又见众望有归，阴劝高祖应天受命，高祖从之。及受禅，上召仲方与高颎议正朔服色事。仲方曰："晋为金行，后魏为水，周为木。皇家以火承木，得天之统。又圣躬载诞之初，有赤光之瑞，车服旗牲，并宜用赤。"又劝上除六官，请依汉、魏之旧。上皆从之。进位上开府，寻转司农少卿，进爵安固县公。令发丁三万，于朔方、灵武筑长城，东至黄河，西拒绥州，南至勃出岭，绵亘七百里。明年，上复令仲方发丁十五万，于朔方已东缘边险要筑数十城，以遏胡寇。丁父艰去职。未期，起为虢州刺史。上书论取陈之策曰：

臣谨案晋太康元年岁在庚子，晋武平吴，至今开皇六年，岁次景午，合三百七载。《春秋宝乾图》云："王者三百年一蠲法。"今三百之期，可谓备矣。陈氏草窃，起于景子，至今景午，又子午为冲，阴阳之忌。昔史赵有言曰："陈，颛顼之族，为水，故岁在鹑火以灭。"又云："周武王克商，封胡公满于陈。"至鲁昭公九年，陈灾，裨灶曰："岁五及鹑火而后陈亡，楚克之。"楚，祝融之后也，为火正，故复灭陈。陈承舜后，舜承颛顼，虽太岁左行，岁星右转，鹑火之岁，陈族再亡，戊午之年，妫虞运尽，语迹虽殊，考事无别。皇朝五运相承，感火德而王，国号为隋，与楚同分。楚是火正，午为鹑火，未为鹑首，申为实沈，酉为大梁。既当周、秦、晋、赵之分，若当此分发兵，将得岁之助，以今量古，陈灭不疑。

臣谓午未申酉，并是数极。盖闻天时不如地利，地利不如人和，况主圣臣良，兵强国富。动植回心，人神叶契。陈既主昏于上，民讟于下，险无百二之固，众非九国之师。夏癸、殷辛尚不能立，独此岛夷而稽天讨！伏度朝廷自有宏谟，但刍荛所见，冀申萤爝。今唯须武昌已下，蕲、和、滁、方、吴、海等州更帖精兵，密营渡计。益、信、襄、荆、基、郢等州速造舟楫，多张形势，为水战之具。蜀、汉二江，是其上流，水路冲要，必争之所。贼虽于流头、荆门、延州、公安、巴陵、隐矶、夏首、蕲口、盆城置船，然终聚汉口、峡口，以水战大决。若贼必以上流有军，令精兵赴援者，下流诸将即须择便横渡。如拥众自卫，上江水军鼓行以前。虽恃九江五湖之险，非德无以为固，徒有三吴、百越之兵，无恩不能自立。

上览而大悦，转基州刺史，征入朝。仲方因面陈经略，上善之，赐以御袍裤，并杂彩五百段，进位开府而遣之。及大举伐陈，以仲方为行军总管,率兵与秦王会。及陈平,坐事免。未几,复位。后数载,转会州总管。时诸羌犹未宾附,诏令仲方击之,与贼三十余战,紫祖、四邻、望方、涉题、千碉、小铁围山、白男王、弱水等诸部悉平。赐奴婢一百三十口,黄金三十斤,杂物称是。

仁寿初,授代州总管,在职数年,被征入朝。会上崩,汉王谅余党据吕州不下,炀帝令周罗睺攻之,中流矢卒,乃令仲方代总其众,月余拔之。进位大将军,拜民部尚书,寻转礼部尚书。后三载,坐事免。寻为国子祭酒,转太常卿。朝廷以其衰老,出拜上郡太守。未几,以母忧去职。岁余,起为信都太守,上表乞骸骨,优诏许之。寻卒于家,时年七十六。子民寿,官至定陶令。

于仲文字次武,建平公义之兄子也。父实,周大左辅、燕国公。仲文少聪敏,髫龀就学,耽阅不倦。其父异之曰:"此儿必兴吾宗矣。"九岁,尝于云阳宫见周太祖,太祖问曰:"闻儿好读书,书有何事?"仲文对曰:"资父事君,忠孝而已。"太祖甚嗟叹之。其后就博士李祥受《周易》、《三礼》,略通大义。及长,倜傥有大志,气调英拔,当时号为名公子。起家为赵王属,寻迁安固太守。有任、杜两家各失牛,任得一牛,两家俱认,州郡久不能决。益州长史韩伯隽曰:"于安固少聪察,可令决之。"仲文曰:"此易解耳。"于是令二家各驱牛群至,乃放所认者,遂向任氏群中。又阴使人微伤其牛,任氏嗟惋,杜家自若。仲文于是诃诘杜氏,杜氏服罪而去。始州刺史屈突尚,宇文护之党也,先坐事下狱,无敢绳者。仲文至郡穷治,遂竟其狱。蜀中为之语曰:"明断无双有于公,不避强御有次武。"未几,征为御正下大夫,封延寿郡公,邑三千五百户。数从征伐,累勋授仪同三司。宣帝时,为东郡太守。

高祖为丞相,尉迥作乱,遣将檀让收河南之地。复使人诱致仲文,仲文拒之。迥怒其不同己,遣仪同宇文威攻之。仲文迎击,大破威众,斩首五百余级。以功授开府。迥又遣其将宇文胄渡石济,宇文威、邹绍自白马,二道俱进,复攻仲文。贼势逾盛,人情大骇,郡人赫连僧伽、敬子哲率众应迥。仲文自度不能支，弃妻子，将六十余骑，开城西门，溃围而遁。为贼所追，且战且行，所从骑战死者十七八。仲文仅而获免，达于京师。迥于是屠其三子一女。高祖见之，引入卧内，为之下泣。赐彩五百段，黄金二百两，进位大将军，领河南道行军总管。给以鼓吹，驰传诣洛阳发兵，以讨檀让。

时韦孝宽拒迥于永桥，仲文诣孝宽有所计议。时总管宇文忻颇有自疑之心，因谓仲文曰："公新从京师来，观执政意何如也？尉迥诚不足平，正恐事宁之后，更有藏弓之虑。"仲文惧忻生变。因谓之曰："丞相宽仁大度，明识有余，苟能竭诚，必心无贰。仲文在京三日，频见三善，以此为观，非寻常人也。"忻曰："三善如何？"仲文曰："有陈万敌者，新从贼中来，即令其弟难敌召募乡曲，从军讨贼。此其有大度一也。上士宋谦，奉使勾检，谦缘此别求他罪。丞相责之曰：'入网者自可推求，何须别访，以亏大体。'此其不求人私二也。言及仲文妻子，未尝不潜泫。此其有仁心三也。"忻自此遂安。

仲文军至汴州之东倪坞，与迥将刘子昂、刘浴德等相遇，进击破之。军次蓼堤，去梁郡七里，让拥众数万，仲文以羸师挑战。让悉众来拒，仲文伪北，让军颇骄。于是遣精兵左右翼击之，大败让军，生获五千余人，斩首七百级。进攻梁郡，迥守将刘子宽弃城遁走。仲文追击，擒斩数千人，子宽仅以身免。初，仲文在蓼堤，诸将皆曰："军自远来，士马疲敝，不可决胜。"仲文令三军趣食，列阵大战。既而破贼，诸将皆请曰："前兵疲不可交战，竟而克胜，其计安在？"仲文笑曰："吾所部将士皆山东人，果于速进，不宜持久。乘势击之，所以制胜。"诸将皆以为非所及也。进击曹州，获迥所署刺史李仲康及上仪同房劲。檀让以余众屯城武，别将高士儒以万人屯永昌。仲文诈移书州县曰："大将军至，可多积粟。"让谓仲文未能卒至，方椎牛享士，仲文知其怠，选精骑袭之，一日便至。遂拔城武。迥将席毗罗，众十万，屯于沛县，将攻徐州。其妻子在金乡。仲文遣人诈为毗罗使者，谓金乡城主徐善净曰："檀让明日午时到金乡，将宣蜀公令，赏赐将士。"金乡人谓为信然，皆喜。仲文简精兵，伪建迥旗帜，倍道而进。善净望见仲文军且至，以为檀让，乃出迎谒。仲文执之，遂取金乡。诸将多劝屠之，仲文曰：“此城是毗罗起兵之所，当宽其妻子，其兵可自归。如即屠之，彼望绝矣。”众皆称善。于是毗罗恃众来薄官军，仲文背城结阵，去军数里，设伏于麻田中。两阵才合，伏兵发，俱曳柴鼓噪，尘埃张天。毗罗军大溃，仲文乘之，贼皆投沫水而死，为之不流。获檀让，槛送京师，河南悉平。毗罗匿荥阳人家，执斩之，传首阙下。勒石纪功，树于泗上。

入朝京师，高祖引入卧内，宴享极欢。赐杂彩千余段，妓女十人，拜柱国、河南道大行台。属高祖受禅，不行。未几，其叔父太尉翼坐事下狱，仲文亦为吏所簿，于狱中上书曰：

臣闻春生夏长，天地平分之功，子孝臣诚，人伦不易之道。曩者尉迥逆乱，所在影从。臣任处关、河，地居冲要，尝胆枕戈，誓以必死。迥时购臣，位大将军，邑万户。臣不顾妻子，不爱身命，冒白刃，溃重围，三男一女，相继沦没，披露肝胆，驰赴阙庭。蒙陛下授臣以高官，委臣以兵革。于时河南凶寇，狼顾鸱张，臣以嬴兵八千，扫除氛祲。摧刘宽于梁郡，破檀让于蓼堤，平曹州，复东郡、安城、武定、永昌，解亳州围，珍徐州贼。席毗十万之众，一战土崩，河南蚁聚之徒，应时戡定。

当群凶问鼎之际，黎元乏主之辰，臣第二叔翼先在幽州，总驭燕、赵，南邻群寇，北捍旄头，内外安抚，得免罪戾。臣第五叔智建旟黑水，与王谦为邻，式遏蛮陬，镇绥蜀道。臣兄颛作牧淮南，坐制勍敌，乘机剿定，传首京师。王谦窃据二江，叛换三蜀。臣第三叔义受脤朝庭，龚行天讨。自外父叔兄弟，皆当文武重寄，或衔命危难之间，或侍卫钩陈之侧，合门诚款，冀有可明。伏愿垂泣辜之恩，降云雨之施，追草昧之始，录涓滴之功，则寒灰更燃，枯骨生肉，不胜区区之至，谨冒死以闻。

上览表，并翼俱释之。

未几，诏仲文率兵屯白狼塞以备胡。明年，拜行军元帅，统十二总管以击胡。出服远镇，遇虏，破之。斩首千余级，六畜巨万计。于是从金河出白道,遣总管辛明瑾、元滂、贺兰志、吕楚、段谐等二万人出盛乐道,趋那颉山。至护军川北,与虏相遇,可汗见仲文军容齐肃,不战而退。仲文率精骑五千,逾山追之,不及而还。上以尚书文簿繁杂,吏多奸计,令仲文勘录省中事。其所发擿甚多,上嘉其明断,厚加劳赏焉。上每忧转运不给,仲文请决渭水,开曹渠。上然之,使仲文总其事。及伐陈之役,拜行军总管,以舟师自章山出汉口。陈郢州刺史,荀法尚、鲁山城主诞法澄邓沙弥等请降,秦王俊皆令仲文以兵纳之。高智慧等作乱江南,复以行军总管讨之。时三军乏食,米粟踊贵,仲文私粜军粮,坐除名。明年,复官爵,率兵屯马邑以备胡。数旬而罢。

晋王以仲文有将领之才,每常属意,至是奏之,乃令督晋王军府事。后突厥犯塞,晋王为元帅,以仲文将前军,大破贼而还。仁寿初,拜太子右卫率。炀帝即位,迁右翊卫大将军,参掌文武选事。从帝讨吐谷浑,进位光禄大夫,甚见亲幸。

辽东之役,仲文率军指乐浪道。军次乌骨城,仲文简羸马驴数千,置于军后。既而率众东过,高丽出兵掩袭辎重,仲文回击,大破之。至鸭绿水,高丽将乙支文德诈降,来入其营。仲文先奉密旨,若遇高元及文德者,必擒之。至是,文德来,仲文将执之。时尚书右丞刘士龙为慰抚使,固止之。仲文遂舍文德。寻悔,遣人绐文德曰:"更有言议,可复来也。"文德不从,遂济。仲文选骑渡水追之,每战破贼。文德遗仲文诗曰:"神策究天文,妙算穷地理。战胜功既高,知足愿云止。"仲文答书谕之,文德烧栅而遁。时宇文述以粮尽欲还,仲文议以精锐追文德,可以有功。述固止之,仲文怒曰:"将军仗十万之众,不能破小贼,何颜以见帝!且仲文此行也,固无功矣。"述因厉声曰:"何以知无功?"仲文曰:"昔周亚夫之为将也,见天子,军容不变。此决在一人,所以功成名遂。今者人各其心,何以赴敌!"初,帝以仲文有计画,令诸军谘禀节度,故有此言。由是述等不得已而从之,遂行。东至萨水,宇文述以兵馁退归,师遂败绩。帝以属吏,诸将皆委罪于仲文。帝大怒,释诸将,独系仲文。仲文忧恚发病,困笃方出之,卒于家,时年六十八。撰《汉书刊繁》三十卷、《略览》三十卷。有子九人,钦明最知名。

颛字元武,身长八尺,美须眉。周大冢宰宇文护见而器之,妻以季女。寻以父勋,赐爵新野郡公,邑三千户。授大都督,迁车骑大将军、仪同三司。其后累以军功,授上开府。历左、右宫伯,郢州刺史。大象中,以水军总管从韦孝宽经略淮南。颛率开府元绍贵、上仪同毛猛等,以舟师自颍口入淮。陈防主潘深弃栅而走,进与孝宽攻拔寿阳。复引师围硖石,守将许约惧而降,颛乃拜东广州刺史。

尉迥之反也,时总管赵文表与颛素不协,将图之,因卧阁内,诈得心疾,谓左右曰:“我见两三人至我前者,辄大惊,即欲斫之,不能自制也。”其有宾客候问者,皆令去左右。颛渐称危笃,文表往候之,令从者至大门而止,文表独至颛所。颛欻然而起,抽刀斫杀之,因唱言曰:“文表与尉迥通谋,所以斩之。”其麾下无敢动者。时高祖以尉迥未平,虑颛复生边患,因而劳勉之,即拜吴州总管。

陈将钱茂和率数千人袭江阳,颛逆击走之。陈复遣将陈纪、周罗㬋、燕合儿等袭颛,颛拒之而退,赐彩数百段。

高祖受禅,文表弟诣阙称兄无罪。上令案其事,太傅窦炽等议颛当死。上以门著勋绩,特原之,贬为开府。后袭爵燕国公,邑万六千户。寻以疾免。开皇七年,拜泽州刺史数年,免职,卒于家。子世虔嗣。

玺字伯符。父翼,仕周为上柱国、幽州总管、任国公。高祖为丞相,尉迥作乱,遣人诱翼。翼锁其使,送之长安,高祖甚悦。及高祖受禅,翼入朝,上为之降榻,握手极欢。数日,拜为太尉。岁余,卒,谥曰穆。

玺少有器干,仕周,起家右侍上士。寻授仪同,领右羽林,迁少胥附。武帝时,从齐王宪破齐师于洛阳,以功赐爵丰宁县子,邑五百户。寻从帝平齐,加开府,改封黎阳县公,邑千二百户,授职方中大夫。及宣帝嗣位,转右勋曹中大夫。寻领右忠义。

高祖为丞相,加上开府。及受禅,进位大将军,拜汴州刺史,甚有能名。上闻而善之,优诏褒扬,赐帛百匹。寻加上大将军,进爵郡公。转邵州刺史,在州数年,甚有恩惠。后检校江陵总管,州人张愿等数十人,诣阙上表,请留玺。上嘉叹良久,令还邵州,父老相贺。寻迁洛州刺史,复为熊州刺史,并有惠政。以疾征还京师。仁寿末,卒于家,谥曰静。有子志本。

段文振,北海期原人也。祖寿,魏沧州刺史。父威,周洮、河、甘、渭四州刺史。文振少有膂力,胆气过人,性刚直,明达时务。初为宇文护亲信,护知其有干用,擢授中外府兵曹。后武帝攻齐海昌王尉相贵于晋州,其亚将侯子钦、崔景嵩为内应。文振杖槊登城,与崔仲方等数十人先登。文振随景嵩至相贵所,拔佩刃劫之,相贵不敢动,城遂下。帝大喜,赐物千段。进拔文侯、华谷、高壁三城,皆有力焉。及攻并州,陷东门而入,齐安德王延宗惧而出降。录前后勋将拜高秩,以谗毁获谴,因授上仪同,赐爵襄国县公,邑千户。进平邺都,又赐绮罗二千匹。后从滕王逌击稽胡,破之。历相州别驾、扬州总管长史。入为天官都上士,从韦孝宽经略淮南。

俄而尉迥作乱,时文振老母妻子俱在邺城,迥遣人诱之,文振不顾,归于高祖。高祖引为丞相掾,领宿卫骠骑。司马消难之奔陈也,高祖令文振安集淮南,还除卫尉少卿,兼内史侍郎。寻以行军长史从达奚震讨叛蛮,平之,加上开府。岁余,迁鸿胪卿。卫王爽北征突厥,以文振为长史,坐勋簿不实免官。后为石、河二州刺史,甚有威惠。迁兰州总管,改封龙岗县公。突厥犯塞,以行军总管击破之,逐北至居延塞而还。九年,大举伐陈,以文振为元帅秦王司马,别领行军总管。及平江南,授扬州总管司马。寻转并州总管司马,以母忧去职。未几,起令视事,固辞不许。后数年,拜云州总管,寻为太仆卿。十九年,突厥犯塞,文振以行军总管拒之,遇达头可汗于沃野,击破之。文振先与王世积有旧,初,文振北征,世积遗以驼马。比还，世积以罪被诛，文振坐与交关，功遂不录。明年，率众出灵州道以备胡，无虏而还。越嶲蛮叛，文振击平之，赐奴婢二百口。仁寿初，嘉州獠作乱，文振以行军总管讨之。引军山谷间，为贼所袭，前后阻险，不得相救，军遂大败。文振复收散兵，击其不意，竟破之。文振性素刚直，无所降下。初，军次益州，谒蜀王秀，貌颇不恭，秀甚衔之。及此，奏文振师徒丧败。右仆射苏威与文振有隙，因嶇谮之，坐是除名。及秀废黜，文振上表自申理，高祖慰谕之，授大将军。寻拜灵州总管。

炀帝即位，征为兵部尚书，待遇甚重。从征吐谷浑，文振督兵屯雪山，连营三百余里，东接杨义臣，西连张寿，合围浑主于覆袁川。以功进位右光禄大夫。帝幸江都，以文振行江都郡事。文振见高祖时容纳突厥启民居于塞内，妻以公主，赏赐重叠；及大业初，恩泽弥厚。文振以狼子野心，恐为国患，乃上表曰："臣闻古者远不间近，夷不乱华，周宣外攘戎狄，秦帝筑城万里，盖远图良算，弗可忘也。窃见国家容受启民，资其兵食，假以地利。如臣愚计，窃又未安。何则？夷狄之性，无亲而贪，弱则归投，强则反噬，盖其本心也。臣学非博览，不能远见，且闻晋朝刘曜，梁代侯景，近事之验，众所共知。以臣量之，必为国患。如臣之计，以时喻遣，令出塞外。然后明设烽候，缘边镇防，务令严重，此乃万岁之长策也。"时兵曹郎斛斯政专掌兵事，文振知政险薄，不可委以机要，屡言于帝，帝并弗纳。

及辽东之役，授左候卫大将军，出南苏道。在道疾笃，上表曰："臣以庸微，幸逢圣世，滥蒙奖擢，荣冠侪伍。而智能无取，叨窃已多，言念国恩，用忘寝食。常思效其鸣吠，以报万分，而摄养乖方，疾患遂笃。抱此深愧，永归泉壤，不胜余恨，轻陈管穴。窃见辽东小丑，未服严刑，远降六师，亲劳万乘。但夷狄多诈，深须防拟，口陈降款，心怀背叛，诡伏多端，勿得便受。水潦方降，不可淹迟，唯愿严勒诸军，星驰速发，水陆俱前，出其不意，则平壤孤城，势可拔也。若倾其本根，余城自克。如不时定，脱遇秋霖，深为艰阻，兵粮又竭，强敌在前，靺鞨出后，迟疑不决，非上策也。"后数日，卒于师。帝省表，悲叹久之,赠光禄大夫、尚书右仆射、北平侯,谥曰襄。赐物一千段,粟麦二千石,威仪鼓吹,送至墓所。有子十人。

长子诠,官至武牙郎将。次纶,少以侠气闻。文振弟文操,大业中,为武贲郎将,性甚刚严。帝令督秘书省学士。时学士颇存儒雅,文操辄鞭挞之,前后或至千数,时议者鄙之。

史臣曰:仲方兼资文武,雅有筹算,伐陈之策,信为深远矣。声绩克举,夫岂徒言哉!仲文博涉书记,以英略自许,尉迥之乱,遂立功名。自兹厥后,屡当推毂。辽东之役,实丧师徒。斯乃大树将颠,盖亦非战人之罪也。文振少以胆略见重,终怀壮夫之志,时进谠言,频称谅直。其取高位厚秩,良有以也。

隋书卷六一
列传第二六

宇文述 云定兴 郭衍

　　宇文述字伯通，代郡武川人也。本姓破野头，役属鲜卑俟豆归，后从其主为宇文氏。父盛，周上柱国。述少骁锐，便弓马。年十一时，有相者谓述曰："公子善自爱，后当位极人臣。"周武帝时，以父军功，起家拜开府。述性恭谨沈密，周大冢宰宇文护甚爱之，以本官领护亲信。及帝亲总万机，召为左宫伯，累迁英果中大夫，赐爵博陵郡公，寻改封濮阳郡公。

　　高祖为丞相，尉迥作乱相州，述以行军总管率步骑三千，从韦孝宽击之。军至河阳，迥遣将李俊攻怀州，述别击俊军，破之。又与诸将击尉惇于永桥，述先锋陷陈，俘馘甚众。平尉迥，每战有功，超拜上柱国，进爵褒国公，赐缣三千匹。

　　开皇初，拜右卫大将军。平陈之役，复以行军总管率众三万，自六合而济。时韩擒、贺若弼两军趣丹阳，述进据石头，以为声援。陈主既擒，而萧瓛、萧岩据东吴之地，拥兵拒守。述领行军总管元契、张默言等讨之，水陆兼进。落丛公燕荣以舟师自海至，亦受述节度。上下诏曰："公鸿勋大业，名高望重，奉国之诚，久所知悉。金陵之寇，既已清荡，而吴、会之地，东路为遥，萧岩、萧瓛，并在其处。公率将戎旅，抚慰彼方，振扬国威，宣布朝化。以公明略，乘胜而往，风行电扫，自当稽服。若使干戈不用，黎庶获安，方副朕怀，公之力也。"陈永新侯陈君范自晋陵奔瓛，并军合势。见述军且至，瓛惧，立栅于晋陵城东，又绝塘道，留兵拒述。瓛自义兴入太湖，图掩述后。述进破其栅，回兵击瓛，大败之。斩瓛司马曹勒叉。前军复陷吴州，瓛以余众保包山，燕荣击破之。述进至奉公埭，萧岩、陈君范等以会稽请降。述许之，二人面缚路左，吴、会悉平。以功拜一子开府，赐物三千段，拜安州总管。

时晋王广镇扬州，甚善于述，欲述近己，因奏为寿州刺史总管。王时阴有夺宗之志，请计于述，述曰："皇太子失爱已久，令德不闻于天下。大王仁孝著称，才能盖世，数经将领，深有大功。主上之与内宫，咸所钟爱，四海之望，实归于大王。然废立者，国家之大事，处人父子骨肉之间，诚非易谋也。然能移主上者，唯杨素耳。素之谋者，唯其弟约。述雅知约，请朝京师，与约相见，共图废立。"晋王大悦，多赍金宝，资述入关。述数请约，盛陈器玩，与之酣畅，因而共博，每佯不胜，所赍金宝尽输之。约所得既多，稍以谢述。述因曰："此晋王之赐，令述与公为欢乐耳。"约大惊曰："何为者？"述因为王申意。约然其说，退言于素，素亦从之。于是素每与述谋事。晋王与述情好益密，命述子士及尚南阳公主，前后赏赐不可胜计。及晋王为皇太子，以述为左卫率。旧令，率官第四品，上以述素贵，遂进率品为第三，其见重如此。

炀帝嗣位，拜左卫大将军，改封许国公。大业三年，加开府仪同三司，每冬正朝会，辄给鼓吹一部。从幸榆林，时铁勒契弊歌棱攻败吐谷浑，其部携散，遂遣使请降求救。帝令述以兵屯西平之临羌城，抚纳降附。吐谷浑见述拥强兵，惧不敢降，遂西遁。述领鹰扬郎将梁元礼、张峻、崔师等追之，至曼头城，攻拔之，斩三千余级。乘胜至赤水城，复拔之。其余党走屯丘尼川，述进击，大破之，获其王公、尚书、将军二百人，前后虏男女四千口而还。浑主南走雪山，其故地皆空。帝大悦。明年，从帝西幸，巡至金山，登燕支，述每为斥候。时浑贼复寇张掖，进击走之。还至江都宫，敕述与苏威常典选举，参预朝政。

述时贵重，委任与苏威等，其亲爱则过之。帝所得远方贡献及四时口味，辄见班赐，中使相望于道。述善于供奉，俯仰折旋，容止便辟，宿卫者咸取则焉。又有巧思，凡有所装饰，皆出人意表。数以奇服异物进献宫掖，由是帝弥悦焉。时述贵幸，言无不从，势倾朝廷。左卫将军张瑾与述连官，尝有评议，偶不中意，述张目叱之，瑾惶惧而走，文武百僚莫敢违忤。然性贪鄙，知人有珍异之物，必求取之。富商大贾及陇右诸胡子弟，述皆接以恩意，呼之为儿。由是竞加馈遗，金宝累积。后庭曳罗绮者数百，家僮千余人，皆控良马，被服金玉。述之宠遇，当时莫与为比。

及征高丽，述为扶余道军将。临发，帝谓述曰："礼，七十者行役以妇人从，公宜以家累自随。古称妇人不入军，谓临战时耳。至于营垒之间，无所伤也。项籍虞姬，即其故事。"述与九军至鸭绿水粮尽，议欲班师。诸将多异同，述又不测帝意。会乙支文德来诣其营，述先与于仲文俱奉密旨，令诱执文德。既而缓纵，文德逃归，语在《仲文传》。述内不自安，遂与诸将渡水追之。时文德见述军中多饥色，欲疲述众，每斗便北。述一日之中七战皆捷，既恃骤胜，又内逼群议，于是遂进，东济萨水，去平壤城三十里，因山为营。文德复遣使伪降，请述曰："若旋师者，当奉高元朝行在所。"述见士卒疲弊，不可复战，又平壤险固，卒难致力，遂因其诈而还。众半济，贼击后军，于是大溃不可禁止，九军败绩，一日一夜，还至鸭绿水，行四百五十里。初，渡辽九军三十万五千人，及还至辽东城，唯二千七百人。帝大怒，以述等属吏。至东都，除名为民。

明年，帝有事辽东，复述官爵，待之如初。从至辽东，与将军杨义臣率兵复临鸭绿水。会杨玄感作乱，帝召述班师，令驰驿赴河阳，发诸郡兵以讨玄感。时玄感逼东都，闻述军将至，惧而西遁，将图关中。述与刑部尚书卫玄、左御卫将军来护儿、武卫将军屈突通等蹑之。至阌乡皇天原，与玄感相及。述与来护儿列阵当其前，遣屈突通以奇兵击其后，大破之，遂斩玄感，传首行在所。赐物数千段。复从东征，至怀远而还。

突厥之围雁门，帝惧，述请溃围而出。樊子盖固谏不可，帝乃止。及围解，车驾次太原，议者多劝帝还京师，帝有难色。述因奏曰："从官妻子多在东都，便道向洛阳，自潼关而入可也。"帝从之。是岁，至东都，述又观望帝意，劝幸江都，帝大悦。

述于江都遇疾，中使相望，帝将亲临视之，群臣苦谏乃止。遂遣司宫魏氏问述曰："必有不讳，欲何所言？"述二子化及、智及，时并得罪于家，述因奏曰："化及臣之长子，早预藩邸，愿陛下哀怜之。"帝闻，泫然曰："吾不忘也。"及薨，帝为之废朝，赠司徒、尚书令、十郡太守，班剑四十人，辒辌车，前后部鼓吹，谥曰恭。帝令黄门侍郎裴矩，祭以太牢，鸿胪监护丧事。子化及，别有传。

云定兴者，附会于述。初，定兴女为皇太子勇昭训，及勇废，除名配少府。定兴先得昭训明珠络帐，私赂于述，自是数共交游。定兴每时节必有赂遗，并以音乐干述。述素好著奇服，炫耀时人。定兴为制马鞯，于后角上缺方三寸，以露白色。世轻薄者争仿学之，谓为许公缺势。又遇天寒，定兴曰："入内宿卫，必当耳冷。"述曰："然。"乃制夹头巾，令深帊耳。又学之，名为许公帊势。述大悦曰："云兄所作，必能变俗。我闻作事可法，故不虚也。"后帝将事四夷，大造兵器，述荐之，因敕少府工匠并取其节度。述欲为之求官，谓定兴曰："兄所制器仗并合上心，而不得官者，为长宁兄弟犹未死耳。"定兴曰："此无用物，何不劝上杀之。"述因奏曰："房陵诸子，年并成立。今欲动兵征讨，若将从驾，则守掌为难；若留一处，又恐不可。进退无用，请早处分。"帝从之，因鸩杀长宁，又遣以下七弟分配岭表，仍遣间使于路尽杀之。五年，大阅军实，帝称甲仗为佳。述奏曰："并云定兴之功也。"擢授少府丞。寻代何稠为少监，转卫尉少卿，迁左御卫将军，仍知少府事。十一年，授左屯卫大将军。

凡述所荐达，皆至大官。赵行枢以太常乐户，家财亿计，述谓为儿，多受其贿。称其骁勇，起家为折冲郎将。

郭衍字彦文，自云太原介休人也。父以舍人从魏武帝入关，其后官至侍中。衍少骁武，善骑射。周陈王纯引为左右，累迁大都督。

时齐氏未平,衍奉诏于天水募人,以镇东境,得乐徙千余家,屯于陕城。拜使持节、车骑大将军、仪同三司。每有寇至,辄率所领御之,一岁数告捷,颇为齐人所惮。王益亲任之。建德中,周武帝出幸云阳,衍诣于行所,时议欲伐齐,衍请为前锋。攻河阴城,授仪同大将军。武帝围晋州,虑齐兵来援,令衍从陈王守千里径。又从武帝与齐主大战于晋州,追齐师至高壁,败之。仍从平并州,以功加授开府,封武强县公,邑一千二百户,赐姓叱罗氏。宣政元年,为右中军熊渠中大夫。

尉迥之起逆,从韦孝宽战于武陟,进战于相州。先是,迥遣弟子勤为青州总管,率青、齐之众来助迥。迥败,勤与迥子惇、佑等欲东奔青州。衍将精骑一千,追破之,执佑于阵,勤遂遁走,而惇亦逃逸。衍至济州,入据其城,又击其余党于济北,累战破之,执送京师。超授上柱国,封武山郡公。赏物七千段。密劝高祖杀周室诸王,早行禅代。由是大被亲昵。

开皇元年,敕复旧姓为郭氏。突厥犯塞,以衍为行军总管,领兵屯于平凉。数岁,虏不入。征为开漕渠大监。部率水工,凿渠引渭水,经大兴城北,东至于潼关,漕运四百余里。关内赖之,名之曰富民渠。五年,授瀛州刺史,遇秋霖大水,其属县多漂没,民皆上高树,依大冢。衍亲备船筏,并赍粮拯救之,民多获济。衍先开仓赈恤,后始闻奏。上大善之,选授朔州总管。所部有恒安镇,北接蕃境,常劳转运。衍乃选沃饶地,置屯田,岁剩粟万余石,民免转输之劳。又筑桑乾镇,皆称旨。十年,从晋王广出镇扬州。遇江表构逆,命衍为总管,领精锐万人先屯京口。于贵洲南,与贼战,败之,生擒魁帅,大获舟楫粮储,以充军实。乃讨东阳、永嘉、宣城、黟、歙诸洞,尽平之。授蒋州刺史。

衍临下甚踞,事上奸谄。晋王爱暱之,宴赐隆厚。迁洪州总管。王有夺宗之谋,托衍心腹,遣宇文述以情告之。衍大喜曰:"若所谋事果,自可为皇太子。如其不谐,亦须据淮海,复梁、陈之旧。副君酒客,其如我何?"王因召衍,阴共计议。又恐人疑无故来往,托以衍妻患瘰，王妃萧氏有术能疗之。以状奏高祖，高祖听衍共妻向江都，往来无度。衍又诈称桂州俚反，王乃奏衍行兵讨之。由是大修甲仗，阴养士卒。及王入为太子，征授左监门率，转左宗卫率。高祖于仁寿宫将大渐，太子与杨素矫诏，令衍、宇文述领东宫，帖上台宿卫，门禁并由之。及上崩，汉王起逆，而京师空虚，使衍驰还，总兵居守。

大业元年，拜左武卫大将军。帝幸江都，令衍统左军，改授光禄大夫。又从讨吐谷浑，出金山道，纳降二万余户。衍能揣上意，阿谀顺旨。帝每谓人曰："唯有郭衍，心与朕同。"又尝劝帝取乐，五日一视，无得效高祖空自勤劳。帝从之，益称其孝顺。初，新令行，衍封爵从例除。六年，以恩幸封真定侯。七年，从往江都，卒。赠左卫大将军，赗赐甚厚，谥曰襄。长子臻，武牙郎将。次子嗣本，孝昌县令。

史臣曰：謇謇匪躬，为臣之高节，和而不同，事君之常道。宇文述、郭衍以水济水，如脂如韦，便辟足恭，柔颜取悦。君所谓可，亦曰可焉，君所谓不，亦曰不焉。无所是非，不能轻重。默默苟容，偷安高位，甘素餐之责，受彼己之讥。此固君子所不为，亦丘明之深耻也。

隋书卷六二
列传第二七

王韶　元岩　刘行本　梁毗
柳彧　赵绰　裴肃

　　王韶字子相,自云太原晋阳人也,世居京兆。祖谐,原州刺史。父谅,早卒。韶幼而方雅,颇好奇节,有识者异之。在周,累以军功,官至车骑大将军、仪同三司。复转军正。武帝既拔晋州,意欲班师,韶谏曰:"齐失纪纲,于兹累世,天奖王室,一战而扼其喉。加以主昏于上,民惧于下,取乱侮亡,正在今日。方欲释之而去,以臣愚固,深所未解,愿陛下图之。"帝大悦,赐缣一百匹。及平齐氏,以功进位开府,封晋阳县公,邑五百户,赐口马杂畜以万计。迁内史中大夫。宣帝即位,拜丰州刺史,改封昌乐县公。

　　高祖受禅,进爵项城郡公,邑二千户。转灵州刺史,加位大将军。晋王讳之镇并州也,除行台右仆射,赐彩五百匹。韶性刚直,王甚惮之,每事咨询,不致违于法度。韶尝奉使检行长城,其后王穿池,起三山。韶既还,自锁而谏,王谢而罢之。高祖闻而嘉叹,赐金百两,并后宫四人。平陈之役,以本官为元帅府司马,帅师趣河阳,与大军会。既至寿阳,与高颎支度军机,无所拥滞。及克金陵,韶既镇焉。晋王讳班师,留韶于石头防遏,委以后事。岁余,征还,高祖谓公卿曰:"晋王以幼稚出藩,遂能克平吴、越,绥静江湖,子相之力也。"于是进位柱国,赐奴婢三百口,绵绢五千段。

　　开皇十一年,上幸并州,以其称职,特加劳勉。其后,上谓韶曰:

"自朕至此,公须鬓渐白,无乃忧劳所致?柱石之望,唯在于公,努力勉之!"韶辞谢曰:"臣比衰暮,殊不解作官人。"高祖曰:"是何意也?不解,是未用心耳。"韶对曰:"臣昔在昏季,犹且用心,况逢明圣,敢不罄竭!但神化精微,非驽蹇所逮。加以今年六十有六,桑榆云晚,比于畴昔,昏忘又多。岂敢自宽,以速身累,恐以衰暮,亏紊朝纲耳。"上劳而遣之。

秦王俊为并州总管,仍为长史。岁余,驰驿,入京,劳弊而卒,时年六十八。高祖甚伤惜之,谓秦王使者曰:"语尔王,我前令子相缓来,如何乃遣驰驿?杀我子相,岂不由汝邪?言甚凄怆。使有司为之立宅,曰:"往者何用宅为,但以表我深心耳。"又曰:"子相受我委寄,十有余年,终始不易,宠章未极,舍我而死乎!"发言流涕。因命取子相封事数十纸,传示群臣。上曰:"其直言匡正,裨益甚多,吾每披寻,未尝释手。"炀帝即位,追赠司徒、尚书令、灵豳等十州刺史、魏国公。子士隆嗣。

士隆略知书计,尤便弓马,慷慨有父风。大业之世,颇见亲重,官至备身将军,改封耿公。数令讨击山贼,往往有捷。越王侗称帝,士隆率数千兵自江、淮而至。会王世充僭号,甚礼重之,署尚书右仆射。士隆忧愤,疽发背卒。

元岩字君山,河南洛阳人也。父祯,魏敷州刺史。岩好读书,不治章句,刚鲠有器局,以名节自许,少与渤海高颎、太原王韶同志友善。仕周,释褐宣威将军、武贲给事。大冢宰宇文护见而器之,以为中外记室。累迁内史中大夫,昌国县伯。宣帝嗣位,为政昏暴,京兆郡丞乐运乃舆榇诣朝堂,陈帝八失,言甚切至。帝大怒,将戮之。朝臣皆恐惧,莫有救者。岩谓人曰:"臧洪同日,尚可俱死,其况比干乎!若乐运不免,吾将与之俱毙。"诣阁请见,言于帝曰:"乐运知书奏必死,所以不顾身命者,欲取后世之名。陛下若杀之,乃成其名,落其术内耳。不如劳而遣之,以广圣度。"运因获免。后帝将诛乌丸轨,岩不肯署诏。御正颜之仪切谏不入,岩进继之,脱巾顿颡,三拜三进。帝曰:"汝欲党乌丸轨邪?"岩曰:"臣非党轨,正恐滥诛失天下之望。"帝怒,使阉竖搏其面,遂废于家。

高祖为丞相,加位开府、民部中大夫。及受禅,拜兵部尚书,进爵平昌郡公,邑二千户。岩性严重,明达世务,每有奏议,侃然正色,庭诤面折,无所回避。上及公卿,皆敬惮之。时高祖初即位,每惩周代诸侯微弱,以致灭亡,由是分王诸子,权侔王室,以为磐石之固,遣晋王祎镇并州,蜀王秀镇益州。二王年并幼稚,于是盛选贞良有重望者为之僚佐。于时岩与王韶俱以骨鲠知名,物议称二人才具侔于高颎,由是拜岩为益州总管长史,韶为河北道行台右朴射。高祖谓之曰:"公宰相大器,今屈辅我儿,如曹参相齐之意也。"及岩到官,法令明肃,吏民称焉。蜀王性好奢侈,尝欲取獠口以为阉人,又欲生剖死囚,取胆为药。岩皆不奉教,排阁切谏,王辄谢而止,惮岩为人,每循法度。蜀中狱讼,岩所裁断,莫不悦服。其有得罪者,相谓曰:"平昌公与吾罪,吾何怨焉。"上甚嘉之,赏赐优洽。十三年,卒官,上悼惜久之。益州父老莫不殒涕,于今思之。岩卒之后,蜀王竟行其志,渐致非法,造浑天仪、司南车、记里鼓,凡所被服,拟于天子。又共妃出猎,以弹弹人,多捕山獠,以充宦者。僚佐无能谏止。及秀得罪,上曰:"元岩若在,吾儿岂有是乎!"子弘嗣。仕历给事郎、司朝谒者、北平通守。

刘行本,沛人也。父瑰,仕梁,历职清显。行本起家武陵国常侍。遇萧修以梁州北附,遂与叔父璠同归于周,寓居京兆之新丰。每以讽读为事,精力忘疲,虽衣食乏绝,晏如也。性刚烈,有不可夺之志。周大冢宰宇文护引为中外府记室。武帝亲总万机,转御正中士,兼领起居注。累迁掌朝下大夫。周代故事,天子临轩,掌朝典笔砚,持至御坐,则承御大夫取以进之。及行本为掌朝,将进笔于帝,承御复欲取之。行本抗声谓承御曰:"笔不可得。"帝惊视问之,行本为言于帝曰:"臣闻设官分职,各有司存。臣既不得佩承御刀,承御亦焉得取臣笔。"帝曰:"然。"因令二司各行所职。及宣帝嗣位,多失德,行本切谏忤旨，出为河内太守。

高祖为丞相，尉迥作乱，进攻怀州。行本率吏民拒之，拜仪同，赐爵文安县子。及践阼，征拜谏议大夫，检校治书侍御史。未几，迁黄门侍郎。上尝怒一郎，于殿前笞之。行本进曰："此人素清，其过又小，愿陛下少宽假之。"上不顾。行本于是正当上前曰："陛下不以臣不肖，置臣左右。臣言若是，陛下安得不听？臣言若非，当致之于理，以明国法，岂得轻臣而不顾也！臣所言非私。"因置笏于地而退，上敛容谢之，遂原所笞者。

于时天下大同，四夷内附，行本以党项羌密迩封域，最为后服，上表劾其使者曰："臣闻南蛮遵校尉之统，西域仰都护之威。比见西羌鼠窃狗盗，不父不子，无君无臣，异类殊方，于斯为下。不悟羁縻之惠，讵知含养之恩，狼戾为心，独乖正朔。使人近至，请付推科。"上奇其志焉。雍州别驾元肇言于上曰："有一州吏，受人馈钱三百文，依律合杖一百。然臣下车之始，与其为约。此吏故违，请加徒一年。"行本驳之曰："律令之行，并发明诏，与民约束。今肇乃敢重其教命，轻忽宪章。欲申己言之必行，忘朝廷之大信，亏法取威，非人臣之礼。"上嘉之，赐绢百匹。

在职数年，拜太子左庶子，领治书如故。皇太子虚襟敬惮。时唐令则亦为左庶子，太子昵狎之，每令以弦歌教内人。行本责之曰："庶子当匡太子以正道，何有嬖昵房帷之间哉！"令则甚惭而不能改。时沛国刘臻、平原明克让、魏郡陆爽并以文学为太子所亲。行本怒其不能调护，每谓三人曰："卿等正解读书耳。"时左卫率长史夏侯福为太子所昵，尝于阁内与太子戏。福大笑，声闻于外。行本时在阁下闻之，待其出，行本数之曰："殿下宽容，赐汝颜色。汝何物小人，敢为亵慢！"因付执法者治之。数日，太子为福致请，乃释之。太子尝得良马，令福乘而观之。太子甚悦，因欲令行本复乘之。行本不从，正色而进曰："至尊置臣于庶子之位者，欲令辅导殿下以正道，非为殿下作弄臣也。"太子惭而止。复以本官领大兴令，权贵惮其方直，无敢至门者。由是请托路绝，法令清简，吏民怀之。未几，卒官，上甚伤惜之。及太子废，上曰："嗟乎！若使刘行本在，勇当不及于此。"无子。

梁毗字景和，安定乌氏人也。祖越，魏泾、豫、洛三州刺史，邰阳县公。父茂，周沧、兖二州刺史。毗性刚謇，颇有学涉。周武帝时，举明经，累迁布宪下大夫。平齐之役，以毗为行军总管长史，克并州，毗有力焉。除为别驾，加仪同三司。宣政中，封易阳县子，邑四百户。迁武藏大夫。

高祖受禅，进爵为侯。开皇初，置御史官，朝廷以毗鲠正，拜治书侍御史，名为称职。寻转大兴令，迁雍州赞治。毗既出宪司，复典京邑，直道而行，无所回避，颇失权贵心，由是出为西宁州刺史，改封邯郸县侯。在州十一年。先是，蛮夷酋长皆服金冠，以金多者为豪隽，由此递相陵夺，每寻干戈，边境略无宁岁。毗患之。后因诸酋长相率以金遗毗，于是置金坐侧，封之恸哭而谓之曰："此物饥不可食，寒不可衣。汝等以此相灭，不可胜数。今将此来，欲杀我邪？"一无所纳，悉以还之。于是蛮夷感悟，遂不相攻击。高祖闻而善之，征为散骑常侍、大理卿。处法平允，时人称之。岁余，进位上开府。

毗见左仆射杨素贵宠擅权，百僚震慑，恐为国患，因上封事曰："臣闻臣无有作威福，臣之作威福，其害乎而家，凶乎而国。窃见左仆射、越国公素，幸遇愈重，权势日隆，搢绅之徒，属其视听。忤意者严霜夏零，阿旨者膏雨冬澍，荣枯由其唇吻，废兴候其指麾。所私皆非忠谠，所进咸是亲戚，子弟布列，兼州连县。天下无事，容息异图，四海稍虞，必为祸始。夫奸臣擅命，有渐而来。王莽资之于积年，桓玄基之于易世，而卒殄汉祀，终倾晋祚。季孙专鲁，田氏篡齐，皆载典诰，非臣臆说。陛下若以素为阿衡，臣恐其心未必伊尹也。伏愿揆鉴古今，量为处置，俾洪基永固，率土幸甚。轻犯天颜，伏听斧锧。"高祖大怒，命有司禁止，亲自诘之。毗极言曰："素既擅权宠，作威作福，将领之处，杀戮无道。又太子及蜀王罪废之日，百僚无不震悚，惟素扬眉奋肘，喜见容色，利国家有事以为身幸。"毗发言謇謇，有诚亮之节，高祖无以屈也，乃释之。素自此恩宠渐衰。但素任寄隆重，多所折挫，当时朝士无不慑伏，莫有敢与相是非。辞气不挠者，独毗与柳彧及尚书右丞李纲而已。后上不复专委于素，盖由察毗之言也。

炀帝即位，迁刑部尚书，并摄御史大夫事。奏劾宇文述私役部兵，帝议免述罪，毗固诤，因忤旨，遂令张衡代为大夫。毗忧愤，数月而卒。帝令吏部尚书牛弘吊之，赠缣五百匹。

子敬真，大业之世，为大理司直。时帝欲成光禄大夫鱼俱罗之罪，令敬真治其狱，遂希旨陷之极刑。未几，敬真有疾，见俱罗为之厉，数日而死。

柳彧字幼文，河东解人也。七世祖卓，随晋南迁，寓居襄阳。父仲礼，为梁将，败归周，复家本土。彧少好学，颇涉经史。周大冢宰宇文护引为中外府记室，久而出为宁州总管掾。武帝亲总万机，彧诣阙求试。帝异之，以为司武中士。转郑令。平齐之后，帝大赏从官，留京者不预。彧上表曰：“今太平告始，信赏宜明，酬勋报劳，务先有本。屠城破邑，出自圣规，斩将搴旗，必由神略。若负戈擐甲，征扦勤劳，至于镇抚国家，宿卫为重。俱禀成算，非专己能，留从事同，功劳须等。皇太子以下，实有守宗庙之功。昔萧何留守，茅土先于平阳，穆之居中，没后犹蒙优策。不胜管见，奉表以闻。”于是留守并加泛级。

高祖受禅，累迁尚书虞部侍郎，以母忧去职。未几，起为屯田侍郎，固让弗许。时制三品已上，门皆列戟。左仆射高颎子弘德封应国公，申牒请戟。彧判曰：“仆射之子更不异居，父之戟槊已列门外。尊有压卑之义，子有避父之礼，岂容外门既设，内阁又施！”事竟不行，颎闻而叹伏。后迁治书侍御史，当朝正色，甚为百僚之所敬惮。上嘉其婞直，谓彧曰：“大丈夫当立名于世，无容容而已。”赐钱十万，米百石。

于时刺史多任武将，类不称职。彧上表曰：“方今天下太平，四海清谧,共治百姓,须任其才。昔汉光武一代明哲,起自布衣,备知情伪,与二十八将,披荆棘,定天下,及功成之后,无所职任。伏见诏书以上柱国和平子为杞州刺史,其人年垂八十,钟鸣漏尽。前任赵州,暗于职务,政由群小,贿赂公行,百姓吁嗟,歌谣满道。乃云:'老禾不早杀,余种秽良田。'古人有云:'耕当问奴,织当问婢。'此言各有所能也。平子弓马武用,是其所长,治民莅职,非其所解。至尊思治,无忘寝兴,如谓优老尚年,自可厚赐金帛,若令刺举,所损殊大。臣死而后已,敢不竭诚。"上善之,平子竟免。有应州刺史唐君明,居母丧,娶雍州长史库狄士文之从父妹。彧劾之曰:"臣闻天地之位既分,夫妇之礼斯著,君亲之义生焉,尊卑之教攸设。是以孝惟行本,礼实身基,自国刑家,率由斯道。窃以爱敬之情,因心至切,丧纪之重,人伦所先。君明钻燧虽改,在文无变,忽劬劳之痛,成燕尔之亲,冒此苴缞,命彼褕翟。不义不昵,《春秋》载其将亡,无礼无仪,诗人欲其遄死。士文赞务神州,名位通显,整齐风教,四方是则。弃二姓之重匹,违六礼之轨仪。请禁锢终身,以惩风俗。"二人竟坐得罪。隋承丧乱之后,风俗颓坏,彧多所矫正,上甚嘉之。

　又见上勤于听受,百僚奏请,多有烦碎,因上疏谏曰:"臣闻自古圣帝,莫过唐、虞,象地则天,布政施化,不为丛脞,是谓钦明。语曰:'天何言哉,四时行焉。'故知人君出令,诚在烦数。是以舜任五臣,尧咨四岳,设官分职,各有司存,垂拱无为,天下以治。所谓劳于求贤,逸于任使。又云:'天子穆穆,诸侯皇皇。'此言君臣上下,体裁有别。比见四海一家,万机务广,事无大小,咸关圣听。陛下留心治道,无惮疲劳,亦由群司惧罪,不能自决,取判天旨。闻奏过多,乃至营造细小之事,出给轻微之物,一日之内,酬答百司,至乃日昃忘食,夜分未寝,动以文簿,忧劳圣躬。伏愿思臣至言,少减烦务,以怡神为意,以养性为怀,思武王安乐之义,念文王勤忧之理。若其经国大事,非臣下裁断者,伏愿详决。自余细务,责成所司,则圣体尽无疆之寿,臣下蒙覆育之赐也。"上览而嘉之。后以忤旨免。未几,复令视事,因谓彧曰:"无改尔心。"以其家贫,敕有司为之筑宅。因曰:

"柳彧正直士,国之宝也。"其见重如此。

右仆射杨素当涂显贵,百僚慑惮,无敢忤者。尝以少谴,敕送南台。素恃贵,坐彧床。彧从外来,见素如此,于阶下端笏整容谓素曰:"奉敕治公之罪。"素遽下。彧据案而坐,立素于庭,辨诘事状。素由是衔之。彧时方为上所信任,故素未有以中之。

彧见近代以来,都邑百姓每至正月十五日,作角抵之戏,递相夸竞,至于糜费财力,上奏请禁绝之,曰:"臣闻昔者明主训民治国,率履法度,动由礼典。非法不服,非道不行,道路不同,男女有别,防其邪僻,纳诸轨度。窃见京邑,爰及外州,每以正月望夜,充街塞陌,聚戏朋游。鸣鼓聒天,燎炬照地,人戴兽面,男为女服,倡优杂技,诡状异形。以秽嫚为欢娱,用鄙亵为笑乐,内外共观,曾不相避。高棚跨路,广幕陵云,袨服靓装,车马填噎。肴醑肆陈,丝竹繁会,竭赀破产,竞此一时。尽室并孥,无问贵贱,男女混杂,缁素不分。秽行因此而生,盗贼由斯而起。浸以成俗,实有由来,因循敝风,曾无先觉。非益于化,实损于民,请颁行天下,并即禁断。康哉《雅》、《颂》,足美盛德之形容,鼓腹行歌,自表无为之至乐。敢有犯者,请以故违敕论。"诏可其奏。是岁,持节巡省河北五十二州,奏免长吏脏污不称职者二百余人,州县肃然,莫不震惧。上嘉之,赐绢布二百匹、毡三十领,拜仪同三司。岁余,加员外散骑常侍,治书如故。仁寿初,复持节巡省太原道十九州。及还,赐绢百五十匹。

彧尝得博陵李文博所撰《治道集》十卷,蜀王秀遣人求之。彧送之于秀,秀复赐彧奴婢十口。及秀得罪,杨素奏彧以内臣交通诸侯,除名为民,配戍怀远镇。行达高阳,有诏征还。至晋阳,值汉王谅作乱,遣使驰召彧,将与计事。彧为使所逼,初不知谅反,将入城而谅反形已露。彧度不得免,遂诈中恶不食,自称危笃。谅怒,囚之。及谅败,杨素奏彧心怀两端,以候事变,迹虽不反,心实同逆,坐徙敦煌。杨素卒后,乃自申理,有诏征还京师,卒于道。有子绍,为介休令。

　　赵绰,河东人也,性质直刚毅。在周,初为天官府史,以恭谨恪勤,擢授夏官府下士。稍以明干见知,累转内史中士。父艰去职,哀毁骨立,世称其孝。既免丧,又为掌教中士。高祖为丞相,知其清正,引为录事参军。寻迁掌朝大夫,从行军总管是云晖击叛蛮,以功拜仪同,赐物千段。

　　高祖受禅,授大理丞。处法平允,考绩连最,转大理正。寻迁尚书都官侍郎,未几,转刑部侍郎。治梁士彦等狱,赐物三百段,奴婢十口,马二十匹。每有奏谳,正色侃然,上嘉之,渐见亲重。上以盗贼不禁,将重其法。绰进谏曰:"陛下行尧舜之道,多存宽宥。况律者天下之大信,其可失乎!"上忻然纳之,因谓绰曰:"若更有闻见,宜数陈之也。迁大理少卿。故陈将萧摩诃,其子世略在江南作乱,诃当从坐。上曰:"世略年未二十,亦何能为!以其名将之子,为人所逼耳。"因赦摩诃。绰固谏不可,上不能夺,欲绰去而赦之。固命绰退食。绰曰:"臣奏狱未决,不敢退朝。上曰:"大理其为朕特赦摩诃也。"因命左右释之。刑部侍郎辛亶,尝衣绯裈,俗云利于官,上以为厌蛊,将斩之。绰曰:"据法不当死,臣不敢奉诏。"上怒甚谓绰曰:"卿惜辛亶而不自惜也?"命左仆射高颎将绰斩之,绰曰:"陛下宁可杀臣,不得杀辛亶。"至朝堂,解衣当斩,上使人谓绰曰:"竟何如?"对曰:"执法一心,不敢惜死。"上拂衣而入,良久乃释之。明日,谢绰,劳勉之,赐物三百段。时上禁行恶钱,有二人在市,以恶钱易好者,武候执以闻,上令悉斩之。绰进谏曰:"此人坐当杖,杀之非法。"上曰:"不关卿事。"绰曰:"陛下不以臣愚暗,置在法司,欲妄杀人,岂得不关臣事!"上曰:"撼大木不动者,当退。"对曰:"臣望感天心,何论动木!"上复曰:"啜羹者,热则置之。天子之威,欲相挫耶?"绰拜而益前,诃之不肯退。上遂入。治书侍御史柳或复上奏切谏,上乃止。上以绰有诚直之心,每引入阁中,或遇上与皇后同榻,即呼绰坐,评论得失。前后赏赐万计。其后进位开府,赠其父为蔡州刺史。

　　时河东薛胄为大理卿,俱名平恕。然胄断狱以情,而绰守法,俱为称职。上每谓绰曰:"朕于卿无所爱惜,但卿骨相不当贵耳。"仁寿中,卒官,时年六十三。上为之流涕,中使吊祭,鸿胪监护丧事。有二子:元方、元袭。

裴肃字神封,河东闻喜人也。父侠,周民部大夫。肃少刚正,有局度,少与安定梁毗同志友善。仕周,释褐给事中士,累迁御正下大夫。以行军长史从韦孝宽征淮南。属高祖为丞相,肃闻而叹曰:"武帝以雄才定六合,坟土未乾,而一朝迁革,岂天道欤!"高祖闻之,甚不悦,由是废于家。

开皇五年,授膳部侍郎。后二岁,迁朔州总管长史,转贝州长史,俱有能名。仁寿中,肃见皇太子勇、蜀王秀、左仆射高颎俱废黜,遣使上书曰:"臣闻事君之道,有犯无隐,愚情所怀,敢不闻奏。窃见高颎以天挺良才,元勋佐命,陛下光宠,亦已优隆。但鬼瞰高明,世疵俊异,侧目求其长短者,岂可胜道哉!愿陛下录其大功,忘其小过。臣又闻之,古先圣帝教而不诛,陛下至慈,度越前圣。二庶人得罪已久,宁无革心?愿陛下弘君父之慈,顾天性之义,各封小国,观其所为。若能迁善,渐更增益,如或不悛,贬削非晚。今者自新之路永绝,愧悔之心莫见,岂不哀哉!"书奏,上谓杨素曰:"裴肃忧我家事,此亦至诚也。"于是征肃入朝。皇太子闻之,谓左庶子曰:"使勇自新,欲何为也?"衡曰:"观肃之意,欲令如吴太伯、汉东海王耳。"皇太子甚不悦。顷之,肃至京师,见上于含章殿,上谓肃曰:"吾贵为天子,富有四海,后宫宠幸,不过数人,自勇以下,并皆同母,非为憎爱轻事废立。"因言勇不可复收之意。既而罢遣之。

未几,上崩。炀帝嗣位,不得调者久之,肃亦杜门不出。后执政者以岭表荒遐,遂希旨授肃永平郡丞,甚得民夷心。岁余,卒,时年六十二。夷、獠思之,为立庙于郫江之浦。有子尚贤。

史臣曰:猛兽之处山林,藜藿为之不采,正臣之立朝廷,奸邪为之折谋。皆志在匡躬,义形于色,岂惟纲纪由其隆替,抑亦社稷系以存亡者也。晋、蜀二王,帝之爱子,擅以权宠,莫拘宪令,求其恭肃,不亦难乎！元严、王韶，任当彼相，并见岩惮，莫敢为非，謇谔之风，有足称矣。行本正色于房陵，梁毗抗言于杨素，直辞鲠气，懔焉可想。赵绰之居大理，囹圄无冤，柳彧之处宪台，奸邪自肃。然不畏强御，梁毗其有焉，邦之司直，行本、柳彧近之矣。裴肃朝不坐，宴不预，忠诚慷慨，犯忤龙鳞，固知嫠妇忧宗周之亡，处女悲太子之少，非徒语也。方诸前载，有阎纂之风焉。

隋书卷六三
列传第二八

樊子盖　史祥　元寿
杨义臣　卫玄　刘权

樊子盖字华宗，庐江人也。祖道则，梁越州刺史。父儒，侯景之乱奔于齐，官至仁州刺史。子盖解褐武兴王行参军，出为慎县令，东汝、北陈二郡太守，员外散骑常侍，封富阳县侯，邑五百户。周武帝平齐，授仪同三司，治郢州刺史。

高祖受禅，以仪同领乡兵，后陈枞阳太守。平陈之役，以功加上开府，改封上蔡县伯，食邑七百户，赐物三千段，粟九千斛。拜辰州刺史，俄转嵩州刺史。母忧去职。未几，起授齐州刺史，固让，不许。其年，转循州总管，许以便宜从事。十八年，入朝，奏岭南地图，赐以良马杂物，加统四州，令还任所，遣光禄少卿柳謇之饯于霸上。

炀帝即位，征还京师，转凉州刺史。子盖言于帝曰："臣一居岭表，十载于兹，犬马之情，不胜恋恋。愿趋走阙庭，万死无恨。"帝赐物三百段，慰谕遣之。授银青光禄大夫，武威太守，以善政闻。大业三年入朝，帝引之内殿，特蒙褒美。乃下诏曰："设官之道，必在用贤，安人之术，莫如善政。龚、汲振德化于前，张、杜垂清风于后，共治天下，实资良守。子盖干局通敏，操履清洁，自剖符四服，爱惠为先，抚道有方，宽猛得所，处脂膏不润其质，酌贪泉岂渝其性，故能治绩克彰，课最之首。凡厥在位，莫匪王臣，若能人思奉职，各展其效，朕将冕旒垂拱，何忧不治哉！"于是进位金紫光禄大夫，赐物千段,太守如故。

五年,车驾西巡,将入吐谷浑。子盖以彼多鄣气,献青木香以御雾露。及帝还,谓之曰:"人道公清,定如此不?"子盖谢曰:"臣安敢言清,止是小心不敢纳贿耳。"由此赐之口味百余斛。又下诏曰:"导德齐礼,实惟共治,征恶劝善,用明黜陟。腾亲巡河右,观省人风,所历郡县,访采治绩,罕遵法度,多蹈刑网。而金紫光禄大夫、武威太守樊子盖,执操清洁,处涅不渝,立身雅正,临人以简。威惠兼举宽猛相资,故能畏而爱之,不严斯治。实字人之盛绩,有国之良臣,宜加褒显,以弘奖励。可右光禄大夫,太守如故。"赐缣千匹,粟麦二千斛。子盖又自陈曰:"臣自南裔,即适西垂,常为外臣,未居内职。不得陪属车,奉舟陛,溘死边城,没有遗恨。惟陛下察之。"帝曰:"公侍朕则一人而已,委以西方则万人之敌,宜识此心。"

六年,帝避暑陇川宫,又云欲幸河西。子盖倾望銮舆,愿巡郡境。帝知之,下诏曰:"卿夙怀恭顺,深执诚心,闻朕西巡,欣然望幸。丹款之至,甚有可嘉,宜保此纯诚,克终其美。"是岁,朝于江都宫,帝谓之曰:"富贵不还故乡,真衣绣夜行耳。"敕庐江郡设三千人会,赐米麦六千石,使谒坟墓,宴故老。当时荣之。还除民部尚书。时处罗可汗及高昌王款塞,复以子盖检校武威太守,应接二蕃。

辽东之役,征摄左武卫将军,出长岑道。后以宿卫不行。进授左光禄大夫,尚书如故。其年帝还东都,以子盖为涿郡留守。九年,车驾复幸辽东,命子盖为东都留守。属杨玄感作逆,来逼王城,子盖遣河南赞治裴弘策逆击之,返为所败,遂斩弘策以徇。国子祭酒杨汪小有不恭,子盖又将斩之。汪拜谢,顿首流血,久乃释免。于是三军莫不战慄,将吏无敢仰视。玄感每尽锐攻城,子盖徐设备御,至辄摧破,故久不能克。会来护儿等救至,玄感解去。子盖凡所诛杀者数万人。

又检校河南内史。车驾至高阳,追诣行在所。既而引见,帝逆劳之曰:"昔高祖留萧何于关西,光武委寇恂以河内,公其人也。"子盖谢曰:"臣任重器小,宁可窃譬两贤!但以陛下威灵,小盗不足除耳。"进位光禄大夫,封建安侯,尚书如故。赐缣三千匹,女乐五十人。子盖固让,优诏不许。帝顾谓子盖曰:"朕遣越王留守东都,示以皇枝盘石;社稷大事,终以委公。特宜持重,戈甲五百人而后出,此亦勇夫重闭之义也。无赖不轨者,便诛锄之。凡可施行,无劳形迹。今为公别造玉麟符,以代铜兽。"又指越、代二王曰:"今以二孙委公与卫文升耳。宜选贞良宿德有方幅者教习之。动静之节,宜思其可。"于是赐以良田、甲第。

十年冬,车驾还东都,帝谓子盖曰:"玄感之反,神明故以彰公赤心耳。折珪进爵,宜有令谟。"是日下诏,进爵为济公,言其功济天下,特为立名,无此郡国也。赐缣三千匹,奴婢二十口。后与苏威、宇文述陪宴积翠亭,帝亲以金杯属子盖酒,曰:"良算嘉谋,俟公后动,即以此杯赐公,用为永年之瑞。"并绮罗百匹。

十一年,从驾汾阳宫。至于雁门,车驾为突厥所围,频战不利。帝欲以精骑溃围而出,子盖谏曰:"陛下万乘之主,岂宜轻脱,一朝狼狈,虽悔不追。未若守城以挫其锐,四面征兵,可立而待。陛下亦何所虑,乃欲身自突围!"因垂泣"愿暂停辽东之役,以慰众望。圣躬亲出慰抚,厚为勋格,人心自奋,不足为忧"。帝从之。其后援兵稍至,虏乃引去。纳言苏威追论勋格太重,宜在斟酌。子盖执奏不宜失信。帝曰:"公欲收物情邪?"子盖默然不敢对。

从驾还东都。时绛郡贼敬盘陀、柴保昌等阻兵数万,汾、晋苦之。诏令子盖进讨。于时人物殷阜,子盖善恶无所分别,汾水之北,村坞尽焚之。百姓大骇,相率为盗。其有归首者,无少长悉坑之。拥数万之众,经年不能破贼,有诏征还。又将兵击宜阳贼,以疾停,卒于京第,时年七十有二。上悲伤者久之,顾谓黄门侍郎悲矩曰:"子盖临终有何语?"矩对曰:"子盖病笃,深恨雁门之耻。"帝闻而叹息,令百官就吊,赐缣三百匹,米五百斛,赠开府仪同三司,谥曰景。会葬者万余人。武威民吏闻其死,莫不嗟痛,立碑颂德。

子盖无他权略,在军持重,未尝负败,临民明察,下莫敢欺。然严酷少恩,果于杀戮,临终之日,见断头鬼前后重沓为之厉云。

史祥字世休，朔方人也。父宁，周少司徒。祥少有文武才干，仕周太子车右中士，袭爵武遂县公。高祖践阼，拜仪同，领交州事，进爵阳城郡公。祥在州颇有惠政。后数年，转骠骑将军。伐陈之役，从宜阳公王世积，以舟师出九江道，先锋与陈人合战，破之，进拔江州。上闻而大悦，下诏曰："朕以陈叔宝世为僭逆，挺虐生民，故命诸军救彼涂炭。小寇狼狈，顾恃江湖之险，遂敢泛丹楫，拟抗王师。公亲率所部，应机奋击，沉溺俘获，厥功甚茂。又闻帅旅进取江州。行军总管、襄邑公贺若弼既获京口，新义公韩擒寻克姑熟。骠骑既渡江岸，所在横行。晋王兵马即入建业，清荡吴、越，旦夕非远。骠骑高才壮志，是朕所知，善为经略，以取大赏，使富贵功名永垂竹帛也。"进位上开府。寻拜蕲州总管，未几，征拜左领左右将军。后以行军总管从晋王广击突厥于灵武，破之。迁右卫将军。

仁寿中，率兵屯弘化以备胡。炀帝时在东宫，遗祥书曰：

> 将军总戎塞表，胡虏清尘，秣马休兵，犹事校猎，足使李广惭勇，魏尚愧能，冠彼二贤，独在吾子。昔余滥举，推毂治兵，振皇灵于塞外，驱犬羊乎大漠。于时同行军旅，契阔戎旃，望龙城而冲冠，眈狼居而发愤。将军英图不世，猛气无前，但物不遂心，黾勉从事。每一思此，我劳如何。将军宿心素志，早同胶漆，久而敬之，方成鱼水。

> 近者陪随銮驾，言旋上京，本即述职南蕃，宣条下国，不悟皇鉴曲发，备位少阳，战战兢兢，如临冰谷。至如建节边境，征伐四方，褰帷作牧，绥抚百姓，上禀成规，下尽臣节，是所愿也，是所甘心。仰慕前修，庶得自效。谬其入守神器，元良万国，身轻负重，何以克堪！所望故人匡其不逮。

> 比监国多暇，养疾闲宫，厌北阁之端居，罢南皮之驰射。博望之苑，既乏名贤，飞盖之园，理乖终宴。亲朋远矣，琴书寂然，想望吾贤，疹如疾首。

祥答书曰：

行人戾止,奉所赐况,恩纪绸缪,形于文墨。不悟飞雪增冰之地,忽载三阳,氃幙韦韝之乡,俄闻九奏。精骇思越,莫知启处。

祥少不学军旅,长遇升平,幸以先人绪余,备职宿卫。惧驽蹇无致远之用,朽薄非折冲之材,岂欲追踪古人,语其优劣?曩者王师薄伐,天人受胏,绝漠扬旌,威震海外。当此之时,猛将如云,谋夫如雨,至若祥者,列于卒伍,预闻指踪之规,得免逗遛之责,循涯揣分,实为幸甚。爰以情喻雷、陈,事方刘、葛,信圣人之屈己,非庸人之拟议。何则?川泽之大,污潦攸归,松柏之高,茑萝斯托。微心眷眷,孟侯所知也。仰惟体元良之德,焕重离之晖,三善克修,万邦以正。斯固道高周诵,契叶商皓,岂在管蠡所能窥测!

伏承监国多暇,养德怡神,咀嚼六经,逍遥百氏。追西园之爱客,眷南皮之出游,畴昔之恩,无忘造次。祥自忝式遏,载罹寒暑,身在边隅,情驰魏阙。每至清风夕起,朗月孤照,想鸣葭之启路,思托乘于后车。塞表京华,山川悠远,瞻望浮云,伏增潜结。

太子甚亲遇之。

炀帝即位,汉王谅发兵作乱,遣其将綦良自滏口徇黎阳,塞白马津,余公理自太行下河内。帝以祥为行军总管,军于河阴,久不得济。祥谓军吏曰:"余公理轻而无谋,才用素不足称。又新得志,谓其众可恃。恃众必骄。且河北人先不习兵,所谓拥市人而战。以吾筹之,不足图也。"乃令军中修攻具,公理使谍知之,果屯兵于河阳内城以备祥。祥于是舣船南岸,公理聚甲以当之,祥乃简精锐于下流潜渡,公理率众拒之。东趣黎阳讨綦良等。良列阵以待,兵未接,良弃军而走。于是其众大溃,祥纵兵乘之,杀万余人。进位上大将军,赐缣彩七千段,女妓十人,良马二十匹。转太仆卿。帝尝赐祥诗曰:"伯絷朝寄重,夏侯亲遇深。贵耳唯闻古,贱目讵知今!早擅劲草质,久有背淮心。扫逆黎山外,振旅河之阴。功已书王府,留情

《太仆箴》。"祥上表辞谢,帝降手诏曰:"昔岁劳公问罪河朔,贼尔日塞两关之路,据仓阻河,百姓胁从,人亦众矣。公竭诚奋勇,一举克定。《诗》不云乎:'丧乱既平,既安且宁',非英才大略,其孰能与于此邪!故聊示所怀,亦何谢也。"

寻迁鸿胪卿。时突厥启民可汗请朝,帝遣祥迎接之。从征吐谷浑,祥率众出间道击虏,破之,俘男女千余口。赐奴婢六十人,马三百匹。进位左光禄大夫,拜左骁卫将军。及辽东之役,出蹋顿道,不利而还。由是除名为民。俄拜燕郡太守,被贼高开道所围,祥称疾不视事。及城陷,开道甚礼之。会开道与罗艺通和,送祥于涿郡,卒于途。

有子义隆,永年令。祥兄云,字世高,弟威,字世武,并有干局。云官至莱州刺史、武平县公,威官至武贲郎将、武当县公。

元寿字长寿,河南洛阳人也。祖敦,魏侍中、邵陵王。父宝,周凉州刺史。寿少孤,性仁孝,九岁丧父,哀毁骨立,宗族乡党咸异之。事母以孝闻。及长,方直,颇涉经史。周武成初,封隆城县侯,邑千户。保定四年,改封仪陇县侯,授仪同三司。

开皇初,议伐陈,以寿有思理,奉使于淮浦监修船舰,以强济见称。四年,参督曹渠之役,授尚书主爵侍郎。八年,从晋王伐陈,除行台左丞,兼领元帅府属。及平陈,拜尚书左丞。高祖尝出苑观射,文武并从焉。开府萧摩诃妻患且死,奏请遣子向江南收其家产,御史见而不言。寿奏劾之曰:

臣闻天道不言,功成四序,圣皇垂拱,任在百司。御史之官,义存纠察,直绳莫举,宪典谁寄?今月五日,銮舆徙跸,亲临射苑,开府仪同三司萧摩诃幸厕朝行,预观盛礼,奏称请遣子世略暂往江南重收家产。妻安遇患,弥留有日,安若长逝,世略不合此行。窃以人伦之议,伉俪为重,资爱之道,乌鸟弗亏。摩诃远念资财,近忘匹好,又命其子舍危惙之母,为聚敛之行。一言才发,名教顿尽。而兼殿内侍御史臣韩微之等亲所闻见,竟不弹纠。若知非不举,事涉阿纵,如不以为非,岂关理识?谨按仪同三司、太子左庶子、检校治书侍御史臣刘行本出入宫省,备蒙任遇,摄职宪台,时月稍久,庶能整肃缨冕,澄清风教。而在法司亏失宪体,瓶罄罍耻,何所逃愆!臣谬膺朝寄,忝居左辖,无容寝嘿,谨以状闻。其行本、微之等,请付大理。

上嘉纳之。寻授太常少卿。数年,拜基州刺史,在任有公廉之称。入为太府少卿,进位开府。

炀帝嗣位,汉王谅举兵反,左仆射杨素为行军元帅。寿为长史。寿每遇贼,为士卒先,以功授大将军,迁太府卿。四年,拜内史令,从帝西讨吐谷浑。寿率众屯金山,东西连营三百余里,以围浑主。及还,拜右光禄大夫。七年,兼左翊卫将军,从征辽东。行至涿郡,遇疾卒,时年六十三。帝悼惜焉,哭之甚恸。赠尚书右仆射、光禄大夫,谥曰景。

子敏,颇有才辩,而轻险多诈。寿卒后,帝追思之,擢敏为守内史舍人,而交通博徒,数漏泄省中语。化及之反也,敏创其谋,伪授内史侍郎,为沈光所杀。

杨义臣,代人也,本姓尉迟氏。父崇,仕周为仪同大将军,以兵镇恒山。时高祖甚亲待之。及为丞相,尉迥作乱,崇以宗族之故,自囚于狱,遣使请罪。高祖下书慰谕之,即令驰驿入朝,恒置左右。开皇初,封秦兴县公。岁余,从行军总管达奚长儒击突厥于周盘,力战而死。赠大将军、豫州刺史,以义臣袭崇官爵。

时义臣尚幼,养于宫中,年未弱冠,奉诏宿卫如千牛者数年,赏赐甚厚。上尝从容言及恩旧,顾义臣嗟叹久之,因下诏曰:"朕受命之初,群凶未定,明识之士,有足可怀。尉义臣与尉迥,本同骨肉,既狂悖作乱邺城,其父崇时在常山,典司兵甲,与迥邻接,又是至亲。知逆顺之理,识天人之意,即陈丹款,虑染恶徒,自执有司,请归相府。及北夷内侵,横戈制敌,轻生重义,马革言旋。操表存亡,事贯幽显,虽高官大赏,延及于世,未足表松筠之志,彰节义之门。义臣可赐姓杨氏,赐钱三万贯,酒三十斛,米麦各百斛,编之属籍,为皇从孙。"未几,拜陕州刺史。义臣性谨厚,能驰射,有将领之才,由是上甚重之。其后突厥达头可汗犯塞,以行军总管率步骑三万出白道,与贼遇,战,大破之。明年,突厥又寇边,雁门、马邑多被其患。义臣击之,虏遂出塞,因而追之,至大斤山,与虏相遇。时太平公史万岁军亦至,义臣与万岁合军击虏,大破之。万岁为杨素所陷而死,义臣功竟不录。仁寿初,拜朔州总管,赐以御甲。

炀帝嗣位,汉王谅作乱并州。时代州总管李景为汉王将乔钟葵所围,诏义臣。率马步二万,夜出西陉,迟明行数十里。钟葵觇见义臣兵少,悉众拒之。钟葵亚将王拔,骁勇,善用槊,射之者不能中,每以数骑陷阵。义臣患之,募能当拔者。车骑将军杨思恩请当之。义臣见思恩气貌雄勇,顾之曰:"壮士也!"赐以卮酒。思恩望见拔立于阵后,投觯于地,策马赴之。再往不克,义臣复选骑士十余人从之。思恩遂突击,杀数人,直至拔麾下。短兵方接,所从骑士退,思恩为拔所杀。拔遂乘之,义臣军北者十余里。于是购得思恩尸,义臣哭之甚恸,三军莫不下泣。所从骑士皆腰斩。义臣自以兵少,悉取军中牛驴,得数千头,复令兵数百人,人持一鼓,潜驱之涧谷间,出其不意。义臣晡后复与钟葵军战,兵初合,命驱牛驴者疾进。一时鸣鼓,尘埃张天,钟葵军不知,以为伏兵发,因而大溃,纵击破之。以功进位上大将军,赐物二千段,杂彩五百段,女妓十人,良马二十匹。寻授相州刺史。

后三岁,征为宗正卿。未几,转太仆卿。从征吐谷浑,令义臣屯琵琶峡,连营八十里,南接元寿,北连段文振,合围浑主于覆袁川。其后复征辽东,以军将指肃慎道。至鸭绿水,与乙支文德战,每为先锋,一日七捷。后与诸军俱败,竟坐免。俄而复位。明年,以为军副,与大将军宇文述趣平壤。至鸭绿水,会杨玄感作乱班师,检校赵郡太守。妖贼向海公聚众作乱,寇扶风、安定间,义臣奉诏击平之。寻从帝复征辽东,进位左光禄大夫。时渤海高士达、清河张金称并相聚为盗,众已数万,攻陷郡县。帝遣将军段达讨之,不能克,诏义臣率辽东还兵数万击之,大破士达,斩金称。又收合降贼,入豆子航,讨格谦,擒之,以状闻奏。帝恶其威名,遽追入朝,贼由是复盛。义臣以功进位光禄大夫,寻拜礼部尚书。未几,卒官。

卫玄字文升,河南洛阳人也。祖悦,魏司农卿。父撝,侍中、左武卫大将军。玄少有器识,周武帝在藩,引为记室。迁给事上士,袭爵兴势公,食邑四千户。转宣纳下大夫。武帝亲总万机,拜益州总管长史,赐以万钉宝带。稍迁开府仪同三司、太府中大夫,治内史事,仍领京兆尹,称为强济。宣帝时,以忤旨免官。

高祖作相,检校熊州事。和州蛮反,玄以行军总管击平之。及高祖受禅,迁淮州总管,进封同轨郡公,坐事免。未几,拜岚州刺史。会起长城之役,诏玄监督之。俄检校朔州总管事。后为卫尉少卿。仁寿初,山獠作乱,出为资州刺史以镇抚之。玄既到官,时獠攻围大牢镇,玄单骑造其营,谓群獠曰:“我是刺史,衔天子诏安养汝等,勿惊惧也。”诸贼莫敢动。于是说以利害,渠帅感悦,解兵而去,前后归附者十余万口。高祖大悦,赐缣二千匹,除遂州总管,仍令剑南安抚。

炀帝即位,复征为卫尉卿。夷、獠攀恋,数百里不绝。玄晓之曰:“天子诏征,不可久住。”因与之诀,夷、獠各挥涕而去。岁余,迁工部尚书。其后拜魏郡太守,尚书如故。帝谓玄曰:“魏郡名都,冲要之所,民多奸宄,是用烦公。此郡去都,道里非远,宜数往来,询谋朝政。”赐物五百段而遣之。未几,拜右候卫大将军,检校左候卫事。大业八年,转刑部尚书。辽东之役,检校右御卫大将军,率师出增地道。时诸军多不利,玄独全众而还。拜金紫光禄大夫。

九年,车驾幸辽东,使玄与代王侑留守京师,拜为京兆内史,尚书如故。许以便宜从事,敕代王待以师傅之礼。会杨玄感围逼东都,玄率步骑七万援之。至华阴,掘杨素冢,焚其骸骨,夷其茔域,示士卒以必死。既出潼关,议者恐崤、函有伏兵,请于陕县沿流东下,直趣河阳,以攻其背。玄曰:“以吾度之,此计非竖子所及。”于是鼓行而进。既度函谷，卒如所量。于是遣武贲郎将张峻为疑军于南道，玄以大兵直趣城北。玄感逆拒之，且战且行，屯军金谷。于军中扫地而祭高祖曰："刑部尚书、京兆内史臣卫文升，敢昭告于高祖文皇帝之灵。自皇家启运，三十余年，武功文德，渐被海外。杨玄感孤负圣恩，躬为蛇豕，峰飞蚁聚，犯我王略。臣二世受恩，一心事主，董率熊罴，起枭凶逆。若社稷灵长，宜令丑徒冰碎，如或大运去矣，幸使老臣先死。"词气抑扬，三军莫不涕咽。时众寡不敌，与贼频战不利，死伤太半。玄感尽锐来攻，玄苦战，贼稍却，进屯北芒。会宇文述、来护儿等援兵至，玄感惧而西遁。玄遣通议大夫斛斯万善、监门直阁庞玉前锋追之，及于阌乡，与宇文述等合击破之。车驾至高阳，征诣行在所。帝劳之曰："社稷之臣也。使朕无西顾之忧。"乃下诏曰："近者妖氛充斥，扰动关、河，文升率励义勇，应机响赴，表里奋击，摧破凶丑，宜升荣命，式弘赏典。可右光禄大夫。"赐以良田、甲第，资物巨万。还镇京师，帝谓之曰："关右之任，一委于公，公安，社稷乃安；公危，社稷亦危。出入须有兵卫，坐卧恒宜自牢，勇夫重闭，此其义也。今特给千兵，以充侍从。"赐以玉麟符。

十一年，诏玄安抚关中。时盗贼蜂起，百姓饥馑，玄竟不能救恤，而官方坏乱，货贿公行。玄自以年老，上表乞骸骨，帝使内史舍人封德彝驰谕之曰："京师国本，王业所基，宗庙园陵所在。藉公耆旧，卧以镇之。朕为国计，义无相许，故遣德彝口陈指意。"玄乃止。义师入关，自知不能守，忧惧称疾，不知政事。城陷，归于家。义宁中卒，时年七十七。

子孝则，官至通事舍人、兵部承务郎，早卒。

刘权字世略，彭城丰人也。祖轨，齐罗州刺史。权少有侠气，重然诺，藏亡匿死，吏不敢过门。后更折节好学，动循法度。初为州主簿，仕齐，释褐奉朝请、行台郎中。及齐灭，周武帝以为假淮州刺史。

高祖受禅，以车骑将军领乡兵。后从晋王广平陈，以功进授开府仪同三司，赐物三千段。宋国公贺若弼甚礼之。开皇十二年，拜苏州刺史,赐爵宗城县公。于时江南初平,物情尚扰,权抚以恩信,甚得民和。

炀帝嗣位,拜卫尉卿,进位银青光禄大夫。大业五年,从征吐谷浑,权率众出伊吾道,与贼相遇,击走之。逐北至青海,虏获千余口,乘胜至伏俟城。帝复令权过曼头、赤水,置河源郡、积石镇,大开屯田,留镇西境。在边五载,诸羌怀附,贡赋岁入,吐谷浑余烬远遁,道路无壅。征拜司农卿,加位金紫光禄大夫。

寻为南海太守。行至鄱阳,会群盗起,不得进,诏令权召募讨之。权率兵与贼相遇,不与战,先乘单舸诣贼营,说以利害。群贼感悦,一时降附。帝闻而嘉之。既至南海,甚有异政。数岁,遇盗贼群起,数来攻郡。豪帅多愿推权为首,权竟尽力固守以拒之。子世彻又密遣人赍书诣权,称四方扰乱,英雄并起,时不可失,讽令举兵。权召集佐僚,对斩其使,竟无异图,守之以死。卒官,时年七十。

世彻倜傥不羁,颇为时人所许。大业末,群雄并起,世彻所至之处,辄为所忌,多拘禁之,后竟为衮州贼帅徐圆朗所杀。

权从父烈,字子将,美容仪,有器局,官至鹰扬郎将。有子德威,知名于世。

史臣曰:子盖雅有干局,质性严敏,见义而勇,临机能断,保全都邑,勤亦懋哉!杨谅干纪,史祥著独克之效,群盗侵扰,义臣致三捷之功。此皆名重当年,声流后叶者也。元寿弹奏行本,有意存夫名教,然其计功称伐,犹居义臣之后,端揆之赠,不已优乎?文升,东都解围,颇亦宣力,西京居守,政以贿成,鄙哉鄙哉,夫何足数!刘权,淮、楚旧族,早著雄名,属扰攘之辰,居尉佗之地,遂能拒子邪计,无所觊觎,虽谢勤王之谋,足为守节之士矣。

隋书卷六四
列传第二九

李圆通　　陈茂　　张定和
张奫　　麦铁杖　　沈光
来护儿　　鱼俱罗　　陈稜
王辩　斛斯万善

　　李圆通,京兆泾阳人也。父景,以军士隶武元皇帝,因与家僮黑
女私,生圆通。景不之认,由是孤贱,给使高祖家。及为隋国公,擢
授参军事。初,高祖少时,每宴宾客,恒令圆通监厨。圆通性严整,
左右婢仆咸所敬惮。唯世子乳母恃宠轻之,宾客未供,每有干请,圆
通不许,或辄持去。圆通大怒,叱厨人挝之数十,叫呼之声彻于阁
内,僚吏左右代其失色。宾去之后,高祖具知之,召圆通,命坐赐食,
从此独善之,以为堪当大任。
　　高祖作相,赐封怀昌男。久之,授帅都督,进爵新安子,委以心
膂。圆通多力劲捷,长于武用。周氏诸王素惮高祖,每伺高祖之隙,
图为不利;赖圆通保护,获免者数矣。高祖深感之,由是参预政事。
授相国外兵曹,仍领左亲信。寻授上仪同。高祖受禅,拜内史侍郎,
领左卫长史,进爵为伯。历左右庶子、给事黄门侍郎,尚书左丞,摄
刑部尚书,深被任信。后以左丞领左翊卫骠骑将军。伐陈之役,圆
通以行军总管从杨素出信州道,以功进位大将军,进封万安县侯,

拜扬州总管长史。寻转并州总管长史。秦孝王仁柔自善,少断决,府中事多决于圆通。入为司农卿、治粟内史,迁刑部尚书。后数岁,复为并州长史。孝王以奢侈得罪,圆通亦坐免官。寻检校刑部尚书事。仁寿中,以勋旧进爵郡公。

炀帝嗣位,拜兵部尚书。帝幸扬州,以圆通留守京师。判宇文述田以还民,述诉其受赂。帝怒而征之,见帝于洛阳,坐是免官。圆通忧惧发疾而卒。赠柱国,封爵悉如故。子孝常,大业末,为华阴令。

陈茂,河东猗氏人也。家世寒微,质直恭谨,为州里所敬。高祖为隋国公,引为僚佐,遇待与圆通等。每令典家事,未尝不称旨,高祖善之。后从高祖与齐师战于晋州,贼甚盛,高祖将挑战,茂固止不得,因捉马鞚。高祖忿之,拔刀斫其额,流血被面,词气不挠。高祖感而谢之,厚加礼敬。其后官至上士。高祖为丞相,委以心膂。及受禅,拜给事黄门侍郎,封魏城县男,每典机密。在官十余年,转益州总管司马,迁太府卿,进爵为伯。后数载,卒官。子政嗣。

政字弘道,倜傥有文武大略,善钟律,便弓马。少养宫中,年十七,为太子千牛备身。时京师大侠刘居士重政才气,数从之游。圆通子孝常与政相善,并与居士交结。及居士下狱诛,政及孝常当从坐,上以功臣子,挞之二百而赦之。由是不得调。炀帝时,授协律郎,迁通事谒者,兵曹承务郎。帝美其才,甚重之。宇文化及之乱也,以为太常卿。后归大唐,卒于梁州总管。

张定和字处谧,京兆万年人也。少贫贱,有志节。初为侍官。会平陈之役,定和当从征,无以自给。其妻有嫁时衣服,定和将鬻之,妻靳固不与,定和于是遂行。以功拜仪同,赐帛千匹,遂弃其妻。是后数以军功,加上开府、骠骑将军。从上柱国李充击突厥,先登陷阵,虏刺之中颈,定和以草塞疮而战,神气自若,虏遂败走。上闻而壮之,遣使者赍药,驰诣定和所劳问之。进位柱国,封武安县侯,赏物二千段,良马二匹,金百两。

炀帝嗣位,拜宜州刺史,寻转河内太守,颇有惠政。岁余,征拜左屯卫大将军。从帝征吐谷浑,至覆袁川。时吐谷浑主与数骑而遁,其名王诈为浑主,保车我真山,帝命定和率师击之。既与贼相遇,轻其众少,呼之令降,贼不肯下。定和不被甲,挺身登山,贼伏兵于岩谷之下,发矢中之而毙。其亚将柳武建击贼,悉斩之。帝为流涕,赠光禄大夫。时旧爵例除,于是复封武安侯,谥曰壮武。赠绢千匹,米千石。子世立嗣,寻拜为光禄大夫。

张奫字文懿,自云清河人也,家于淮阴。好读兵书,尤便刀盾。周世,乡人郭子冀密引陈寇,渊父双欲率子弟击之,犹豫未决。奫赞成其谋,竟以破贼,由是以勇决知名。起家州主簿。

高祖作相,授大都督,领乡兵。贺若弼之镇寿春也,恒为间谍,平陈之役,颇有功焉。进位开府仪同三司,封文安县子,邑八百户,赐物二千五百段,粟二千五百石。岁余,率水军破逆贼笮子游于京口,薛子建于和州。征入朝,拜大将军。高祖命升御坐而宴之,谓渊曰:"卿可为朕儿,朕为卿父。今日聚集,示无外也。"其后赐绮罗千匹,绿沉甲、兽文具装。寻众杨素征江表,别破高智慧于会稽,吴世华于临海。进位上大将军,赐奴婢六十口,缣彩三百匹。历抚、显、齐三州刺史,俱有能名。开皇十八年,为行军总管,从汉王谅征辽东,诸军多物故,渊众独全。高祖善之,赐物二百五十段。仁寿中,迁潭州总管,在职三年卒。有子孝廉。

麦铁杖,始兴人也。骁勇有膂力,日行五百里,走及奔马。性疏诞使酒,好交游,重信义,每以渔猎为事,不治产业。陈大建中,结聚为群盗,广州刺史欧阳頠俘之以献,没为官户,配执御伞。每罢朝后,行百余里,夜至南徐州,逾城而入,行光火劫盗。旦还及时,仍又执伞。如此者十余度,物主识之,州以状奏。朝士见铁杖每旦恒在,不之信也。后数告变,尚书蔡征曰:"此可验耳。"于仗下时,购以百金,求人送诏书与南徐州刺史。铁杖出应募,赍敕而往,明旦及奏事。帝曰："信然，为盗明矣。"惜其勇捷，诚而释之。

陈亡后，徙居清流县。遇江东反，杨素遣铁杖头戴草束，夜浮渡江，觇贼中消息，具知还报。后复更往，为贼所擒。逆帅李棱遣兵仗三十人卫之，缚送高智慧。行至废亭，卫者憩食，哀其馁，解手以给其餐。铁杖取贼刀，乱斩卫者，杀之皆尽，悉割其鼻，怀之以归。素大奇之。后叙战勋，不及铁杖，遇素驰驿归于京师，铁杖步追之，每夜则同宿。素见而悟，特奏授仪同三司。以不识书，放还乡里。成阳公李彻称其骁武，开皇十六年，征至京师，除车骑将军。仍从杨素北征突厥，加上开府。

炀帝即位，汉王谅反于并州，又从杨素击之，每战先登。进位柱国。寻除莱州刺史，无治名。后转汝南太守，稍习法令，群盗屏迹。后因朝集，考功郎窦威嘲之曰："麦是何姓？"铁杖应口对曰："麦豆不殊，那忽相怪！"威赧然，无以应之，时人以敏慧。寻除右屯卫大将军，帝待之逾密。

铁杖自以荷恩深重，每怀竭命之志。及辽东之役，请为前锋，顾谓医者吴景贤曰："大丈夫性命自有所在，岂能艾灶灸额。瓜蒂喷鼻，治黄不差，而卧死儿女手中乎？"将渡辽，谓其三子曰："阿奴当备浅色黄衫。吾荷国恩，今是死日。我既被杀，尔当富贵。唯诚与孝，尔其勉之。"及济，桥未成，去东岸尚数丈，贼大至。铁杖跳上岸，与贼战，死。武贲郎将钱士雄、孟金义亦死之，左右更无及者。帝为之流涕，购得其尸，下诏曰："铁杖志气骁果，夙著勋庸，陪麾问罪，先登陷阵，节高义烈，身殒功存。兴言至诚，追怀伤悼，宜赉殊荣，用彰饰德。可赠光禄大夫，宿国公。谥曰武烈。"子孟才嗣，寻授光禄大夫。孟才有二弟，仲才、委才，俱拜正议大夫。赠钜万，赐辒辌车，给前后部羽葆鼓吹，平壤道败将宇文述等百余人皆为执绋，王公已下送至郊外。士雄赠左光禄大夫、右屯卫将军、武强侯，谥曰刚。子杰嗣。金叉赠右光禄大夫，子善谊袭官。

孟才字智棱，果烈有父风。帝以孟才死节将子，恩赐殊厚，拜武贲郎将。及江都之难，慨然有复仇之志。与武牙郎钱杰素交友，二人相谓曰:"吾等世荷国恩,门著诚节。今贼臣弑逆,社稷沦亡,无节可纪,何面目视息世间哉!"于是流涕扼腕,遂相与谋,纠合恩旧,欲于显福宫邀击宇文化及。事临发,陈藩之子谦知其谋而告之,与其党沈光俱为化及所害,忠义之士哀焉。

　　沈光字总持,吴兴人也。父君道,仕陈吏部侍郎,陈灭,家于长安。皇太子勇引署学士。后为汉王谅府掾,谅败,除名。光少骁捷,善戏马,为天下之最。略综书记,微有词藻,常慕立功名,不拘小节。家甚贫窭,父兄并以佣书为事,光独跅弛,交通轻侠,为京师恶少年之所朋附。人多赠遗,得以养亲,每致甘食美服,未尝困匮。初建禅定寺,其中幡竿高十余丈,适遇绳绝,非人力所及,诸僧患之。光见而谓僧曰:"可持绳来,当相为上耳。"诸僧惊喜,因取而与之。光以口衔索,拍竿而上,直至龙头。系绳毕,手足皆放,透空而下,以掌拒地,倒行数十步。观者骇悦,莫不嗟异,时人号为"肉飞仙。"

　　大业中,炀帝征天下骁果之士以伐辽左,光预焉。同类数万人,皆出其下。光将诣行在所,宾客送至灞上者百余骑。光酬酒而誓曰:"是行也,若不能建立功名,当死于高丽,不复与诸君相见矣。"及从帝攻辽东,以冲梯击城,竿长十五丈,光升其端,临城与贼战,短兵接,杀十数人。贼竞击之而坠,未及于地,适遇竿有垂绠,光接而复上。帝望见,壮异之,驰召与语,大悦,即日拜朝请大夫,赐宝刀良马,恒致左右,亲瞩渐密。未几,以为折冲郎将,赏遇优重。帝每推食解衣以赐之,同辈莫与为比。

　　光自以荷恩深重,思怀竭节。及江都之难,浅构义勇,将为帝复仇。先是,帝宠昵官奴,名为给使,宇文化及以光骁勇,方任之,令其总统,营于禁内。时孟才、钱杰等阴图化及,因谓光曰:"我等荷国厚恩,不能死难以卫社稷,斯则古人之所耻也。今又俯首事仇,受其驱率,有靦面目,何用生为?吾必欲杀之,死无所恨。公义士也,肯从我乎?"光泣下沾衿,曰:"是所望于将军也。仆领给使数百人,并荷先帝恩遇,今在化及内营。以此复仇,如鹰鹯之逐鸟雀。万世之功,

在此一举,愿将军勉之。"孟才为将军,领江淮之众数千人,期以营
将发时,晨起袭化及。光语泄,陈谦告其事。化及大惧曰:"此麦铁
杖子也,及沈光者,并勇决不可当,须避其锋。"是夜即与腹心走出
营外,留人告司马德戡等,遣领兵马,逮捕孟才。光闻营内喧声,知
事发,不及被甲,即袭化及营,空无所获。值舍人元敏,数而斩之。遇
德戡兵入,四面围合。光大呼溃围,给使齐奋,斩首数十级,贼皆披
靡。德戡辄复遣骑,持弓弩,翼而射之。光身无介胄,遂为所害。麾
下数百人皆斗而死,一无降者。时年二十八。壮士闻之,莫不为之
陨涕。

　　来护儿字崇善,江都人也。幼而卓诡,好立奇节。初读《诗》,至
"击鼓其镗,踊跃用兵","羔裘豹饰,孔武有力",舍书而叹曰:"大丈
夫在世当如是。会为国灭贼以取功名,安能区区久事垄亩!"群辈惊
其言而壮其志。

　　护儿所住白土村,密迩江岸。于时江南尚阻,贺若弼之镇寿州
也,常令护儿为间谍,授大都督。平陈之役,护儿有功焉,进位上开
府。从杨素击高智慧于浙江,而贼据岸为营,周亘百余里,船舰被
江,鼓噪而进。素令护儿率数百轻舰径登江岸,直掩其营,破之。时
贼前与素战不胜,归无所据,因而溃散。智慧将逃于海,护儿追至泉
州,智慧穷蹙,遁走闽、越。进位大将军,除泉州刺史。时有盛道延
拥兵作乱,侵扰州境,护儿进击,破之。又从蒲山公李宽破汪文进于
黟、歙,进位柱国。仁寿三年,除瀛州刺史,赐爵黄县公,邑三千户。
寻加上柱国,除右御卫将军。

　　炀帝即位,迁右骁卫大将军,帝甚亲重之。大业六年,从驾江
都,赐物千段,令上先人塚,宴父老,州里荣之。数岁,转右翊卫大将
军。辽东之役,护儿率楼船,指沧海,入自浿水,去平壤六十里,与高
丽相遇。进击,大破之,乘胜直造城下,破其郛郭。于是纵军大掠,
稍失部伍,高元弟建武募敢死士五百人邀击之。护儿因却,屯营海
浦,以待期会。后知宇文述等败,遂班师。明年,又出沧海道,师次

东莱，会杨玄感作逆黎阳，进逼巩、洛，护儿勒兵与宇文述等击破之。封荣国公，邑二千户。十年，又帅师渡海，至卑奢城，高丽举国来战，护儿大破之，斩首千余级。将起平壤，高元震惧，遣使执叛臣斛斯政，诣辽东城下，上表请降。帝许之，遣人持节诏护儿旋师。护儿集众曰：“三度出兵，未能平。此还也，不可重来。今高丽困敝，野无青草，以我众战，不日克之。吾欲进兵，径围平壤，取其伪主，献捷而归。”答表请行，不肯奉诏。长史崔君肃固争，不许。护儿曰：“贼势破矣，专以相任，自足办之。吾在阃外，事合专决，岂容千里禀听成规！俄顷之间，动失机会，劳而无功，故其宜也。吾宁征得高元，还而获谴，舍此成功，所不能矣。”君肃告众曰：“若从元帅，违拒诏书，必当闻奏，皆获罪也。”诸将惧，尽劝还，方始奉诏。

十三年，转为左翊卫大将军，进位开府仪同三司，任委逾密，前后赏赐不可胜计。江都之难，宇文化及忌而害之。

长子楷，以父军功授散骑郎、朝散大夫。楷弟弘，仕至果毅郎将、金紫光禄大夫。弘弟整，武贲郎将、右光禄大夫。整尤骁勇，善抚士众，讨击群盗，所向皆捷。诸贼甚惮之，为作歌曰：“长白山头百战场，十十五五把长枪，不畏官军十万众，只畏荣公第六郎。”化及反，皆遇害，唯少子恒、济获免。

鱼俱罗，冯翊下邽人也。身长八尺，膂力绝人，声气雄壮，言闻数百步。弱冠为亲卫，累迁大都督。从晋王广平陈，以功拜开府，赐物一千五百段。未几，沈玄憺、高智慧等作乱江南，杨素以俱罗壮勇，请与同行。每战有功，加上开府、高唐县公，拜叠州总管。以母忧去职。还至扶风，会杨素率兵将出灵州道击突厥，路逢俱罗，大悦，遂奏与同行。及遇贼，俱罗与数骑奔击，瞋目大呼，所当皆披靡，出左入右，往返若飞。以功进位柱国，拜丰州总管。初，突厥数入境为寇，俱罗辄擒斩之，自是突厥畏惧屏迹，不敢畜牧于塞上。

初，炀帝在藩，俱罗弟赞，以左右从，累迁大都督。及帝嗣位，拜车将军。赞性凶暴，虐其部下，令左右炙肉，遇不中意，以签刺瞎其眼。有温酒不适者，立断其舌。帝以赞藩邸之旧，不忍加诛，谓近臣曰："弟既如此，兄亦可知。"因召俱罗，谴责之，出赞于狱，令自为计。赞至家，饮药而死。帝恐俱罗不自安，虑生边患，转为安州刺史。岁余，迁赵郡太守。后因朝集，至东都，与将军梁伯隐有旧，数相往来。又从郡多将杂物以贡献，帝不受，因遗权贵。御史劾俱罗以郡将交通内臣，帝大怒，与伯隐俱坐除名。

未几，越隽飞山蛮作乱，侵掠郡境。诏俱罗白衣领将，并率蜀郡都尉段钟葵讨平之。大业九年，重征高丽，以俱罗为碣石道军将。及还，江南刘元进作乱，诏俱罗将兵向会稽诸郡逐捕之。于时百姓思乱，从盗如市，俱罗击贼帅朱燮、管崇等，战无不捷。然贼势浸盛，败而复聚。俱罗度贼非岁月可平，诸子并在京、洛，又见天下渐乱，终恐道路隔绝。于时东都饥馑，谷食踊贵，俱罗遣家仆将船米至东都粜之，益市财货，潜迎诸子。朝廷微知之，恐其有异志，发使案验。使者至，前后察问，不得其罪。帝复令大理司直梁敬真就锁将诣东都。俱罗相表异人，目有重瞳，阴为帝之所忌。敬真希旨，奏俱罗师徒败衄，于是斩东都市，家口籍没。

陈棱字长威，庐江襄安人也。祖硕，以渔钓自给。父岘，少骁勇，事章大宝为帐内部曲。告大宝反，授谯州刺史。陈灭，废于家。高智慧、汪文进等作乱江南，卢江豪杰亦举兵相应，以岘旧将，共推为主。岘欲据之，棱谓岘曰："众乱既作，拒之祸且及己。不如伪从，别为后计。"岘然之。时柱国李彻军至当涂，岘潜使棱至彻所，请为内应。彻上其事，拜上大将军、宣州刺史，封谯郡公，邑一千户，诏彻应接之。彻军未至，谋泄，为其党所杀，棱仅以获免。上以其父之故，拜开府，寻领乡兵。

炀帝即位，授骠骑将军。大业三年，拜武贲郎将。后三岁，与朝请大夫张镇周发东阳兵万余人，自义安泛海，击流求国，月余而至。流求人初见船舰，以为商旅，往往诣军中贸易。棱率众登岸，遣镇周为先锋。其主欢斯渴刺兜遣兵拒战，镇周频击破之。进至低没檀洞，其小王欢斯老模率兵拒战，击败之，斩老模。其日雾雨晦冥，将士皆惧，稜白马以祭海神。既而开霁，分为五军，趣其都邑。渴刺兜率众数千逆拒，稜遣镇周又先锋击走之。稜乘胜逐北，至其栅，渴刺兜背栅而阵。稜尽锐击之，从辰至未，苦斗不息。渴刺兜自以军疲，引入栅。稜遂填堑，攻破其栅，斩渴刺兜，获其子岛槌，虏男女数千而归。帝大悦，进稜位右光禄大夫，武贲如故，镇周金紫光禄大夫。

辽东之役，以宿卫迁左光禄大夫。明年，帝复征辽东，稜为东莱留守。杨玄感之作乱也，稜率众万余人击平黎阳，斩玄感所署刺史元务本。寻奉诏于江南营战舰。至彭城，贼帅孟让众将十万，据都梁宫，阻淮为固。稜潜于下流而济，至江都，率兵袭让，破之。以功进位光禄大夫，赐爵信安侯。

后帝幸江都宫，俄而李子通据海陵，左才相掠淮北，杜伏威屯六合，众各数万。帝遣稜率宿卫兵击之，往往克捷。超拜右御卫将军。复度清江，击宣城贼，俄而帝以弑崩，宇文化及引军北上，召稜守江都。稜集众缟素，为炀帝发丧，备仪卫，改葬于吴公台下，衰杖送丧，恸感行路，论者深义之。后为李子通所陷，奔杜伏威，伏威忌之，寻而见害。

王辩字警略，冯翊蒲城人也。祖训，以行商致富。魏世，出粟助给军粮，为假清河太守。辩少习兵书，尤善骑射，慷慨有大志。在周，以军功授帅都督。开皇初，迁大都督。仁寿中，迁车骑将军。汉王谅之作乱也，从杨素讨平之。赐爵武宁县男，邑三百户。后三岁，迁尚舍奉御。从征吐谷浑，拜朝请大夫。数年，转鹰扬郎将。辽东之役，以功加通议大夫，寻迁武贲郎将。

及山东盗贼起，上谷魏刀儿自号历山飞，众十余万，劫掠燕、赵。帝引辩升御榻，问以方略。辩论取贼形势，帝称善，曰："诚如此计，贼何足忧也。"于是发从行步骑三千，击败之，赐黄金二百两。明年，渤海贼帅高士达自号东海公，众以万数。复令辩击之，屡挫其锐。帝在江都宫，闻而驰召之。及引见，礼赐甚厚，复令往信都经略。

士达于是复战，破之，优诏褒显。时贼帅郝孝德、孙宣雅、时季康、窦建德、魏刀儿等往往屯聚，大至十万，小至数千，寇掠河北。辩进兵击之，所往皆捷，深为群贼所惮。及翟让寇徐、豫，辩进，频击走之。让寻与李密屯据洛口仓，辩与王世充讨密，阻洛水相持经年。辩率诸将攻败密，因薄其营，战破外栅。密诸营已有溃者，乘胜将入城，世充不知，恐将士劳倦，于是鸣角收兵，翻为密徒所乘。官军大溃，不可救止。辩至洛水，桥已坏，不得渡，遂涉水，至中流，为溺人所引坠马。辩时身被重甲，败兵前后相蹈藉，不能复上马，竟溺死焉。时年五十六。三军莫不痛惜之。

河南斛斯万善，骁勇果毅，与辩齐名。大业中，从卫玄讨杨玄感，频战有功。及玄感败走，万善与数骑追及之，玄感窘迫自杀。由是知名，拜武贲郎将。突厥始毕之围雁门也，万善奋击之，所向皆破。每贼至。辄出当其锋，或下马坐地，引强弓射贼，所中皆殪，由是突厥莫敢逼城，十许日竟退，万善之力也。其后频讨郡盗，累功至将军。

时有将军鹿原、范贵、冯孝慈，俱为将帅，数从征讨，并有名于世。然事皆亡失，故史官无所述焉。

史臣曰：楚、汉未分，绛、灌所以宣力，曹、刘竞逐，关、张所以立名。然则名立资草昧之初，力宣候经纶之会，攀附鳞翼，世有之矣。圆通、护儿之辈，定和、铁杖之伦，皆一时之壮士。困于贫贱。当其郁抑未遇，亦安知其有鸿鹄之志哉！终能振拔污泥之中，腾跃风云之上，符马革之愿，快生平之心，非遇其时，焉能至于此也！俱罗欲加之罪，非其咎衅，王辩殒身劲敌，志实勤王。陈棱缟素发丧，哀感行路，义之所动。固已深乎！孟才、钱杰、沈光等，感恩怀旧，临难忘生，虽功无所成，其志有可称矣。

隋书卷六五
列传第三○

周罗睺　周法尚　李景
慕容三藏　薛世雄　王仁恭
权武　吐万绪　董纯　赵才

　　周罗睺字公布,九江寻阳人也。父法暠,仕梁冠军将军、始与太守、通直散骑常侍、南康内史,临蒸县侯。罗睺年十五,善骑射,好鹰狗,任侠放荡,收聚亡命,阴习兵书。从祖景彦诫之曰:"吾世恭谨,汝独放纵,难以保家。若不丧身,必将灭吾族。"罗睺终不改。

　　陈宣帝时,以军功授开远将军、句容令。后从大都督吴明彻与齐师战于江阳,为流矢中其左目。齐师围明彻于宿预也,诸军相顾,莫有斗心。罗睺跃马突进,莫不披靡。太仆卿萧摩诃因而副之,斩获不可胜计。进师徐州,与周将梁士彦战于彭城,摩诃临阵堕马,罗睺进救,拔摩诃于重围之内,勇冠三军。明彻之败也,罗睺全众而归,拜光远将军、钟离太守。十一年,授使持节、都督霍州诸军事。平山贼十二洞,除右军将军、始安县伯,邑四百户,总管检校扬州内外诸军事。赐金银三千两,尽散之将士,分赏骁雄。陈宣帝深叹美之。出为晋陵太守,进爵为侯,增封一千户。除太仆卿,增封并前一千六百户。寻除雄信将军,使持节、都督豫章十郡诸军事、豫章内史。狱讼庭决,不关吏手,民怀其惠,立碑颂德焉。

　　至德中,除持节、都督南川诸军事。江州司马吴世兴密奏罗睺甚得人心，拥众岭表，意在难测，陈主惑焉。萧摩诃、蕙广达等保明之。外有知者，或劝其反，罗睺拒绝之。军还，除太子左卫率，信任逾重，时参宴席。陈主曰："周左率武将，诗每前成，文士何为后也？"都官尚书孔范对曰："周罗睺执笔制诗，还如上马入阵，不在人后。"自是益见亲礼。出督湘州诸军事，还拜散骑常侍。

晋王广之伐陈也，都督巴峡缘江诸军事，以拒秦王俊，军不得渡，相持逾月。遇丹阳陷，陈主被擒，上江犹不下，晋王广遣陈主手书命之。罗睺与诸将大临三日，放兵士散，然后乃降。高祖慰谕之，许以宝贵。罗睺垂泣而对曰："臣荷陈氏厚遇，本朝沦亡，无节可纪。陛下所赐，获全为幸，宝贵荣禄，非臣所望。"高祖甚器之。贺若弼谓之曰："闻公郢、汉捉兵，即知扬州可得。王师利涉，果如所量。"罗睺答曰："若得与公周旋，胜负未可知也。"其年秋，拜上仪同三司，鼓吹羽仪，送之于宅。先是，陈裨将羊翔归降于我，使为乡导，位至上开府，班在罗睺上。韩擒于朝堂戏之曰："不知机变，立在羊翔这下，能无愧乎？"罗睺答曰："昔在江南，久承令问，谓公天下节士。今日所言，殊匪诚臣之论。"擒有愧色。其年冬，除豳州刺史，俄转泾州刺史，母忧去职。未期，复起，授豳州刺史，并有能名。

十八年，起辽东之役，征为水军总管。自东莱泛海，趣平壤城，遭风，船多飘没，无功而还。十九年，突厥达头可汗犯塞，从杨素击之，虏众甚盛，罗睺白素曰："贼阵未整，请击之。"素许焉，与轻勇二十骑直冲虏阵，从申至酉，短兵屡接，大破之。进位大将军。仁寿元年，为东宫右虞候率，赐爵义宁郡公，食邑一千五百户。俄转右卫率。

炀帝即位，授右武候大将军。汉王谅反，诏副杨素讨平之，进授上大将军。其年冬，帝幸洛阳。陈主卒，罗睺请一临哭，帝许之。缞经送至墓所，葬还释服而后入朝。帝甚嘉尚，世论称其有礼。时谅余党据晋、绛等三州未下。诏罗睺行绛、晋、吕三州诸军事，进兵围之。为流矢所中，卒于师，时年六十四，送柩还京，行数里，无故舆马自止，策之不动，有飘风旋绕焉。绛州长史郭雅稽颡咒曰："公恨小寇未平邪?寻即除殄,无为恋恨。"于是风静马行,见者莫不悲叹。其年秋七月,子仲隐梦见罗睺曰:"我明日当战。"其灵坐所有弓箭刀剑,无故自动,若人带持之状。绛州城陷,是其日也。赠柱国、右翊卫大将军,谥曰壮。赠物千段。子仲安,官至上开府。

周法尚字德迈,汝南安成人也。祖灵起,梁直阁将军、义阳太守、庐、桂二州刺史。父炅,定州刺史、平北将军。法尚少果劲,有风概,好读兵书。年十八,为陈始兴王中兵参军,寻加伏波将军。其父卒后,监定州事,督父本兵。数有战功,迁使持节、贞毅将军、散骑常侍,领齐昌郡事,封山阴县侯,邑五千户。以其兄武昌县公法僧代为定州刺史。

法尚与长沙王叔坚不相能,叔坚言其将反。陈宣帝执禁法僧,发兵欲取法尚。其下将吏皆劝之归北,法尚犹豫未决。长史殷文则曰:"乐毅所以辞燕,良由不获已。事势如此,请早裁之。"法尚遂归于周。宣帝甚优宠之,拜开府、顺州刺史,归封义县公,邑千户。赐良马五匹,女妓五人,彩物五百段,加以金带。陈将樊猛济江讨之,法尚遣部曲督韩明诈为背己奔于陈,伪告猛曰:"法尚部兵不愿降北,人皆窃议,尽欲叛还。若得军来,必无斗者,自当于阵倒戈耳。"猛以为然,引师急进。法尚仍阳为畏惧,自保于江曲。猛陈兵挑战,法尚先伏轻舸于浦中,又伏精锐于古村之北,自张旗帜,迎流拒之。战数合,伪退登岸,投古村。猛退走赴船,既而浦中伏舸取其舟楫,建周旗帜。猛于是大败,仅以身免,虏八千人。

高祖为丞相,司马消难作乱,阴遣上开府段珣率兵阳为助守,因欲夺其城。法尚觉其诈,闭门不纳,珣遂围之。于时仓卒,兵散在外,因率吏士五百人守拒二十日。外无救援,自度力不能支,遂拔所领,弃城遁走。消难虏其母弟及家累三百人归于陈。

高祖受禅,拜巴州刺史,破三鸦叛蛮于铁山,复从柱国王谊击走陈寇。迁衡州总管、四州诸军事,改封谯郡公,邑二千户。后上幸洛阳,召之,及引见,赐金钿酒钟一双,彩五百段,良马十五匹,奴婢三百口,给鼓吹一部。法尚固辞,上曰:"公有大功于国,特给鼓吹者,欲令公乡人知朕之宠公也。"固与之。岁余,转黄州总管,上降密诏,使经略江南,伺候动静。及伐陈之役,以行军总管隶秦孝王,率舟师三万出于樊口。陈城州刺史熊门超出师拒战,击破之,擒超于阵。转鄂州刺史,寻迁永州总管,安集岭南,赐缣五百段,良马五匹,仍给黄州兵三千五百人为帐内。陈桂州刺史钱季卿、南康内史柳璿、西衡州刺史邓暠,阳山太守毛爽等前后诣法尚降。陈定州刺史吕子廓据山洞反,法尚引兵逾岭,子廓兵众日散,与千余人走保岩险,其左右斩之而降。赐彩五百段,奴婢五十口,并银瓮宝带,良马十匹。十年,寻转桂州总管,仍为岭南安抚大使。

　后数年入朝,以本官宿卫。赐彩三百段,米五百石,绢五百匹。未几,桂州人李光仕举兵作乱,令法尚与上柱国王积讨之。法尚驰往桂州,发岭南兵,世积出岳州,征岭北军,俱会于尹州。光仕来逆战,击走之。世积所部多遇瘴,不能进,顿于衡州,法尚独讨之。光仕帅劲兵保白石洞,法尚捕得其弟光略、光度,大获家口。其党有来降附,辄以妻子还之。居旬日,降者数千人。法尚遣兵列阵,以当光仕,亲率奇兵,蔽林设伏。两阵始交,法尚驰击其栅,栅中人皆走散,光仕大溃,追斩之。赐奴婢百五十口,黄金百五十两,银百五十斤。仁寿中,遂州獠叛,复以行军总管讨平之。崔州蛮反,攻隐州城,诏令法尚便道击之。军将至,贼弃州城,散走山谷间,法尚捕不能得。于是遣使慰谕,假以官号,伪班师,日行二十里。军再舍,潜遣人觇之,知其首领尽归栅,聚饮相贺。法尚选步骑数千人,袭击破之,获其渠帅数千人,虏男女万余口。赐奴婢百口,物三百段,蜀马二十匹。军还,检校潞州事。

　炀帝嗣位,转云州刺史。后三岁,转定襄太守,进位金紫光禄大夫。时帝幸榆林,法尚朝于行宫。内史令元寿言于帝曰:"汉武出塞,旌旗千里。今御营之外,请分为二十四军,日别遣一军发,相去三十里,旗帜相望,钲鼓相闻,首尾连注,千里不绝。此亦出师之盛者也。"法尚曰:"不然,兵亘千里,动间山川,卒有不虞,四分五裂。腹心有事,首尾未知,道阻且长,难以相救,虽是故事,此乃取败之道也。"帝不怿曰:"卿意以为如何?"法尚曰:"结为方阵,四面外距,六宫及百官家口并住其间。若有亦起,当头分抗,内引奇兵,出外奋击,轩为壁垒,重设钩陈,此与据城理亦何异!若战而捷,抽骑追奔,或战不利,屯营自守。臣谓牢固万全之策也。"帝曰:"善。"因拜左武卫将军,赐良马一匹,绢三百匹。

明年,黔安夷向思多反,杀将军鹿愿,围太守萧造,法尚与将军李景分路讨之。法尚击思多于清江,破之。斩首三千级。还,从讨吐谷浑,法尚别出松州道,逐捕亡散,至于青海。赐奴婢一百口,物二百段,马七十匹。出为敦煌太守,寻领会宁太守。

辽东之役,以舟师指朝鲜道,会杨玄感反,与将军宇文述来护儿等破之。以功进右光禄大夫,赐物九百段。时有齐郡人王薄、孟让等举兵为盗,众十余万,保长白山。频战,每挫其锐。赐奴婢百口。明年,复临沧海,在军疾甚,谓长史崔君肃曰:"吾再临沧海,未能利涉,时不我与,将辞人世。立志不果,命也如何!"言毕而终,时年五十九。赠武卫大将军,谥曰僖。有子六人。长子绍基,灵寿令,少子绍范,最知名。

李景字道兴,天水休官人也。父超,周应、戎二州刺史。景容貌奇伟,膂力过人,美须髯,骁勇善射。平齐之役,颇有力焉,授仪同三司。以平尉迥,进位开府,赐爵平寇县公,邑千五百户。开皇九年,以行军总管从王世积伐陈,陷阵有功,进位上开府,赐奴婢六十口,物千五百段。及高智慧等作乱江南,复以行军总管从杨素击之。别平仓岭,还授鄜州刺史。十七年,辽东之役,为马军总管,及还,配事汉王。高祖奇其壮武,使衵而观之,曰:"卿相表当位极人臣。"寻从史万岁击突厥于太斤山,别路邀贼,大破之。后与上明公杨纪送义成公主于突厥,至恒安,遇突厥来寇。时代州总管韩洪为虏所败,景率所领数百人援之。力战三日,杀虏甚众,赐物三千段,授韩州刺史。以事王故,不之官。

　　仁寿中,检校代州总管。汉王谅作乱并州,景发兵拒之。谅遣刘嵩袭景,战于城东。升楼射之,无不应弦而倒。选壮士击之,斩获略尽。谅复遣岚州刺史乔钟葵率劲勇三万攻之。景战士不过数千,加以城池不固,为贼冲击,崩毁相继。景且战且筑,士卒皆殊死斗,屡挫贼锋。司马冯孝慈、司法参军吕玉并骁勇善战,仪同三司侯莫陈又多谋画,工拒守之术。景知将士可用,其后推诚于此三人,无所关预,唯在阁持重,时出抚循而已。月余,朔州总管杨义臣以兵来援,合击大破之。先是,景府内井中甃上生花如莲,并有龙见,时变为铁马甲士。又有神人长数丈见于城下,其迹长四尺五寸。景问巫,对曰:“此是不祥之物,来食人血耳。”景大怒,推出之。旬日而兵至,死者数万焉。景寻被征入京,进位柱国,拜右武卫大将军,赐缣九千匹,女乐一部,加以珍物。

　　景智略非所长,而忠直为时所许,帝甚信之。击叛蛮向思多,破之,赐奴婢八十口。明年,击吐谷浑于青海,破之,进位光禄大夫。赐奴婢六十口,缣二千匹。五年,车驾西巡,至天水,景献食于帝。帝曰:“公,主人也。”赐坐齐王暕之上。至陇川宫,帝将大猎,景与左武卫大将军郭衍俱有难言,为人所奏。帝大怒,令左右撮之,竟以坐免。岁余,复位,与宇文述等参掌选举。明年,攻高丽武历城,破之,赐爵苑丘侯,物一千段。八年,出浑弥道。九年,复出辽东。及旋师,以景为殿。高丽追兵大至,景击走之。赉物三千段,进爵滑国公。杨玄感之反也,朝臣子弟多预焉,而景独无关涉。帝曰:“公诚直天然,我之梁栋也。”赐以美女。帝每呼李大将军而不名,其见重如此。十二年,帝令景营辽东战具于北平,赐御马一匹,名师子骢。会幽州贼杨仲绪率众万余人来攻北平,景督兵击破之,斩仲绪。于时盗贼蜂起,道路隔绝,景遂召募,以备不虞。武贲郎将罗艺与景有隙,遂诬景将反。帝遣其子慰谕之曰:“纵人言公阙天阙,据京师,吾无疑也。”后为高开国所围,独守孤城,外无声援,岁余,士卒患脚肿而死者十将六七,景抚循之,一无离叛。辽东军资多在其所,粟帛山积,既逢离乱,景无所私焉。及帝崩于江都,辽西太守邓暠率兵救之,遂归柳城。后将还幽州，在道遇贼，见害。契丹、靺鞨素感其恩，闻之莫不流涕，幽、燕人士于今伤惜之。有子世谟。

慕容三藏，燕人也。父绍宗，齐尚书左仆射，东南道大行台。三藏幼聪敏，多武略，颇有父风。仕齐释褐太尉府参军事，寻迁备身都督。武平初，袭爵燕郡公，邑八百户。其年，败周师于孝水，又破陈师于寿阳，转武卫将军。又败周师于河阳，授武卫大将军。又转右卫将军，别封范阳县公，食邑千户。周师入邺也，齐后主失守东遁，委三藏等留守邺宫。齐之王公以下皆降，三藏犹率麾下抗拒周师。及齐平，武帝引见，恩礼甚厚，诏曰："三藏父子诚节著闻，宜加荣秩。"授开府仪同大将军。其年，稽胡叛，令三藏讨平之。

开皇元年。授吴州刺史。九年，奉诏持节凉州道黜陟大使。其年，岭南酋长王仲宣反，围广州，诏令柱国、襄阳公韦洸为行军总管，三藏为副。至广州，于与贼交战，洸为流矢所中，卒，诏令三藏检校广州道行军事。十年，贼众四面攻围，三藏固守月余。城中粮少矢尽，三藏以为不可持久，遂自率骁锐，夜出突围击之。贼众败散，广州获全。以功授大将军，赐奴婢百口，加以金银杂物。十二年，授廓州刺史。州极西界，与吐谷浑邻接，奸宄犯法者皆迁配彼州，流人多有逃逸。及三藏至，招纳绥抚，百姓爱悦，緫负日至，吏民歌颂之。高祖闻其能，屡有劳问。其年，尝州畜产繁孳，获醍醐奉献，赍物百段。十三年，州界连云山响，称万年者三，诏颁郡国，仍遣使醮于山所。其日景云浮于上，雉间免驯坛侧，使还具以闻，上大悦。十五年，授叠州总管。党项羌时有翻叛，三藏随便讨平之，部内夷夏咸得安辑。仁寿元年，改封河内县男。

大业元年，授和州刺史。三年，转任淮南郡太守，所在有惠政。其年，改授金紫光禄大夫。大业七年卒。

三藏从子退，为澶水丞，汉王反，抗节不从，以诚节闻。

薛世雄字世英，本河东汾阴人也，其先寓居关中。父回，字道弘,仕周,官至泾州刺史。开皇初,封舞阴郡公,领漕渠监,以年老致事,终于家。世雄为儿童时,与群辈游戏,辄画地为城郭,令诸儿为攻守之势,有不从令者,世雄辄挞之,诸儿畏惮,莫不齐整。其父见而奇之,谓人曰:“此儿当兴吾家矣。”年十七,从周武帝平齐,以功拜帅都督。开皇时,数有战功。累迁仪同三司、右亲卫车骑将军。炀帝嗣位,番禺夷、獠相聚为乱,诏世雄讨平之。迁右监门郎将。从帝征吐谷浑,进位通议大夫。

世雄性廉谨,凡所行军破敌之处,秋毫无犯,帝由是嘉之。帝尝从容谓群臣曰:“我欲举好人,未知诸君识不?”群臣咸曰:“臣等何能测圣心。”帝曰:“我欲举者薛世雄。”群臣皆称善。帝复曰:“世雄廉正节概,有古人之风。”于是超拜右翊卫将军。

岁余,以世雄为玉门道行军大将,与突厥启民可汗连兵击伊吾。师次玉门,启民可汗背约,兵不至,世雄孤军度碛。伊吾初谓隋军不能至,皆不设备,及闻世雄兵已度碛,大惧,请降,诣军门上牛酒。世雄遂于汉旧伊吾城东筑城,号新伊吾,留银青光禄大夫王威,以甲卒千余人戍之而还。天子大悦,进位正议大夫,赐物二千段。

辽东之役,以世雄为沃沮道军将,与宇文述同败于平壤。还次白石山,为贼所围百余重,四面矢下如雨。世雄以羸师为方阵,选劲骑二百先犯之,贼稍却,因而纵击,遂破之而还。所亡失多,竟坐免。明年,帝复征辽东,拜右候卫将军,兵指蹋顿道。军至乌骨城,会杨玄感作乱,班师。帝至柳城,以世雄为东北道大使,行燕郡太守,镇怀远。于时突厥颇为寇盗,缘边诸郡多苦之,诏世雄发十二郡士马,巡塞而还。十年,复从帝至辽东,迁左御卫大将军,仍领涿郡留守。未几,李密逼东都,中原骚动,诏世雄率幽、蓟精兵将击之。军次河间,营于郡城南,河间诸县并集兵,依世雄大军为营,欲讨窦建德。建德将家口逼,自选精锐数百,夜来袭之。先犯河间兵,溃奔世雄营。时遇雾晦冥,莫相辨识,军不得成列,皆腾栅而走,于是大败。世雄与左右数十骑遁入河间城,惭恚发病,归于涿郡,未几而卒,时年六十三。有子万述、万淑、万钧、万彻,并以骁武知名。

王仁恭字元实，天水上邽人也。祖建，周凤州刺史。父猛，鄯州刺史。仁恭少刚毅修谨，工骑射。弱冠，州补主簿，秦孝王引为记室，转长道令，迁车骑将军。从杨素击突厥于灵武，以功拜上开府，赐物三千段。以骠骑将军典蜀王军事。山獠作乱，蜀王命仁恭讨破之，赐奴婢三百口。及蜀王以罪废，官属多罹其患。上以仁恭素质直，置而不问。

炀帝嗣位，汉王谅举兵反，从杨素击平之。以功进位大将军，拜吕州刺史，赐帛四千匹，女妓十人。岁余，转卫州刺史，寻改为汲郡太守，有能名。征入朝，帝呼上殿，劳勉之，赐杂彩六百段，良马二匹。迁信都太守，汲郡吏民扣马号哭于道，数日不得出境，其得人情如此。

辽东之役，以仁恭为军将。及帝班师，仁恭为殿，遇贼，击走之。进授左光禄大夫，赐绢六千段，马四十匹。明年，复以军将指扶余道，帝谓之曰："往者诸军多不利，公独以一军破贼。古人云，败军之将不可以言勇，诸将其可任乎？今委公为前军，当副所望也。"赐良马十匹，黄金百两。仁恭遂进军，至新城，贼数万背城结阵，仁恭率劲骑一千击破之。贼婴城拒守，仁恭四面攻围。帝闻而大悦，遣舍人诣军劳问，赐以珍物。进授光禄大夫，赐绢五千匹。会杨玄感作乱，其兄子武贲郎将仲伯预焉，仁恭由是坐免。

寻而突厥屡为寇患，帝以仁恭宿将，频有战功，诏复本官，领马邑太守。其年，始毕可汗率骑数万来寇马邑，复令二特勒将兵南过。时郡兵不满三千，仁恭简精锐逆击，破之。其二特勒众亦溃，仁恭纵兵乘之，获数千级，并斩二特勒。帝大悦，赐缣三千匹。其后突厥复入定襄，仁恭率兵四千掩击，斩千余级，大获六畜而归。

于时天下大乱，百姓饥馁，道路隔绝，仁恭颇改旧节，受纳货贿，又不敢辄开仓廪，赈恤百姓。其麾下校尉刘武周与仁恭侍婢奸通，恐事泄，将为乱、每宣言郡中曰："父老妻子冻馁，填委沟壑，而王府君闭仓不救百姓，是何理也！"以此激怒众，吏民颇怨之。其后仁恭正坐厅事,武周率其徒数十人大呼而入,因害之,时年六十。武周于是开仓赈给,郡内皆从之,自称天子,署置百官,转攻傍郡。

权武字武弄,天水人也。祖超,魏秦州刺史。父袭庆,周开府,从武元皇帝与齐师战于并州,被围百余重。袭庆力战矢尽,短兵接战,杀伤甚众,刀槊皆折,脱胄掷地,向贼大骂曰:"何不来斫头也!"贼遂杀之。武以忠臣子,起家拜开府,袭爵齐郡公,邑千二百户。

武少果劲,勇力绝人,能重甲上马。尝倒投于井,未及泉,复跃而出,其拳捷如此。从王谦破齐服龙等五城,增邑八百户。平齐之役,攻陷邵州,别下六城,以功增邑三百户。宣帝时,拜劲捷左旅上大夫,进位上开府。

高祖为丞相,引置左右。及受禅,增邑五百户。后六岁,拜浙州刺史。伐陈之役,以行军总管从晋王出六合,还拜豫州刺史。在职数年,以创业之旧,进位大将军,检校潭州总管。其年,桂州人李世贤作乱,武以行军总管与武候大将军虞庆则击平之。庆则以罪诛,功竟不录,复还于州。多造金带,遗岭南酋领,其人复答以宝物,武皆纳之,由是致富。后武晚生一子,与亲客宴集,酒酣,遂擅赦所部内狱囚。武常以南越边远,治从其俗,务适便宜,不依律令,而每言当今法急,官不可为。上令有司案其事,皆验。上大怒,命斩之。武于狱中上书,言其父为武元皇帝战死于马前,以此求哀。由是除名为民。仁寿中,复拜大将军,封邑如旧。未几,授太右卫率。

炀帝即位,拜右武卫大将军,坐事免,授桂州刺史。俄转始安太守。久之,征拜右屯卫大将军,寻坐事除名。卒于家。有子弘。

吐万绪字长绪,代郡鲜卑人也。父通,周郢州刺史。绪少有武略,在周,起家抚军将军,袭爵元寿县公。数从征伐,累迁大将军、少司武。高祖受禅,拜襄州总管,进封谷城郡公,邑二千五百户。寻转青州总管,颇有治名。岁余,突厥寇边,朝廷以绪有威略,徙为朔州总管,甚为北夷所惮。其后高祖潜有吞陈 之志,转徐州总管,令修战具。及大举济江，以绪领行军总管，与西河公纥豆陵洪景屯兵江北。及陈平，拜夏州总管。

晋王广之在藩也，颇见亲遇，及为太子，引为左虞候率。炀帝嗣位，汉王谅时镇并州，帝恐其为变，拜绪晋、绛二州刺史，驰传之官。绪未出关，谅已遣兵据蒲坂，断河桥，绪不得进。诏绪率兵从杨素击破之，拜左武候将军。大业初，转光禄卿。贺若弼之遇谗也，引绪为证，绪明其无罪，由是免官。岁余，守东平太守。未几，帝幸江都，路经其境，迎谒道傍。帝命升龙舟，绪因顿首陈谢往事。帝大悦，拜金紫光禄大夫，太守如故。辽东之役，请为先锋，帝嘉之，拜左屯卫大将军，率马步数万指盖马道。及班师，留镇怀远，进位左光禄大夫。

时刘元进作乱江南，以兵攻润州，帝征绪讨之。绪率众至杨子津，元进自茅浦将渡江，绪勒兵击走。绪因济江，背水为栅。明旦，元进来攻，又大挫之，贼解润州围而去。绪进屯曲阿，元进复结栅拒。绪挑之，元进出战，阵未整，绪以骑突之，贼众遂溃，赴江水而死者数万。元进挺身夜遁，归保其垒。伪署仆射朱燮、管崇等屯于毗陵，连营百余里。绪乘势进击，复破之，贼退保黄山。绪进军围之，贼穷蹙请降，元进、朱燮仅以身免。于阵斩管崇及其将军陆顗等五千余人，收其子女三万余口，送江都宫。进解会稽围。元进复据建安，帝令进讨之，绪以士卒疲敝，请息甲待至来春。帝不悦，密令求绪罪失，有司奏绪怯懦违诏，于是除名为民，配防建安。寻有诏征诣行在所，绪郁郁不得志，还至永嘉，发疾而卒。

董纯字德厚，陇西成纪人也。祖和，魏太子左卫率。父升，周柱国。纯少有膂力，便弓马。在周，仕历司御上士、典驭下大夫，封固始县男，邑二百户。从武帝平齐，以功拜仪同，进爵大兴县侯，增邑通前八百户。

高祖受禅，进爵汉曲县公，累迁骠骑将军。后以军功，进位上开府。开皇末，以劳旧擢拜左卫将军，寻改封顺政县公。汉王谅作乱并州，以纯为行军总管、河北道安抚副使，从杨素击平之。以功拜柱国,进爵为郡公,增邑二千户。转左备身将军,赐女妓十人,缣彩五千匹。数年,转左骁卫将军、彭城留守。

齐王暕之得罪也,纯坐与交通,帝庭谴之曰:"汝阶缘宿卫,以至大官,何乃附傍吾儿,欲相离间也?"纯曰:"臣本微贱下才,过蒙奖擢,先帝察臣小心,宠逾涯分,陛下重加收采,位至将军。欲竭余年,报国恩耳。比数诣齐王者,徒以先帝、先后往在仁寿宫。置元德太子及齐王于膝上,谓臣曰:'汝好看此二儿,勿忘吾言也。'臣奉诏之后,每于休暇出入,未尝不诣王所。臣诚不敢忘先帝之言。于时陛下亦侍先帝之侧。"帝改容曰:"诚有斯旨。"于是舍之。后数日,出为汶山太守。

岁余,突厥寇边,朝廷以纯宿将,转为榆林太守。虏有至境,纯辄击却之。会彭城贼帅张大彪、宗世模等众至数万,保悬薄山,寇掠徐、兖。帝令纯讨之。纯初闭营不与战,贼屡挑之不出,贼以纯为怯,不设备,纵兵大掠。纯选精锐击之,合战于昌虑,大破之。及帝重征辽东,复以纯为彭城留守。东海贼彭孝才众数千,掠怀仁县,转入沂水,保五不及山。纯以精兵击之,擒孝才于阵,车裂之,余党各散。

时百姓思乱,盗贼日益,纯虽频战克捷,所在蜂起。有人谮纯怯懦,不能平贼,帝大怒,遣使锁纯诣东都。有司见帝怒甚,遂希旨致纯死罪,竟伏诛。

赵才字孝才,张掖酒泉人也。祖隗,魏银青光禄大夫、乐浪太守。父寿,周顺政太守。才少骁武,便弓马,性粗悍,无威仪。周世为舆正上士。高祖受禅,屡以军功迁上仪同三司,配事晋王。及王为太子,拜右虞候率。炀帝即位,转左备身骠骑,后迁右骁卫将军。帝以才藩邸旧臣,渐见亲待。才亦恪勤匪懈,所在有声。岁余,转右候卫将军。从征吐谷浑,以为行军总管,率卫尉卿刘权、兵部侍郎明雅等出合河道,与贼相遇,击破之。以功进位金紫光禄大夫。及辽东之役,再出碣石道,还授左候卫将军。俄迁右候卫大将军。时帝每有巡幸,才恒为斥候,肃遏奸非,无所迴避。在途遇公卿妻子有违禁者,才辄丑言大骂,多所援及。时人虽患其不逊,然才守正,无如之何。十年,驾幸汾阳宫,以才留守东都。

十二年,帝在洛阳,将幸江都。才见四海土崩,恐为社稷之患,自以荷恩深重,无容坐看亡败,于是入谏曰:"今百姓疲劳,府藏空竭,盗贼蜂起,禁令不行。愿陛下还京师,安兆庶,臣虽愚蔽,敢以死请。"帝大怒,以才属吏,旬日,帝意颇解,乃令出之。帝遂幸江都,待遇逾昵。时江都粮尽,将士离心,内史侍郎虞世基、秘书监袁充等多劝帝幸丹阳。帝廷议其事,才极陈入京之策,世基盛言渡江之便。帝默然无言,才与世基相忿而出。宇文化及弑逆之际,才时在苑北,化及遣骁果席德方矫诏追之。才闻诏而出,德方命其徒执之,以诣化及。化及谓才曰:"今日之事,祗得如此,幸勿为怀。"才默然不对。化及忿才无言,将杀之,三日乃释。以本官从事,郁郁不得志。才尝对化及宴饮,请劝其同谋逆者一十八人杨士览等酒,化及许之。才执杯曰:"十八人止可一度作,勿复余处更为。"诸人默然不对。行至聊城,遇疾。俄而化及为窦建德所破,才复见虏。心弥不平,数日而卒,时年七十三。

仁寿、大业间,有兰兴浴、贺兰蕃,俱为武候将军,刚严正直,不避强御,咸以称职知名。

史臣曰:罗睺、法尚、李景、世雄、慕容三藏并以骁武之姿,当有事之日,致兹富贵,自取之也。仁恭初在汲郡,以清能显达,后居马邑,以贪沓败亡,鲜克有终,惜矣!吐万绪、董纯各以立效当年,取斯高秩。绪请息兵见责,纯遭谮毁被诛。大业之季,盗可尽乎!淫刑暴逞,能不及焉!赵才虽人而无仪,志在强直,固拒世基之议,可谓不苟同矣。权武素无行检,不拘刑宪,终取黜辱,宜哉。

隋书卷六六
列传第三一

李谔　鲍宏　裴政　柳庄
源师　郎茂　高构　张虔威
荣毗　陆知命　房彦谦

李谔字士恢，赵郡人也。好学，解属文。仕齐为中书舍人，有口辩，每接对陈使。周武帝平齐，拜天官都上士。谔见高祖有奇表，深自结纳。及高祖为丞相，甚见亲待，访以得失。于时兵革屡动，国用虚耗，谔上《重谷论》以讽焉。高祖深纳之。及受禅，历比部、考功二曹侍郎，赐爵南和伯。谔性公方，明达世务，为时论所推。迁治书侍御史。上谓群臣曰："朕昔为大司马，每求外职，李谔陈十二策，苦劝不许，朕遂决意在内。今此事业，谔之力也。"赐物二千段。

谔见礼教凋敝，公卿薨亡，其爱妾侍婢，子孙辄嫁卖之，遂成风俗。谔上书曰："臣闻追远慎终，民德归厚，三年无改，方称为孝。如闻朝臣之内，有父祖亡没，日月未久，子孙无赖，便分其妓妾，嫁卖取财。有一于兹，实损风化。妾虽微贱，亲承衣履，服斩三年，古今通式。岂容遽褫缞绖，强傅铅华，泣辞灵几之前，送付他人之室。凡在见者，犹致伤心，况乎人子，能堪斯忍？复有朝廷重臣，位望通贵，平生交旧，情若弟兄。及其亡没，杳同行路，朝闻其死，夕规其妾，方便求娉，以得为限，无廉耻之心，弃友朋之义。且居家理治，可移于官，既不正私，何能赞务？"上览而嘉之。五品以上妻妾不得改醮，始于此也。

谔又以属文之家,体尚轻薄,递相师效,流宕忘反,于是上书曰:

臣闻古先哲王之化民也,必变其视听,防其嗜欲,塞其邪放之心,示以淳和之路。五教六行,为训民之本,《诗》、《书》、《礼》、《易》为道义之门。故能家复孝慈,人知礼让,正俗调风,莫大于此。其有上献赋,制诔镌铭,皆以褒德序贤,明勋证理。苟非惩劝,义不徒然。降及后代,风教渐落。魏之三祖,更尚文词,忽君人之大道,好雕虫之小艺。下之从上,有同影响,竞骋文华,遂成风俗。江左齐、梁,其弊弥甚,贵贱贤愚,唯务吟咏。遂复遗理存异,寻虚逐微,竞一韵之奇,争一字之巧。连篇累牍,不出月露之形,积案盈箱,唯是风云之状。世俗以此相高,朝廷据兹擢士。禄利之路既开,爱尚之情愈笃。于是闾里童昏,贵游总卝,未窥六甲,先制五言。至如羲皇、舜、禹之典,伊、傅、周、孔之说,不复关心,何尝入耳。以傲诞为清虚,以缘情为勋绩,指儒素为古拙,用词赋为君子。故文笔日繁,其政日乱,良由弃大圣之轨模,构无用以为用也。损本逐末,流遍华壤,递相师祖,久而愈扇。

及大隋受命,圣道聿兴,屏出轻浮,遏止华伪。自非怀经抱质,志道依仁,不得引预晋绅,参厕缨冕。开皇四年,普诏天下,公私文翰,并宜实录。其年九月,泗州刺史司马幼之文表华艳,付所司治罪。自是公卿大臣咸知正路,莫不钻仰坟集,弃绝华绮,择先王之令典,行大道于兹世。如闻外州远县,仍踵敝风,选吏举人,未遵典则。至有宗党称孝,乡曲归仁,学必典谟,交不苟合,则摈落私门,不加收齿;其学不稽古,逐俗随时,作轻薄之篇章,结朋党而求誉,则选充吏职,举送天朝。盖由县令、刺史未行风教,犹挟私情,不存公道。臣既忝宪司,职当纠察。若闻风即劾,恐挂网者多,请勒诸司,普加搜访,有如此者,具状送台。

谔又以当官者好自矜伐,复上奏曰:

臣闻舜戒禹云:"汝惟不矜,天下莫与汝争能,汝惟不伐,天下莫与汝争功。"言偃又云:"事君数,斯辱矣,朋友数,斯疏矣。"此皆先哲之格言,后王之轨辙。然则人臣之道,陈力济时,虽勤比大禹,功如师望,亦不是厚自矜伐,上要君父。况复功无足纪,勤不补过,而敢自陈勋绩,轻干听览!

世之丧道,极于周代,下无廉耻,上使之然。用人唯信其口,取士不观其行,矜夸自大,便以干济蒙擢,谦恭静退,多以恬嘿见遗。是以通表陈诚,先论己之功状,承颜敷奏,亦道臣最用心。自衒自媒,都无惭耻之色,强干横请,唯以乾没为能。自隋受命,此风顿改,耕夫贩妇,无不革心,况乃大臣,仍遵敝俗。如闻刺史入京朝觐,乃有自陈勾检之功,谊诉阶墀之侧,言辞不逊,高自称誉,上黩冕旒,特为难恕。凡如此辈,具状送台,明加罪黜,以惩风轨。

上以谔前后所奏颁示天下,四海靡然向风,深革其弊。谔在职数年,务存大体,不尚严猛,由是无刚謇之誉,而潜有匡正多矣。

邳公苏威以临道店舍,乃求利之徒,事业污杂,非敦本之义。遂奏高祖,约遣归农,有愿依旧者,所在州县录附市籍,仍撤毁旧店,并令远道,限以时日。正值冬寒,莫敢陈诉。谔因别使,见其如此,以为四民有业,各附所安,逆旅之与旗亭,自古非同一概,即附市籍,于理不可。且行旅之所依托,岂容一朝而废,徒为劳扰,于事非宜。遂专决之,并令依旧。使还诣阙,然后奏闻。高祖善之曰:"体国之臣,当如此矣。"

以年老,出拜通州刺史,甚有惠政,民夷悦服。后三岁,卒官。有子四人。大体、大钧,并官至尚书郎。世子大方袭爵,最有材品,大业初,判内史舍人。帝方欲任之,遇卒。

鲍宏字润身,东海郯人也。父机,以才学知名。事梁,官至治书侍御史。宏七岁而孤,为兄泉之所爱育。年十二,能属文,尝和湘东王绎诗,绎嗟赏不已,引为中记室。迁镇南府谘议、尚书水部郎,转通直散骑侍郎。江陵既平,归于周。明帝甚礼之,引为麟趾殿学士。累迁遂伯下大夫,与杜子晖聘于陈,谋伐齐也。陈遂出兵江北以侵齐。帝尝问宏取齐之策,宏对云:"我强齐弱,势不相侔。齐主昵近小人,政刑日紊,至尊仁惠慈恕,法令严明。事等建瓴,何忧不克?但先皇往日出师洛阳,彼有其备,每不克捷。如臣计者,进兵汾、潞,直掩晋阳,出其不虞,以为上策。"帝从之。及定山东,除少御正,赐爵平遥县伯,邑六百户,加上仪同。

高祖作相,奉使山南。会王谦举兵于蜀,路次潼州,为谦将达奚惎所执,逼送成都,竟不屈节。谦败之后,驰传入京,高祖嘉之,赐以金带。及受禅,加开府,除利州刺史,进爵为公。转邛州刺史,秩满还京。时有尉义臣者,其父崇不从尉迟,后复与突厥战死。上嘉之,将赐姓为金氏,访及群下。宏对曰:"昔项伯不同项羽,汉高赐姓刘氏,秦真父能死难,魏武赐姓曹氏。如臣愚见,请赐以皇族。"高祖曰:"善。"因赐义臣姓为杨氏。

后授均州刺史,以目疾免,卒于家,时年九十六。初,周武帝敕宏修《皇室谱》一部,分为《帝绪》、《疏属》、《赐姓》三篇。有集十卷,行于世。

裴政字德表,河东闻喜人也。高祖寿孙,从宋武帝徙家于寿阳,历前军长史、庐江太守。祖邃,梁侍中、左卫将军、豫州大都督。父之礼,廷尉卿。政幼明敏,博闻强记,达于时政,为当时所称。年十五,辟邵陵王府法曹参军事,转起部郎、枝江令。湘东王之临荆州也,召为宣惠府记室,寻除通直散骑侍郎。侯景作乱,加壮武将军,帅师随建宁侯王琳进讨之。擒贼率宋子仙,献于荆州。及平侯景,先锋入建邺,以军功连最,封夷陵侯。征授给事黄门侍郎,复帅师副王琳,拒萧纪,破之于硖口。加平越中郎将、镇南府长史。及周师围荆州,琳自桂州来赴难,次于长沙。政请从间道,先报元帝。至百里洲,为周人所获,萧詧谓政曰:"我,武皇帝之孙也,不可为尔君乎?

尔亦何烦殉身于七父？若从我计，则贵及子孙；如或不然，分腰领矣。"政诡曰："唯命。"督镳之，送至城下，使谓元帝曰："王僧辩闻台城被围，已自为帝。王琳孤弱，不复能来。"政许之。既而告城中曰："援兵大至，各思自勉。吾以间使被擒，当以碎身报国。"监者击其口，终不易辞。督怒，命趣行戮。蔡大业谏曰："此民望也。若杀之，则荆州不可下矣。"因得释。会江陵陷，与城中朝士俱送于京师。

周文帝闻其忠，授员外散骑侍郎，引事相府。命与卢辩依《周礼》建六卿，设公卿大夫士，并撰次朝仪，车服器用，多遵古礼，革汉、魏之法，事并施行。寻授刑部下大夫，转少司宪。政明习故事，又参定《周律》。能饮酒，至数斗不乱。簿案盈几，剖决如流，用法宽平，无有冤滥。囚徒犯极刑者，乃许其妻子入狱就之，至冬，将行决，皆曰："裴大夫致我于死，死无所恨。"其处法详平如此。又善钟律，尝与长孙绍远论乐，语在《音律志》。宣帝时，以忤旨免职。

高祖摄政，召复本官。开皇元年，转率更令，加位上仪同三司。诏与苏威等修定律令。政采魏、晋刑典，下至齐、梁，沿革轻重，取其折衷。同撰著者十有余人，凡疑滞不通，皆取决于政。

进位散骑常侍，转左庶子，多所匡正，见称纯愨。东宫凡有大事，皆以委之。右庶子刘荣，性甚专固。时武职交番，通事舍人赵元恺作辞见帐，未及成。太子有旨，再三催促。荣语元恺云："但尔口奏，不须造帐。"及奏，太子问曰："名帐安在？"元恺曰："禀承刘荣，不听造帐。"太子即以诘荣，荣便拒讳，云"无此语"。太子付政推问。未及奏状，有附荣者先言于太子曰："政欲陷荣，推事不实。"太子召责之，政奏曰："凡推事有两，一察情，一据证，审其曲直，以定是非。臣察刘荣，位高任重，纵令实语元恺，盖是纤介之愆。计理而论，不须隐讳。又察元恺受制于荣，岂敢以无端之言妄相点累。二人之情，理正相似。元恺引左卫率崔蒨等为证，蒨等款状悉与元恺符同。察情既敌，须以证定。臣谓荣语元恺，事必非虚。"太子亦不罪荣，而称政平直。

政好面折人短，而退无后言。时云定兴数入侍太子，为奇服异器,进奉后宫,又缘女宠,来往无节。政数切谏,太子不纳。政因谓定兴曰:"公所为者,不合礼度。又元妃暴薨,道路籍籍,此于太子非令名也。愿公自引退,不然将及祸。"定兴怒,以告太子,太子益疏政,由是出为襄州总管。妻子不之官,所受秩奉,散给僚吏。民有犯罪者,阴悉知之,或竟岁不发,至再三犯,乃因都会时,于众中召出,亲案其罪,五人处死,流徙者甚众。合境惶慄,令行禁止,小民苏息,称为神明。尔后不修囹圄,殆无争讼。卒官,年八十九。著《承圣降录》十卷。及太子废,高祖追忆之曰:"向遣裴政,刘行本在,共匡弼之,犹应不令至此。"子南金,仕至膳部郎。

柳庄字思敬,河东解人也。祖季远,梁司徒从事中郎。父遐,霍州刺史。庄少有远量,博览坟籍,兼善辞令。济阳蔡大宝有重名于江左,时为岳阳王萧詧谘议,见庄便叹曰:"襄阳水镜,复在于兹矣。"大宝遂以女妻之。俄而詧辟为参军,转法曹。及詧称帝,还署中书舍人,历给事黄门侍郎、吏部郎中、鸿胪卿。

及高祖辅政,萧岿令庄奉书入关。时三方搆难,高祖惧岿有异志,及庄还,谓庄曰:"孤昔以开府从役江陵,深蒙梁主殊眷。今主幼时艰,猥蒙顾托,中夜自省,实怀惭惧。梁主奕叶重光,委诚朝廷,而今已后,方见松筠之节。君还本国,幸申孤此意于梁主也。"遂执庄手而别。时梁之将帅咸潜请兴师,与尉迥等为连衡之势,进可以尽节于周氏,退可以席卷山南。唯岿疑为不可。会庄至自长安,具申高祖结托之意,遂言于岿曰:"昔袁绍、刘表、王凌、诸葛诞之徒,并一时之雄杰也。及据要害之地,拥哮阚之群,功业莫建,而祸不旋踵者,良由魏武、晋氏挟天子,保京都,仗大义以为名,故能取威定霸。今尉迥虽曰旧将,昏耄已甚,消难、王谦,常人之下者,非有匡合之才。况山东、庸、蜀从化日近,周室之恩未洽。在朝将相,多为身计,竞效节于杨氏。以臣料之,迥等终当覆灭,隋公必移周国。未若保境息民,以观其变。"岿深以为然,众众议遂止。未几,消难奔陈,迥及谦相次就戮,岿谓庄曰:"近者若从众人之言,社稷已不守矣。"

　　高祖践阼,庄又入朝,高祖深慰勉之。及为晋王广纳妃于梁,庄因是往来四五反,前后赐物数千段。萧琮嗣位,迁太府卿。及梁国废,授开府仪同三司,寻除给事黄门侍郎,并赐以田宅。庄明习旧章,雅达政事,凡所驳正,帝莫不称善。苏威为纳言,重庄器识,常奏帝云:“江南人有学业者,多不习世务,习世务者,又无学业。能兼之者,不过于柳庄。”高颎亦与庄甚厚。庄与陈茂同官,不能降意,茂见上及朝臣多属意于庄,心每不平,常谓庄为轻己。帝与茂有旧,曲被引召,数陈庄短。径历数载,谮诉颇行。尚书省尝奏犯罪人依法合流,而上处以大辟,庄奏曰:“臣闻张释之有言,法者天子所与天下共也。今法如是,更重之,是法不信于民心。方今海内无事,正是示信之时,伏愿陛下思释之之言,则天下幸甚。”帝不从,由是忤旨。俄属尚药进丸药不称旨,茂因密奏庄不亲监临,帝遂怒。

　　十一年,徐璒等反于江南,以行军总管长史随军讨之。璒平,即授饶州刺史,甚有治名。后数载卒官,年六十二。

　　源师字践言,河南洛阳人也。父文宗,有重名于齐。开皇初,终于莒州刺史。师早有声望,起家司空府参军事,稍迁尚书左外兵郎中,又摄祠部。后属孟夏,以龙见请雩。时高阿那肱为相,谓真龙出见,大惊喜,问龙所在,师整容报曰:“此是龙星初见,依礼当雩祭郊坛,非谓真龙别有所降。”阿那肱忿然作色曰:“何乃干知星宿!祭竟不行。师出而窃叹曰:“国家大事,在祀与戎。礼既废也,何能久乎?齐亡无日矣。”七年,周武帝平齐,授司赋上士。

　　高祖受禅,除魏州长史,入为尚书考功侍郎,仍摄吏部。朝章国宪,多所参定。十七年,历尚书左右丞,以明干著称。时蜀王秀颇违法度,乃以师为益州总管司马。俄而秀被征,秀恐京师有变,将谢病不行。师数劝之,不可违命,秀作色曰:“此自我家事,何预卿也!”师垂涕对曰:“师荷国厚恩,忝参府幕,僚吏之节,敢不尽心。但比年以来,国家多故,秦孝王寝疾,奄至薨殂,庶人二十年太子,相次沦废。圣上之情,何以堪处!而有敕追王,已淹时月,今乃迁延未去,百姓不识王心，傥生异议，内外疑骇，发雷霆之诏，降一介之使，王何以自明？愿王自计之。"秀乃从征。秀废之后，益州官属多相连坐，师以此获免。后加仪同三司。

炀帝即位，拜大理少卿。帝在显仁宫，敕宫外卫士不得辄离所守。有一主帅，私令卫士出外，帝付大理绳之。师据律奏徒，帝令斩之，师奏曰："此人罪诚难恕，若陛下初便杀之，自可不关文墨。既付有司，义归恒典，脱宿卫近侍者更有此犯，将何以加之？"帝乃止。转刑部侍郎。师居职强明，有口辩，而无廉平之称。未几，卒官。有子岷玉。

郎茂字蔚之，恒山新市人也。父基，齐颍川太守。茂少敏慧，七岁诵《骚》《雅》，日千余言。十五师事国子博士河间权会，受《诗》、《易》、《三礼》及玄象、刑名之学。又就国子助教长乐张率礼受《三传》群言，至忘寝食。家人恐茂成病，恒节其灯烛。及长，称为学者，颇解属文。年十九，丁父忧，居丧过礼。仕齐，解褐司空府行参军。会陈使傅绰来聘，令茂接对之。后奉诏于秘书省刊定载籍。迁保城令，有能名，百姓为立《清德颂》。及周武平齐，上柱国王谊荐之，授陈州户曹。属高祖为亳州总管，见而悦之，命掌书记。时周武帝为《象经》，高祖从容谓茂曰："人主之所为也，感天地，动鬼神，而《象经》多纠法，将何以致治？"茂窃叹曰："此言岂常人所及也！"乃阴自结纳，高祖亦亲礼之。后还家为州主簿。

高祖为丞相，以书召之，言及畴昔，甚欢。授卫州司录，有能名。寻除卫国令。时有击囚二百，茂亲自究审数日，释免者百余人。历年辞讼，不诣州省。魏州刺史元晖谓茂曰："长史言卫国民不敢申诉者，畏明府耳。"茂进曰："民犹水也，法令为堤防，堤防不固，必致奔突，苟无决溢，使君何患哉？"晖无以应之。有民张元预，与从父弟思兰不睦，丞尉请加严法，茂曰："元预兄弟，本相憎疾，又坐得罪，弥益其忿，非化民之意也。"于是遣县中耆旧更往敦谕，道路不绝。元预等各生感悔，诣县顿首请罪。茂晓之以义，遂相亲睦，称为友悌。

茂自延州长史转太常丞，迁民部侍郎，时尚书右仆射苏威立条章，每岁责民间五品不逊。或答者乃云："管内无五品之家。"不相应领，类多如此。又为余粮簿，拟有无相赡。茂以为繁纡不急，皆奏罢之。数岁，以母忧去职。未期，起令视事。又奏身死王事者，子不退田，品官年老不减地，皆发于茂。茂性明敏，剖决无滞，当时以吏干见称。仁寿初，以本官领大兴令。

炀帝即位，迁雍州司马，寻转太常少卿。后二岁，拜尚书左丞，参掌选事。茂工法理，为世所称。时工部尚书宇文恺、右翊卫大将军于仲文竞河东银窟。茂奏劾之曰："臣闻贵贱殊礼，士农异业，所以人知局分，家识廉耻。宇文恺位望已隆，禄赐优厚，拔葵去织，寂尔无闻，求利下交，曾无愧色。于仲文大将，宿卫近臣，趋侍阶庭，朝夕闻道。虞、芮之风，抑而不慕，分铢之利，知而必争。何以贻范庶僚，示民轨物！若不纠绳，将亏政教。"恺与仲文竟坐得罪。茂撰《州郡图经》一百卷奏之，赐帛三百段，以书付秘府。

于时帝每巡幸，王纲已紊，法令多失。茂既先朝旧臣，明习世事，然善自谋身，无謇谔之节。见帝忌刻，不敢措言，唯窃叹而已。以年老，上表乞骸骨，不许。会帝亲征辽东，以茂为晋阳宫留守。其年，恒山赞治王文同与茂有隙，奏茂朋党，附下罔上。诏遣纳言苏威、御史大夫裴蕴杂治之。茂素与二人不平，因深文巧诋，成其罪状。帝大怒，及其弟司隶别驾楚之，皆除名为民，徙且末郡。茂恬然受命，不以为忧。在途作《登垅赋》以自慰，词义可观。复附表自陈，帝颇悟。十年，追还京兆，岁余而卒，时年七十五。有子知年。

高构字孝基，北海人也。性滑稽，多智，辩给过人，好读书，工吏事。弱冠，州补主簿。仕齐河南王参军事，历徐州司马、兰陵、平原二郡太守。齐灭后，周武帝以为许州司马。

高祖受禅，转冀州司马，甚有能名。征拜比部侍郎，寻转民部。时内史侍郎晋平东与兄子长茂争嫡，尚书省不能断，朝臣三议不决。构断而合理，上以为能，召入内殿，劳之曰："我闻尚书郎上应列宿,观卿才识,方知古人之言信矣。嫡庶者,礼教之所重,我读卿判数遍,词理惬当,意所不能及。"赐米百石。由是知名,寻迁雍州司马,以明断见称。岁余,转吏部侍郎,号为称职。复徙雍州司马,坐事左转盩厔令,甚有治名。上善之,复拜雍州司马,又为吏部侍郎,以公事免。

炀帝立,召令复位。时为吏部者,多以不称职去官,唯构最有能名,前后典选之官,皆出其下。时人以构好剧谈,颇谓轻薄,然其内怀方雅,特为吏部尚书牛弘所重。后以老病解职,弘时典选,凡将有所擢用,辄遣人就第问其可不。河东薛道衡才高当世,每称构有清鉴,所为文笔,必先以草呈构,而后出之。构有所诋诃,道衡未尝不嗟伏。大业七年,终于家,时年七十二。所举杜如晦、房玄龄等,后皆自致公辅,论者称构有知人之鉴。

开元中,昌黎豆卢实为黄门侍郎,称为慎密。河东裴术为右丞,多所纠正。河东士燮、平原东方举、安定皇甫聿道,俱为刑部,并执法平允。弘农刘士龙、清河房山基为考功,河东裴镜民为兵部,并称明干。京兆韦焜为民曹,屡进谠言。南阳韩则为延州长史,甚有惠政。此等事行遗阙,皆有吏干,为当时所称。

张虔威字元敬,清河东武城人也。父晏之,齐北徐州刺史。虔威性聪敏,涉猎群书。其世父暠之谓人曰:"虔威,吾家千里驹也。"年十二,州补主簿。十八为太尉中兵参军,后累迁太常丞。及齐亡,仕周为宣纳中士。

高祖得政,引为相府典签。开皇初,晋王广出镇并州,盛选僚佐,以虔威为刑狱参军。累迁为属。王甚美其才,与河内张衡甚见礼重,晋邸称为"二张"焉。及王为太子,迁员外散骑侍郎、太子内舍人。

炀帝即位,授内史舍人、仪同三司。寻以藩邸之旧,加开府。寻拜谒者大夫,从幸江都,以本官摄江都赞治,称为干理。虔威尝在途,见一遗囊,恐其主求失,因令左右负之而行。后数日,物主来认,

悉以付之。淮南太守杨绰。尝与十余人同来谒见,帝问虞威曰:"其
立者为谁?"虞威下殿就视而答曰:"淮南太守杨绰。"帝谓虞威曰:
"卿为谒者大夫,而不识参见人,何也?"虞威对曰:"臣非不识杨绰,
但虑不审,所以不敢轻对。石建数马足,盖慎之至也。"帝甚嘉之。其
廉慎皆此类也。于时帝数巡幸,百姓疲敝,虞威因上封事以谏。帝
不悦,自此见疏。未几,卒官。有子爽,仕至兰陵令。

　　虞威弟虞雄,亦有才器。秦孝王后为秦州总管,选为法曹参军。
王尝亲案囚徒,虞雄误不持状,口对百余人,皆尽事情,同辈莫不叹
服。后历寿春、阳城二县令,俱有治绩。

　　荣毗字子谌,北平无终人也。父权,魏兵部尚书。毗少刚鲠,有
局量,涉猎群言。仕周,释褐汉王记室,转内史下士。

　　开皇中,累迁殿内监。时以华阴多盗贼,妙选长吏,杨素荐毗为
华州长史,世号为能。素之田宅,多在华阴,左右放纵,毗以法绳之,
无所宽贷。毗因朝集,素谓之曰:"素之举卿。适以自罚也。"毗答曰:
"奉法一心者,但恐累公所举。"素笑曰:"前者戏耳。卿之奉法,素之
望也。"时晋王在扬州,每令人密觇京师消息。遣张衡于路次往往置
马坊,以畜牧为辞,实给私人也。州县莫敢违,毗独遏绝其事。上闻
而嘉之,赍绢百匹,转蒲州司马。

　　汉王谅之反也,河东豪杰以城应谅。刺史丘和觉,遁归关中。长
史渤海高义明谓毗曰:"河东要害,国之东门,若失之,则为难不细。
城中虽复恟恟,非悉反也。但收桀黠者十余人斩之,自当立定耳。"
毗然之。义明驰马追和,将与协计。至城西门,为反者所杀,毗亦被
执。及谅平,拜治书侍御史,帝谓之曰:"今日之举,马坊之事也。无
改汝心。"帝亦敬之。毗在朝侃然正色,为百僚所惮。后以母忧去职。
岁余,起令视事。寻卒官。赠鸿胪少卿。

　　毗兄建绪,性甚亮直,兼有学业。仕周,为载师下大夫、仪同三
司。及平齐之始,留镇邺城,因著《齐纪》三十卷。建绪与高祖有旧,
及为丞相,加位开府,拜息州刺史。将之官,时高祖阴有禅代之计,

因谓建绪曰："且蹰躇，当共取富贵。"建绪自以周之大夫，因义形于色曰："明公此旨，非仆所闻。"高祖不悦。建绪遂行。开皇初来朝，上谓之曰："卿亦悔不？"建绪稽首曰："臣位非徐广，情类杨彪。"上笑曰："朕虽不解书语，亦知卿此言不逊也。"历始、洪二州刺史，俱有能名。

陆知命字仲通，吴郡富春人也。父敫，陈散骑常侍。知命性好学，通识大体，以贞介自持。释褐陈始兴王行参军，后历太学博士、南狱正。及陈灭，归于家。会高智慧等作乱于江左，晋王广镇江都，以其三吴之望，召令讽谕反者。知命说下贼十七城，得其渠帅陈正绪、萧思行等三百余人。以功拜仪同三司，赐以田宅，复用其弟恪为沔阳令。知命以恪非百里才，上表陈让，朝廷许之。

时见天下一统，知命劝高祖都洛阳，因上《太平颂》以讽焉。文多不载。数年不得调，诣朝堂上表，请使高丽，曰："臣闻圣人当宸，物色乌莸匹夫奔驰，或陈往瞀。伏愿暂辍旒纩，览臣所谒。昔轩辕驭历，既缓凤沙之诛，虞舜握图，犹稽有苗之伐。陛下当百代之末，膺千载之期，四海廓清，三边底定，唯高丽小竖，狼顾燕垂。王度含弘，每怀遵养者，良由恶杀好生，欲谕之以德也。臣请以一节，宣示皇风，使彼君臣面缚阙下。"书奏，天子异之。岁余，授普宁镇将。人或言其正直者，由是待诏于御史台。

炀帝嗣位，拜治书侍御史，侃然正色，为右僚所惮。帝甚敬之。后坐事免。岁余，复职。时齐王暕颇骄纵，匿近小人，知命奏劾之，暕竟得罪，百僚震慄。辽东之役，为东暆道受降使者，卒于师，时年六十七。赠御史大夫。

房彦谦字孝冲，本清河人也。七世祖谌，仕燕太尉掾，随慕容氏迁于齐，子孙因家焉。世为著姓。高祖法寿，魏青、冀二州刺史，壮武侯。曾祖伯祖，齐郡、平原二郡太守，祖翼，宋安太守，并世袭爵壮武侯。父熊，释褐州主簿，行清河、广川二郡守。彦谦早孤，不识父，为母兄之所鞠养。长兄彦雅，虽有清鉴，以彦谦天性颖悟，每奇之，亲教读书。年七岁，诵数万言，为宗党所异。十五，出后叔父子贞，事所继母，有逾本生，子贞哀之，抚养甚厚。后丁所继母忧，勺饮不入口者五日。事伯父乐陵太守豹，竭尽心力，每四时珍果，口弗先尝。遇期功之戚，必蔬食终礼，宗从取则焉。其后受学于博士尹琳，手不释卷，遂通涉五经。解属文，工草隶，雅有词辩，风概高人。年十八，属广宁王孝珩为齐州刺史，辟为主簿。时禁网疏阔，州郡之职尤多纵弛。及彦谦在职，清简守法，州境肃然，莫不敬惮。及周师入邺，齐主东奔，以彦谦为齐州治中。彦谦痛本朝倾覆，将纠率忠义，潜谋匡辅。事不果而止。齐亡，归于家。周帝遣柱国辛遵为齐州刺史，为贼帅辅带剑所执。彦谦以书谕之，带剑惭惧，送遵还州，诸贼并各归首。

　　及高祖受禅之后，遂优游乡曲，誓无仕心。开皇七年，刺史韦艺固荐之，不得已而应命。吏部尚书卢恺一见重之，擢授承奉郎，俄迁监察御史。后属陈平，奉诏安抚泉、括等十州，以衔命称旨，赐物百段，米百石，衣一袭，奴婢七口。迁秦州总管录事参军。尝因朝集，时左仆射高颎定考课，彦谦谓颎曰："书称三载考绩，黜陟幽明，唐、虞以降，代有其法。黜陟合理，褒贬无亏，便是进必得贤，退皆不肖。如或舛谬，法乃虚设。比见诸州考校，执见不同，进退多少，参差不类。况复爱憎肆意，致乖平坦，清介孤直，未必高名，卑谄巧官，翻居上等。直为真伪混淆，是非督乱。宰贵既不精练，斟酌取舍，曾经驱使者，多以蒙识获成，未历台省者，皆为不知被退。又四方悬远，难可详悉，唯量准人数，半破半成。徒计官员之少多，莫顾善恶之众寡，欲求允当，其道无由。明公鉴达幽微，平心遇物，今所考校，必无阿枉。脱有前件数事，未审何以裁之？唯愿远布耳目，精加采访，褒秋毫之善，贬纤介之恶。非直有光至治，亦足标奖贤能。"词气侃然，观者属目。颎为之动容，深见嗟赏，因历问河西、陇右官人景行，彦谦对之如响。颎顾谓诸州总管、刺史曰："与公言，不如独与秦州考使语。"后数日，颎言于上，上弗能用。以秩满，迁长葛令，甚有惠化，

百姓号为慈父。仁寿,上令持节使者巡行州县,察长吏能不,以彦谦
为天下第一,超授郡州司马。吏民号哭相谓曰:"房明府今去,吾属
何用生为!"其后百姓思之,立碑颂德。郡州久无刺史,州务皆归彦
谦,名有异政。

　　内史侍郎薛道衡,一代文宗,位望清显,所与交结,皆海内名
贤。重彦谦为人,深加友敬,及兼襄州总管,辞翰往来,交错道路。炀
帝嗣位,道衡转牧番州,路经彦谦所,留连数日,屑涕而别。黄门侍
郎张衡,亦与彦谦相善。于时帝营东都,穷极侈丽,天下失望。又汉
王构逆,罹罪者多。彦谦见衡当途而不能匡救,以书谕之曰:

　　窃闻赏者所以劝善,刑者所以惩恶,故疏贱之人,有善必
赏,尊贵之威,犯恶必刑。未有罚则避亲,赏则遗贱者也。今诸
州刺史,受委宰牧,善恶之间,上达本朝,慑惮宪章,不敢怠慢。
国家祗承灵命,作民父母,刑赏曲直,升闻于天,贪畏照临,亦
宜谨肃。故文王云:"我其夙夜,畏天之威。"以此而论,虽州国
有殊,高下悬邈,然忧民慎法,其理一也。

　　至如并州衅逆,须有甄明。若杨谅实以诏命不通,虑宗社
危逼,征兵聚众,非为干纪,则当原其本情,议其刑罚,上副圣
主友于之意,下晓愚民疑惑之心;若审知内外无虞,嗣后篡统,
而好乱乐祸,妄有觊觎,则管、蔡之诛,当在于谅,同恶相济,无
所逃罪,枭悬孥戮,国有常刑。其间仍有情非协同,力不自固,
或被拥逼,沦陷凶威,遂使籍设流移,恐为冤滥。恢恢天网,岂
其然乎?罪疑从轻,斯义安在?昔叔向置鬻狱之死,晋国所嘉,
释之断犯跸之刑,汉文称善。羊舌宁不爱弟,廷尉非苟违君,但
以执法无私,不容轻重。

　　且圣人大宝,是曰神器,苟非天命,不可妄得。故蚩尤、项
籍之骁勇,伊尹、霍光之权势,李老、孔丘之才智,吕望、孙武之
兵术,吴、楚连磐石之据,产、禄承母后之基,不应历运之兆,终
无帝王之位。况乎蕞尔一隅,蜂扇蚁聚,杨谅之愚鄙,群小之凶
愚,而欲凭陵畿甸,觊幸非望者哉! 开辟以降,书契云及,帝皇

之迹，可得而详。自非积德累仁，丰功厚利，孰能道洽幽显，义感灵祇。是以古之哲王，昧旦丕显，履冰在念，御朽竞怀。逮叔世骄荒，曾无戒惧，肆于民上，骋嗜奔欲，不可具载，请略陈之。

曩者齐、陈二国，并居大位，自谓与天地合德，日月齐明，罔念忧虞，不恤刑政。近臣怀宠，称善而隐恶，史官曲笔，掩瑕而录美。是以民庶呼嗟，终闭塞于视听，公卿虚誉，日敷陈于左右。法网严密，刑辟日多，徭役烦兴，老幼疲苦。昔郑有子产，齐有晏婴，楚有叔敖，晋有士会。凡此小国，尚足名臣，齐、陈之疆，岂无良佐？但以执政壅蔽，怀私徇躯，忘国忧家，外同内忌。设有正直之士，才堪干持，于己非宜，即加摈压；倘遇谄佞之辈，行多秽匿，于我有益，遽蒙荐举。以此求贤，何从而至！夫贤材者，非尚膂力，岂系文华，唯须正身负戴，确乎不动。譬栋之处屋，如骨之在身，所谓栋梁骨鲠之材也。齐、陈不任骨鲠，信近谗谀，天高听卑，监其淫僻，故总收神器，归我大隋。向使二国祇敬上玄，惠恤鳏寡，委任方直，斥远浮华，卑菲为心，恻隐为务，河朔强富，江湖险隔，各保其业，民不思乱，泰山之固，弗可动也。然而寝卧积薪，宴安鸩毒，遂使禾黍生庙，雾露沾衣，吊影抚心，何嗟及矣！故诗云："殷之未丧师，克配上帝。宜鉴于殷，骏命不易。"万机之事，何者不须熟虑哉！

伏惟皇帝望云就日，仁孝夙彰，锡社分珪，大成规矩。及总统淮海，盛德日新，当璧之符，遐迩金属。赞历甫尔，宽仁已布，率土苍生，翘足而喜。并州之乱，变起仓卒，职由杨谅诡惑，诖误吏民，非有构怨本朝，弃德从贼者也。而有司将帅，称其愿反，非止诬陷良善，亦恐大点皇猷。足下宿当重寄，早预心膂，粤自藩邸，柱石见知。方当书名竹帛，传芳万古，稷、契、伊、吕，彼独何人？既属明时，须存謇谔，立当世之大诫，作将来之宪范。岂容曲顺人主，以爱亏刑，又使胁从之徒，横贻罪谴？忝蒙眷遇，辄写微诚，野人愚瞽，不知忌讳。

衡得书叹息，而不敢奏闻。

彦谦知王纲不振，遂去官隐居不仕，将结构蒙山之下，以求其志。会置司隶官，盛选天下知名之士。朝廷以彦谦公方宿著，时望所归，征授司隶刺史。彦谦亦慨然有澄清天下之志，凡所荐举，皆人伦表式。其有弹射，当之者曾无怨言。司录别驾刘炟，陵上侮下，讦以为直，刺史惮之，皆为之拜。唯彦谦执志不挠，亢礼长揖，有识嘉之。炟亦不敢为恨。

大业九年，从驾渡辽，监扶余道军。其后隋政渐乱，朝廷靡然，莫不变节。彦谦直道守常，介然孤立，颇为执政者之所嫉。出为泾阳令。未几，终于官，时年六十九。

彦谦居家，每子侄定省，常为讲说督勉之，亹亹不倦。家有旧业，资产素殷，又前后居官，所得俸禄，皆以周恤亲友，家无余财，车服器用，务存素俭。自少及长，一言一行，未尝涉私，虽致屡空，怡然自得。尝从容独笑，顾谓其子玄龄曰："人皆因禄富，我独以官贫。所遗子孙，在于清白耳。"所有文笔，恢廓闲雅，有古人之深致。又善草隶，人有得其尺牍者，皆宝玩之。太原王邵，北海高构，蒋县李纲，河东柳彧、薛孺，皆一时知名雅澹之士，彦谦并与为友。虽冠盖成列，而门无杂宾。体资文雅，深达政务，有识者咸以远大许之。初，开皇中，平陈之后，天下一统，论者咸云将致太平。彦谦私谓所亲赵郡李少通曰："主上性多忌克，不纳谏争。太子卑弱，诸王擅威，在朝唯行苛酷之政，未施弘大之体。天下虽安，方忧危乱。"少通初谓不然，及仁寿、大业之际，其言皆验。大唐驭宇，追赠徐州都督、临淄县公。谥曰定。

史臣曰：大夏云构，非一木之枝，帝王之功，非一士之略。长短殊用，大小异宜，梧桷栋梁，莫可弃也。李谔等或文能遵义，或才足干时，识用显于当年，故事留于台阁。参之有隋多士，取其开物成务，皆廊庙之榱桷，亦北辰之众星也。

隋书卷六七
列传第三二

虞世基　裴蕴　裴矩

虞世基字茂世，会稽余姚人也。父荔，陈太子中庶子。世基幼沉静，喜愠不形于色。博学有高才，兼善草隶，陈中书令孔奂见而叹曰："南金之贵，属在斯人。"少傅徐陵闻其名，召之，世基不往。后因公会，陵一见而奇之，顾谓朝士曰："当今潘、陆也。因以弟女妻焉。仕陈，释褐建安王法曹参军事，历祠部殿中二曹郎、太子中舍人。迁中庶子、散骑常侍、尚书左丞。陈主尝于莫府山校猎，令世基作《讲武赋》，于坐奏之曰：

夫玩居常者，未可论匡济之功，应变通者，然后见帝王之略。何则？化有文质，进让殊风，世或浇淳，解张累务。虽复顺纪合符之后，望云就日之君，且修战于版泉，亦治兵于丹浦。是知文德武功，盖因时而并用，经邦创制，固与俗而推移。所以树鸿名，垂大训，拱揖百灵，包举六合，其唯圣人乎！

鹑火之岁，皇上御宇之四年也。万物交泰，九有乂安，俗跻仁寿，民资日用。然而足食足兵，犹载怀于履薄，可久可大，尚懔乎于御朽。至如昆吾远眺，肃慎奇琛，史不绝书，府无虚月。贝胄雍弧之用，犀渠阙巩之殷，铸名剑于尚方，积雕戈于武库。熊罴百万，貔豹千群，利尽五材，威加四海。爰于农隙，有事春蒐，舍爵策勋，观使臣之以礼，沮劝赏罚，乃示民以知禁，盛矣哉，信百王之不易，千载之一时也！昔上林从幸，相如于是颂

德,长杨校猎,子云退而为赋。虽则体物缘情,不同年而语矣,英声茂实,盖可得而言焉。其辞曰:

惟则天以稽古,统资始于群分。膺录图而出震,树司牧以为君。既济宽而济猛,亦乃武而乃文。北怨劳乎殷履,南伐盛于唐勋。彼周干与夏戚,粤可得而前闻。我大陈之创业,乃拨乱而为武。戡定难难,平壹区宇。从喋喋之乐推,爰苍苍而再补,故累仁以积德,谅重规而袭矩。惟皇帝之休烈,体徇齐之睿哲。敷九畴而咸叙,奄四海而有截。既搜扬于帝难,又文思之安安。幽明请史,俊乂在官。御璇玑而七政辨,朝玉帛而万国欢。昧旦丕显,未明思治。道藏往而知来,功参天而两地。运圣人之上德,尽生民之能事。于是礼畅乐和,刑清政肃。西暨析支,东渐蟠木。磬图谍而效祉,漏川泉而祗福。在灵贶而必臻,亦何思而不服。

虽至治之隆平,犹戒国而强兵。选羽林于六郡,诏蹶张于五营。兼折冲而余勇,咸重义而轻生。遂乃因农隙以教民,在春蒐而习战。命司马以示法,帅掌固而清甸。导旬始以前驱,伏钩陈而后殿。抗鸟旌于析羽,饰鱼文于被练。尔乃革轩按辔,玉虬齐鞅。屯左矩以启行,击右钟而传响。交云罕之掩映,纷剑骑而来往。指摄提于斗极,洞闽阖之弘敞。跨玄武而东临,款黄山而北上。隐圆阙之迢递,届方泽之垲爽。

于斯时也,青春晚候,朝阳明岫。日月光华,烟云吐秀。澄波澜于江海,静氛埃于宇宙。乘舆乃御太一之玉堂,授军令于紫房。蕴龙韬之妙算,誓武旅于戎场。锐金颜于庸、蜀,蹑铁骑于渔阳。觳神弩而持满,彋天弧而并张。曳虹旗之正正,振夔鼓之镗镗。八陈肃而成列,六军俨以相望。拒飞梯于萦带,耸楼车于武冈。或掉鞅而直指,乍交绥而弗伤。裁应变而蛇击,俄蹈厉以鹰扬。中小枝于戟刃,彻蹲札于甲裳。聊七纵于孟获,乃两擒于卞庄。始轩轩而鹤举,遂离离以雁行。振川谷而横八表,荡海岳而耀三光。谅窈冥之不测,羌进退而难常。亦有投石扛鼎，超乘挟辀。冲冠耸剑，铁盾铜头。熊渠殪兕，武勇操牛。
虽任鄙与贲、育，故无得而为仇。

　　九攻既决，三略已周。鸣镯振响，风卷电收。于是勇爵班，
金奏设，登元、凯而陪位，命方、邵而就列。三献式序，八音未
阕。舞干戚而有豫，听鼓鞞而载悦。俾挟纩与投醪，咸忘躯而
殉节。方席卷而横行，见王师之有征。登燕山而戮封豕，临瀚
海而斩长鲸。望云亭而载跸，礼升中而告成。实皇王之神武，
信荡荡而难名者也。

陈主嘉之，赐马一匹。

　　及陈灭归国，为通直郎，直内史省。贫无产业，每佣书养亲，怏
怏不平。尝为五言诗以见意，情理凄切，世以为工，作者莫不吟咏。
未几，拜内史舍人。

　　炀帝即位，顾遇弥隆。秘书监河东柳顾言博学有才，罕所推谢，
至是与世基相见，叹曰："海内当共推此一人，非吾侪所及也。"俄迁
内史侍郎，以母忧去职，哀毁骨立，有诏起令视事，拜见之日，殆不
能起，帝令左右扶之。哀其羸瘠，诏令进肉，世基食辄悲哽，不能下。
帝使谓之曰："方相委任，当为国惜身。"前后敦劝者数矣。帝重其
才，亲礼逾厚，专典机密，与纳言苏威、左诩卫大将军宇文述、黄门
侍郎裴矩、御史大夫裴蕴等参掌朝政。于时天下多事，四方表奏日
有百数。帝方凝重，事不庭决，入阁之后，始召世基口授节度。世基
至省，方为敕书，日且百纸，无所遗谬。其精审如是。

　　辽东之役，进位金紫光禄大夫。后从幸雁门，帝为突厥所围，战
士多败。世基劝帝重为赏格，亲自抚循，又下诏停辽东之事。帝从
之，师乃复振。乃围解，勋格不行，又下伐辽之诏。由是言其诈众，
朝野离心。

　　帝幸江都，次巩县，世基以盗贼日盛，请发兵屯洛口仓，以备不
虞。帝不从，但答云："卿是书生，定犹恇怯。"于时天下大乱，世基知
帝不可谏止，又以高颎、张衡等相继诛戮，惧祸及己，虽居近侍，唯
诺取容，不敢忤意。盗贼日甚，郡县多没。世基知帝恶数闻之，后有

告败者,乃抑损表状,不以实闻。是后外间有变,帝弗之知也。尝遣太仆杨义臣捕盗于河北,降贼数十万,列状上闻,帝叹曰:"我初不闻贼顿如此,义臣降贼何多也!"世基对曰:"鼠窃虽多,未足为虑。义臣克之,拥兵不少,久在阃外,此最非宜。"帝曰:"卿言是也。"遽追义臣,放其兵散。又越王侗遣太常丞元善达间行贼中,诣江都奏事。称李密有众百万,围逼京都。贼据洛口仓,城内无食。若陛下速还,乌合必散;不然者,东都决没。因歔欷呜咽,帝为之改容。世基见帝色忧,进曰:"越王年小,此辈诳之。若如所言,善达何缘来至?"帝乃勃然怒曰:"善达小人,敢廷辱我!"因使经贼中,向东阳催运,善达遂为群盗所杀。此后外人杜口,莫敢以贼闻奏。

世基貌沉审,言多合意,是以特见亲爱,朝臣无与为比。其继室孙氏,性骄淫,世基惑之,恣其奢靡。雕饰器服,无复素士之风。孙复携前夫子夏侯俨入世基舍,则顽鄙无赖,为其聚敛。鬻官卖狱,贿赂公行,其门如市,金宝盈积,其弟世南,素国士,而清贫不立,未曾有所赠。由是为论者所讥,朝野咸共疾怨。宇文化及杀逆也,世基乃见害焉。

长子肃,好学多才艺,时人称有家风。弱冠早没。肃弟熙,大业末为符玺郎,次子柔、晦,并宣义郎。化及将乱之夕,宗人虞伋知而告熙曰:"事势以然,吾将济卿南渡,且得免祸,同死何益!"熙谓伋曰:"弃父背君,求生何地?感尊之怀,自此诀矣。"及难作,兄弟竞请先死,行刑人于是先世基杀之。

裴蕴,河东闻喜人也,祖之平,梁卫将军。父忌,陈都官尚书,与吴明彻同没于周,赐爵江夏郡公,在隋十余年而卒,蕴性明辩,有吏干。在陈,仕历直阁将军、兴宁令。蕴以其父在北,阴奉表于高祖,请为内应。及陈平,上悉阅江南衣冠之士,次至蕴,上以为夙有向化之心,超授仪同。左仆射高颎不悟上旨,进谏曰:"裴蕴无功于国,宠逾伦辈,臣未见其可。"上又加蕴上仪同,颎复进谏,上曰:"可加开府。"颎乃不敢复言,即日拜开府仪同三司,礼赐优洽。历洋、直、棣三州刺史，俱有能名。

大业初，考绩连最。炀帝闻其善政，征为太常太卿。初，高祖不好声技，遣牛弘定乐，非正声清商及九部四舞之色，皆罢遣从民。至是，蕴揣知帝意，奏括天下周、齐、梁、陈乐家子弟，皆为乐户。其六品已下，至于民庶，有善音乐及倡优百戏者，皆直太常。是后异技淫声咸萃乐府，皆置博士弟子，递相教传，增益乐人至三万余。帝大悦，迁民部侍郎。

于时犹承高祖和平之后，禁网疏阔，户口多漏。或年及成丁，犹诈为小，未至于老，已免租赋。蕴历为刺史，素知其情，因是条奏，皆令貌阅。若一人不实，则官司解职，乡正里长皆远流配。又许民相告，若纠得一丁者，令被纠之家代输赋役。是岁大业五年也。诸郡计帐，进丁二十四万三千，新附口六十四万一千五百。帝临朝览状。谓百官曰：“前代无好人，致此阔冒。今进民户口皆从实者，全由裴蕴一人用心。古语云，得贤而治，验之信矣。”由是渐见亲委，拜京兆赞治，发擿纤毫，吏民慑惮。

未几，擢授御史大夫，与裴矩、虞世基参掌机密。蕴善候伺人主微意，若欲罪者，则曲法顺情，锻成其罪。所欲宥者，则附从轻典，因而释之。是后大小之狱皆以付蕴，宪部大理莫敢与夺，必禀承进止，然后决断。蕴亦机辩，所论法理，言若悬河，或重或轻，皆由其口，剖析明敏，时人不能致诘。杨玄感之反也，帝遣蕴推其党与，谓蕴曰：“玄感一呼而从者十万，益知天下人不欲多，多即相聚为盗耳。不尽加诛，则后无以劝。”蕴由是乃峻法治之，所戮者数万人，皆籍没其家。帝大称善，赐奴婢十五口。司隶大夫薛道衡以忤意获遣，蕴知帝恶之，乃奏曰：“道衡负才恃旧，有无君之心。见诏书每下，便腹非私议，推恶于国，妄造祸端。论其罪名，似如隐昧，源其情意，深为悖逆。”帝曰：“然。我少时与此人相随行役，轻我童稚，共高颎、贺若弼等外擅威权，自知罪当诛调。及我即位，怀不自安，赖天下无事，未得反耳。公论其逆，妙体本心。”于是诛道衡。又帝问苏威以讨辽之策，威不愿帝复行，且欲令帝知天下多贼，乃诡答曰：“今者之役，不愿发兵，但诏赦群盗，自可得数十万。遣关内奴贼及山东历山飞、张金称等头别为一军，出辽西道，诸河南贼王薄、孟让等十余头并给舟楫，浮沧海道，必喜于免罪，竞务立功，一岁之间，可灭高丽矣。"帝不怿曰："我去尚犹未克，鼠窃安能济乎？"威出后，蕴奏曰："此大不逊，天下何处有许多贼！"帝悟曰："老革多奸，将贼胁我。欲搭其口，但隐忍之，诚极难耐。"蕴知上意，遣张行本奏威罪恶，帝付蕴推鞫之，乃处其死。帝曰："未忍便杀。"遂父子及孙三世并除名。

蕴又欲重己权势，令虞世基奏罢司隶刺史以下官属，增置御史百余人。于是引致奸黠，共为朋党，郡县有不附者，阴中之。于时军国多务，凡是兴师动众，京都留守，及与诸蕃互市，皆令御史监之。宾客附隶，遍于郡国，侵扰百姓，帝弗之知也，以度辽之役，进位银青光禄大夫。

及司马德戡将为乱，江阳长张惠绍夜驰告之。蕴共惠绍谋，欲矫诏发郭下兵民，尽取荣公护儿节度，收在外逆党宇文化及等，仍发羽林殿脚，遣范富娄等入自西苑，取梁公萧钜及燕王处分，扣门援帝。谋议已定，遣报虞世基。世基疑反者不实，抑其计。须臾，难作，蕴叹曰："谋及播郎，竟误人事。"遂见害，子憍为尚辇直长，亦同日死。

裴矩字弘大，河东闻喜人也。祖他，魏都官尚书。父纳之，齐太子舍人。矩襁褓而孤，及长好学，颇爱文藻，有智数。世父让之谓矩曰："观汝神识，足成才士，欲求官达，当资干世之务。"矩始留情世事。齐北平王贞为司州牧，辟为兵曹从事，转高平王文学。及齐亡，不得调。高祖为定州总管，召补记室，甚亲敬之。以母忧去职。

高祖作相，遣使者驰召之，参相府记室事。及受禅，迁给事郎，奏舍人事。伐陈之役，领元帅记室。既破丹杨，晋王广令矩与高颎收陈图籍。明年，奉诏巡抚岭南，未行而高智慧、汪文进等相聚作乱，吴、越道闭，上难遣矩行，矩请速进，上许之。行至南康，得兵数千人，时俚帅王仲宣逼广州，遣其所部将周师举围东衡州。矩与大将军鹿愿赴之,贼立九栅,屯大庾岭,共为声援。矩进击破之,贼惧,释东衡州,据愿长岭。又击破之,遂斩师举,进军自南海援广州。仲宣惧而溃散。矩所绥集者二十余州,又承制署其渠帅为刺史、县令。及还报,上大悦,命升殿劳苦之,顾谓高颎、杨素曰:"韦洸将二万兵,不能早度岭。朕每患其兵少。裴矩以三千敝卒,径至南康。有臣若此,朕亦何忧!"以功拜开府,赐爵闻喜县公,赍物二千段。除民部侍郎,寻迁内史侍郎。

时突厥强盛,都蓝可汗妻大义公主,即宇文氏之女也,由是数为边患。后因公主与从胡私通,长孙晟先发其事,矩请出使说都蓝,显戮宇文氏。上从之。竟如其言,公主见杀。后都蓝与突利可汗构难,屡犯亭鄣。诏太平公史万岁为行军总管,出定襄道,以矩为行军长史,破达头可汗于塞外。万岁被诛,功竟不录。上以启民可汗初附,令矩抚慰之,还为尚书左丞。其年,文献皇后崩,太常旧无仪注,矩与牛弘据《齐礼》参定之。转吏部侍郎,名为称职。

炀帝即位,营建东都,矩职修府省,九旬而就,时西域诸蕃,多至张掖,与中国交市。帝令矩掌其事。矩知帝方勤远略,诸商胡至者,矩诱令言其国俗山川险易,撰《西域图记》三卷,入朝奏之。其序曰:

臣闻禹定九州,导河不逾积石,秦兼六国,设防止及临洮。故知西胡杂种,僻居遐裔,礼教之所不及,书典之所罕传。自汉氏兴基,开拓河右,始称名号者,有三十六国,其后分立,乃五十五王。仍置校尉、都护,以存招抚。然叛服不恒,屡经征战。后汉之世,频废此官。虽大宛以来,略知户数,而诸国山川未有名目。至如姓氏风土,服章物产,全无纂录,世所弗闻。后以春秋递谢,年代久远,兼并诛讨,互有兴亡。或地是故邦,改从今号,或人非旧类,因袭昔名。兼复部民交错,封疆移改,戎狄音殊,事难穷验。于阗之北,葱岭以东,考于前史,三十余国。其后更相屠灭,仅有十存。自余沦没,扫地俱尽,空有丘墟,不可记识。

皇上膺天育物,无隔华夷,率土黔黎,莫不慕化。风行所及,日入以来,职贡皆通,无远不至。臣既因抚纳,监知关市,寻讨书传,访采胡人,或有所疑,即译众口。依其本国服饰仪形,王及庶人,各显容止,即丹青模写,为《西域图记》,共成三卷,合四十四国。仍别造地图,穷其要害。从西顷以去,北海之南,纵横所亘,将二万里。谅由富商大贾,周游经涉,故诸国之事罔不遍知。复有幽荒远地,卒访难晓,不可凭虚,是以致阙。而二汉相踵,西域为传,户民数十,即称国王,徒有名号,乃乖其实。今者所编,皆余千户,利尽西海,多产珍异。其山居之属,非有国名,及部落小者,多亦不载。

发自敦煌,至于西海,凡为三道,各有襟带。北道从伊吾,经蒲类海铁勒部,突厥可汗庭,度北流河水,至拂菻国,达于西海。其中道从高昌,焉耆,龟兹,疏勒,度葱岭,又经钹汗,苏对沙那国,康国。曹国。何国,大、小安国,穆国,至波斯,达于西海。其南道从鄯善,于阗,朱俱波、喝盘陀,度葱岭,又经护密,吐火罗,挹怛,忛延,漕国,至北婆罗门,达于西海。其三道诸国,亦各自有路,南北交通。其东女国,南婆罗门国等,并随其所往,诸处得达。故知伊吾、高昌、鄯善,并西域之门户也。总凑敦煌,是其咽喉之地。

以国家威德,将士骁雄,泛濛汜而扬旌,越昆仑而跃马,易如反掌,何往不至!但突厥、吐浑分领羌胡之国。为其拥遏,故朝贡不通。今并因商人密送诚款,引领翘首,愿为臣妾。圣情含养,泽及普天,服而抚之,务存安辑。故皇华遣使,弗动兵车,诸蕃既从,浑、厥可灭。混一戎夏,其在兹乎!不有所记,无以表威化之远也。

帝大悦,赐物五百段。每日引矩至御坐,亲问西方之事。矩盛言胡中多诸宝物,吐谷浑易可并吞。帝由是甘心,将通西域,四夷经略,咸以委之。

转民部侍郎,未视事,迁黄门侍郎。帝复令矩往张掖,引致西

蕃,至者十余国。大业三年,帝有事于恒岳,咸来助祭。帝将巡河右,
复令矩往敦煌。矩遣使说高昌王麹伯雅及伊吾吐屯设等,啖以厚
利,导使入朝。及帝西巡,次燕支山,高昌王、伊吾设等,及西蕃胡二
十七国,谒于道左。皆令佩金玉,被锦罽,焚香奏乐,歌舞喧噪。复
令武威、张掖士女盛饰纵观,骑乘填咽,周亘数十里,以示中国之
盛。帝见而大悦。竟破吐谷浑,拓地数千里,并遣兵戍之。每岁委
输巨亿万计,诸蕃慑惧,朝贡相续。帝谓矩有绥怀之略,进位银青光
禄大夫。其冬,帝至东都,矩以蛮夷朝贡者多,讽帝令都下大戏。征
四方奇技异艺,陈于端门街,衣锦绮、珥金翠者,以十数万。又勒百
官及民士女列坐棚阁而纵观焉。皆被服鲜丽,终月乃罢。又令三市
店肆皆设帷帐,盛列酒食,遣掌蕃率蛮夷与民贸易,所至之处,悉令
邀延就坐,醉饱而散。蛮夷嗟叹,谓中国为神仙。帝称其至诚,顾谓
宇文述、牛弘曰:"裴矩大识朕意,凡所陈奏,皆朕之成算。未发之
顷,矩辄以闻。自非奉国用心,孰能若是!"

帝遣将军薛世雄城伊吾,令矩共往经略。矩讽谕西域诸国曰:
"天子为蕃人交易悬远,所以城伊吾耳。"咸以为然,不复来竞。及
还,赐钱四十万。矩又白状,令反间射匮,潜攻处罗,语在《突厥传》。
后处罗为射匮所迫,竟随使者入朝。帝大悦,赐矩以貂裘及西域珍
器。

从帝巡于塞北,幸启民帐。时高丽遣使先通于突厥,启民不敢
隐,引之见帝。矩因奏状曰:"高丽之地,本孤竹国也。周代以之封
于箕子,汉世分为三郡,晋氏亦统辽东。今乃不臣,别为外域,故先
帝疾焉,欲征之久矣。但以杨谅不肖,师出无功。当陛下之时,安得
不事,使此冠带之境,仍为蛮貊之乡乎?今其使者朝于突厥,亲见启
民,合国从化,必惧皇灵之远畅,虑后伏之先亡。胁令入朝,当可致
也。"帝曰:"如何?"矩曰:"请面诏其使,放还本国,遣语其王,令速
朝觐。不然者,当率突厥,即日诛之。"帝纳焉。高元不用命,始建征
辽之策。王师临辽,以本官领武贲郎将。明年,复从至辽东。兵部
侍郎斛斯政亡入高丽,帝令矩兼掌兵事。以前后渡辽之役,进位右

光禄大夫。于时皇纲不振，人皆变节，左翊卫大将军宇文述、内史侍郎虞世基等用事，文武多以贿闻。唯矩守常，无脏秽之响，以是为世所称。

还至涿郡，帝以杨玄感初平，令矩安集陇右。因之会宁，存问曷萨那部落，遣阙达度设寇吐谷浑，频有虏获，部落致富。还而奏状，帝大赏之。后从师至怀远镇，诏护北蕃军事。矩以始毕可汗部众渐盛，献策分其势，将以宗女嫁其弟叱吉设，拜为南面可汗。叱吉不敢受，始毕闻而渐怨。矩又言于帝曰："突厥本淳易可离间，但由其内多有群胡，尽皆桀黠，教导之耳。臣闻史蜀胡悉尤多奸计，幸于始毕，请诱杀之。"帝曰："善。"矩因遣人告胡悉曰："天子大出珍物，今在马邑，欲共蕃内多作交关。若前来者，即得好物。"胡悉贪而信之，不告始毕，率其部落，尽驱六畜，星驰争进，冀先互市。矩伏兵马邑下，诱而斩之。诏报始毕曰："史蜀胡悉忽领部落走来至此，云背可汗，请我容纳。突厥既是我臣，彼有背叛，我当共杀。今已斩之，故令往报。"始毕亦知其状，由是不朝。十一年，帝北巡狩，始毕率骑数十万，围帝于雁门。诏令矩与虞世基每宿朝堂，以待顾问。及围解，从至东都。属射匮可汗遣其犹子，率西蕃诸胡朝贡，诏矩宴接之。

寻从幸江都宫。时四方盗贼蜂起，郡县上奏者不可胜计。矩言之，帝怒，遣矩诣京师接候蕃客，以疾不行。及义兵入关，帝令虞世基就宅问矩方略。矩曰："太原有变，京畿不静，遥为处分，恐失事机。唯愿銮舆早还，方可平定。"矩复起视事。俄而骁卫大将军屈突通败问至，矩以闻，帝失色。矩素勤谨，未尝忤物，又见天下方乱，恐为身祸，其待遇人，多过其所望，故虽至厮役，皆得其欢心。时从驾骁果数有逃散，帝忧之，以问矩。矩答曰："方今车驾留此，已经二年。骁果之徒，尽无家口，人无匹合，则不能久安。臣请听兵士于此纳室。"帝大喜，曰："公定多智，此奇计也。"因令矩检校为将士等娶妻。矩召江都境内寡妇及未嫁女，皆集宫监，又召将帅及兵等恣其所取。因听自首，先有奸通妇女及尼、女冠等，并即配之。由是骁果等悦，咸相谓曰："裴公之惠也。"

宇文化及之乱，矩晨起将朝，至坊门，遇逆党数人，控矩马诣孟景所。贼皆曰："不关裴黄门。"既而化及从百余骑至，矩迎拜，化及慰谕之。令矩参定仪注，推秦王子浩为帝，以矩为侍内，随化及至河北。及僭帝位，以矩为尚书右仆射，加光禄大夫，封蔡国公，为河北道安抚大使。

及宇文氏败，为窦建德所获，以矩隋代旧臣，遇之甚厚。复以为吏部尚书，寻转尚书右仆射，专掌选事。建德起自群盗，未有节文，矩为制定朝仪。旬月之间，宪章颇备，拟于王者。建德大悦，每谘访焉。及建德渡河讨孟海公，矩与曹旦等于洺州留守。建德败于武牢，群帅未知所属，曹旦长史李公淹、大唐使人魏征等说旦及齐善行令归顺。旦等从之，乃令矩与征、公淹领旦及八玺，举山东之地归于大唐。授左庶子，转詹事、民部尚书。

史臣曰：世基初以雅澹著名，兼以文华见重，亡国羁旅，特蒙任遇。参机衡之职，预帷幄之谋，国危未尝思安，君昏不能纳谏。方更鬻官卖狱，黩货无厌，颠陨厥身，亦其所也。裴蕴素怀奸险，巧于附会，作威作福，唯利是视，灭亡之祸，其可免乎？裴矩学涉经史，颇有干局，至于恪勤匪懈，夙夜在公，求诸古人，殆未之有。与闻政事，多历岁年，虽处危乱之中，未亏廉谨之节，美矣。然承望风旨，与时消息，使高昌入朝，伊吾献地，聚粮且末，师出玉门。关右骚然，颇亦矩之由也。

隋书卷六八
列传第三三

宇文恺　阎毗　何稠 刘龙　黄亘
亘弟衮

　　宇文恺字安乐，杞国公忻之弟也。在周，以功臣子，年三岁，赐爵双泉伯，七岁，进封安平郡公，邑二千户。恺少有器局。家世武将，诸兄并以弓马自达，恺独好学，博览书记，解属文，多伎艺，号为名父公子。初为千牛，累迁御正中大夫、仪同三司。

　　高祖为丞相，加上开府中大夫。及践阼，诛宇文氏，恺初亦在杀中，以其与周本别，兄忻有功于国，使人驰赦之，仅而得免。后拜营宗庙副监、太子左庶子。庙成，别封甄山县公，邑千户。及迁都，上以恺有巧思，诏领营新都副监。高颍虽总大纲，凡所规画，皆出于恺。后决渭水达河，以通运漕，诏恺总督其事。后拜莱州刺史，甚有能名。兄忻被诛，除名于家，久不得调。会朝廷以鲁班故道久绝不行，令恺修复之。既而上建仁寿宫，访可任者，右仆射杨素言恺有巧思，上然之，于是检校将作大匠。岁余，拜仁寿宫监，授仪同三司，寻为将作少监。文献皇后崩，恺与杨素营山陵事，上善之，复爵安平郡公，邑千户。

　　炀帝即位，迁都洛阳，以恺为营东都副监，寻迁将作大匠。恺揣帝心在宏侈，于是东京制度穷极壮丽。帝大悦之，进位开府，拜工部尚书。及长城之役，诏恺规度之。时帝北巡，欲夸戎狄，令恺为大帐，其下坐数千人。帝大悦，赐物千段。又造观风行殿，上容侍卫者数百人，离合为之，下施轮轴，推移倏忽，有若神功。戎狄见之，莫不惊骇。帝弥悦焉，前后赏赉不可胜纪。

自永嘉之乱，明堂废绝，隋有天下，将复古制，议者纷然，皆不能决。博考群籍，奏《明堂议表》曰：

臣闻在天成象，房心为布政之宫，在地成形，景午居正阳之位。观云告月，顺生杀之序，五室九宫，统人神之际。金口木舌，发令兆民，玉瓒黄琮，式严宗祀。何尝不矜庄宸宁，尽妙思于规摹，凝睟冕旒，致子来于矩矱。

伏惟皇帝陛下，提衡握契，御辩乘乾，咸五登三，复上皇之化，流凶去暴，丕下武之绪。用百姓之异心，驱一代以同域，康哉康哉，民无能而名矣。故使天符地宝，吐醴飞甘，造物资生，澄源反朴。九围清谧，四表削平，袭我衣冠，齐其文轨。茫茫上玄，陈珪璧之敬，肃肃清庙，感霜露之诚。正金奏《九韶》、《六茎》之乐，定石渠五官、三雍之礼。乃卜瀍西，爰谋洛食，辨方面势，仰禀神谋，敷土濬川，为民立极。兼聿遵先言，表置明堂，爰诏下臣，占星揆日。于是采崧山之秘简，披汶水之灵图，访通议于残亡，购《冬官》于散逸。总集众论，勒成一家。昔张衡浑象，以三分为一度，裴秀舆地，以二寸为千里。臣之此图，用一分为一尺，推而演之，冀轮奂有序。而经构之旨，议者殊途，或以绮井为重屋，或以圆楣为隆栋，各以臆说，事不经见。今录其疑难，为之通释，皆出证据，以相发明。议曰：

臣恺谨案《淮南子》曰："昔者神农之治天下也，甘雨以时，五谷蕃植，春生夏长，秋收冬藏，月省时考，终岁献贡，以时尝谷，祀于明堂。明堂之制，有盖而无四方，风雨不能袭，燥湿不能伤，迁延而入之。"臣恺以为上古朴略，创立典刑。《尚书帝命验》曰："帝者承天立五府，以尊天重象。赤曰文祖，黄曰神斗，白曰显纪，黑曰玄矩，苍曰灵府。"注云："唐、虞之天府，夏之世室，殷之重屋，周之明堂，皆同矣。"《尸子》曰："有虞氏曰总章。"《周官考工记》曰："夏后氏世室，堂修二七，博四修一。"注云：

"修，南北之深也。夏度以步，今堂修十四步，其博益以四分修之一，则明堂博十七步半也。"臣恺按，三王之世，夏最为古，从质尚文，理应渐就宽大，何因夏室乃大殷堂？相形为论，理恐不尔。《记》云"堂修七，博四修"，若夏度以步，则应修七步。注云"今堂修十四步"，乃是增益《记》文。殷、周二堂独无加字，便是其义，类例不同。山东《礼》本辄加二七之字，何得殷无加寻之文，周阙增筵之义？研核其趣，或是不然。仇校右书，并无"二"字，此乃桑间俗儒信情加减。《黄图议》云："夏后氏益其堂之大一百四十四尺，周人明堂以为两杼间。"马宫之言，止论堂之一面，据此为准，则三代堂基并方，得为上圆之制。诸书所说，并云下方，郑注《周官》，独为此义，非直与古违异，亦乃乖背礼文。寻文求理，深恐未惬。

《尸子》曰："殷人阳馆。"《考工记》曰："殷人重屋，堂修七寻，堂崇三尺，四阿重屋。"注云："其修七寻，五丈六尺，放夏周则其博九寻，七丈二尺。"又曰："周人明堂，度九尺之筵，东西九筵，南北七筵。堂崇一筵。五室，凡室二筵。"《礼记·明堂位》曰："天子之庙，复庙重檐。"郑注云："复庙，重屋也。"注《玉藻》云："天子庙及露寝，皆如明堂制。"《礼图》云："于内室之上，起通天之观，观八十一尺，得宫之数，其声浊，君之象也。"《大戴礼》曰："明堂也，古有之。凡九室，一室有四户八牖。以茅盖，上圆下方，外水曰辟雍。赤缀户，白缀牖。堂高三尺，东西九仞，南北七筵。其宫方三百步。凡人民疾，六畜疫，五谷灾，生于天道不顺。天道不顺，生于明堂不饰。故有天灾，则饰明堂。"《周书·明堂》曰："堂方百一十二尺，高四尺，阶博六尺三寸。室居内，方百尺，室内方六十尺。户高八尺，博四尺。"《作洛》曰："明堂太庙露寝，咸有四阿，重亢重廊。"孔氏注云："重亢累栋，重廊累屋也。"《礼图》曰："秦明堂九室十二阶，各有所居。"《吕氏春秋》云："有十二堂。"与《月令》同，并不论尺丈。臣恺案，十二阶虽不与《礼》合，一月一阶，非无理思。

《黄图》曰："堂方百四十四尺,法坤之策也,方象地。屋圆楯径二百一十六尺,法乾之策也,圆象天。室九宫,法九州。太室方六丈,法阴之变数。十二堂法十二月,三十六户法极阴之变数,七十二牖法五行所行日数。八达象八风,法八卦。通天台径九尺,法乾以九覆六。高八十一尺,法黄钟九九之数。二十八柱象二十八宿。堂高三尺,土阶三等,法三统。堂四向五色,法四时五行。殿门去殿七十二步,法五行所行。门堂长四丈,取太室三之二。垣高无蔽目之照,牖六尺,其外倍之。殿垣方,在水内,法地阴也。水四周于外,象四海,圆法阳也。水阔二十四丈,象二十四气。水内径三丈,应《觐礼经》。"武帝元封二年,立明堂汶上,无室。其外略依此制。《泰山通议》今亡,不可得而辩也。

元始四年八月,起明堂、辟雍长安城南门,制度如仪,一殿,垣四面,门八观,水外周,堤壤高四尺,和会筑作三旬。五年正月六日辛未,始郊太祖高皇帝以配天,二十二日丁亥,宗祀孝文皇帝于明堂以配上帝,及先贤、百辟、卿士有益者,于是秩而祭之。亲扶三老五更,祖而割牲,跪而进之。因班时令,宣恩泽。诸侯王、宗室、四夷君长、匈奴、西国侍子,悉奉贡助祭。

《礼图》曰："建武三十年作明堂,明堂上圆下方,上圆法天,下方法地,十二堂法日辰,九室法九州。室八窗,八九七十二,法一时之王。室有二户,二九十八户,法土王十八目。内堂正坛高三尺,土阶三等。"胡伯始注《汉官》云:"古清庙盖以茅,今盖以瓦,瓦下藉茅,以存古制。"《东京赋》曰:"乃营三宫,布政颁常。复庙重屋,八达九房。造舟清池,惟水泱泱。"薛综注云:"复重罶覆,谓屋平覆重栋也。"《续汉书·祭祀志》云:"明帝永平二年,祀五帝于明堂,五帝坐各处其方,黄帝在未,皆如南郊之位。光武位在青帝之南,少退西面,各一犊,奏乐如南郊。"臣恺按《诗》云,《我将》祀文王于明堂,"我将我享,维牛维羊"。据此则备太牢之祭。今云一犊,恐与古殊。

自晋以前，未有鸱尾，其圆墙璧水，一依本图。《晋起居注》裴頠议曰："尊祖配天，其义明著，庙宇之制，理据未分。直可为一殿，以崇严祀，其余杂碎，一皆除之。"臣恺案，天垂象，圣人则之。辟雍之星，既有图状，晋堂方构，不合天文。既阙重楼，又无璧水，空堂垂五室之义，直殿违九阶之文。非古欺天，一何过甚！

后魏于北台城南造圆墙，在璧水外，门在水内迥立，不与墙相连，其堂上九室，三三相重，不依古制，室间通巷，违舛处多。其室皆用龌龊，极成褊陋。后魏《乐志》曰："孝昌二年立明堂，议者或言九室，或言五室，诏断从五室。后元乂执政，复改为九室，遭乱不成。"

《宋起居注》曰："孝武帝大明五年立明堂，其墙宇规范，拟则太庙，唯十二间，以应期数。依汉《汶上图仪》，设五帝位。太祖文皇帝对飨，鼎俎簠簋，一依庙礼。"梁武即位之后，移宋时太极殿以为明堂。无室，十二间。《礼疑议》云："祭用纯漆俎瓦樽，文于郊，质于庙。止一献，用清酒。"平陈之后，臣得目观，遂量步数，记其尺丈。独见基内有焚烧残柱，毁斫之余，入地一丈，俨然如旧。柱下以樟木为跗，长丈余，阔四尺许，两两相并。瓦安数重。宫城处所，乃在郭内。虽湫隘卑陋，未合规摹，祖宗之灵，得崇严祀。周、齐二代，阙而不修，大飨之典，于焉靡托。

自古明堂图惟有二本，一是宗周，刘熙、阮谌、刘昌宗等作，三图略同。一是后汉建武三十年作，礼图有本，不详撰人。臣远寻经传，傍求子史，研究众说，总撰今图。

其样以木为之，下为方堂，堂有五室，上为圆观，观有四门。

帝可其奏。会辽东之役，事不果行。

以度辽之功，进位金紫光禄大夫。其年卒官，时年五十八。帝甚惜之，谥曰康。撰《东都图记》二十卷、《明堂图议》二卷、《释疑》一卷，见行于世。子儒童，游骑尉。少子温，起部承务郎。

阎毗，榆林盛乐人也。祖进，魏本郡太守。父庆，周上柱国、宁州总管。毗七岁，袭爵石保县公，邑千户。及长，仪貌矜严，颇好经史。受《汉书》于萧该，略通大旨。能篆书，工草隶，尤善画，为当时之妙。周武帝见而悦之，命尚清都公主。宣帝即位，拜仪同三司，授千牛左右。

高祖受禅，以技艺侍东宫，数以雕丽之物取悦于皇太子，由是甚见亲待，每称之于上。寻拜车骑，宿卫东宫。上尝遣高颎大阅于龙台泽，诸军部伍多不齐整，唯毗一军，法制肃然。颎言之于上，特蒙赐帛。俄兼太子宗卫率长史，寻加上仪同。太子服玩之物，多毗所为。及太子废，毗坐杖一百，与妻子俱配为官奴婢。后二岁，放免为民。

炀帝嗣位，盛修军器，以毗性巧，谙练旧事，诏典其职。寻授朝请郎。毗立议，辇辂车舆，多所增损，语在《舆服志》。擢拜起部郎。

帝尝大备法驾，嫌属车太多，顾谓毗曰："开皇之日，属车十有二乘，于事亦得。今八十一乘，以牛驾车，不足以益文物。朕欲减之，从何为可？"毗对曰："臣初定数，共宇文恺参详故实，据汉胡伯始、蔡邕等议，属车八十一乘，此起于秦，遂为后式。故张衡赋云'属车九九'是也。次及法驾，三分减一，为三十六乘。此汉制也。又据宋孝建时，有司奏议，晋迁江左，惟设五乘，尚书令、建平王宏曰：'八十一乘，议兼九国，三十六乘，无所准凭。江左五乘，俭不中礼。但帝王文物，旌旐之数，爰及冕玉，皆同十二。今宜准此，设十二乘。'开皇平陈，因以为法。今宪章往古，大驾依秦，法驾依汉，小驾依宋，以为差等。"帝曰："何用秦法乎？大驾宜三十六，法驾宜用十二，小驾除之。"毗研精故事，皆此类也。

长城之役，毗总其事。及帝有事恒岳，诏毗营立坛场。寻转殿内丞，从幸张掖郡。高昌王朝于行所，诏毗持节迎劳，遂将护入东都。寻以母忧去职。未期，起令视事，将兴辽东之役，自洛口开渠，达于涿郡，以通运漕。毗督其役。明年，兼领右翊卫长史，营建临朔宫。及征辽东，以本官领武贲郎将，典宿卫。时众军围辽东城，帝令毗诣城下宣谕，贼弓弩乱发，所乘马中流矢，毗颜色不变，辞气抑扬，卒事而去。寻拜朝请大夫，迁殿内少监，又领将作少监事。后复从帝征辽东，会杨玄感作逆，帝班师，兵部侍郎斛斯政奔辽东，帝令毗率骑二千追之，不及。政据高丽柏崖城，毗攻之二日，有诏征还。从至高阳，暴卒，时年五十。帝甚悼惜之，赠殿内监。

何稠字桂林，国子祭酒妥之兄子也。父通，善斗玉。稠性绝巧，有智思，用意精微。年十余岁，遇江陵陷，随妥入长安。仕周御饰下士。及高祖为丞相，召补参军，兼掌细作署。

开皇初，授都督，累迁御府监，历太府丞。稠博览古图，多识旧物。波斯尝献金绵锦袍，组织殊丽，上命稠为之。稠锦既成，逾所献者，上甚悦，时中国久绝瑠璃之作，匠人无敢厝意，稠以绿瓷为之，与真不异。寻加员外散骑侍郎。

开皇末，桂州俚李光仕聚众为乱，诏稠召募讨之。师次衡岭，遣使者谕其渠帅洞主莫崇，解兵降款。桂州长史王文同镍崇以诣稠所。稠诈宣旨曰："州县不能绥养，致边民扰叛，非崇之罪也。"乃命释之，引崇共坐，并从者四人，为设酒食而遣之。崇大悦，归洞不设备。稠至五更，掩入其洞，悉发俚兵，以临余贼。象州逆帅杜条辽、罗州逆帅庞靖等，相继降款。分遣建州开府梁昵讨叛夷罗寿，罗州刺史冯暄讨贼帅李大檀，并平之，传首军门。承制署首领为州县官而还，众皆悦服。有钦州刺史宁猛力，帅众迎军。初，猛力倔强山洞，欲图为逆，至是惶惧，请身入朝。稠以其疾笃，因示无猜贰，遂放还州，与之约曰："八九月间，可诣京师相见。"稠还奏状，上意不怿。其年十月，猛力卒，上谓稠曰："汝前不将猛力来，今竟死矣。"稠曰："猛力共臣为约，假令身死，当遣子入侍。越人性直，其子必来。"初，猛力临终，诫其子长真曰："我与大使为约，不可失信于国士。汝葬我讫，即宜上路。"长真如言入朝，上大悦曰："何稠著信蛮夷，乃至于此。"以勋授开府。

仁寿初，文献皇后崩，与宇文恺参典山陵制度。稠性少言，善候上旨，由是渐见亲昵。及上疾笃，谓稠曰："汝既曾葬皇后，今我方死，宜好安置。属此何益，但不能忘怀耳。魂其有知，当相见于地下。"上因揽太子颈谓曰："何稠用心，我付以后事，动静当共平章。"

大业初，炀帝将幸扬州，谓稠曰："今天下大定，朕承洪业，服章文物，阙略犹多。卿可讨阅图籍，营造舆服羽仪，送至江都也。"其日，拜太府少卿。稠于是营黄麾三万六千人仗，及车舆辇辂、皇后卤簿、百官仪服，依期而就，送于江都。所役工十万余人，用金银钱物钜亿计。帝使兵部侍郎明雅、选部郎薛迈等勾核之，数年方竟，毫厘无舛。稠参会今古，多所改创。魏、晋以来，皮弁有缨而无笄导。稠曰："此古田猎之服也。今服以入朝，宜变其制。"故弁施象牙笄导，自稠始也。又从省之服，初无佩绶。稠曰："此乃晦朔小朝之服。安有人臣谒帝而去印绶，兼无佩玉之节乎？"乃加兽头小绶及佩一只。旧制，五辂于辕上起箱，天子与参乘同在箱内。稠曰："君臣同所，过为相逼。"乃广为盘舆，别构栏楯，侍臣立于其中。于内复起须弥平坐，天子独居其上。自余麾幢文物，增损极多，事见《威仪志》。帝复令稠造戎车万乘，钩陈八百连，帝善之，以稠守太府卿。

后三岁，兼领少府监。辽东之役，摄右屯卫将军，领御营弩手三万人。时工部尚书宇文恺造辽水桥，不成，师不得济，右屯卫大将军麦铁杖因而遇害。帝遣稠造桥，二日而就。初，稠制行殿及六合城，至是，帝于辽左与贼相对，夜中施之。其城周回八里，城及女垣合高十仞，上布甲士，立仗建旗，四隅置阙，面别一观，观下三门，迟明而毕。高丽望见，谓若神功。是岁，加金紫光禄大夫。明年，摄左屯卫将军，从至辽左。

十二年，加右光禄大夫，从幸江都。遇宇文化及作乱，以为工部尚书。化及败，陷于窦建德，建德复以为工部尚书、舒国公。建德败，归于大唐，授将作少匠，卒。

开皇时，有刘龙者，河间人也。性强明，有巧思。齐后主知之，令修三爵台，甚称旨，因而历职通显。及高祖践阼，大见亲委，拜右卫将军,兼将作大匠。迁都之始,与高颎参掌制度,代号为能。

大业时,有黄亘者,不知何许人也,及其弟衮,俱巧思绝人。炀帝每令其兄弟直少府将作。于时改创多务,亘、衮每参典其事。凡有所为,何稠先令亘、衮立样,当时工人皆称其善,莫能有所损益。亘官至朝散大夫,衮官至散骑侍郎。

史臣曰:宇文恺学艺兼该,思理通赡,规矩之妙,参踪班、尔,当时制度,咸取则焉。其起仁寿宫,营建洛邑,要求时幸,穷侈极丽,使文皇失德,炀帝亡身,危乱之源,抑亦此之由。至于考览书传,定《明堂图》,虽意过其通,有足观者。毗、稠巧思过人,颇习旧事,稽前王之采章,成二代之文物。虽失之于华盛,亦有可传于后焉。

隋书卷六九

列传第三四

王劭　袁充

　　王劭字君懋,太原晋阳人也。父松年,齐通直散骑侍郎。劭少
沈默,好读书。弱冠,齐尚书仆射魏收辟参开府军事,累迁太子舍
人,待诏文林馆。时祖孝徵、魏收、阳休之等尝论古事,有所遗忘,讨
阅不能得,因呼劭问之。劭具论所出,取书验之,一无舛误。自是大
为时人所许,称其博物。后迁中书舍人。齐灭,入周,不得调。

　　高祖受禅,授著作佐郎。以母忧去职,在家著《齐书》。时制禁
私撰史,为内史侍郎李元操所奏。上怒,遣使收其书,览而悦之。于
是起为员外散骑侍郎,修起居注。劭以古有钻燧改火之义,近代废
绝,于是上表请变火,曰:“臣谨案《周官》,四时变火,以救时疾。明
火不数变,时疾必兴。圣人作法,岂徒然也! 在晋时,有以洛阳火渡
江者,代代事之,相续不灭,火色变青。昔师旷食饭,云是劳薪所爨。
晋平公使视之,果然车辋。今温酒及炙肉,用石炭、柴火、竹火、草
火、麻荄火,气味各不同。以此推之,新火旧火,理应有异。伏愿远
遵先圣,于五时取五木以变火,用功甚少,救益方大。纵使百姓习
久,未能顿同,尚食内厨及东宫诸主食厨,不可不依古法。”上从之。
劭又言上有龙颜戴干之表,指示群臣。上大悦,赐物数百段。拜著
作郎。劭上表言符命曰:

　　　昔周保定二年,岁在壬午,五月五日,青州黄河变清,十里
镜彻,齐氏以为己瑞,改元曰河清。是月,至尊以大兴公始作隋

州刺史,历年二十,隋果大兴。臣谨案《易坤灵图》曰:"圣人受命,瑞先见于河。河者最浊,未能清也。"窃以灵贶休祥,理无虚发,河清启圣,实属大隋。午为鹑火,以明火德,仲夏火王,亦明火德。月五日五,合天数地数,既得受命之辰,允当先见之兆。

开皇初,邵州杨令恕近河,得青石图一,紫石图一,皆隐起成文,有至尊名,下云:"八方天心。"永州又得石图,剖为两段,有杨树之形,黄根紫叶。汝水得神龟,腹下有文曰:"天卜杨兴。"安邑掘地,得古铁版,文曰:"皇始天年,赍杨铁券,王兴。"同州得石龟,文曰:"天子延千年,大吉。"臣以前之三石,不异龙图。何以用石?石体久固,义与上名符合。龟腹七字,何以著龟?龟亦久固,兼是神灵之物。孔子叹河不出图,洛不出书,今于大隋圣世,图书屡出。

建德六年,亳州大周村有龙斗,白者胜,黑者死。大象元年夏,荥阳汴水北有龙斗,初见白气属天,自东方历阳武而来。及至,白龙也,长十许丈。有黑龙乘云而至,两相薄,乍合乍离,自午至申,白龙升天。黑龙坠地。谨案:龙,君象也。前斗于亳州周村者,盖象至尊以龙斗之岁为亳州总管,遂代周有天下。后斗于荥阳者,"荥"字三火,明火德之盛也。白龙从东方来,历阳武者,盖象至尊将登帝位,从东第入自崇阳门也。西北升天者,当乾位天门。《坤灵图》曰:"圣人杀龙。"龙不可得而杀,皆盛气也。又曰:"泰姓商名宫,黄色,长八尺,六十世,河龙以正月辰见,白龙与五黑龙斗,白龙陵,故泰人有命。"谨案:此言皆为大隋而发也。圣人杀龙者,前后龙死是也。姓商者,皇家于五姓为商也。名宫者,武元皇帝讳于五声为宫。黄色者,隋色尚黄。长八尺者,武元皇帝身长八尺。河龙以正月辰见者,泰正月卦,龙见之所,于京师为辰地。白龙与黑龙斗者,亳州荥阳龙斗是也。胜龙所以白者,杨姓纳音为商,至尊又辛酉岁生,位皆在西方,西方色白也。死龙所以黑者,周色黑。所经称五者,周闵、明、武、宣、靖凡五帝。赵、陈、代、越,当五王,一时伏法,亦当五

数。白龙陵者,陵犹胜也。郑玄说:"陵当为除。"凡斗能去敌曰
除。臣以泰人有命者,泰之为言通也,大也,明其人道通德大,
有天命也。《乾凿度》曰:"泰表戴干。"郑玄注云:"表者,人形体
之彰识也。干,盾也。泰人之表戴干。"臣伏见至尊有戴干之表,
益知泰人之表不爽毫厘。《坤灵图》所云,字字皆验。《纬书》又
称"汉四百年",终如其言,则知六十世亦必然矣。昔宗周卜世
三十,今则倍之。

　　《稽览图》云:"太平时,阴阳和合,风雨咸同,海内不偏,地
有阻险,故风有迟疾。虽太平之政,犹有不能均同,唯平均乃不
鸣条,故欲风于亳。亳者,陈留也。"谨案:此言盖明至尊者为陈
留公世子,亳州总管,遂受天命,海内均同,不偏不党,以成太
平之风化也。在大统十六年,武元皇帝改封陈留公。是时齐国
有《秘记》云:"天王陈留入并州。"齐王高洋为是诛陈留王彭
乐。其后武元皇帝果将兵入并州。周武帝时,望气者云亳州有
天子气,于是杀亳州刺史纥豆陵恭,至尊代为之。又陈留老子
祠有枯柏,世传云老子将度世,云待枯柏生东南枝回指,当有
圣人出,吾道复行。至齐,枯柏从下生枝,东南上指。夜有三童
子相与歌曰:"老子庙前古枯树,东南状如伞,圣主从此去。"及
至尊牧亳州,亲至祠树之下。自是柏枝回抱,其枯枝,渐指西
北,道教果行。校考众事,太平主出于亳州陈留之地,皆如所
言。

　　《稽览图》又云:"治道得,则阴物变为阳物。"郑玄注云:
"葱变为韭亦是。"谨案:自六年以来,远近山石,多变为玉。石
为阴,玉为阳。又左卫园中葱皆变为韭。
上览之大悦,赐物五百段。
未几,勔复上书曰:
　　《易乾凿度》曰:"随上六,拘系之,乃从维之,王用享于西
山。随者二月卦,阳德施行,藩决难解,万物随阳而出。故上六
欲九五拘系之,维持之,明被阳化而阴随从之也。"《易稽览

图》:"坤六月,有子女,任政,一年,传为复。五月贫之从东北来
立,大起土邑,西北地动星坠,阳卫。屯十一月神人从中山出,
赵地动。北方三十日,千里马数至。"谨案:凡此《易》纬所言,皆
是大隋符命。隋者二月之卦,明大隋以二月即皇帝位也。阳德
施行者,明杨氏之德教施行于天下也。藩决难解者,明当时藩
部皆是通决,险难皆解散也。万物随阳而出者,明天地间万物
尽随杨氏而出见也。上六欲九五拘系之者,五为王,六为宗庙,
明宗庙神灵欲令登九五之位,帝王拘民以礼,系民以义也。"拘
民以礼","系民以义",此二句亦是《乾凿度》之言。维持之者,
明能以纲维持正天下也。被阳化而欲阴随之者,明阴类被服杨
氏之风化,莫不随从。阴谓臣下也。王用享于西山者,盖明至
尊常以岁二月幸西山仁寿宫也。凡四称随,三称阳,欲美隋杨,
丁宁之至也。坤六月者,坤位在未,六月建未,言至尊以六月生
也。有子女任政者,言乐平公主是皇帝子女,而为周后,任理内
政也。一年传为复者,复是坤之一世卦,阳气初起,言周宣帝崩
后一年,传位于杨氏也。五月贫之从东北来立者,"贫之"当为
"真人",字之误也。言周宣帝以五月崩,真人革命,当在此时。
至尊谦让而逆天意,故逾年乃立。昔为定州总管,在京师东北,
本而言之,故曰真人从东北来立。大起土邑者,大起即大兴,言
营大兴城邑也。西北地动星坠者,盖天意去周授隋,故变动也。
阳卫者,言杨氏得天卫助。屯十一月神人从中山出者,此卦动
而大亨作,故至尊以十一月被授亳州总管,将从中山而出也。
赵地动者,中山为赵地,以神人将去,故变动也。北方三十日
者,盖至尊从北方将往亳州之时,停留三十日也。千里马者,盖
至尊旧所乘骝骟马也。屯卦震下坎上,震于马作足,坎于马为
美脊,是故骝骟马脊有肉鞍,行则先作弄四足也。数至者,言历
数至也。

　　《河图帝通纪》曰:"形瑞出,变矩衡。赤应随,协灵皇。"《河
图皇参持》曰:"皇辟出,承元讫。道无为,治率。被遂矩,戏作

术。开皇色,握神日。投辅提,象不绝。立皇后,翼不格。道终始,德优劣。帝任政,河曲出。协辅嬉,烂可述。"谨案:凡此《河图》所言,亦是大隋符命。形瑞出、变矩衡者,矩,法也,衡,北斗星名,所谓璿玑玉衡者也。大隋受命,形兆之瑞始出,天象则为之变动。北斗主天之法度,故曰矩衡。《易》纬"伏戏矩衡神",郑玄注亦以为法玉衡之神。与此《河图》矩衡义同。赤应隋者,言赤帝降精,感应而生隋也。故隋以火德为赤帝天子。叶灵皇者,叶,合也,言大隋德合上灵天皇大帝也。又年号开皇,与《灵宝经》之开皇年相合,故曰叶灵皇。皇辟出者,皇,大也,辟,君也,大君出,盖谓至尊受命出为天子也。承元讫者,言承周天元终讫之运也。道无为、治率者,治下脱一字,言大道无为,治定天下率从。被遂矩、戏作术者,矩,法也。昔遂皇握机矩,伏戏作八卦之术,言大隋被服三皇之法术也。遂皇机矩,语见《易》纬。开皇色者,言开皇年易服色也。握神日者,握持群神,明照如日也。又开皇以来日渐长,亦其义。投辅提者,言投授政事于辅佐,使之提挈也。象不绝者,法象不废绝也。立皇后、翼不格者,格,至也,言本立太子以为皇家后嗣,而其辅翼之人不能至于善也。道终始、德优劣者,言前东宫道终而德劣,今皇太子道始而德优也。帝任政、河曲出者,言皇帝亲任政事,而邵州河滨得石图也。叶辅嬉、烂可述者,叶,合也,嬉,兴也,言群臣合心辅佐,以兴政治,烂然可纪述也。所以于《皇参持》、《帝通纪》二篇陈大隋符命者,明皇道帝德,尽在隋也。

上大悦,以劭为至诚,宠锡日隆。

时有人于黄凤泉浴,得二白石,颇有文理,遂附致其文以为字,复言有诸物象而上奏曰:"其大玉有日月星辰,八卦五岳,及二麟双凤,青龙朱雀,驷骧玄武,各当其方位。又有五行、十日、十二辰之名,凡二十七字。又有'天门地户人门鬼门闭'九字。又有却非及二鸟,其鸟皆人面,则《抱朴子》所谓'千秋万岁'也。其小玉亦有五岳、却非、蚪、犀之象。二玉俱有仙人玉女乘云控鹤之象。别有异状诸神，不可尽识，盖是风伯、雨师、山精、海若之类。又有天皇大帝、皇帝及四帝坐，钩陈、北斗、三公、天将军、土司空、老人、天仓、南河、北河、五星、二十八宿，凡四十五宫，诸字本无行伍，然往往偶对。于大玉则有皇帝姓名，并临南面，与日字正鼎足，复有老人星，盖明南面象日而长寿也。皇后二字在西，上有月形，盖明象月也。于次玉则皇帝名与九千字次比，两'扬'字与'万年'字次比，'隋'与'吉'字正并，盖明长久吉庆也。"，劭复回互其字，作诗二百八十篇奏之。上以为诚，赐帛千匹。劭于是采民间歌谣，引图书谶纬，依约符命，捃摭佛经，撰为《开皇隋灵感志》，合三十卷，奏之。上令宣示天下。劭集诸州朝集使，洗手焚香，闭目而读之，曲折其声，有如歌咏。经涉旬朔，遍而后罢。上益喜，赏赐优洽。

仁寿中，文献皇后崩，劭复上言曰："佛说人应生天上，及上品上生无量寿国之时，天佛放大光明，以香花妓乐来迎之。如来以明星出时入涅槃。伏惟大行皇后圣德仁慈，福善祯符，备诸秘记，皆云是妙善菩萨。臣谨案：八月二十二日，仁寿宫内再雨金银之花。二十三日，大宝殿后夜有神光。二十四日卯时，永安宫北有自然种种音乐，震满虚空。至夜五更中，奄然如寐，便即升退，与经文所说，事皆符验。臣又以愚意思之，皇后迁化，不在仁寿、大兴宫者，盖避至尊常居正处也。在永安宫者，象京师之永安门，平生所出入也。后升退后二日，苑内夜有钟声三百余处，此则生天之应显然也。"上览而且悲且喜。

时蜀王秀以罪废，上顾谓劭曰："嗟乎！吾有五子，三子不才。"劭进曰："自古圣帝明王，皆不能移不肖之子。黄帝有二十五子，同姓者二，余各异德。尧十子，舜九子，皆不肖。夏有五观，周有三监。"上然其言。其后上梦欲上高山而不能得，崔彭捧脚，李盛拊肘得上，因谓彭曰："死生当与尔俱。"劭曰："此梦大吉。上高山者，明高崇大安，永如山也。彭犹彭祖，李犹李老，二人扶侍，实为长寿之征。"上闻之，喜见容色。其年，上崩。未几，崔彭亦卒。

炀帝嗣位，汉王谅作乱，帝不忍加诛。劭上书曰："臣闻黄帝灭

炎,盖云母弟,周公诛管,信亦天伦。叔向戮叔鱼,仲尼谓之遗直,石
碏杀石厚,丘明以为大义。此皆经籍明文,帝王常法。今陛下置此
逆贼,度越前圣,含弘宽大,未有以谢天下。谨案贼谅毒被生民者
也。是知古者同德则同姓,异德则异姓,故黄帝有二十五子,其得姓
者十有四人,唯青阳、夷鼓、与黄帝同为姬姓。谅既自绝,请改其
氏。"劭以此求媚,帝仍违不从。迁秘书少监,数载,卒官。

劭在著作,将二十年,专典国史,撰《隋书》八十卷。多录口敕,
又采迂怪不经之语,及委巷之言,以类相从,为其题目,辞义繁杂,
无足称者,遂使隋代文武名臣列将善恶之迹,埋没无闻。初撰《齐
志》,为编年体,二十卷,复为《齐书》纪传一百卷,及《平贼记》三卷。
或文词鄙野,或不轨不物,骇人视听,大为有识所嗤鄙。然其采摘经
史谬误,为《读书记》三十卷,时人服其精博。爰自志学,暨乎暮齿,
笃好经史,遗落世事。用思既专,性颇悦忽,每至对食,闭目凝思,盘
中之肉,辄为仆从所啖。劭弗之觉,唯责肉少,数罚厨人。厨人以情
白劭,劭依前闭目,伺而获之,厨人方免答辱。其专固如此。

袁充字德符,本陈郡阳夏人也。其后寓居丹杨。祖昂,父君正,
俱为梁侍中。充少警悟,年十余岁,其父党至门,时冬初,充尚衣葛
衫。客戏充曰:"袁郎子绤兮绤兮,凄其以风。"充应声答曰:"唯绤与
绤,服之无斁。"以是大见嗟赏。仕陈,年十七,为秘书郎,历太子舍
人、晋安王文学、吏部侍郎、散骑常侍。

及陈灭归国,历蒙、郧二州司马。充性好道术,颇解占候,由是
领太史令。时上将废皇太子,正穷治东宫官属,充见上雅信符应,因
希旨进曰:"比观玄象,皇太子当废。"上然之。充复表奏,隋兴已后,
渐长,曰:"开皇元年,冬至日影一丈二尺七寸二分,自尔渐短。至十
七年,冬至影一丈二尺六寸三分。四年冬至,在洛阳测影,一丈二尺
八寸八分。二年,夏至影一尺四寸八分,自尔渐短。至十六年,夏至
影一尺四寸五分。《周官》以土圭之法正,日至之影尺有五寸。郑玄
云:'冬至之影一丈三尺。'今十六年夏至之影,短于旧影五分,十七

年冬至之影，短于旧影三寸七分。日去极近则影短而日长，去极远则影长而日短，行内道则去极近，外道则去极远。《尧典》云：'日短星昴，以正仲冬。'据昴星昏中，则知尧时仲冬，日在须女十度。以历数推之，开皇已来，冬至，日在斗十一度，与唐尧之代去极近。谨案《春秋元命包》云：'日月出内道，璇玑得常，天帝崇灵，圣王祖功。'京房《别对》曰："太平日行上道，升平行次道，霸世行下道。"伏惟大隋启运，上感乾元，影短日长，振古未之有也。"上大悦，告天下。将作役功，因加程课，丁匠苦之。

仁寿初，充言上本命与阴阳律吕合者六十余条，而奏之，因上表曰："皇帝载诞之初，非止神光瑞气，嘉祥应感，至于本命行年，生月生日，并与天地日月、阴阳律吕运转相符，表里合会。此诞圣之异，宝历之元。今与物更新，改年仁寿，岁月日子，还共诞圣之时并同，明合天地之心，得仁寿之理。故知洪基长算，永永无穷。"上大悦，赏赐优崇，侪辈莫之比。

仁寿四年甲子岁，炀帝初即位，充及太史丞高智宝奏言："去岁冬至，日影逾长，今岁皇帝即位，与尧受命年合。昔唐尧受命四十九年，到上元第一纪甲子，天正十一月庚戌冬至，陛下即位，其年即当上元第一纪甲子，天正十一月庚戌冬至，正与唐尧同。自放勋以来，凡经八上元，其间绵代，夫有仁寿甲子之合。谨案：第一纪甲子，太一在一宫，天目居武德，阴阳历数并得符同。唐尧景辰生，景子年受命，止命三五，未若己丑甲子，支干并当六合。允一元三统之期，合五纪九章之会，共帝尧同其数，与皇唐比其踪。信所谓皇哉唐哉，唐哉皇哉者矣。"仍讽齐王暕率百官拜表奉贺。其后荧惑守太微者数旬，于时缮治宫室，征役繁重，充上表称"陛下修德，荧惑退舍"。百僚毕贺。帝大喜，前后赏赐将万计。时军国多务，充候帝意欲有所为，便奏称天文见象，须有改作，以是取媚于上。

大业六年，迁内史舍人。从征辽东，拜朝请大夫、秘书少监。其后天下乱，帝初罢雁门之厄，又盗贼益起，帝心不自安。充复假托天文，上表陈嘉瑞，以媚于上曰：

臣闻皇天辅德，皇天福谦，七政斯齐，三辰告应。伏惟陛下握录图而驭黔首，提万善而化八纮，以百姓为心，匪以一人受庆，先天罔违所欲，后天必奉其时。是以初膺宝历，正当上元之纪，乾之初九，又与天命符会。期则圣人冥契，故能动合天经。谨按去年已来，玄象星瑞，毫厘无爽，谨录尤异，上天降祥、破突厥等状七事。

其一，去八月二十八日夜，大流星如斗，出王良北，正落突厥营，声如崩墙。其二，八月二十九日夜，复有大流星如斗，出羽林，向北流，正当北方。依占，频二夜流星坠贼所，贼必败散。其三，九月四日夜，频有两星大如斗，出北斗魁，向东北流。依占，北斗主杀伐，贼必败。其四，岁星主福德，频行京、都二处分野。依占，国家之福。其五，七月内，荧惑守羽林，九月七日已退舍。依占，不出三日，贼必败散。其六，去年十一月二十日夜，有流星赤如火，从东北向西南，落贼帅卢明月营，破其橦车。其七，十二月十五日夜，通汉镇北有赤气亘北方，突厥将亡之应也。依勘《城录》，河南洛阳并当甲子，与乾元初九爻及上元甲子符合。此是福地，永无所虑。旋观往政，侧闻前古，彼则异时间出，今则一朝总萃。岂非天赞有道，助歼凶孽，方清九夷于东㺄，沉五狄于北溟，告成岱岳，无为汾水。

书奏，帝大悦，超拜秘书令，亲待逾昵。帝每欲征讨，充皆预知之，乃假托星象，奖成帝意，在位者皆切患之。宇文化及杀逆之际，并诛充，时年七十五。

史臣曰：王劭爱自幼童，迄乎白首，好学不倦，究极群书。搢绅洽闻之士，无不推其博物。雅好著述，久在史官，既撰《齐书》，兼修隋典。好诡怪之说，尚委巷之谈，文词鄙秽，体统繁杂。直愧南、董，才无迁、固，徒烦翰墨，不足观采。袁充少在江左，初以警晤见称，委质隋朝，更以玄象自命。并要求时幸，干进系入。劭经营符瑞，杂以妖讹，充变动星占，谬增晷影。厚诬天道，乱常侮众，刑兹勿舍，其在斯乎！且劭为河朔清流，充乃江南望族，乾没荣利，得不以道，颓其家声，良可叹息。

隋书卷七○
传第三五

杨玄感　李子雄　赵元淑
斛斯政　刘元进　李密
裴仁基

　　杨玄感,司徒素之子也。体貌雄伟,美须髯。少时晚成,人多谓之痴,其父每谓所亲曰:"此儿不痴也。"及长,好读书,便骑射。以父军功,位至柱国,与其父俱为第二品,朝会则齐列。其后高祖命玄感降一等,玄感拜谢曰:"不意陛下宠臣之甚,许以公廷获展私敬。"初拜郢州刺史,到官,潜布耳目,察长吏能不。其有善政及脏污者,纤介必知之,往往发其事,莫敢欺隐。吏民敬服,皆称其能。后转宋州刺史,父忧去职。岁余,起拜鸿胪卿,袭爵楚国公,迁礼部尚书。性虽骄倨,而爱重文学,四海知名之士多趋其门。

　　自以累世尊显,有盛名于天下,在朝文武多是父之将吏,复见朝纲渐紊,帝又猜忌日甚,内不自安,遂与诸弟潜谋废帝,立秦王浩。及从征吐谷浑,还至大斗拔谷,时从官狼狈,玄感欲袭击行宫。其叔慎谓玄感曰:"士心尚一,国未有衅,不可图也。"玄感乃止。

　　时帝好征伐,玄感欲立威名,阴求将领。谓兵部尚书段文振曰:"玄感世荷国恩,宠逾涯分,自非立效边裔,何以塞责!若方隅有风尘之警,庶得执鞭行阵,少展丝发之功。明公兵革是司,敢布心腹。"文振因言于帝,帝嘉之,顾谓群臣曰:"将门必有将,相门必有相,故不虚也。"于是赉物千段,礼遇益隆,颇预朝政。

帝征辽东,命玄感于黎阳督运。于时百姓苦役,天下思乱,玄感遂与武贲郎将王仲伯、汲郡赞治赵怀义等谋议,欲令帝所军众饥馁,每为逗遛,不时进发。帝迟之,遣使者逼促,玄感扬言曰:"水路多盗贼,不可前后而发。"其弟武贲郎将玄纵、鹰扬郎将万硕并从幸辽东,玄感潜遣人召之。时将军来护儿以舟师自东莱将入海,趣平壤城,军未发。玄感无以动众,乃遣家奴伪为使者,从东方来,谬称护儿失军期而反。玄感遂入黎阳县,闭城大索男夫。于是取帆布为牟甲,署官属,皆准开皇之旧。移书傍郡,以讨护儿为名,各令发兵,会于仓所。以东光县尉元务本为黎州刺史,赵怀义为卫州刺史,河内郡主簿唐祎为怀州刺史。兵备御有众且一万,将袭洛阳。唐祎至河内,驰往东都告之。越王侗、民部尚书樊子盖等大惧,勒兵备御。修武县民相率守临清关,玄感不得济,遂于汲郡南渡河,从乱者如市。数日,屯兵上春门,众至十余万。子盖令河南赞治裴弘策拒之,弘策战败。大潭、洛父老竞致牛酒。玄感屯兵尚书省,每誓众曰:"我身为上柱国,家累钜万金,至于富贵,无所求也。今者不顾破家灭族者,但为天下解倒悬之急,救黎元之命耳。"众皆悦,诣辕门请自效者,日有数千。与樊子盖书曰:

夫建忠立义,事有多途,见机而作,盖非一揆。昔伊尹放太甲于桐宫,霍光废刘贺于昌邑,此并公度内,不能一二披陈。

高祖文皇帝诞膺天命,造兹区宇,在璇玑以齐七政,握金镜以驭六龙,无为而至化流,垂拱而天下治。今上纂承宝历,宜固洪基,乃自绝于天,殄民败德。频年肆眚,盗贼于是滋多,所在修治,民力为之凋尽。荒淫酒色,子女必被其侵,耽玩鹰犬,禽兽皆离其毒。朋党相扇,货贿公行,纳邪佞之言,杜正直之口。加以转输不息,徭役无期,士卒填沟壑,骸骨蔽原野。黄河之北,则千里无烟,江淮之间,则鞠为茂草。

玄感世荷国恩,位居上将,先公奉遗诏曰:"好子孙为我辅弼之,恶子孙为我屏黜之。"所以上禀先旨,下顺民心,废此淫

昏,更立明哲。四海同心,九州响应,士卒用命,如赴私仇,民庶
相趋,义形公道。天意人事,较然可知。公独守孤城,势何支久!
愿以黔黎在念,社稷为心,勿拘小礼,自贻伊戚。谁谓国家一旦
至此,执笔潜泫,言无所具。

遂进逼都城。

刑部尚书卫玄,率众数万,自关中来援东都。以步骑二万渡瀍、
涧挑战,玄感伪北。玄逐之,伏兵发,前军尽没。后数日,玄感复与玄
感战,兵始合,玄感许令人大呼曰:“官军已得玄感矣。”玄军稍息。
玄感与数千骑乘之,于是大溃,拥八千人而去。玄感骁勇多力,每战
亲运长矛,身先士卒,喑呜叱咤,所当者莫不震慑。论者方之项羽,
又善抚驭,士乐致死,由是战无不捷。玄军日蹙,粮又尽,乃悉众决
战,阵于北邙,一日之间,战十余合。玄感弟玄挺中流矢而毙,玄感
稍却。樊子盖复遣兵攻尚书省,又杀数百人。

帝遣武贲郎将陈棱攻元务本于黎阳,武卫将军屈突通屯河阳,
左翊卫大将军宇文述发兵继进,右骁卫大将军来护儿复来赴援。玄
感请计于前民部尚书李子雄,子雄曰:“屈突通晓习兵事,若一渡
河,则胜负难决,不如分兵拒之。通不能济,则樊、卫失援。”玄感然
之,将拒通。子盖知其谋,数击其营,玄感不果进。通遂济河,军于
破陵。玄感为两军,西抗卫玄,东拒屈突通。子盖复出兵,于是大战,
玄感军频北。复请计于子雄,子雄曰:“东都援军益至,我师屡败,不
可久留。不如直入关中,开永丰仓以赈贫乏,三辅可指麾而定。据
有府库,东面而争天下,此亦霸王之业。”会华阴诸杨请为乡导,玄
感遂释洛阳,西图关中,宣言曰:“我已破东都,取关西矣。”宇文述
等诸军蹑之。至弘农宫,父老遮说玄感曰:“宫城空虚,又多积粟,攻
之易下。进可绝敌人之食,退可割宜阳之地。”玄感以为然,留攻之,
三日城不下,追兵遂至。玄感西至阌乡,上槃豆,布阵亘五十里,与
官军且战且行,一日三败。复阵于董杜原,诸军击之,玄感大败,独
与十余骑窜林木间,将奔上洛。追骑至,玄感叱之,皆惧而返走。至
葭芦戍,玄感窘迫,独与弟积善步行。自知不免,谓积善曰:“事败

矣。我不能受人戮辱，汝可杀我。"积善抽刀斫杀之，因自刺，不死，为追兵所执，与玄感首俱送行在所。磔其尸于东都市三日，复脔而焚之。余党悉平。其弟玄奖为义阳太守，将归玄感，为郡丞周琢玉所杀。玄纵弟万硕，自帝所逃归，至高阳，止传舍，监事许华与郡兵执之，斩于涿郡。万硕弟民行，官至朝请大夫，斩于长安。并具枭磔。公卿请改玄感姓为枭氏，诏可之。

初，玄感围东都也，梁郡人韩相国举兵应之，玄感以为河南道元帅。旬月间，众十余万，攻剽郡县。至于襄城，遇玄感败，兵渐溃散，为吏所执，传首东都。

李子雄，渤海蓨人也。祖伯贲，魏谏议大夫。父桃枝，东平太守，与乡人高仲密同归于周，官至冀州刺史。子雄少慷慨，有壮志。弱冠从周武帝平齐，以功授帅都督。

高祖作相，从韦孝宽破尉迥于相州，拜上开府，赐爵建昌县公。高祖受禅，为骠骑国。代陈之役，以功进位大将军，历郴、江二州刺史，并有能名。仁寿中，坐事免。

汉王谅之作乱也，炀帝将发幽州兵以讨之。时窦抗为幽州总管，帝恐其有二心，问可任者于杨素。素进子雄，授大将军，拜广州刺史，驰至幽州，止传舍，召募得千余人。抗恃素贵，不时相见。子雄遣人谕之。后二日，抗从铁骑二千，来诣子雄所。子雄伏甲，请与相见，因擒抗。遂发幽州兵步骑三万，自井陉以讨谅。时谅遣大将军刘建，略地燕、赵，正攻井陉，相遇于抱犊山下，力战，破之。迁幽州总管，寻征拜民部尚书。

子雄明辩有器干，帝甚任之。新罗尝遣使朝贡，子雄至朝堂与语，因问其冠制所由。其使者曰："皮弁遗象。安有大国君子而不识皮弁也！"子雄因曰："中国无礼，求诸四夷。"使者曰："自至已来，此言之外，未见无礼。"宪司以子雄失词，奏劾其事，竟坐免。俄而复职，从幸江都。帝以仗卫不整，顾子雄部伍之。子雄立指麾，六军肃然。帝大悦曰："公真武候才也。"寻转右武候大将军，后坐事除名。

辽东之役，帝令从军自效，因从来护儿自东平将指沧海。会杨玄感反于黎阳，帝疑之，诏锁子雄送行在所。子雄杀使者，亡归玄感。玄感每请计于子雄，语在《玄感传》。及玄感败，伏诛，籍没其家。

赵元淑，父世模，初事高宝宁，后以众归周，授上开府，寓居京兆之云阳。高祖践阼，恒典宿卫。后从晋王伐陈，先锋遇贼，力战而死，朝廷以其身死王事，以元淑袭父本官，赐物二千段。元淑性疏诞，不治产业，家徒壁立。后数岁，授骠骑将军，将之官，无以自给。时长安富人宗连，家累千金，仕周为三原令。有季女，慧而有色，连独奇之，每求贤夫。闻元淑如是，请与相见。连有风仪，美谈笑，元淑亦异之。及至其家，服玩居处拟于将相。酒酣，奏女乐，元淑所未见也。元淑辞出，连曰："公子有暇，可复来也。"后数日，复造之，宴乐更侈。如此者再三，因谓元淑曰："知公子素贫，老夫当相济。"因问元淑所须，尽买与之。临别，元淑再拜致射，连复拜曰："鄙人窃不自量，敬慕公子。今有一女，愿为箕帚妾，公子意何如？元淑感愧，遂娉为妻。连复送奴婢二十口、良马十余匹，加以缣帛锦绮及金宝珍玩。元淑遂为富人。

及炀帝嗣位，汉王谅作乱，元淑从杨素击平之。以功进位柱国，拜德州刺史，寻转颍川太守，并有威惠。因入朝，会司农不时纳诸郡租谷，元淑奏之。帝谓元淑曰："如卿意者，几日当了？"元淑曰："如臣意不过十日。"帝即日拜元淑为司农卿，纳天下租，如言而了。帝悦焉。

礼部尚书杨玄感潜有异志，以元淑可与共乱，遂与结交，多遗金宝。辽东之役，领将军，典宿卫，加授光禄大夫，封葛公。明年，帝复征高丽，以元淑镇临渝。及玄感作乱，其弟玄纵自帝所逃归，路经临渝。元淑出其小妻魏氏见玄纵，对宴极欢，因与通谋，并授玄纵赂遗。及玄感败，人有告其事者，帝以属吏。元淑言与玄感结婚，所得金宝则为财娉，实无他故。魏氏复言初不受金。帝亲临问，卒无异辞。帝大怒，谓侍臣曰："此则反状，何劳重问！"元淑及魏氏俱斩于涿郡,籍没其家。

河南斛斯政,祖椿,魏太保、尚书令、常山文宣王。父恢,散骑常侍、新蔡郡公。政明悟有器干,初为亲卫,后以军功授仪同,甚为杨素所礼。大业中,为尚书兵曹郎。政有风神,每奏事,未尝不称旨。炀帝悦之,渐见委信。杨玄感兄弟俱与之交。

辽东之役,兵部尚书段文振卒,侍郎明雅复以罪废,帝弥属意。寻迁兵部侍郎。于时外事四夷,军国多务,政处断辩速,称为干理。玄感之反也,政与通谋。及玄纵等亡归,亦政之计也。帝在辽东,将班师,穷治玄纵党与。内不自安,遂亡奔高丽。明年,帝复东征,高丽请降,求执送政。帝许之。遂锁政而还。至京师,以政告庙,左翊卫大将军宇文述奏曰:"斛斯政之罪,天地所不容,人神所同忿。若同常刑,贼臣逆子何以惩肃,请变常法。"帝许之。于是将政出金光门,缚政于柱,公卿百僚并亲击射,脔割其肉,多有啖者。啖后烹煮,收其余骨,焚而扬之。

余杭刘元进,少好任侠,为州里所宗。两手各长尺余,臂垂过膝。

炀帝兴辽东之役,百姓骚动,元进自以相表非常,阴有异志,遂聚众,合亡命。会帝复征辽东,征兵吴、会,士卒皆相谓曰:"去年吾辈父兄从帝征者,当全盛之时,犹死亡太半,骸骨不归;今天下已罢敝,是行也,吾属其无遗类矣。"于是多有亡散,郡县捕之急。既而杨玄感起于黎阳,元进知天下思乱,于是举兵应之。三吴苦役者莫不响至,旬月,众至数万。将渡江,而玄感败。吴郡朱燮、晋陵管崇亦举兵,有众七万,共迎元进,奉以为主。据吴郡,称天子,燮、崇俱为仆射,署置百官。毗陵、东阳、会稽、建安豪杰多执长吏以应之。帝令将军吐万绪、光禄大夫鱼俱罗率兵讨焉。元进西屯茅浦,以抗官军,频战互有胜负。元进保曲阿,与朱燮、管崇合军,众至十万。绪进军逼之,相持百余日,为绪所败,保于黄山。绪复破之,燮战死,元进引趣建安,休兵养士。二将亦以师老,顿军自守。

俄而二将俱得罪,帝令江都郡丞王世充发淮南兵击之。有大流星坠于江都,未及地而南逝,磨拂竹木皆有声,至吴郡而落于地。元进恶之,令掘地,入二丈,得一石,径丈余。后数日,失石所在。世充既渡江,元进将兵拒战,杀千余人。世充窘急,退保延陵栅。元进遣兵,人各持茅,因风纵火。世充大惧,将弃营而遁。遇反风,火转,元进之众惧烧而退。世充简锐卒掩击,大破之,杀伤太半,自是频战辄败。元进谓管崇曰:"事急矣,当以死决之。"于是出挑战,俱为世充所杀。其众悉降,世充坑之于黄亭涧,死者三万人。其余党往往保险为盗。其后,董道冲、沈法兴、李子通等,乘此而起,战争不息,逮于隋亡。

李密字法主,真乡公衍之从孙也。祖耀,周邢国公。父宽,骁勇善战,干略过人,自周及隋,数经将领,至柱国、蒲山郡公,号为名将。密多筹算,才兼文武,志气雄远,常以济物为己任。开皇中,袭父爵蒲山公,乃散家产,周赡亲故,养客礼贤,无所爱吝。与杨玄感为刎颈之交。后更折节,下帷耽学,尤好兵书,诵皆在口。师事国子助教包恺,受《史记》、《汉书》,励精忘倦,恺门徒皆出其下。大业初,授亲卫大都督,非其所好,称疾而归。

及杨玄感在黎阳,有逆谋,阴遣家僮至京师召密,令与弟玄挺等同赴黎阳。玄感举兵而密至,玄感大喜,以为谋主。玄感谋计于密,密曰:"愚有三计,惟公所择。今天子出征,远在辽外,地去幽州,悬隔千里。南有巨海之限,北有胡戎之患,中间一道,理极艰危。今公拥兵,出其不意,长驱入蓟,直扼其喉。前有高丽,退无归路,不过旬月,赍粮必尽。举麾一召,其众自降,不战而擒,此计之上也。又关中四塞,天府之国,有卫文昇,不足为意。今宜率众,经城勿攻,轻赍鼓行,务早西入。天子虽还,失其襟带,据险临之,故当必克,万全之势,此计之中也。若随逐逐便,先向东都,唐祎告之,理当固守。引兵攻战,必延岁月,胜负殊未可知,此计之下也。"玄感曰:"不然。公之下计,乃上策矣。今百官家口并在东都,若不取之,安能动物?且经城不拔,何以示威?"密计遂不行。

玄感既至东都,皆捷,自谓天下响应,功在朝夕。及获韦福嗣,又委以腹心,是以军旅之事,不专归密。福嗣既非同谋,因战被执,每设筹画,皆持两端。后使作檄文,福嗣固辞不肯。密揣知其情,因谓玄感曰:"福嗣元非同盟,实怀观望。明公初起大事,而奸人在侧,听其是非,必为所误矣。请斩谢众,方可安辑。"玄感曰:"何至于此!"密知言之不用,退谓所亲曰:"楚公好反而不欲胜,如何?吾属今为虏矣!"后玄感将西入,福嗣竟亡归东都。

时李子雄劝玄感速称尊号,玄感以问于密。密曰:"昔陈胜自欲称王,张耳谏而被外,魏武将求九锡,荀彧止而见疏。今者密欲正言,还恐追踪二子,阿谀顺意,又非密之本图。何者?兵起已来,虽复频捷,至于郡县,未有从者。东都守御尚强,天下救兵益至,公当身先士众,早定关中。乃欲急自尊崇,何示不广也!"玄感笑而止。

及宇文述、来护儿等军且至,玄感谓密曰:"计将安出?"密曰:"元弘嗣统强兵于陇右,今可扬言其反,遣使迎公,因此入关,可得绐众。"玄感遂以密谋,号令其众,因引西入。至陕县,欲围弘农宫,密谏之曰:"公今诈众入西,军事在速,况乃追兵将至,安可稽留!若前不得据关,退无所守,大众一散,何以自全?"玄感不从,遂围之,三日攻不能拔,方引而西。至于阌乡,追兵遂及。

玄感败,密间行入关,与玄感从叔询相随,匿于冯翊询妻之舍。寻为邻人所告,遂捕获,囚于京兆狱。是时炀帝在高阳,与其党俱送帝所。在途谓其徒曰:"吾等之命,同于朝露,若至高阳,必为菹醢。今道中犹可为计,安得行就鼎镬,不规逃避也?"众咸然之。其徒多有金,密令出示使者曰:"吾等死日,此金并留付公,幸用相瘗。其余即皆报德。"使者利其金,遂相然许。及出关外,防禁渐弛,密请通市酒食,每宴饮喧哗竟夕,使者不以为意。行次邯郸,夜宿村中,密等七人皆穿墙而遁,与王仲伯亡抵平原贼帅郝孝德。孝德不甚礼之,备遭饥馑,至削树皮而食。仲伯潜归天水,密诣淮阳,舍于村中,变

姓名称刘智远，聚徒教授。经数月，密郁郁不得志，为五言诗曰："金
风荡初节，玉露凋晚林。此夕穷途士，空轸郁陶心。眺听良多感，慷
慨独沾襟。沾襟何所为？怅然怀古意。秦俗犹未平，汉道将何冀！
樊哙市井徒，萧何刀笔吏。一朝时运合，万古传名器。寄言世上雄，
虚生真可愧。"诗成而泣下数行。时人有怪之者，以告太守赵他，县
捕之，密乃亡去，抵其妹夫雍丘令丘君明。后君明从子怀义以告，帝
令捕密，密得遁去，君明竟坐死。

　　会东郡贼帅翟让聚党万余人，密归之。其中有知密是玄感亡
将，潜劝让害之。密大惧，乃因王伯当以策干让。让遣说诸小贼，所
至辄降下，让始敬焉，召与计事。密谓让曰："今兵众既多，粮无所
出，若旷日持久，则人马困敝，大敌一临，死亡无日。未若直趣荥阳，
休兵馆谷，待士马肥充，然可与人争利。"让从之，于是破金堤关，掠
荥阳诸县，城堡多下之。荥阳太守郇王庆及通守张须陀以兵讨让。
让数为须陀所败，闻其来，大惧，将远避之。密曰："须陀勇而无谋，
兵又骤胜，既骄且狠，可一战而擒。公但列阵以待，保为公破之。"让
不得已，勒兵将战，密分兵千余人于林木间设伏。让与战不利，军稍
却，密发伏自后掩之，须陀众溃。与让合击，大破之，遂斩须陀于阵。
让于是令密建牙，别统所部。

　　密复说让曰："昏主蒙尘，播扬吴、越，蝟毛竞起，海内饥荒。明
公以英桀之才，而统骁雄之旅，宜当廓清天下，诛剪群凶，岂可求食
草间，常为小盗而已！今东都士庶，中外离心，留守诸官，政令不一。
明公亲率大众，直掩兴洛仓，发粟以赈穷乏，远近孰不归附！百万之
众，一朝可集，先发制人，此机不可失也。"让曰："仆起陇亩之间，望
不至此。必如所图，请君先发，仆领诸军，便为后殿。得仓之日，当
别议之。"密与让领精兵七千人，以大业十三年春，出阳城，北逾方
山，自罗口袭兴洛仓，破之。开仓恣民所取，老弱繦负，道路不绝。

　　越王侗武贲郎将刘长恭率步骑二万五千讨密，密一战破之，长
恭仅以身免。让于是推密为主。密城洛口周回四十里以居之。房
彦藻说下豫州，东都大惧。让上密号为魏公。密初辞不受，诸将等

固请,乃从之。设坛场,即位,称元年,置官属以房彦藻为左长史,邴元真右长史,杨德方左司马,郑德韬右司马。拜让司徒,封东郡公。其将帅封拜各有差。长白山贼孟让掠东郡,烧丰都市而归。密攻下巩县,获县长柴孝和,拜为护军。武贲郎将裴仁基以武牢归密,因遣仁基与孟让,率兵二万余人袭回洛仓,破之,烧天津桥,遂纵兵大掠。东都出兵乘之,仁基等大败,仅以身免。密复亲率兵三万逼东都,将军段达、武贲郎将高毗、刘长恭等出兵七万拒之,战于故都,官军败走,密复下回洛仓而据之。俄而德韬、德方俱死,复以郑颋为左司马,郑虔象为右司马。

柴孝和说密曰:“秦地阻山带河,西楚背之而亡,汉高都之而霸。如愚意者,令仁基守回洛,翟让守洛口,明公亲简精锐,西袭长安,百姓孰不郊迎,必当有征无战。既克京邑,业固兵强,方更长驱崤、函,扫荡京、洛,传檄指挥,天下可定。但今英雄竞起,实恐他人我先,一朝失之,噬脐何及!”密曰:“君之所图,仆亦思之久矣,诚为上策。但昏主尚在,从兵犹众,我之所部,并山东人,既见未下洛阳,何肯相随西入!诸将出于群盗,留之各竞雌雄。若然者,殆将败矣。”孝和曰:“诚如公言,非所及也。大军既未可西出,请间行观隙。”密从之。孝和与数十骑至陕县,山贼归之者万余人。密时兵锋甚锐,每入苑,与官军连战。会密为流矢所中,卧于营内,后数日,东都出兵击之。密众大溃,弃回洛仓,归洛口。孝和之众闻密退,各分散而去。孝和轻骑归密。

帝遣王世充率江、淮劲卒五万来讨密,密逆拒之,战不利。柴孝和溺死于洛水,密甚伤之。世充营于洛西,与密相拒百余日。武阳郡丞元宝藏、黎阳贼帅李文相、洹水贼帅张昇、清河贼帅赵君德、平原贼帅郝孝德并归于密,共袭破黎阳仓据之。周法明举江、黄之地以附密,齐郡贼帅徐圆朗、任城大侠徐师仁、淮阳太守赵他等前后款附,以千百数。

翟让所部王儒信劝让为大冢宰,总统众务,以夺密权。让兄宽复谓让曰:“天子止可自作,安得与人?汝若不能作,我当为之。”密闻其言，有图让之计。会世充列阵而至，让出拒之，为世充所击退者数百步。密与单雄信等率精锐赴之，世充败走。让欲乘胜进破其营，会日暮，密固止之。明日，让与数百人至密所，欲为宴乐。密具馔以待之，其所将左右，各分令就食。诸门并设备，让不之觉也。密引让入坐，有好弓，出示让，遂令让射。让引满将发，密遣壮士蔡建自后斩之，殒于床下。遂杀其兄宽及王儒信，并其从者亦有死焉。让所部将徐世勣，为乱兵所斫中，重疮，密遽止之，仅而得免。单雄信等皆叩头求哀，密并释而慰谕之。于是率左右数百人诣让本营。王伯当、邴元真、单雄信等入营，告以杀让之意，众无敢动者。乃令徐世勣、单雄信、王伯当分统其众。

　未几，世充夜袭仓城，密逆拒破之，斩武贲郎将费青奴。世充复移营洛北，南对巩县，其后遂于洛水造浮桥，悉众以击密。密与千骑拒之，不利而退。世充因薄其城下，密简锐卒数百人，分为三队出击之。官军稍却，自相陷溺，死者数万人，武贲郎将杨威、王辨、霍世举、刘长恭、梁德重、董智通等诸将，率皆没于阵。世充仅而获免，不敢还东都，遂走河阳。其夜雨雪尺余，众随之者，死亡殆尽。密于是修金墉故城居之，众三十余万。复来攻上春门，留守韦津出拒战，密击败之，执津于阵。其党劝密即尊号，密不许。及义师围东都，密出军争之，交绥而退。

　俄而宇文化及杀逆，率众自江都北指黎阳，兵十余万。密乃自率步骑二万拒之。会越王侗称尊号，遣使者授密太尉、尚书令、东南道大行台、行军元帅、魏国公，令先平化及，然后入朝辅政。密遣使报谢焉。化及与密相遇，密知其军少食，利在急战，故不与交锋，又遏其归路，使不得西。密遣徐世勣守仓城，化及攻之，不能下。密与化及隔水而语，密数之曰："卿本匈奴皂隶破野头耳，父兄子弟并受隋室厚恩，富贵累世，至妻公主，光荣隆显，举朝莫二。荷国士之遇者，当须国士报之，岂容主上失德，不能死谏，反因众叛，躬行杀虐，诛及子孙，傍立支庶，擅自尊崇，欲规篡夺，污辱妃后，枉害无辜？不追诸葛瞻之忠诚，乃为霍禹之恶逆。天地所不容，人神所莫佑，拥逼良善，将欲何之！今若速来归我，尚可得全后嗣。"化及默然，俯视良久，乃瞋目大言曰："共你论相杀事，何须作书语邪？"密谓从者曰："化及庸懦如此，忽欲图为帝王，斯乃赵高、圣公之流，吾当折杖驱之耳。"化及盛修攻具，以逼黎阳仓城，密领轻骑五百驰赴之。仓城兵又出相应，焚其攻具，经夜火不灭。

密知化及粮且尽，因伪与和，以敝其众。化及不之悟，大喜，恣其兵食，冀密馈之。会密下有人获罪，亡投化及，具言密情。化及大怒，其食又尽，乃渡永济渠，与密战于童山之下，自辰达酉。密为流矢所中，顿于汲县。化及掠汲郡，北趣魏县，其将陈智略、张童仁等所部兵归于密者，前后相继。初，化及以辎重留于东郡，遗其所署刑部尚书王轨守之。至是，轨举郡降密，以轨为滑州总管。密引兵而西，遣记室参军李俭朝于东都，执杀炀帝人于弘达以献越王侗。侗以俭为司农少卿，使之反命，召密入朝。密至温县，闻世充已杀元文都、卢楚等，乃归金墉。

世充既得擅权，乃厚赐将士，缮治器械，人心渐锐。然密兵少衣，世充乏食，乃请交易。密初难之，邴元真等各求私利，递来劝密，密遂许焉。初，东都绝粮，人归密者，日有数百。至此，得食，而降人益少，密方悔而止。密虽据仓，无府库，兵数战不获赏，又厚抚初附之兵，于是众心渐怨。时遣邴元真守兴洛仓。元真起自微贱，性又贪鄙，宇文温疾之，每谓密曰："不杀元真，公难未已。"密不答，而元真知之，阴谋叛密。扬庆闻而告密，密固疑焉。会世充悉众来决战，密留王伯当守金墉，自引精兵就偃师，北阻邙山以待之。世充军至，令数百骑渡御河，密遣裴行俨率众逆之。会日暮，暂交而退，行俨、孙长乐、程咬金等骁将十数人，皆遇重疮，密甚恶之。世充夜潜济师，诘朝而阵。密方觉之，狼狈出战，于是败绩，与万余人驰向洛口。世充夜围偃师，守将郑颋为其部下所翻，以城降世充。密将入洛口仓城，元真已遣人潜引世充矣。密阴知之而不发其事，因与众谋，待世充之兵半济洛水，然后击之。及世充军至，密候骑不时觉，比将出战，世充军悉已济矣。密自度不能支，引骑而遁。元真竟以城降于世充。

密众渐离，将如黎阳。人或谓密曰："杀翟让之际，徐世勣几至于死，今疮犹未复。其心安可保乎？"密乃止。时王伯当弃金墉，保河阳，密以轻骑自武牢渡河以归之，谓伯当曰："兵败矣！久苦诸君，我今自刎，请以谢众。"众皆泣，莫能仰视。密复曰："诸君幸不相弃，当共归关中。密身虽愧无功，诸君必保富贵。"其府掾柳燮对曰："昔盆子归汉，尚食均输，明公与长安宗族有畴昔之遇，虽不陪起义，然而阻东都，断隋归路，使唐国不战而据京师，此亦公之功也。"众咸曰："然。"密遂归大唐，封邢国公，拜光禄卿。

河东裴仁基，字德本。祖伯凤，周汾州刺史。父定，上仪同。仁基少骁武，便弓马。开皇初，为亲卫。平陈之役，先登陷阵，拜仪同，赐物千段。以本官领汉王谅府亲信。炀帝嗣位，谅举兵作乱，仁基苦谏，谅大怒，囚之于狱。及谅败，帝嘉之，超拜护军。数岁，改授武贲郎将，从将军李景讨叛蛮向思多于黔安，以功进位银青光禄大夫，赐奴婢百口，绢五百匹。击吐谷浑于张掖，破之，加授金紫光禄大夫。斩获寇掠靺鞨，拜左光禄大夫。从征高丽，进位光禄大夫。

帝幸江都，李密据洛口，令仁基为河南道讨捕大使，据武牢以拒密。及荥阳通守张须陁为密所杀，仁基悉收其众，每与密战，多所斩获。时隋大乱，有功者不录。仁基见强寇在前，士卒劳敝，所得军资，即用分赏。监军御史萧怀静每抑止之，众咸怨怒。怀静又阴持仁基长短，欲有所奏劾。仁基惧，遂杀怀静，以其众归密。密以为河东郡公。其子行俨，骁勇善战，密复以为绛郡公。甚相委昵。

王世充以东都食尽，悉众诣偃师，与密决战。密问计于诸将，仁基对曰："世充尽锐而至，洛下必虚，可分兵守其要路，令不得东。简精兵三万，傍河西出，以逼东都。世充却还，我且按甲，世充重出，我又逼之。如此则此有余力，彼劳奔命，兵法所谓'彼出我归，彼归我出，数战以疲之，多方以误之'者也。"密曰："公知其一，不知其二。东都兵马有三不可当：器械精，一也；决计而来，二也；食尽求斗，三也。我按甲蓄力，以观其敝，彼求斗不得，欲走无路，不过十日，世充之首可悬于麾下。"单雄信等诸将轻世充，皆请战，仁基苦争不得。密难违诸将之言，战遂大败，仁基为世充所虏。世充以其父子并骁锐，深礼之，以兄女妻行俨。及僭尊号，署仁基为礼部尚书，行俨为左辅大将军。行俨每有攻战，所当皆披靡，号为"万人敌。"世充惮其威名，颇加猜防。仁基知其意，不自安，遂与世充所署尚书左丞宇文儒童、尚食直长陈谦，秘书丞崔德本等谋反，令陈谦于上食之际，持匕首以劫世充，行俨以兵应于阶下。指麾事定，然后出越王侗以辅之。事临发，将军张童仁知基其谋而告之，俱为世充所杀。

史臣曰："古先帝王之兴也，非夫至德深仁格于天地，有丰功博利，弘济艰难，不然，则其道无由矣。自周邦不竞，隋运将隆，武元、高祖并著大功于王室，平南国，摧东夏，总百揆，定三方，然后变讴歌，迁宝鼎。于时匈奴骄倨，勾吴不朝，既争长于黄池，亦饮马于清渭。高祖内绥外御，日不暇给，委心膂于俊杰，寄折冲于爪牙，文武争驰，群策毕举。服猃夏之虏，扫黄旗之寇，峻五岳以作镇，环四海以为池，厚泽被于域中，余威震于殊俗。

炀帝蒙故业，践丕基，阻伊、洛而固嵩、函，跨两都而总万国。矜历数之在己，忽王业之艰难，不务以道恤人，将以申威海外。运拒谏之智，骋饰非之辩，耻辙迹之未远，忘德义之不修。于是凿通渠，开驰道，树以柳杞，隐以金槌。西出玉门，东逾碣石，堑山堙谷，浮河达海。民力凋尽，徭戍无期，率土之心，鸟惊鱼溃。方西规奄蔡，南讨流求，亲总八狄之师，屡践三韩之域。自以威行万物，顾指无违，又躬为长君，功高曩列，宠不假于外戚，权不逮于群下，足以轥轹轩、唐，奄吞周、汉，子孙万代，人莫能窥，振古以来，一君而已。遂乃外疏猛士，内忌忠良，耻有盗窃之声，恶闻丧乱之事。出师命将，不料众寡，兵少力屈者，以畏懦受诛，竭诚克胜者，以功高蒙隐戮。或毙锋刃之下，或殒鸩毒之中，赏不可以有功求，刑不可以无罪免，畏首畏尾，进退维谷。彼山东之群盗，多出斯役之中，无尺土之资，十家之产，岂有陈涉亡秦之志，张角乱汉之谋哉！皆苦于上欲无厌，下不堪命，饥寒交切，救死萑蒲。莫识旌旗什伍之容，安知行师用兵之势！但人自为战，众怒难犯，故攻无完城，野无横阵，星离棋布，以千百数。豪杰因其机以动之，乘其势而用之，虽有勇敢之士，明智之将，连踵覆没，莫之能御。炀帝魂褫气慑，望绝两京，谋窜身于江湖，袭永嘉之旧迹。既而祸生毂下，衅起舟中，思早告而莫追，唯请死而获可。身弃南巢之野，首悬白旗之上，子孙剿绝，宗庙为墟。

夫以开皇之初，比于大业之盛，度土地之广狭，料户口之众寡，算甲兵之多少，校仓廪之虚实，九鼎之譬鸿毛，未喻轻重，培塿之方嵩岱，曾何等级！论地险则辽隧未拟于长江，语人谋则勾丽不侔于陈国。高祖扫江南以清六合，炀帝事辽东而丧天下。其故何哉？所为之迹同，所用之心异也。高祖北却强胡，南并百越，十有余载，戎车屡动，民亦劳止，不为无事。然其动也，思以安之，其劳也，思以逸之。是以民致时雍，师无怨讟，诚在于爱利，故其兴也勃焉。炀帝嗣承平之基，守已安之业，肆其淫放，虐用其民，视亿兆如草芥，顾群臣如寇仇，劳近以事远，求名而丧实。兵缠魏阙，贴危弗图，围解雁门，慢游不息。天夺之魄，人益其灾，群盗并兴，百殃俱起，自绝民神之望，故其亡也忽焉。讯之古老，考其行事，此高祖之所由兴，而炀帝之所以灭者也。可不谓然乎！其隋之得失存亡，大较与秦相类。始皇并吞六国，高祖统一九州，二世虐用威刑，炀帝肆行猜毒，皆祸起于群盗，而身殒于匹夫。原始要终，若合符契矣。

玄感宰相之子，荷国重恩，君之失得，当竭股肱。未议致身，先图问鼎，遂假伊、霍之事，将肆莽、卓之心。人神同疾，败不旋踵，兄弟就菹醢之诛，先人受焚如之酷，不亦甚乎！李密遭会风云，奋其鳞翼，思封函谷，将割鸿沟。期月之间，众数十万，破化及，摧世充，声动四方，威行万里。虽运乖天眷，事屈兴王，而义协人谋，雄名克振，壮矣！然志性轻狡，终致颠覆，其度长絜大，抑陈、项之季孟欤？

隋书卷七一
列传第三六

诚　节

刘弘　　皇甫诞 子无逸　陶模　　敬钊
游元　　冯慈明　张须陁　杨善会
独孤盛　元文都　卢楚　　刘子翊
尧君素　陈孝意　张季珣　松赟

《易》称："圣人大宝曰位，何以守位曰仁。"又云："立人之道曰仁与义。"然则士之立身成名，在乎仁义而已。故仁道不远，则杀身以成仁，义重于生，则捐生而取义。是以龙逢投躯于夏癸，比干竭节于商辛，申蒯断臂于齐庄，弘演纳肝于卫懿。爰逮汉之纪信、栾布，晋之向雄、嵇绍，凡在立名之士，莫不庶几焉。至于临难忘身，见危授命，虽斯文不坠，而行之盖寡，固知士之所重，信在兹乎！非夫内怀铁石之心，外负凌霜之节，孰能安之若命，赴蹈如归者也。皇甫诞等，当扰攘之际，践必死之机，白刃临颈，确乎不拔，可谓岁寒贞柏，疾风劲草，千载之后，懔懔如生。岂独闻彼伯夷；懦夫立志，亦冀将来君子有所庶几。故掇采所闻，为《诚节传》。

刘弘字仲远，彭城丛亭里人，魏太常卿芳之孙也。少好学，有行检，重节概。仕齐行台郎中，襄城、沛郡、谷阳三郡太守、西楚州刺史。及齐亡,周武帝以为本郡太守。

尉迥之乱也,遣其将席毗掠徐、兖。弘勒兵拒之,以功授仪同、永昌太守、齐州长史。志在立功,不安佐职。平陈之役,表请从军,以行军长史从总管吐万绪渡江。以功加上仪同,封澧泽县公,拜泉州刺史。会高智慧作乱,以兵攻州,弘城守百余日,救兵不至。前后出战,死亡大半,粮尽无所食,与士卒数百人煮犀甲腰带,及剥树皮而食之,一无离叛。贼知其饥饿,欲降之,弘抗节弥厉,贼悉众来攻,城陷,为贼所害。上闻而嘉叹者久之,赐物二千段。子长信,袭其官爵。

皇甫诞字玄虑,安定乌氏人也。祖和,魏胶州刺史。父璠,周隋州刺史。诞少刚毅,有器局。周毕王引为仓曹参军。高祖受禅,为兵部侍郎。数年,出为鲁州刺史。开皇中,复入为比部、刑部二曹侍郎,俱有能名。迁治书侍御史,朝臣无不肃惮。上以百姓多流亡,令诞为河南道大使以检括之。及还,奏事称旨,上甚悦,令判大理少卿。明年,迁尚书右丞。俄以母忧去职。未期,起令视事。寻转尚书左丞。

时汉王谅为并州总管,朝廷盛选僚佐,前后长史、司马,皆一时名士。上以诞公方著称,拜并州总管司马,总府政事,一以谘之,谅甚敬焉。及炀帝即位,征谅入朝,谅用谘议王颁之谋,发兵作乱。诞数谏止,谅不纳。诞因流涕曰:"窃料大王兵资,无敌京师者。加以君臣位定,逆顺势殊,士马虽精,难以取胜。愿王奉诏入朝,守臣子之节,必有松、乔之寿,累代之荣。如更迁延,陷身叛逆,一挂刑书,为布衣黔首不可得也。愿察区区之心,思万全之计,敢以死请。"谅怒而囚之。及杨素将至,谅屯清源以拒之。谅主簿豆卢毓出诞于狱,相与协谋,闭城拒谅。谅袭击破之,并抗节而遇害。帝以诞亡身殉国,嘉悼者久之,下诏曰:"褒显名节,有国通规,加等饰终,抑惟令典。并州总管司马皇甫诞,性理淹通,志怀审正,效官赞务,声绩克宣。值狂悖构祸,凶威孔炽,确殉单诚,不从妖逆。虽幽絷寇手,而雅志弥厉,遂潜与义徒据城抗拒。众寡不敌,奄致非命。可赠柱国,封弘义公,谥曰明。"子无逸嗣。

无逸寻为淯阳太守,政甚有声。《大业令》行,旧爵例除,以无逸诚义之后,赐爵平舆侯。入为刑部侍郎,守右武卫将军。

初,汉王谅之反也。州县莫不响应。有岚州司马陶模、繁畤令敬钊,并抗节不从。

陶模,京兆人也,性明敏,有器干。仁寿初,为岚州司马。谅既作乱,刺史乔钟葵发兵将赴逆,模拒之曰:"汉王所图不轨,公荷国厚恩,致位方伯,谓当竭诚效命以答慈造,岂有大行皇帝梓宫未掩,翻为厉阶!"钟葵失色曰:"司马反邪?"临之以兵,辞气不挠,葵义而释之。军吏进曰:"若不斩模,何以压众心?"于是囚之于狱,悉掠取资财,分赐赏与。及谅平,炀帝嘉之,拜开府,授大兴令。杨玄感之反也,率兵从卫玄击之,以功进位银青光禄大夫,卒官。

敬钊字积善,河东蒲坂人也。父元约,周布宪中大夫。钊,仁寿中,为繁畤令,甚有能名。及贼至,力战城陷。贼帅墨弻掠其资产而临之以兵,钊辞气不挠。弻义而止之,执送于伪将乔钟葵所。钟葵释之,署为代州总管司马,钊正色拒之,至于再三。钟葵忿然曰:"受官则可,不然当斩!"钊答曰:"忝为县宰,遭逢逆乱,进不能保境,退不能死节,为辱已多,何乃复以伪官相迫也?死生唯命,余非所闻。"钟葵怒甚,熟视钊曰:"卿不畏死邪?"复将杀之。会杨义臣军至,钟葵遽出战,因而大败,钊遂得免。

大业三年,炀帝避暑汾阳宫,代州长史柳铨、司马崔宝山上其状,付有司将加褒赏,会世基奏格而止。后迁朝邑令,未几,终。

游元字楚客,广平任城人,魏五更明根之玄孙也。父宝藏,位至太守。元少聪敏,年十六,齐司徒徐显秀引为参军事。周武帝平齐之后,历寿春令、谯州司马,俱有能名。开皇中,为殿内侍御史。晋王广为扬州总管,以元为法曹参军,父忧去职。后为内直监。炀帝嗣位,迁尚书度支郎。

辽东之役,领左骁卫长史,为盖牟道监军,拜朝请大夫,兼治书侍御史。宇文述等九军败绩,帝令元按其狱。述时贵幸,其子士及又尚南阳公主,势倾朝廷。遣家僮造元,有所请属。元不之见。他日,数述曰:“公地属亲贤,腹心是寄,当咎身责己,以劝事君,乃遣人相造,欲何所道?”按之愈急,仍以状劾之。帝嘉其公正,赐朝服一袭。

九年,奉使于黎阳督运,杨玄感作逆,乃谓元曰:“独夫肆虐,天下士大夫肝脑涂地,加以陷身绝域之所,军粮断绝,此亦天亡之时也。我今亲率义兵,以诛无道,卿意如何?”元正色答曰:“尊公荷国宠灵,功参佐命,高官重禄,近古莫俦。公之弟兄,青紫交映,当谓竭诚尽节,上答鸿恩。岂意坟土未干,亲图反噬,深为明公不取,愿思祸福之端。仆有死而已,不敢闻命。”玄感怒而囚之,屡胁以兵,竟不屈节,于是害之。帝甚嘉叹,赠银青光禄大夫,赐缣五百匹。拜其子仁宗为正议大夫、弋阳郡通守。

冯慈明字无佚,信都长乐人也。父子琮,仕齐,官至尚书右仆射。慈明在齐,以戚属之故,年十四,为淮阳王开府参军事。寻补司州主簿,进除中书舍人。周武平齐,授帅都督。高祖受禅,开三府官,除司空司仓参军事。累迁行台礼部侍郎。晋王广为并州总管,盛选僚属,以慈明为司士。后历吏部员外郎,兼内史舍人。炀帝即位,以母忧去职。帝以慈明始事藩邸,后更在台,意甚衔之,至是谪为伊吾镇副。未之官,转交阯郡丞。大业九年,被征入朝。时兵部侍郎斛斯政亡奔高丽,帝见慈明,深慰勉之。俄拜尚书兵曹郎,加位朝请大夫。十三年,摄江都郡丞事。

李密之逼东都也,诏令慈明安集潭洛,追兵击密。至鄢陵,为密党崔枢所执。密延慈明于坐,劳苦之,因而谓曰:“隋祚已尽,区宇沸腾,吾躬率义兵,所向无敌,东都危急,计日将下。今欲率四方之众,问罪于江都,卿以为何?"慈明答曰:"慈明直道事人,有死而已,不义之言,非所敢对。"密不悦,冀其后改,厚加礼焉。慈明潜使人奉表江都,及致书东都留守,论贼形势。密知其状,又义而释之。出至营门,贼帅翟让怒曰:"尔为使人,为我所执,魏公相待至厚,曾无感戴。宁有畏乎?"慈明勃然曰:"天子使我来,正欲除尔辈,不图为贼党所获。我岂从汝求活耶?欲杀但杀,何须骂詈!"因谓群贼曰:"汝等本无恶心,因饥馑逐食至此。官军且至,早为身计。"让益怒,于是乱刀斩之。时年六十八。梁郡通守杨汪上状,帝叹惜之,赠银青光禄大夫。拜其二子惇、怦具为尚书承务郎。王充推越王侗为主,重赠柱国、户部尚书、昌黎郡公,谥曰壮武。

长子忱,先在东都,王充破李密,忱亦在军中,遂遣奴负父尸柩诣东都,身不自送。未几,又盛花烛纳室,时论丑之。

张须陀,弘农阌乡人也。性刚烈,有勇略。弱冠,从史万岁讨西爨,以功授仪同,赐物三百段。炀帝嗣位,汉王谅作乱并州,从杨素击平之,加开府。大业中,为齐郡丞。会兴辽东之役,百姓失业,又属岁饥,谷米踊贵,须陀将开仓赈给,官属咸曰:"须待诏敕,不可擅与。"须陀曰:"今帝在远,遣使往来,必淹岁序。百姓有倒悬之急,如待报至,当委沟壑矣。吾若以此获罪,死无所恨。"先开仓而后上状,帝知之而不责也。

明年,贼帅主簿,聚结亡命数万人,寇掠郡境。官军击之,多不利。须陀发兵拒之,薄遂引军南,转掠鲁郡。须陀蹑之,及于岱山之下,薄恃骤胜,不设备。须陀选精锐,出其不意击之,薄众大溃,因乘胜斩首数千级。薄收合亡散,得万余人,将北渡河。须陀追之,至临邑,复破之,斩五千余级,获六畜万计。时天下承平日久,多不习兵,须陀独勇决善战。又长于抚驭,得士卒心,论者号为名将。薄复北战,连豆子航贼孙宣雅、石秖阇、郝孝德等众十余万攻章丘。须陀遣舟师断其津济,亲率马步二万袭击,大破之,贼徒散走。既至津梁,复为舟师所拒,前后狼狈,获其家累辎重不可胜计,露布以闻。帝大悦,优诏褒扬,令使者图画其形容而奏之。

其年,贼裴长才、石子河等众二万,奄至城下,纵兵大掠。须陁未暇集兵,亲率五骑与战,贼竞赴之,围百余重,身中数疮,勇气弥厉。会城中兵至,贼稍却,须陁督军复战,长才败走。后数旬,贼帅秦君弘、郭方预等合军围北海,兵锋甚锐,须陁谓官属曰:"贼自恃强,谓我不能救,吾今速去,破之必矣。"于是简精兵,倍道而进,贼果无备,击大破之,斩数万级,获辎重三千两。司隶刺史裴操之上状,帝遣使劳问之。

十年,贼左孝友众将十万,屯于蹲狗山。须陁列八风营以逼之,复分兵扼其要害。孝友窘迫,面缚来降。其党解象、王良、郑大彪、李晼等众各万计,须陁悉讨平之,威振东夏。以功迁齐郡通守,领河南道十二郡黜陟讨捕大使。

俄而贼卢明月众十余万,将寇河北,次祝阿,须陁邀击,杀数千人。贼吕明星、帅仁泰、霍小汉等众各万余,扰济北,须陁进军击走之。寻将兵拒东郡贼翟让,前后三十余战,每破走之。转荥阳通守。时李密说让取洛口仓,让惮须陁,不敢进。密劝之,让遂与密率兵逼荥阳,须陁拒之。让惧而退,须陁乘之,逐北十余里。时李密先伏数千人于林木间,邀击须陁军,遂败绩。密与让合军围之,须陁溃围辄出,左右不能尽出,须陁跃马入救之。来往数四,众皆败散,乃仰天曰:"兵败如此,何面见天子乎?"乃下马战死。时年五十二。其所部兵,昼夜号哭,数日不止。越王侗遣左光禄大夫裴仁基,招抚其众,移镇武牢。帝令其子元备总父兵,元备时在齐郡,遇贼,竟不果行。

杨善会字敬仁,弘农华阴人也。父初,官至毗陵太守。善会,大业中,为鄃令,以清正闻。俄而山东饥馑,百姓相聚为盗,善会以左右数百人逐捕之,往皆克捷。其后贼帅张金称众数万,屯于县界,屠城剽邑,郡县莫能御。善会率励所领,与贼搏战,或日有数合,每挫其锋。炀帝遣将军段达来讨金称,善会进计于达,达不能用,军竟败焉。达深谢善会。后复与贼战,进止一以谋之,于是大克。金称复引渤海贼孙宣雅、高士达等众数十万，破黎阳而还，军锋甚盛。善会以劲兵千人邀击，破之，擢拜朝请大夫、清河郡丞。金称稍更屯聚，以轻兵掠冠氏。善会与平原通守杨元弘，步骑数万众，袭其本营。武贲郎将王辩军亦至，金称释冠氏来援，因与辩战，不利，善会选精锐五百赴之，所当皆靡，辩军复振，贼退守本营，诸军各还。于时山东思乱，从盗如市，郡县微弱，陷没相继。能抗贼者，唯善会而已。前后七百余阵，未尝负败，每恨众寡悬殊，未能灭贼。会太仆杨义臣讨金称，复为贼所败，退保临清。取善会之策，频与决战，贼乃退走。乘胜遂破其营，尽俘其众。金称将数百人遁逃，后归漳南，招集余党。善会追捕斩之，传首行在所。帝赐以尚方甲稍弓剑，进拜清河通守。其年，从杨义臣斩漳南贼帅高士达，传首江都宫。帝下诏褒扬之。

士达所部将窦建德，自号长乐王，来攻信都。临清贼王安阻兵数千，与建德相影响。善会袭安斩之。建德既下信都，复扰清河，善会逆拒之，反为所败，婴城固守。贼围之四旬，城陷，为贼所执。建德释而礼之，用为贝州刺史。善会骂之曰："老贼何敢拟议国士！恨吾力劣，不能擒汝等。我岂是汝屠酤儿辈，敢欲更相吏邪？"临之以兵，辞气不挠。建德犹欲活之，为其部下所请，又知终不为己用，于是害之。清河士庶莫不伤痛焉。

独孤盛，上柱国楷之弟也。姓刚烈，有胆气。炀帝在藩，盛以左右从，累迁为车骑将军。及帝嗣位，以藩邸之旧，渐见亲待，累转为右屯卫将军。

宇文化及之作乱也，裴虔通引兵至成象殿，宿卫者皆释仗而走。盛谓虔通曰："何物兵？形势大异也！"虔通曰："事势已然，不预将军事。将军慎无动。"盛大骂曰："老贼是何物语！"不及被甲，与左右十余人逆拒之，为乱兵所杀。越王侗称制，赠光禄大夫、纪国公，谥曰武节。

元文都，洵阳公孝矩之兄子也。父孝则，周小冢宰、江陵总管。

文都性鲠直,明辩有器干,仕周为右侍上士。开皇初,授内史舍人,历库部、考功二曹郎,俱有能名。擢为尚书左丞,转太府少卿。炀帝嗣位,转司农少卿、司隶大夫,寻拜御史大夫,坐事免。未几,授太府卿,帝渐任之,甚有当时之誉。

大业十三年,帝幸江都宫,诏文都与段达、皇甫无逸、韦津等同为东都留守。及帝崩,文都与达、津等共推越王侗为帝。侗署文都为内史令、开府仪同三司、光禄大夫、左骁卫大将军、摄右翊卫将军、鲁国公。既而宇文化及立秦王浩为帝,拥兵至彭城,所在响震。文都讽侗遣使通于李密。密于是请降,因授官爵,礼其使甚厚。王充不悦,因与文都有隙。文都知之,阴有诛充之计。侗复以文都领御史大夫,充固执而止。卢楚说文都曰:“王充外军一将耳,本非留守之徒,何得预吾事!且洛口之败,罪不容诛,今者敢怀跋扈,宰制时制,此而不除,方为国患。”文都然之,遂怀奏入殿。事临发,有人以告充。充时在朝堂,惧而驰还含嘉城,谋作乱。文都频遣呼之,充称疾不赴。至夜作乱,攻东太阳门而入,拜于紫微观下。侗遣人谓之曰:“何为者?”充曰:“元文都、卢楚谋相杀害,请斩文都,归罪司寇。”侗见兵势渐盛,度终不免,谓文都曰:“公见王将军也。”文都迁延而泣,侗遣其署将军黄桃树执文都以出。文都顾谓侗曰:“臣今朝亡,陛下亦当夕及。”侗恸哭而遣之,左右莫不悯默。出至兴教门,充令左右乱斩之,诸子并见害。

卢楚,涿郡范阳人也。祖景祚,魏司空掾。楚少有才学,鲠急口吃,言语涩难。大业中,为尚书右司郎,当朝正色,甚为公卿所惮。及帝幸江都,东都官僚多不奉法,楚每存纠举,无所回避。

越王侗称尊号,以楚为内史令、左备身将军、摄尚书左丞、右光禄大夫,封涿郡公,与元文都等同心戮力以辅幼主。及王充作乱,兵攻太阳门,武卫将军皇甫无逸斩关逃难,呼楚同去。楚谓之曰:“仆与元公有约,若社稷有难,誓以俱死,今舍去不义。”及兵入,楚匿于太官署,贼党执之,送于充所。充奋袂令斩之,于是锋刃交下,肢体糜碎。

刘子翊，彭城丛亭里人也。父偏，齐徐州司马。子翊少好学，颇解属文，性刚謇，有吏干。仕齐殿中将军。开皇初，为南和丞，累转秦州司法参军事。十八年，入考功，尚书右仆射杨素见而异之，奏为侍御史。时永宁令李公孝四岁丧母，九岁外继，其后父更别娶后妻，至是而亡。河间刘炫以无抚育之恩，议不解任，子翊驳之曰：

《传》云："继母如母，与母同也。"当以配父之尊，居母之位，齐杖之制，皆如亲母。又"为人后者，为其父母期。"报期者，自以本生，非殊亲之与继也。父虽自处傍尊之地，于子之情，犹须隆其本重。是以令云："为人后者，为其父母并解官，申其心丧。父卒母嫁，为父后者虽不服，亦申心丧。其继母嫁不解官。"此专据嫁者生文耳。将知继母在父之室，则制同亲母。若谓非有抚育之恩，同之行路，何服之有乎？服既有之，心丧焉可独异？三省令旨，其义甚明。今言令许不解，何其甚谬！

且后人者为其父母期，未有变隔以亲继，亲继既等，故知心丧不殊。《服问》云："母出则为继母之党服。"岂不以出母族绝，推而远之，继母配父，引而亲之乎？子思曰："为伋也妻，是为白也母。不为伋也妻，是不为白也母。"定知服以名重，情因父亲，所以圣人敦之以孝慈，弘之以名义。是使子以名服，同之亲母，继以义报，等之已生。如谓继母之来，在子出之后，制有浅深者，考之经传，未见其文。譬出后之人，所后者初亡，后之者始至，此复可以无抚育之恩而不服重乎？昔长沙人王毖，汉末为上计诣京师，既而吴、魏隔绝，毖于内国更娶，生子昌。毖死后为东平相，始知吴之母亡，便情系居重，不摄职事。于时议者，不以为非。然则继母之与前母，于情无别。若要以抚育始生服制，王昌复何足云乎？又晋镇南将军羊祜无子，取弟子伊为子，祜薨，伊不服重，祜妻表闻。伊辞曰："伯生存养己，伊不敢违。然无父命，故还本生。"尚书彭礼议："子之出养，必由父命,无命而出,是为叛子。"于是下诏从之。然则心服之制,不得缘恩而生也。

论云:"礼者称情而立文,仗义而设教。"还以此义,谕彼之情。称情者,称如母之情,仗义者,仗为子之义。名义分定,然后能尊父顺名,崇礼笃敬。苟以母养之恩始成母子,则恩由彼至,服自己来,则慈母如母,何得待父命?又云:"继母慈母,本实路人,临己养己,同之骨血。"若如斯言,子不由父,纵有恩育,得如母乎?其慈继虽在三年之下,而居齐期之上,礼有伦例,服以称情。继母本以名服,岂藉恩之厚薄也。至于兄弟之子犹子也,私昵之心实殊,礼服之制无二。彼言"以"轻"如"重,自以不同。此谓如重之辞,即同重法,若使轻重不等,何得为"如"?律云"准枉法"者,但准其罪,"以枉法论"者,即同真法。律以弊刑,礼以设教,准者准拟之名,以者即真之称。"如""以"二字,义用不殊,礼律两文,所防是一。将此明彼,足见其义,取譬伐柯,何远之有。

又论云:"取子为后者,将以供承祧庙,奉养己身,不得使宗子归其故宅,以子道事本父之后妻也。"然本父后妻,因父而得母称,若如来旨,本父亦可无心丧乎?何直父之后妻。论又云:"礼言旧君,其尊岂复君乎?已去其位,非复纯臣,须言'旧'以殊之。别有所重,非复纯孝,故言'其'已见之。目以其父之文,是名异也。"此又非通论。何以言之?"其""旧"训殊,所用亦别,旧者易新之称,其者因彼之辞,安得以相类哉?至如《礼》云:"其父析薪,其子不克负荷。"《传》云:"卫虽小,其君在焉。"若其父而有异,其君复有异乎?斯不然矣,斯不然矣。今炫敢违礼乖令,侮圣干法,使出后之子,无情于本生,名义之分,有亏于风俗。徇饰非于明世,强媒蘗于礼经,虽欲扬己露才,不觉言之伤理。

事奏,竟从子翊之义。

仁寿中,为新丰令,有能名。大业三年,除大理正,甚有当时之誉。擢授治书侍御史，每朝廷疑议，子诩为之辩析，多出众人意表。

从幸江都。值天下大乱，帝犹不悟，子诩因侍切谏，由是忤旨，令子诩为丹阳留守。寻遣于上江督运，为贼吴棋子所虏。子诩说之，因以众首。复遣领首贼清江。遇炀帝被杀，贼知而告之。子诩弗信，斩所言者。贼又欲请以为主，子诩不从。群贼执子诩至临川城下，使告城中，云"帝已崩。"子诩反其言，于是见害，时年七十。

尧君素，魏郡汤阴人也。炀帝为晋王时，君素以左右从。及嗣位，累迁鹰击郎将。

大业之末，盗贼蜂起，人多流亡，君素所部独全。后从骁卫大将军屈突通，拒义兵于河东。俄而通引兵南遁，以君素有胆略，署领河东通守。义师遣将吕绍宗、韦义节等攻之，不克。及通军败，至城下呼之。君素见通，歔欷流涕，悲不自胜，左右皆哽咽，通亦泣下沾衿，因谓君素曰："吾军已败，义旗所指，莫不响应。事势如此，卿当早降，以取富贵。"君素答曰："公当爪牙之寄，为国大臣，主上委公以关中，代王付公以社稷，国祚隆替，悬之于公。奈何不思报效，以至于此。纵不能远惭主上，公所乘马，即代王所赐也，公何面目乘之哉！"通曰："吁，君素，我力屈而来。"君素曰："方今力犹未屈，何用多言！"通惭而退，时围甚急，行李断绝，君素乃为木鹅，置表于颈，具论事势，浮之黄河，沿流而下。河阳守者得之，达于东都。越王侗见而叹息，于是承制拜君素为金紫光禄大夫，密遣行人劳苦之。监门直阁庞玉、武卫将军皇甫无逸，前后自东都归义，俱造城下，为陈利害。大唐又赐金券，待以不死。君素卒无降心。其妻又至城下谓之曰："隋室已亡，天命有属，君何自苦，身取祸败。"君素曰："天下事非妇人所知。"引弓射之，应弦而倒。君素亦知事必不济，然要在守死不易，每言及国家，未尝不歔欷。尝谓将士曰："吾是藩邸旧臣，累蒙奖擢，至于大义，不得不死。今谷支数年，食尽此谷，足知天下之事。必若隋室倾败，天命有归，吾当断头以付诸君也。"时百姓苦隋日久，及逢义举，人有息肩之望。然君素善于统领，下不能叛。岁余,颇得外生口,城中微知江都倾覆。又粮食乏绝,人不聊生,男女相食,众心离骇。白虹降于府门,兵器之端,夜皆光见。月余,君素为左右所害。

河东陈孝意,少有志尚,弱冠,以贞介知名。大业初,为鲁郡司法书佐,郡内号为廉平。太守苏威尝欲杀一囚,孝意固谏,至于再三,威不许。孝意因解衣,请先受死。良久,威意乃解,谢而遣之。渐加礼敬。及威为纳言,奏孝意为侍御史。后以父忧去职,居丧过礼,有白鹿驯扰其庐,时人以为孝感之应。未期,起授雁门郡丞。在郡菜食斋居,朝夕哀临,每一发声,未尝不绝倒,柴毁骨立,见者哀之。于时政刑日紊,长吏多赃污,孝意清节弥厉,发奸擿伏,动若有神,吏民称之。

炀帝幸江都,马邑刘武周杀太守王仁恭,举兵作乱。孝意率兵与武贲郎将王智辩讨之,战于下馆城,反为所败。武周遂转攻傍郡,百姓凶凶,将怀叛逆。前郡丞杨长仁、雁门令王确等,并桀黠,为无赖所归,谋应武周。孝意阴知之,族灭其家,郡中战栗,莫敢异志。俄而武周引兵来攻,孝意拒之,每致克捷。但孤城独守,外无声援,孝意执志,誓以必死。每遣使江都,道路隔绝,竟无报命。孝意亦知帝必不反,每每旦暮向诏敕库俯伏流涕,悲动左右。围城百余日,粮尽,为校尉张伦所杀,以城归武周。

京兆张季珣,父祥,少为高祖所知,其后引为丞相参军事。开皇中,累迁并州司马。仁寿末,汉王谅举兵反,遣其将刘建略地燕、赵。至井陉,祥勒兵拒守,建攻之,复纵火烧其郭下。祥见百姓惊骇,其城侧有西王母庙,祥登城望之再拜,号泣而言曰:"百姓何罪,致此焚烧!神其有灵,可降雨相救。"言讫,庙上云起,须臾骤雨,其火遂灭。士卒感其至诚,莫不用命。城围月余,李雄援军至,贼遂退走。以功授开府,历汝州刺史,灵武太守,入为都水监,卒官。

季珣少慷慨,有志节。大业末,为鹰击郎将,其府据箕山为固,与洛口连接。及李密、翟让攻陷仓城，遣人呼之。季珣骂密极口，密怒，遣兵攻之，连年不能克。时密众数十万在其城下，季珣四面阻绝，所领不过数百人，而执志弥固，誓以必死。经三年，资用尽，樵苏无所得，撤屋而爨，人皆穴处，季珣抚巡之，一无离叛。粮尽，士卒羸病不能拒战，遂为所陷。季珣坐听事，颜色自若，密遣兵擒送之，群贼曳季珣令拜密，季珣曰："吾虽为败军之将，犹是天子爪牙之臣，何容拜贼也！"密壮而释之。翟让从之求金不得，遂杀之，时年二十八。

其弟仲琰，大业末为上洛令。及义兵起，率吏人城守，部下杀之以归义。仲琰弟琼，为千牛左右，宇文化及之乱遇害。季珣家素忠烈，兄弟俱死国难，论者贤之。

北海松赟，性刚烈，重名义，为石门府队正。大业末，有贼杨厚拥徒作乱，来攻北海县，赟从郡兵讨之。赟轻骑觇贼，为厚所获，厚令赟谓城中，云郡兵已破，宜早归降。赟伪许之。既至城下，大呼曰："我是松赟，为官军觇贼，邂逅被执，非力屈也。今官军大来，并已至矣，贼徒寡弱，且暮擒剪，不足为忧。"贼以刀筑赟口，引之而去，殴击交下。赟骂厚曰："老贼何敢致辱贤良，祸自及也。"言未卒，贼已斩断其腰。城中望之，莫不流涕扼腕，锐气益倍。北海卒完。炀帝遣户曹郎郭子贱讨厚破之，以赟亡身殉节，嗟悼不已。上表奏之。优诏褒扬，赠朝散大夫、本郡通守。

史臣曰：古人以天下至大，方身则小，生为重矣，比义则轻。然则死有重于太山，生以理全者也；生有轻于鸿毛，死与义合者也。然死不可追，生无再得，故处不失节，所以为难矣。杨谅、玄感、李密反形已成，凶威方炽，皇甫诞、游元、冯慈明临危不顾，视死如归，可谓勇于蹈义矣。独孤盛、元文都、卢楚、尧君素岂不知天之所废，人不能兴，甘就菹醢之诛，以徇忠贞之节。虽功未存于社稷，力无救于颠危，然视彼苟免之徒，贯三光而洞九泉矣。须陁、善会有温序之风，子翊、松赟蹈解杨之列。国家昏乱有忠臣,诚哉斯言也。

隋书卷七二
列传第三七

孝　义

陆彦师　　田德懋　　薛濬　　王颁
杨庆　　郭儁　　田翼　　纽回　　刘士儁
郎方贵　　翟普林　　李德饶　　华秋
徐孝肃

　　《孝经》云：“夫孝，天之经也，地之义也，人之行也。”《论语》云：
“君子务本，本立而道生。孝悌也者，其为仁之本与！”《吕览》云：“夫
孝，三皇、五帝之本务，万事之纲纪也。执一术而百善至，百邪去，天
下顺者，其唯孝乎！”然则孝之为德至矣，其为道远矣，其化人深矣。
故圣帝明王行之于四海，则与天地合其德，与日月齐其明。诸侯卿
大夫行之于国家，则永保其宗社，长守其禄位。匹夫匹妇行之于闾
阎，则播徽烈于当年，扬休名于千载。此皆资纯至以感物，故圣哲之
所重。

　　田翼、郎方贵等阙稽古之学，无俊伟之才，并能任其自然，情无
矫饰。笃于天性，勤其四体，竭股肱之力，尽爱敬之心，自足膝下之
欢，忘怀轩冕之贵。不言之化，人神通感。虽或位登台辅，爵列王侯，
禄积万钟，马逾千驷，死之日，曾不得与斯人之徒隶齿。孝之大也，
不其然乎！故述其所行，为《孝义传》。

　　陆彦师字云房,魏郡临漳人。祖希道,魏定州刺史。父子彰,中书监。彦师少有行检,为邦族所称,长而好学,解属文。魏襄城王元旭引为参军事。以父艰去职,哀毁殆不胜丧。与兄印庐于墓次,负土成坟。公卿重之,多就墓侧存问,晦朔之际,车马不绝。齐文宣闻而嘉叹,旌表其闾,号其所住为孝终里。

　　中书令河间邢邵表荐之,未报,彭城王浟为司州牧,召补主簿。后历中外府东阁祭酒。兄印当袭父始平侯,以彦师昆弟中最幼,表让封焉。彦师固辞而止。时称友悌孝义,总萃一门。迁中书舍人,寻转通直散骑侍郎。每陈使至,必令高选主客,彦师所接对者,前后六辈。历中书黄门侍郎,以不阿宦者,遇谗,出为中山太守,有惠政。数年,征为吏部郎中。周武平齐,授载师下大夫。宣帝时,转少纳言,赐爵临水县男,奉使幽、蓟。

　　俄而高祖为丞相,彦师遇疾,请假还邺。尉迥将为乱,彦师微知之,遂委妻子,潜归长安。高祖嘉之,授内史下大夫,拜上仪同。高祖受禅,拜尚书左丞,进爵为子。彦师素多病,未几,以务剧疾动,乞解所职,有诏听以本官就第。岁余,转吏部侍郎。隋承周制,官无清浊,彦师在职,凡所任人,颇甄别于士庶,论者美之。后复以病出为汾州刺史,卒官。

　　田德懋,观国公仁恭之子也。少以孝友著名。开皇初,以父军功,赐爵平原郡公,授太子千牛备身。丁父艰,哀毁骨立,庐于墓侧,负土成坟。上闻而嘉之,遣员外散骑侍郎元志就吊焉。复降玺书曰:"皇帝谢田德懋。知在穷疾,哀毁过礼,倚庐墓所,负士成坟。朕孝理天下,思弘名教,复与汝通家,情义素重,有闻孝感,嘉叹兼深。春日暄和,气力何似?宜自抑割,以礼自存也。"并赐缣二百匹,米百石。复下诏表其门闾。后历太子舍人、义州司马。大业中,为给事郎、尚书驾部郎,卒官。

　　薛浚字道赜,刑部尚书、内阳公胄之从祖弟也。父琰,周渭南太守。浚少丧父,早孤,养母以孝闻。幼好学,有志行,寻师于长安。时初平江陵,何妥归国,见而异之,授以经业。周天和中,袭爵虞城侯,历纳言上士、新丰令。开皇初,擢拜尚书虞部侍郎,寻转考功侍郎。帝闻浚事母至孝,以其母老,赐舆服机杖,四时珍味,当时荣之。后其母疾,浚貌甚忧瘁,亲故弗之识也。暨丁母艰,诏鸿胪监护丧事,归葬夏阳。于时隆冬极寒,浚衰绖徒跣,冒犯霜雪,自京及乡,五百余里,足冻堕指,疮血流离,朝野为之伤痛。州里赗助,一无所受。寻起令视事,浚屡陈诚款,请终丧制,优诏不许。及至京,上见其毁瘠过甚,为之改容,顾谓群臣曰:"吾见薛浚哀毁,不觉悲感伤怀,嗟异久之。浚竟不胜丧,病且卒。其弟谟时为晋王府兵曹参军事,在扬州,浚遗书与谟曰:"吾以不造,幼丁艰酷,穷游约处,屡绝箪瓢。晚生早孤,不闻《诗》、《礼》,赖奉先人贻厥之训,获禀母氏圣善之规,负笈裹粮,不惮艰远,从师就业,欲罢不能。砥行厉心,困而弥笃,服膺教义,爰至长成。自释褐登朝,于兹二十三年矣。虽官非闻达,而禄喜逮亲,庶保期颐,得终色养。何图精诚无感,祸酷荐臻,兄弟俱被夺情,苫庐靡申哀诉。是用扣心泣血,陨气摧魂者也。既而疴巨衅深,不胜荼毒,启手启足,幸及全归。使夫死而有知,得从先人于地下矣,岂非至愿哉。但念尔伶俜孤宦,远在边服,顾此恨恨,如何可言。适已有书,冀得与汝面诀,忍死待汝,已历一旬。汝既未来,便成今古,缅然永别,为恨何言。勉之哉,勉之哉!"书成时,年四十二。有司以闻,高祖为之屑涕,降使赍册书吊祭曰:"皇帝咨故考功侍郎薛浚。於戏!惟尔操履贞和,器业详敏,允膺列宿,勤骞克彰。及遭私艰,奄从毁灭。嘉尔诚孝,感于朕怀,奠酹有加,抑惟朝典。故遣使人,指申往命,魂而有灵,歆兹荣渥。呜呼哀哉!"

　　浚性清俭,死之日,家无遗资。浚初为童儿时,与中宗诸儿游戏于涧滨。见一黄蛇有角及足,召群儿共视,了无见者。浚以为不详,归大忧悴。母逼而问之,浚以实对。时有胡僧诣宅乞食,浚母怖而告之,僧曰:"此乃儿之吉应。且是儿也,早有名位,然寿不过六七耳。"言终而出,忽然不见,时咸异之。既而终于四十二,六七之言,于是验矣。子乾福,武安郡司仓书佐。

王颁字景彦,太原祁人也。祖神念,梁左卫将军。父僧辩,太尉。颁少倜傥,有文武干局。其父平侯景,留颁质于荆州,遇元帝为周师所陷,颁因入关。闻其父为陈武帝所杀,号恸而绝,食顷乃苏,哭泣不绝声,毁瘠骨立。至服阕,常布衣蔬食,藉藁而卧。周明帝嘉之,召授左侍上士,累迁汉中太守,寻拜仪同三司。

开皇初,以平蛮功,加开府,封蛇丘县公。献取陈之策,上览而异之,召与相见,言毕而歔欷,上为之改容。及大举伐陈,颁自请行,率徒数百人,从韩擒先锋夜济。力战被伤,恐不堪复斗,悲感呜咽。夜中因睡,梦有人授药,比寤而疮不痛,时人以为孝感,及陈灭,颁密召父时士卒,得千余人,对之涕泣。其间壮士或问颁曰:"郎君来破陈国,灭其社稷,仇耻已雪,而悲哀不止者,将为霸先早死,不得手刃之邪?请发其丘垄,斫榇焚骨,亦可申孝心矣。"颁顿颡陈谢,额尽流血,答之曰:"其为帝王,坟茔甚大,恐一宵发掘,不及其尸,更至明朝,事乃彰露,若之何?"诸人请具锹锸,一旦皆萃。于是夜发其陵,剖棺,见陈武帝须并不落,其本皆出自骨中。颁遂焚骨取灰,投水而饮之。既而自缚,归罪于晋王。王表其状,高祖曰:"朕以义平陈,王颁所为,亦孝义之道也。朕何忍罪之!"舍而不问。有司录其战功,将加柱国,赐物五千段,颁固辞曰:"臣缘国威灵,得雪怨耻,本心徇私,非是为国,所加官赏,终不敢当。"高祖从之。拜代州刺史,甚有惠政。母忧去职。后为齐州刺史,卒官,时年五十二,弟颋,见《文学传》。

杨庆字伯悦,河间人也。祖玄,父刚,并以至孝知名。庆美姿仪,性辩慧。年十六,齐国子博士徐遵明见而异之。及长,颇涉书记。年二十五,郡察孝廉,以侍养不行。其母有疾,不解襟带者七旬。及居母忧,哀毁骨立,负土成坟。齐文宣帝表其门闾,赐帛三十匹,绵十屯,粟五十石。高祖受禅,屡加褒赏,擢授仪同三司,版授平阳太守。年八十五,终于家。

郭儁字弘义,太原文水人也。家门雍睦,七叶共居,犬豕同乳,乌鹊通巢,时人以为义感之应。州县上其事,上遣平昌公宇文弼诣其家劳问之。治书御史柳彧巡省河北,表其门闾。汉王谅为并州总管,闻而嘉叹,赐兄弟二十余人衣各一袭。

田翼,不知何许人也。性至孝,养母以孝闻。其后母卧疾岁余,翼亲易燥湿,母食则食,母不食则不食。母患暴痢,翼谓中毒,遂亲尝恶。及母终,翼一恸而绝,其妻亦不胜哀而死。乡人厚共葬之。

纽回字孝政,河东安邑人也。性至孝,周武成中,父母丧,庐于墓侧,负土成坟。庐前生麻一株,高丈许,围之合拱,枝叶郁茂,冬夏恒青。有乌栖其上,回举声哭,乌即悲鸣,时人异之。周武帝表其闾,擢授甘棠令。开皇初,卒。

子士雄,少质直孝友,丧父,复庐于墓侧,负土成坟。其庭前有一槐树,先甚郁茂,及士雄居丧,树遂枯死。服阕还宅,死树复荣。高祖闻之,叹其父子至孝,下诏褒扬,号其所居为累德里。

刘士儁,彭城人也。性至孝,丁母丧,绝而复苏者数矣。勺饮不入口者七日,庐于墓侧,负土成坟,列植松柏。狐狼驯扰,为之取食。高祖受禅,表其门闾。

郎方贵,淮南人也。少有志尚,与从父弟双贵同居。开皇中,方贵尝因出行遇雨,淮水泛长,于津所寄渡,船人怒之,挝方贵臂折。至家,其弟双贵惊问所由,方贵具言之。双贵恚恨,遂向津殴击船人致死,守津者执送之县官,案问其状,以方贵为首,当死,双贵从坐,当流。兄弟二人争为首坐,县司不能断,送诣州。兄弟各引咎,州不

能定,二人争欲赴水而死。州状以闻,上闻而异之,特原其罪。表其
门闾。赐物百段,后为州主簿。

翟普林,楚丘人也。性仁孝,事亲以孝闻。州郡辟命,皆固辞不
就,躬耕色养,乡邻谓为楚丘先生。后父母疾,亲易燥湿,不解衣者
七旬。大业初,父母俱终,哀毁殆将灭性,庐于墓侧,负土为坟。盛
冬不衣缯絮,唯著单缞而已。家有一乌犬,随其在墓,若普林哀临,
犬亦悲号,见者嗟异焉。有二鹊巢其庐前柏树,每入其庐,驯狎无所
惊惧。大业中,司隶巡察,奏其孝感,擢授孝阳令。

李德饶,赵郡柏人人也。祖彻,魏尚书右丞。父纯,开皇中,为
介州长史。德饶少聪敏好学,有至性,宗党咸敬之。弱冠为校书郎,
仍直内史省,参掌文翰。转监察御史,纠正不避贵戚。大业三年,迁
司隶从事,每巡四方,理雪冤枉,褒扬孝悌。虽位秩未通,其德行为
当时所重,凡与交结,皆海内髦彦。性至孝,父母寝疾,辄终日不食,
十旬不解衣。及丁忧,水浆不入口五日,哀恸呕血数升。及送葬之
日,会仲冬积雪,行四十余里,单缞徒跣,号踊几绝。会葬者千余人,
莫不为之流涕。后甘露降于庭树,有鸠巢其庐,纳言杨达巡省河北,
诣其庐吊慰之,因改所居村名孝敬村,里为和顺里。

后为金河长,未之官,值群盗蜂起,贼帅格谦、孙宣雅等十余
头,聚众于渤海。时有敕许其归首,谦等惧不敢降,以德饶信行有
闻,遣使奏曰:“若使德饶来者,即相率归首。”帝于是遣德饶往渤海
慰谕诸贼。行至冠氏,会他盗攻陷县城,德饶见害。

其弟德俗,性重然诺。大业末,为离石郡司法书佐,太守杨子崇
特礼之。及义兵起,子崇遇害,弃尸城下,德俗赴哭尽哀,收瘞之。至
介休,诣义师,请葬子崇。大将军嘉之,因赠子崇官,令德俗为使者,
往离石礼葬子崇焉。

华秋,汲郡临河人也。幼丧父,事母以孝闻。家贫,佣赁为养。

其母遇患,秋容貌毁悴,须鬓顿改,州里咸嗟异之。及母终之后,遂绝栉沐,发尽秃落。庐于墓侧,负土为坟,有人欲助之者,秋辄拜而止之。大业初,调狐皮,郡县大猎。有一兔,人逐之,奔入秋庐中,匿秋膝下。猎人至庐所,异而免之。自尔此兔常宿庐中,驯其左右。郡县嘉其孝感,具以状闻。炀帝降使劳问,表其门闾。后群盗起,常往来庐之左右,咸相诫曰:"勿犯孝子。"乡人赖秋而全者甚众。

徐孝肃,汲郡人也。宗族数千家,多以豪侈相尚,唯孝肃性俭约,事亲以孝闻。虽在幼齿,宗党间每有争讼,皆至孝肃所平论之,为孝肃所短者,无不引咎而退。孝肃早孤,不识父,及长,问其母父状。因求画工,图其形像,构庙置之而定省焉。朔望享祭。养母至孝,数十年,家人未见其有忿恚之色。及母老疾,孝肃亲易燥湿,忧悴数年,见者无不悲悼。母终,孝肃茹蔬饮水,盛冬单缞,毁瘠骨立。祖父母、父母墓皆负土成坟,庐于墓所四十余载,被发徒跣,遂以身终。

其弟德备,聪敏,通涉五经,河朔间称为儒者。德备终,子处默又庐于墓侧,奕叶称孝焉。

史臣曰:昔者弘爱敬之理,必籍王公大人,近古执孝友之情,多茅屋之下。而彦师、道赜,或家传缨冕,或身誓山河,遂乃负土成坟,致毁灭性。虽乖先王之制,亦观过以知仁矣。郎贵昆弟,争死而身全,田翼夫妻俱丧而名立,德饶仁怀群盗,侣义感兴王,亦足称也。纽回、刘儁之伦,翟林、华秋之辈,或茂草嘉树荣枯于庭宇或走兽翔禽驯狎于庐墓,非夫孝悌之至,通于神明者乎!

隋书卷七三
列传第三八

循　吏

梁彦光　樊叔略　赵轨　房恭懿
公孙景茂　辛公义　柳俭　郭绚
敬肃　刘旷　王伽　魏德深

　　古之善牧人者，养之以仁，使之以义，教之以礼，随其所便而处
之，因其所欲而与之，从其所好而劝之。如父母之爱子，如兄之爱
弟，闻其饥寒为之哀，见其劳苦为之悲，故人敬而悦之，爱而亲之。
若子产之理郑国，子贱之居单父，贾琮之牧冀州，文翁之为蜀郡，皆
可以恤其灾患，导以忠厚，因而利之，惠而不费。其晖映千祀，声芳
不绝，夫何为哉？用此道也。然则五帝、三王不易人而化，皆在所由
化之而已。故有无能之吏，无不可化之人。
　　高祖膺运抚图，除凶静乱，日旰忘食，思迈前王。然不敦诗书，
不尚道德，专任法令，严察临下。吏存苟免，罕闻宽惠，乘时射利者，
多以一切求名。暨炀帝嗣兴，志存远略，车辙马迹，将遍天下，纲纪
弛紊，四维不张。其或善于侵渔，强于剥割，绝亿兆之命，遂一人之
求者，谓之奉公，即时升擢。其或顾名节，存纲纪，抑夺攘之心，以从
百姓之欲者，则谓之附下，旋及诛夷。夫吏之侵渔，得其所欲，虽重
其禁，犹或为之。吏之清平，失其所欲，虽崇其赏，犹或不为。况于

上赏其奸，下得其欲，求其廉洁，不亦难乎！彦光等立严察之朝，蜀昏狂之主，执心平允，终行仁恕，馀风遗爱，没而不忘，宽惠之音，足以传于来叶。故列其行事，以系《循吏》之篇尔。

梁彦光字修芝，安定乌氏人也。祖茂，魏秦、华二州刺史。父显，周荆州刺史。彦光少岐嶷，有至性，其父每谓所亲曰："此儿有风骨，当兴吾宗。"七岁时，父遇笃疾，医云饵五石可愈。时求紫石英不得。彦光忧瘁不知所为，忽于园中见一物，彦光所不识，怪而持归，即紫石英也。亲属咸异之，以为至孝所感。魏大统末，入太学，略涉经史，有规检，造次必以礼。解褐秘书郎，时年十七。周受禅，迁舍人上士。武帝时，累迁小驭下大夫。母忧去职，毁瘁过礼。未几，起令视事，帝见其毁甚，嗟叹久之，频蒙慰谕。后转小内史下大夫。建德中，为御正下大夫。从帝平齐，以功授开府、阳城县公，邑千户。宣帝即位，拜华州刺史，进封华阳郡公，增邑五百户，以阳城公转封一子。寻进位上大将军，迁御正上大夫。俄拜柱国、青州刺史，属帝崩，不之官。

及高祖受禅，以为岐州刺史，兼领岐州宫监，增邑五百户，通前二千户。甚有惠政，嘉禾连理，出于州境。开皇二年，上幸岐州，悦其能，乃下诏曰："赏以劝善，义兼训物。彦光操履平直，识用凝远，布政岐下，威惠在人，廉慎之誉，闻于天下。三载之后，自当迁陟，恐其匮乏，且宜旌善。可赐粟五百斛，物三百段，御伞一枚，庶使有感朕心，日增其美。四海之内，凡曰官人，慕高山而仰止，闻清风而自励。"未几，又赐钱五万。

后数岁，转相州刺史。彦光前在岐州，其俗颇质，以静镇之，合境大化，奏课连最，为天下第一。及居相部，如岐州法。邺都杂俗，人多变诈，为之作歌，称其不能理化。上闻而谴之，竟坐免。岁余，拜赵州刺史，彦光言于上曰："臣前待罪相州，百姓呼为戴帽饧。臣自分废黜，无复衣冠之望，不谓天恩复垂收采。请复为相州，改弦易调，庶有以变其风俗，上答隆恩。"上从之，复为相州刺史。豪猾者闻彦光自请而来，莫不嗤笑。彦光下车，发摘奸隐，有若神明，于是狡猾之徒莫不潜窜,合境大骇。初,齐亡后,衣冠士人多迁关内,唯技巧、商贩及乐户之家移实州郭。由是人情险诐,妄起风谣,诉讼官人,万端千变。彦光欲革其弊,乃用秩俸之物,招致山东大儒,每乡立学,非圣哲之书不得教授。常以季月召集之,亲临策试。有勤学异等,聪令有闻者,升常设馔,其余并坐廊下。有好诤讼,惰业无成者,坐之庭中,设以草具。及大比,当举行宾贡之礼,又于郊外祖道,并以财物资之。于是人皆克励,风俗大改。有滏阳人焦通,性酗酒,事亲礼阙,为从弟所讼。彦光弗之罪,将至州学,令观于孔子庙。于时庙中有韩伯瑜,母杖不痛,哀母力弱,对母悲泣之像。通遂感悟,既悲且愧,若无自容。彦光训谕而遣之。后改过励行,卒为善士。以德化人,皆此类也。吏人感悦,略无诤讼。后数岁,卒官,时年六十。赠冀、定、青、瀛四州刺史,谥曰襄。子文谦嗣。

文谦弘雅有父风,以上柱国嫡子,例授仪同。开皇十五年,拜上州刺史。炀帝即位,转饶州刺史。岁余,为鄱阳太守,称为天下之最。征拜户部侍郎。辽东之役,领武贲郎将,寻以本官兼检校太府、卫尉二少卿。明年,又领武贲郎将,为卢龙道军副。会杨玄感作乱,其弟武贲郎将玄纵先隶文谦,玄感反问未至而玄纵逃走,文谦不之觉,坐是配防桂林而卒,时年五十六。

少子文让,初封阳城县公,后为鹰扬郎将。从卫玄击杨玄感于东都,力战而死,赠通议大夫。

樊叔略,陈留人也。父欢,仕魏为南兖州刺史、阿阳侯。属高氏专权,将谋兴复之计,为高氏所诛。叔略时在髫龀,遂被腐刑,给使殿省。身长九尺,志气不凡,颇为高氏所忌。内不自安,遂奔关西。周太祖见而器之,引置左右。寻授都督,袭爵为侯。大冢宰宇文护执政,引为中尉。叔略多计数,晓习时事,护渐委信之,兼督内外。累迁骠骑大将军、开府仪同三司。护诛后,齐王宪引为园苑监。时宪素有吞关东之志,叔略因事数进兵谋,宪甚奇之。建德五年,从武帝伐齐,叔略部率精锐,每战身先士卒。以功加上开府,进封清乡县公,邑千四百户。拜汴州刺史,号为明决。宣帝时,于洛阳营建东京,以叔略有巧思,拜营构监,宫室制度皆叔略所定。功未就而帝崩。尉迥之乱,高祖令叔略镇大梁。迥将宇文威来寇,叔略击走之。以功拜大将军,复为汴州刺史。

高祖受禅,加位上大将军,进爵安定郡公。在州数年,甚有声誉。邺都俗薄,号曰难化,朝廷以叔略所在著称,迁相州刺史,政为当时第一。上降玺书褒美之,赐物三百段,粟五百石,班示天下。百姓为之语曰:"智无穷,清乡公。上下正,樊安定。"征拜司农卿,吏人莫不流涕,相与立碑,颂其德政。自为司农,凡种植,叔略别为条制,皆出人意表。朝迁有疑滞,公卿所未能决者,叔略辄为评理。虽无学术,有所依据,然师心独见,暗与理合。甚为上所亲委,高颎、杨素亦礼遇之。叔略虽为司农,往往参督九卿事。性颇豪侈,每食必方丈,备水陆。十四年,从祠太山,行至洛阳,上令录囚徒。具状将奏,晨起,至狱门,于马上暴卒,时年五十九。上悼惜久之,赠亳州刺史,谥曰襄。

赵轨,河南洛阳人也。父肃,魏廷尉卿。轨少好学,有行检。周蔡王引为记室,以清苦闻。迁卫州治中。

高祖受禅,转齐州别驾,有能名。其东邻有桑,葚落其家,轨遣人悉拾还其主,诫其诸子曰:"吾非以此求名,意者非机杼之物,不愿侵人。汝等宜以为诫。"在州四年,考绩连最。持节使者邵阳公梁子恭状上,高祖嘉之,赐物三百段,米三百石,征轨入朝。父老相送者,各挥涕曰:"别驾在官,水火不与百姓交,是以不敢以壶酒相送。公清若水,请酌一杯水奉饯。"轨受而饮之。既至京师,诏与奇章公牛弘撰定律令格式。

时卫王爽为原州总管,上见爽年少,以轨所在有声,授原州总管司马。在道夜行,其左右马逸入田中,暴人禾。轨驻马待明,访禾主酬直而去。原州人吏闻之,莫不改操。

后数年,迁硖州刺史,抚缉萌夷,甚有恩惠。寻转寿州总管长史。芍陂旧有五门堰，芜秽不修。轨于是劝课人吏，更开三十六门，灌田五千余顷，人赖其利。秩满归乡里，卒于家，时年六十二。子弘安、弘智，并知名。

房恭懿字慎言，河南洛阳人也。父谟，齐吏部尚书。恭懿性沉深，有局量，达于从政。仕齐，释褐开府参军事，历平恩令、济阴守，并有能名。会齐亡，不得调。尉迥之乱，恭懿预焉，迥败，废于家。

开皇初，吏部尚书苏威荐之，授新丰令，政为三辅之最。上闻而嘉之，赐物四百段，恭懿以所得赐分给穷乏。未几，复赐米三百石，恭懿又以赈贫人。上闻而止之。时雍州诸县令每朔朝谒，上见恭懿，必呼至榻前，访以理人之术。苏威重荐之，超授泽州司马，有异绩，赐物百段，良马一匹。

迁德州司马，在职岁余，卢恺复奏恭懿政为天下之最。上甚异之，复赐百段，因谓诸州朝集使曰："如房恭懿志存体国，爱养我百姓，此乃上天宗庙之所佑助，岂朕寡薄能致之乎！朕即拜为刺史。岂止为一州而已，当令天下模范之，卿等宜师教也。"上又曰："房恭懿所在之处，百姓视之如父母。朕若置之而不赏，上天宗庙其当责我。内外官人宜知我意。"于是下诏曰："德州司马房恭懿出宰百里，毗赞二藩，善政能官，标映伦伍。班条按部，实允金属，委以方岳，声实俱美。可使持节、海州诸军事、海州刺史。"

未几，会国子博士何妥奏恭懿、尉迥之党，不当仕进，威、恺二人朋党，曲相荐举。上大怒，恭懿竟得罪，配防岭南。未几，征还京师，行至洪州，遇患卒。论者于今冤之。

公孙景茂字元蔚，河间阜城人也。容貌魁梧，少好学，博涉经史。在魏，察孝廉，射策甲科，为襄城王长史，兼行参军。迁太常博士，多所损益，时人称为书库。后历高唐令、大理正，俱有能名。及齐灭，周武帝闻而召见，与语器之，授济北太守。以母忧去职。

开皇初，诏征入朝，访以政术，拜汝南太守。郡废，转曹州司马。

在职数年，以老病乞骸骨，优诏不许。俄迁息州刺史，法令清静，德化大行。时属平陈之役，征人在路，有疾病者，景茂撤减俸禄，为饘粥汤药，分赈济之，赖全活者以千数。上闻而嘉之，诏宣告天下。

十五年，上幸洛阳，景茂谒见，时年七十七。上命升殿坐，问其年几。景茂以实对。上哀其老，嗟叹久之。景茂再拜曰："吕望八十而遇文王，臣逾七十而逢陛下。"上甚悦，赐物三百段。诏曰："景茂修身洁己，耆宿不亏，作牧化人，声绩显著。年终考校，独为称首，宜升戎秩，兼进藩条。可上仪同三司、伊州刺史。"

明年，以疾征，吏人号泣于道。及疾愈，复乞骸骨，又不许，转道州刺史。悉以秩俸买牛犊鸡猪，散惠孤弱不自存者。好单骑巡人，家至户入，阅视百姓产业。有修理者，于都会时乃褒扬称述。如有过恶，随即训导，而不彰也。由是人行义让，有无均通，男子相助耕耘，妇人相从纺绩。大村或数百户，皆如一家之务。其后请致事，上优诏听之。

仁寿中，上明公杨纪出使河北，见景茂神力不衰，还以状奏。于是就拜淄州刺史，赐以马舆，便道之官。前后历职，皆有德政，论者称为良牧。

大业初卒官，年八十七。谥曰康。身死之日，诸州人吏赴丧者数千人，或不及葬，皆望坟恸哭，野祭而去。

辛公义，陇西狄道人也。祖徽，魏徐州刺史。父季庆，青州刺史。公义早孤，为母氏所养，亲授书传。周天和中，选良家子任太学生，以勤苦著称。武帝时，召入露门学，令受道义。每月集御前令与大儒讲论，数被嗟异，时辈慕之。建德初，授宣纳中士。从平齐，累迁掌治上士，扫寇将军。高祖作相，授内史上士，参掌机要。开皇元年，除主客侍郎，摄内史舍人事，赐爵安阳县男，邑二百户。每陈使来朝，常奉诏接宴。转驾部侍朗，使往江陵安辑边境。七年，使勾检诸马牧，所获十余万匹。高祖喜曰："唯我公义，奉国罄心。"

从军平陈，以功除岷州刺史。土俗畏病，若一人有疾，即合家避之，父子夫妻不相看养，孝义道绝，由是病者多死。公义患之，欲变其俗。因分遣官人巡检部内，凡有疾病，皆以床舆来，安置听事。暑月疫时，病人或至数百，厅廊悉满。公义亲设一榻，独坐其间，终日连夕，对之理事。所得秩俸，尽用市药，为迎医疗之，躬劝其饮食，于是悉差，方召其亲戚而谕之曰："死生由命，不关相着。前汝弃之，所以死耳。今我聚病者，坐卧其间，若言相染，那得不死，病儿复差！汝等勿复信之。"诸病家子孙惭谢而去。后人有遇病者，争就使君，其家无亲属，因留养之。始相慈爱，此风遂革，合境之内呼为慈母。

后迁牟州刺史，下车，先至狱中，囚露坐牢侧，亲自验问。十余日间，决断咸尽，方还大厅。受领新讼，皆不立文案，遣当直佐僚一人，侧坐讯问。事若不尽，应须禁者，公义即宿厅事，终不还阁。人或谏之曰："此事有程，使君何自苦也！"答曰："刺史无德可以导人，尚令百姓系于囹圄，岂有禁人在狱而心自安乎？"罪人闻之，咸自款服。后有欲诤讼者，其乡闾父老遽相晓曰："此盖小事，何忍勤劳使君。"讼者多两让而止。时山东霖雨，自陈、汝至于沧海，皆苦水灾。境内犬牙，独无所损。山出黄银，获之以献。诏水部郎娄崱就公义祷焉，乃闻空中有金石丝竹之响。

仁寿元年，追充扬州道黜陟大使。豫章王暕恐其部内官僚犯法，未入州境，预令属公义。公义答曰："奉诏不敢有私。"及至扬州，皆无所纵舍，暕衔之。及炀帝即位，扬州长史王弘入为黄门侍郎，因言公义之短，竟去官。吏人守阙诉冤，相继不绝。后数岁，帝悟，除内史侍郎。丁母忧。未几，起为司隶大夫，检校右御卫武贲郎将。从征至柳城郡卒，时年六十二。子融。

柳俭字道约，河东解人也。祖元璋，魏司州大中正、相华二州刺史。父裕，周闻喜令。俭有局量，立行清苦，为州里所敬，虽至亲昵，无敢狎侮。周代历宣纳上士、畿伯大夫。

及高祖受禅，擢拜水部侍郎，封率道县伯。未几，出为广汉太守，甚有能名。俄而郡废。时高祖初有天下，励精思政，妙简良能，出为牧宰,以俭仁明著称,擢拜蓬州刺史。狱讼者庭遣,不为文书,约束佐史,从容而已。狱无系囚。蜀王秀时镇益州,列上其事,迁邛州刺史。在职十余年,蛮夷悦服。蜀王秀之得罪也,俭坐与交通,免职。及还乡里,乘敝车羸马,妻子衣食不赡,见者咸叹服焉。

炀帝嗣位,征之。于时以功臣任职,牧州领郡者,并带戎资,唯俭安自良吏。帝嘉其绩用,特授朝散大夫,拜弘化太守,赐物一百段而遣之。俭清节逾励。大业五年入朝,郡国毕集,帝谓纳言苏威、吏部尚书牛弘曰:"其中清名天下第一者为谁?"威等以俭对。帝又问其次,威以涿郡丞郭绚、颍川郡丞敬肃等二人对。帝赐俭帛二百匹,绚肃各一百匹。令天下朝集使送至郡邸,以旌异焉。论者美之。及大业末,盗贼蜂起,数被攻逼。俭抚结人夷,卒无离叛,竟以保全。及义兵至长安,尊立恭帝,俭与留守李粲缟素于州,南向恸哭。既而归京师,相国赐俭物三百段,就拜上大将军。岁余,卒于家,时年八十九。

郭绚,河东安邑人也。家素寒微。初为尚书令史,后以军功拜仪同,历数州司马长史,皆有能名。大业初,刑部尚书宇文弼巡省河北,引绚为副。炀帝将有事于辽东,以涿郡为冲要,访可任者。闻绚有干局,拜涿郡丞,吏人悦服。数载,迁为通守,兼领留守。及山东盗贼起,绚逐捕之,多所克获。时诸郡无复完者,唯涿郡独全。后将兵击窦建德于河间,战死,人吏哭之,数月不息。

敬肃字弘俭,河东薄坂人也。少以贞介知名,释褐州主簿。开皇初,为安陵令,有能名,擢拜秦州司马,转幽州长史。仁寿中,为卫州司马,俱有异绩。炀帝嗣位,迁颍川郡丞。大业五年,朝东都,帝令司隶大夫薛道衡为天下群官之状。道衡状称肃曰:"心如铁石,老而弥笃。"时左翊卫大将军宇文述当涂用事,其邑在颍川,每有书属肃。肃未尝开封,辄令使者持去。述宾客有放纵者,以法绳之,无所宽贷。由是述衔之。八年,朝于涿郡,帝以其年老,有治名,将擢为太守者数矣,辄为述所毁,不行。大业末,乞骸骨,优诏许之。去官之日,家无余财。岁余,终于家,时年八十。

刘旷,不知何许人也。性谨厚,每以诚恕应物。开皇初,为平乡令,单骑之官。人有诤讼者,辄丁宁晓以义理,不加绳劾,各自引咎而去。所得俸禄,赈施穷乏。百姓感其德化,更相笃励,曰:"有君如此,何得为非!"在职七年,风教大洽,狱中无系囚,争讼绝息,囹圄尽皆生草,庭可张罗。及去官,吏人无少长,号泣于路,将送数百里不绝。迁为临颍令,清名善政,为天下第一。尚书左仆射高颎言其状,上召之,及引见,劳之曰:"天下县令固多矣,卿能独异于众,良足美也!"顾谓侍臣曰:"若不殊奖,何以为劝!"于是下优诏,擢拜莒州刺史。

王伽,河间章武人也。开皇末,为齐州行参军,初无足称。后被州使送流囚李参等七十余人诣京师。时制,流人并枷锁传送。伽行次荥阳,哀其辛苦。悉呼而谓之曰:"卿辈既犯国刑,亏损名教,身婴缧绁,此其职也。今复重劳援卒,岂独不愧于心哉!"参等辞谢。伽曰:"汝等虽犯宪法,枷锁亦大辛苦。吾欲与汝等脱去,行至京师总集,能不违期不?"皆拜谢曰:"必不敢违。"伽于是悉脱其枷,停援卒,与期曰:"某日当至京师,如致前却,吾当为汝受死。"舍之而去。流人咸悦,依期而至,一无离叛。上闻而惊异之,召见与语,称善久之。于是悉召流人,并令携负妻子俱入,赐宴于殿庭而赦之。乃下诏曰:"凡在有生,含灵禀性,咸知好恶,并识是非。若临以至诚,明加劝导,则俗必从化,人皆迁善。往以海内乱离,德教废绝,官人无慈爱之心,兆庶怀奸诈之意,所以狱讼不息,浇薄难治。朕受命上天,安养万姓,思遵圣法,以德化人,朝夕孜孜,意在于此。而伽深识朕意,诚心宣导。参等感悟,自赴宪司,明是率土之人非为难教,良是官人不加晓示,致令陷罪,无由自新。若使官尽王伽之俦,人皆李参之辈,刑厝不用,其何远哉!"于是擢伽为雍令,政有能名。

　　魏德深，本钜鹿人也。祖冲，仕周为刑部大夫、建州刺史，因家弘农。父毗，郁林令。德深初为文帝挽郎，后历冯翊书佐、武阳司户书佐，以能迁贵乡长。为政清净，不严而治。会兴辽东之役，征税百端，使人往来，责成郡县。于时王纲弛紊，吏多赃贿，所在征敛，下不堪命。唯德深一县，有无相通，不竭其力，所求皆给，百姓不扰，称为大治。于时盗贼群起，武阳诸城多被沦陷，唯贵乡独全。郡丞元宝藏受诏逐捕盗贼，每战不利，则器械必尽，辄征发于人，动以军法从事，如此者数矣。其邻城营造，皆聚于听事，吏人递相督责，昼夜喧嚣，犹不能济。德深各问其所欲任，随便修营，官府寂然，恒若无事。唯约束长吏，所修不须过胜余县，使百姓劳苦。然在下各自竭心，常为诸县之最。寻转馆陶长，贵乡吏人闻之，相与言及其事，皆歔欷流涕，语不成声。及将赴任，倾城送之，号泣之声，道路不绝。既至馆陶，阖境老幼皆如见其父母。有猾人员外郎赵君实，与郡丞元宝藏深相交结，前后令长未有不受其指麾者。自德深至县，君实屏处于室，未尝辄敢出门。逃窜之徒，归来如市。贵乡父老冒涉艰险，诣阙请留德深，有诏许之。馆陶父老复诣郡相讼，以贵乡文书为诈。郡不能决。会持节使者韦霁、杜整等至，两县诣使讼之，乃断从贵乡。贵乡吏人歌呼满道，互相称庆。馆陶众庶合境悲哭，因而居住者数百家。

　　宝藏深害其能。会越王侗征兵于郡，宝藏遂令德深率兵千人赴东都。俄而宝藏以武阳归李密。德深所领，皆武阳人也，以本土从贼，念其亲戚，辄出都门东向恸哭而反。人或谓之曰：“李密兵马近在金墉，去此二十余里。汝必欲归，谁能相禁，何为自苦如此！”其人皆垂泣曰：“我与魏明府同来，不忍弃去，岂以道路艰难乎！”其得人心如此。后与贼战，没于阵，贵乡、馆陶人庶至今怀之。

　　时有栎阳令渤海高世衡、萧令彭城刘高、城皋令弘农刘炽，俱有恩惠。大业之末，长史多脏污，衡、高及炽清节逾厉，风教大洽，狱无系囚，为吏人所称。

　　史臣曰:古语云,善为水者,引之使平,善化人者,抚之使静。水平则无损于堤防,人静则不犯于宪章。然则易俗移风,服教从义,不资于明察,必藉于循良者也。彦光等皆内怀直道,至诚待物,故得所居而化,所去见思。至于景茂之遏恶扬善,公义之抚视疾病,刘旷之化行所部,德深之爱结人心,虽信臣、杜诗、郑浑、朱邑,不能继也。《诗》云:"恺悌君子,人之父母。"岂徒言哉!恭懿所在尤异,屡简帝心,追既往之一眚,遂流亡于道路,惜乎!柳俭去官,妻子不赡,赵轨秩满,酌水饯离,清矣!

隋书卷七四
列传第三九

酷　吏

库狄士文　田式　燕荣　赵仲卿
崔弘度　弟弘升　元弘嗣　王文同

　　夫为国之体有四焉：一曰仁义，二曰礼制，三曰法令，四曰刑罚。仁义礼制，政之本也，法令刑罚，政之末也。无本不立，无末不成。然教化远而刑罚近，可以助化而不可以专行，可以立威而不可以繁用。《老子》曰："其政察察，其人缺缺。"又曰："法令滋章，盗贼多有。"然则令之烦苛，吏之严酷，不能致理，百代可知。考览前载，有时而用之矣。昔秦任狱吏，赭衣满道。汉革其风，矫枉过正，禁纲疏阔，遂漏吞舟，大奸巨猾，犯义侵礼。故刚克之吏，摧拉凶邪，一切禁奸，以救时弊，虽垂教义，或有所取焉。

　　高祖膺期，平一江左，四海九州，服教从义。至于威行郡国。力折公侯，乘传赋人，探丸斫吏者，所在蔑闻焉。无曩时之弊，亦已明矣。士文等功不足纪，才行无闻，遭遇时来，叨窃非据，肆其褊性，多行无礼，君子小人，咸罹其毒。凡厥所莅，莫不懔然。居其下者，视之如蛇虺，过其境者，逃之如寇仇。与人之恩，心非好善，加人之罪，事非疾恶。其所笞辱，多在无辜，察其所为，豺狼之不若也。无禁奸除猾之志，肆残虐幼贱之心，君子恶之，故编为《酷吏传》也。

库狄士文,代人也。祖干,齐左丞相。父敬,武卫将军、肆州刺史。士文性孤直,虽邻里至亲莫与通狎。少读书。在齐,袭封章武郡王,官至领军将军。周武帝平齐,山东衣冠多迎周师,唯士文闭门自守。帝奇之,授开府仪同三、随州刺史。

高祖受禅,加上开府,封湖陂县子,寻拜贝州刺史。性清苦,不受公料,家无余财。其子常嗷官厨饼,士文枷之于狱累日,杖之一百,步送还京。僮隶无敢出门,所买盐莱,必于外境。凡有出入,皆封署其门,亲旧绝迹,庆吊不通。法令严肃,吏人股战,道不拾遗。有细过,必深文陷害。尝入朝,遇上置酒高会,赐公卿入左藏,任取多少。人皆极重,士文独口衔绢一匹,两手各持一匹。上问其故,士文曰:“臣口手俱满,余无所须。”上异之,别加赏物,劳而遣之。士文至州,发擿奸隐,长吏尺布升粟之脏,无所宽贷。得千余人而表之,上悉配防岭南,亲戚相送,哭泣之声遍于州境。至岭南,遇瘴疬死者十八九,于是父母妻子唯哭士文。士文闻之,令人捕捉,挝捶盈前,而哭者弥甚。有京兆韦焜为贝州司马,河东赵达为清河令,二人并苛刻,唯长史有惠政。时人为之语曰:“刺史罗刹政,司马蝮蛇瞋,长史含笑判,清河生吃人。”上闻而叹曰:“士文之暴,过于猛兽。”竟坐免。

未几,以为雍州长史,士文谓人曰:“我向法深,不能窥候要贵,必死此官矣。”及下车,执法严正,不避贵戚,宾客莫敢至门,人多怨望。士文从父妹为齐氏嫔,有色,齐灭之后,赐薛国公长孙览为妾。览妻郑氏性妒,谮之于文献后,后令览离绝。士文耻之,不与相见。后应州刺史唐君明居母忧,娉以为妻,由是士文、君明并为御史所劾。士文性刚,在狱数日,愤恚而死。家无余财,有子三人,朝夕不继,亲友无内之者。

田式字显标,冯翊下邽人也。祖安兴,父长乐,仕魏,俱为本郡太守。式性刚果,多武艺,拳勇绝人。周明帝时,年十八,授都督,领乡兵。后数载,拜渭南太守,政尚严猛,吏人重足而立,无敢违法者。

迁本郡太守，亲故屏迹，请托不行。武帝闻而善之，进位仪同三司，赐爵信都县公，擢拜延州刺史。从帝平齐，以功加上开府，徙为庭州刺史，改封梁泉县公。

高祖总百揆，尉迥作乱邺城，从韦孝宽击之。以功拜大将军，进爵武山郡公。及受禅，拜襄州总管，专以立威为务。每视事于外，必盛气以待其下，官属股栗，无敢仰视。有犯禁者，虽至亲昵，无所容贷。其女婿京兆杜宁，自长安省之，式诫宁无出外。宁久之不得还，窃上北楼，以畅羁思。式知之，笞宁五十。其所爱奴，尝诣式白事，有虫上其衣衿，挥袖拂去之。式以为慢己，立榜杀之。或僚吏奸脏，部内劫盗者，无问轻重，悉禁地牢中，寝处粪秽，令其苦毒，自非身死，终不得出。每赦书到州，式未暇读，先召狱卒，杀重囚，然后宣示百姓。其刻暴如此。由是为上所遣，除名为百姓。式惭恚不食，妻子至其所，辄怒，唯侍僮二人给使左右。从家中索椒，欲以自杀，家人不与。阴遣所侍僮诣市买毒药，妻子又夺而弃之。式恚卧。其子信时为仪同，至式前流涕曰："大人既是朝廷旧臣，又无大过。比见公卿放辱者多矣，旋复升用，大人何能久乎？乃至于此！"式歘然而起，抽刀斫信，信遽走避之，刃中于阈。上知之，以式为罪己之深，复其官爵。寻拜广州总管，卒官。

燕荣字贵公，华阴弘农人也。父偘，周大将军。荣性刚严，有武艺，仕周为内侍上士。从武帝伐齐，以功授开府仪同三司，封高邑县公。高祖受禅，进位大将军，封落丛郡公，拜晋州刺史。从河间王弘击突厥，以功拜上柱国，迁青州总管。

荣在州，选绝有力者为伍伯，吏人过之者，必加诘问，辄楚挞之，创多见骨。奸盗屏迹，境内肃然。他州县人行经其界者，畏若寇仇，不敢休息。上甚善之。后因入朝觐，特加劳勉。荣以母老，请每岁入朝，上许之。及辞，上赐宴于内殿，诏王公作诗以饯之。伐陈之役，以为行军总管，率水军自东莱傍海，入大湖，取吴郡。既破丹阳，吴人共立萧瓛为主，阻兵于晋陵，为宇文述所败，退保包山。荣率精甲五千蹴之，瓛败走，为荣所执，晋陵、会稽悉平。检校扬州总管。寻征为右武候将军。突厥寇边，以为行军总管，屯幽州。母忧去职。明年，起为幽州总管。

荣性严酷，有威容，长史见者，莫不惶惧自失。范阳卢氏，代为著姓，荣皆署为吏卒以屈辱之。鞭笞左右，动至千数，流血盈前，饮噉自若。尝按部，道次见丛荆，堪为笞棰，命取之，辄以试人。人或自陈无咎，荣曰：“后若有罪，当免尔。”及后犯细过，将挞之，人曰：“前日被杖，使君许有罪宥之。”荣曰：“无过尚尔，况有过邪！”榜棰如旧。荣每巡省管内，闻官人及百姓妻女有美色，辄舍其室而淫之。贪暴放纵日甚。是时元弘嗣被除为幽州长史，惧为荣所辱，固辞。上知之，敕荣曰：“弘嗣杖十已上罪，皆须奏闻。”荣忿曰：“竖子何敢弄我！”于是遣弘嗣监纳仓粟，飏得一糠一秕，辄罚之。每笞虽不满十，然一日之中，或至三数。如是历年，怨隙日构，荣遂收付狱，禁绝其粮。弘嗣饥馁，抽衣絮，杂水咽之。其妻诣阙称冤，上遣考功侍郎刘士龙驰驿鞫问。奏荣虐毒非虚，又脏秽狼藉，遂征还京师，赐死。先是，荣家寝室无故有蛆数斛，从地坟出。未几，荣死于蛆出之处。有子询。

赵仲卿，天水陇西人也。父刚，周大将军。仲卿性粗暴，有膂力，周齐王宪甚礼之。从击齐，攻临秦、统戎、威远、伏龙、张壁等五城，尽平之。又击齐将段孝先于姚襄城，苦战连日，破之。以功授大都督，寻典宿卫。平齐之役，以功迁上仪同，兼赵郡太守。入为畿伯中大夫。王谦作乱，仲卿使在利州，即与总管豆卢勣发兵拒守。为谦所攻，仲卿督兵出战，前后一十七阵。及谦平，进位大将军，封长垣县公，邑千户。

高祖受禅，进爵河北郡公。开皇三年，突厥犯塞，以行军总管从河间王弘出贺兰山。仲卿别道俱进，无虏而还。复镇平凉，寻拜石州刺史。法令严猛，纤微之失，无所容舍，鞭笞长吏，辄至二百。官人战栗，无敢违犯，盗贼屏息，皆称其能。迁衮州刺史，未之官，拜朔州总管。于时塞北盛兴屯田,仲卿总统之。微有不理者,仲卿辄召主掌,挞其胸背,或解衣倒曳于荆棘中。时人谓之猛兽。事多克济,由是收获岁广,边戍无馈运之忧。

会突厥启民可汗求婚于国,上许之。仲卿因是间其骨肉,遂相攻击。十七年,启民窘迫,与隋使长孙晟投通汉镇。仲卿率骑千余驰援之,达头不敢逼。潜遣人诱致启民所部,至者二万余家。其年,从高颎指白道以击达头。仲卿率兵三千为前锋,至族蠡山,与虏相遇,交战七日,大破。追奔至乞伏泊,复破之,虏千余口,杂畜万计。突厥悉众而至,仲卿为方阵,四面拒战。经五日,会高颎大兵至,合击之,虏乃败走。追度白道,逾秦山七百余里。时突厥降者万余家,上命仲卿处之恒安。以功进位上柱国,赐物三千段。朝廷虑达头掩袭启民,令仲卿屯兵二万以备之,代州总管韩洪、永康公李药王、蔚州刺史刘隆等,将步骑一万镇恒安。达头骑十万来寇,韩洪军大败,仲卿自乐宁镇邀击,斩首虏千余级。明年,督役筑金河、定襄二城,以居启民。时有表言仲卿酷暴者,上令御史王伟按之,并实,惜其功不罪也。因劳之曰:"知公清正,为下所恶。"赐物五百段。仲卿益恣,由是免官。

仁寿中,检校司农卿。蜀王秀之得罪,奉诏往益州穷按之。秀宾客经过之处,仲卿必深文致法,州县长吏坐者太半。上以为能,赏婢奴五十口,黄金二百两,米粟五千石,奇宝杂物称是。

炀帝嗣位,判兵部、工部二曹尚书事。其年,卒,时年六十四。谥曰肃。赠物五百段。子弘嗣。

崔弘度字摩诃衍,博陵安平人也。祖楷,魏司空。父说,周敷州刺史。弘度膂力绝人,仪貌魁岸,须面甚伟。性严酷。年十七,周大冢宰宇文护引为亲信。寻授都督,累转大都督。时护子中山公训为蒲州刺史,令弘度从焉。尝与训登楼,至上层,去地四五丈,俯临之,训曰:"可畏也。"弘度曰:"此何足畏!"欻然掷下,至地无损伤。训以其拳捷,大奇之。后以战勋,授仪同。从武帝灭齐,进位上开府,邺县公,赐物三千段,粟麦三千石,奴婢百口,杂畜千计。寻从汝南公宇文神举,破卢昌期于范阳。

宣帝嗣位,从郧国公韦孝宽经略淮南。弘度与化政公宇文忻、司水贺娄子干至肥口,陈将潘琛率兵数千来拒战,隔水而阵。忻遣弘度谕以祸福,琛至夕而遁。进攻寿阳,降陈守将吴文立,弘度功最。以前后勋,进位上大将军,袭父爵安平县公。及尉迥作乱,以弘度为行军总管,从韦孝宽讨之。弘度募长安骁雄数百人为别队,所当无不披靡。弘度妹先适迥子为妻,及破邺城,迥窘迫升楼,弘度直上龙尾追之。迥弯弓将射弘度,弘度脱兜鍪谓迥曰:"相识不?今日各图国事,不得顾私。以亲戚之情,谨遏乱兵,不许侵辱。事势如此,早为身计,何所待也?"迥掷弓于地,骂大丞相极口而自杀。弘度顾其弟弘昇曰:"汝可取迥头。"弘昇遂斩之。进位上柱国。时行军总管例封国公,弘度不时杀迥,致纵恶言。由是降爵一等,为武乡郡公。

开皇初,突厥入寇,弘度以行军总管出原州以拒之。虏退,弘度进屯灵武。月余而还,拜华州刺史。纳其妹为秦孝王妃。寻迁襄州总管。弘度素贵,御下严急,动行捶罚,吏人慑气,闻其声,莫不战栗。所在之处,令行禁止,盗贼屏迹。梁王萧琮来朝,上以弘度为江陵总管,镇荆州。弘度未至,而琮叔父岩拥居人以叛,弘度追之不及。陈人惮弘度,亦不敢窥荆州。平陈之役,以行军总管从秦孝王出襄阳道。及陈平,赐物五千段。高智慧等作乱,复以行军总管出泉门道,隶于杨素。弘度与素,品同而年长,素每屈下之。一旦隶素,意甚不平,素言多不用。素亦优容之。及还,检校原州事,仍领行军总管以备胡,无虏而还,上甚礼之。复以其弟弘昇女为河南王妃。

仁寿中,检校太府卿。自以一门二妃,无所降下,每诫其僚吏曰:"人当诚恕,无得欺诳。"皆曰:"诺。"后尝食鳖,侍者八九人,弘度一一问之曰:"鳖美乎?"人惧之,皆云:"鳖美。"弘度大骂曰:"佣奴何敢诳我?汝初未食鳖,安知其美?"俱杖八十。官属百工见之者,莫不流汗,无敢欺隐。时有屈突盖为武候骠骑,亦严刻,长安为之语曰:"宁饮三升酢,不见崔弘度。宁茹三升艾,不逢屈突盖。"然弘度理家如官,子弟班白,动行棰楚,闺门整肃,为当时所称。未几,秦王妃以罪诛,河南王妃复被废黜。弘度忧恚,谢病于家,诸弟乃与之别居,弥不得志。

炀帝即位,河南王为太子,帝将复立崔妃,遣中使就第宣旨。使者诣弘昇家,弘度不之知也。使者返,帝曰:"弘度有何言?"使者曰:"弘度称有疾不起。"帝默然,其事竟寝。弘度忧愤,未几,卒。

弘昇字上客。在周为右侍上士。尉迥作乱相州,与兄弘度击之,以功拜上仪同。寻加上开府,封黄台县侯,邑八百户。高祖受禅,进爵为公,授骠骑将军。宿卫十余年,以勋旧迁慈州刺史。数岁,转郑州刺史。后以戚属之故,待遇愈隆,迁襄州总管。及河南王妃罪废,弘昇亦免官。

炀帝即位,历冀州刺史、信都太守,进位金紫光禄大夫,转涿郡太守。辽东之役,检校左武卫大将军事,指平壤。与宇文述等同败绩,奔还,发病而卒,时年六十。

元弘嗣,河南洛阳人也。祖刚,魏渔阳王。父经,周渔阳郡公。弘嗣少袭爵,十八为左亲卫。开皇九年,从晋王平陈,以功授上仪同。十四年,除观州总管长史,在州专以严峻任事,吏人多怨之。二十年,转幽州总管长史。于时燕荣为总管,肆虐于弘嗣,每被笞辱。弘嗣心不伏,荣遂禁弘嗣于狱,将杀之。及荣诛死,弘嗣为政,酷又甚之。每推鞫囚徒,多以酢灌鼻,或楗弋其下窍,无敢隐情,奸伪屏息。仁寿末,授木工监,修营东都。

大业初,炀帝潜有取辽东之意,遣弘嗣往东莱海口监造船。诸州役丁苦其捶楚,官人督役,昼夜立于水中,略不敢息,自腰以下,无不生蛆,死者十三四。寻迁黄门侍郎,转殿内少监。辽东之役,进位金紫光禄大夫。明年,帝复征辽东,会奴贼寇陇右,诏弘嗣击之。

及玄感作乱,逼东都,弘嗣屯兵安定。或告之谋应玄感者,代王讳遣使执之,送行在所。以无反形当释,帝疑不解,除名,徙日南,道死,时年四十九。有子仁观。

王文同,京兆频阳人也。性明辩,有干用。开皇中,以军功拜仪同,寻授桂州司马。炀帝嗣位,征为光禄少卿,以忤旨,出为恒山郡丞。有一人豪猾,每持长吏长短,前后守令咸惮之。文同下车,闻其名,召而数之。因令左右剡木为大橛,埋之于庭,出尺余,四角各埋小橛。令其人踣心于木橛上,缚四支于小橛,以棒殴其背,应时溃烂。郡中大骇,吏人相视慑气。

及帝征辽东,令文同巡察河北诸郡。文同见沙门斋戒菜食者,以为妖妄,皆收系狱。比至河间,召诸郡官人,小有迟违者,辄皆覆面于地而箠杀之。求沙门相聚讲论,及长老共为佛会者数百人,文同以为聚结惑众,尽斩之。又悉裸僧尼,验有淫状非童男女者数千人,复将杀之。郡中士女号哭于路,诸郡惊骇,各奏其事。帝闻而大怒,遣使者达奚善意驰锁之,斩于河间,以谢百姓。仇人剖其棺,脔其肉而噉之,斯须咸尽。

史臣曰:御之良者,不在于烦策,政之善者,无取于严刑。故虽宽猛相资,德刑互设,然不严而化,前哲所重。士文等运属钦明,时无桀黠,未闲道德,实怀残忍。贼人肌体,同诸木石,轻人性命,甚于刍狗。长恶不悛,鲜有不及,故或身婴罪戮,或忧恚颠陨。凡百君子,以为有天道焉。呜呼! 后来之士,立身从政,纵不能为子高门以待封,其可令母扫墓而望丧乎?

隋书卷七五
列传第四○

儒　林

元善　辛彦之　何妥　萧该　包恺
房晖远　马光　刘焯　刘炫　褚辉
顾彪　鲁世达　张仲　王孝籍

儒之为教大矣，其利物博矣！笃父子，正君臣，尚忠节，重仁义，贵廉让，贱贪鄙，开政化之本源，凿生民之耳目，百王损益，一以贯之。虽世或污隆，而斯文不坠，经邦致治，非一时也。涉其流者，无禄而富，怀其道者，无位而尊。故仲尼顿挫于鲁君，孟轲抑扬于齐后，荀卿见珍于强楚，叔孙取贵于隆汉。其余处环堵以骄富贵，安陋巷而轻王公者，可胜数哉！

自晋室分崩，中原丧乱，五胡交争，经籍道尽。魏氏发迹代阴，经营河朔，得之马上，兹道未弘。暨夫太和之后，盛修文教，搢绅硕学，济济盈朝，缝掖巨儒，往往杰出，其雅诰奥义，宋及齐、梁不能尚也。南北所治，章句好尚，互有不同。江左《周易》则王辅嗣，《尚书》则孔安国，《左传》则杜元凯。河、洛《左传》则服子慎，《尚书》、《周易》则郑康成。《诗》则并主于毛公，《礼》则同遵于郑氏。大抵南人约简，得其英华，北学深芜，穷其枝叶。考其终始，要其会归，其立身成名，殊方同致矣。

爰自汉、魏，硕学多清通，逮乎近古，巨儒必鄙俗。文、武不坠，弘之在人，岂独愚蔽于当今，而皆明哲于往昔？在乎用与不用，知与不知耳。然曩之弼谐庶绩，必举德于鸿儒，近代左右邦家，咸取士于刀笔。纵有学优入室，勤逾刺股，名高海内，擢第甲科，若命偶时来，未有望于青紫，或数将运舛，必委弃于草泽。然则古之学者，禄在其中，今之学者，困于贫贱，明达之人，志识之士，安肯滞于所习，以求贫贱者哉？此所以儒罕通人，学多鄙俗者也。昔齐列康庄之第，多士如林，燕起碣石之宫，群英自远。是知俗易风移，必由上之所好，非夫圣明御世，亦无以振斯颓俗矣。

自正朔不一，将三百年，师说纷纶，无所取正。高祖膺期纂历，平一寰宇，顿天网以掩之，贲旌帛以礼之，设好爵以縻之，于是四海九州强学待问之士，靡不毕集焉。天子乃整万乘，率百僚，遵问道之仪，观释奠之礼。博士罄悬河之辩，侍中竭重席之奥，考正亡逸，研核异同，积滞群疑，涣然冰释。于是超擢奇俊，厚赏诸儒，京邑达乎四方，皆启黉校。齐、鲁、赵、魏，学者尤多，负笈追师，不远千里，讲诵之声，道路不绝。中州儒雅之盛，自汉、魏以来，一时而已。及高祖暮年，精华稍竭，不悦儒术，专尚刑名，执政之徒，咸非笃好。暨仁寿间，遂废天下之学，唯存国子一所，弟子七十二人。炀帝即位，复开庠序，国子郡县之学，盛于开皇之初。征辟儒生，远近毕至，使相与讲论得失于东都之下，纳言定其差次，一以闻奏焉。于时旧儒多已凋亡，二刘拔萃出类，学通南北，博极今古，后生钻仰，莫之能测。所制诸经义疏，搢绅咸师宗之。既而外事四夷，戎马不息，师徒怠散，盗贼群起，礼义不足以防君子，刑罚不足以威小人，空有建学之名，而无弘道之实。其风渐坠，以至灭亡，方领矩步之徒，亦多转死沟壑。凡有经籍，自此皆湮没于煨尘矣。遂使后进之士不复闻《诗》、《书》之言，皆怀攘窃之心，相与陷于不义。《传》曰："学者将植，不学者将落。"然则盛衰是系，兴亡攸在，有国有家者可不慎欤！诸儒有身没道存，遗风可想，皆采其余论，缀之于此篇云。

　　元善，河南洛阳人也。祖叉，魏侍中。父罗，初为梁州刺史，及叉被诛，奔于梁，官至征北大将军、青冀二州刺史。善少随父至江南，性好学，遂通涉五经，尤明《左氏传》。及侯景之乱，善归于周。武帝甚礼之，以为太子宫尹，赐爵江阳县公。每执经以授太子。开皇初，拜内史侍郎，上每望之曰："人伦仪表也。"凡有敷奏，词气抑扬，观者属目。陈使袁雅来聘，上令善就馆授书，雅出门不拜。善论旧事有拜之仪，雅不能对，遂拜，成礼而去。后迁国子祭酒。上尝亲临释奠，命善讲《孝经》。于是敷陈义理，兼之以讽谏。上大悦曰："闻江阳之说，更起朕心。"赉绢百匹，衣一袭。

　　善之通博，在何妥之下，然以风流酝藉，俯仰可观，音韵清朗，听者忘倦，由是为后进所归。妥每怀不平，心欲屈善。因善讲《春秋》，初发题，诸儒毕集。善私谓妥曰："名望已定，幸无相苦。"妥然之。及就讲肆，妥遂引古今滞义以难，善多不能对。善深衔之，二人由是有隙。

　　善以高颎有宰相之具，尝言于上曰："杨素粗疏，苏威怯懦，元胄、元旻，正似鸭耳。可以付社稷者，唯独高颎。"上初然之，及颎得罪，上以善之言为颎游说，深责望之。善忧惧，先患消渴，于是疾动而卒，时年六十。

　　辛彦之，陇西狄道人也。祖世叙，魏凉州刺史。父灵辅，周渭州刺史。彦之九岁而孤，不交非类，博涉经史，与天水牛弘同志好学。后入关，遂家京兆。周太祖见而器之，引为中外府礼曹，赐以衣马珠玉。时国家草创，百度伊始，进贵多出武人，修定仪注，唯彦之而已。寻拜中书侍郎。及周闵帝受禅，彦之与少宗伯卢辩专掌仪制。明、武时，历职典祀、太祝、乐部、御正四曹大夫，开府仪同三司。奉使迎突厥皇后还，赉马二百匹，赐爵龙门县公，邑千户。寻进爵五原郡公，加邑千户。宣帝即位，拜少宗伯。

　　高祖受禅，除太常少卿，改封任城郡公，进位上开府。寻转国子祭酒。岁余，拜礼部尚书，与秘书监牛弘撰《新礼》。吴兴沈重名为硕学，高祖尝令彦之与重论议。重不能抗，于是避席而谢曰："辛君所谓金城汤池，无可攻之势。"高祖大悦。后拜随州刺史。于时州牧多贡珍玩，唯彦之所贡，并供祭之物。高祖善之，顾谓朝臣曰："人安得无学！彦之所贡，稽古之力也。"迁洛州刺史，前后俱有惠政。彦之又崇信佛道，于城内立浮图二所，并十五层。开皇十一年，州人张元暴死，数日乃苏，云游天上，见新构一堂，制极崇丽。元问其故，人云潞州刺史辛彦之有功德，造此堂以待之。彦之闻而不悦。其年卒官。谥曰宣。彦之撰《坟典》一部，《六官》一部，《祝文》一部，《礼要》一部，《新礼》一部，《五经异义》一部，并行于世。有子仲龛，官至猗氏令。

　　何妥字栖凤，西城人也。父细胡，通商入蜀，遂家郫县，事梁武陵王纪，主知金帛，因致巨富，号为西州大贾。妥少机警，八岁游国子学，助教顾良戏之曰："汝既姓何，是荷叶之荷，为是河水之河？"应声答曰："先生姓顾，是眷顾之顾，是新故之故？"人咸异之。十七，以技巧事湘东王，后知其聪明，召为诵书左右。时兰陵萧詧亦有俊才，住青杨巷，妥住白杨头，时人为之语曰："世有两俊，白杨何妥，青杨萧詧。"其见美如此。江陵陷，周武帝尤重之，授太学博士。宣帝初欲立五后，以问儒者辛彦之，对曰："后与天子匹体齐尊，不宜有五。"妥驳曰："帝喾四妃，舜又二妃，亦何常数？"由是封襄城县伯。

　　高祖受禅，除国子博士，加通直散骑常侍，进爵为公。妥性劲急，有口才，好是非人物。时纳言苏威尝言于上曰："臣先人每诫臣云，唯读《孝经》一卷，足可立身治国，何用多为！"上亦然之。妥进曰："苏威所学，非止《孝经》。厥父若信有此言，威不从训，是其不孝。若无此言，面欺陛下是，其不诚。不诚不孝，何以事君？且夫子有云：'不读《诗》无以言，不读《礼》无以立。'岂容苏绰教子独反圣人之训乎？"威时兼领五职，上甚亲重之，妥因奏威不可信任。又以掌天文律度，皆不称职，妥又上八事以谏：

其一事曰：臣闻知人则哲，惟帝难之。孔子曰："举直错诸枉则民服，举枉错诸直则民不服。"由此言之，政之治乱，必慎所举，故进贤受上赏，蔽贤蒙显戮。察今之举人，良异于此，无论谄直，莫择贤愚。心欲崇高，则起家喉舌之任，意须抑屈，必白首郎署之官。人之不服，实由于此。臣闻爵人于朝，与士共之，刑人于市，与众弃之。伏见留心狱讼，爱人如子，每应决狱，无不询访群公，刑之不滥，君之明也。刑既如此，爵亦宜然。若有懋功简在帝心者，便可擢用。自斯以降，若选重官，必须参以众议，勿信一人之举。则上不偏私，下无怨望。

其二事曰：孔子云："是察阿党，则罪无掩蔽。"又曰："君子周而不比，小人比而不周。"所谓比者，即阿党也。谓心之所爱，既已光华荣显，犹加提挈。心之所恶，既已沈滞屈辱，薄言必怒。提挈既成，必相掩蔽，则欺上之心生矣。屈辱既加，则有怨恨，谤讟之言出矣。伏愿广加逊访，勿使朋党路开，威恩自任。有国之患，莫大于此。

其三事曰：臣闻舜举十六族，所谓八元、八恺也。计其贤明，理优今日，犹复择才授任，不相侵滥，故得四门雍穆，庶绩咸熙。今官员极多，用人甚少，有一人身上乃兼数职，为是国无人也？为是人不善也？今万乘大国，髦彦不少，纵有明哲，无由自达。东方朔言曰："尊之则为将，卑之则为虏。"斯言信矣。今当官之人，不度德量力，既无吕望、傅说之能，自负傅岩、滋水之气，不虑忧深责重，唯畏总领不多，安斯宠任，轻彼权轴，好致颠蹶，实此之由。《易》曰："鼎折足，覆公餗，其形渥凶。"言不胜其任也。臣闻穷力举重，不能为用。伏愿更任贤良，分才参掌，使各行有余力，则庶事康哉。

其四事曰：臣闻《礼》云："析言破律，乱名改作，执左道以乱政者杀。"孔子曰："仍旧贯，何必改作！"伏见比年以来，改作者多矣。至如范威漏刻，十载不成，赵翊尺称，七年方决。公孙济迂诞医方，费逾巨万，徐道庆回互子午，糜耗饮食。常明破

律,多历岁时,王渥乱名,曾无纪极。张山居未知星位,前已蹂
藉太常,曹魏祖不识北辰,今复轥轹太史。莫不用其短见,便自
夸毗,邀射名誉,厚相诬罔。请今日已后,有如此者,若其言不
验,必加重罚,庶令有所畏忌,不敢轻奏狂简。

其余文多不载。时苏威权兼数司,先尝隐武功,故妥言自负傅岩、滋
水之气,以此激上。书奏,威大衔之。十二年,威定考文学,又与妥
更相诃诋。威勃然曰:"无何妥,不虑无博士!"妥应声曰:"无苏威,
亦何忧无执事!"由是威有隙。

其后上令妥考定钟律,妥又上表曰:

臣闻明则有礼乐,幽则有鬼神,然则动天地,感鬼神,莫近
于礼乐。又云乐至则无怨,礼至则不争,揖让而治天下者,礼乐
之谓也。臣闻乐有二,一曰奸声,二曰正声。夫奸声感人而逆
气应之;顺气成象,故乐行而伦清,耳目聪明,血气和平,移风
易俗,天下皆宁。孔子曰:"放郑声,远佞人。"故郑、卫、宋、赵之
声出,内则发疾,外则伤人。是以宫乱则荒,其君骄;商乱则陂,
其官坏;角乱则忧,其人怨;征乱则哀,其事勤;羽乱则危,其财
匮。五者皆乱,则国亡无日矣。魏文侯问子夏曰:"吾端冕而听
古乐则欲寐,听郑、卫之音而不知倦,何也?"子夏对曰:"夫古
乐者,始奏以文,复乱以武,修身及家,平均天下。郑、卫之音
者,奸声以乱,溺而不止,优杂子女,不知父子。今君所问者乐
也,所爱者音也。夫乐之与音,相近而不同,为人君者,谨审其
好恶。"案圣人之作乐也,非止苟悦耳目而已矣。欲使在宗庙之
内,君臣同听之,则莫不和敬;在乡里之内,长幼同德之,则莫
不和顺;在闺门之内,父子同听之,则莫不和亲。此先王立乐之
方也。故知声而不知音者,禽兽是也,知音而不知乐者,众庶是
也。故黄钟大吕,弦歌干戚,僮子皆能舞之。能知乐者,其唯君
子! 不知声者,不可与言音,不知音者,不可与言乐,知乐则几
于道矣。纣为无道,太师抱乐器以奔周。晋君德薄,师旷固惜
清征。

上古之时，未有音乐，鼓腹击壤，乐在其间。《易》曰："先王作乐崇德，殷荐之上帝，以配祖考。"至于黄帝作《咸池》，颛顼作《六茎》，帝喾作《五英》，尧作《大章》，舜作《大韶》，禹作《大夏》，汤作《大濩》，武王作《大武》，从夏以来，年代久远，唯有名字，其声不可得闻。自殷至周，备于《诗颂》。故自圣贤已下，多习乐者，至如伏羲减瑟，文王足琴，仲尼击磬，子路鼓瑟，汉高击筑，元帝吹箫。汉高祖之初，叔孙通因秦乐人制宗庙之乐。迎神于道门，奏《嘉至》之乐，迎神于庙门，奏《嘉至》之乐犹古降神之乐也。皇帝入庙门，奏《永至》之乐，以为行步之节，犹古《采荠》、《肆夏》也。乾豆上荐，奏登歌之乐，犹古清庙之歌也。登歌再终，奏《休成》之乐，美神飨也。皇帝就东厢坐定，奏《永安》之乐，美礼成也。其《休成》、《永至》二曲，叔孙通所制也。汉高祖庙奏《武德》、《文始》、《五行》之舞。当春秋时，陈公子完奔齐，陈是舜后，故齐有《韶》乐。孔子在齐闻《韶》，三月不知肉味是也。秦始皇灭齐，得齐《韶》乐。汉高祖灭秦，《韶》传于汉，高祖改名《文始》，以示不相袭也。《五行舞》者，本周《大武》乐也，始皇改曰《五行》。及于孝文，复作四时之舞，以示天下安和，四时顺也。孝景采《武德舞》以为《昭德》，孝宣又采《昭德》以为《盛德》，虽变其名，大抵皆因秦旧事。至于魏、晋皆用古乐。魏之三祖，并制乐辞。自永嘉播越，五都倾荡，乐声南度，是以大备江东。宋、齐已来，至于梁代，所行乐事，皆犹传古，三雍四始，实称大盛。及侯景篡逆，乐师分散，其四舞、三调悉度伪齐。齐氏虽知传受，得曲而不用之于宗庙朝廷也。

臣少好音律，留意管弦，年虽耆老，颇皆记忆。及东土克定，乐人悉返，访其逗遛，果云是梁人所教。今三调、四舞并皆有手，虽不能精熟，亦颇具雅声。若令教习传授，庶得流传古乐。然后取其会归，撮其指要，因循损益，更制嘉名。歌盛德于当今，传雅正于来叶，岂不美欤！谨具录三调、四舞曲名，又制歌辞如别。其有声曲流宕，不可以陈于殿庭者，亦悉附之于后。

书奏，别敕太常取妥节度。于是作清、平、瑟三调声，又作八佾、《鞞铎傅巾拂》四舞。先是，太常所传宗庙雅乐，数十年唯作大吕，废黄钟。妥又以深乖古意，乃奏请用黄钟。诏下公卿议，从之。

俄而妥子蔚为秘书郎，有罪当刑，上哀之，减死论。是后恩礼渐薄。六年，出为龙州刺史。时有负笈游学者，妥皆为讲说教授之。为《刺史箴》，勒于州门外。在职三年，以疾请还，诏许之。复知学事。时上方使苏夔在太常，参议钟律。夔有所建议，朝士多从之，妥独不同，每言夔之短。高祖下其议，朝臣多排妥。妥复上封事，指陈得失，大抵论时政损益，并指斥当世朋党。于是苏威及吏部尚书卢恺、侍郎薛道衡等皆坐得罪。除伊州刺史，不行，寻为国子祭酒。卒官。谥曰肃。撰《周易讲疏》十三卷，《孝经义疏》三卷，《庄子义疏》四卷，及与沈重等撰《三十六科鬼神感应等大义》九卷，《封禅书》一卷，《乐要》一卷，文集十卷，并行于世。

兰陵萧该者，梁鄱阳王恢之孙也。少封攸侯。梁荆州陷，与何妥同至长安。性笃学，《诗》、《书》、《春秋》、《礼记》并通大义，尤精《汉书》，甚为贵游所礼。开皇初，赐爵山阴县公，拜国子博士。奉诏书与妥正定经史，然各执所见，递相是非，久而不能就，上遣而罢之。该后撰《汉书》及《文选音义》，咸为当时所贵。

东海包恺，字和乐。其兄愉，明《五经》，恺悉传其业。又从王仲通受《史记》、《汉书》，尤称精究。大业中，为国子助教。于时《汉书》学者，以萧、包二人为宗匠。聚徒教授，著录者数千人。卒，门人为起坟立碣焉。

房晖远字崇儒，恒山真定人也。世传儒学。晖远幼有志行，治《三礼》、《春秋三传》、《诗》、《书》、《周易》，兼善图纬，恒以教授为务。远方负笈而从者，动以千计。齐南阳王绰为定州刺史，闻其名，召为博士。周武帝平齐，搜访儒俊，晖远首应辟命，授小学下士。

及高祖受禅,迁太常博士。太常卿牛弘每称为五经库。吏部尚书韦世康荐之,为太学博士。寻与沛公郑译修正乐章。丁母忧解任。后数岁,授珍寇将军,复为太常博士。未几,擢为国子博士。会上令国子生通一经者,并悉荐举,将擢用之。既策问讫,博士不能时定臧否。祭酒元善怪问之,晖远曰:"江南、河北,义例不同,博士不能遍涉。学生皆恃其所短,称己所长,博士各各自疑,所以久而不决也。"祭酒因令晖远考定之,晖远览笔便下,初无疑滞。或有不服者,晖远问其所传义疏,辄为始末诵之,然后出其所短,自是无敢饰非者。所试四五百人,数日便决,诸儒莫不推其通博,皆自以为不能测也。寻奉诏预修令式。高祖尝谓群臣曰:"自古天子有女乐乎?"杨素以下莫知所出,遂言无女乐。晖远进曰:"臣闻'窈窕淑女,钟鼓乐之',此即王者房中之乐,著于《雅颂》,不得言无。"高祖大悦。仁寿中,卒官,时年七十二。朝廷嗟惜焉,赙赗甚厚,赠员外散骑常侍。

马光字荣伯,武安人也。少好学,从师数十年,昼夜不息,图书谶纬,莫不毕览,尤明《三礼》,为儒者所宗。开皇初,高祖征山东义学之士,光与张仲让、孔笼、窦士荣、张黑奴、刘祖仁等俱至,并授太学博士,时人号为六儒。然皆鄙野,无仪范,朝廷不之贵也。士荣寻病死。仲让未几告归乡里,著书十卷,自云此书若奏,我必为宰相。又数言玄象事。州县列上其状,竟坐诛。孔笼、张黑奴、刘祖仁未几亦被谴去。唯光独存。尝因释奠,高祖亲幸国子学,王公以下毕集,光升座讲礼,启发章门。已而,诸儒生以次论难者十余人,皆当时硕学,光剖析疑滞,虽辞非俊辨,而理义弘赡,论者莫测其浅深,咸共推服,上嘉而劳焉。山东《三礼》学者,自熊安生后,唯宗光一人。初,教授瀛、博间,门徒千数,至是多负笈从入长安。后数年,丁母忧归乡里,遂有终焉之志。以疾卒于家,时年七十三。

刘焯字士元,信都昌亭人也。父洽,郡功曹。焯犀额龟背,望高视远,聪敏沉深,弱不好弄。少与河间刘炫结盟为友,同授《诗》于同郡刘轨思，受《左传》于广平郭懋当，问《礼》于阜城熊安生，皆不卒业而去。武强交津桥刘智海家素多坟籍，焯与炫就之读书，向经十载，虽衣食不继，晏如也。遂以儒学知名，为州博士。刺史赵煚引为从事，举秀才，射策甲科。与著作郎王劭同应国史，兼参议律历，仍直门下省，以待顾问。俄除员外将军。后与诸儒于秘书省考定群言，因假还乡里，县令韦之业引为功曹。寻复入京，与左仆射杨素、吏部尚书牛弘、国子祭酒苏威、国子祭酒元善、博士萧该、何妥、太学博士房晖远、崔崇德、晋王文学崔赜等，于国子共论古今滞义，前贤所不通者。每升座，论难锋起，皆不能屈，杨素等莫不服其精博。六年，运洛阳《石经》至京师，文字磨灭，莫能知者，奉敕与刘炫等考定。

后因国子释奠，与炫二人论义，深挫诸儒，咸怀妒恨，遂为飞章所谤，除名为民。于是优游乡里，专以教授著述为务，孜孜不倦。贾、马、王、郑所传章句，多所是非。《九章算术》、《周髀》、《七曜历书》十余部，推步日月之经，量度山海之术，莫不核其根本，穷其秘奥。著《稽极》十卷，《历书》十卷，《五经述议》，并行于世。刘炫聪明博学，名亚于焯，故时人称二刘焉。天下名儒后进，质疑受业，不远千里而至者，不可胜数。论者以为数百年已来，博学通儒，无能出其右者，然怀抱不旷，又啬于财，不行束修者，未尝有所教诲，时人此少之。废太子勇闻而召之，未及进谒，诏令事蜀王，非其所好也，久之不至。王闻而大怒，遣人枷送于蜀，配之军防。其后典校书籍。王以罪废，焯又与诸儒修定礼律，除云骑尉。

炀帝即位，迁太学博士，俄以疾去职。数年，复被征以待顾问，因上所著《历书》，与太史令张胄玄多不同，被驳不用。大业六年，卒，时年六十七。刘炫为之请谥，朝廷不许。

刘炫字光伯，河间景城人也。少以聪敏见称，与信都刘焯闭户读书，十年不出。炫眸子精明，视日不眩，强记默识，莫与为俦。左画方，右画圆，口诵，目数，耳听，五事同举。无有遗失。周武帝平齐，瀛州刺史宇文亢引为户曹从事。后刺史李绘署礼曹从事，以吏干知名。岁余，奉敕与著作郎王劭同修国史。俄直门下省，以待顾问。又与诸术者修天文律历，兼于内史省考定群言，内史令博陵李德林甚礼之。炫虽遍直三省，竟不得官，为县司责其赋役。兹自陈于内史，内史送诣吏部，吏部尚书韦世惠问其所能。炫自为状曰："《周礼》、《礼记》、《毛诗》、《尚书》、《公羊》、《左传》、《孝经》、《论语》孔、郑、王、何、服、杜等注，凡十三家，虽义有精粗，并堪讲授。《周易》、《仪礼》、《谷梁》，用功差少。史子文集，嘉言美事，咸诵于心。天文律历，穷核微妙。至于公私文翰，未尝假手。"吏部竟不详试，然在朝知名之士十余人，保明炫所陈不谬，于是除殿内将军。

时牛弘奏请购求天下遗逸之书，炫遂伪造书百余卷，题为《连山易》、《鲁史记》等，录上送官，取禀而去。后有人讼之，经赦免死，坐除名，归于家，以教授为务。太子勇闻而召之，既至京师，敕令事蜀王秀，迁延不往。蜀王大怒，枷送益州。既而配为帐内，每使执杖为门卫。俄而释之，典校书史。炫因拟屈原《卜居》，为《筮涂》以自寄。

及蜀王废，与诸儒修定《五礼》，授旅骑尉。吏部尚书牛弘建议，以为礼诸侯绝傍期，大夫降一等。今之上柱国，虽不同古诸侯，比大夫可也。官在第二品，宜降傍亲一等。议者多以为然。炫驳之曰："古之仕者，宗一人而已，庶子不得进。由是先王重适，其宗子有分禄之义。族人与宗子虽疏远，犹服缌三月，良由受其恩也。今之仕者，位以才升，不限适庶，与古既异，何降之有。今之贵者，多忽近亲，若或降之，民德之疏，自此始矣。"遂寝其事。

开皇二十年，废国子四门及州县学，唯置太学博士二人，学生七十二人。炫上表言学校不宜废，情理甚切，高祖不纳。开皇之末，国家殷盛，朝野皆以辽东为意。炫以为辽东不可伐，作《抚夷论》以讽焉，当时莫有悟者。及大业之季，三征不克，炫言方验。

炀帝即位，牛弘引炫修律令。高祖之世，以刀笔吏类多小人，年久长奸，势使然也。又以风俗陵迟，妇人无节。于是立格，州县佐史，三年而代之，九品妻无得再醮。炫著论以为不可，弘竟从之。诸郡置学官,及流外给廪,皆发自于炫。弘尝从容问炫曰:"案《周礼》士多而府史少,今令史百倍于前,判官减则不济,其故何也?"炫对曰:"古人委任责成,岁终考其殿最,案不重校,文不繁悉,府史之任,掌要目而已。今之文簿,恒虑覆治,锻炼若其不密,万里追证百年旧案,故谚云'老吏抱案死'。古今不同,若此之相悬也,事繁政弊,职此之由。"弘又问:"魏、齐之时,令史从容而已,今则不遑宁舍,其事何由?"炫对曰:"齐氏立州不过数十,三府行台,递相统领,文书行下,不过十条。今州三百,其繁一也。往者州唯置纲纪,郡置守丞,县唯令而已。其所具僚,则长官自辟,受诏赴任,每州不过数十。今则不然,大小之官,悉由吏部,纤介之迹,皆属考功,其繁二也。省官不如省事,省事不如清心。官事不省而望从容,其可得乎?"弘甚善其言而不能用。纳言杨达举炫博学有文章,射策高第,除太学博士。岁余,以品卑去任,还至长平,奉敕追诣行在所。或言其无行,帝遂罢之,归于河间。

于时群盗蜂起,谷食踊贵,经籍道息,教授不行。炫与妻子相去百里,声问断绝,郁郁不得志,乃自为赞曰:

通人司马相如、扬子云、马季长、郑康成等,皆自叙风徽,传芳来叶。余岂敢仰均先达,贻笑从昆。徒以日迫桑榆,大命将近,故友飘零,门徒雨散,溘死朝露,埋魂朔野,亲故莫照其心,后人不见其迹,殆及余喘,蒲言胸臆,贻及行迈,传示州里,使夫将来俊哲,知余鄙志耳。

余从绾发以来,迄于白首,婴孩为慈亲所恕,棰楚未尝加,从学为明师所矜,榎楚弗之及。暨乎敦叙邦族,交结等夷,重物轻身,先人后己。昔在幼弱,乐参长者,爰及耆艾,数接后生。学则服而不厌,诲则劳而不倦,幽情寡适,心事方违。内省生平,顾循终始,其大幸有四,其深恨有一。性本愚蔽,家业贫窭,为父兄所饶,厕缙绅之末,遂得博览典诰,窥涉今古,小善著于丘园,虚名闻于邦国,其幸一也。隐显人间,沉浮世俗,数忝徒劳之职,久执城旦之书,名不挂于白简,事不染于丹笔,立身立行,惭恧实多,启手启足,庶几可免,其幸二也。以此庸虚,屡动神眷,以此卑贱,每升天府,齐镖骧骆,比翼鹓鸿,整缃素于凤池,记言动于麟阁,参谒宰辅,造请群公,厚礼殊恩,增荣改价,其幸三也。昼漏方尽,大耋已嗟,退反初服,归骸故里,玩文史以怡神,阅鱼鸟以散虑,观省野物,登临园沼,缓步代车,无罪为贵,其幸四也。仰休明之盛世,慨道教之陵迟,蹈先儒之逸轨,伤群言之芜秽,驰骛坟典,厘改僻谬,修撰始毕,图事适成,天违人愿,途不我与。世路未夷,学校尽废,道不备于当时,业不传于身后。衔恨泉壤,实在兹乎? 其深恨一也。

时在郡城,粮饷断绝,其门人多随盗贼,哀炫穷乏,诣郡城下索炫,郡官乃出炫与之。炫为贼所将,过城下堡。未几,贼为官军所破,炫饥饿无所依,复投县城。长吏意炫与贼相知,恐为后变,遂闭门不纳。是时夜冰寒,因此冻馁而死,时年六十八。其后门人谥曰宣德先生。

炫性躁竞,颇俳谐,多自矜伐,好轻侮当世,为执政所丑,由是官涂不遂。著《论语述议》十卷,《春秋攻昧》十卷,《五经正名》十二卷,《孝经述议》五卷,《春秋述议》四十卷,《尚书述议》二十卷,《毛诗述议》四十卷,《注诗序》一卷,《算术》一卷,并行于世。

吴郡褚辉字高明,以《三礼》学称于江南。炀帝时,征天下儒术之士,悉集内史省,相次讲论。辉博辩,无能屈者,由是擢为太学博士。撰《礼疏》一百卷。

余杭顾彪,字仲文,明《尚书》、《春秋》。炀帝时,为秘书学士,撰《古文尚书疏》二十卷。

余杭鲁世达,炀帝时,为国子助教,撰《毛诗章句义疏》四十一卷,行于世。

吴郡张仲，字叔玄。仕陈为左中郎将，非其好也，乃覃思经典，撰《春秋义略》，异于杜氏七十余事，《丧服义》三卷，《孝经义》三卷，《论语义》十卷，《前汉音义》十二卷。官至汉王侍读。

平原王孝籍，少好学，博览群言，遍治五经，颇有文翰。与河间刘炫同志友善。开皇中，召入秘书，助王劭修国史。劭不之礼，在省多年，而不免输税。孝籍郁郁不得志，奏记于吏部尚书牛弘曰：

窃以毒螫惨肤，则申旦不寐，饥寒切体，亦卒岁无聊。何则？痛苦难以安，贫穷易为蹙。况怀抱之内，冰火铄脂膏，腠理之间，风霜侵骨髓，安可齰舌缄唇，吞声饮气，恶呻吟之响，忍酸辛之酷哉！

伏惟明尚书公动哀矜之色，开宽裕之怀，咳唾足以活枯鳞，吹嘘可用飞穷羽。芬椒兰之气，暖布帛之词，许小人之请，闻大君之听。虽复山川不远，鬼神在兹，信而有征，言无不履，犹恐拯溺迟于援手，救经缓于扶足，待越人之舟楫，求鲁匠之云梯，则必悬于槁树之枝，没于深渊之底矣。夫以一介贫人，七年直省，课役不免，庆赏不沾。卖贡禹之田，供释之之费，有弱子之累，乏强兄之产。叨以老母在堂，光阴迟暮，寒署违阙，关山超远，啮臂为期，前涂逾邈，倚闾之望，朝夕已勤。谢相如之病，无官可以免，发梅福之狂，非仙所能避。愁疾甚乎厉鬼，人生异夫金石，营魂且散，恐箓予无征，赍恨入冥，则虚缘恩顾，此乃王稽所以致言，应侯为之不乐也。潜鬓发之内，居眉睫之间，子野未曾闻，离朱所不见，沉沦东观，留滞南史，终无荐引，永同埋殡。三世不移，虽由寂寞，十年不调，实乏知己。

夫不世出者，圣明之君也，不万一者，诚贤之臣也。以夫不世出而逢不万一，此小人所以为明尚书幸也。坐人物之源，运铨衡之柄，反披狐白，不好缊衣，此小人为明尚书不取也。昔荆玉未剖，刖卞和之足，百里未用，碎禽息之首。居得言之地，有能用之资，增耳目之明，无手足之蹙，惮而弗为，孰知其解！夫官或不称其能，士或未申其屈，一夫窃议，语流天下。劳不见图，安能无望！傥病未及死，狂还克念，汗穷愁之简，属离忧之词，记志于前修，通心于来哲，使千载之下哀其不遇，追咎执事，有点清尘，则不肖之躯，死生为累，小人之罪，方且未刊。愿少加怜愍，留心无忽！

弘亦知其有学业，而竟不得调。

后归乡里，以教授为业，终于家。注《尚书》及《诗》，遭乱零落。

史臣曰：古语云："容体不足观，勇力不足恃，族姓不足道，先祖不足称。然而显闻四方，流声后胤者，其唯学乎？"信哉斯言也。晖远、荣伯之徒，笃志不倦，自求诸己，遂能闻道下风，称珍席上。或聚徒千百，或服冕乘轩，见重明时，实惟稽古之力也。江阳从容雅望，风韵闲远，清谈高论，籍甚当年。彦之敦经悦史，砥身砺行，志存典制，动蹈规矩。何妥通涉俊爽，神情警悟，雅有口才，兼擅词笔，然讦以为直，失儒者之风焉。刘焯道冠缙绅，数穷天象，既精且博，洞幽究微，钩深致远，源流不测，数百年来，斯人而已。刘炫学实通儒，才堪成务，九流、七略，无不该览。虽探赜索隐，不逮于焯，裁成义说，文雅过之。并道亚生知，时不我与，或才登于下士，或馁弃于沟壑，惜矣。子夏有言："死生有命，富贵在天。"天之所与者聪明，所不与者贵仕，上圣且犹不免，焯、炫其如命何！

隋书卷七六
列传第四一

文　学

刘臻　王颁　崔㑭　诸葛颍

孙万寿　王贞　虞绰　辛大德　王胄

庾自直　潘徽　杜正玄　弟正藏

常得志　尹式　刘善经　祖君彦

孔德绍　刘斌

《易》曰："观乎天文，以察时变，观乎人文，以化成天下。"《传》曰："言，身之文也，言而不文，行之不远。"故尧曰则天，表文明之称，周云盛德，著焕乎之美。然则文之为用，其大矣哉！上所以敷德教于下，下所以达情志于上，大则经纬天地，作训垂范，次则风谣歌颂，匡主和民。或离谗放逐之臣，涂穷后门之士，道坎坷而未遇，志郁抑而不申，愤激委约之中，飞文魏阙之下，奋迅泥滓，自致青云，振沉溺于一朝，流风声于千载，往往而有。是以凡百君子，莫不用心焉。

自汉、魏以来，迄乎晋、宋，其体屡变，前哲论之详矣。暨永明、天监之际，太和、天保之间，洛阳、江左，文雅尤盛。于时作者，济阳江淹、吴郡沈约、乐安任昉、济阴温子昇、河间邢子才、钜鹿魏伯起等，并学穷书圃，思极人文，缛彩郁于云霞，逸响振于金石。英华秀发,波澜浩荡,笔有余力,词无竭源。方诸张、蔡、曹、王,亦各一时之选也。闻其风者,声驰景慕,然彼此好尚,互有异同。江左宫商发越,贵于清绮,河朔词义贞刚,重乎气质。气质则理胜其词,清绮则文过其意,理深者便于时用,文华者宜于咏歌,此其南北词人得失之大较也。若能掇彼清音,简兹累句,各去所短,合其两长,则文质斌斌,尽善尽美矣。梁自大同之后,雅道沦缺,渐乖典则,争驰新巧。简文、湘东,启其淫放,徐陵、庾信,分路扬镳。其意浅而繁,其文匿而彩,词尚轻险,情多哀思。格以延陵之听,盖亦亡国之音乎!周氏吞并梁、荆,此风扇于关右,狂简斐然成俗,流宕忘反,无所取裁。

高祖初统万机,每念研雕为朴,发号施令,咸去浮华。然时俗词藻,犹多淫丽,故宪台执法,屡飞霜简。炀帝初习艺文,有非轻侧之论,暨乎即位,一变其风。其《与越公书》、《建东都诏》、《冬至受朝诗》及《拟饮马长城窟》,并存雅体,归于典制。虽意在骄淫,而词无浮荡,故当时缀文之士,遂得依而取正焉。所谓能言者未必能行,盖亦君子不以人废言也。

爰自东帝归秦,逮乎青盖入洛,四隩咸暨,九州攸同,江、汉英灵,燕、赵奇俊,并该天网之中,俱为大国之宝。言刈其楚,片善无遗,润木圆流,不能十数,才之难也,不其然乎!时之文人,见称当世,则范阳卢思道、安平李德林、河东薛道衡、赵郡李元操、钜鹿魏澹、会稽虞世基、河东柳䛒、高阳许善心等,或鹰扬河朔,或独步汉南,俱骋龙光,并驱云路,各有本传,论而叙之。其潘徽、万寿之徒,或学优而不切,或才高而无贵仕,其位可得而卑,其名不可埋没。今总之于此,为《文学传》云。

刘臻字宣挚,沛国相人也。父显,梁寻阳太守。臻年十八,举秀才,为邵陵王东阁祭酒,元帝时,迁中书舍人。江陵陷没,复归萧詧,以为中书侍郎。周冢宰宇文护辟为中外府记室,军书羽檄,多成其手。后为露门学士,授大都督,封饶阳县子,历蓝田令、畿伯下大夫。

高祖受禅,进位仪同三司。左仆射高颎之伐陈也,以臻随军,典文翰，进爵为伯。皇太子勇引为学士，甚亵狎之。臻无吏干，又性恍惚，耽悦经史，终日覃思，至于世事，多所遗忘。有刘讷者，亦任仪同，俱为太子学士，情好甚密。臻住城南，讷住城东，臻尝欲寻讷，谓从者曰："汝知刘仪同家乎？"从者不知寻讷，谓臻还家，答曰："知。"于是引之而去，既扣门，臻尚未悟，谓至讷家。乃据桉大呼曰："刘仪同可出矣。"其子迎门，臻惊曰："此汝亦来耶？"其子答曰："此是大人家。"于是顾盼，久之乃悟，乃叱从者曰："汝大无意，吾欲造刘讷耳。"性好啁蚖，以音同父讳，呼为扁螺。其疏放多此类也。精于《两汉书》，时人称为汉圣。开皇十八年卒，年七十二。有集十卷行于世。

王颋字景文，齐州刺史颁之弟也。年数岁，值江陵陷，随诸兄入关。少好游侠，年二十，尚不知书。为其兄颙所责怒，于是感激，始读《孝经》、《论语》，昼夜不倦。遂读《左传》、《礼》、《易》、《诗》、《书》，乃叹曰："书无不可读者！"勤学累载，遂遍通五经，究其旨趣，大为儒者所称。解缀文，善谈论。年二十二，周武帝引为露门学士。每有疑决，多颋所为。而颋性识甄明，精力不倦，好读诸子，偏记异书，当代称为博物。又晓兵法，益有纵横之志，每叹不逢时，常以将相自许。

开皇五年，授著作佐郎。寻令于国子讲授。会高祖亲临释奠，国子祭酒元善讲《孝经》，颋与相论难，词义锋起，善往往见屈。高祖大奇之，起授国子博士。后坐事解职，配防岭南。数载，授汉王谅府谘议参军，王甚礼之。时谅见房陵及秦、蜀二王相次废黜，潜有异志。颋遂阴劝谅缮治兵甲。及高祖崩，谅遂举兵反，多颋之计也。颋后数进奇策，谅不能用。杨素至蒿泽，将战，颋谓其子曰："气候殊不佳，兵必败。汝可随从我。"既而兵败，颋将归突厥，至山中，径路断绝，知必不免，谓其子曰："吾之计数，不减杨素，但坐言不见从，遂至于此。不能坐受擒执，以成竖子名也。吾死之后，汝慎勿过亲故。"于是自杀，瘗之石窟中。其子数日不得食，遂过其故人，竟为所擒。杨素求颋尸，得之，斩首，枭于太原。时年五十四。撰《五经大义》三十卷，有集十卷，并因兵乱，无复存者。

崔儦字岐叔，清河武城人也。祖休，魏青州刺史。父仲文，齐高阳太守。世为著姓。儦年十六，太守请为功曹，不就。少与范阳卢思道、陇西辛德源同志友善。每以读书为务，负恃才地，忽略世人。大署其户曰："不读五千卷书者，无得入此室。"数年之间，遂博览群言，多所通涉。解属文，在齐举秀才，为员外散骑侍郎，迁殿中侍御史。寻与熊安生、马敬德等议《五礼》，兼修律令。寻兼散骑侍郎，聘于陈。使还，待诏文林馆。历殿中、膳部、员外三曹郎中。儦与顿丘李若俱见称重，时人为之语曰："京师灼灼，崔儦、李若。"齐亡，归乡里，仕郡为功曹，州补主簿。

开皇四年，微授给事郎，寻兼内史舍人。后数年，兼通直散骑侍郎，聘于陈，还授员外散骑侍郎。越国公杨素时方贵幸，重儦门地，为子玄纵娶其女为妻。聘礼甚厚。亲迎之始，公卿满座，素令骑迎儦，儦故敝其衣冠，骑驴而至。素推令上座，儦有轻素之色，礼甚倨，言又不逊。素忿然拂衣而起，竟罢座。后数日，儦方来谢，素待之如初。仁寿中，卒于京师，时年七十二。子世济。

诸葛颖字汉，丹阳建康人也。祖铨，梁零陵太守。父规，义阳太守。颖年八岁，能属文，起家梁邵陵王参军事，转记室。侯景之乱，奔齐，待诏文林馆。历太学博士、太子舍人。周武平齐，不得调，杜门不出者十余年。习《周易》、图纬、《仓》、《雅》、《庄子》、《老子》，颇得其要。

清辩有俊才，晋王广素闻其名，引为参军事，转记室。及王为太子，除药藏监。炀帝即位，迁著作郎，甚见亲幸。出入卧内，帝每赐之曲宴，辄与皇后嫔御连席共榻。颖因间隙，多所谮毁，是以时人谓之"治葛"。后录恩旧，授朝散大夫。帝常赐颖诗，其卒章曰："参翰长洲苑，侍讲肃成门。名理穷研核，英华恣讨论。实录资平允，传芳导后昆。"其见待遇如此。从征吐谷浑，加正议大夫。后从驾北巡，卒于道,年七十七。

颖性褊急,与柳辩每相忿阋,帝屡责怒之,而犹不止。于后帝亦薄之。有集二十卷,撰《銮驾北巡记》三卷,《幸江都道里记》一卷,《洛阳古今记》一卷,《马名录》二卷,并行于世。有子嘉会。

孙万寿字仙期,信都武强人也。祖宝,魏散骑常侍。父灵晖,齐国子博士。万寿年十四,就阜城熊安生受五经,略通大义,兼博涉子史。善属文,美谈笑,博陵李德林见而奇之。在齐,年十七,奉朝请。

高祖受禅,滕穆王引为文学,坐衣冠不整,配防江南。行军总管宇文述召典军书。万寿本自书生,从容文雅,一旦从军,郁郁不得志,为五言诗赠京邑知友曰:

贾谊长沙国,屈平湘水滨,江南瘴疠地,从来三逐臣。奥余非巧宦,少小拙谋身。欲飞无假翼,思鸣不值晨。如何载笔士,翻作负戈人!飘飘如木偶,弃置同刍狗。失路乃西浮,非狂亦东走。晚岁出函关,方春度京口。石城临兽据,天津望牛斗。牛斗盛妖氛,枭獍已成群。郗超初入幕,王粲始从军。裹粮楚山际,被甲吴江濆。吴江一浩荡,楚山何纠纷。惊波上溅日,乔木下临云。系越恒资辩,喻蜀几飞文。鲁连唯救患,吾彦不争勋。羁游岁月久,归思常搔首。非关不树萱,岂为无杯酒!数载辞乡县,三秋别亲友。壮志后风云,衰鬓先蒲柳。

心绪乱如丝,空怀畴昔时。昔时游帝里,弱岁逢知已。旅食南馆中,飞盖西园里。河间本好书,东平唯爱士。英辩接天人,清言洞名理。凤池时寓直,麟阁常游止。胜地盛宾僚,丽景相携招。舟泛昆明水,骑指渭津桥。被除临灞岸,供帐出东郊。宜城酤始熟,阳翟曲新调。绕树乌啼夜,雊麦雉飞朝。细尘梁下落,长袖掌中娇。欢娱三乐至,怀抱百忧销。梦想犹如昨,寻思久寂寥。一朝牵世网,万里逐波潮。回轮常自转,悬旆不堪摇。

登高视衿带,乡关白云外。回首望孤城,愁人益不平。华

亭宵鹤唳，幽谷早莺鸣。断绝心难续，惝恍魂屡惊。群纪通家
好，邹鲁故乡情。若值南飞雁，时能访死生。
此诗至京，盛为当时之所吟诵，天下好事者多书壁而玩之。

后归乡里，十余年不得调。仁寿初，征拜豫章王长史，非其好
也。王转封于齐，即为齐王文学。当时诸王官属多被夷灭，由是弥
不自安，因谢病免。久之，授大理司直，卒于官，时年五十二。有集
十卷行于世。

王贞字孝逸，梁都陈留人也。少聪敏，七岁好学，善《毛诗》、《礼
记》、《左氏传》、《周易》，诸子百家，无不毕览。善属文词，不治产业，
每以讽读为娱。开皇初，汴州刺史樊叔略引为主簿，后举秀才，授县
尉，非其好也，谢病于家。

炀帝即位，齐王暕镇江都，闻其名，以书召之曰：

夫山藏美玉，光照廓庑之间，地蕴神剑，气浮星汉之表。是
知毛遂颖脱，义感平原，孙慧文词，来迁东海。顾循寡薄，有怀
氂彦，籍甚清风，为日久矣，未获披觌，良深伫迟。比高天流火，
早应凉飚，陵云仙掌，方承清露，想摄卫攸宜，与时休适。前园
后圃，从容丘壑之情，左琴右书，萧散烟霞之外。茂陵谢病，非
无《封禅》之文，彭泽遗荣，先有《归来》之作。优游儒雅，何乐如
之！

余属当藩屏，宣条扬、越，坐棠听讼，事绝咏歌，攀桂摛词，
眷言高遁。至于扬旌北渚，飞盖西园，托乘乏应、刘，置醴阙申、
穆，背淮之宾，徒闻其语，趋燕之客，罕值其人。卿道冠鹰扬，声
高凤举，儒、墨泉海，词章苑囿，栖迟衡泌，怀宝迷邦，徇兹独
善，良以于邑。今遣行人，具宣往意，侧望起予，甚于饥渴，想便
轻举，副此虚心。无信投石之谈，空慕凿坏之逸，书不尽言，更
惭词费。

及贞至，王以客礼待之，朝夕遣问安不。又索文集，贞启谢曰：

属贺德仁宣教，须少来所有拙文。昔公旦之才艺，能事鬼

神，夫子之文章，性与天道，雅志传于游、夏，余波鼓于屈、宋，雕龙之迹，具在风骚，而前贤后圣，代相师祖。赏逐时移，出门分路，变清音于正始，体高至于元康，咸言坐握蛇珠，谁许独为麟角。孝逸生于战争之季，长于风尘之世，学无半古，才不逮人。往属休明，寸阴已昃，虽居可封之屋，每怀贫贱之耻。适鄢郢而迷涂，入邯郸而失步，归来反覆，心灰遂寒。岂谓横议过实，虚尘睿览，枉高车以载鶪，费明珠以弹雀，遂得裹粮三月，重高门之余地，背淮千里，望章台之后尘。与悬黎而并肆，将骏骥而同皂，终朝击缶，匪黄钟之所谐，日暮却行，何前人之能及！顾想平生，触涂多感，但以积年沉痼，遗忘日久，拙思所存，才成三十三卷。仰而不至，方见学仙之远，窥而不睹，始知游圣之难。咫尺天人，周章不暇，怖甚真龙之降，惭过白豕之归，伏纸陈情，形神悚越。

齐王览所上集，善之，赐良马四匹。贞复上《江都赋》，王赐钱十万贯，马二匹。未几，以疾甚还乡里，终于家。

虞绰字士裕，会稽余姚人也。父孝曾，陈始兴王谘议。绰身长八尺，姿仪甚伟，博学有俊才，尤工草隶。陈左卫将军傅縡有盛名于世，见绰词赋，叹谓人曰：“虞郎之文，无以尚也！”仕陈，为太学博士，迁永阳王记室。

及陈亡，晋王广引为学士。大业初，转为秘书学士，奉诏与秘书郎虞世南、著作佐郎庾自直等撰《长洲玉镜》等书十余部。绰所笔削，帝未尝不称善，而官竟不迁。初为校书郎，以藩邸左右，加宣惠尉。迁著作佐郎，与虞世南、庾自直、蔡允恭等四人常居禁中，以文翰待诏，恩盼隆洽。

从征辽东，帝舍临海顿，见大鸟，异之，诏绰为铭。其辞曰：

维大业八年，岁在壬申，夏四月景子，皇帝底定辽碣，班师振旅，龙驾南辕，銮旗迁西迈，行宫次于柳城县之临海顿焉。山川明秀，实仙都也。旌门外设，款跨重阜，帐殿周施，降望大壑。

息清跸，下轻舆，警百灵，绥万福，践素砂，步碧沚。同轩皇之襄
野，迈汉宗于河上，想汾射以开襟，望蓬瀛而载伫。窅然齐肃，
藐属殊庭，兼以圣德遐宣，息别风与淮雨，休符潜感，表重润于
夷波。璧日晒光，卿云舒采，六合开朗，十洲澄镜。少选之间，
倏焉灵感，忽有祥禽，皎同鹤鹭，出自霄汉，翻然双下。高逾一
丈，长乃盈寻，靡霜晖于羽翮，激舟华于觜距。鸾翔凤跱，鹊起
鸿骞，或蹶或啄，载飞载止，徘徊驯扰，咫尺乘舆。不藉挥琴，非
因拊石，乐我君德，是用来仪。斯固类仙人之骐骥，冠羽族之宗
长，西王青鸟，东海赤雁，岂可同年而语哉！窃以铭基华岳，事
乖灵异，纪迹邹山，义非尽美，犹方册不泯，遗文可观。况盛德
成功，若斯懿铄，怀真味道，加此感通，不镌名山，安用铭异！臣
拜稽首，敢勒铭云：

　　来苏兴怨，帝自东征，言复禹绩，乃御轩营。六师薄伐，三
韩肃清，龚行天罚，赫赫明明。文德上畅，灵武外薄，车徒不扰，
苛慝靡作。凯歌载路，成功允铄，反斾还轩，遵林并壑。停舆海
澨，驻骅岩址，窅想遐凝，藐属千里。金台银阙，云浮岳峙，有感
斯应，灵禽效祉。飞来清汉，俱集华泉，好音玉响，皓质冰鲜。狎
仁驯德，习习翩翩，绝迹无泯，于万斯年。

帝览而善之，命有司勒于海上。以度辽功，授建节尉。

绰恃才任气，无所降下。著作郎诸葛颍以学业幸于帝，绰每轻
侮之，由是有隙。帝尝问绰于颍，颍曰："虞绰粗人也。"帝颔之。时
礼部尚书杨玄感称为贵倨，虚襟礼之，与结布衣之友。绰数从之游。
其族人虞世南诚之曰："上性猜忌，而君过厚玄感。若与绝交者，帝
知君改悔，可以无咎；不然，终当见祸。"绰不从。寻有告绰以禁内兵
书借玄感，帝甚衔之。及玄感败后，籍没其家，妓妾并入宫。帝因问
之，玄感平常时与何人交往，其妾以虞绰对。帝令大理卿郑善果穷
治其事，绰曰："羁旅薄游，与玄感文酒谈款，实无他谋。"帝怒不解，
徙绰且末。绰至长安而亡，吏逮之急，于是潜渡江，变姓名，自称吴
卓。游东阳，抵信安令天水辛大德，大德舍之。岁余，绰与人争田相

讼，因有识绰者而告，竟为吏所执，坐斩江都，时年五十四。所有词赋，并行于世。

大德为令，诛剪群盗，甚得民和。与绰俱为使者所执，其妻泣曰："每谏君无匿学士，今日之事，岂不哀哉！"大德笑曰："我本图脱长者，反为人告之，吾罪也。当死以谢绰。"会有诏，死罪得以击贼自效。信安吏民诣使者叩头曰："辛君人命所悬，辛君若去，亦无信安矣。"使者留之以讨贼。帝怒，斩使者，大德获全。

王胄字承基，琅邪临沂人也。祖筠，梁太子詹事。父祥，陈黄门侍郎。胄少有逸才，仕陈，起家鄱阳王法曹参军，历太子舍人、东阳王文学。

及陈灭，晋王寿引为学士。仁寿末，从刘方击林邑，以功授帅都督。大业初，为著作佐郎，以文词为炀帝所重。帝常自东都还京师，赐天下大酺，因言诗，诏胄和之。其词曰："河、洛称朝市，崤、函实奥区。周营曲阜作，汉建奉春谟。大君苞二代，皇居盛两都。招摇正东指，天驷乃西驱。展轮齐玉轪，式道耀金吾。千门驻罕毕，四达俨车徒。是节春之暮，神皋华实敷。皇情感时物，睿思属枌榆。诏问百年老，恩隆五日酺。小人荷熔铸，何由答大炉。"帝览而善之，因谓侍臣曰："气高致远，归之于胄；词清体润，其在世基；意密理新，推庾自直。过此者，未可以言诗也。"帝所有篇什，多令继和。与虞绰齐名，同志友善，于时后进之士咸以二人为准的。从征辽东，进授朝散大夫。

胄性疏率不伦，自恃才大，郁郁于薄宦，每负气陵傲，忽略时人。为诸葛颍所嫉，屡潛之于帝，帝爱其才而不罪。礼部尚书杨玄感虚襟与交，数游其第。及玄感败，与虞绰俱徙边。胄遂亡匿潜还江左，为吏所捕，坐诛，时年五十六。所著词赋，多行于世。

胄兄育，字元恭，博学多通。少有盛名于江左。仕陈，历太子洗马、中舍人。陈亡，与胄俱为学士。炀帝即位，授秘书郎，卒官。

　　庾自直，颍川人也。父持，陈羽林监。自直少好学，沉静寡欲。仕陈，历豫章王府外兵参军、宣惠记室。

　　陈亡，入关，不得调。晋王广闻之，引为学士。大业初，授著作佐郎。自直解属文，于五言诗尤善。性恭慎，不妄交游，特为帝所爱。帝有篇章，必先示自直，令其诋诃。自直所难，帝辄改之，或至于再三，俟其称善，然后方出。其见亲礼如此。后以本官知起居舍人事。化及作逆，以之北上，自载露车中，感激发病卒。有文集十卷行于世。

　　潘徽字伯彦，吴郡人也。性聪敏，少受《礼》于郑灼，受《毛诗》于施公，受《书》于张冲，讲《庄》、《老》于张讥，并通大义。尤精三史。善属文，能持论。陈尚书令江总引致文儒之士，徽一诣总，总甚敬之。释褐新蔡王国侍郎，选为客馆令。隋遣魏澹聘于陈，陈人使徽接对之。澹将反命，为启于陈主曰："敬奉弘慈，曲垂饯送。"徽以为"伏奉"为重，"敬奉"为轻，却其启而不奏。澹立议曰："《曲礼》注曰：'礼主于敬。'《诗》曰：'维桑与梓，必恭敬止。'《孝经》曰：'宗庙致敬。'又云：'不敬其亲，谓之悖礼。'孔子敬天之怒，成汤圣敬日跻。宗庙极重，上天极高，父极尊，君极贵，四者咸同一敬，五经未有异文，不知以敬为轻，竟何所据？"徽难之曰："向所论敬字，本不全以为轻，但施用处殊，义成通别。《礼》主于敬，此是通言，犹如男子'冠而字之'，注云'成人敬其名也。《春秋》有冀缺，夫妻亦云'相敬'。既于子则有敬名之义，在夫亦有敬妻之说，此可复并谓极重乎？至若'谢诸公'，固非尊地，'公子敬爱'，止施宾友，'敬问''敬报'，弥见雷同，'敬听''敬酬'，何关贵隔！当知敬之为义，虽是不轻，但敬之于语，则有时混漫。今云'敬奉'，所以成疑。聊举一隅，未为深据。"澹不能对，遂从而改焉。

　　及陈灭，为州博士，秦孝王俊闻其名，召为学士。尝从俊朝京师，在涂，令徽于马上为赋，行一驿而成，名曰《述思赋》。俊览而善之。复令为《万字文》，并遣撰集字书，名为《韵纂》。徽为序曰：

文字之来尚矣。初则羲皇出震,观象纬以法天,次则史颉佐轩,察蹄迹而取地。于是八卦爰始,爻文斯作,绳用既息,坟籍生焉。至如龙笅授河,龟威出洛,绿绨白检,述勋、华之运,金绳玉字,表殷、夏之符,衔甲示于姬坛,吐卷征于孔室,莫不理包远迩,迹会幽明,仰协神功,俯照人事。其制作也如彼,其祥瑞也如此,故能宣流万代,正名百物,为生民之耳目,作后王之模范,颂美形容,垂芬篆素。

暨大隋之受命也,追踪三、五,并曜参辰,外振武功,内修文德。飞英声而勒嵩、岱,彰大定而铭钟鼎,春干秋羽,盛礼乐于胶庠,省俗观风,采歌谣于唐、卫。我秦王殿下,降灵霄极,禀秀天机,质润珪璋,文兼黼黻。楚诗早习,颇属怀于言志,沛《易》先通,每留神于索隐。尊儒好古,三雍之对已道,博物多能,百家之工弥洽。遨游必名教,渔猎唯图史。加以降情引汲,择善刍微,筑馆招贤,攀枝仁异。剖连城于井里,贾束帛于丘园,薄技无遗,片言便赏。所以人加脂粉,物竞琢磨,俱报稻粱,各施鸣吠。

于时岁次鹑火,月躔夷则,骖驾务隙,灵光意静。前临竹沼,却倚桂岩,泉石莹仁智之心,烟霞发文彩之致,宾僚雾集,教义风靡。乃讨论群艺,商略众书,以为小学之家,尤多舛杂,虽复周礼、汉律,务在贯通,而巧说邪辞,递生同异。且文讹篆隶,音谬楚、夏,《三苍》、《急就》之流,微存章句,《说文》、《字林》之属,唯别体形。至于寻声推韵,良为疑混,酌古会今,未臻功要。末有李登《声类》、吕静《韵集》,始判清浊,才分宫羽,而全无引据,过伤浅局,诗赋所须,卒难为用。遂躬纡睿旨,摽摘是非,撮举宏纲,裁断篇部。总会旧辙,创立新意,声别相从,即随注释。详之诂训,证以经史,备包《骚雅》,博牵子集,汗简云毕,题为《韵纂》,凡三十卷,勒成一家。方可藏彼名山,副诸石室,见群玉之为浅,鄙悬金之不定。爰命末学,制其都序。徽业术已寡,思理弥殚,心若死灰,文惭生气。徒以犬马识养,飞走怀仁,敢执颠沛之辞,遂操狂简之笔。而齐、鲁富经学,楚、郑多良士,西河之彦,幸不诮于索居,东里之才,请能加于润色。

未几,俊嶷,晋王讳复引为杨州博士,令与诸儒撰《江都集礼》一部。复令徽作序曰:

礼之为用至矣。大与天地同节,明与日月齐照,源开三本,体合四端。巢居穴处之前,即萌其理,龟文鸟迹以后,稍显其事。虽情存简易,意非玉帛,而夏造殷因,可得知也。至如秩宗三礼之职,司徒五礼之官,邦国以和,人神惟敬,道德仁义,非此莫成,进退俯仰,去兹安适!若玺印涂,犹防止水,岂直譬彼耕耨,均斯粉泽而已哉!

自世属坑焚,时移汉、魏,叔孙通之硕解,高堂隆之博识,专门者雾集,制作者风驰,节文颇备,枝条互起。皇帝负宸垂旒,辨方正位,纂勋、华之历象,缀文、武之宪章。车书之所会通,触境斯应,云雨之所沾润,无思不鳖。东探石箦之符,西蠹羽陵之策,鸣銮太室,偃伯灵台,乐备五常,礼兼八代。

上柱国、太尉、杨州总管、晋王握珪璋之宝,履神明之德,隆化潜杰,藏用显仁。地居周、邵,业冠河、楚,允文允武,多才多艺。戎衣而笼关塞,朝服而扫江湖,收杞梓之才,辟康庄之馆。加以佃渔六学,网罗百氏,继稷下之绝轨,弘泗上之沦风,赜无隐而不探,事有难而必综。至于采标绿错,华垂丹篆,刑名长短,儒、墨是非,书圃翰林之域,理窟谈丛之内,谒者所求之余,侍医所校之逸,莫不澄泾辩渭,拾珠弃蚌。以为质文递改,损益不同,《明堂》、《曲台》之记,南宫、东观之说,郑、王、徐、贺之答,崔、谯、何、庾之论,简牒虽盈,菁华盖鲜。乃以宣条暇日,听讼余晨,娱情窥宝之乡,凝相观涛之岸,总括油素,躬披缃缥,芟芜刈楚,振领提纲,去其繁杂,撮其指要,勒成一家,名曰《江都集礼》。凡十二帙,一百二十卷,取方月数,用比星周,军国之义存焉,人伦之纪备矣。昔者龟、蒙令后,睢、涣名藩,诚复出警入跸,拟乘舆之制度,建辒载旌,用天子之礼乐。求诸述作，未闻兹典。方可韬之濒水，副彼名山，见刻石之非工，嗤悬金之已陋。是知《沛王通论》，不独擅于前修，《宁朔新书》，更追惭于往册。徽幸栖仁岳，忝游圣海，谬承恩奖，敢叙该博之致云。

炀帝嗣位，诏徽与著作佐郎陆从典、太常博士褚亮、欧阳询等助越公杨素撰《魏书》，会素薨而止。授京兆郡博士。杨玄感兄弟甚重之，数相来往。及玄感败，凡交关多罹其患。徽以玄感故人，为帝所不悦，有司希旨，出徽为西海郡威定县主簿。意甚不平，行至陇西，发病卒。

杜正玄字慎徽，其先本京兆人，八世祖曼，为石赵从事中郎，因家于邺。自曼至正玄，世以文学相授。正玄尤聪敏，博涉多通。兄弟数人，俱未弱冠，并以文章才辩籍甚三河之间。开皇末，举秀才，尚书试方略，正玄应对如响，下笔成章。仆射杨素负才傲物，正玄抗辞酬对，无所屈挠，素甚不悦。久之，会林邑献白鹦鹉，素促召正玄，使者相望。及至，即令作赋。正玄仓卒之际，援笔立成。素见文不加点，始异之。因令更拟诸杂文笔十余条，又皆立成，而辞理华赡，素乃叹曰："此真秀才，吾不及也！"授晋王行参军，转豫章王记室，卒官。弟正藏。

杜正藏字为善，尤好学，善属文。弱冠举秀才，授纯州行参军，历下邑正。大业中，学业该通，应诏举秀才，兄弟三人俱以文章一时诣阙，论者荣之。著碑诔铭颂诗赋百余篇。又著《文章体式》，大为后进所宝，时人号为文轨，乃至海外高丽、百济，亦共传习，称为《杜家新书》。

京兆常得志，博学善属文，官至秦王记室。及王薨，过故宫，为五言诗，辞理悲壮，甚为时人所重。复为《兄弟论》，义理可称。

河间尹式，博学解属文，少有令问。仁寿中，官至汉王记室，王甚重之。及汉王败,式自杀。其族人正卿、彦卿俱有俊才,名显于世。

河间刘善经,博物洽闻,尤善词笔。历仕著作佐郎、太子舍人。著《酬德传》三十卷,《诸刘谱》三十卷,《四声指归》一卷,行于世。

范阳祖君彦,齐尚书仆射孝徵之子也。容貌短小,言辞讷涩,有才学。大业末,官至东平郡书佐。郡陷于翟让,因为李密所得。密甚礼之,署为记室,军书羽檄,皆成于其手。及密败,为王世充所杀。

会稽孔德绍,有清才,官至景城县丞。窦建德称王,署为中书令,专典书檄。及建德败,伏诛。

南阳刘斌,颇有词藻,官至信都郡司功书佐。窦建德署为中书舍人。建德败,复为刘黑闼中书侍郎,与刘黑闼亡归突厥,不知所终。

史臣曰:魏文有言"古今文人,类不护细行,鲜能以名节自立",信矣!王胄、虞绰之辈,崔儦、孝逸之伦,或矜气负才,遗落世事,或学优命薄,调高位下,心郁抑而孤愤,志盘桓而不定,啸傲当世,脱略公卿。是知跅弛见遗,嫉邪忤物,不独汉阳赵壹、平原祢衡而已。故多离咎悔,鲜克有终。然其学涉稽古,文词辨丽,并邓林之一枝,昆山之片玉矣。有隋总一寰宇,得人为盛,秀异之贡,不过十数。正玄昆季三人预焉,华萼相耀,亦为难兄弟矣。

隋书卷七七
列传第四二

隐　逸

李士谦　崔廓 子赜　徐则　张文诩

　　自肇有书契，绵历百王，虽时有盛衰，未尝无隐逸之士。故《易》称"遁世无闷"，又曰"不事王侯"，《诗》云"皎皎白驹，在彼空谷"，《礼》云"儒有上不臣天子，下不事王侯"，语曰"举逸民，天下之人归心焉"。虽出处殊途，语默异用，各言其志，皆君子之道也。洪崖兆其始，箕山扇其风，七人作乎周年，四皓光乎汉日，魏、晋以降，其流逾广。其大者则轻天下，细万物，其小者则安苦节，甘贱贫。或与世同尘，随波澜以俱逝，或违时矫俗，望江湖而独往，狎玩鱼鸟，左右琴书，拾遗粒而织落毛，饮石泉而荫松柏。放情宇宙之外，自足怀抱之中，然皆欣欣于独善，鲜汲汲于兼济。而受命哲王，守文令主，莫不束帛交驰，蒲轮结辙，奔走岩谷，唯恐不逮者，何哉？以其道虽未弘，志不可夺，纵无舟楫之功，终有贤贞之操。足以立懦夫之志，息贪竞之风，与夫苟得之徒，不可同年共日。所谓无用以为用，无为而无不为者也。故叙其人，列其行，以备《隐逸篇》云。

　　李士谦字子约，赵郡平棘人也。髫龀丧父，事母以孝闻。母曾呕吐，疑为中毒，因跪而尝之。伯父魏岐州刺史瑒，深所嗟尚，每称曰："此儿吾家之颜子也。"年十二，魏广平王赞辟开府参军事。后丁母忧,居丧骨立。有姊适宋氏,不胜哀而死。士谦服阕,舍宅为伽蓝,脱身而出。诣学请业,研精不倦,遂博览群籍,兼善天文术数。齐吏部尚书辛术召署员外郎,赵郡王睿举德行,皆称疾不就。和士开亦重其名,将讽朝廷,擢为国子祭酒。士谦知而固辞,得免。隋有天下,毕志不仕。

自以少孤,未尝饮酒食肉,口无杀害之言。至于亲宾来萃,辄陈樽俎,对之危坐,终日不倦。李氏宗党豪盛,每至春秋二社,必高会极欢,无不沉醉喧乱。尝集士谦所,盛馔盈前,而先为设黍,谓群从曰:"孔子称黍为五谷之长,荀卿亦云食先黍稷,古人所尚,容可违乎?"少长肃然,不敢弛惰,退而相谓曰:"既见君子,方觉吾徒之不德也。"士谦闻而自责曰:"何乃为人所疏,顿至于此!"家富于财,躬处节俭,每以振施为务。州里有丧事不办者,士谦辄奔走赴之,随乏供济。有兄弟分财不均,至相阋讼,士谦闻而出财,补其少者,令与多者相埒。兄弟愧惧,更相推让,卒为善士。有牛犯其田者,士谦牵置凉处饲之,过于本主。望见盗刈其禾黍者,默而避之。其家僮尝执盗粟者,士谦慰谕之曰:"穷困所致,义无相责。"遽令放之。其奴尝与乡人董震因醉角力,震扼其喉,毙于手下。震惶惧请罪,士谦谓之曰:"卿本无杀心,何为相谢!然可远去,无为吏之所拘。"性宽厚,皆此类也。

其后出粟数千石,以贷乡人,值年谷不登,债家无以偿,皆来致谢。士谦曰:"吾家余粟,本图振赡,岂求利哉!"于是悉召债家,为设酒食,对之燔契,曰:"债了矣,幸勿为念也。"各令罢去。明年大熟,债家争来偿谦,谦拒之,一无所受。他年又大饥,多有死者,士谦罄竭家资,为之糜粥,赖以全活者将万计。收埋骸骨,所见无遗。至春,又出粮种,分给贫乏。赵郡农民德之,抚其子孙曰:"此乃李参军遗惠也。"或谓士谦曰:"子多阴德。"士谦曰:"所谓阴德者何?犹耳鸣,己独闻之,人无知者。今吾所作,吾子皆知,何阴德之有!"

士谦善谈玄理,尝有一客在坐,不信佛家应报之义,以为外典无闻焉。士谦喻之曰:"积善余庆,积恶余殃,高门待封,扫墓望丧,岂非休咎之应邪?佛经云轮转五道,无复穷已,此则贾谊所言,千变万化,未始有极,忽然为人之谓也。佛道未东,而贤者已知其然矣。至若鲧为黄熊,杜宇为鹍鸩,褒君为龙,牛哀为兽,君子为鹄,小人为猿,彭生为豕,如意为犬,黄母为鼋,宣武为鳖,邓艾为牛,徐伯为鱼,铃下为乌,书生为蛇,羊祜前身,李氏之子,此非佛家变受异形之谓邪?"客曰:"邢子才云,岂有松伯后身化为樗栎,仆以为然。"士谦曰:"此不类之谈也。变化皆由心而作,木岂有心乎?"客又问三教优劣,士谦曰:"佛,日也;道,月也;儒,五星也。"客亦不能难而止。

士谦平生时为咏怀诗,辄毁弃其本,不以示人。又尝论刑罚,遗文不具,其略曰:"帝王制法,沿革不同,自可损益,无为顿改。今之赃重者死,是酷而不惩也。语曰:'人不畏死,不可以死恐之。'愚谓此罪宜从肉刑,刖其一趾,再犯者断其右腕。流刑刖去右手三指,又犯者下其腕。小盗宜黥,又犯则落其所用三指,又不悛下其腕,无不止也。无赖之人,窜之边裔,职为乱阶,适所以召戎矣,非求治之道也。博弈淫游,盗之萌也,禁而不止,黥之则可。"有识者颇以为得治体。

开皇八年,终于家,时年六十六。赵郡士女闻之,莫不流涕曰:"我曹不死,而令李参军死乎!"会葬者万余人。乡人李景伯等以士谦道著丘园,条其行状,指尚书省请先生之谥,事寝不行,遂相与树碑于墓。

其妻范阳卢氏,亦有妇德,及夫终后,所有赗赠,一无所受,谓州里父老曰:"参军平生好施,今虽殒殁,安可夺其志哉!"于是散粟五百石以赈穷乏。

崔廓字士玄,博陵安平人也。父子元,齐燕州司马。廓少孤贫而母贱,由是不为邦族所齿。初为里佐,屡逢屈辱,于是感激,逃入山中。遂博览书籍,多所通涉,山东学者皆宗之。既还乡里,不应辟命。与赵郡李士谦为忘年之友,每相往来,时称崔、李。及士谦死,廓哭之恸,为之作传,输之秘府。士谦妻卢氏寡居,每有家事,辄令人谘廓取定。廓尝著论，言刑名之理，其义甚精，文多不载。大业中，终于家，时年八十。有子曰赜。

赜字祖浚，七岁能属文，容貌短小，有口才。开皇初，秦孝王荐之，射策高第，诏与诸儒定礼乐，授校书郎。寻转协律郎，太常卿苏威雅重之。母忧去职，性至孝，水浆不入口者五日。征为河南、豫章二王侍读，每更日来往二王之第。及河南为晋王，转记室参军，自此去豫章。王重之不已，遗赜书曰：

　　昔汉氏西京，梁王建国，平台、东苑，慕义如林。马卿辞武骑之官，枚乘罢弘农之守。每览史传，尝切怪之，何乃脱略官荣，栖迟藩邸？以今望古，方知雅志。彼二子者，岂徒然哉！

　　足下博闻强记，钩深致远，视汉臣之三箧，似涉蒙山，对梁相之五车，若吞云梦。吾兄钦贤重士，敬爱忘疲，先筑郭隗之宫，常置穆生之醴。今者重开土宇，更誓山河，地方七百，牢笼曲阜，城兼七十，包举临淄，大启南阳，方开东阁。想得奉飞盖，曳长裾，藉玳筵，躡珠履，歌山桂之偃蹇，赋池竹之檀栾。其崇贵也如彼，其风流也如此，幸甚幸甚，何乐如之！高视上京，有怀德祖，才谢天人，多惭子建，书不尽意，宁俟繁辞。

赜答曰：

　　一昨伏奉教书，荣贶非恒，心灵自失。若乃理高《象》、《系》，管辂思而不解，事富《山海》，郭璞注而未详。至于五色相宣，八音繁会，凤鸣不足喻，龙章莫之比。吴札之论《周颂》，讵尽揄扬，郢客之奏《阳春》，谁堪赴节！伏惟令王殿下，禀润天潢，承辉日观，雅道贵于东平，文艺高于北海。汉则马迁、萧望，晋则裴楷、张华，鸡树腾声，鹓池播美，望我清尘，悠然路绝。

　　祖浚燕南赘客，河朔惰游，本无意于希颜，岂有心于慕蔺！未尝聚萤映雪，悬头刺股，读《论》唯取一篇，披《庄》不过盈尺。复况桑榆渐暮，藜藿屡空，举烛无成，穿杨尽弃。但以燕求马首，薛养鸡鸣，谬齿鸿仪，虚班骥皂。挟太山而超北海，比报德而非难，埋昆仑以为池，匹酬恩而反易。忽属周桐锡瑞，唐水承家，门有将相，树宜桃李。真龙将下，谁好有名，滥吹先逃，何须别听！但慈旨抑扬，损上益下，江海所以称王，丘陵为之不逮。曹植傥预闻高论，则不陨令名，杨修若切在下风，亦讵亏淳德。无任荷戴之至，谨奉启以闻。

豫章得书，赍米五十石，并衣服钱帛。

时晋邸文翰，多成其手。王入东宫，除太子斋师，俄迁舍人。及元德太子薨，以疾归于家。后征授起居舍人。

大业四年，从驾汾阳宫，次河阳镇。蓝田令王昙于蓝田山得一玉人，长三尺四寸，著大领衣，冠帻，奏之。诏问群臣，莫有识者，颙答曰："谨按汉文已前，未有冠帻，即是文帝以来所制作也。臣见魏大司农卢元明撰《嵩高山庙记》云，有神人，以玉为形，像长数寸，或出或隐，出则令世延长。伏惟陛下应天顺民，定鼎嵩、雒，岳神自见。臣敢称庆。"因再拜，百官毕贺，天子大悦，赐缣二百匹。从驾登太行山，诏问颙曰："何处有羊肠坂？"颙对曰："臣按《汉书地理志》，上党壶关县有羊肠坂。"帝曰："不是。"又答曰："臣按皇甫士安撰《地书》云，太原北九十里有羊肠坂。"帝曰："是也。"因谓牛弘曰："崔祖浚所谓问一知二。"五年，受诏与诸儒撰《区宇图志》二百五十卷，奏之。帝不善之，更令虞世基、许善心衍为六百卷。以父忧去职，寻起令视事。辽东之役，授鹰扬长史，置辽东郡县名，皆颙之议也。奉诏作《东征记》。九年，除越王长史。于时山东盗贼蜂起，帝令抚慰高阳、襄国，归首者八百余人。十二年，从驾江都。宇文化及之弑帝也，引为著作郎，称疾不起。在路发疾，卒于彭城，时年六十九。

颙与洛阳元善、河东柳䛒、太原王邵、吴兴姚察、琅邪诸葛颍、信都刘焯、河间刘炫相善，每因休假，清谈竟日。所著词赋碑志十余万言，撰《洽闻志》七卷，《八代四科志》三十卷，未及施行，江都倾覆，咸为煨烬。

徐则，东海郯人也。幼沉静，寡嗜欲。受业于周弘正，善三玄，精于议论，声擅都邑，则叹曰："名者实之宾，吾其为宾乎！"遂怀栖隐之操，杖策入缙云山。后学数百人，苦请教授，则谢而遣之。不娶妻，常服巾褐。陈太建时，应召来憩于至真观。期月，又辞入天台山，因绝谷养性，所资唯松水而已，虽隆冬沍寒，不服绵絮。太傅徐陵为之刊山立颂。

初在缙云山，太极真人徐君降之曰："汝年出八十，当为王者师，然后得道也。"晋王讳镇扬州，知其名，手书召之曰："夫道得众妙，法体自然，包涵二仪，混成万物，人能弘德，道不虚行。先生履德养空，崇玄齐物，深明义味，晓达法门。悦性冲玄，怡神虚白，餐松饵术，栖息烟霞。望赤城而待风云，游玉堂而驾龙凤，虽复藏名台岳，犹且腾实江淮，藉甚嘉猷，有劳瘵瘵。钦承素道，久积虚襟，侧席幽人，梦想岩穴。霜风已冷，海气将寒，偃息茂林、道体休念。昔商山四皓，轻举汉庭，淮南八公，来仪藩邸。古今虽异，山谷不殊，市朝之隐，前贤已说，导凡述圣，非先生而谁！故遣使人往彼延请，想无劳束带，贲然来思，不待蒲轮，去彼空谷。希能屈己，竚望披云。"则谓门人曰："吾今年八十一，王来召我，徐君之旨，信而有征。"于是遂诣扬州。晋王将请受道法，则辞以时日不便。其后夕中，命侍者取香火，如平常朝礼之仪。至于五更而死，支体柔弱如生，停留数旬，颜色无变。

晋王下书曰："天台真隐东海徐先生，虚确居宗，冲玄成德，齐物处外，检行安身。草褐蒲衣，餐松饵术，栖隐灵岳，五十余年。卓矣仙才，飘然胜气，千寻万顷，莫测其涯。寡人钦承道风，久餐德素，频遣使乎，远此延屈，冀得虔受上法，式建良缘。至止甫尔，未淹旬日，厌尘羽化，反真灵府。身体柔软，颜色不变，经方所谓尸解地仙者哉！诚复师礼未申，而心许有在，虽忘怛化，犹怆于怀，丧事所资，随须供给。霓裳羽盖，既且腾云，空椁余衣，讵藉坟垄！但杖舄犹存，示同俗法，宜遣使人送还天台定葬。"是时，自江都至于天台，在道多见则徒步，云得放还。至其旧居，取经书道法分遗弟子，仍令净扫一房，曰："若有客至，宜延之于此。"然后跨石梁而去，不知所之。须臾，尸柩至，方知其灵化。时年八十二。晋王闻而益异之，赠物千段，遣画工图其状貌，令柳䛒为之赞曰："可道非道，常道无名。上德不德，至德无盈。玄风扇矣，而有先生。凤练金液，怡神玉清。石髓方软，云丹欲成。言追葛稚，将侣茅嬴。我王遥属，爰感灵诚。柱下暂启，河上沉精。留符告信，化杖飞声。永思灵迹，曷用摅情？时披素绘，如临赤城。"

时有建安宋玉泉、会稽孔道茂、丹阳王远知等，亦行辟谷，以松水自给，皆为炀帝所重。

张文诩，河东人也。父琚，开皇中为洹水令，以清正闻。有书数千卷，教训子侄，皆以明经自达。文诩博览文籍，特精《三礼》，其《周易》、《诗》、《书》及《春秋三传》，并皆通习。每好郑玄注解，以为通博，其诸儒异说，亦皆详究焉。高祖引致天下名儒硕学之士，其房晖远、张仲让、孔笼之徒，并延之于博士之位。文诩时游太学，晖远等莫不推伏之，学内翕然，咸共宗仰。其门生多诣文诩，请质凝滞，文诩辄博引证据，辨说无穷，唯其所择。治书侍御史皇甫诞一时朝彦，恒执弟子之礼。适至南台，遽饰所乘马，就学邀屈。文诩每牵马步进，意在不因人以自致也。右仆射苏威闻其名而召之，与语，大悦，劝令从官。文诩意不在仕，固辞焉。

仁寿末，学废，文诩策杖而归，灌园为业。州郡频举，皆不应命。事母以孝闻。每以德化人，乡党颇移风俗。尝有人夜中窃刈其麦者，见而避之，盗因感悟，弃麦而谢。文诩慰谕之，自誓不言，固令持去。经数年，盗者向乡人说之，始为远近所悉。邻家筑墙，心有不直，文诩因毁旧堵以应之。文诩尝有腰疾，会医者自言善禁，文诩令禁之，遂为刃所伤，至于顿伏床枕。医者叩头请罪，文诩遽遣之，因为其隐，谓妻子曰："吾昨风眩，落坑所致。"其掩人之短，皆此类也。州县以其贫素，将加振恤，辄辞不受。每闲居无事，从容长叹曰："老冉冉而将至，恐修名之不立！"以如意击几，皆有处所，时人方之闵子骞、原宪焉。终于家，年四十。乡人为立碑颂，号曰张先生。

史臣曰：古之所谓隐逸者，非伏其身而不见也，非闭其言而不出也，非藏其智而不发也。盖以恬淡为心，不皎不昧，安时处顺，与物无私者也。士谦等忘怀缨冕，毕志丘园，隐不违亲，贞不绝俗，不教而劝，虚往实归，爱之如父母，怀之如亲戚，非有自然之纯德，其孰能至于斯乎？然士谦闻誉不喜，文诩见伤无愠，徐则志在沉冥，不可亲疏，莫能贵贱，皆抱朴之士矣。崔廓感于屈辱，遂以肥遁见称，祖浚文籍之美，足以克隆先构，父子虽动静殊方，其于成名一也，美哉！

隋书卷七八

列传第四三

艺　术

庾季才　子质　**卢太翼**　**耿询**　**韦鼎**
来和　**萧吉**　**杨柏丑**　**临孝恭**
刘祐　**张胄玄**　**许智藏**　**万宝常**
王令言

　　夫阴阳所以正时日,顺气序者也;卜筮所以决嫌疑,定犹豫者
也;医巫所以御妖邪,养性命者也;音律所以和人神,节哀乐者也;
相术所以辩贵贱,明分理者也;技巧所以利器用,济艰难者也。此皆
圣人无心,因民设教,救恤灾患,禁止淫邪。自三、五哲王,其所由来
久矣。

　　然昔之言阴阳者,则有箕子、裨灶、梓慎子韦;晓音律者,则师
旷、师挚、伯牙、杜夔;叙卜筮,则史扁、史苏、严君平,司马季主;论
相术,则内史叔服、姑布子卿、唐举、许负;语医,则文挚、扁鹊、季
咸、华佗;其巧思,则奚仲、墨翟、张平子、马德衡。凡此诸君者,仰观
俯察,探赜索隐,咸诣幽微,思侔造化,通灵入妙,殊才绝技。或弘道
以济时,或隐身以利物,深不可测,固无得而称焉。近古涉乎斯术
者,鲜有存夫贞一,多肆其淫僻,厚诬天道。或变乱阴阳,曲成君欲,
或假托神怪,荧惑民心。遂令时俗妖讹,不获返其真性,身罹灾毒,

莫得寿终而死。艺成而下,意在兹乎?

历观经史百家之言,无不存夫艺术,或叙其玄妙,或记其迂诞,非徒用广异闻,将以明乎劝戒。是以后来作者,或相祖述,故今亦采其尤著者,列为《艺术篇》云。

庾季才字叔奕,新野人也。八世祖滔,随晋元帝过江,官至散骑常侍,封遂昌侯,因家于南郡江陵县。祖诜,梁处士,与宗人易齐名。父曼倩,光禄卿。季才幼颖悟,八岁诵《尚书》,十二通《周易》,好占玄象。居丧以孝闻。梁庐陵王续辟荆州主簿,湘东王绎重其术艺,引授外兵参军。西台建,累迁中书郎,领太史,封宜昌县伯。季才固辞太史,元帝曰:"汉司马迁历世尸掌,魏高堂隆犹领此职,不无前例,卿何惮焉。"帝亦颇明星历,因共仰观,从容谓季才曰:"朕犹虑祸起萧墙,何方可息?"季才曰:"顷天象告变,秦将入郢,陛下宜留重臣,作镇荆陕,整斾还都,以避其患。假令羯寇侵蹙,止失荆湘,在于社稷,可得无虑。必久停留,恐非天意也。"帝初然之,后与吏部尚书宗懔等议,乃止。俄而江陵陷灭,竟如其言。

周太祖一见季才,深加优礼,令参掌太史。每有征讨,恒预侍从。赐宅一区,水田十顷,并奴婢牛羊什物等,谓季才曰:"卿是南人,未安北土,故有此赐者,欲绝卿南望之心。宜尽诚事我,当以富贵相答。"初,郢都之陷也,衣冠士人多没为贱。季才散所赐物,购求亲故。文帝问:"何能若此?"季才曰:"仆闻魏克襄阳,先昭异度,晋平建业,喜得士衡。伐国求贤,古之道也。今郢都覆败,君信有罪,搢绅何咎,皆为贱隶!鄙人羁旅,不敢献言,诚切哀之,故赎购耳。"太祖乃悟曰:"吾之过也。微君遂失天下之望!"因出令免梁俘为奴婢者数千口。

武成二年,与王褒、庾信同补麟趾学士。累迁稍伯大夫、车骑大将军、仪同三司。其后大冢宰宇文护执政,谓季才曰:"比日天道,有何征祥?"季才对曰:"荷恩深厚,若不尽言,便同木石。顷上台有变,不利宰辅,公宜归政天子,请老私门。此则自享期颐,而受旦、奭之美,子孙藩屏,终保维城之固。不然者,非复所知。"护沈吟久之,谓季才曰:"吾本意如此,但辞未获免耳。公既王官,可依朝例,无烦别参寡人也。"自是渐疏,不复别见。及护灭之后,阅其书记,武帝亲自临检,有假托符命,妄造异端者,皆致诛戮。唯得季才书两纸,盛言纬候灾祥,宜反政归权。帝谓少宗伯斛斯征曰:"庾季才至诚谨悫,甚得人臣之礼。"因赐粟三百石,帛二百段。迁太史中大夫,诏撰《灵台秘苑》,加上仪同,封临颖伯,邑六百户。宣帝嗣位,加骠骑大将军、开府仪同三司,增邑三百户。

及高祖为丞相,尝夜召季才而问曰:"吾以庸虚,受兹顾命,天时人事,卿以为何如?"季才曰:"天道精微,难可意察,切以人事卜之,符兆已定。季才纵言不可,公岂复得为箕、颍之事乎?"高祖默然久之,因举首曰:"吾今譬犹骑兽,诚不得下矣。"因赐杂彩五十匹,绢二百段,曰:"愧公此意,宜善为思之。"大定元年正月,季才言曰:"今月戊戌平旦,青气如楼阙,见于国城之上,俄而变紫,逆风西行。《气经》云:'天不能无云而雨,皇王不能无气而立。'今王气已见,须即应之。二月日出卯入酉,居天之正位,谓之二八之门。日者,人君之象,人君正位,宜用二月。其月十三日甲子,甲为六甲之始,子为十二辰之初,甲数九,子数又九,九为天数。其日即是惊蛰,阳气壮发之时。昔周武王以二月甲子定天下,享年八百,汉高帝以二月甲午即帝位,享年四百,故知甲子、甲午为得天数。今二月甲子,宜应天受命。"上从之。

开皇元年,授通直散骑常侍。高祖将迁都,夜与高颎、苏威二人定议,季才旦而奏曰:"臣仰观玄象,俯察图记,龟兆允袭,必有迁都。且尧都平阳,舜都冀士,是知帝王居止,世代不同。且汉营此城,经今将八百岁,水皆咸卤,不甚宜人。愿陛下协天人之心,为迁徙之计。"高祖愕然,谓颎等曰:"是何神也!"遂发诏施行,赐绢三百段,马两匹,进爵为公。谓季才曰:"朕自今已后,信有天道矣。"于是令季才与其子质撰《垂象》、《地形》等志,上谓季才曰:"天地秘奥,推测多途,执见不同,或致差舛。朕不欲外人干预此事,故使公父子共为之也。"及书成奏之,赐米千石,绢六百段。

九月,出为均州刺史。策书始降,将就藩,时议以季才术艺精通,有诏还委旧任。季才以年老,频表去职,每降优旨不许。会张胄玄历行,及袁充言日影长。上以问季才,季才因言充谬。上大怒,由是免职,给半禄归第。所有祥异,掌使人就家访焉。仁寿三年卒,时年八十八。

季才局量宽弘,术业优博,笃于信义,志好宾游。常吉日良辰,与琅邪王褒、彭城刘毂、河东裴政及宗人信等,为文酒之会。次有刘臻、明克让、柳䛒之徒,虽为后进,亦申游款。撰《灵台秘苑》一百二十卷,《垂象志》一百四十二卷,《地形志》八十七卷,并行于世。

庾质字行修,少而明敏,早有志尚。八岁诵梁世祖《玄览》、《言志》等十赋,拜童子郎。仕周齐炀王记室。开皇元年,除奉朝请,历鄢陵令,迁陇州司马。大业初,授太史令。操履贞悫,立言忠鲠,每有灾异,必指事面陈。而炀帝性多忌刻,齐王暕亦被猜嫌。质子俭时为齐王属,帝谓质曰:"汝不能一心事我,乃使儿事齐王,何向背如此邪?"质曰:"臣事陛下,子事齐王,实是一心,不敢有二。"帝怒不解,由是出为合水令。

八年,帝亲伐辽东,征诣行在所。到至临渝谒见,帝谓质曰:"朕承先旨,亲事高丽,度其土地人民,才当我一郡,卿以为克不?"质对曰:"以臣管窥,伐之可克,切有愚见,不愿陛下亲行。"帝作色曰:"朕今总兵至此,岂可未见贼而自退也?"质又曰:"陛下若行,虑损军威。臣犹愿安驾住此,命骁将勇士指授规模,倍道兼行,出其不意。事宜在速,缓必无功。"帝不悦曰:"汝既难行,可住此也。"及师还,授太史令。九年,复征高丽,又问质曰:"今段复何如?"对曰:"臣实愚迷,犹执前见。陛下若亲动万乘,糜费实多。"帝怒曰:"我自行尚不能克,直遣人去,岂有成功也!"帝遂行。既而礼部尚书杨玄感据黎阳反,兵部侍郎斛斯政奔高丽,帝大惧,遽而西还,谓质曰:"卿前不许我行,当为此耳。今者玄感其成事乎?"质曰:"玄感地势虽隆，德望非素，因百姓之劳苦，冀侥幸而成功。今天下一家，未易可动。"帝曰："荧惑入斗如何？"对曰："斗，楚之分，玄感之所封也。今火色衰谢，终必无成。"

十年，帝自西京将往东都，质谏曰："比岁伐辽，民实劳敝，陛下宜镇抚关内，使百姓毕力归农。三五年间，令四海少得丰实，然后巡省，于事为宜。陛下思之。"帝不悦，质辞疾不从。帝闻之，怒，遣使驰传，锁质诣行在所。至东都，诏令下狱，竟死狱中。

子俭，亦传父业，兼有学识。仕历襄武令、元德太子学士、齐王属。义宁初，为太史令。时有卢太翼、耿询，并以星历知名。

卢太翼字协昭，河间人也，本姓章仇氏。七岁诣学，日诵数千言，州里号曰神童。及长，闲居味道，不求荣利。博综群书，爰及佛道，皆得其精微。尤善占候算历之术。隐于白鹿山，数年徙居林虑山茱萸涧，请业者自远而至，初无所拒，后惮其烦，逃于五台山。地多药物，与弟子数人庐于岩下，萧然绝世，以为神仙可致。皇太子勇闻而召之，太翼知太子必不为嗣，谓所亲曰："吾拘逼而来，不知所税驾也！"及太子废，坐法当死，高祖惜其才而不害，配为官奴。久之，乃释。其后目盲，以手摸书而知其字。

仁寿末，高祖将避暑仁寿宫，太翼固谏不纳，至于再三。太翼曰："臣愚岂敢饰词，但恐是行銮舆不反。"高祖大怒，系之长安狱，期还而斩之。高祖至宫寝疾，临崩，谓皇太子曰："章仇翼，非常人也，前后言事，未尝不中。吾来日道当不反，今果至此，尔宜释之。"

及炀帝即位，汉王谅反，帝以问之。答曰："上稽玄象，下参人事，何所能为？"未几，谅果败。帝常从容言及天下氏族，谓太翼曰："卿姓章仇，四岳之胄，与卢同源。"于是赐姓为卢氏。大业九年，从驾至辽东，太翼言于帝曰："黎阳有兵气。"后数日而玄感反书闻，帝甚异之，数加赏赐。太翼所言天文之事，不可称数，关诸秘密，世莫得闻。后数载，卒于雒阳。

　　耿询字敦信，丹阳人也。滑稽辩给，伎巧绝人。陈后主之世，以客从东衡州刺史王勇于岭南。勇卒，询不归，遂与诸越相结，皆得其欢心。会郡俚反叛，推询为主。柱国王世积讨擒之，罪当诛。自言有巧思，世积释之，以为家奴。久之见其故人高智宝以玄象直太史，询从之受天文算术。询创意造浑天仪，不假人力，以水转之，施于暗室中，使智宝外候天时，合如符契。世积知而奏之，高祖配询为官奴，给使太史局。后赐蜀王秀，从往益州，秀甚信之。及秀废，复当诛，何稠言于高祖曰：“耿询之巧，思若有神，臣诚为朝廷惜之。”上于是特原其罪。询作马上刻漏，世称其妙。

　　炀帝即位，进欹器，帝善之，放为良民。岁余，授右尚方署监事。七年，车驾东征，询上书曰：“辽东不可讨，师必无功。”帝大怒，命左右斩之，何稠苦谏得免。及平壤之败，帝以询言为中，以询守太史丞。宇文化及弑逆之后，从至黎阳，谓其妻曰：“近观人事，远察天文，宇文必败，李氏当王，吾知所归矣。”询欲去之，为化及所杀。著《鸟情占》一卷，行于世。

　　韦鼎字超盛，京兆杜陵人也。高祖玄，隐于商山，因而归宋。祖叡，梁开府仪同三司。父正，黄门侍郎。鼎少通悦，博涉经史，明阴阳逆刺，尤善相术。仕梁，起家湘东王法曹参军。遭父忧，水浆不入口者五日，哀毁过礼，殆将灭性。服阕，为邵陵王主簿。侯景之乱，鼎兄昂卒于京城，鼎负尸出，寄于中兴寺。求棺无所得，鼎哀愤恸哭，忽见江中有物，流至鼎所，鼎切异之。往见，乃新棺也，因以充殓。元帝闻之，以为精诚所感。侯景平，司徒王僧辩以为户曹属，历太尉掾、大司马从事、中书侍郎。

　　陈武帝在南徐州，鼎望气知其当王，遂寄孥焉。因谓陈武帝曰：“明年有大臣诛死，后四岁，梁其代终，天之历数当归舜后。昔周灭殷氏，封妫满于宛丘，其裔子孙因为陈氏。仆观明公天纵神武，继绝统者，无乃是乎！”武帝阴有图僧辩意，闻其言，大喜，因而定策。及受禅，拜黄门侍郎，俄迁司农卿、司徒右长史、贞威将军，领安右晋安王长史、行府国事,转廷尉卿。大建中,为聘周主使,加散骑常侍。寻为秘书监、宣远将军,转临海王长史,行吴兴郡事。入为太府卿。至德初,鼎尽质货田宅,寓居僧寺。友人大匠卿毛彪问其故,答曰:"江东王气尽于此矣。吾与尔当葬长安。期运将及,故破产耳。"

初,鼎之聘周也,尝与高祖相遇,鼎谓高祖曰:"观公容貌,故非常人,而神监深远,亦非群贤所逮也。不久必大贵,贵则天下一家,岁一周天,老夫当委质。公相不可言,愿深自爱。"及陈平,上驰召之,授上仪同三司,待遇甚厚。上每与公王宴赏,鼎恒预焉。高祖尝从容谓之曰:"韦世康与公相去远近?"鼎对曰:"臣宗族分派,南北孤绝,自生以来,未尝访问。"帝曰:"公百世卿族,何得尔也。"乃命官给酒肴,遣世康与鼎还杜陵,乐饮十余日。鼎乃考校昭穆,自楚太傅孟以下二十余世,作《韦氏谱》七卷。时兰陵公主寡,上为之求夫,选亲卫柳述及萧瑒等以示于鼎。鼎曰:"瑒当封侯,而无贵妻之相,述亦通显,而守位不终。"上曰:"位由我耳。"遂以主降述。上又问鼎:"诸儿谁得嗣?"答曰:"至尊、皇后所最爱者,即当与之,非臣敢预知也。"上笑曰:"不肯显言乎?"

开皇十二年,除光州刺史,以仁义教导,务弘清静。州中有土豪,外修边幅,而内行不轨,常为劫盗。鼎于都会时谓之曰:"卿是好人,那忽作贼?"因条其徒党谋议逗留,其人惊惧,即自首伏。又有人客游,通主家之妾,及其还去,妾盗珍物,于夜亡,寻于草中为人所杀。主家知客与妾通,因告客杀之。县司鞫问,具得奸状,因断客死。狱成,上于鼎,鼎览之曰:"此客实奸,而杀非也。乃某寺僧谄妾盗物,令奴杀之,脏在某处。"即放此客,遣掩僧,并获脏物。自是部内肃然不言,咸称其有神,道无拾遗。寻追入京,以年老多病,累加优赐。顷之,卒,年七十九。

来和字弘顺,京兆长安人也。少好相术,所言多验。大冢宰宇文护引之左右,由是出入公卿之门。初为夏官府下士,累迁少卜上士,赐爵安定乡男。迁畿伯下大夫,进封洹水县男。

高祖微时，来诣和相，和待人去，谓高祖曰："公当王有四海。"及为丞相，拜仪同，既受禅，进爵为子。开皇末，和上表自陈曰：

　　臣早奉龙颜，自周代天和三年已来，数蒙陛下顾问，当时具言至尊膺图受命，光宅区宇。此乃天授，非由人事所及。臣无劳效，坐致五品，二十余年。臣是何人，敢不惭惧！愚臣不任区区之至，谨录陛下龙潜之时，臣有所言一得，书之秘府，死无所恨。

　　昔陛下在周，尝与永富公窦荣定语臣曰："我闻有行声，即识其人。"臣当时即言公眼如曙星，无所不照，当王有天下，愿忍诛杀。建德四年五月，周武帝在云阳宫，谓臣曰："诸公皆汝所识，隋公相禄何如？"臣报武帝曰："隋公止是守节人，可镇一方。若为将领，阵无不破。"臣即于宫东南奏闻。陛下谓臣，此语不忘。明年，乌丸轨言于武帝曰："隋公非人臣。"帝寻以问臣，臣知帝有疑，臣诡报曰："是节臣，更无异相。"于时王谊、梁彦光等知臣此语。大象二年五月，至尊从永巷东门入，臣在永巷门东，北面立，陛下问臣曰："我无灾障不？"臣奏陛下曰："公骨法气色相应，天命已有付属。"未几，遂总百揆。

上览之大悦，进位开府，赐物五百段，米三百石，地十顷。

　　和同郡韩则，尝诣和相，和谓之曰："后四五当得大官。"人初不知所谓。则至开皇十五年五月而终，人问其故，和曰："十五年为三五，加以五月为四五。大官，椁也。"和言多此类。著《相经》四十卷。

　　道士张宾、焦子顺、雁门人董子华，此三人，当高祖龙潜时，并私谓高祖曰："公当为天子，善自爱。"及践阼，以宾为华州刺史，子顺为开府，子华为上仪同。

　　萧吉字文休，梁武帝兄长沙宣武王懿之孙也。博学多通，尤精阴阳算术。江陵陷，遂归于周，为仪同。宣帝时，吉以朝政日乱，上书切谏，帝不纳。及隋受禅，进上仪同，以本官太常考定古今阴阳书。

吉性孤峭,不与公卿相沉浮,又与杨素不协,由是摈落于世,郁郁不得志。见上好征祥之说,欲乾没自进,遂矫其迹为悦媚焉。开皇十四年上书曰:"今年岁在甲寅,十一月朔旦,以辛酉为冬至。来年乙卯,正月朔旦,以庚申为元日,冬至之日,即在朔旦。《乐汁图徵》云:'天元十一月朔旦冬至,圣王受享祚。'今圣主在位,居天元之首,而朔旦冬至,此庆一也。辛酉之日,即是至尊本命,辛德在景,此十一月建景子。酉德在寅,正月建寅为本命,与月德合,而居元朔之首,此庆二也。庚申之日,即是行年,乙德在庚,卯德在申,来年乙卯,是行年与岁合德,而在元旦之朝,此庆三也。《阴阳书》云:'年命与岁月合德者,必有福庆。'《洪范传》云:'岁之朝,月之朝,日之朝,主王者。'经书并谓三长应之者,延年福吉。况乃甲寅蒜首,十一月阳之始,朔旦冬至,是圣王上元。正月是正阳之月,岁之首,月之先。朔旦是岁岁之元,月之朝,日之先,嘉辰之会。而本命为九元之先,行年为三长之首,并与岁月合德。所以《灵宝经》云:'角音龙精,其祚日强。'来岁年命纳音俱角,历之与经,如合符契。又甲寅、乙卯,天地合也,甲寅之年,以辛酉冬至,来年乙卯,以甲子夏至。冬至阳始,郊天之日,即是至尊本命,此庆四也。夏至阴始,祀地之辰,即是皇后本命,此庆五也。至尊德并乾之覆育,皇后仁同地之载养,所以二仪元气,并会本辰。"上览之大悦,赐物五百段。

房陵王时为太子,言东宫多鬼魅,鼠妖数见。上令吉诣东宫,禳邪气。于宣慈殿设神坐,有回风从艮地鬼门来,扫太子坐。吉以桃汤苇火驱逐之,风出宫门而止。又谢土,于未地设坛,为四门,置五帝坐。于时至寒,有虾蟆从西南来,入人门,升赤帝坐,还从人门而出。行数步,忽然不见。上大异之,赏赐优洽。又上言,太子当不安位,时上阴欲废立,得其言是之。由此每被顾问。

及献皇后崩,上令吉卜择葬所,吉历筮山原,至一处,云"卜年二千,卜世二百",具图而奏之。上曰:"吉凶由人,不在于地。高纬父葬,岂不卜乎?国寻灭亡。正如我家墓田,若云不吉,朕不当为天子;若云不凶,我弟不当战没。"然竟从吉言。吉表曰:"去月十六日,皇后山陵西北,鸡未鸣前,有黑云方圆五六百步,从地属天。东南又有旌旗车马帐幕,布满七八里,并有人往来检校,部伍甚整,日出乃灭,同见者十余人。谨案《葬书》云:'气王与姓相生,大吉。'今黑气当冬王,与姓相生,是大吉利,子孙无疆之候也。"上大悦。其后上将亲临发殡,吉复奏上曰:"至尊本命辛酉,今岁斗魁及天冈,临卯酉,谨按《阴阳书》,不得临丧。"上不纳。退而告族人萧平仲曰:"皇太子遣宇文左率深谢余云:'公前称我当为太子,竟有其验,终不忘也。今卜山陵'务令我早立。我立之后,当以富贵相报。'吾记之曰:'后四载,太子御天下。'今山陵气应,上又临丧,兆益见矣。且太子得政,隋其亡乎!当有真人出治之矣。吾前给云卜年二千者,是三十字也;卜世二百者,取三十二运也。吾言信矣,汝其志之。"

及炀帝嗣位,拜太府少卿,加位开府。尝行经华阴,见杨素冢上有白气属天,密言于帝。帝问其故,吉曰:"其候素家当有兵祸,灭门之象。改葬者,庶可免乎!"帝后从容谓杨玄感曰:"公家宜早改葬。"玄感亦微知其故,以为吉祥,托以辽东未灭,不遑私门之事。未几而玄感以反族灭,帝弥信之。后岁余,卒官。著《金海》三十卷、《相经要录》一卷、《宅经》八卷、《葬经》六卷、《乐谱》二十卷,及《帝王养生方》二卷、《相手版要决》一卷、《太一立成》一卷,并行于世。

时有杨伯丑、临孝恭、刘祐,俱以阴阳术数知名。

杨伯丑,冯翊武乡人也。好读《易》,隐于华山。开皇初,被征入朝,见公卿不为礼,无贵贱皆汝之。人不能测也。高祖召与语,竟无所答。上赐之衣服,至朝堂舍之而去。于是被发阳狂,游行市里,形体垢秽,未尝栉沐。

尝有张永乐者,卖卜京师,伯丑每从之游。永乐为卦有不能决者,伯丑辄为分析爻象,寻幽入微。永乐嗟服,自以为非所及也。

伯丑亦开肆卖卜。有人尝失子,就伯丑筮者。卦成,伯丑曰:"汝子在怀远坊南门道东北壁上,有青裙女子抱之,可往取也。"如言果得。或者有金数两,夫妻共藏之,于后失金,其夫意妻有异志,将逐之。其妻称冤，以诣伯丑，为筮之曰："金在矣。"悉呼其家人，指一人曰："可取金来！"其人赧然，应声而取之。道士韦知常诣伯丑问吉凶，伯丑曰："汝勿东北行，必不得已，当早还。不然者，杨素斩汝头。"未几，上令知常事汉王谅。俄而上崩，谅举兵反，知常逃归京师。知常先与杨素有隙，及素平并州，先访知常，将斩之，赖此获免。又人有失马，来诣伯丑卜者。时伯丑为皇太子所召，在途遇之，立为作卦，卦成，曰："我不遑为卿占之，卿且向西市东壁门南第三店，为我买鱼作脍，当得马矣。"其人如此言，须臾，有一人牵所失马而至，遂擒之。崖州尝献径寸珠，其使者阴易之，上心疑焉，召伯丑令筮。伯丑曰："有物出自水中，质圆而色光，是大珠也。今为人所隐。"具言隐者姓名容状。上如言簿责之，果得本珠。上奇之，赐帛二十匹。国子祭酒何妥尝诣之论《易》，闻妥之言，倏然而笑曰："何用郑玄、王弼之言乎！"久之，微有辩答，所说辞义，皆异先儒之旨，而思理玄妙，故论乾以为天然独得，非常人所及也。竟以寿终。

临孝恭，京兆人也。明天文算术，高祖甚亲遇之。每言灾祥之事，未尝不中，上因令考定阴阳。官至上仪同。著《欹器图》三卷，《地动铜仪经》一卷，《九宫五墓》一卷，《遁甲月令》十卷，《元辰经》十卷，《元辰厄》一百九卷，《百怪书》十八卷，《禄命书》二十卷，《九宫龟经》一百一十卷，《太一式经》三十卷，《孔子马头易卜书》一卷，并行于世。

刘祐，荥阳人也。开皇初，为大都督，封索卢县公。其所占候，合如符契，高祖甚亲之。初与张宾、刘辉、马显定历。后奉诏撰兵书十卷，名曰《金韬》，上善之。复著《阴策》二十卷，《观台飞候》六卷，《玄象要记》五卷，《律历术文》一卷，《婚姻志》三卷，《产乳志》二卷，《式经》四卷，《四时立成法》一卷，《安历志》十二卷，《归正易》十卷，并行于世。

　　张胄玄，渤海蓨人也。博学多通，尤精术数。冀州刺史赵煚荐之，高祖征授云骑尉，直太史，参议律历事。时辈多出其下，由是太史令刘晖等甚忌之。然晖言多不中，胄玄所推步甚精密，上异之。令杨素与术数人立议六十一事，皆旧法久难通者，令晖与胄玄等辩析之。晖杜口一无所答，胄玄通者五十四焉。由是擢拜员外散骑侍郎，兼太史令，赐物千段，晖及党与八人皆斥逐之。改定新历，言前历差一日。内史通事颜敏楚上言曰：“汉时落下闳改《颛顼历》作《太初历》，云后当差一日。八百年当有圣者定之。计今相去七百一十年，术者举其成数，圣者之谓，其在今乎！”上大悦，渐见亲用。

　　胄玄所为历法，与古不同者有三事：

　　其一，宋祖冲之于岁周之末，创设差分，冬至渐移，不循旧轨。每四十六年，却差一度。至梁虞劗历法，嫌冲之所差太多，因以一百八十六年冬至移一度。胄玄以此二术，年限悬隔，追检古注，所失极多，遂折中两家，以为度法。冬至所宿，岁别渐移，八十三年却行一度，则上合尧时日永星火，次符汉历宿起牛初。明其前后，并皆密当。

　　其二，周马显造《景寅元历》，有阴阳转法，加减章分，进退蚀余，乃推定日，创开此数。当时术者，多不能晓。张宾因而用之，莫能考正。胄玄以为加时先后，逐气参差，就月为断，于理未可。乃因二十四气列其盈缩所出，实由日行迟则月逐日易及，令合朔加时早，日行速则月逐日少迟，令合朔加时晚。检前代加时早晚，以为损益之率。日行自秋分已后至春分，其势速，计一百八十二日而行一百八十度。自春分已后至秋分，日行迟，计二百八十二日而行一百七十六度。每气之下，即其率也。

　　其三，自古诸历，朔望值交，不问内外，入限便食。张宾立法，创有外限，应食不食，独犹未能明。胄玄以日行黄道，岁一周天，月行月道，二十七日有余一周天。月道交络黄道，每行黄道内十三日有奇而出，又行黄道外十三日有奇而入，终而复始，月经黄道，谓之交。朔望去交前后各十五度已下，即为当食。若月行内道，则在黄道之北,食多有验。月行外道,在黄道之南也,虽遇正交,无由掩映,食多不验。遂因前法,别立定限,随交远近,逐气求差,损益食分,事皆明著。

其超古独异者有七事:

其一,古历五星行度皆守恒率,见伏盈缩,悉无格准。胄玄推之,各得其真率,合见之数,与古不同。其差多者,至加减三十许日。即如荧惑平见在雨水气,即均加二十九日,见在小雪气,则均减二十五日。加减平见,以为定见。诸星各有盈缩之数,皆如此例,但差数不同。特其积候所知,时人不能原其意旨。

二,辰星旧率,一终再见,凡诸古历,皆以为然,应见不见,人未能测。胄玄积候,知辰星一终之中,有时一见,及同类感召,相随而出。即如辰星平晨见在雨水气者,应见即不见,若平晨见在启蛰气者,去日十八度外,三十六度内,晨有木火土金一星者,亦相随见。

其三,古历步术,行有定限,自见已后,依率而推。进退之期,莫知多少。胄玄积候,如五星迟速留退真数,皆与古法不同,多者至差八十余日,留回所在亦差八十余度。即如荧惑前疾初见在立冬初,则二百五十日行一百七十七度,定见在夏至初,则一百七十日行九十二度。追步天验,今古皆密。

其四,古历食分,依平即用,推验多少,实数罕符。胄玄积候,知月从木、火、土、金四星,行有向背。月向四星即速,背之则迟,皆十五度外,乃循本率。遂于交分,限其多少。

其五,古历加时,朔望同术。胄玄积候,知日食所在,随方改变,傍正高下,每处不同。交有浅深,迟速亦异,约时立差,皆会天象。

其六,古历交分即为食数,去交十四度者食一分,去交十三度食二分,去交十度食三分。每近一度,食益一分,当交即食既。其应少反多,应多反少,自古诸历,未悉其原。胄玄积候,知当交之中,月掩日不能毕尽,其食反少,去交五六时,月在日内,掩日便尽,故食乃既。自此已后,更远者其食又少。交之前后在冬至皆尔。若近夏至,其率又差。所立食分,最为详密。

其七,古历二分,昼夜皆等。胄玄积候,知其有差,春秋二分,昼多夜漏半刻,皆由日行迟疾盈缩使其然也。

凡此胄玄独得于心,论者服其精密。大业,中卒官。

许智藏,高阳人也。祖道幼,尝以母疾,遂览医方,因而究极,世号名医。诫其诸子曰:"为人子者,尝膳视药,不知方术,岂谓孝乎?"由是世相传授。仕梁,官至员外散骑侍郎。父景,武陵王谘议参军。

智藏少以医术自达,仕陈为散骑侍郎。及陈灭,高祖以为员外散骑侍郎,使诣扬州。会秦孝王俊有疾,上驰召之。后夜中梦其亡妃崔氏泣曰:"本来相迎,如闻许智藏将至,其人若到,当必相苦,为之奈何?"明夜,俊又梦崔氏曰:"妾得计矣,当入灵府中以避之。"及智藏至,为俊诊脉,曰:"疾已入心,即当发痫,不可救也。"果如言,俊数日而薨。上奇其妙,赉物百段。

炀帝即位,智藏时致仕于家,帝每有所苦,辄令中使就询访,或以舆迎入殿,扶登御床。智藏为方奏之,用无不效。年八十,卒于家。

宗人许澄,亦以医术显。父奭,仕梁太常丞、中军长史。随柳仲礼入长安,与姚僧坦齐名,拜上仪同三司。澄有学识,传父业,尤尽其妙。历尚药典御、谏议大夫,封贺川县伯。父子俱以艺术名重于周、隋二代。史失事,故附见云。

万宝常,不知何许人也。父大通,从梁将王琳归于齐。后复谋还江南,事泄,伏诛。由是宝常被配为乐户,因而妙达钟律,遍工八音。造玉磬以献于齐。又尝与人方食,论及声调。时无乐器,宝常因取前食器及杂物,以箸扣之,品其高下,宫商毕备,谐于丝竹,大为时人所赏。然历周泊隋,俱不得调。

开皇初,沛国公郑译等定乐,初为黄钟调。宝常虽为伶人,译等每召与议,然言多不用。后译乐成奏之,上召宝常,问其可不?宝常曰:"此亡国之音,岂陛下之所宜闻!"上不悦。宝常因极言乐声哀怨淫放,非雅正之音,请以水尺为律,以调乐器。上从之。宝常奉诏,遂造诸乐器，其声率下郑译调二律。并撰《乐谱》六十四卷，具论八音旋相为宫之法，改弦移柱之变。为八十四调，一百四十四律，变化终于一千八百声。时人以《周礼》有旋宫之义，自汉、魏已来，知音者皆不能通，见宝常特创其事，皆哂之。至是，试令为之，应手成曲，无所凝滞，见者莫不嗟异。于是损益乐器，不可胜纪，其声雅淡，不为时人所好，太常善声者多排毁之。

又太子洗马苏夔以钟律自命，尤忌宝常。夔父威，方用事，凡言乐者，皆附之而短宝常。数诣公卿怨望，苏威因诘宝常，所为何所传受。有一沙门谓宝常曰："上雅好符瑞，有言征祥者，上皆悦之。先生当言就胡僧受学，云是佛家菩萨所传音律，则上必悦。先生所为，可以行矣。"宝常然之，遂如其言以答威。威怒曰："胡僧所传，乃是四夷之乐，非中国所宜行也。"其事竟寝。宝常尝听太常所奏乐，泫然而泣。人问其故，宝常曰："乐声淫厉而哀，天下不久相杀将尽。"时四海全盛，闻其言者皆谓为不然。大业之末，其言卒验。

宝常贫无子，其妻因其卧疾，遂窃其资物而逃。宝常饥馁，无人赡遗，竟饿而死。将死也，取其所著书而焚之，曰："何用此为？"见者于火中探得数卷，见行于世，时论哀之。

开皇之世，有郑译、何妥、卢贲、苏夔、萧吉，并讨论坟籍，撰著乐书，皆为当世所用。至于天然识乐，不及宝常远矣。安马驹、曹妙达、王长通、郭令乐等，能造曲，为一时之妙，又习郑声，而宝常所为，皆归于雅。此辈虽公议不附宝常，然皆心服，谓以为神。

时有乐人王令言，亦妙达音律。大业末，炀帝将幸江都，令言之子尝从，于户外弹胡琵琶，作翻调《安公子曲》。令言时卧室中，闻之大惊，蹶然而起曰："变，变！"急呼其子曰："此曲兴自早晚？"其子对曰："顷来有之。"令言遂歔欷流涕，谓其子曰："汝慎无从行，帝必不返。"子问其故，令言曰："此曲宫声往而不反，宫者君也，吾所以知之。"帝被杀于江都。

史臣曰：阴阳卜祝之事，圣人之教在焉，虽不可以专行，亦不可得而废也。人能弘道，则博利时俗，行非其义，则咎悔及身，故昔之君子所以戒乎妄作。今韦、来之骨法气色，庾、张之推步盈虚，虽落下、高堂、许负、朱建，不能尚也。伯丑龟策，近知鬼神之情，耿询浑仪，不差辰象之度；宝常声律，动应宫商之和，虽不足远拟古人，皆一时之妙也。许氏之运针石，世载可称，萧吉之言阴阳，近于诬诞矣。

隋书卷七九
列传第四四

外　戚

高祖外家吕氏　　独孤罗 弟陁

萧岿 子琮　琮弟瓛

历观前代外戚之家，乘母后之权以取高位厚秩者多矣，然而鲜有克终之美，必罹颠覆之患，何哉？皆由乎无德而尊，不知纪极，忽于满盈之戒，罔念高危之咎，故鬼瞰其室，忧必及之。夫其诚著艰难，功宣社稷，不以谦冲自牧，未免颠蹶之祸。而况道不足以济时，仁不足以利物，自矜于己，以富贵骄人者乎！此吕、霍、上官、阎、梁、窦、邓所以继踵而亡灭者也。

昔文皇潜跃之际，献后便相推毂，炀帝大横方兆，萧妃密勿经纶，是以恩礼绸缪，始终不易。然内外亲戚，莫预朝权，昆弟在位，亦无殊宠。至于居擅玉堂，家称金穴，晖光戚里，重灼四方，将三司以比仪，命五侯而同拜者，终始一代，寂无闻焉。考之前王，可谓矫其弊矣。故虽时经扰攘，无有陷于不义，市朝迁贸，而皆得以保全。比夫凭籍宠私，阶缘恩泽，乘其非据，旋就颠陨者，岂可同日而言哉！此所谓爱之以礼，能改覆车。辄叙其事，为《外戚传》云。

高祖外家吕氏，其族盖微，平齐之后，求访不知所在。至开皇初，济南郡上言，有男子吕永吉，自称有姑字苦桃，为杨□妻。勘验知是舅子，始追赠外祖双周为上柱国、太尉、八州诸军事、青州刺史，封齐郡公，谥曰敬，外祖母姚氏为齐敬公夫人。诏并改葬，于齐州立庙，置守冢十家。以永吉袭爵，留在京师。大业中，授上党郡太守，性识庸劣，职务不理。后去官，不知所终。

永吉从父道贵，姓尤顽呆，言词鄙陋。初自乡里征入长安，上见之悲泣。道贵略无戚容，但连呼高祖名，云："种未定不可偷，大似苦桃姉。"是后数犯忌讳，动致违忤，上甚耻之。乃命高颎厚加供给，不许接对朝士。拜上仪同三司，出为济南太守，令即之任，断其入朝。道贵还至本郡，高自崇重，每与人言，自称皇舅。数将仪卫出入闾里，从故人游宴，官民咸苦之。后郡废，终于家，子孙无闻焉。

独孤罗字罗仁，云中人也。父信，初仕魏为荆州刺史。武帝之入关也，信弃父母妻子西归长安，历职显贵，罗由是遂为高氏所囚。信后仕周为大司马。及信为宇文护所诛，罗始见释，寓居中山，孤贫无以自给。齐将独孤永业以宗族之故，见而哀之，为买田宅，遗以资畜。初，信入关之后，复娶二妻，郭氏生子六人，善、穆、藏、顺、陁、整，崔氏生献皇后。及齐亡，高祖为定州总管，献皇后遣人寻罗，得之，相见悲不自胜，侍御者皆泣。于是厚遗车马财物。未几，周武帝以罗功臣子，久沦异域，征拜楚安郡太守。以疾去官，归于京师。诸弟见罗少长贫贱，每轻侮之，不以兄礼事也。然性长者，亦不与诸弟校竞长短，后由是重之。

及高祖为丞相，拜仪同，常置左右。既受禅，下诏追赠罗父信官爵，曰："褒德累行，往代通规，追远慎终，前王盛典。故柱国信，风宇高旷，独秀生民，叙哲居宗，清献映世。宏谋长策，道著于弼谐，纬义经仁，事深于拯济。方当宣风廊庙，亮采台阶，而运属艰危，功高弗赏，眷言令范，事切于心。今景运初开，椒闱肃建，载怀涂山之义，无忘褒、纪之典。可赠太师、上柱国、冀定等十州刺史、赵国公，邑万户。"其诸弟以罗母没齐，先无夫人之号，不当承袭。上以问后，后曰："罗诚嫡长，不可诬也。"于是袭爵赵国公。以其弟善为河内郡公,穆为金泉县公,藏为武平县公,陁为武喜县公,整为千牛备身。
擢拜罗为左领左右将军,寻迁左卫将军,前后赏赐不可胜计。久而
出为凉州总管,进位上柱国。仁寿中,征拜左武卫大将军。炀帝嗣
位,改封蜀国公。未几,卒官,谥曰恭。

子纂嗣,仕至河阳郡尉。纂弟武都,大业末,亦为河阳郡尉。庶
长子开远,宇文化及之弑逆也,裴虔通率贼入成象殿,宿卫兵士皆
从逆,开远时为千牛,与独孤盛力战于阁下,为贼所执,贼义而舍
之。善后官至柱国。卒,子览嗣,仕至左候卫将军,大业末卒。

独孤陁字黎邪。仕周胥附上士,坐父徙蜀郡十余年。宇文护被
诛,始归长安。高祖受禅,拜上开府、右领左右将军。久之,出为郢
州刺史,进位上大将军,累转延州刺史。

好左道。其妻母先事猫鬼,因转入其家。上微闻而不之信也。
会献皇后及杨素妻郑氏俱有疾,召医者视之,皆曰:"此猫鬼疾也。"
上以陁后之异母弟,陁妻杨素之异母妹,由是意陁所为,阴令其兄
穆以情喻之。上又避左右讽陁,陁言无有。上不悦,左转迁州刺史。
出怨言。上令左仆射高颎、纳言苏威、大理正皇甫孝绪、大理丞杨远
等杂治之。陁婢徐阿尼言,本从陁母家来,常事猫鬼。每以子日夜
祀之。言子者鼠也。其猫鬼每杀人者,所死家财物潜移于畜猫鬼家。
陁尝从家中索酒,其妻曰:"无钱可酤。"陁因谓阿尼曰:"可令猫鬼
向越公家,使我足钱也。"阿尼便咒之归。数日,猫鬼向素家。十一
年,上初从并州还,陁于园中谓阿尼曰:"可令猫鬼向皇后所,使多
赐吾物。"阿尼复咒之,遂入宫中。杨远乃于门下外省遣阿尼呼猫
鬼。阿尼于是夜中置香粥一盆,以匙扣而呼之曰:"猫女可来,无住
宫中。"久之,阿尼色正青,若被牵曳者,云猫鬼已至。上以其事下公
卿,奇章公牛弘曰:"妖由人兴,杀其人可以绝矣。"上令以犊车载陁
夫妻,将赐死于其家。陁弟司勋侍中整诣阙求哀,于是免陁死,除名
为民,以其妻杨氏为尼。先是,有人讼其母为人猫鬼所杀者,上以为
妖妄,怒而遣之。及此,诏诛被讼行猫鬼家。陁未几而卒。

炀帝即位,追念舅氏,听以礼葬,乃下诏曰:"外氏衰祸,独孤陁不幸早世,迁卜有期。言念渭阳之情,追怀伤切,宜加礼命,允备哀荣。可赠正议大夫。"帝意犹不已,复下诏曰:"舅氏之尊,戚属斯重,而降年弗永,凋落相继。缅惟先往,宜崇徽秩。复赠银青光禄大夫。"有二子,延福、延寿。

陁弟整,官至幽州刺史,大业初卒,赠金紫光禄大夫、平乡侯。

萧岿字仁远,梁昭明太子统之孙也。父詧,初封岳阳王,镇襄阳。侯景之乱,其兄河东王誉,与其叔父湘东王绎不协,为绎所害。及绎嗣位,詧称藩于西魏,乞师请讨绎。周太祖以詧为梁主,遣柱国于谨等,率骑五万袭绎,灭之。詧遂都江陵,有荆郡,其西平州延袤三百里之地,称皇帝于其国,车服节文一同王者。仍置江陵总管,以兵戍之。詧薨,岿嗣立,年号天保。岿俊辩,有才学,兼好内典。周武帝平齐之后,岿来贺,帝享之甚欢。亲弹琵琶,令岿起舞,岿曰:"陛下亲御五弦,臣敢不同百兽!"

高祖受禅,恩礼弥厚,遣使赐金五百两,银千两,布帛万匹,马五百匹。岿来朝,上甚敬焉,诏岿位在王公之上。岿被服端丽,进退闲雅,天子瞩目,百僚倾慕。赏赐以亿计。月余归藩,帝亲饯于浐水之上。后备礼纳其女为晋王妃,又欲以其子瑒尚兰陵公主。由是渐见亲待。献皇后言于上曰:"梁主通家,腹心所寄,何劳猜防也。"上然之,于是罢江陵总管,岿专制其国。岁余,岿又来朝,赐缣万匹,珍玩称是。及还,上亲执手曰:"梁主久滞荆楚,未复旧都,故乡之念,良轸怀抱。朕当振旅长江,相送旋反耳。"岿拜谢而去。其年五月,寝疾,临终上表曰:"臣以庸暗,曲荷天慈,宠冠外藩,恩逾连山,爰及子女,尚主婚王。每愿躬擐甲胄,身先士卒,扫荡逋寇,上报明时,而摄生乖舛,遘罹痾疾,属纩在辰,顾阴待谢。长违圣世,感恋呜咽,遗嗣孤藐,特乞降慈。伏愿圣躬与山岳同固,皇基等天日俱永,臣虽九泉,实无遗恨。"并献所服金装剑,上览而嗟悼焉。岿在位二十三年,年四十四薨,梁之臣子谥曰孝明皇帝,庙号世宗。子琮嗣。岿著

《孝经》、《周易义记》及《大小乘幽微》十四卷,行于世。

琼字温文,性宽仁,有大度,倜傥不羁,博学有文义。兼善弓马,遣人伏地著帖,琼驰马射之,十发十中,持帖者亦不惧。初封东阳王,寻立为梁太子。及嗣位,上赐玺书曰:"负何堂构,其事甚重,虽穷忧劳,常须自力。辑谐内外,亲任才良,聿遵世业,是所望也。彼之疆守,咫尺陈人,水潦之时,特宜警备。陈氏比日虽复朝聘相寻,疆场之间犹未清肃,唯当恃我必不可干,勿得轻人而不设备。朕与梁国积世相知,重以亲姻,情义弥厚。江陵之地,朝寄非轻,为国为民,深宜抑割,恒加饘粥,以礼自存。"又赐梁之大臣玺书,诚勉之。时琼年号广运,有识者曰:"运之为字军走也,吾君将奔走乎?"其年,琼遣大将军戚昕以舟师袭陈公安,不克而还。征琼叔父岑入朝,拜为大将军,封怀义公,因留不遣。复置江陵总管以监之。琼所署、大将军许世武密以城召陈将宜黄侯陈纪,谋泄,琼诛之。后二岁,上征琼入朝,率其臣下二百余人,朝于京师,江陵父老莫不陨涕相谓曰:"吾君其不反矣!"上以琼来朝,遣武乡公崔弘度将兵戍之。军至鄀州,琼叔父岩及弟瓛等惧弘度掩袭之,遂引陈人至城下,虏居民而叛。于是废梁国。上遣左仆射高颎安集之,曲赦江陵死罪,给民复十年。梁二主各给守墓十户。拜琼为柱国,赐爵莒国公。

炀帝嗣位,以皇后之故,甚见亲重。拜内史令,故封梁公。琼之宗族,缌麻以上,并随才擢用,于是诸萧昆弟布列朝廷。琼性澹雅,不以职务自婴,退朝纵酒而已。内史令杨约与琼同列,帝令约宣旨诚励,约复以私情喻之。琼答曰:"琼若复事事,则何异于公哉!"约笑而退。约兄素,时为尚书令,见琼嫁从父妹于钳耳氏,因谓琼曰:"公,帝王之族,望高戚美,何乃适妹钳耳氏乎?"琼曰:"前已嫁妹于侯莫陈氏,此复何疑"素曰:"钳耳,羌也,侯莫陈,虏也,何得相比!"素意以虏优羌劣。琼曰:"以羌异虏,未之前闻。"素惭而止。琼虽羁旅,见北间豪贵,无所降下。尝与贺若弼深相友善,弼既被诛,复有童谣曰:"萧萧亦复起。"帝由是忌之,遂废于家,未几而卒。赠左光禄大夫。子铉,襄城通守。复以琼弟子钜为梁公。

钜小名藏,炀帝甚昵之,以为千牛,与宇文皛出入宫掖,伺察内外。帝每有游宴,钜未尝不从焉,遂于宫中多行淫秽。江都之变,为宇文化及所杀。

瓛字钦文,少聪敏,解属文。在梁为荆州刺史,颇有能名。崔弘度以兵至郢州,瓛惧,与其叔父岩奔于陈。陈主以为侍中、安东将军、吴州刺史,甚得物情,三吴父老皆曰:“吾君子也。”及陈亡,吴人推瓛为主。吴人见梁武、简文及詧、岿等兄弟并第三而践尊位,瓛自以岿之第三子也,深自矜负。有谢异者,颇知废兴,梁、陈之际,言无不验,江南人甚敬信之。及陈主被擒,异奔于瓛,由是益为众所归。褒国公宇文述以兵讨之,瓛遣王哀守吴州,自将拒述。述遣兵别道袭吴州,哀惧,衣道士服,弃城而遁。瓛众闻之,悉无斗志,与述一战而败。瓛将左右数人逃于太湖,匿于民家,为人所执,送于述所,斩之长安,时年二十一。

弟璟,为朝请大夫、尚衣奉御。瑒,历卫尉卿、秘书监、陶丘侯。瑀,历内史侍郎、河池太守。

史臣曰:三、五哲王,防深虑远,舅甥之国,罕执钧衡,母后之家,无闻倾败。爰及汉、晋,颠覆继轨,皆由乎进不以礼,故其弊亦速。若使独孤权侔吕、霍,必败于仁寿之前,萧氏势均梁、窦,岂全于大业之后!今或不陨旧基,或更隆先构,岂非处之以道,不预权宠之所致乎!

隋书卷八〇
列传第四五

列　女

兰陵公主　　南阳公主　　襄城王恪妃
华阳王楷妃　　谯国夫人　　郑善果母
孝女王舜　　韩觊妻　　陆让母
刘昶女　　钟士雄母　　孝妇覃氏
元务光母　　裴伦妻　　赵元楷妻

　　自昔贞专淑媛，布在方策者多矣。妇人之德，虽在于温柔，立节垂名，咸资于贞烈。温柔，仁之本也；贞烈，义之资也。非温柔无以成其仁，非贞烈无以显其义。是以诗书所记，风俗所在，图像丹青，流声竹素，莫不守约以居正，杀身以成仁者也。若文伯、王陵之母，白公、杞植之妻，鲁之义姑，梁之高行，卫君灵王之妾，夏侯文宁之女，或抱信以含贞，或蹈忠而践义，不以存亡易心，不以盛衰改节，其修名彰于既往，徽音传于不朽，不亦休乎！或有王公大人之妃偶，肆情于淫僻之俗，虽衣绣衣，食珍膳，坐金屋，乘玉辇，不入彤管之书，不沾良史之笔，将草木以俱落，与麋鹿而同死，可胜道哉！永言载思，实庶姬之耻也。观夫今之静女，各励松筠之操，甘于玉折兰摧，足以无绝今古。故述其雅志，以纂前代之列女云。

　　兰陵公主字阿五,高祖第五女也。美姿仪,性婉顺,好读书,高祖于诸女中特所钟爱。初嫁仪同王奉孝,卒,适河东柳述,时年十八。诸姊并骄贵,主独折节遵于妇道,事舅姑甚谨,遇有疾病,必亲奉汤药。高祖闻之大悦。由是述渐见宠遇。

　　初,晋王广欲以主配其妃弟萧瑒,高祖初许之,后遂适述,晋王因不悦。及述用事,弥恶之。高祖既崩,述徙岭表。炀帝令主与述离绝,将改嫁之。公主以死自誓,不复朝谒,上表请免主号,与述同徙。帝大怒曰:“天下岂无男子,欲与述同徙耶?”主曰:“先帝以妾适于柳家,今其有罪,妾当从坐,不愿陛下屈法申恩。”帝不从,主忧愤而卒,时年三十二。临终上表曰:“昔共姜自誓,著美前诗,郾妫不言,传芳往诰。妾虽负罪,窃慕古人。生既不得从夫,死乞葬于柳氏。”帝览之愈怒,竟不哭,乃葬主于洪渎川,资送甚薄。朝野伤之。

　　南阳公主者,炀帝之长女也。美风仪,有志节,造次必以礼。年十四,嫁于许国公宇文述子士及,以谨肃闻。及述病且卒,主亲调饮食,手自奉上,世以此称之。

　　及宇文化及杀逆,主随至聊城,而化及为窦建德所败,士及自济北西归大唐。时隋代衣冠并在其所,建德引见之,莫不惶惧失常,唯主神色自若。建德与语,主自陈国破家亡,不能报怨雪耻,泪下盈襟,声辞不辍,情理切至。建德及观听者莫不为之动容陨涕,咸肃然敬异焉。及建德诛化及,时主有一子,名禅师,年且十岁。建德遣武贲郎将于士澄谓主曰:“宇文化及躬行杀逆,人神所不容。今将族灭其家,公主之子,法当从坐,若不能割爱,亦听留之。”主泣曰:“武贲既是隋室贵臣,此事何须见问!”建德竟杀之。主寻请建德削发为尼。

　　及建德败,将归西京,复与士及遇于东都之下,主不与相见。士及就之,立于户外,请复为夫妻。主拒之曰:“我与君仇家。今恨不能手刃君者,但谋逆之日察君不预知耳。”因与告绝,诃令速去。士及固请之,主怒曰:“必欲就死,可相见也。士及见其言切,知不可屈,乃拜辞而去。

襄城王恪妃者,河东柳氏女也。父旦,循州刺史。妃恣仪端丽,年十余,以良家子合法相,娉以为妃。未几,而恪被废,妃修妇道,事之愈敬。炀帝嗣位,恪复徙边,帝令使者杀之于道。恪与辞诀,妃曰:"若王死,妾誓不独生。"于是相对恸哭。恪既死,棺敛讫,妃谓使者曰:"妾誓与杨氏同穴。若身死之后得不别埋,君之惠也。"遂抚棺号恸,自经而卒。见者莫不为之涕流。

华阳王楷妃者,河南元氏之女也。父岩,性明敏,有气干。仁寿中,为黄门侍郎,封龙涸县公。炀帝嗣位,坐与柳述连事,除名为民,徙南海。後会赦,还长安。有人谮岩逃归,收而杀之。妃有姿色,性婉顺,初以选为妃。未几而楷被幽废,妃事楷逾谨,每见楷有忧惧之色,辄陈义理以慰谕之,楷甚敬焉。及江都之乱,楷遇宇文化及之逆,以妃赐其党元武达。武达初以宗族之礼,置之别舍,后因醉而逼之。妃自誓不屈,武达怒,挞之百余,辞色弥厉。因取甓自毁其面,血泪交下,武达释之。妃谓其徒曰:"我不能早死,致令将见侵辱,我之罪也。"因不食而卒。

谯国夫人者,高凉洗氏之女也。世为南越首领,跨据山洞,部落十余万家。夫人幼贤明,多筹略,在父母家,抚循部众,能行军用师,压服诸越。每劝亲族为善,由是信义结于本乡。越人之俗,好相攻击,夫人兄南梁州刺史挺,恃其富强,侵掠傍郡,岭表苦之。夫人多所规谏,由是怨隙止息,海南、儋耳归附者千余洞。梁大同初,罗州刺史冯融闻夫人有志行,为其子高凉太守宝娉以为妻。融本北燕苗裔。初,冯弘之投高丽也,遣融大父业以三百人浮海归宋,因留于新会。自业及融,三世为守牧,他乡羁旅,号令不行。至是,夫人诫约本宗,使从民礼。每共宝参决辞讼,首领有犯法者,虽是亲族,无所舍纵。自此政令有序,人莫敢违。

遇侯景反，广州都督萧勃征兵援台。高州刺史李迁仕据大皋口，遣召宝。宝欲往，夫人止之曰："刺史无故不合召太守，必欲诈君共为反耳。"宝曰："何以知之？"夫人曰："刺史被召援台，乃称有疾，铸兵聚众，而后唤君。今者若往，必留质，追君兵众。此意可见，愿且无行，以观其势。"数日，迁仕果反，遣主帅杜平虏率兵入赣石。宝知之，遽告，夫人曰："平虏，骁将也，领兵入赣石，即与官兵相拒，势未得还。迁仕在州，无能为也。若君自往，必有战斗。宜遣使诈之，卑辞厚礼，云身未敢出，欲遣妇往参。彼闻之喜，必无防虑。于是我将千余人，步担杂物，唱言输赕，得至栅下，贼必可图。"宝从之，迁仕果大喜，觇夫人众皆担物，不设备。夫人击之，大捷。迁仕遂走，保于宁都。夫人总兵与长城侯陈霸先会于赣石。还谓宝曰："陈都督大可畏，极得众心。我观此人必能平贼，君宜厚资之。"

及宝卒，岭表大乱，夫人怀集百越，数州晏然。至陈永定二年，其子仆年九岁，遣帅诸首领朝于丹阳，起家拜阳春郡守。后广州刺史欧阳纥谋反，召仆至高安，诱与为乱。仆遣使归告夫人，夫人曰："我为忠贞，经今两代，不能惜汝辄负国家。"遂发兵拒境，帅百越酋长迎章昭达。内外逼之，纥徒溃散。仆以夫人之功，封信都侯，加平越中郎将，转石龙太守。诏使持节册夫人为中郎将、石龙太夫人，赍绣幰油络驷马安车一乘，给鼓吹一部，并麾幢旌节，其卤簿一如刺史之仪。至德中，仆卒。后遇陈国亡，岭南未有所附，数郡共奉夫人，号为圣母，保境安民。

高祖遣总管韦洸安抚岭外，陈将徐璒以南康拒守。洸至岭下，逡巡不敢进。初，夫人以扶南犀杖献于陈主，至此，晋王广遣陈主遗夫人书，谕以国亡，令其归化，并以犀杖及兵符为信。夫人见杖，验知陈亡，集首领数千，尽日恸哭。遣其孙魂帅众迎洸，入至广州，岭南悉定。表魂为仪同三司，册夫人为宋康郡夫人。

未几，番禺人王仲宣反，首领皆应之，围洸于州城，进兵屯衡岭。夫人遣孙暄帅师救洸。暄与逆党陈佛智素相友善，故迟留不进。夫人知之，大怒，遣使执暄，系于州狱。又遣孙盎出讨佛智，战克，斩之。进兵至南海，与鹿愿军会，共败仲宣。夫人亲被甲，乘介马，张锦伞，领彀骑，卫诏使裴矩巡抚诸州，其苍梧首领陈坦、冈州冯岑翁、梁化邓马头、藤州李光略、罗州庞靖等皆来参谒。还令统其部落，岭表遂定。高祖异之，拜盎为高州刺史，仍赦出暄，拜罗州刺史。追赠宝为广州总管、谯国公，册夫人为谯国夫人。以宋康邑回授仆妾洗氏。仍开谯国夫人幕府，置长史以下官属，给印章，听发部落六州兵马，若有机急，便宜行事。降敕书曰："朕抚育苍生，情均父母，欲使率土清净，兆庶安乐。而王仲宣等辄相聚结，扰乱彼民，所以遣往诛剪，为百姓除害。夫人情在奉国，深识正理，遂令孙盎斩获佛智，竟破群贼，甚有大功。今赐夫人物五千段。暄不进愆，诚合罪责，以夫人立此诚效，故特原免。夫人宜训导子孙，敦崇礼教，遵奉朝化，以副朕心。"皇后以首饰及宴服一袭赐之，夫人并盛于金箧，并梁、陈赐物各藏于一库。每岁时大会，皆陈于庭，以示子孙，曰："汝等宜尽赤心向天子。我事三代主，唯用一好心。今赐物具存，此忠孝之报也，愿汝皆思念之。"

　　时番州总管赵讷贪虐，诸俚獠多有亡叛。夫人遣长史张融上封事，论安抚之宜，并言讷罪状，不可以招怀远人。上遣推讷，得其赃贿，竟致于法。降敕委夫人招慰亡叛。夫人亲载诏书，自称使者，历十余州，宣述上意，谕诸俚獠，所至皆降。高祖嘉之，赐夫人临振县汤沐邑，一千五百户。赠仆为崖州总管、平原郡公。仁寿初，卒，赙物一千段，谥为诚敬夫人。

　　郑善果母者，清河崔氏之女也。年十三，出适郑诚，生善果。而诚讨尉迥，力战死于阵。母年二十而寡，父彦穆欲夺其志，母抱善果谓彦穆曰："妇人无再见男子之义。且郑君虽死，幸有此儿。弃儿为不慈，背死为无礼。宁当割耳截发以明素心，违礼灭慈，非敢闻命。"善果以父死王事，年数岁，拜使持节、大将军，袭爵开封县公，邑一千户。开皇初，进封武德郡公。年十四，授沂州刺史，转景州刺史，寻为鲁郡太守。母性贤明，有节操，博涉书史，通晓治方。每善果出听事,母恒坐胡床,于鄣后察之。闻其剖断合理,归则大悦,即赐之坐,相对谈笑;若行事不允,或妄瞋怒,母乃还堂,蒙被而泣,终日不食。善果伏于床前,亦不敢起。母方起谓之曰:"吾非怒汝,乃愧汝家耳。吾为汝家妇,获奉洒扫,如汝先君,忠勤之士也,在官清恪,未尝问私,以身徇国,继之以死,吾亦望汝副其此心。汝既年小而孤,吾寡妇耳,有慈无威,使汝不知礼训,何可负荷忠臣之业乎?汝自童子承袭茅土,位至方伯,岂汝身致之邪?安可不思此事而妄加瞋怒,心缘骄乐,堕于公政!内则坠尔家风,或亡失官爵,外则亏天子之法,以取罪戾。吾死之日,亦何面目见汝先人于地下乎?"

母恒自纺绩,夜分而寐。善果曰:"儿封侯开国,位居三品,秩俸幸足,母何自勤如是邪?"答曰:"呜呼!汝年已长,吾谓汝知天下之理,今闻此言,故犹未也。至于公事,何由济乎?今此秩俸,乃是天子报尔先人之徇命也。当须散赡六姻,为先君之惠,妻子奈何独擅其利,以为富贵哉!又丝枲纺织,妇人之务,上自王后,下至大夫士妻,各有所制。若堕业者,是为骄逸。吾虽不知礼,其可自败名乎?"

自初寡,便不御脂粉,常服大练。性又节俭,非祭祀宾客之事,酒肉不妄陈于前。静室端居,未尝辄出门阁。内外姻戚有吉凶事,但厚加赠遗,皆不诣其家。非自手作及庄园禄赐所得,虽亲族礼遗,悉不许入门。

善果历任州郡,唯内自出馔,于廨中食之,公廨所供,皆不许受,悉用修治廨宇及分给僚佐。善果亦由此克己,号为清吏。炀帝遣御史大夫张衡劳之,考为天下最。征授光禄卿。其母卒后,善果为大理卿,渐骄姿,清公平允遂不如畴昔焉。

孝女王舜者,赵郡王子春之女也。子春与从兄长忻不协,属齐灭之际,长忻与其妻同谋杀子春。舜时年七岁,有二妹,粲年五岁,璠年二岁,并孤苦,寄食亲戚。舜抚育二妹,恩义甚笃。而舜阴有复仇之心,长忻殊不为备。姐妹俱长,亲戚欲嫁之,辄拒不从。及密谓其二妹曰:"我无兄弟,致使父仇不复。吾辈虽是女子,何用生为?我欲共汝报复,汝意如何?"二妹皆垂泣曰:"唯姊所命。"是夜,姊妹各持刀逾墙而入,手杀长忻夫妻,以告父墓。因诣县请罪,姊妹争为谋首,州县不能决。高祖闻而嘉叹,特原其罪。

韩觊妻者,洛阳于氏女也,字茂德。父实,周大左辅。于氏年十四,适于觊。虽生长膏腴,家门鼎盛,而动遵礼度,躬自俭约,宗党敬之。年十八,觊从军战没,于氏哀毁骨立,恸感行路。每至朝夕奠祭,皆手自捧持。及免丧,其父以其幼少无子,将嫁之。誓无异志。复令家人敦喻,于氏昼夜涕泣,截发自誓。其父喟然伤感,遂不夺其志焉。因养夫之孽子世隆为嗣,身自抚育,爱同己生,训导有方,卒能成立。自孀居已后,唯时或归宁,至于亲族之家,绝不来往。有尊卑就省谒者,送迎皆不出户庭。蔬食布衣,不听声乐,以此终身。高祖闻而嘉叹,下诏褒美,表其门闾,长安中号为节妇阙。终于家,年七十二。

陆让母者,上党冯氏女也。性仁爱,有母仪,让即其孽子也。仁寿中,为番州刺史,数有聚敛,赃货狼籍,为司马所奏。上遣使按之皆验,于是囚诣长安,亲临问。让称冤,上复令治书侍御史抚按之,状不易前。乃命公卿百僚议之,咸曰:"让罪当死"。诏可其奏。

让将就刑,冯氏蓬头垢面诣朝堂数让曰:"无汗马之劳,致位刺史,不能尽诚奉国,以答鸿恩,而反违犯宪章,赃货狼籍。若言司马诬汝,百姓百官不应亦皆诬汝。若言至尊不怜悯汝,何故治书覆汝?岂诚臣?岂孝子?不诚不孝,何以为人!"于是流涕呜咽,亲持盂粥劝让令食。既而上表求哀,词情甚切,上悯然为之改容。献皇后甚奇其意,致请于上。治书侍御史柳彧进曰:"冯氏母德之至,有感行路。如或杀之,何以为劝?"上于是集京城士庶于朱雀门,遣舍人宣诏曰:"冯氏以嫡母之德,足为世范,慈爱之道,义感人神,特宜矜免,用奖风俗。让可减死,除名为民。"复下诏曰:"冯氏体备仁慈,夙闲礼度。孽让非其所生,往犯宪章,宜从极法,躬自诣阙,为之请命,匍匐顿颡。朕哀其义，特免死辜。使天下妇人皆如冯者，岂不闺门雍睦，风俗和平！朕每嘉叹不能已。宜摽扬优赏，用章有德。可赐物五百段。"集诸命妇，与冯相识，以宠异之。

刘昶女者，河南长孙氏之妇也。昶在周，尚公主，官至柱国、彭国公，数为将帅，位望隆显。与高祖有旧。及受禅，甚亲任，历左武卫大将军、庆州总管。其子居士，为太子千牛备身，聚徒任侠，不遵法度，数得罪。上以昶故，每辄原之。居士转恣，每大言曰："男儿要当辫头反缚，篷簳上作獠舞。"取公卿子弟膂力雄健者，辄将至家，以车轮括其颈而棒之。殆死能不屈者，称为壮士，释而与交。党与三百人，其矫捷者号为饿鹘队，武力者号为蓬转队。每韝鹰继犬，连骑道中，殴击路人，多所侵夺。长安市里无贵贱，见之者皆辟易，至于公卿妃主，莫敢与校者。其女则居士之姊也，每垂泣诲之，殷勤恳恻。居士不改，至破家产。昶年老，奉养甚薄。其女时寡居，哀昶如此，每归宁于家，躬勤纺绩，以致其甘脆。

有人告居士与其徒游长安城，登故未央殿基，南向坐，前后列队，意有不逊，每相约曰："当为一死耳。"又时有人言居士遣使引突厥令南寇，当于京师应之。上谓昶曰："今日之事，当复如何？"昶犹恃旧恩，不自引咎，直前曰："黑白在于至尊。"上大怒，下昶狱，捕居士党与，治之甚急。宪司又奏昶事母不孝。其女知昶必不免，不食者数日，每亲调饮食，手自捧持，诣大理饷其父。见狱卒，长跪以进，嘘唏呜咽，见者伤之。居士坐斩，昶竟赐死于家。诏百僚临视。时其女绝而复苏者数矣，公卿慰谕之。其女言父无罪，坐子以及于祸。词情哀切，人皆不忍闻见。遂布衣蔬食以终其身。上闻而叹曰："吾闻衰门之女，兴门之男，固不虚也！"

钟士雄母者，临贺蒋氏女也。士雄仕陈，为伏波将军。陈主以士雄岭南酋帅，虑其反覆，每质蒋氏于都下。及晋王广平江南，以士雄在岭表，欲以恩义致之，遣蒋氏归临贺。既而同郡虞子茂、钟文华等作乱,举兵攻城,遣人召士雄,士雄将应之。蒋氏谓士雄曰:"我前在扬都,备尝辛苦。今逢圣化,母子聚集,没身不能上报,焉得为逆哉!汝若禽兽其心,背德忘义者,我当自杀于汝前。"士雄于是遂止。蒋氏复为书与子茂等,谕以祸福。子茂不从,寻为官军所败。上闻蒋氏,甚异之,封为安乐县君。

时尹州寡妇胡氏者,不知何氏妻也。甚有志节,为邦族所重。当江南之乱,讽谕宗党,皆守险不从叛逆,封为密陵郡君。

孝妇覃氏者,上郡钟氏妇也。与其夫相见未几而夫死,时年十八。事后姑以孝闻。数年之间,姑及伯叔皆相继而死,覃氏家贫,无以葬。于是躬自节俭,昼夜纺绩,蓄财十年,而葬八丧,为州里所敬。上闻而赐米百石,表其门闾。

元务光母者,范阳卢氏女也。少好读书,造次以礼。盛年寡居,诸子幼弱,家贫不能就学,卢氏每亲自教授,勖以义方,世以此称之。仁寿末,汉王谅举兵反,遣将綦良往山东略地。良以务光为记室。及良败,慈州刺史上官政簿籍务光之家,见卢氏,悦而逼之,卢氏以死自誓。政为人凶悍,怒甚,以烛烧其身。卢氏执志弥固,竟不屈节。

裴伦妻,河东柳氏女也,少有风训。大业末,伦为渭源令。属薛举之乱,县城为贼所陷,伦遇害。柳时年四十,有二女及儿妇三人,皆有美色。柳氏谓之曰:"我辈遭逢祸乱,汝父已死,我自念不能全汝。我门风有素,义不受辱于群贼,我将与汝等同死,如何?其女等皆垂泣曰:"唯母所命。"柳氏遂自投于井,其女及妇相继而下,皆重死于井中。

赵元楷妻者,清河崔氏之女也。父儦,在《文学传》。家有素范,子女皆遵礼度。元楷父为仆射,家富于财,重其门望,厚礼以聘之。

元楷甚敬崔氏，虽在宴私，不妄言笑，进止容服，动合礼仪。

化及之反也，元楷随至河北，将归长安。至滏口，遇盗攻掠，元楷仅以身免。崔氏为贼所拘，贼请以为妻，崔氏谓贼曰："我士大夫女，为仆射子妻，今日破亡，自可即死。遣为贼妇，终必不能。"群贼毁裂其衣，形体悉露，缚于床箦之上，将凌之。崔氏惧为所辱，诈之曰："今力已屈，当听处分，不敢相违，请解缚。"贼遽释之。崔因著衣，取贼佩刀，倚树而立曰："欲杀我，任加刀锯。若觅死，可来相逼！"贼大怒，乱射杀之。元楷后得杀妻者，支解之，以祭崔氏之柩。

史臣曰：夫称妇人之德，皆以柔顺为先，斯乃举其中庸，未臻其极者也。至于明识远图，贞心峻节，志不可夺，唯义所在，考之图史，亦何世而无哉。兰陵主质迈寒松，南阳主心逾匪石，洗媪、孝女之忠壮，崔、冯二母之诚恳，足使义勇惭其志烈，兰玉谢其贞芳。襄城、华阳之妃，裴伦、元楷之妇，时逢艰阻，事乖好合，甘心同穴，颠沛靡它。志励冰霜，言逾皎日，虽《诗》咏共姜之自誓，《传》述伯姬之守死，其将复何以加焉！

隋书卷八一
列传第四六

东　夷

高丽　百济　新罗　靺鞨　流求国
倭国

　　高丽之先,出自夫余。夫余王尝得河伯女,因闭于室内,为日光随而照之,感而遂孕,生一大卵,有一男子破壳而出,名曰朱蒙。夫余之臣以朱蒙非人所生,咸请杀之,王不听。及壮,因从猎,所获居多,又请杀之。其母以告朱蒙,朱蒙弃夫余东南走。遇一大水,深不可越。朱蒙曰:"我是河伯外孙,日之子也。今有难,而追兵且及,如何得渡?"于是鱼鳖积而成桥,朱蒙遂渡。追骑不得济而还。

　　朱蒙建国,自号高句丽,以高为氏。朱蒙死,子闾达嗣。至其孙莫来兴兵,遂并夫余。至裔孙位宫,以魏正始中入寇西安平,田丘俭拒破之。位宫玄孙之子曰昭列帝,为慕容氏所破,遂入丸都,焚其宫室,大掠而还。昭列帝后为百济所杀。其曾孙琏,遣使后魏。琏六世孙汤,在周遣使朝贡,武帝拜汤上开府、辽东郡公、辽东王。高祖受禅,汤复遣使诣关,进授大将军,改封高丽王。岁遣使朝贡不绝。

　　其国东西二千里,南北千余里。都于平壤城,亦曰长安城,东西六里,随山屈曲,南临浿水。复有国内城、汉城,并其都会之所,其国中呼为"三京"。与新罗每相侵夺,战争不息。官有太大兄,次大兄,次小兄,次对卢,次意侯奢,次乌拙,次太大使者,次大使者,次小使者,次褥奢,次翳属,次仙人,凡十二等。复有内评、外评、五部褥萨。人皆皮冠,使人加插鸟羽。贵者冠用紫罗,饰以金银。服大袖衫,大口袴,素皮带,黄革屦。妇人裙襦加襈。兵器与中国略同。每春秋校猎,王亲临之。人税布五匹,谷五石。游人则三年一税,十人共细布一匹。租户一石,次七斗,下五斗。反逆者缚之于柱,爇而斩之,籍没其家。盗则偿十倍。用刑既峻,罕有犯者。乐有五弦、琴、筝、筚篥、横吹、箫、鼓之属,吹芦以和曲。每年初,聚戏于浿水之上,王乘腰舆,列羽仪以观之。事毕,王以衣服入水,分左右为二部,以水石相溅掷,喧呼驰逐,再三而止。俗好蹲踞,洁净自喜,以趋走为敬,拜则曳一脚,立各反拱,行必摇手。性多诡伏。父子同川而浴,共室而寝。妇人淫奔,俗多游女。有婚嫁者,取男女相悦,然即为之,男家送猪酒而已,无财聘之礼。或有受财者,人共耻之。死者殡于屋内,经三年,择吉日而葬。居父母及夫之丧,服皆三年,兄弟三月,初终哭泣,葬则鼓舞作乐以送之。埋讫,悉取死者生时服玩车马置于墓侧,会葬者争取而去。敬鬼神,多淫祠。

开皇初,频有使入朝。及平陈之后,汤大惧,治兵积谷,为守拒之策。十七年,上赐汤玺书曰:

朕受天命,爱育率土,委王海隅,宣扬朝化,欲使圆首方足各遂其心。王每遣使人,岁常朝贡,虽称藩附,诚节未尽。王既人臣,须同朕德,而乃驱逼靺鞨,固禁契丹。诸藩顿颡,为我臣妾,忿善人之慕义,何毒害之情深乎?太府工人,其数不少,王必须之,自可闻奏。昔年潜行财货,利动小人,私将弩手逃窜下国。岂非修理兵器,意欲不臧,恐有外闻,故为盗窃?时命使者,抚慰王藩,本欲问彼人情,教彼政术。王乃坐之空馆,严加防守,使其闭目塞耳,永无闻见。有何阴恶,弗欲人知,禁制官司,畏其访察?又数遣马骑,杀害边人,屡骋奸谋,动作邪说,心在不宾。

朕于苍生悉如赤子,赐王土宇,授王官爵,深恩殊泽,彰著遐迩。王专怀不信,恒自猜疑,常遣使人密觇消息,纯臣之义岂若是也？盖当由朕训导不明，王之愆违，一已宽恕，今日以后，必须改革。守藩臣之节，奉朝正之典，自化尔藩，勿忤他国，则长享富贵，实称朕心。彼之一方，虽地狭人少，然普天之下，皆为朕臣。今若黜王，不可虚置，终须更选官属，就彼安抚。王若洒心易行，率由宪章，即是朕之良臣，何劳别遣才彦也？昔帝王作法，仁信为先，有善必赏，有恶必罚，四海之内，具闻朕旨。王若无罪，朕忽加兵，自余藩国谓朕何也！王必虚心纳朕此意，慎勿疑惑，更怀异图。

往者陈叔宝代在江阴，残害人庶，惊动我烽候，抄掠我边境。朕前后诫敕，经历十年，彼则恃长江之外，聚一隅之众，惛狂骄傲，不从朕言。故命将出师，除彼凶逆，来往不盈旬月，兵骑不过数千。历代逋寇，一朝清荡，遐迩又安，人神胥悦。闻王叹恨，独致悲伤，黜陟幽明，有司是职，罪王不为陈灭，赏王不为陈存，乐祸好乱，何为尔也？王谓辽水之广何如长江？高丽之人，多少陈国？朕若不存含育，责王前愆，命一将军，何待多力！殷勤晓示，许王自新耳。宜得朕怀，自求多福。

汤得书惶恐，将奉表陈谢，会病卒。子元嗣立。高祖使使拜元为上开府、仪同三司，袭爵辽东郡公，赐衣一袭。元奉表谢恩，并贺祥瑞，因请封王。高祖优册元为王。

明年，元率靺鞨之众万余骑寇辽西，营州总管韦冲击走之。高祖闻而大怒，命汉王谅为元帅，总水陆讨之，下诏黜其爵位。时馈运不继，六军乏食，师出临渝关，复遇疾疫，王师不振。及次辽水，元亦惶惧，遣使谢罪，上表称"辽东粪土臣元"云云。上于是罢兵，待之如初，元亦岁遣朝贡。

炀帝嗣位，天下全盛，高昌王、突厥启人可汗并亲诣阙贡献，于是征元入朝。元惧，藩礼颇阙。大业七年，帝将讨元之罪，车驾渡辽水，上营于辽东城，分道出师，各顿兵于其城下。高丽率兵出拒，战多不利，于是皆婴城固守。帝令诸军攻之，又敕诸将："高丽若降者，即宜抚纳，不得纵兵。"城将陷，贼辄言请降，诸将奉旨不敢赴机，先令驰奏。比报至,贼守御亦备,随出拒战。如此者再三,帝不悟。由是食尽师老,转输不继,诸军多败绩,于是班师。是行也,唯于辽水西拔贼武厉逻,置辽东郡及通定镇而还。

九年,帝复亲征之,乃敕诸军以便宜从事。诸将分道攻城,贼势日蹙。会杨玄感作乱,反书至,帝大惧,即日六军并还。兵部侍郎斛斯政亡入高丽,高丽具知事实,悉锐来追,殿军多败。十年,又发天下兵,会盗贼蜂起,人多流亡,所在阻绝,军多失期。至辽水,高丽亦困弊,遣使乞降,囚送斛斯政以赎罪。帝许之,顿于怀远镇,受其降款。仍以俘囚军实归。至京师,以高丽使者亲告于太庙,因拘留之。仍征元入朝,元竟不至。帝敕诸军严装,更图后举,会天下大乱,遂不克复行。

百济之先,出自高丽国。其国王有一侍婢,忽怀孕,王欲杀之。婢云:"有物状如鸡子,来感于我,故有娠也。"王舍之。后遂生一男,弃之厕溷,久而不死,以为神,命养之,名曰东明。及长,高丽王忌之,东明惧,逃至淹水,夫余人共奉之。东明之后,有仇台者,笃于仁信,始立其国于带方故地。汉辽东太守公孙度以女妻之,渐以昌盛,为东夷强国。初以百家济海,因号百济。历十余代,代臣中国,前史载之详矣。开皇初,其王余昌遣使贡方物,拜昌为上开府、带方郡公、百济王。

其国东西四百五十里,南北九百余里,南接新罗,北拒高丽。其都曰居拔城。官有十六品:长曰左平,次大率,次恩率,次德率,次杆率,次奈率,次将德,服紫带;次施德,皂带;次固德,赤带;次季德,青带;次对德以下,皆黄带;次文督,次武督,次佐军,次振武,次克虞,皆用白带。其冠制并同,唯奈率以上饰以银花。长史三年一交代。畿内为五部,部有五巷,士人居焉。五方各有方领一人,方佐贰之。方有十郡,郡有将。其人杂有新罗、高丽、倭等,亦有中国人。其衣服与高丽略同。妇人不加粉黛,女辫发垂后,已出嫁则分为两道,盘于头上。俗尚骑射,读书史,能吏事,亦知医药、蓍龟、占相之术。

以两手据地为敬。有僧尼,多寺塔。有鼓角、箜篌、筝、竽、箎、笛之乐,投壶、围棋、樗蒲、握槊、弄珠之戏。行宋《元嘉历》,以建寅月为岁首。国中大姓有八族,沙氏、燕氏、刕氏、解氏、贞氏、国氏、木氏、苗氏。婚娶之礼略同于华。丧制如高丽。有五谷、牛、猪、鸡,多不火食。厥田下湿,人皆山居。有巨粟。每以四仲之月,王祭天及五帝之神。立其始祖仇台庙于国城,岁四祠之。国西南人岛居者十五所,皆有城邑。

平陈之岁,有一战船漂至海东聃牟罗国,其船得还,经于百济,昌资送之甚厚,并遣使奉表贺平陈。高祖善之,下诏曰:"百济王既闻平陈,远令奉表,往复至难,若逢风浪,便致伤损。百济王心迹淳至,朕已委知。相去虽远,事同言面,何必数遣使来相体悉。自今以后,不须年别入贡,朕亦不遣使往,王宜知之。"使者舞蹈而去。

开皇十八年,昌使其长史王辩那来献方物,属兴辽东之役,遣使奉表,请为军导。帝下诏曰:"往岁为高丽不供职贡,无人臣礼,故命将讨之。高元君臣恐惧,畏服归罪,朕已赦之,不可致伐。"厚其使而遣之。高丽颇知其事,以兵侵掠其境。

昌死,子余宣立,死,子余璋立。

大业三年,璋遣使者燕文进朝贡。其年,又遣使者王孝邻入献,请讨高丽。炀帝许之,令觇高丽动静。然璋内与高丽通和,挟诈以窥中国。七年,帝亲征高丽,璋使其臣国智牟来请军期。帝大悦,厚加赏赐,遣尚书起部郎席律诣百济,与相知。明年,六军渡辽,璋亦严兵于境,声言助军,实持两端。寻与新罗有隙,每相战争。十年,复遣使朝贡。后天下乱,使命遂绝。

其南海行三月,有聃牟罗国,南北千余里,东西数百里,土多獐鹿,附庸于百济。百济自西行三日,至貊国云。

新罗国,在高丽东南,居汉时乐浪之地,或称斯罗。魏将毌丘俭讨高丽,破之,奔沃沮。其后复归故国,留者遂为新罗焉。故其人杂有华夏、高丽、百济之属,兼有沃沮、不耐、韩、獩之地。其王本百济人,自海逃入新罗,遂王其国。传祚至金真平,开皇十四年,遣使贡方物。高祖拜真平为上开府、乐浪郡公、新罗王。其先附庸于百济,后因百济征高丽,高丽人不堪戎役,相率归之,遂致强盛,因袭百济附庸于迦罗国。其官有十七等:其一曰伊罚干,贵如相国;次伊尺干,次迎干,次破弥干,次大阿尺干,次阿尺干,次乙吉干,次沙咄干,次及伏干,次大奈摩干,次奈摩,次大舍,次小舍,次吉士,次大乌,次小乌,次造位。外有郡县。其文字、甲兵同于中国。选人壮健者悉入军,烽、戍、逻俱有屯管部伍。风俗、刑政、衣服,略与高丽、百济同。每正月旦相贺,王设宴会,班赉群官。其日拜日月神。至八月十五日,设乐,令官人射,赏以马布。其有大事,则聚群官详议而定之。服色尚素。妇人辫发绕头,以杂彩及珠为饰。婚嫁之礼,唯酒食而已,轻重随贫富。新婚之夕,女先拜舅姑,次即拜夫。死有棺敛,葬起坟陵。王及父母妻子丧,持服一年。田甚良沃,水陆兼种。其五谷、果菜、鸟兽物产,略与华同。大业以来,岁遣朝贡。新罗地多山险,虽与百济构隙,百济亦不能图之。

靺鞨,在高丽之北,邑落俱有酋长,不相总一。凡有七种:其一号栗末部,与高丽相接,胜兵数千,多骁武,每寇高丽中。其二曰伯咄部,在栗末之北,胜兵七千。其三曰安车骨部,在伯咄东北。其四曰拂涅部,在伯咄东。其五曰号室部,在拂涅东。其六曰黑水部,在安车骨西北。其七曰白山部,在栗末东南。胜兵并不过三千,而黑水部尤为劲健。自拂涅以东,矢皆石镞,即古之肃慎氏也。所居多依山水,渠帅曰大莫弗瞒咄,东夷中为强国。有徒太山者,俗甚敬畏,上有熊罴豹狼,皆不害人,人亦不敢杀。地卑湿,筑土如堤,凿穴以居,开口向上,以梯出入。相与偶耕,土多粟麦穄。水气咸,生盐于木皮之上。其畜多猪。嚼米为酒,饮之亦醉。妇人服布,男子衣猪狗皮。俗以溺洗手面,于诸夷最为不洁。其俗淫而妒,其妻外淫,人有告其夫者,夫辄杀妻,杀而后悔,必杀告者,由是奸淫之事终不发扬。人皆射猎为业,角弓长三尺,箭长尺有二寸。常以七八月造毒药,傅矢以射禽兽,中者立死。

　　开皇初,相率遣使贡献。高祖诏其使曰:"朕闻彼土人庶多能勇捷,今来相见,实副朕怀。朕视尔等如子,尔等宜敬朕如父。"对曰:"臣等僻处一方,道路悠远,闻内国有圣人,故来朝拜。既蒙劳赐,亲奉圣颜,下情不胜欢喜,愿得长为奴仆也。"其国西北与契丹相接,每相劫掠。后因其使来,高祖诫之曰:"我怜念契丹与尔无异,宜各守土境,岂不安乐?何为辄相攻击,甚乖我意!"使者谢罪。高祖因厚劳之,令宴饮于前。使者与其徒皆起舞,其曲折多战斗之容。上顾谓侍臣曰:"天地间乃有此物,常作用兵意,何其甚也!"然其国与隋悬隔,唯栗末、白山为近。

　　炀帝初与高丽战,频败其众,渠帅度地稽率其部来降。拜为右光禄大夫,居之柳城,与边人来往。悦中国风俗,请被冠带,帝嘉之,赐以锦绮而褒宠之。及辽东之役,度地稽率其徒以从,每有战功,赏赐优厚。十三年,从帝幸江都,寻放归柳城。在途遇李密之乱,密遣兵邀之,前后十余战,仅而得免。至高阳,复没于王须拔。未几,遁归罗艺。

　　流求国,居海岛之中,当建安郡东,水行五日而至。土多山洞。其王姓欢斯氏,名渴剌兜,不知其由来有国代数也。彼土人呼之为可老羊,妻曰多拔茶。所居曰波罗檀洞,堑栅三重,环以流水,树棘为藩。王所居舍,其大一十六间,雕刻禽兽。多斗镂树,似橘而叶密,条纤如发,然下垂。国有四五帅,统诸洞,洞有小王。往往有村,村有鸟了帅,并以善战者为之,自相树立,理一村之事。男女皆以白纻绳缠发,从项后盘绕至额。其男子用鸟羽为冠,装以珠贝,饰以赤毛,形制不同。妇人以罗纹白布为帽,其形正方。织斗镂皮并杂色纻及杂毛以为衣,制裁不一。缀毛垂螺为饰,杂色相间,下垂小贝,其声如珮。缀铛施钏,悬珠于颈。织藤为笠,饰以毛羽。有刀稍、弓、箭、剑、铍之属。其处少铁,刃皆薄小,多以骨角辅助之。编纻为甲,或用熊豹皮。王乘木兽,令左右舆之而行,导从不过数十人。小王

乘机,镂为兽形。国人好相攻击,人皆骁健善走,难死而耐创。诸洞
各为部队,不相救助。两阵相当,勇者三五人出前跳噪,交言相骂,
因相击射。如其不胜,一军皆走,遣人致谢,即共和解。收取斗死者,
共聚而食之,仍以髑髅将向王所。王则赐之以冠,使为队帅。无赋
敛,有事则均税。用刑亦无常准,皆临事科决。犯罪皆断于鸟了帅;
不伏,则上请于王,王令臣下共议定之。狱无枷锁,唯用绳缚。决死
刑以铁锥,大如箸,长尺余,钻顶而杀之。轻罪用杖。俗无文字,望
月亏盈以纪时节,候草药枯以为年岁。

　　人深目长鼻,颇类于胡,亦有小慧。无君臣上下之节,拜伏之
礼。父子同床而寝。男子拔去髭鬓,身上有毛之处皆亦除去。妇人
以墨黥手,为虫蛇之文。嫁娶以酒肴珠贝为娉,或男女相悦,便相匹
偶。妇人产乳,必食子衣,产后以火自灸,令汗出,五日便平复。以
木槽中暴海水为盐,木汁为酢,酿米面为酒,其味甚薄。食皆用手。
偶得异味,先进尊者。凡有宴会,执酒者必待呼名而后饮。上王酒
者,亦呼王名。衔杯共饮,颇同突厥。歌呼蹋蹄,一人唱,众皆和,音
颇哀怨。扶女子上膊,摇手而舞。其死者气将绝,举至庭,亲宾哭泣
相吊。浴其尸,以布帛缠之,裹以苇草,亲土而殡,上不起坟。子为
父者,数月不食肉。南境风俗少异,人有死者,邑里共食之。

　　有熊罴豺狼,尤多猪鸡,无牛羊驴马。厥田良沃,先以火烧而引
水灌之。持一插,以石为刃,长尺余,阔数寸,而垦之。土宜稻、粱、
黍、麻、豆、赤豆、胡豆、黑豆等,木有枫、栝、樟、松、楩、楠、杉、梓、
竹、藤、果、药同于江表,风土气候与岭南相类。

　　俗事山海之神,祭以酒肴,斗战杀人,便将所杀人祭其神。或依
茂树起小屋,或悬髑髅于树上,以箭射之,或累石系幡以为神主。王
之所居,壁下多聚髑髅以为佳。人间门户上必安兽头骨角。

　　大业元年,海师何蛮等,每春秋二时,天清风静,东望依希似有
烟雾之气,亦不知几千里。三年,炀帝令羽骑尉朱宽入海求访异俗,
何蛮言之,遂与蛮俱往,因到流求国。言不相通,掠一人而返。明年,
帝复令宽慰抚之,流求不从,宽取其布甲而还。时倭国使来朝,见之

曰:"此夷邪之国人所用也。"帝遣武贲郎将陈稜、朝请大夫张镇州,率兵自义安浮海击之。至高华屿,又东行二日至䰲鼊屿,又一日便至流求。初,稜将南方诸国人从军,有昆仑人颇解其语,遣人慰谕之,流求不从,拒逆官军。稜击走之,进至其都,频战皆败,焚其宫室,虏其男女数千人,载军实而还。自尔遂绝。

倭国,在百济、新罗东南,水陆三千里,于大海之中依山岛而居。魏时,译通中国。三十余国,皆自称王。夷人不知里数,但计以日。其国境东西五月行,南北三月行,各至于海。其地势东高西下。都于邪靡堆,则《魏志》所谓邪马台者也。古云去乐浪郡境及带方郡并一万二千里,在会稽之东,与儋耳相近。汉光武时,遣使入朝,自称大夫。安帝时,又遣使朝贡,谓之倭奴国。桓、灵之间,其国大乱,递相攻伐,历年无主。有女子名卑弥呼,能以鬼道惑众,于是国人共立为王。有男弟,佐卑弥理国。其王有侍婢千人,罕有见其面者,唯有男子二人给王饮食,通传言语。其王有宫室楼观,城栅皆持兵守卫,为法甚严。自魏至于齐、梁,代与中国相通。

开皇二十年,倭王姓阿每,字多利思北孤,号阿辈鸡弥,遣使诣阙。上令所司访其风俗。使者言倭王以天为兄,以日为弟,天未明时出听政,跏趺坐,日出便停理务,云委我弟。高祖曰:"此太无义理。"于是训令改之。王妻号鸡弥,后宫有女六七百人。名太子为利歌弥多弗利。无城郭。内官有十二等:一曰大德,次小德,次大仁,次小仁,次大义,次小义,次大礼,次小礼,次大智,次小智,次大信,次小信,员无定数。有军尼一百二十人,犹中国牧宰。八十户置一伊尼翼,如今里长也。十伊尼翼属一军尼。其服饰,男子衣裙襦,其袖微小,履如屦形,漆其上,系之于脚。人庶多跣足。不得用金银为饰。故时衣横幅,结束相连而无缝。头亦无冠,但垂发于两耳上。至隋,其王始制冠,以锦彩为之,以金银镂花为饰。妇人束发于后,亦衣裙襦,裳皆有襈。扦竹为梳,编草为荐,杂皮为表,缘以文皮。有弓、矢、刀、稍、弩、𥎒、斧,漆皮为甲,骨为矢镝。虽有兵,无征战。其王朝会，必陈设仪仗，奏其国乐。户可十万。

其俗杀人强盗及奸皆死，盗者计赃酬物，无财者没身为奴。自余轻重，或流或杖。每讯究狱讼，不承引者，以木压膝，或张强弓，以弦锯其项。或置小石于沸汤中，令所竞者探之，云理曲者即手烂。或置蛇瓮中，令取之，云曲者即螫手矣。人颇恬静，罕争讼，少盗贼。乐有五弦、琴、笛。男女多黥臂点面文身，没水捕鱼。无文字，唯刻木结绳。敬佛法，于百济求得佛经，始有文字。知卜筮，尤信巫觋。每至正月一日，必射戏饮酒，其余节略与华同。好棋博、握槊、樗蒲之戏。气候温暖，草木冬青，土地膏腴，水多陆少。以小环挂鸬鹚项，令入水捕鱼，日得百余头。俗无盘俎，藉以槲叶，食用手铺之。性质直，有雅风。女多男少，婚嫁不取同姓，男女相悦者即为婚。妇入夫家，必先跨犬，乃与夫相见。妇人不淫妒。死者敛以棺椁。亲宾就尸歌舞，妻子兄弟以白布制服。贵人三年殡于外，庶人卜日而瘗。及葬，置尸船上，陆地牵之，或以小舆。有阿苏山，其石无故火起接天者，俗以为异，因行祷祭。有如意宝珠，其色青，大如鸡卵，夜则有光，云鱼眼精也。新罗、百济皆以倭为大国，多珍物，并敬仰之，恒通使往来。

大业三年，其王多利思北孤遣使朝贡。使者曰："闻海西菩萨天子重兴佛法，故遣朝拜，兼沙门数十人来学佛法。"其国书曰"日出处天子致书日没处天子无恙"云云。帝览之不悦，谓鸿胪卿曰："蛮夷书有无礼者，勿复以闻。"明年，上遣文林郎裴清使于倭国。度百济，行至竹岛，南望聃罗国，经都斯麻国，回在大海中。又东至一支国，又至竹斯国，又东至秦王国，其人同于华夏，以为夷洲，疑不能明也。又经十余国，达于海岸。自竹斯国以东，皆附庸于倭。倭王遣小德阿辈台，从数百人，设仪仗，鸣鼓角来迎。后十日，又遣大礼哥多毗，从二百余骑郊劳。既至彼都，其王与清相见，大悦，曰："我闻海西有大隋，礼义之国，故遣朝贡。我夷人，僻在海隅，不闻礼义，是以稽留境内，不即相见。今故清道饰馆，以待大使，冀闻大国惟新之化。"清答曰："皇帝德并二仪，泽流四海，以王慕化，故遣行人来

此宣谕。"既而引清就馆。其后清遣人谓其王曰："朝命既达,请即戒
涂。"于是设宴享以遣清,复令使者随清来贡方物。此后遂绝。

　　史臣曰:广谷大川异制,人生其间异俗,嗜欲不同,言语不通,
圣人因时设教,所以达其志而通其俗也。九夷所居,与中夏悬隔,然
天性柔顺,无犷暴之风,虽绵邈山海,而易以道御。夏、殷之代,时或
来王。暨箕子避地朝鲜,始有八条之禁,疏而不漏,简而可久,化之
所感,千载不绝。今辽东诸国,或衣服参冠冕之容,或饮食有俎豆之
器,好尚经术,爱乐文史,游学于京都者,往来继路,或亡没不归。非
先哲之遗风,其孰能致于斯也?故孔子曰:"言忠信,行笃敬,虽蛮貊
之邦行矣。"诚哉斯言。其俗之可采者,岂徒楛矢之贡而已乎?自高
祖抚有周余,惠此中国,开皇之末,方事辽左,天时不利,师遂无功。
二代承基,志包宇宙,频践三韩之域,屡发千钧之弩。小国惧亡,敢
同困兽,兵连不戢,四海骚然,遂以土崩,丧身灭国。兵志有之曰:
"务广德者昌,务广地者亡。"然辽东之地,不列于郡县久矣。诸国朝
正奉贡,无阙于岁时,二代震而矜之,以为人莫若己,不能怀以文
德,遽动干戈。内恃富强,外思广地,以骄取怨,以怒兴师。若此而
不亡,自古未之闻也。然则四夷之戒,安可不深念哉!

隋书卷八二
列传第四七

南　蛮

林邑　赤土　真腊　婆利

　　南蛮杂类，与华人错居，曰蜒，曰獽，曰俚，曰獠，曰㐌，俱无君长，随山洞而居，古先所谓百越是也。其俗断发文身，好相攻讨，浸以微弱，稍属于中国，皆列为郡县，同之齐人，不复详载。大业中，南荒朝贡者十余国，其事迹多淹灭而无闻。今所存录，四国而已。

　　林邑之先，因汉末交阯女子征侧之乱，内县功曹子区连杀县令，自号为王。无子，其甥范熊代立，死，子逸立。日南人范文因乱为逸仆隶，遂教之筑宫室，造器械。逸甚信任，使文将兵，极得众心。文因问其子弟，或奔或徙。及逸死，国无嗣，文自立为王。其后范佛为晋扬威将军戴桓所破。宋交州刺史檀和之将兵击之，深入其境。至梁、陈，亦通使往来。

　　其国延袤数千里，土多香木金宝，物产大抵与交阯同。以砖为城，蜃灰涂之，东向户。尊官有二：其一曰西那婆帝，其二曰萨婆地歌。其属官三等：其一曰伦多姓，次歌伦致帝，次乙他伽兰。外官分为二百余部。其长官曰弗罗，次曰可轮，如牧宰之差也。王戴金花冠，形如章甫，衣朝霞布，珠玑璎珞，足蹑革履，时复锦袍。良家子侍卫者二百许人，皆执金装刀。有弓、箭、刀、矟，以竹为弩，傅毒于矢。

乐有琴、笛、琵琶、五弦,颇与中国同。每击鼓以警众,吹蠡以即戎。

其人深目高鼻,发拳色黑。俗皆徒跣,以幅布缠身。冬月衣袍。妇人椎髻。施椰叶席。每有婚媾,令媒者赍金银钏、酒二壶、鱼数头至女家。于是择日,夫家会亲宾,歌舞相对。女家请一婆罗门,送女至男家,婿盥手,因牵女授之。王死七日而葬,有官者三日,庶人一日。皆以函盛尸,鼓舞导从,舆至水次,积薪焚之。收其余骨,王则内金罂中,沉之于海;有官者以铜罂沉之于海口;庶人以瓦,送之于江。男女皆截发,随丧至水次,尽哀而止,归则不哭。每七日,然香散花,复哭,尽哀而止,尽七七而罢,至百日、三年,亦如之。人皆奉佛,文字同于天竺。

高祖既平陈,乃遣使献方物,其后朝贡遂绝。时天下无事,群臣言林邑多奇宝者。仁寿末,上遣大将军刘方,为骧州道行军总管,率钦州刺史宁长真、骧州刺史李晕、开府秦雄步骑万余及犯罪者数千人击之。其王梵志率其徒乘巨象而战,方军不利。方于是多掘小坑,草覆其上,因以兵挑之。梵志悉众而阵,方与战,伪北,梵志逐之,至坑所,其众多陷,转相惊骇,军遂乱。方纵兵击之,大破之。频战辄败,遂弃城而走。方入其都,获其庙主十八枚,皆铸金为之,盖其有国十八叶矣。方班师,梵志复其故地,遣使谢罪,于是朝贡不绝。

赤土国,扶南之别种也。在南海中,水行百余日而达所都。土色多赤,因以为号。东波罗剌国,西婆罗娑国,南诃罗旦国,北拒大海,地方数千里。其王姓瞿昙氏,名利富多塞,不知有国近远。称其父释王位出家为道,传位于利富多塞,在位十六年矣。有三妻,并邻国王之女也。居僧祇城,有门三重,相去各百许步。每门图画飞仙、仙人、菩萨之像,县金花铃毦,妇女数十人,或奏乐,或捧金花。又饰四妇人,容饰如佛塔边金刚力士之状,夹门而立。门外者持兵仗,门内者执白拂。夹道垂素网,缀花。王宫诸屋悉是重阁,北户,北面而坐。坐三重之榻。衣朝霞布,冠金花冠,重杂宝璎珞。四女子立侍,左右兵卫百余人。王榻后作一木龛,以金银五香木杂钿之。龛后悬一金光焰，夹榻又树二金镜，镜前并陈金瓮，瓮前各有金香炉。当前置一金伏牛，牛前树壹宝盖，盖左右皆有宝扇。婆罗门等数百人，东西重行，相向而坐。其官有萨陀迦罗一人，陀拿达义二人，迦利蜜迦三人，共掌政事；俱罗末帝一人，掌刑法。每城置那邪迦一人，钵帝十人。

其俗等皆穿耳剪发，无跪拜之礼。以香油涂身。其俗敬佛，尤重婆罗门。妇人作髻于项后。男女通以朝霞朝云杂色布为衣。豪富之室，恣意华靡，唯金锁非王赐不得服用。每婚嫁，择吉日，女家先期五日，作乐饮酒，父执女手以授婿，七日乃配焉。既娶则分财别居，唯幼子与父同居。父母兄弟死则剔发素服，就水上构竹木为棚，棚内积薪，以尸置上。烧香建幡，吹蠡击鼓以送之，纵火焚薪，遂落于水。贵贱皆同。唯国王烧讫，收灰贮以金瓶，藏于庙屋。冬夏常温，雨多霁少，种植无时，特宜稻、穄、白豆、黑麻，自余物产多同于交阯。以甘蔗作酒，杂以紫瓜根。酒色黄赤，味亦香美。亦名椰浆为酒。

炀帝即位，募能通绝域者。大业三年，屯田主事常骏、虞部主事王君政等请使赤土。帝大悦，赐骏等帛各百匹，时服一袭而遣。赍物五千段，以赐赤土王。其年十月，骏等自南海郡乘舟，昼夜二旬，每值便风。至焦石山而过，东南泊陵伽钵拔多洲，西与林邑相对，上有神祠焉。又南行，至师子石，自是岛屿连接。又行二三日，西望见狼牙须国之山，于是南达鸡笼岛，至于赤土之界。其王遣婆罗门鸠摩罗以舶三十艘来迎，吹蠡击鼓，以乐隋使，进金锁以缆骏船。月余，至其都，王遣其子那邪迦请与骏等礼见。先遣人送金盘，贮香花并镜镊，金合二枚，贮香油，金瓶八枚，贮香水，白叠布四条，以拟供使者盥洗。其日未时，那邪迦又将象二头，持孔雀盖以迎使人，并致金花、金盘以藉诏函。男女百人奏蠡鼓，婆罗门二人导路，至王宫。骏等奉诏书上阁，王以下皆坐。宣诏讫，引骏等坐，奏天竺乐。事毕，骏等还馆，又遣婆罗门就馆送食，以草叶为盘，其大方丈。因谓骏曰："今是大国中人，非复赤土国矣。饮食疏薄，愿为大国意而食之。"后数日,请骏等入宴,仪卫导从如初见之礼。王前设两床,床上并设草叶盘,方一丈五尺,上有黄白紫赤四色之饼,牛、羊、鱼、鳖、猪、玳瑁之肉百余品。延骏升床,从者坐于地席,各以金钟置酒,女乐迭奏,礼遗甚厚。寻遣那邪迦随骏贡方物,并献金芙蓉冠、龙脑香。以铸金为多罗叶,隐起成文以为表,金函封之,令婆罗门以香花奏蠡鼓而送之。既入海,见绿鱼群飞水上。浮海十余日,至林邑东南,并山而行。其海水阔千余步,色黄气腥,舟行一日不绝,云是大鱼粪也。循海北岸,达于交阯。骏以六年春与那邪迦于弘农谒,帝大悦,赐骏等物二百段,俱授秉义尉,那邪迦等官赏各有差。

真腊国,在林邑西南,本扶南之属国也。去日南郡舟行六十日,而南接车渠国,西有朱江国。其王姓刹利氏,名质多斯那。自其祖渐已强盛,至质多斯那,遂兼扶南而有之。死,子伊奢那先代立。居伊奢那城,郭下二万余家。城中有一大堂,是王听政之所。总大城三十,城有数千家,各有部帅,官名与林邑同。其王三日一听朝,坐五香七宝床,上施宝帐。其帐以文木为竿,象牙、金钿为壁,状如小屋,悬金光焰,有同于赤土。前有金香炉,二人侍侧。王着朝霞古贝,瞒络腰腹,下垂至胫,头戴金宝花冠,被真珠璎珞,足履革屣,耳悬金珰。常服白叠,以象牙为屩。若露发,则不加璎珞。臣人服制,大抵相类。有五大臣,一曰孤落支,二曰高相凭,三曰婆何多陵,四曰舍摩陵,五曰髯多娄,及诸小臣。朝于王者,辄以阶下三稽首。王唤上阶,则跪,以两手抱膊,绕王环坐。议政事讫,跪伏而去。阶庭门阁,侍卫有千余人,被甲持仗。其国与参半、朱江二国和亲,数与林邑、陀桓二国战争。其人行止皆持甲仗,若有征伐,因而用之。其俗非王正妻子,不得为嗣。王初立之日,所有兄弟并刑残之,或去一指,或劓其鼻,别处供给,不得仕进。

人形小而色黑。妇人亦有白者。悉拳发垂耳,性气捷劲。居处器物颇类赤土。以右手为净,左手为秽。每旦澡洗,以杨枝净齿,读诵经咒。又澡洒乃食,食罢还用杨枝净齿,又读经咒。饮食多苏酪、沙糖、粳粟、米饼。欲食之时,先取杂肉羹与饼相和,手攕而食。娶妻者,唯送衣一具,择日遣媒人迎妇。男女二家各八日不出,昼夜燃灯不息。男婚礼毕,即与父母分财别居。父母死,小儿未婚者,以余财与之。若婚毕,财物入官。其丧葬,儿女皆七日不食,剔发而哭,僧尼、道士、亲故皆来聚会,音乐送之。以五香木烧尸,收灰以金银瓶盛,送于大水之内。贫者或用瓦,而以彩色画之。亦有不焚,送尸山中,任野兽食者。

其国北多山阜,南有水泽,地气尤热无霜雪,饶瘴疬毒蛊。土宜粱稻,少黍粟,果菜与日南、九真相类。异者有婆那娑树,无花,叶似柿,实似冬瓜;菴罗树,花叶似枣,实似李;毗野树,花似木瓜,叶似杏,实似楮;婆田罗树,花叶实并似枣而小异;歌毕陀树,花似林檎,叶似榆而厚大,实似李,其大如升。自余多同九真。海中有鱼名建同,四足,无鳞,其鼻如象,吸水上喷,高五六十尺。有浮胡鱼,其形似鲻,嘴如鹦鹉,有八足。多大鱼,半身出水,望之如山。

每五六月中,毒气流行,即以白猪、白牛、白羊于城西门外祠之。不然者,五谷不登,六畜多死,人众疾疫。近都有陵伽钵婆山,上有神祠,每以兵五千人守卫。城东有神名婆多利,祭用人肉。其王年别杀人,以夜祀祷,亦有守卫者千人。其敬鬼如此。多奉佛法,尤信道士,佛及道士并立像于馆。

大业十三年,遣使贡献,帝礼之甚厚,其后亦绝。

婆利国,自交阯浮海,南过赤土、丹丹,乃至其国。国界东西四月行,南北四十五日行。王姓刹利邪伽,名护滥那婆。官曰独诃邪挐。次曰独诃氏挐。国人善投轮刀,其大如镜,中有窍,外锋如锯,远以投人,无不中。其余兵器与中国略同。俗类真腊,物产同于林邑。其杀人及盗,截其手,奸者锁其足,期年而止。祭祀必以月晦,盘贮酒肴,浮之流水。每十一月,必设大祭。海出珊瑚。有鸟名舍利,解人语。

大业十二年,遣使朝贡,后遂绝。于时南荒有丹丹、盘盘二国,亦来贡方物，其风俗物产，大抵相类云。

史臣曰：《礼》云："南方曰蛮，有不火食者矣。"《书》称："蛮夷猾夏。"《诗》曰："蠢尔蛮荆。"种类实繁，代为纷梗。自秦并二楚，汉平百越，地穷丹徼，景极日南，水陆可居，咸为郡县。暨乎境分吴、蜀，时经晋、宋，道有污隆，服叛不一。高祖受命，克平九宇，炀帝纂业，威加八荒。甘心远夷，志求珍异，故师出于流求，兵加于林邑，威振殊俗，过于秦、汉远矣。虽有荒外之功，无救域中之败。《传》曰："非圣人，外宁必内忧。"诚哉斯言也！

隋书卷八三
列传第四八

西　域

吐谷浑　党项　高昌　康国　安国
石国　女国　焉耆　龟兹　疏勒
于阗　钹汗　吐火罗　挹怛　米国
史国　曹国　何国　乌那曷　穆国
波斯　漕国　附国

汉氏初开西域,有三十六国,其后分立五十五王,置校尉、都护以抚纳之。王莽篡位,西域遂绝。至于后汉,班超所通者五十余国,西至西海,东西四万里,皆来朝贡,复置都护、校尉以相统摄。其后或绝或通,汉朝以为劳弊中国,其官时废时置。暨魏、晋之后,互相吞灭,不可详焉。

炀帝时,遣侍御史韦节、司隶从事杜行满使于西蕃诸国。至罽宾,得玛瑙杯;王舍城,得佛经;史国,得十舞女、师子皮、火鼠毛而还。帝复令闻喜公裴矩于武威、张掖间往来以引致之。其有君长者四十四国。矩因其使者入朝,啗以厚利,令其转相讽谕。大业年中,相率而来朝者三十余国,帝因置西域校尉以应接之。寻属中国大乱,朝贡遂绝。然事多亡失,今所存录者,二十国焉。

吐谷浑，本辽西鲜卑徒河涉归子也。初，涉归有二子，庶长曰吐谷浑，少曰若洛廆。涉归死，若洛廆代统部落，是为慕容氏。吐谷浑与若洛廆不协，遂西度陇，止于甘松之南，洮水之西，南极白兰山，数千里之地，其后遂以吐谷浑为国氏焉。当魏、周之际，始称可汗。都伏俟城，在青海西十五里。有城郭而不居，随逐水草。官有王公、仆射、尚书、郎中、将军。其主以皂为帽。妻戴金花。其器械衣服略与中国同。其王公贵人多戴羃䍦，妇人裙襦辫发，缀以珠贝。国无常税。杀人及盗马者死，余坐则征物以赎罪。风俗颇同突厥。丧有服制，葬讫而除。性皆贪忍。有大麦、粟、豆。青海周回千余里，中有小山，其俗至冬辄放牝马于其上，言得龙种。吐谷浑尝得波斯草马，放入海，因生骢驹，能日行千里，故时称青海骢焉。多牦牛，饶铜、铁、朱砂。地兼鄯善、且末。西北有流沙数百里，夏有热风，伤毙行旅。风之将至，老驼预知之，则引项而鸣，聚立，以口鼻埋沙中。人见则知之，以毡拥蔽口鼻而避其患。

其主吕夸，在周数为边寇，及开皇初，以兵侵弘州。高祖以弘州地旷人梗，因而废之。遣上柱国元谐率步骑数万击之。贼悉发国中兵，自曼头至于树敦，甲骑不绝。其所署河西总管、定城王钟利房及其太子可博汗，前后来拒战。谐频击破之，俘斩甚众。吕夸大惧，率其亲兵远遁。其名王十三人，各率部落而降。上以其高宁王移兹裒素得众心，拜为大将军，封河南王，以统降众，自余官赏各有差。未几，复来寇边，旭州刺史皮子信出兵拒战，为贼所败，子信死之。汶州总管梁远以锐卒击之，斩千余级，奔退。俄而入寇廓州，州兵击走之。

吕夸在位百年，屡因喜怒废其太子而杀之。其后太子惧见废辱，遂谋执吕夸而降，请兵于边吏。秦州总管、河间王弘请将兵应之，上不许。太子谋泄，为其父所杀，复立其少子嵬王诃为太子。叠州刺史杜粲请因其衅而讨之，上又不许。六年，嵬王诃复惧其父诛之，谋率部落万五千人户将归国，遣使诣阙，请兵迎接。上谓侍臣曰："浑贼风俗，特异人伦，父既不慈，子复不孝。朕以德训人，何有成其恶逆也!吾当教之以义方耳。"乃谓使者曰:"朕受命于天,抚育四海,望使一切生人皆以仁义相向。况父子天性,何得不相亲爱也!吐谷浑主既是鬼王之父,鬼王是吐谷浑主太子,父有不是,子须陈谏。若谏而不从,当令近臣亲戚内外讽谕。必不可,泣涕而道之。人皆有情,必当感悟。不可潜谋非法,受不孝之名。溥天之下,皆是朕臣妾,各为善事,即称朕心。鬼王既有好意,欲来投朕,朕唯教鬼王为臣子之法,不可远遣兵马,助为恶事。"鬼王乃止。八年,其名王拓拔木弥请以千余家归化。上曰:"溥天之下,皆曰朕臣,虽复荒遐,未识风教,朕之抚育,俱以仁孝为本。浑贼悖狂,妻子怀怖,并思归化,自救危亡。然叛夫背父,不可收纳。又其本意,正自避死,若今遣拒,又复不仁。若更有意信,但宜慰抚,任其自拔,不须出兵马应接之。其妹夫及甥欲来,亦任其意,不劳劝诱也。"是岁,河南王移兹哀死,高祖令其弟树归袭统其众。平陈之后,吕夸大惧,遁逃保险,不敢为寇。

十一年,吕夸卒,子伏立。使其兄子无素奉表称藩,并献方物,请以女备后庭。上谓滕王曰:"此非至诚,但急计耳。"乃谓无素曰:"朕知浑主欲令女事朕,若依来请,他国闻之,便当相学。一许一塞,是谓不平。若并许之,又非好法。朕情存安养,欲令遂性,岂可聚敛子女以实后宫乎?"竟不许。十二年,遣刑部尚书宇文弼抚慰之。十六年,以光化公主妻伏,伏上表称公主为天后,上不许。

明年,其国大乱,国人杀伏,立其弟伏允为主。使使陈废立之事,并谢专命之罪,且请依俗尚主,上从之。自是朝贡岁至,而常访国家消息,上甚恶之。

炀帝即位,伏允遣其子顺来朝。时铁勒犯塞,帝遣将军冯孝慈出敦煌以御之,孝慈战不利。铁勒遣使谢罪,请降,帝遣黄门侍郎裴矩慰抚之,讽令击吐谷浑以自效。铁勒许诺,即勒兵袭吐谷浑,大败之。伏允东走,保西平境。帝复令观王雄出浇河、许公宇文述出西平以掩之,大破其众。伏允遁逃,部落来降者十万余口,六畜三十余万。述追之急,伏允惧,南遁于山谷间。其故地皆空,自西平临羌城以西,且未以东,祁连以南,雪山以北,东西四千里,南北二千里,皆为隋有。置郡县镇戍,发天下轻罪徙居之。于是留顺不之遣。伏允无以自资,率其徒数千骑客于党项。帝立顺为主,送出玉门,令统余众,以其大宝王尼洛周为辅。至西平,其部下杀洛周,顺不果入而还。大业末,天下乱,伏允复其故地,屡寇河右,郡县不能御焉。

党项羌者,三苗之后也。其种有宕昌、白狼,皆自称猕猴种。东接临洮、西平,西拒叶护,南北数千里,处山谷间。每姓别为部落,大者五千余骑,小者千余骑。织牦牛尾及粘羺毛以为屋。服裘褐,披毯以为上饰。俗尚武力,无法令,各为生业,有战阵则相屯聚。无徭赋,不相往来。牧养牦牛、羊、猪以供食,不知稼穑。其俗淫秽蒸报,于诸夷中最为甚。无文字,但候草木以记岁时。三年一聚会,杀牛羊以祭天。人年八十以上死者,以为令终,亲戚不哭。少而死者,则云大枉,共悲哭之。有琵琶、横吹,击缶为节。

魏、周之际,数来扰边。高祖为丞相时,中原多故,因此大为寇掠。蒋公梁睿既平王谦,请因还师以讨之,高祖不许。开皇四年,有千余家归化。五年,拓拔宁丛等各率众诣旭州内附,授大将军,其部下各有差。十六年,复寇会州,诏发陇西兵以讨之,大破其众。又相率请降,愿为臣妾,遣子弟入朝谢罪。高祖谓之曰:“还语尔父兄,人生须有定居,养老长幼。而乃乍还乍走,不羞乡里邪!”自是朝贡不绝。

高昌国者,则汉车师前王庭也,去敦煌十三日行。其境东西三百里,南北五百里,四面多大山。昔汉武帝遣兵西讨,师旅顿敝,其中尤困者因住焉。其地有汉时高昌垒,故以为国号。初,蠕蠕立阚伯周为高昌王。伯周死,子义成立,为从兄首归所杀。首归自立为高昌王,又为高车阿伏至罗所杀。以敦煌人张孟明为主。孟明为国人所杀,更以马儒为王,以巩顾、麹嘉二人为左右长史。儒又通使后魏,请内属。内属人皆恋土,不愿东迁,相与杀儒,立嘉为王。嘉字灵凤,金城榆中人,既立,又臣于茹茹。及茹茹主为高车所杀,嘉又臣于高车。属焉耆为挹怛所破,众不能自统,请主于嘉。嘉遣其第二子为焉耆王,由是始大,益为国人所服。嘉死,子坚立。

其都城周回一千八百四十步,于坐室画鲁哀公问政于孔子之像。国内有城十八。官有令尹一人,次公二人,次左右卫,次八长史,次五将军,次八司马,次侍郎、校郎、主簿、从事、省事。大事决之于王,小事长子及公评断,不立文记。男子胡服,妇人裙襦,头上作髻。其风俗政令与华夏略同。地多石碛,气候温暖,谷麦再熟,宜蚕,多五果。有草名为羊刺,其上生蜜,而味甚佳。出赤盐如朱,白盐如玉。多蒲陶酒。俗事天神,兼信佛法。国中羊马牧于隐僻之处,以避外寇,非贵人不知其所。北有赤石山,山北七十里有贪污山,夏有积雪。此山之北,铁勒界也。从武威西北,有捷路,度沙碛千余里,四面茫然,无有蹊径。欲往者,寻有人畜骸骨而去。路中或闻歌哭之声,行人寻之,多致亡失,盖魑魅魍魉也。故商客往来,多取伊吾路。

开皇十年,突厥破其四城,有二千人来归中国。坚死,子伯雅立。其大母本突厥可汗女,其父死,突厥令依其俗,伯雅不从者久之。突厥逼之,不得已而从。

炀帝嗣位,引致诸蕃。大业四年,遣使贡献,帝待其使甚厚。明年,伯雅来朝。因从击高丽,还尚宗女华容公主。八年冬归蕃,下令国中曰:"夫经国字人,以保存为贵,宁邦缉政,以全济为大。先者以国处边荒,境连猛狄,同人无咎,被发左衽。今大隋统御,宇宙平一,普天率土,莫不齐向。孤既沐浴和风,庶均大化,其庶人以上皆宜解辫削衽。"帝闻而甚善之,下诏曰:"彰德嘉善,圣哲所隆,显诚遂良,典谟贻则。光禄大夫、弁国公、高昌王伯雅识量经远,器怀温裕,丹款夙著,亮节遐宣。本自诸华,历祚西壤,昔因多难,沦迫獯戎,数穷毁冕,翦为胡服。自我皇隋平一宇宙,化偃九围,德加四表。伯雅逾沙忘阻,奉贽来庭,观礼容于旧章,慕威仪之盛典。于是袭缨解辫,削衽曳裾,变夷从夏,义光前载。可赐衣冠之具,仍班制造之式。并遣使人部领将送。被以采章,复见车服之美,弃彼毯毳,还为冠带之国。"然伯雅先臣铁勒,而铁勒恒遣重臣在高昌国,有商胡往来者,则税之送于铁勒。虽有此令取悦中华,然竟畏铁勒而不敢改也。自是岁令使人贡其方物。

康国者,康居之后也。迁徙无常,不恒故地,然自汉以来相承不绝。其王本姓温,月氏人也。旧居祁连山北昭武城,因被匈奴所破,西逾葱岭,遂有其国。支庶各分王,故康国左右诸国并以昭武为姓,示不忘本也。王字代失毕,为人宽厚,甚得众心。其妻突厥达度可汗女也。都于萨宝水上阿禄迪城。城多众居。大臣三人共掌国事。其王索发,冠七宝金花,衣绫罗锦绣白叠。其妻有髻,幪以皂巾。丈夫剪发锦袍。名为强国,而西域诸国多归之。米国、史国、曹国、何国、安国、小安国、那色波国、乌那曷国、穆国皆归附之。有胡律,置于祆祠,决罚则取而断之。重罪者族,次重者死,贼盗截其足。

人皆深目高鼻,多须髯。善于商贾,诸夷交易多凑其国。有大小鼓、琵琶、五弦、箜篌、笛。婚姻丧制与突厥同。国立祖庙,以六月祭之,诸国皆来助祭。俗奉佛,为胡书。气候温,宜五谷,勤修园蔬,树木滋茂。出马、驼、骡、驴、封牛、黄金、铙沙、䳶香、阿萨那香、瑟瑟、麖皮、氍毹、锦叠。多蒲陶酒,富家或致千石,连年不败。

大业中,始遣使贡方物,后遂绝焉。

安国,汉时安息国也。王姓昭武氏,与康国王同族,字设力登。妻,康国王女也。都在那密水南,城有五重,环以流水。宫殿皆为平头。王坐金驼座,高七八尺。每听政,与妻相对,大臣三人评理国事。风俗同于康国,唯妻其姊妹,及母子递相禽兽,此为异也。炀帝即位之后,遣司隶从事杜行满使于西域,至其国,得五色盐而返。

国之西百余里有毕国,可千余家。其国无君长,安国统之。大业五年,遣使贡献,后遂绝焉。

石国,居于药杀水,都城方十余里。其王姓石,名涅。国城之东南立屋,置座于中,正月六日、七月十五日以王父母烧余之骨,金瓮盛之。置于床上,巡绕而行,散以花香杂果,王率臣下设祭焉。礼终,王与夫人出就别帐,臣下以次列坐,享宴而罢。有粟麦,多良马。其俗、善战,曾贰于突厥,射匮可汗兴兵灭之,令特勒甸职摄其国事。南去铍汗六百里,东南去瓜州六千里。

甸职以大业五年遣使朝贡,其后不复至。

女国,在葱岭之南,其国代以女为王。王姓苏毗,字末羯,在位二十年。女王之夫,号曰金聚,不知政事。国内丈夫唯以征伐为务。山上为城,方五六里,人有万家。王居九层之楼,侍女数百人,五日一听朝。复有小女王,共知国政。

其俗贵妇人,轻丈夫,而性不妒忌。男女皆以彩色涂面,一日之中,或数度变改之。人皆被发,以皮为鞋,课税无常。气候多寒,以射猎为业。出输石、朱砂、麝香、牦牛、骏马、蜀马。尤多盐,恒将盐向天竺兴贩,其利数倍。亦数与天竺及党项战争。其女王死,国中则厚敛金钱,求死者族中之贤女二人,一为女王,次为小王。贵人死,剥取皮,以金屑和骨肉置于瓶内而埋之。经一年,又以其皮内于铁器埋之。俗事阿修罗神,又有树神,岁初以人祭,或用猕猴。祭毕,入山祝之,有一鸟如雌雉,来集掌上,破其腹而视之,有粟则年丰,沙石则有灾,谓之鸟卜。

开皇六年,遣使朝贡,其后遂绝。

焉耆国,都白山之南七十里,汉时旧国也。其王姓龙,字突骑。都城方二里。国内有九城,胜兵千余人。国无纲维。其俗奉佛书,类婆罗门。婚姻之礼有同华夏。死者焚之,持服七日。男子剪发。有鱼盐蒲苇之利。东去高昌九百里,西去龟兹九百里,皆沙碛。东南去瓜州二千二百里。大业中,遣使贡方物。

龟兹国,都白山之南百七十里,汉时旧国也。其王姓白,字苏尼咥。都城方六里。胜兵者数千。俗杀人者死,劫贼断其一臂,并刖一足。俗与焉耆同。王头系彩带,垂之于后,坐金师子座。土多稻、粟、菽、麦、饶铜、铁、铅、麖皮、氍毹、饶沙、盐绿、雌黄、胡粉、安息香、良马、封牛。东去焉耆九百里,南去于阗千四百里,西去疏勒千五百里,西北去突厥牙六百余里,东南去瓜州三千一百里。大业中,遣使贡方物。

疏勒国,都白山南百余里,汉时旧国也。其王字阿弥厥,手足皆六指。产子非六指者,即不育。都城方五里。国内有大城十二,小城数十,胜兵者二千人。王戴金师子冠。土多稻、粟、麻、麦、铜、铁、锦、雌黄,每岁常供送于突厥。南有黄河,西带葱岭,东去龟兹千五百里,西去钹汗国千里,南去朱俱波八九百里,东北去突厥牙千余里,东南去瓜州四千六百里。大业中,遣使贡方物。

于阗国,都葱岭之北二百余里。其王姓王,字卑示闭练。都城方八九里。国中大城有五,小城数十,胜兵者数千人。俗奉佛,尤多僧尼,王每持斋戒。城南五十里有赞摩寺者,云是罗汉比丘比卢旃所造,石上有辟支佛徒跣之迹。于阗西五百里有比摩寺,云是老子化胡成佛之所。俗无礼义,多贼盗淫纵。王锦帽,金鼠冠,妻戴金花。其王发不令人见。俗云若见王发,年必俭。土多麻、麦、粟、稻、五果,多园林,山多美玉。东去鄯善千五百里,南去女国三千里,西去朱俱波千里,北去龟兹千四百里,东北去瓜州二千八百里。大业中,频遣使朝贡。

钹汗国,都葱岭之西五百余里,古渠搜国也。王姓昭武,字阿利柒。都城方四里。胜兵数千人。王坐金羊床,妻戴金花。俗多朱砂、金、铁。东去疏勒千里,西去苏对沙那国五百里,西北去石国五百里,东北去突厥牙二千余里,东去瓜州五千五百里。大业中,遣使贡方物。

吐火罗国,都葱岭西五百里,与挹怛杂居。都城方二里。胜兵者十万人,皆习战。其俗奉佛。兄弟同一妻,迭寝焉,每一人入房,户外挂其衣以为志。生子属其长兄。其山穴中有神马,每岁牧牝马于穴所,必产名驹。南漕国千七百里,东去瓜州五千八百里。大业中,遣使朝贡。

挹怛国,都乌浒水南二百余里,大月氏之种类也。胜兵者五六千人。俗善战。先时国乱,突厥遣通设字诘强领其国。都城方十余里。多寺塔,皆饰以金。兄弟同妻。妇人有一夫者,冠一角帽,夫兄弟多者,依其数为角。南漕国千五百里,东去瓜州六千五百里。大业中,遣使贡方物。

米国,都那蜜水西,旧康居之地也。无王。其城主姓昭武,康国王之支庶,字闭拙。都城方二里。胜兵数百人。西北去康国百里,东去苏对沙那国五百里,西南去史国二百里,东去瓜州六千四百里。大业中,频贡方物。

史国,都独莫水南十里,旧康居之地也。其王姓昭武,字逊遮,亦康国王之支庶也。都城方二里。胜兵千余人。俗同康国。北去康国二百四十里,南去吐火罗五百里,西去那色波国二百里,东北去米国二百里,东去瓜州六千五百里。大业中,遣使贡方物。

曹国,都那蜜水南数里,旧是康居之地也。国无主,康国王令子乌建领之。都城方三里。胜兵千余人。国中有得悉神,自西海以东诸国并敬事之。其神有金人焉,金破罗阔丈有五尺,高下相称。每日以驼五头、马十匹、羊一百口祭之,常有千人食之不尽。东南去康国百里,西去何国百五十里,东去瓜州六千六百里。大业中,遣使贡方物。

　　何国，都那密水南数里，旧是康居之地也。其王姓昭武，亦康国王之族类，字敦。都城方二里。胜兵千人。其王坐金羊座。东去曹国百五十里，西去小安国三百里，东去瓜州六千七百五十里。大业中，遣使贡方物。

　　乌那曷国，都乌浒水西，旧安息之地也。王姓昭武，亦康国种类，字佛食。都城方二里。胜兵数百人。王坐金羊座。东北去安国四百里，西北去穆国二百余里，东去瓜州七千五百里。大业中，遣使贡方物。

　　穆国，都乌浒河之西，亦安息之故地，与乌那曷为邻。其王姓昭武，亦康国王之种类也，字阿滥密。都城方三里。胜兵二千人。东北去安国五百里，东去乌那曷二百余里，西去波斯国四千余里，东去瓜州七千七百里。大业中，遣使贡方物。

　　波斯国，都达曷水之西苏蔺城即条支之故地也。其王字库萨和。都城方十余里。胜兵二万余人，乘象而战。国无死刑，或断手刖足，没家财，或剃去其须，或系排于项，以为标异。人年三岁已上，出口钱四文。妻其姊妹。人死者，弃尸于山，持服一月。王著金花冠，坐金师子座，傅金屑于须上以为饰。衣锦袍，加璎珞于其上。土多良马，大驴，师子，白象，大鸟卵，真珠，颇黎，兽魄，珊瑚，琉璃，玛瑙，水精，瑟瑟，呼洛羯，吕腾，火齐，金刚，金，银，玉石，铜，镔铁，锡，锦叠，细布，氍毹，氀毼，护那越诺布，檀，金缕织成，赤麖皮，朱沙，水银，薰陆、郁金、苏合、青木等诸香，胡椒，毕拨，石蜜，半蜜，千年枣，附子，诃黎勒，无食子，盐绿，雌黄。突厥不能至其国，亦羁縻之。波斯每遣使贡献。西去海数百里，东去穆国四千余里，西北去拂菻四千五百里，东去瓜州万一千七百里。

　　炀帝遣云骑尉李昱使通波斯，寻遣使随昱贡方物。

漕国,在葱岭之北,汉时罽宾国也。其王姓昭武,字顺达,康国王之宗族。都城方四里。胜兵者万余人。国法严整,杀人及贼盗皆死。其俗淫祠,葱岭山有顺天神者,仪制极华,金银镂为屋,以银为地,祠者日有千余人。祠前有一鱼脊骨,其孔中通,马骑出入。国王戴金鱼头冠,坐金马座。土多稻、粟、豆、麦,饶象,马,封牛,金,银,镔铁,氍毹,朱砂,青黛,安息,青木等香,石蜜,半蜜,黑盐,阿魏,药白附子。北去帆延七百里,东北刼国六百里,东北去瓜州六千六百里。大业中,遣使贡方物。

附国者,蜀郡西北二千余里,即汉之西南夷也。有嘉良夷,即其东部,所居种姓自相率领,土俗与附国同,言语少殊,不相统一。其人并无姓氏,附国王字宜缯。其国南北八百里,东南千五百里,无城栅,近川谷,傍山险。俗好复仇,故垒石为碉而居,以避其患。其碉高至十余丈,下至五六丈,每级丈余,以木隔之。基方三四步,碉上方二三步,状似浮图。于下级开小门,从内上通,夜必关闭,以防贼盗。国有二万余家,号令自王出。嘉良夷政令系之酋帅,重罪者死,轻刑罚牛。

人皆轻捷,便于击剑。漆皮为牟甲,弓长六尺,以竹为弦。妻其群母及嫂,儿弟死,父兄亦纳其妻。好歌舞,鼓簧,吹长笛。有死者,无服制,置尸高床之上,沐浴衣服,被以牟甲,覆以兽皮。子孙不哭,带甲舞剑而呼云:“我父为鬼所取,我欲报冤杀鬼。”自余亲戚哭三声而止。妇人哭,必以两手掩面。死家杀牛,亲属以猪酒相遗,共饮噉而瘗之。死后十年而大葬,其葬必集亲宾,杀马动至数十匹。立其祖父神而事之。其俗以皮为帽,形圆如钵,或带羃䍦。衣多毛罽皮裘,全剥牛脚皮为靴。项系铁锁,手贯铁钏。王与酋帅,金为首饰,胸前悬一金花,径三寸。其土高,气候凉,多风少雨。土宜小麦、青稞。山出金、银,多白雉。水有嘉鱼,长四尺而鳞细。

大业四年,其王遣使素福等八人入朝。明年,又遣其弟子宜林率嘉良夷六十人朝贡。欲献良马，以路险不通，请开山道以修职贡。炀帝以劳人不许。

嘉良有水，阔六七十丈，附国有水，阔百余丈，并南流，用皮为舟而济。

附国南有薄缘夷，风俗亦同。西有女国。其东北连山，绵亘数千里，接于党项。往往有羌，大、小左封，昔卫，葛延，白狗，向人，望族，林台，春桑，利豆，迷桑，婢药，大碛，白兰，北利摸徒，那鄂，当迷，渠步，桑悟，千碉，并在深山穷谷，无大君长。其风俗略同于党项，或役属吐谷浑，或附附国。

大业中，来朝贡。缘西南边置诸道总管，以遥管之。

史臣曰：自古开远夷，通绝域，必因宏放之主，皆起好事之臣。张骞凿空于前，班超投笔于后，或结之以重宝，或慑之以利剑，投躯万死之地，以要一旦之功，皆由主尚来远之名，臣殉轻生之节。是知上之所好，下必有甚者也。炀帝规摹宏侈，掩吞秦、汉，裴矩方进《西域图记》以荡其心，故万乘亲出玉门关，置伊吾、且末，而关右暨于流沙，骚然无聊生矣。若使北狄无虞，东夷告捷，必将修轮台之戍，筑乌垒之城，求大秦之明珠，致条支之鸟卵，往来转输，将何以堪其敝哉！古者哲王之制，方五千里，务安诸夏，不事要荒。岂威不能加，德不能被？盖不以四夷劳中国，不以无用害有用也。是以秦戍五岭，汉事三边，或道殣相望，或户口减半。隋室恃其强盛，亦狼狈于青海。此皆一人失其道，故亿兆罹其毒。若深思即叙之义，固辞都护之请，返其千里之马，不求白狼之贡，则七戎九夷，候风重译，虽无辽东之捷，岂及江都之祸乎！

隋书卷八四
列传第四九

北　狄

突厥　西突厥　铁勒　奚　契丹

　　突厥之先，平凉杂胡也，姓阿史那氏。后魏太武灭沮渠氏，阿史那以五百家奔茹茹，世居金山，工于铁作。金山状如兜鍪，俗呼兜鍪为"突厥"，因以为号。或云，其先国于西海之上，为邻国所灭，男女无少长尽杀之。至一儿，不忍杀，刖足断臂，弃于大泽中。有一牝狼，每衔肉至其所，此儿因食之，得以不死。其后遂与狼交，狼有孕焉。彼邻国者，复令人杀此儿，而狼在其侧。使者将杀之，其狼若为神所凭，欻然至于海东，止于山上。其山在高昌西北，下有洞穴，狼入其中，遇得平壤茂草，地方二百余里。其后狼生十男，其一姓阿史那氏，最贤，遂为君长，故牙门建狼头纛，示不忘本也。

　　有阿贤设者，率部落出于穴中，世臣茹茹。至大叶护，种类渐强。当后魏之末，有伊利可汗，以兵击铁勒，大败之，降五万余家，遂求婚于茹茹。茹茹主阿那瑰大怒，遣使骂之。伊利斩其使，率众袭茹茹，破之。卒，弟逸可汗立，又破茹茹。病且卒，舍其子摄图，立其弟俟斗，称为木杆可汗。木杆勇而多智，遂击茹茹，灭之，西破挹怛，东走契丹，北方戎狄悉归之，抗衡中夏。后与西魏师入侵东魏，至于太原。

　　其俗畜牧为事，随逐水草，不恒厥处。穹庐毡帐，被发左衽，食肉饮酪，身衣裘褐，贱老贵壮。官有叶护，次设特勤，次俟利发，次吐屯发，下至小官，凡二十八等，皆世为之。有角弓、鸣镝、甲、矟、刀、剑。善骑射，性残忍。无文字，刻木为契。候月将满，辄为寇抄。谋反叛杀人者皆死，淫者割势而腰斩之。斗伤人目者偿之以女，无女则输妇财，折支体者输马，盗者则偿赃十倍。有死者，停尸帐中，家人亲属多杀牛马而祭之，绕帐号呼，以刀划面，血泪交下，七度而止。于是择日置尸马上而焚之，取灰而葬。表木为茔，立屋其中，图画死者形仪及其生时所经战阵之状。尝杀一人，则立一石，有至千百者。父兄死，子弟妻其群母及嫂。五月中，多杀羊马以祭天。男子好樗蒲，女子踏鞠，饮马酪取醉，歌呼相对。敬鬼神，信巫觋，重兵死而耻病终，大抵与匈奴同俗。

　　木杆在位二十年，卒，复舍其子大逻便而立其弟，是为佗钵可汗。佗钵以摄图为尔伏可汗，统其东面，又以其弟褥但可汗子为步离可汗，居西方。时佗钵控弦数十万，中国惮之，周、齐争结姻好，倾府藏以事之。佗钵益骄，每谓其下曰：“我在南两儿常孝顺，何患贫也！”齐有沙门惠琳，被掠入突厥中，因谓佗钵曰：“齐国富强者，为有佛法耳。”遂说以因缘果报之事。佗钵闻而信之，建一伽蓝，遣使聘于齐氏，求《净名》、《涅槃》、《华严》等经，并《十诵律》。佗钵亦躬自斋戒，绕塔行道，恨不生内地。在位十年，病且卒，谓其子庵罗曰：“吾闻亲莫过于父子。吾兄不亲其子，委地于我。我死，汝当避大逻便也。”及佗钵卒，国中将立大逻便，以其母贱，众不服。庵罗母贵，突厥素重之。摄图最后至，谓国中曰：“若立庵罗者，我当率兄弟以事之；如立大逻便，我必守境，利刃长矛以相待矣。”摄图长而且雄，国人皆惮，莫敢拒者，竟立庵罗为嗣。大逻便不得立，心不服庵罗，每遣人骂辱。庵罗不能制，因以国让摄图。国中相与议曰：“四可汗之子，摄图最贤。”因迎立之，号伊利俱卢设莫何始波罗可汗，一号沙钵略。治都斤山。庵罗降居独洛水，称第二可汗。大逻便乃请沙钵略曰：“我与尔俱可汗子，各承父后。尔今极尊，我独无位，何也？”沙钵略患之，以为阿波可汗，还领所部。

沙钵略勇而得众，北夷皆归附之。及高祖受禅，待之甚薄，北夷大怨。会营州刺史高宝宁作乱，沙钵略与之合军，攻陷临渝镇。上敕缘边修保鄣，峻长城，以备之，仍命重将出镇幽、并。沙钵略妻，宇文氏之女，曰千金公主，自伤宗祀绝灭，每怀复隋之志，日夜言之于沙钵略。由是悉众为寇，控弦之士四十万。上令柱国冯昱屯乙弗泊，兰州总管叱李长义守临洮，上柱国李崇屯幽州，达奚长儒据周槃，皆为虏所败。于是纵兵自木硖、石门两道来寇，武威、天水、安定、金城、上郡、弘化、延安六畜咸尽。天子震怒，下诏曰：

往者魏道衰弊，祸难相寻，周、齐抗衡，分割诸夏。突厥之虏，俱通二国。周人东虑，恐齐好之深，齐氏西虞，惧周交之厚。谓虏意轻重，国逐安危，非徒并有大敌之忧，思减一边之防。竭生民之力，供其来往，倾府库之财，弃于沙漠，华夏之地，实为劳扰。犹复劫剥烽戍，杀害吏民，无岁月而不有也。恶积祸盈，非止今日。

朕受天明命，子育万方，愍臣下之劳，除既往之弊。以为厚敛兆庶，多惠豺狼，未尝感恩，资而为贼，违天地之意，非帝王之道。节之以礼，不为虚费，省徭薄赋，国用有余。因入贼之物，加赐将士，息道路之民，务于耕织。清边制胜，成策在心。凶丑愚暗，未知深旨，将大定之日，比战国之时，乘昔世之骄，结今时之恨。近者尽其巢窟，俱犯北边，朕布置军旅，所在邀截，望其深入，一举灭之。而远镇偏师，逢而摧翦，未及南上，遽已奔北，应弦染锷，过半不归。且彼渠帅，其数凡五，昆季争长，父叔相猜，外示弥缝，内乖心腹，世行暴虐，家法残忍。东夷诸国，尽挟私仇，西戎群长，皆有宿怨。突厥之北，契丹之徒，切齿磨牙，常伺其便。达头前攻酒泉，其后于阗、波斯、挹怛三国一时即叛。沙钵略近趣周槃，其部内薄孤、束纥罗寻亦翻动。往年利察大为高丽、靺鞨所破，娑毗设又为纥支可汗所杀。与其为邻，皆愿诛剿。部落之下，尽异纯民，千种万类，仇敌怨偶，泣血拊心，衔悲积恨。圆首方足，皆人类也，有一于此，更切朕怀。

彼地咎征祅作，年将一纪，乃兽为人语，人作神言，云其国亡，讫而不见。每冬雷震，触地火生，种类资给，惟藉水草。去岁四时，竟无雨雪，川枯蝗暴，卉木烧尽，饥疫死亡，人畜相半。旧居之所，赤地无依，迁徙漠南，偷存晷刻。斯盖上天所忿，驱就齐斧，幽明合契，今也其时。故选将治兵，赢粮聚甲，义士奋发，壮夫肆愤，愿取名王之首，思挞单于之背，云归雾集，不可数也。东极沧海，西尽流沙，纵百胜之兵，横万里之众，亘朔野之追蹑，望天崖而一扫。此则王恢所说，其犹射痈，何敢能当，何远不服！

但皇王旧迹，北止幽都，荒遐之表，文轨所弃。得其地不可而居，得其民不忍皆杀，无劳兵革，远规溟海。诸将今行，义兼含育，有降者纳，有违者死。异域殊方，被其拥抑，放听复旧。广辟边境，严治关塞，使其不敢南望，永服威刑。卧鼓息烽，暂劳终逸，制御夷狄，义在斯乎！何用侍子之朝，宁劳渭桥之拜。普告海内，知朕意焉。

于是以河间王弘、上柱国豆卢勣、窦荣定、左仆射高颎、右仆射虞庆则并为元帅，出塞击之。沙钵略率阿波、贪汗二可汗等来拒战，皆败走遁去。时虏饥甚，不能得食，于是粉骨为粮，又多灾疫，死者极众。

既而沙钵略以阿波骁悍，忌之，因其先归，袭击其部，大破之，杀阿波之母。阿波还无所归，西奔达头可汗。达头者，名玷厥，沙钵略之从父也，旧为西面可汗。既而大怒，遣阿波率兵而东，其部落归之者将十万骑。遂与沙钵略相攻。又有贪汗可汗，素睦于阿波，沙钵略夺其众而废之，贪汗亡奔达头。沙钵略从弟地勤察别统部落，与沙钵略有隙，复以众叛归阿波。连兵不已，各遣使诣阙，请和求援，上皆不许。

会千金公主上书，请为一子之例，高祖遣开府徐平和使于沙钵略。晋王广时镇并州，请因其衅而乘之，上不许。沙钵略遣使致书曰："辰年九月十日，从天生大突厥天下贤圣天子、伊利俱卢设莫何始波罗可汗，致书大隋皇帝："使人开府徐平和至，辱告言语，具闻也。皇帝是妇父，即是翁，此是女夫，即是儿例。两境虽殊，情义是一。今重叠亲旧，子子孙孙，乃至万世不断，上天为证，终不违负。此国所有羊马，都是皇帝畜生，彼有缯彩，都是此物，彼此有何异也！"高祖报书曰："大隋天子贻书大突厥伊利俱卢设莫何沙钵略可汗："得书，知大有好心向此也。既是沙钵略妇翁，今日看沙钵略共儿子不异。既以亲旧厚意，常使之外，今特别遣大臣虞庆则往彼看女，复看沙钵略也。"沙钵略陈兵，列其宝物，坐见庆则，称病不能起，且曰："我父伯以来，不向人拜。"庆则责而喻之。千金公主私谓庆则曰："可汗豺狼性，过与争，将啮人。"长孙晟说谕之，摄图辞屈，乃顿颡跪受玺书，以戴于首。既而大惭，其群下因相聚恸哭。庆则又遣称臣，沙钵略谓其属曰："何名为臣？"报曰："隋国称臣，犹此称奴耳。"沙钵略曰："得作大隋天子奴，虞仆射之力也。"赠庆则马千匹，并以从妹妻之。

　　时沙钵略既为达头所困，又东畏契丹，遣使告急，请将部落度漠南，寄居白道川内，有诏许之。诏晋王广以兵援之，给以衣食，赐以车服鼓吹。沙钵略因西击阿波，破擒之。而阿拔国部落乘虚掠其妻子。官军为击阿拔，败之，所获悉与沙钵略。沙钵略大喜，乃立约，以碛为界，因上表曰：

　　　大突厥伊利俱卢设始波罗莫何可汗臣摄图言：大使尚书右仆射虞庆则至，伏奉诏书，兼宣慈旨，仰惟恩信之著，逾久愈明，徒知负荷，不能答谢。伏惟大隋皇帝之有四海，上契天心，下顺民望，二仪之所覆载，七曜之所照临，莫不委质来宾，回首面内。实万世之一圣，千年之一期，求之古昔，未始闻也。

　　　突厥自天置以来，五十余载，保有沙漠，自王蕃隅。地过万里，士马亿数，恒力兼戎夷，抗礼华夏，在于北狄，莫与为大。顷者气候清和，风云顺序，意以华夏其有大圣兴焉。况今被沾德义，仁化所及，礼让之风，自朝满野。窃以天无二日，土无二王，伏惟大隋皇帝，真皇帝也。岂敢阻兵恃险，偷窃名号，今便感慕淳风，归心有道，屈膝稽颡，永为藩附。虽复南瞻魏阙，山川悠远，北面之礼，不敢废失。当令侍子入朝，神马岁贡，朝夕恭承，唯命是视。至于削衽解辫，革音从律，习俗已久，未能改变。阖国同心，无不衔荷，不任下情欣慕之至。谨遣第七儿臣窟含真等奉表以闻。

高祖下诏曰："沙钵略称雄漠北，多历世年，百蛮之大，莫过于此。往虽与和，犹是二国，今作君臣，便成一体。情深义厚，朕甚嘉之。荷天之休，海外有截，岂朕薄德所能致此！已敕有司肃告郊庙，宜普颁天下，咸使知闻。"自是诏答诸事并不称其名以异之。其妻可贺敦周千金公主，赐姓杨氏，编之属籍，改封大义公主。策拜窟含真为柱国，封安国公，宴于内殿，引见皇后，赏劳甚厚。沙钵略大悦，于是岁时贡献不绝。

七年正月，沙钵略遣其子入贡方物，因请猎于恒、代之间，又许之，仍遣人赐其酒食。沙钵略率部落再拜受赐。沙钵略一日手杀鹿十八头，赍尾舌以献。还至紫河镇，其牙帐为火所烧，沙钵略恶之，月余而卒。上为废朝三日，遣太常吊祭焉。赠物五千段。

初，摄图以其子雍虞闾性懦，遗令立其弟叶护处罗侯；雍虞闾遣使迎处罗侯，将立之。处罗侯曰："罗突厥自木杆可汗以来，多以弟代兄，以庶夺嫡，失先祖之法，不相敬畏。汝当嗣位，我不惮拜汝也。"雍虞闾又遣使谓处；罗侯曰："叔与我父，共根连体，我是枝叶。宁有我作主，令根本反同枝叶，令叔父之尊下我卑稚！又亡父之命，其可废乎！愿叔勿疑。"相让五六，处罗侯竟立，是为叶护可汗。以雍虞闾为叶护。遣使上表言状，上赐之鼓吹幡旗。

处罗侯长颐偻背，眉目疏朗，勇而有谋，以隋所赐旗鼓西征阿波。敌人以为得隋兵所助，多来降附，遂生擒阿波。既而上书请阿波死生之命，上下其议。左仆射高颎进曰："骨肉相残，教之蠹也。存养以示宽大。"上曰："善。"颎因奉觞进曰："自轩辕以来，獯粥多为边患。今远穷北海，皆为臣妾，此之盛事，振古未闻，臣敢再拜上寿。"

其后处罗侯又西征，中流矢而卒。其众奉雍虞闾为主，是为颉伽施多那都蓝可汗。雍虞间遣使诣阙，赐物三千段。每岁遣使朝贡。时有流人杨钦亡入突厥中，谬云彭国公刘昶与宇文氏谋反，令大义公主发兵扰边。都蓝执钦以闻，并贡靬布、鱼胶。其弟钦羽设部落强盛，都蓝忌而击之，斩首于阵。其年，遣其母弟褥但特勒献于阗玉杖，上拜褥但为柱国、康国公。明年，突厥部落大人相率遣使贡马万匹，羊二万口，驼、牛各五百头。寻遣使请缘边置市，与中国贸易，诏许之。

平陈之后，上以陈叔宝屏风赐大义公主，主心恒不平，因书屏风为诗，叙陈亡自寄。其辞曰："盛衰等朝暮，世道若浮萍。荣华实难守，池台终自平。富贵今何在？空事写丹青。杯酒恒无乐，弦歌讵有声！余本皇家子，飘流入虏庭。一朝睹成败，怀抱忽纵横。古来共如此，非我独申名。唯有《明君曲》，偏伤远嫁情。"上闻而恶之，礼赐益薄。公主复与西面突厥泥利可汗连结，上恐其为变。将图之。会主与所从胡私通，因发其事，下诏废黜之。恐都蓝不从，遣奇章公牛弘将美妓四人以啗之。时沙钵略子曰染干，号突利可汗，居北方，遣使求婚。上令裴矩谓之曰："当杀大义公主者，方许婚。"突厥以为然，复谮之，都蓝因发怒，遂杀公主于帐。都蓝与达头可汗有隙，数相征伐，上和解之，各引兵而去。

十七年，突利遣使来逆女，上舍之太常，教习六礼，妻以宗女安义公主。上欲离间北夷，故特厚其礼，遣牛弘、苏威、斛律孝卿相继为使，突厥前后遣使入朝三百七十辈。突利本居北方，以尚主之故，南徙度斤旧镇，锡赉优厚。雍虞间怒曰："我，大可汗也，反不如染干！"于是朝贡遂绝，数为边患。十八年，诏属王秀出灵州道以击之。明年，又遣汉王谅为元帅，左仆射高颎率将军王督、上柱国赵仲卿并出朔州道，右仆射杨素率柱国李彻、韩僧寿出灵州，上柱国燕荣出幽州，以击之。雍虞间与玷厥举兵攻染干，尽杀其兄弟子侄，遂度河，入蔚州。染干夜以五骑与隋使长孙晟归朝。上令染干与雍虞间使者因头特勒相辩诘，染干辞直，上乃厚待之。雍虞间弟都速六弃其妻子，与突利归朝，上嘉之。敕染干与都速六樗蒲，稍稍输以宝物,用慰其心。

夏六月,高颎、杨素击玷厥,大破之。拜染干为意利珍豆启民可汗,华言"意智健"也。启民上表谢恩曰:"臣既蒙竖立,复改官名,昔日奸心,今悉除去,奉事至尊,不敢违法。"上于朔州筑大利城以居之。是时安义公主已卒,上以宗女义成公主妻之,部落归者甚众。雍虞闾又击之,上复令入塞。雍虞闾侵掠不已,迁于河南,在夏、胜二州之间,发徒掘堑数百里,东西拒河,尽为启民畜牧之地。于是遣越国公杨素出灵州,行军总管韩僧寿出庆州,太平公史万岁出燕州,大将军姚辩出河州,以击都蓝。

师未出塞,而都蓝为其麾下所杀,达头自立为步迦可汗,其国大乱。遣太平公史万岁出朔州以击之,遇达头于大斤山,虏不战而遁,追斩首虏二千余人。晋王讳出灵州,达头遁逃而去。寻遣其弟子俟利伐从碛东攻启民。上又发兵助启民守要路,俟利伐退走入碛。启民上表陈谢曰:"大隋圣人莫缘可汗,怜养百姓,如天无不覆也,如地无不载也。诸姓蒙威恩,赤心归服,并将部落归投圣人可汗来也。或南入长城,或住白道,人民羊马,遍满山谷。染干譬如枯木重起枝叶,枯骨重生皮肉,千万世长与大隋典羊马也。"

仁寿元年,代州总管韩洪为虏所败于恒安,废为庶人。诏杨素为云州道行军元帅,率启民北征。斛薛等诸姓初附于启民,至是而叛。素军河北,值突厥阿勿思力俟斤等南度,掠启民男女六千口、杂畜二十余万而去。素率上将军梁默轻骑追之,转战六十余里,大破俟斤,悉得人畜以归启民。素又遣柱国张定和、领军大将军刘升别路邀击,并多斩获而还。兵既度河,贼复掠启民部落,素率骠骑范贵于窟结谷东南奋击,复破之,追奔八十余里。是岁,泥利可汗及叶护俱被铁勒所败。步迦寻亦大乱,奚、霫五部内从,步迦奔吐谷浑。启民遂有其众,岁遣朝贡。

大业三年四月,炀帝幸榆林,启民及义成公主来朝行宫,前后献马三千匹。帝大悦,赐物万二千段。启民上表曰:"已前圣人先帝莫缘可汗存在之日,怜臣,赐臣安义公主,种种无少短。臣种末为圣人先帝怜养，臣兄弟姤恶，相共杀臣，臣当时无处去，向上看只见天，下看只见地，实忆圣人先帝言语，投命去来。圣人先帝见臣，大怜臣，死命养活，胜于往前，遣臣作大可汗坐著也。其突厥百姓，死者以外，还聚作百姓也。至尊今还如圣人先帝，捉天下四方坐也。还养活臣及突厥百姓，实无少短。臣今忆想圣人及至尊养活事，具奏不可尽，并至尊圣心里在。臣今非是旧日边地突厥可汗，臣即是至尊臣民，至尊怜臣时，乞依大国服饰法用，一同华夏。臣今率部落，敢以上闻伏愿天慈不违所请。"表奏，帝下其议，公卿请依所奏。帝以为不可，乃下诏曰："先王建国，夷夏殊风，君子教民，不求变俗。断发文身，咸安其性，雕裘卉服，各尚所宜，因而利之，其道弘矣。何必化诸削衽，縻以长缨，岂遂性之至理，非包含之远度。衣服不同，既辨要荒之叙，庶类区别，弥见天地之情。"乃玺书答启民，以为碛北未静，犹须征战，但使好心孝顺，何必改变衣服也。

帝法驾御千人大帐，享启民及其部落酋长三千五百人，赐物二十万段，其下各有差。复下诏曰："德合天地，覆载所以弗遗，功格区宇，声教所以咸洎。至于梯山航海，请受正朔，袭冠解辫，同彼臣民。是故《王会》纳贡，义彰前册，呼韩入臣，待以殊礼。突厥意利珍宝启民可汗志怀沈毅，世修藩职。往者挺身违难，拔足归仁，先朝嘉此款诚，授以徽号。资其甲兵之众，收其破灭之余，复祀于既亡之国，继绝于不存之地。斯固施均亭育，泽渐要荒者矣。朕以薄德，祗奉灵命，思播远猷，光融令绪，是以亲巡朔野，抚宁藩服。启民深委诚心，入奉朝觐，率其种落，拜首轩墀，言念丹款，良以嘉尚。宜隆荣数，式优恒典。可赐路车、乘马、鼓吹、幡旗，赞拜不名，位在诸侯王上。"帝亲巡云内，沂金河而东，北幸启民所居。启民奉觞上寿，跪伏甚恭。帝大悦，赋诗曰："鹿塞鸿旗驻，龙庭翠辇回。毡帐望风举，穹庐向日开。呼韩顿颡至，屠耆接踵来。索辫擎膻肉，韦鞲献酒杯。何如汉天子，空上单于台。"帝赐启民及主金瓮各一，及衣服被褥锦彩，特勒以下各有差。

先是，高丽私通使启民所，启民推诚奉国，不敢隐境外之交。是日将高丽使人见，敕令牛弘宣旨谓之曰："朕以启民诚心奉国，故亲至其所。明年当往涿郡。尔还日，语高丽王知，宜早来朝，勿自疑惧。存育之礼，当同于启民。如或不朝，必将启民巡行彼土。"使人甚惧。启民仍扈从入塞，至定襄，诏令归藩。

明年，朝于东都，礼赐益厚。是岁，疾终，上为之废朝三日，立其子咄吉世，是为始毕可汗。表请尚公主，诏从其俗。十一年，来朝于东都。其年，车驾避暑汾阳宫，八月，始毕率其种落入寇，围帝于雁门。诏诸郡发兵赴行在所，援军方至，始毕引去。由是朝贡遂绝。明年，复寇马邑，唐公以兵击走之。

隋末乱离，中国人归之者无数，遂大强盛，势陵中夏。迎萧皇后，置于定襄。薛举、窦建德、王世充、刘武周、梁师都、李轨、高开道之徒，虽僣尊号，皆北面称臣，受其可汗之号。使者往来，相望于道也。

西突厥者，木杆可汗之子大逻便也。与沙钵略有隙，因分为二，渐以强盛。东拒都斤，西越金山，龟兹、铁勒、伊吾及西域诸胡悉附之。大逻便为处罗侯所执，其国立鞅素特勤之子，是为泥利可汗。卒，子达漫立，号泥撅处罗可汗。其母向氏，本中国人，生达漫而泥利卒，向氏又嫁其弟婆实特勒。开皇末，婆实共向氏入朝，遇达头乱，遂留京师，每舍之鸿胪寺。处罗可汗居无恒处，然多在乌孙故地。复立二小可汗，分统所部。一在石国北，以制诸胡国。一居龟兹北，其地名应娑。官有俟发、阎洪达，以评议国事，自余与东国同。每五月八日，相聚祭神，岁遣重臣向其先世所居之窟致祭焉。

当大业初，处罗可汗抚御无道，其国多叛，与铁勒屡相攻，大为铁勒所败。时黄门侍郎裴矩在敦煌引致西域，闻国乱，复知处罗思其母氏，因奏之。炀帝遣司朝谒者崔君肃赍书慰谕之。处罗甚踞，受诏不肯起。君肃谓处罗曰："突厥本一国也，中分为二，自相仇敌。每岁交兵，积数十年而莫能相灭者，明知启民与处罗国其势敌耳。今启民举其部落，兵且百万，入臣天子，甚有丹诚者，何也？但以切恨可汗而不能独制,故卑事天子以借汉兵,连二大国,欲灭可汗耳。百官兆庶咸请许之,天子弗违,师出有日矣。顾可汗母向氏,本中国人,归在京师,处于宾馆。闻天子之诏,惧可汗之灭,且夕守阙,哭泣悲哀。是以天子怜焉,为其辍策。向夫人又匍匐谢罪,因请发使以召可汗,令入内属,乞加恩礼,同于启民。天子从之,故遣使到此。可汗若称藩拜诏,国乃永安,而母得延寿;不然者,则向夫人为诳天子,必当取戮而传首虏庭。发大隋之兵,资北蕃之众,左提右挈,以击可汗,死亡则无日矣。奈何惜两拜之礼,剿慈母之命,吝一句称臣,丧匈奴国也!"处罗闻之,矍然而起,流涕再拜,跪受诏书。君肃又说处罗曰:"启民内附,先帝嘉之,赏赐极厚,故致兵强国富。今可汗后附,与之争宠,须深结于天子,自表至诚。既以道远,未得朝觐,宜立一功,以明臣节。"处罗曰:"如何?"君肃曰:"吐谷浑者,启民少子莫贺咄设之母家也。今天子又以义成公主妻于启民,启民畏天子之威而与之绝。吐谷浑亦因憾汉故,职贡不修。可汗若请诛之,天子必许。汉击其内,可汗攻其外,破之必矣。然后身自入朝,道路无阻,因见老母,不亦可乎?"处罗大喜,遂遣使朝贡。

　　帝将西狩,六年,遣侍御史韦节召处罗,令与车驾会于大升拔谷。其国人不从,处罗谢使者,辞以他故。帝大怒,无如之何。适会其酋长射匮遣使来求婚,裴矩因奏曰:"处罗不朝,恃强大耳。臣请以计弱之,分裂其国,即易制也。射匮者,都六之子,达头之孙,世为可汗,君临西面。今闻其失职,附隶于处罗,故遣使来,以结援耳。愿厚礼其使,拜为大可汗,则突厥势分,两从我矣。"帝曰:"公言是也。"因遣裴矩朝夕至馆,微讽谕之。帝于仁风殿召其使者,言处罗不顺之意,称射匮有好心,吾将立为大可汗,令发兵诛处罗,然后当为婚也。帝取桃竹白羽箭二枚以赐射匮,因谓之曰:"此事宜速,使疾如箭也。"使者返,路经处罗,处罗爱箭,将留之,使者谲而得免。射匮闻而大喜,兴兵袭处罗,处罗大败,弃妻子,将左右数千骑东走。在路又被劫掠,遁于高昌东,保时罗漫山。高昌王麹伯雅上状,帝遣裴矩将向氏亲要左右,驰至玉门关晋昌城。矩遣向氏使诣处罗所,论朝廷弘养之义,丁宁晓谕之,遂入朝,然每有怏怏之色。

以七年冬,处罗朝于临朔宫,帝享之。处罗稽首谢曰:"臣总西面诸蕃,不得早来朝拜,今参见迟晚,罪责极深,臣心里悚惧,不能道尽。"帝曰:"往者与突厥相侵扰,不得安居。今四海既清,与一家无异,朕皆欲存养,使遂性灵。譬如天上止有一个日照临,莫不宁帖;若有两个三个日,万物何以得安?比者亦知处罗总摄事繁,不得早来相见。今日见处罗,怀抱豁然欢喜,处罗亦当豁然,不烦在意。"明年元会,处罗上寿曰:"自天以下,地以上,日月所照,唯有圣人可汗。今是大日,愿圣人可汗千岁万岁常如今日也。"诏留其羸弱万余口,令其弟达度关牧畜会宁郡。

处罗从征高丽,赐号为曷萨那可汗,赏赐甚厚。十年正月,以信义公主嫁焉,赐锦彩袍千具,彩万匹。帝将复其故地,以辽东之役,故未遑也。每从巡幸。江都之乱,随化及至河北。化及将败,奔归京师,为北蕃突厥所害。

铁勒之先,匈奴之苗裔也,种类最多。自西海之东,依据山谷,往往不绝。独洛河北有仆骨、同罗、韦纥、拔也古、覆罗并号俟斤,蒙陈、吐如纥、斯结、浑、斛薛等诸姓,胜兵可二万。伊吾以西,焉耆之北,傍白山,则有契弊、薄落职乙咥、苏婆那曷,乌谨、纥骨、也咥、於尼谨等,胜兵可二万。金山西南有薛延陀、咥勒儿、十槃、达契等,一万余兵。康国北傍阿得水,则有诃咥、曷嶻拨忽、比干、具海、曷比悉、何嵯苏、拔也末渴达等,有三万许兵。得嶷海东西有苏路羯、三索咽、蔑促、隆忽等诸姓,八千余。拂菻东则有恩屈、阿兰、北褥九离、伏嗢昏等,近二万人。北海南则都波等。虽姓氏各别,总谓为铁勒。并无君长,分属东、西两突厥。居无恒所,随水草流移。人性凶忍,善于骑射,贪婪尤甚,以寇抄为生。近西边者,颇为艺植,多牛羊而少马。自突厥有国,东西征讨,皆资其用,以制北荒。

开皇末,晋王讳北征,纳启民,大破步迦可汗,铁勒于是分散。大业元年,突厥处罗可汗击铁勒诸部,厚税敛其物,又猜忌薛延陀等,恐为变,遂集其魁帅数百人,尽诛之。由是一时反叛,拒处罗,遂立俟利发俟斤契弊歌楞为易勿真莫何可汗,居贪污山。复立薛延陀内俟斤字也咥,为小可汗。处罗可汗既败,莫何可汗始大。莫何勇毅绝伦,甚得众心,为邻国所惮,伊吾、高昌、焉耆诸国悉附之。其俗大抵与突厥同,唯丈夫婚毕,便就妻家,待产乳男女,然后归舍,死者埋殡之,此其异也。大业三年,遣使贡方物,自是不绝云。

奚本曰库莫奚,东部胡之种也。为慕容氏所破,遗落者窜匿松、漠之间。其俗甚为不洁,而善射猎,好为寇钞。初臣于突厥,后稍强盛,分为五部:一曰辱纥王,二曰莫贺弗,三曰契个,四曰木昆,五曰室得。每部俟斤一人为其帅。随逐水草,颇同突厥。有阿会氏,五部中为盛,诸部皆归之。每与契丹相攻击,虏获财畜,因而得赏。死者以苇薄裹尸,悬之树上。自突厥称藩之后,亦遣使入朝,或通或绝,最为无信。大业时,岁遣使贡方物。

契丹之先,与库莫奚异种而同类,并为慕容氏所破,俱窜于松、漠之间。其后稍大,居黄龙之北数百里。其俗颇与靺鞨同。好为寇盗。父母死而悲哭者,以为不壮,但以其尸置于山树之上,经三年之后,乃收其骨而焚之。因酹而祝曰:“冬月时,向阳食。若我射猎时,使我多得猪鹿。”其无礼顽嚣,于诸夷最甚。

当后魏时,为高丽所侵,部落万余口求内附,止于白狼河。其后为突厥所逼,又以万家寄于高丽。开皇四年,率诸莫贺弗来谒。五年,悉其众款塞,高祖纳之,听居其故地。六年,其诸部相攻击,久不止,又与突厥相侵,高祖使使责让之。其国遣使诣阙,顿颡谢罪。其后契丹别部出伏等背高丽,率众内附。高祖纳之,安置于渴奚那颉之北。开皇末,其别部四千余家背突厥来降。上方与突厥和好,重失远人之心,悉令给粮还本,敕突厥抚纳之。固辞不去。部落渐众,遂北徙逐水草,当辽西正北二百里,依托纥臣水而居。东西亘五百里,南北三百里,分为十部。兵多者三千,少者千余,逐寒暑,随水草畜牧。有征伐，则酋帅相与议之，兴兵动众合符契。突厥沙钵略可汗遣吐屯潘垤统之。

契丹之类也。其南者为契丹，在北者号室韦，分为五部，不相总一，所谓南室韦、北室韦、钵室韦、深末怛室韦、大室韦。并无君长，人民贫弱，突厥常以三吐屯总领之。

南室韦在契丹北三千里，土地卑湿，至夏则移向西北贷勃、欠对二山，多草木，饶禽兽，又多蚊蚋，人皆巢居，以避其患。渐分为二十五部，每部有余莫弗瞒咄，犹酋长也。死则子弟代立，嗣绝则择贤豪而立之。其俗丈夫皆被发，妇人盘发，衣服与契丹同。乘牛车，篷簟为屋，如突厥毡车之状。渡水则束薪为筏，或以皮为舟者。马则织草为鞴，结绳为辔。寝则屈为屋，以篷簟覆上，移则载行。以猪皮为席，编木为藉。妇女皆抱膝而坐。气候多寒，田收甚薄，无羊，少马，多猪牛。造酒食啖，与靺鞨同俗。婚嫁之法，二家相许，婿辄盗妇将去，然后送牛马为娉，更将归家。待有娠，乃相随还舍。妇人不再嫁，以为死人之妻难以共居。部落共为大棚，人死则置尸其上。居丧三年，年唯四哭。其国无铁，取给于高丽。多貂。

南室韦北行十一日至北室韦，分为九部落，绕吐纥山而居。其部落渠帅号乞引莫贺咄，每部有莫何弗三人以贰之。气候最寒，雪深没马。冬则入山，居土穴中，牛畜多冻死。饶獐鹿，射猎为务，食肉衣皮。凿冰，没水中而网射鱼鳖。地多积雪，惧陷坑井，骑木而行。俗皆捕貂为业，冠以狐狢，衣以鱼皮。

又北行千里，至钵室韦，依胡布山而住，人众多北室韦，不知为几部落。用桦皮盖屋，其余同北室韦。

从钵室韦西南四日行，至深末怛室韦，因水为号也。冬月穴居，以避太阴之气。

又西北数千里，至大室韦，径路险阻，语言不通。尤多貂及青鼠。

北室韦时遣使贡献，余无至者。

　　史臣曰:四夷之为中国患也久矣,北狄尤甚焉。种落实繁,迭雄边塞,年代遐邈,非一时也。五帝之世,则有獯粥焉;其在三代,则猃狁焉;逮乎两汉,则匈奴焉;当途、典午,则乌丸、鲜卑焉;后魏及周,则蠕蠕、突厥焉。此其酋豪,相继互为君长者也。皆以畜牧为业,侵钞为资,倏来忽往,云飞鸟集。智谋之士,议和亲于庙堂之上,折冲之臣,论奋击于塞垣之下。然事无恒规,权无定势,亲疏因其强弱,服叛在其盛衰。衰则款塞顿颡,盛则弯弓寇掠,屈申异态,强弱相反。正朔所不及,冠带所不加,唯利是视,不顾盟誓。至于莫相救让,骄黠凭陵,和亲约结之谋,行师用兵之事,前史论之备矣,故不详而究焉。及蠕蠕衰微,突厥始大,至于木杆,遂雄朔野。东极东胡旧境,西尽乌孙之地,弯弓数十万,列处于代阴,南向以临周、齐。二国莫之能抗,争请盟好,求结和亲。乃与周合从,终亡齐国。高祖迁鼎,厥徒孔炽,负其众力,将蹈秦郊。内自相图,遂以乖乱,达头可汗远遁,启民愿保塞下。于是推亡固存,返其旧地,助讨余烬,部众遂强。卒于仁寿,不侵不叛,暨乎始毕,未亏臣礼。炀帝抚之非道,始有雁门之围。俄属群盗并兴,于此寖以雄盛,豪杰虽建名号,莫不请好息民。于是分置官司,总统中国,子女玉帛,相继于道,使者之车,往来结辙。自古蕃夷骄僭,未有若斯之甚也。及圣哲膺期,扫除氛祲,暗于时变,犹怀旅拒,率其群丑,屡隳亭鄣,残毁我云、代,摇荡我太原,肆掠于泾阳,饮马于渭汭。圣上奇谋潜运,神机密动,遂使百世不羁之虏一举而灭,瀚海、龙庭之地画为九州,幽都穷发之民隶于编户,实帝皇所不及,书契所未闻。由此言之,虽天道有盛衰,亦人事之工拙也。加以为而弗恃,有而弗居,类天地之含容,同阴阳之化育,斯乃大道之行也,固无得而称焉。

隋书卷八五
列传第五〇

宇文化及 <small>弟智及</small>　司马德戡
裴虔通　王充　段达

　　夫肖形天地，人称最灵，以其知父子之道，识君臣之义，异夫禽兽者也。传曰："人生在三，事之如一。"然则君臣父子，其道不殊，父不可以不父，子不可以不子，君不可以不君，臣不可以不臣。故曰君犹天也。天可仇乎！是以有罪归刑，见危授命，竭忠贞以立节，不临难而苟免。故闻其风者，怀夫慷慨，千载之后，莫不愿以为臣。此其所以生荣死哀，取贵前哲者矣。至于委质策名，代卿世禄，出受心膂之寄。入参帷幄之谋，身处机衡，肆赵高之奸宄，世荷权宠。行王莽之桀逆，生灵之所仇疾，犬豕不食其余。虽荐社污宫，彰必诛之衅，斫棺焚骨，明篡杀之咎，可以惩夫既往，未足深诫将来。昔孔子修《春秋》，而乱臣贼子知惧，抑使之求名不得，欲盖而彰者也。今故正其罪名，以冠于篇首。庶后之君子见作者之意焉。

　　宇文化及，左翊卫大将军述之子也。性凶险，不循法度。好乘肥挟弹，驰骛道中，由是长安谓之轻薄公子。炀帝为太子时，常领千牛，出入卧内。累迁至太子仆。数以受纳货贿，再三免官。太子嬖昵之，俄而复职。又以其弟士及尚南阳公主。化及由此益骄，处公卿间，言辞不逊，多所陵轹。见人子女狗马珍玩，必请托求之。常与屠贩者游，以规其利。炀帝即位，拜太仆少卿，益恃旧恩，贪冒尤甚。

大业初,炀帝幸榆林,化及与弟智及违禁与突厥交市。帝大怒,囚之数月。还至青门外,欲斩之而后入城,解衣辫发,以公主故,久之乃释,并智及并赐述为奴。述薨后,炀帝追忆之,遂起化及为左右屯卫将军,智及为将作少监。

　　是时,李密据洛口。炀帝惧,留淮左,不敢还都。从驾骁果多关中人,久客羁旅,见帝无西意,谋欲叛归。时武贲郎将司马德戡总领骁果,屯于东城,风闻兵士欲叛,未之审,遣校尉元武达,阴问骁果,知其情,因谋构逆。共所善武贲郎将元礼、直阁裴虔通互相扇惑曰:“今闻陛下欲筑宫丹杨,势不还矣。所部骁果莫不思归,人人耦语,并谋逃去。我欲言之,陛下性忌,恶闻兵走,即恐先事见诛。今知而不言,其后事发,又当族灭我矣,进退为戮,将如之何?”虔通曰:“上实尔,诚为公忧之。”德戡谓两人曰:“我闻关中陷没,李孝常以华阴叛,陛下收其二弟,将尽杀之。吾等家属在西,安得无此虑也!”虔通曰:“我子弟已壮。诚不自保,正恐旦暮及诛,计无所出。”德戡曰:“同相忧,当共为计取。骁果若走,可与俱去。”虔通等曰“诚如公言,求生之计,无以易此。”因递相招诱。又转告内史舍人元敏、鹰扬郎将孟秉,符玺郎李覆、牛方裕,直长许弘仁、薛良,城门郎唐奉义,医正张恺等,日夜聚博,约为刎颈之交,情相款昵,言无回避,于座中辄论叛计,并相然许。时李孝质在禁,令骁果守之,中外交通,所谋益急。赵行枢者,乐人之子,家产巨万,先交智及,勋侍杨士览者,宇文甥,二人同告智及,智及素狂悖,闻之喜,即共见德戡,期以三月十五日举兵同叛,劫十二卫武马,虏掠居人财物,结党西归。智及曰:“不然。当今天实丧隋,英雄并起,同心叛者已数万人,因行大事,此帝王业也。”德戡然之。行枢、薛良请以化及为主。相约既定,方告化及。化及性本驽怯,初闻大惧,色动流汗,久之乃定。

　　义宁二年三月一日,德戡欲宣告众,恐以人心未一,更思谲诈以胁骁果,谓许弘仁、张恺曰:“君是良医,国家任使,出言惑众,众必信。君可入备身府,告识者,言陛下闻说骁果欲叛,多酝毒酒,因享会尽鸩杀之,独与南人留此。”弘仁等宣布此言,骁果闻之,递相告语，谋叛逾急。德戡知计既行，遂以十日总召故人，谕以所为。众皆伏曰："唯将军命！"其夜，奉义主闭城门，乃与虞通相知，诸门皆不下钥。至夜三更，德戡于东城内集兵，得数万人，举火与城外相应。帝闻有声，问是何事。虞通伪曰："草坊被烧，外人救火，故喧嚣耳。"中外隔绝，帝以为然。孟秉、智及于城外得千余人，劫候卫武贲冯普乐，共布兵分捉郭下街巷。至五更中，德戡授虞通兵，以换诸门卫士。虞通因自开门，领数百骑，至成象殿，杀将军独孤盛。武贲郎将元礼遂引兵进，宿卫者皆走。虞通进兵，排左阁，驰入永巷，问："陛下安在？"有美人出，方指云："在西阁。"从往执帝。帝谓虞通曰："卿非我故人乎！何恨而反？"虞通曰："臣不敢反，但将士思归，奉陛下还京师耳。"帝曰："与汝归。"虞通因勒兵守之。

至旦，孟秉以甲骑迎化及。化及未知事果，战栗不能言，人有来谒之者，但低头据鞍，答云："罪过。"时士及在公主第，弗之知也。智及遣家僮庄桃树就第杀之，桃树不忍，执诣智及，久之乃见释。化及至城门，德戡迎谒，引入朝堂，号为丞相。令将帝出江都门以示群贼，因复将入。遣令狐行达弑帝于宫中，又执朝臣不同己者数十人及诸外戚，无少长害之，唯留秦孝王子浩，立以为帝。

十余日，夺江都人舟楫，从水路西归。至显福宫，宿公麦孟才、折冲郎将沈光等，谋击化及，反为所害。化及于是入据六宫，其自奉养一如炀帝故事。每于帐中南面端坐，人有白事者，默然不对。下牙时，方收取启状，共奉义、方裕、良、恺等参决之。行至徐州，水路不通，复夺人车牛，得二千两，并载宫人珍宝。其戈甲戎器，悉令军士负之。道远疲极，三军始怨。德戡失望，窃谓行枢曰："君大谬误我。当今拨乱，必藉英贤，化及庸暗，群小在侧，事将必败，当若之何？"行枢曰："在我等尔，废之何难！"因共李本、宇文导师、尹正卿等谋，以后军万余兵袭杀化及，更立德戡为主。弘仁知之，密告化及，尽收捕德戡及其支党十余人，皆杀之。引兵向东郡，通守王轨以城降之。

元文都推越王侗为主，拜李密为太尉，令击化及。密遣徐勣据黎阳仓。化及渡河，保黎阳县，分兵围勔。密壁清淇，与勔以烽火相应。化及每攻仓，密辄引兵救之。化及数战不利，其将军于弘达为密所擒，送于侗所，镬烹之。化及粮尽，渡永济渠，与密决战于童山，遂入汲郡求军粮，又遣使拷掠东都吏民以责米粟。王轨怨之，以城归于李密。化及大惧，自汲郡将率众图以北诸州。其将陈智略率岭南骁果万余人，张童儿率江东骁果数千人，皆叛归李密。化及尚有众二万，北走魏县。张恺等与其将陈伯谋去之，事觉，为化及所杀。腹心稍尽，兵势日蹙，兄弟更无他计，但相聚酣宴，奏女乐。醉后，因尤智及曰："我初不知，由汝为计，强来立我。今所向无成，士马日散，负杀主之名，天下所不纳。今者灭族，岂不由汝乎？"持其两子而泣。智及怒曰："事捷之日，都不赐尤，及其将败，乃欲归罪。何不杀我以降建德？"兄弟数相斗阋，言无长幼，醒而复饮，以此为恒。其众多亡，自知必败。化及叹曰："人生故当死，岂不一日为帝乎？"于是鸩杀浩，僭皇帝位于魏县，国号许，建元为天寿，署置百官。

攻元宝藏于魏州，四旬不克，反为所败。亡失千余人。乃东北趣聊城，将招携海曲诸贼。时遣士及徇济北，求馈饷。大唐遣淮安王神通安抚山东，并招化及。化及不从，神通进兵围之，十余日不克而退。窦建德悉众攻之。先是，齐州贼帅王薄闻其多宝物，诈来投附。化及信之，与共居守。至是，薄引建德入城。生擒化及，悉虏其众。先执智及、元武达、孟秉、杨士览、许弘仁，皆斩之。乃以辒车载化及之河间，数以杀君之罪，并二子承基、承趾皆斩之，传首于突厥义成公主，枭于虏庭。士及自济北西归长安。

智及幼顽凶，好与人群斗，所共游处，皆不逞之徒，相聚斗鸡，习放鹰狗。初以父功，赐爵濮阳郡公。蒸淫丑秽，无所不为。其妻长孙，妒而告述，述虽为隐，而大忿之，织芥之忿，必加鞭箠。弟士及恃尚主，又轻忽之。唯化及每事营护，父再三欲杀，辄救免之，由是颇相亲昵。遂劝化及遣人入蕃，私为交易。事发，当诛，述独证智及罪恶，而为化请命。帝因两释。述将死，抗表言其凶勃，必且破家。

帝后思述，授智及将作少监。

其江都杀逆之事，智及之谋也。化及为丞相，以为左仆射，领十二卫大将军。化及僭号，封齐王。窦建德破聊城，获而斩之，并其党十余人，皆暴尸枭首。

司马德戡，扶风雍人也。父元谦，仕周为都督。德戡幼孤，以屠豕自给。有桑门释粲，通德戡母和氏，遂抚教之，因解书计。开皇中，为侍官，渐迁至大都督。从杨素出讨汉王谅，充内营左右，进止便僻，俊辩多奸计，素大善之。以勋授仪同三司。大业三年，为鹰扬郎将。从讨辽左，进位正议大夫，迁武贲郎将。炀帝甚昵之。

从至江都，领左右备身骁果万人，营于城内。因隋末大乱，乃率骁果谋反，语在化及事中。既获炀帝，与其党孟秉等推化及为丞相。化及首封德戡为温国公，邑三千户，加光禄大夫，仍统本兵。化及意甚忌之。后数日，化及署诸将，分配士卒，乃以德戡为礼部尚书，外示美迁，实夺其兵也。由是愤怨，所获赏物皆赂智及，智及为之言。行至徐州，舍舟登陆，令德戡将后军，乃与赵行枢、李本、尹正卿、宇文导师等谋袭化及，遣人使于孟海公，结为外助。迁延未发，以待使报。许弘仁、张恺知之，以告化及，因遣其弟士及阳为游猎，至于后军。德戡不知事露，出营参谒，因命执之，并其党与。化及责之曰："与公戮力共定海内，出于万死。今始事成，愿得同守富贵，公又何为反也？"德戡曰："本杀昏主，苦其毒害。推立足下，而又甚之。逼于物情，不获已也。"化及不对，命送至幕下，缢而杀之，时年三十九。

裴虔通，河东人也。初，炀帝为晋王，以亲信从，稍迁至监门校尉。炀帝即位，擢旧左右，授宣惠尉，迁监门直阁。累从征役，至通议大夫。与司马德戡同谋作乱。先开宫门，骑至成象殿，杀将军独孤盛，擒帝于西阁。化及以虔通为光禄大夫、莒国公。化及引兵之北也。令镇徐州。化及败后，归于大唐，即授徐州总管，转辰州刺史，封长蛇男。寻以隋朝杀逆之罪,除名,徙于岭表而死。

王充字行满,本西域人也。祖支颓耨,徙居新丰。颓耨死,其妻少寡,与仪同王粲野合,生子曰琼,粲遂纳之以为小妻。其父收幼孤,随母嫁粲,粲爱而养之,因姓王氏,官至怀、汴二州长史。充卷发豺声,沉猜多诡诈,颇窥书传,尤好兵法,晓龟策推步盈虚,然未尝为人言也。

开皇中,为左翊卫,后以军功拜仪同,授兵部员外。善敷奏,明习法律,而舞弄文墨,高下其心。或有驳难之者,充利口饰非。辞义锋起,众虽知其不可而莫能屈,称为明辩。

炀帝时,累迁至江都郡丞。时帝数幸江都,充善候人主颜色,阿谀顺旨,每入言事,帝善之。又以郡丞领江都官监,乃雕饰池台,阴奏远方珍物以媚于帝,由是益昵之。

大业八年,隋始乱,充内怀徼幸,卑身礼士,阴结豪俊,多收众心。江淮间人素轻悍,又属盗贼群起,人多犯法,有系狱抵罪者,充皆枉法出之,以树私恩。及杨玄感反,吴人朱燮、晋陵人管崇起兵江南以应之,自称将军,拥众十余万。帝遣将军吐万绪、鱼俱罗讨之,不能克。充募江都万余人,击频破之。每有克捷,必归功于下,所获军实,皆推与士卒,身无所受。由此人争为用,功最居多。

十年,齐郡贼帅孟让自长白山寇掠诸郡,至盱眙,有众十余万。充以兵拒之,而羸师示弱,保都梁山为五栅,相持不战。后因其懈弛,出兵奋击,大破之,乘胜尽灭贼,让以数十骑遁去,斩首万人,六畜、军资莫不尽获。帝以充有将帅才略,始遣领兵,讨诸小盗,所向皆破之。然性矫伪,诈为善,能自勤苦,以求声誉。

十一年,突厥围帝于雁门,充尽发江都人,将往赴难。在军中,反首垢面,悲泣无度,晓夜不解甲,藉草而卧。帝闻之,以为爱己,益信任之。

十二年,迁为江都通守。时厌次之格谦为盗数年,兵十余万余,在豆子航中。充帅师破斩之,威振群贼。又击卢明月,破之于南阳,斩首数万,虏获极多。后还江都,帝大悦,自执杯酒以赐之。时充又知帝好内,乃言江淮良家有美女,并愿备后庭,无由自进。帝逾喜,因密令阅视诸女,姿质端丽合法相者,取正库及应入京物以娉纳之。所用不可胜计,帐上云敕别用,不显其实。有合意者,则厚赏充;或不中者,又以赉之。后令以船送东京,而道路贼起,使者苦役,于淮泗中沉船溺之者,前后十数。或有发露,充为秘之,又遽简阅以供进。是后益见亲昵。

遇李密攻陷兴洛仓,进逼东都,官军数却,光禄大夫裴仁基以武牢降于密,帝恶之,大发兵,将讨焉。发中诏遣充为将军,于洛口以拒密,前后百余战,互有胜负。充乃引军渡洛水,逼仓城。李密与战,充败绩,赴水溺死者万余人。时天寒大雪,兵士既渡水,衣皆沾湿,在道冻死者又数万人,比至河阳,才以千数。充自系狱请罪,越王侗遣使赦之,召令还都。收合亡散,复得万余人,屯于含嘉城中,不敢复出。

宇文化及杀帝于江都,充与太府卿元文都、将军皇甫无逸、右司郎卢楚奉侗为主。侗以充为吏部尚书,封郑国公。及侗取元文都、卢楚之谋,拜李密为太尉、尚书令,密遂称臣,复以兵拒化及于黎阳,遣使告捷。众皆悦,充独谓其麾下诸将曰:"文都之辈,刀笔吏耳。吾观其势,必为李密所擒。且吾军人每与密战,杀其父兄子弟,前后已多,一旦为之下,吾属无类矣。"出此言以激怒其众。文都知而大惧,与楚等谋,将因充入内,伏甲而杀之。期有日矣,将军段达遣其女婿张志以楚谋告之。充夜勒兵围宫城,将军费曜、田世阇等与战于东太阳门外。曜军败,充遂攻门而入,无逸以单骑遁走。获楚,杀之。时宫门尚闭,充令扣门言于侗曰:"元文都等欲执皇帝降于李密,段达知而以告臣。臣非敢谋反,诛反者耳。"文都闻变入,奉侗于乾阳殿,陈兵卫之。令将帅乘城以拒难,兵败,又获文都杀之,侗命开门以纳充,充悉遣人代宿卫者,乃入谒,顿首流涕而言曰:"文都等无状,谋相屠害,事急为此,不敢背国。"侗与之盟。充寻遣韦节等讽侗,令拜为尚书左仆射、总督内外诸军事。又授其兄恽为内史令，入居禁中。

未几，李密破化及还，其劲兵良马多战死，士卒皆倦。充欲乘其敝而击之，恐人不一，乃假托鬼神，言梦见周公，乃立祠于洛水之上，遣巫宣言周公欲令仆射急讨李密，当有大功，不则兵皆疫死。充兵多楚人，俗信妖妄，故出此言以惑之。众皆请战。充简练精勇，得二万余人，马千余，迁营于洛水南。密军偃师北山上。时密新得志于化及，有轻充之心，不设壁垒。充夜遣二百余骑潜入北山，伏溪谷中，令军秣马蓐食。既而宵济，人奔马驰，迟明而薄密。密出兵应之，阵未成列而两军合战，其伏兵蔽山而上，潜登北原，乘高下驰，压密营。营中乱，无能拒者，即入纵火。密军大惊而溃，降其将张童儿、陈智略，进下偃师。初，充兄伟及子玄应随化及至东郡，密得而囚之于城中，至是，尽获之。又执诸长史邴元真妻子、司马郑虔象之母及诸将子弟，皆抚慰之，各令潜乎其父兄。兵次洛口，邴元真、郑虔象等举仓城以应之。密以数十骑遁逸，充悉收其众。而东尽于海，南至于江，悉来归附。充又令韦节讽侗，拜为太尉，署置官属，以尚书省为其府。寻自称郑王。遣其将高略帅师攻寿安，不利而旋。又帅师攻围谷州，三日而退。明年，自称相国，受九锡备物，是后不朝侗矣。

有道士桓法嗣者，自言解图谶，充昵之。法嗣乃以《孔子闭房记》，画作丈夫持一干以驱羊。法嗣云："杨，隋姓也。干一者，王字也。居羊后，明相国代隋为帝也。"又取《庄子人间世》《德充符》二篇上之，法嗣释曰："上篇言世，下篇言充，此即相国名矣。明当德被人间，而应符命为天子也。"充大悦曰："此天命也。"再拜受之。即以法嗣为谏议大夫。充又罗取杂鸟，书帛系其颈，自言符命而散放之。或有弹射得鸟而来献者，亦拜官爵。既而废侗于别宫，僭即皇帝位，建元曰开明，国号郑。大唐遣秦王率众围之，充频出兵，战辄不利，都外诸城相继降款。充窘迫，遣使请救于窦建德，建德率精兵援之。师至武牢，为秦王所破，擒建德以诣城下。充将溃围而出，诸将莫有应之者，自知潜窜无所，于是出降。至长安，为仇人独孤修德所杀。

　　段达,武威姑臧人也。父严,周朔州刺史。达在周,年始三岁,袭爵襄垣县公。及长,身八尺,美须髯,便弓马。

　　高祖为丞相,以大都督领亲信兵,常置左右。及践阼,为左直斋,累迁车骑将军,兼晋王参军。高智惠、李积等之作乱也,达率众一万,击定方、滁二州,赐缣千段,迁进仪同。又破汪文进等于宣州,加开府,赐奴婢五十口,帛绢四千段。仁寿初,太子左卫副率。

　　大业初,以蕃邸之旧,拜左翊卫将军。征吐谷浑,进位金紫光禄大夫。帝征辽东,百姓苦役,平原祁孝德、清河张金称等并聚众为群盗,攻陷城邑,郡县不能御。帝令达击之,数为金称等所挫,亡失甚多。诸贼轻之,号为段姥。后用鄃令杨善会之计,更与贼战,方致克捷。还京师,以公事坐免。

　　明年,帝征辽东,以达留守涿郡。俄复拜左翊卫将军。高阳魏刀儿聚众十余万,自号历山飞,寇掠燕、赵。达率涿郡通守郭绚击败之。于时盗贼既多,官军恶战,达不能因机决胜,唯持重自守,顿兵馈粮,多无克获。时皆谓之为怯懦。

　　十二年,帝幸江都宫,诏达与太府卿元文都留守东都,李密据洛口,纵兵侵掠城下,达与监门郎将庞玉、武牙郎将霍举率内兵出御之。颇有功,迁左骁卫大将军。王充之败也,密复进据北芒,来至上春门,达与判左丞郭大懿、尚书韦津出兵拒之。达见贼盛,不阵而走,为密所乘,军大溃,津没于阵。由是贼势日盛。

　　及帝崩于江都,达与元文都等推越王侗为主,署开府仪同三司,兼纳言,封陈国公。元文都等谋诛王充也。达阴告充,为之内应。及事发,越王侗执文都于充,充甚德于达,特见崇重。既破李密,达等劝越王加充九锡备物,寻讽令禅让。充僭尊号,以达为司徒,及东都平,坐诛,妻子籍没。

　　史臣曰:化及庸懦下才,负恩累叶,王充斗筲小器,遭逢时幸,俱蒙奖擢,礼越旧臣。既属崩剥之期,不能致身竭命,乃因利乘便,先图干纪,率群不逞,职为乱阶,拔本塞源,裂冠毁冕。或躬为戎首,或亲行鸩毒,衅深指鹿,事切食踦,天地所不容,人神所同愤。故枭獍凶魁,相寻菹戮,蛇豕丑类,继踵诛夷,快忠义于当年,垂炯戒于来叶,呜呼,为人臣者可不殷鉴哉! 可不殷鉴哉!